U0135206

臺灣學者中國史研究論叢

家族與社會

黃寬重　　劉增貴　主編

中國大百科全書出版社

總編輯:徐惟誠　　　　社　長:田勝立

圖書在版編目(CIP)數據

家族與社會/黃寬重,劉增貴主編. —北京:中國大百科全書出版社,
2005.4

(臺灣學者中國史研究論叢:8/邢義田,黃寬重,鄧小南主編)
ISBN 7－5000－7295－3

Ⅰ.家...　Ⅱ.①黃...②劉...　Ⅲ.①家族—歷史—中國—古
代—文集②社會發展史—中國—古代—文集　Ⅳ.①K820.9-53
②K220.7-53

中國版本圖書館 CIP 數據核字(2005)第 036006 號

中國大百科全書出版社出版發行
(北京阜成門北大街 17 號　郵政編碼:100037　電話:010－68315609)
http://www.ecph.com.cn
北京市智力達印刷有限公司印刷　新華書店經銷
開本:635 毫米×970 毫米　1/16　印張:31.5　字數:480 千字
2005 年 4 月第 1 版　2005 年 4 月第 1 次印刷
印數:1－5000 冊
ISBN 7－5000－7295－3/K・455
定價:50.00 元

目　　録

出版説明 ……………………………………………… (1)

總序 …………………………………………… 邢義田(1)

導言 ………………………………… 黄寬重　劉增貴(1)

傳統家族試論 ……………………………… 杜正勝(1)

從戰國至西漢的族居、族葬、世業論中國古代宗族

　　社會的延續 ……………………………… 邢義田(88)

漢代的益州士族 ……………………………… 劉增貴(122)

中古大士族之個案研究——瑯琊王氏 ……………… 毛漢光(170)

拓跋氏與中原士族的婚姻關係 ………………… 逯耀東(204)

北魏時期的河東蜀薛 ………………………… 劉淑芬(259)

從趙鼎《家訓筆錄》看南宋浙東的一個士大夫家族 …… 柳立言(282)

家族合作、社會聲望與地方公益：宋元四明鄉曲義

　　田的源起與演變 ………………………… 梁庚堯(338)

宋代四明士族人際網絡與社會文化活動

　　——以樓氏家族爲中心的觀察 ……………… 黄寬重(364)

明清時代軍户的家族關係

　　——衛所軍户與原籍軍户之間 ……………… 于志嘉(406)

社會地位與人口成長的關係

　　——以清代兩個滿洲家族爲例 ……………… 賴惠敏(448)

出 版 説 明

　　《臺灣學者中國史研究論叢》是數十年來臺灣學者在中國史領域代表性著述的匯編。叢書共分十三個專題,多角度多層面地反映海峽對岸中國史學的豐碩成果,如此大規模推介,在大陸尚屬首次。

　　叢書充分尊重臺灣學者的觀點、表達習慣和文字用法,凡不引起歧義之處,都儘可能遵照原稿。作者觀點與大陸主流觀點不同之處,請讀者審別。由於出版年代、刊物、背景不同,各篇論文體例不盡相同,所以本叢書在格式上未強求統一,以保持原作最初發表時的風貌。各篇論文之后都附有該論文的原刊信息和作者小傳,以便讀者檢索。

　　在用字方面,既尊重原作者的用法,又充分考慮到海峽兩岸不同的用字和用詞習慣,對原稿用字不一致的情況進行了一些處理。

　　錯誤之處,在所難免,敬請方家指正。

論叢編委會

2005 年 3 月

總　序

邢義田

　　爲了增進海峽兩岸在中國史研究上的相互認識，我們在中國大百科全書出版社的支持下，從過去五十年臺灣學者研究中國史的相關論文選出一百七十八篇，約五百三十萬言，輯成《臺灣學者中國史研究論叢》十三冊。

　　十三冊的子題分別是：史學方法與歷史解釋、制度與國家、政治與權力、思想與學術、社會變遷、經濟脈動、城市與鄉村、家族與社會、婦女與社會、生活與文化、禮俗與宗教、生命與醫療、美術與考古。這些子題雖不能涵蓋臺灣學者在中國史研究上的各方面，主體應已在內，趨勢大致可現。

　　這十三冊分由研究領域較爲相近的青壯學者一或二人擔任主編，負責挑選論文和撰寫分冊導言。選文的一個原則是只收臺灣學者的或在臺灣出版的。由於是分別挑選，曾有少數作者的論文篇數較多或被重複收入。爲了容納更多學者的論文，主編們協議全套書中，一人之作以不超過四篇、同一冊不超過一篇爲原則。限於篇幅，又有不少佳作因爲過長，被迫抽出。這是選集的無奈。另一個選錄原則是以近期出版者爲主，以便展現較新的趨勢和成果。不過，稍一翻閱，不難發現，各冊情況不一。有些收錄的幾乎都是近十餘年的論文，有些則有較多幾十年前的舊作。這正好反映了臺灣中國史研究方向和重心的轉移。

　　各冊導言的宗旨，在於綜論臺灣中國史研究在不同階段的内外背景和發展大勢，其次則在介紹各冊作者和論文的特色。不過，導言的寫法沒有硬性規定，寫出來各有千秋。有些偏於介紹收錄的論文和作者或收錄的緣由，有些偏於介紹世界性史學研究的大趨勢，有些又以自己對某一領域的看法爲主軸。最後我們決定不作統一，以保持導言的特色。這樣或許有助於大家認識臺灣史學工作者的多樣風貌吧。

此外必須説明的是所收論文早晚相差半世紀，體例各有不同。我們不作統一，以維持原貌。有些作者已經過世，無從改訂。多數作者仍然健在，他們或未修改，或利用這次再刊的機會，作了增删修訂。不論如何，各文之後附記原刊數據，以利有興趣的讀者進一步查考。

半個多世紀以來，海峽兩岸的中國史研究是在十分特殊的歷史境遇下各自發展的。大陸的情況無須多説。[1] 臺灣的中國史研究早期是由一批 1949 年前後來臺的文史和考古學者帶進臺灣的學術園地如臺灣大學、師範大學（原稱師範學院）和中央研究院的。[2] 從 1949 到 1987 年解除戒嚴，臺灣學界除了極少數的個人和單位，有將近四十年無法自由接觸大陸學者的研究和考古發掘成果。猶記在大學和研究所讀書時，不少重要的著作，即使是二十世紀二三十年代已經出版的，都以油印或傳抄的方式在地下流傳。出版社也必須更動書名，改換作者名號，删除刺眼的字句，才能出版這些著作。在如此隔絕的環境下，臺灣史學研究的一大特色就是走在馬克思理論之外。

臺灣史學另一大特色則是追隨一波波歐美流行的理論，始終没有建立起一套對中國史發展較具理論或體系性的説法。記得六十年代讀大學時，師長要我們讀鄧之誠、柳詒徵、張蔭麟或錢穆的通史。幾十年後的今天，大學裏仍有不少教師以錢穆的《國史大綱》當教本。[3] 中國通史之作不是没有，能取而代之的竟然少之又少。説好聽一點，是歷史研究和著作趨向專精，合乎學術細密分工和專業化的世界潮流；説難聽點，是瑣細化，少有人致力於貫通、綜合和整體解釋，忽略了歷史文化發展的大勢和精神。

這一趨向有内外多方面的原因。二十世紀五六十年代臺灣學者之中，並不缺融會古今、兼涉中外的通人。然而初來臺灣，生活艱

---

〔1〕 可參逯耀東《中共史學的發展與演變》，臺北：時報文化公司，1979 年；張玉法《臺海兩岸史學發展之異同（1949～1994）》，《近代中國史研究通訊》18（1994），頁 47～76。

〔2〕 在日本統治臺灣的時期，臺灣唯一一所高等學府是臺北帝國大學。臺灣收復後，日籍研究人員離臺，仍在臺大的教員有楊雲萍、曹永和、徐先堯等少數人。但他們的研究此後並没有成爲主導的力量。請參高明士、古偉瀛編著《戰後臺灣的歷史學研究，1945～2000》，臺北：國家科學委員會，2004 年，頁 3。

〔3〕 參高明士、古偉瀛編著《戰後臺灣的歷史學研究，1945～2000》，頁 6。

困，爲了衣食，絕大部分學者無法安心治學著述。加上形格勢禁，爲求免禍，或噤而不言，不立文字；或退守象牙之塔，餖飣補注；或遠走海外，論學異邦。這一階段臺灣百廢待舉，學校圖書普遍缺乏，和外界也少聯繫。新生的一代同樣爲生活所苦，或兼差，或家教，能專心學業者不多。唯有少數佼佼者，因緣際會，得赴異國深造；七八十年代以後陸續回臺，引領風騷，才開展出一片新的局面。

除了外部的因素，一個史學內部的原因是早期來臺的學者有感於過去濫套理論和綜論大勢的流弊，多認爲在綜論大局之前，應更審慎地深入史料，作歷史事件、個人、區域或某一歷史時期窄而深的研究，爲建立理論立下更爲穩固的史實基礎。早在二十世紀二三十年代，陶希聖經歷所謂社會史論戰之後，即深感徒言理論之無益，毅然創辦《食貨》月刊，召集同志，爬梳史料。本於同樣的宗旨，1971 年《食貨》在臺灣恢復出刊，成爲臺灣史學論著發表的重要陣地。來臺的歷史語言研究所在傅斯年的帶領下，也一直以史料工作爲重心。

這一走向其實正和歐美史學界的趨勢相呼應。二十世紀之初，除了馬克思，另有史賓格勒、湯恩比等大師先後綜論世界歷史和文明的發展。此一潮流在第二次世界大戰以後漸漸退去，歷史研究趨向講求實證經驗，深窄專精。以檔案分析見長的德國蘭克（L. V. Ranke）史學，有很長一段時間成爲臺灣史學的一個主要典範。中央研究院歷史語言研究所先後整理出版了《明實錄》和部分明清檔案，後者的整理至今仍在進行；中央研究院近代史研究所在郭廷以先生的率領下，自 1957 年起整理出版了《海防檔》、《中俄關係史料》、《礦務檔》、《中法越南交涉檔》、《教務教案文件》等一系列的史料；臺灣大學和政治大學則有學者致力於琉球實案和淡新檔案的整理和研究。基於以上和其他不及細說的內外因素，臺灣的歷史學者除了錢穆等極少數，很少對中國史作全盤性的宏觀綜論。[4]

二十世紀七八十年代是臺灣史學發展的關鍵年代。外在環境雖然荊棘滿佈，但已脫離初期的兵荒馬亂。經濟快速起飛，學校增加，設備改善，對外交流日益暢通，新的刺激源源而入。以臺大爲例，

---

〔4〕 參張玉法，前引文，頁76。

七十年代初,研究圖書館啓用,教師和研究生可自由進入書庫,複印機隨後開始使用,大大增加了隨意翻書的樂趣和免抄書的方便。六七十年代在中外不同基金會的資助下,也不斷有中外學者來校講學。猶記大學時聽社會學家黃文山教授講文化學體系。他曾應人類學巨子克魯伯(A. L. Kroeber)之邀,任哥倫比亞大學客座學人,也曾翻譯社會學名家素羅金(P. A. Sorokin)的《當代社會學》、《今日社會學學說》和李約瑟(J. Needham)的《中國科學與技術史》等名著。聲名如雷,聽者滿坑滿谷。研究所時,則聽以寫《征服者與統治者:中古中國的社會勢力》(*Conquerors and Rulers:Social Forces in Medieval China*)著名的芝加哥大學歷史教授艾柏哈(Wolfram Eberhard)講中國社會史。

除了正式的課程,校園內演講極多。二十世紀七十年代以後,言論的尺度稍見放寬,一些勇於挑戰現實和學術的言論、書籍和雜誌紛紛在校園內外,以地上或地下的形式出籠。以介紹社會科學爲主的《思與言》雜誌自 1963 年創刊,曾在校園內造成風潮。心理學、社會學、人類學、政治學和經濟學等社會科學幾乎成爲歷史系學生必修的課程,儘管大家不一定能會通消化。走出充滿科學主義色彩的教室,於椰子樹下,月光之中,大家不是爭論沙特、老、莊,就是膜拜寒山、拾得。邏輯實證論、存在主義、普普藝術和野獸派,風靡一時,無數的心靈爲之擺蕩在五光十色的思潮之間。屢禁屢出的《文星》雜誌更帶給青年學子難以言喻的刺激和解放。以個人經驗而言,其衝擊恐不下於孫中山出洋,見到滄海之闊、輪舟之奇。臺灣內外的形勢也影響著這時的校園。"文化大革命"、反越戰、萌芽中的婦女解放和政治反對運動,曾使校園內躁動不安,充滿虛無、飄蕩和萬流競奔的景象。

這一階段臺灣史學研究的主流風氣,除了延續史料整理的傳統,無疑是以利用社會科學、行爲科學的方法治史,或以所謂的科際整合爲特色。在研究的主題上有從傳統的政治史、制度史轉向社會史和經濟史的趨勢。這和 1967 年開始許倬雲主持臺大歷史系,舉辦社會經濟史研討會,推動相關研究;陶希聖之子陶晉生在臺大歷史研究所教授研究實習,支持食貨討論會,有密切的關係。1978 年張玉法出版《歷史學的新領域》,1981 年康樂、黃進興合編《歷史學與社會科學》，可以作爲這一時期尋找新理論、探索新方向努力的象徵。

二十世紀八九十年代以後，社會學大師韋伯（Max Weber）和法國年鑒學派的理論大爲流行。1979 年創刊的《史學評論》不但反省了史學的趨勢，也介紹了年鑒學派、心態史學和其他新的史學理論。從 1984 年起，康樂主持新橋譯叢，邀集同志，有系統地翻譯韋伯、年鑒學派和其他歐美史學名著。這一工作至今仍在進行。約略同時，一批批在歐美教書的學者和留學歐美的後進，紛紛回臺，掀起一波波結構功能論、現代化理論、解構主義、後現代主義、思想史、文化史和文化研究的風潮。1988 年《食貨》與《史學評論》先後停刊，1990 年《新史學》繼之創刊。1992 年黃進興出版《歷史主義與歷史理論》，1993 年周樑楷出版《歷史學的思維》，2000 年古偉瀛、王晴佳出版《後現代與歷史學》。臺灣史學研究的理論、取向和題材從此進入更爲多元、多彩多姿的戰國時代。仔細的讀者當能從這套書的不同分冊窺見變化的痕跡。[5]

曾影響臺灣中國史研究甚巨的許倬雲教授在一篇回顧性的文章裏說：“回顧五十年來臺灣歷史學門的發展軌跡，我在衰暮之年，能看到今天的滿園春色，終究是一件快事。”[6] 在 2005 年來臨的前夕，我們懷著同樣的心情，願意將滿園關不住的春色，獻給海峽對岸的讀者。

2004 年 12 月

---

[5] 請參本叢書《史學方法與歷史解釋》彭明輝所寫《導論：方法、方法論與歷史解釋》；王晴佳《臺灣史學五十年：傳承、方法、趨向》，臺北：麥田出版，2002 年。
[6] 許倬雲《錦瑟無端五十弦——憶臺灣半世紀的史學概況》，收入中央研究院歷史語言研究所編《中央研究院歷史語言研究所七十五周年紀念文集》，臺北：中央研究院歷史語言研究所，2004 年，頁 14。

導　　言

黃寬重　劉增貴

一

　　家族是傳統中國社會的基層結構，家族史研究是中國社會史研究中的重要課題。這些課題所涉極爲廣泛，大體言，可以從結構、功能、發展三個角度來理解。從結構的研究來看，家族史涵蓋了家庭、家族、宗族三個層次，家族的規模、大小、形態、親屬關係與倫理、内部的凝聚力、外部的依附勢力與人際關係等問題皆屬之。從功能的研究言，家族史的研究的重點是由家族所形成的社會群體在不同階段歷史社會中所扮演的角色，包含家族與政權的關係、社會活動以及其經濟功能等問題。從發展的研究看，家族的支分葉佈、斷續昇沉、興衰因緣、發展策略、世業家風、不同家族間的互動等都是家族史研究的主題。

　　五十年來,臺灣的中國家族史研究,也涉及以上三個不同角度,約可以 1980 年代爲界,分爲前後二期,其研究趨勢有幾點值得注意。

　　第一，研究範圍由全體家族走向個別家族，從結構、功能的研究走向家族發展史。前期家族史的研究，著眼於世家大族階層的整體地位。例如學者對漢六朝士族之研究，常從社會階層的角度，將士族視爲一個整體，討論士族的發展及其社會政治地位，這是承襲 1949 以前的主要研究風氣。這種研究雖鈎勒出家族的結構、功能的一般面貌，但對家族發展缺乏具體及動態的理解。而後期家族史的研究則漸重視家族個案分析，以某一特定家族的發展呈現家族史的具體風貌，家族史的研究更爲細緻化。"個案研究"的方式雖較早用於中古世家大族的研究，然而宋以下個別家族的資料更爲詳盡，因此近年宋以下家族的個案研究也較多。本書即收有多篇家族個案的研究。

　　第二，前期家族史的研究重點主要是中央大族或與政治中心相關的世族，而後期家族史的研究轉向區域研究，突顯家族的地域特性及其在基層社會中的影響。漢代以來，世家大族在地方就扮演重要的角色。雖然六朝隋唐門第世家有中央化的趨向，但其地方勢力仍甚強固。宋以下，在得科舉功名者多，而在官位有限的情形下，許多士人轉向地方發展，家族的地域經營更形重要。由於中國輻員廣大，在文化、政治一統的外貌下，各地區家族的發展及其特質也各有不同。區域研究更全面地呈現了家族發展的不同面相以及傳統社會的多元性。

第三，歷史學與社會科學的科際整合。前期家族史的研究，雖受現實社會問題的激發，但較少採取社會科學的方法與解釋。1970年以後，臺灣史學界流行的“科際整合”風潮，倡導以社會科學方法治史，除上述的“個案研究”、“區域研究”等方法外，社會學中的家庭關係、社會流動等理論及量化分析方法，法學及經濟學上的財產、人口理論，人類學中的血族、繼嗣、親屬、婚姻觀念都被引入家族史的研究中。雖然許多研究都是社會科學家研究現代漢人社會的嘗試（在“家庭史”的研究中更是如此），史學界對這些理論的運用仍然有限（使用較多的是社會流動、出身成分及官位世代量化分析、家族世代人口分析等），但家族史研究的視野無疑因而擴大不少。

第四，從官閥族世到家族傳統與社會活動，從中古家族史到近世家族史。前期的家族史多研究世家大族的政治地位，官閥世傳，常見家族仕宦高低、爲官人數多寡的研究。後期的研究擴大到其社會活動與家族傳統。這樣的發展與臺灣家族史研究前後期著重的時代點不同有關。大體言，中國中古家族史的研究出現較早，而宋以下家族史的研究出現較晚。中古門第與政治關係密切，史料涉及其他層面者較少。但宋以下家族史料豐富，尤其二十世紀八十年代中期對家譜族譜的收集研究（例如當時聯合報文化基金會的“國學文獻館”收集大量族譜，這些族譜今藏於臺北故宮博物院）、家規家訓史料之重視、碑傳方志史料的運用，都促成了家族傳統與社會活動的研究。

五十年來臺灣研究家族史學者衆多，各有貢獻，這裏不加評述。限於篇幅，本書只選了十一篇，希望藉此略窺臺灣學者研究中國家族史所關切的問題及切入點。

首先關於傳統家族的定義與形態，學者一向有不同的看法，例如人類學者陳其南從血緣系譜關係出發，強調"房"的概念，有助於釐清中西家族觀念之不同。但中國歷史上的家族於血緣關係外，還涉及是否同居、合籍、共財、共爨等條件，情況甚爲複雜。本書所收杜正勝的《傳統家族試論》對中國傳統家族形態作了清釐與分類。他指出家族包含"家"與"族"，家指"家庭"，是同居共財的近親血緣團體，族則二千年來多指"家族"與"宗族"。春秋晚期以後，家族的範圍大體以五服爲典範，大功以上是共財的最大範圍，主要爲父、己、子三代，最廣可推到同祖父者，這是"家庭"的範圍；小功至緦麻同出曾高之祖而不共財，是"家族"；至於五服以外共遠祖之同姓，爲"宗族"。

近代學術界曾流行一個錯誤的觀念，認爲中國家庭是"大家庭"，杜正勝力駁此説。他指出二千年來的中國家庭結構，從"家"方面看，大體可分爲"漢型家庭"、"唐型家庭"及"漢型與唐型的折衷"三種形態。"漢型家庭"以漢代爲代表，一家約四五口，是以夫婦及其子女組成之"核心家庭"爲主體，與父母同居者不多，與兄弟同居者更少。自西漢到東漢，在儒家的提倡下，與父母同居者稍增，"核心家庭"有向"主幹家庭"演變的趨勢，但兄弟同居者仍少。六朝迄唐，除儒家理想之提倡外，更由於戰亂及賦稅以戶爲單位，在避賦而合戶的情況下，導致家庭不斷擴大，至唐遂出現了十口之家的"唐型家庭"。這種家庭以尊長猶在，而子孫多同籍共財同居之"主幹家庭"及"共祖家庭"爲主，"漢型"之"核心家庭"較少見。然而中唐以下，由於戰亂離散，逃戶之負擔硬加給現戶，兩稅法實行後，客戶也須納稅，但仍不服徭役，這些都形同鼓勵流寓，使唐型家庭解體。至宋，"職役"的沉重負擔由上戶負責，而戶等之高低取決於丁口及資產，爲降低戶等，分異之俗又起。宋以下父子兄弟生分成俗，法律亦不得不承認。因此宋以下的家庭大多以父母與未婚子女同居之核心家庭爲主，而輔以與已婚子女同居之形態，可説是"漢型"與"唐型"的折衷。

以上三種家庭的劃分，爲傳統家庭形態提供有了有用的思考架構，也引起學者廣泛的討論。至於"族"的發展，杜文指出春秋以前的"氏"、"族"與"宗",是以當權貴族爲主之共同體,與後世"家族"的意義有別。封建社會崩壞之後,姓氏普及,家族遂得發展。秦漢以下大體上可分爲兩大階段:一是西漢中葉以下興起的世家大族,至六朝迄唐形成門第,中唐以下沒落;一是宋元以下以族譜、義田、祠堂、族長來收宗合族的新家族形態。中國家族的發展從周代封建貴族,到秦漢迄唐之世家大族,到宋以下的新家族,可説是學者的共識,本文所收的論文大體也環繞著這樣的進程,以下試稍加分疏。

二

從封建貴族到漢之世族,顯示了中國上古社會的劇變,然而變遷並不表示與前截然兩分,不但平民姓氏多推源或模仿自封建族氏,宗法社會的家族倫理也仍是後世家族的理想。邢義田的《從戰國至西漢的族居、族葬、世業論中國古代宗族社會的延續》對古代家族發展的延續性作了進一步的討論。他指出,考古墓葬的研究顯示新石器時代下迄於漢,以血緣相結之群體(不論稱之爲氏族、宗族或家族),長久以來都延續著聚族而居、聚族而葬、世業相承的生活。春秋戰國時代的變法,雖開創新局,但對遷居改業都力圖扭轉,希望回到"族居世業"的傳統,這點連最強調變法的法家也不例外。下及秦漢,族居族葬之習猶存,而世業相承、官閥世傳,也在安定的政治社會環境中得到發展。

邢義田對宗族社會延續性的思考,不只有助於先秦迄漢社會發展的理解,對漢代以下家族發展史的研究也深具啓發性。漢代以下,雖然家族的發展如前所述可劃分爲不同階段,但在變動之中也有不變,其中兩點特別值得注意:一是家口聚析、收宗合族方式雖隨階段而不同,但血緣的結合在農業社會的聚落環境下,具有強烈的延續性。一是家族性質的發展雖然多元,但官僚儒學士族之家始終具較高的社會地位,爲家族發展所歸趨。換言之,"士族化"也是值得注意的延續性現象。

漢代是中國家族發展史上的重要階段,家族發展之"士族化"即萌芽於此。關於漢代家族之"士族化",許倬雲、余英時等討論較早,劉增貴的《漢代豪族研究——豪族的官僚化與士族化》有較全面的研究。所謂"士族化"既指舊社會勢力向官僚士族之轉化，也指新社會勢力多透過入仕途徑而形成。西漢中葉以下，"士族"成爲豪族的主要形態，並漸由"士族"成爲"世族"，爲六朝門第社會之先趨。然而由於歷史背景、地理環境、經濟條件、文化傳統的不同，各地士族的發展並不一致。本書所收劉增貴《漢代的益州士族》一文，以區域研究的方式，討論漢代益州士族的發展及其特質。漢代益州士族，是外來移民、地方豪富、土著大姓"士族化"的結果，也不乏新興的儒學世族，其發展與地方開發、儒學傳布過程若合符節。由於開發較晚，益州士族的出現亦較關東、關中爲遲。本文分析一百零二家士族，發現大部分始興於東漢安帝以後，其官閥世代較關中、關東及江淮地區稍遜。從各州出身公卿守相之時代分布及數量比率中，也得到同樣的結果。整體言，由於地處邊區，遠離中央，益州士族在全國士族網中不佔重要地位，其興起常與地方事務（如蠻夷叛亂）有關，這也形成了其仕宦限制。

特殊的區域條件與環境造成地方家族的地域性，益州士族具有濃厚的地方色彩，他們在政治上互通聲氣，共相進退，爲地域爭取利益，儼然形成集團。由於割據政權每由外來勢力所建立，益州士族與外來士族間常因立場而有爭執，這種情形下至六朝，迄無改易。

漢代士族的區域研究，反映了士族形成期的部分動態，而六朝迄唐初，則爲門第士族發展的極盛階段。關於中古門第，臺灣研究者衆多，其中如何啓民的《中古門第論集》獨樹一幟，強調門第的族姓門風及人口、世代、名譽、祿位對門第地位的影響。毛漢光的《兩晉南北朝士族政治之研究》及《中國中古社會史論》，對官閥世代、官位高低、婚姻圈大小等以計量的方式進行研究，呈現中古門第與政權的變動，對中古家族史的研究的影響都很大。這裏選了毛漢光、逯耀東、劉淑芬的論文，略窺一斑。

中古門第士族最受人注目的是其在仕宦上的特權，仕宦高低久暫最能顯示一族之盛衰。毛漢光的《中古大士族之個案研究——瑯琊王氏》寫於 1967 年，是較早以個案方式，以計量方法研究中古士族的論文。本文論王氏一族之發展，上溯漢末，下迄隋唐，統計七百一十年間，二十三代、六百七十六個王氏後裔的仕宦資料。他指出以起家（初任）官而言，王氏一族在魏晉南北朝起家官品最高六品，最低八品，無九品者起家者，但隋唐則幾皆在九品以下，且多以明經入仕，顯示唐代王氏門資大不如前。然王氏在唐無以流外官起家者，則仍有相當的地位。以昇遷之速度言，在三十歲到五十五歲間可昇至三品官者佔總人數百分之三十三以上。這些都顯示王氏在政治上的地位。

家族之興盛原因多端，但能順應時代需求、維繫家風傳承是其一因。毛漢光分析王氏的政治行爲，指出王氏在亂世之中，或保家全身，或積極參與，或因循無爲，都能合乎家族的需要。雖然王氏在軍事上有逐漸退出的情形，但孝悌傳家、重視禮法、清談風流等合乎當時社會價值。而其婚嫁得宜，也是維繫家族社會地位之一因。從統計中可看出，王氏一族之仕宦盛衰與婚嫁盛衰相符合，皆以南朝爲其盛極時期，兩晉爲其"起飛"時期，隋唐爲其"下降"時期。不過唐代社會地位（以婚嫁論）之下降顯然較政治地位爲緩。

王氏一族之興衰可説是南方大士族昇沉的一個縱切面，北方之士族則不同。逯耀東的《拓跋氏與中原士族的婚姻關係》，顯示了北方士族的兩種情形：一方面反映了中原士族以婚姻維持門閥秩序的曲折處境；一方面顯示拓跋氏透過與中原士族的婚姻而"士族化"。拓跋氏原有勞役婚、收繼婚等習，入中原前後，婚娶有代北豪酋，也有中原微賤之族及百工伎巧卑姓。孝文帝的一連串改革，使拓跋氏的社會結構產生很大的變化，除了定居之策外，他禁止了同姓婚，不許皇族與百工、卑姓、隸户爲婚，更受中原門閥制度的影響，以"功勳八姓"及中原士族（"清修之門"）作爲皇室婚姻對象，並爲自身與諸王娶中原士族之女。以"八姓"與中原"清修之門"並列，可看出拓跋氏"士族化"的情形。透過這種婚姻關係，拓跋氏打破了中原士族封閉的婚姻圈，使"重姻婭"的山東士族，與拓跋士族一體化，而產生了新的士族秩序，也改變了拓跋氏的家風。拓跋氏的例子可説爲周邊民族在中原的家族變遷提供了具體例證。

衆所周知，中古時期南北士族的不同點之一，是北方存在著上述的異族士族，另則北方士族並具有比較強固的地方勢力。劉淑芬《北魏時期的河東蜀薛》即討論北魏時期河東非漢族的蜀薛一族，如何利用其地方勢力，成功地轉化爲全國性士族的過程。在河東多民族共居的環境中，漢族的裴氏與蜀族薛氏擁有較多的資源。蜀薛宗族勢力龐大，武力亦強，與漢人相處和睦，並與漢人望族如裴氏等有婚姻關係。當時河東地區氐胡不時起兵反抗北魏之統治，朝廷仰賴蜀薛之力以平亂，故蜀薛雖兩度反叛，依違南北，不但族勢未衰，反得進爵重用，甚至聯婚帝室，終被列於“郡姓”。劉淑芬指出，除了宗族衆多，政治、軍事力量強大，成爲地方的安定力量之外，蜀薛還有兩項重要的資源：一是經濟資源，蜀薛家族居於河東著名的產鹽區，掌握了鹽池，北魏爲收取鹽稅，必須與其合作。一是宗教資源，信奉佛教的蜀薛，透過當時的佛教結社團結族人，以領導地方社會。宗教資源與地方宗族的關係，是以往討論地域社會及地方精英論述者較忽略的問題。

唐代是中古門第社會的轉變期，前輩學者如陳寅恪等已有詳細的研究，毛漢光、孫國棟、宋德熹等皆能推衍其緒，限於篇幅，不多討論。大體言，門第的轉變以安史之亂爲界，安史亂後，動亂的破壞、科舉入仕者日多、譜學散亡的情況下，門第大族漸趨没落，新的家族形態於焉產生。

三

宋代不僅是中國歷史上轉型的時代，在家族發展上也有很大的變化。中古以來世家門閥被新興士人家族所取代，科舉入仕成爲個人及家族榮枯的重要指標。爲達成此一目標，許多家族厚植經濟實力，購書並安排子弟接受教育，以求在科場上爭勝，成功之後則積極拓展人際關係，參與地方公共事務，或透過婚姻擴大家族發展基礎，防止家道没落。但隨著印刷的發達及經濟繁榮，讀書識字、有能力參與科舉競爭的人愈來愈多。這些崛起的家族固然在競爭中仍佔優勢，但能否累世繁盛取決於參與者的個人才智與努力，因此，即使是有名望的士人家族，面對的挑戰仍十分激烈。

個人成敗關係家族興替，充分體現了宋代家族發展的特色。由於宋代典籍文獻中與家族有關的家譜、族譜、宗祠等資料，留存至今的不多，因此，個人傳記或文集資料，成爲研究宋代家族的重要憑藉，也就出現了宋代家族研究以家族主要成員之研究爲主，以隱惡揚善的敘述方式，側重家族成功因素的情形，這是宋代家族研究以個案爲主的一個重要因素，也反映了難以呈現家族發展全貌的缺憾。

自二十世紀八十年代以後，宋代家族的個案研究成果顯著。由於史料的限制，研究範圍多集中于某些累世仕宦的中型士族，及社會經濟文化發展相對繁榮的江南地區。這樣的研究當然也有難以掌握宋代家族與社會的整體面貌之弊。但宋代士人從家庭出發，進入地方社會或政治環境的案例，卻也有助於了解個人的人際網絡及家族在地域社會中所扮演的角色，爲家族與社會關係的研究提供有用的視角。

爲呈現宋代家族的發展特色，本論文集選擇三篇以南宋浙東地區爲主的論文，作爲觀察宋代家族發展的切入點。柳立言以趙鼎所撰《家訓筆録》爲基礎，討論宋代家族發展中面臨的家產管理問題。《家訓筆録》是紹興十四年（1144），趙鼎在被貶並面臨殺身滅族的陰影下所寫，爲家族未來規劃藍圖，也爲家族内部財產處置和家族管理預立遺訓。本文透過趙鼎家鄉衢州常山縣的經濟環境、早年家境、兩宋之際戰亂離群和宦海仕歷的波濤變化，以説明家產財富對家的重要性。

《家訓筆録》共有三十三條，其中除一般關於立身處世的前代遺訓外，還包括如司馬光《家範》等當代士大夫家法、趙鼎個人的經驗和他對家族前途的構想及祖先的習慣法三部分。他在世時掌握了家族的財產，整個家族呈現的是同居共財的型式。但他爲子孫各房未來並立的可能發展所作的規劃，除了義田和祭田屬全族所有外，採取分財方式，屬於聚族而居的模式。在此一模式下，族譜、族長、族祭和族產成爲維繫趙氏家族的要件。趙鼎所構想的家族維繫方式，在領導層的構成與功能上，取衆議的方式，使各房均有代表，這是血緣關係由密而疏時，有利於家族的維繫的措施。而家族的祭祀活動，則是合族參與，既可聯絡族人、強化宗族意識，也有利族人的社會活動，達成敬宗收族的目的。祭祀的場所，一是正寢之東的影堂（泛稱祠堂或家廟），一是在墳塋。

爲達成聚族而居的目的，規定"田產不可分割"，並由非族人專門管理，以建立一個獨立的管理系統。田產所得，給付没有仕宦收入的族人，目的在支持舉業。而從遺產的動產部分，按一定原則分給各房私產，但各房的私有田產在各房内仍是同居共財的共產。總之，各房不動產不許分割，有穩定及加強家族經濟基礎的作用。而無論共產的收益大小，或人口比例多少，各房均有一定收入，對未仕的族人不無小補，有助於家族的延續與聚居。

黃寬重則研究四明樓氏家族的發展。樓氏家族從崛起、發展到衰替，前後歷時三百年，先由經營產業成小康之家，再通過科舉進入仕途，晉昇地方名族。其後內則致力教育與學術，充裕產業奠定發展基礎；外則藉同學、共事、交遊、婚姻等方式與四明著名士族建立深廣的人際關係，終能與史氏、袁氏齊名，成爲四明地區的名門望族。這種內外因素交織互用，對家族成員在學術、舉業、仕途、經營、資源及社會政治地位的提昇等方面，都取得很好的效果。如樓郁在教育子弟的同時，也推動鄉里教育，使樓氏與四明新興的科舉社會相結合。婚姻關係影響亦大，如樓鑰的成功固然與個人努力及家族支持有關，更受惠于外家汪氏的養育照拂。更重要的是，他藉汪家在四明地區的深廣人脈，以及思溫、大猷二代領袖的身份，得以擴展其人際網絡，在地方上扮演聯絡學派及推動文化與社會建設的角色，成爲四明的意見領袖。

樓氏家族所參與及推動的四明社會活動中，具凝聚士人群體意識、營造典範性社會文化的活動，是由退休官員及士人組成不序年齒的"詩社"，及以尊老、序齒象徵團結與集體意識的"鄉飲酒禮"。這些活動有助於聯絡在鄉的官僚與士大夫情誼，培養地方的認同感。士人家族透過集體力量，共同推動的公益活動，包括義莊、學校及橋梁等公共建設，更有利於塑造地方意識。

從樓氏所參與或推動的社會文化活動，可看出四明地區不論是個人或家族，都希望藉參與活動的機會擴展人際關係。自科舉成爲宋代政治社會地位指標以來，家族社會地位的昇降，固與科舉成敗有關，但參與地區公共事務或社群活動，也是展現士人關懷鄉土、擴展關係、提高聲望、維護家族形象的重要方式。因此，南宋時代，四明地區蓬勃的社會文化活動，與這些具有鄉里情懷，爲建立家族聲望的家族及個人的推動，有密切關係。

梁庚堯則以四明家族間合作推動的鄉曲義田爲例，探討宋元士人家族超越家族的界限，推動地方公益活動演變的過程。他指出，在宋代除了由范仲淹所創的家族義莊外，由鄉里官宦、士人共同發起，以濟助鄉里貧士與官宦貧窮後人爲主的鄉曲義田，是另一種義田的重要類型。

四明鄉曲義田的創設者，是曾在孝宗一朝兩任宰相的史浩。他在乾道四年（1168）任知紹興府時，以地方長官身份購置良田，助濟當地士大夫的後人。他歸老鄉里後，於光宗紹熙元年（1190）仿紹興義田而設創鄉曲義田。史浩指出設置的目的是，要讓士大夫能廉潔自持，不爲養家而毀損志節。義田的主要經營來自民間，在汪大猷帶頭捐獻下，累積了相當多的田產。爲了行之長遠，汪大猷並對莊屋的購置、管理多所策劃。

四明鄉曲義田能順利推動，與四明地區長期以來好善樂施的風氣及綿密的人際網絡有關。像汪思溫、陳居仁、林暐等人都熱心于救濟貧窮，彼此間又經由師生、交遊、同年、仕宦、婚姻等途徑，建立了密切的關係。他們基於回饋鄉土的責任感、實踐互助的人生理想，也爲塑造社會聲望而積極參與地方公益活動。

到理宗後期，義田的經營管理工作由民間轉移到學校，負責其事的人也由官府來選擇，賑給對象涵蓋了學校人員，乃至學校職生。導致官府介入的原因雖然不明，但可能與這些家族逐漸走下坡、人才漸少、史家的作爲引起很大的爭議有關。由於地方上足以服衆的領導人物難以產生，家族間的合作無法進行，公衆活動只有仰賴官府來推動。而改朝換代後，政治環境改變了，更難有人有能力或願意承擔此項任務。但義田已成爲當地的一個傳統，又能配合元朝的政策，因此在官府的支持下，仍使鄉曲義田得以延續到元末。

明代以後，由於族譜資料相當豐富，使得家族研究有更寬廣的空間，研究內容更爲深入。明清史學界對家族與宗族的研究，大致上側重社會經濟史及人類學田野調查兩種方式。他們關心家族如何透過各種資源的掌握或與地方其他家族的競爭，逐漸形成社會的領導中心，影響地方事務。特別是在二十世紀八十年代，日本學界出現"地域社會論"的觀點，考察中國傳統社會的發展，以及九十年代美國學界提出以地方精英的角度研究地方社會之後，明清宗族的研究，更側重于宗族組織如何應付與解決發生在所處地域的問題。

面對此較爲集中的研究趨向，本論集所收的二篇論文均以案例討論爲主，但各自呈現不同的焦點。于志嘉的論文是以族譜資料爲主，以個案的方式探討明清時代衛所軍戶與原籍軍戶家族之間，血緣及其所涉複雜多樣的權利義務關係，而此一關係的變化，常與彼此的經濟狀況或宗族觀念相互呼應。其中一個案例是蘇州彭氏。原籍江西臨江府清江縣的彭氏，在明初內附後，彭學一充軍，隸籍於蘇州衛。學一身故無嗣，由原籍取其姐夫之子仲英爲嗣並補役。百年後，蘇州彭氏致書江西原籍族人，希望回鄉祭祖。江西方面可能擔心按明廷的規定，對在衛親族有津貼乃至繼補軍役的義務，爲免惹禍上身，未有回應。後來江西的祖祠中，雖然列出籍在蘇州並獲進士、名位顯赫的彭瓏、彭定求的神位，但未主動聯繫，兩支之間保持若有似無的關係。一直到嘉慶二十年（1815）彭蘊琳才訪清江祖祠，但二支族人並沒有通譜聯宗。相反的，在蘇州以文學起家的彭氏，通過教育事業或組織文會等方式，與當地紳士大夫保持密切聯繫。萬曆年間，彭汝諧與由吉安遷海鹽衛的彭宗孟通譜系，爲兄弟行，此後關係密切，如同族人，顯示蘇州彭氏並不排斥與遠支聯宗。另一案例則爲海寧賈氏。賈氏原爲洛陽人，宋室南渡時遷杭州海寧。賈哲時率衆歸明，其諸子中，三子賈著留居海寧，爲本支小宗，亦稱南族。長子賈真的後人則在歸德，稱爲北族、大支。此後南宗北上聯絡大支，並於續修族譜時都遣人北往，察訪大宗世系。嘉靖四十五年（1566）後，南北兩宗多次聯宗修譜。乾隆三十五年（1770）的清明節，歸德族人南下謁祖祠，是南北兩宗交流的高峰期。二宗之間關係的進展當與經濟能力的改善有關。

　　明代對軍戶軍役的特殊規定，也是軍戶譜系斷絕的重要因素。族譜世系是朝廷勾軍的依據，因此當軍役負擔沉重、造成族人困擾時，就以分祖分祠或無譜的方式，以與軍支族人劃清界限。如九江衛的李氏、浙江平湖的屈氏，均以困于漕運軍役，不敢有譜。此外，對抽丁爲軍者而言，由於祖軍兄弟之後，有繼補幫貼軍役的義務，因此族譜編纂有其特別任務，而爲了確保族人遵守義務，多由族人共同作成議約合同，出資提供軍戶的軍裝需費之用。

　　不過，也由於明清兩代對軍籍的控制嚴密，各種册籍層層管理，軍籍者反而比一般民戶更容易找到修譜的資料。尤其自宣德以來，明廷對衛所軍戶管理更加重視，定時修造各種旗軍文册，爲軍籍家族修譜提供了詳細的材料。而且世襲軍戶制度，要求原籍軍戶繼補軍役、供應軍裝幫費的規定，也爲原籍軍户與衛所軍户之間搭起了聯繫的橋梁。此外，誥敕、世襲供狀乃至號紙，都是提供武職家族溯本歸源，乃至攀親叙故的線索，因此當造成修譜障礙的軍役因素解除後，軍方留存的各種豐富資料，反而有利於軍户修譜的進行。

利用族譜研究明清漢人家族的人口動態，已獲取很高的成果，這方面可以劉翠溶和李中清爲代表。相對的對於滿洲族人口的研究成果不多。但在清代的八旗制度中，社會階層區劃嚴明，身份世襲，清廷爲了便於控制，要求受任用人員提出譜系證明身份，因此滿人修譜的風氣不遜于漢人。賴惠敏利用兩個不同社會地位的滿洲族譜，即在清代擁有十個世襲佐領和八個世職，被列爲“八大家”之一的鈕鈷禄氏，及居住在寧古塔，地位並不顯赫的他塔喇氏爲案例，比較權貴之家與平民身份者在婚姻、生育、死亡現象的差異，並討論這二個家族在人口動態上的區別。

鈕鈷禄氏原是居住長白山的部落，資産雄厚。額亦都驍勇善戰，在隨努爾哈赤統一建州女真的過程中屢建奇功，被封爲五大臣之一。後又參與皇太極時諸戰役，功績卓著，而保有世襲罔替的殊榮。繼以佐命功臣兼姻親的身份，隨清室入京。經歷康、雍、乾三代盛世，人口急劇增加。在清廷遷徙政策下，鈕鈷禄氏的部分族人被派往外地駐防，固然可舒緩族内人口膨脹所引發的經濟問題，但族人分佈地域既廣泛，數代之後失去聯絡，也影響了人口成長。

他塔喇人的先祖則居於臨近瓦喇喀所屬安褚拉庫，附歸努爾哈赤後，居於寧古塔一帶。在清初對外戰爭中，因乏功勳，未能從龍入關。康熙十年（1671）移住吉林省城西北的大唐家屯。由於地處邊陲，土地瘠苦，部分族人移徙拉法河沿岸及黑龍江等地。不論是出於清廷移民就墾的政策，或族人自行開墾荒地，均使族人自康熙十年至清末約二百四十年間，居處增爲三十餘屯，無法聚族而居。

滿洲族譜對於個人生卒年月的記載較少，但仍可從這二族的資料，觀察其婚姻、生育及人口的成長情況。鈕鈷禄家族獲得世職、任官、科舉和從軍人數佔總人口的百分之六十以上，堪稱爲權貴家族。而他塔喇氏不論當兵人數、選任官以致筆帖式的人數均少於鈕鈷禄家族。可見滿洲社會階層很明顯。鈕鈷禄男子婚姻和漢族仕宦家族一樣，結婚的比例很高，未婚者以士兵居多，顯示戰爭對生命的威脅。而他塔喇氏的男子再婚比例並不高，顯示滿洲貴族家庭與平民家庭在結婚次數上的差異。生育率和死亡率方面，兩族也有較大的差異性。總之，清朝政府刻意製造滿洲社會的貴賤等差，卻又因內部統治與周邊民族的征服，戰爭持續多年，徵調大批滿洲人丁，特別是權貴家族死傷人數居多，影響其人口的繁衍。

四

　　由以上本書所選論文，可以看出五十年來臺灣中國家族研究史的一般面貌。由於研究環境及資料的限制，這些研究自然也存在不足之處，例如許多研究都偏重精英家族，對一般家族著墨不多。唐以前家族史的研究，由於進行較早，在考古及新出土史料、碑傳金石資料等的運用上，還有發展的餘地。宋以下的研究，雖然以地域發展理論、地方精英理論等論述及社會科學的理論展現較大的視野，但偏重家族與地域個案，易流於零散。事實上，對中國家族史的專題研究較多，而整體思考稍顯不足，通貫性的著作更少。到目前為止，除了像杜正勝等少數論文，臺灣的中國家族史研究似尚未見《中國家族史》之類的通史，甚至連臺灣中國家族史研究的回顧與前瞻之類的論文也很少見。這種情形反映了臺灣史學研究重專題輕通論的傳統，不只出現在家族史研究上，也出現在其他研究範疇中，值得我們進一步的思考與努力。

傳統家族試論

杜正勝

一、家和族的界定——從服制説起

　　中國的社會結構自古以來就有"家"和"族"。家通指家庭，是同居共財的近親血緣團體；族的意義比較含混，有家族、宗族或氏族之別，範圍各有大小，親疏也自有遠近。在傳統兩千年歷史中，族以家族和宗族爲主，不過時代不同，它們的作用也不一樣。

　　家和族的歷史功能最顯著的分野大概發生在春秋時期。[1] 春秋以前雖然有家，但社會的基礎在族，一般稱爲氏，氏下有宗，是以當權貴族爲主導，兼具戰鬥、行政、祭祀和財産等多項功能的共同體，近親血緣團體的家庭則蔭附於其下。這種共同體當時的文獻卻也稱爲"家"，是一個政治單位，與國對稱，孟子所謂"千乘之國，百乘之家。"和本文的家不同，不可相混。春秋晚期以後封建崩解，社會基本單位逐漸轉成爲家，集權中央政府才有可能實現。集權政府的財源取於每家的賦税，軍隊出自每家的壯丁，沒有財源和軍隊便不可能有集權的政府。這些家庭就是史書所謂的"編户"、"齊民"。編户齊民奠定秦漢以下兩千五百年政治和社會的基礎，直到今日依然未曾改變；[2] 然而族並沒有消失，不過，它的政治功能歷代不同，社會任務也時有輕重，和春秋以前的族是截然有別的。

　　春秋晚期以後"家"與"族"的基本模式可以《儀禮・喪服傳》的服制爲典範。《喪服》經傳包含多少春秋以前的歷史事實，現在尚難斷言，但其間架出於戰國的創制，大概是不錯的。因爲第一，它只講五世的小宗，不講百世不遷的大宗，是平民的禮制，對封建

---

〔1〕　西周及春秋的親屬結構，芮逸夫先生有很精湛的研究，參見《九族制與爾雅釋親》、《論中國古今親屬稱謂的異制》、《爾雅釋親補正》、《伯叔姨舅姑考》、《釋甥之稱謂》、《左傳"穆姜之姨子也"質疑》、《釋甥舅之國》、《釋兄弟之國》，都收入芮著《中國民族及其文化論稿》中册（臺北：藝文印書館，1975）。
〔2〕　關於編户齊民，我將有專文討論。

貴族並不適用。第二，它以嚴格的父系爲主體，母系、妻系在這系統中所佔的分量極其輕微，這也不是重視婚姻的封建貴族所能想像。《喪服傳》的服制可能是根據春秋晚期以來的社會，揉合古禮，斟酌損益而成的新禮，專爲編户齊民而設，又可通行於全國上下。所以它能符合戰國秦漢的社會，終於產生約束規範的作用，影響後世的社會至深且巨。

《喪服傳》以喪服輕重和喪期久暫顯示生人與死者的親疏關係。服與期又有某種程度的關聯，大抵重服則久喪，不過直系血親雖三月之喪亦服齊衰之重服，如爲曾祖父母服齊衰三月，因爲家族結構是以父系爲骨幹之故。服與期表示的親族關係雖然複雜，大別只有五類，故稱曰"五服"，即斬衰三年、齊衰期、大功九月、小功五月和緦麻三月。它所含攝的親屬範圍，概略如下的五服圖。[3]

五服的原則正如孔穎達説的："同父則期，同祖則大功，同曾祖則小功，同高祖則緦麻，高祖外無服"。服喪時間分別爲一年、九月、五月、三月和無服，此之謂"五屬之親"（《禮記·喪服小記》疏）。喪服的親疏主要以親親爲準則，但也參酌尊尊和相報，如伯叔父是同祖之親，應服大功，然而服期，因爲他們與父親同爲一體兄弟，尊尊之故也；伯叔對姪服期，則準於相報的原則。這番道理《喪服傳》説得很明白，《傳》曰："世父、叔父何以期也？與尊者一體也；然則昆弟之子何以亦期也？旁尊也，不足以加尊焉，故報之也。"

族屬之親疏遠近，個人在家族結構中的地位都可以從服制顯露無遺。《禮記·喪服小記》曰：

> 親親以三爲五，以五爲九，上殺，下殺，旁殺，而親畢矣。

關係最密切者是父己子直系三代，屬於第一圈，從此往上輩、下輩和旁親推衍，遞疏遞減。第二圈從祖至孫，含爲五代。含堂昆弟；第三圈從高祖至玄孫，合爲九代，含族昆弟。這圈之外，親盡無服，雖共遠祖，臨喪祖免（祖衣免冠）而已。《禮記·大傳》故曰：

> 四世而緦服之窮也，五世袒免殺同姓也，六世而親屬竭矣。

―――――――
〔3〕 參見陶希聖《服制之構成》，《食貨》月刊第1卷第9期（1971）；清水盛光《支那家族の構造》（東京：岩波書店，1932），頁79～98。

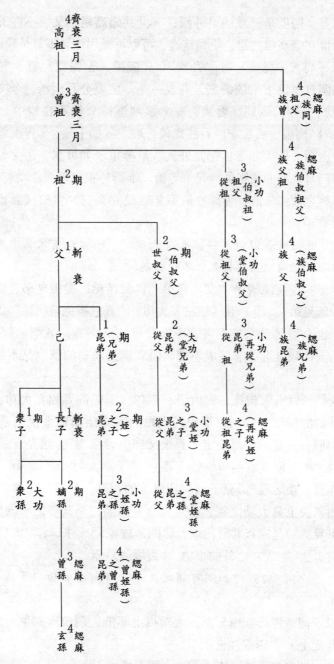

注：一、括號中的稱謂根據明律集解附例，也就是近代的俗稱。
　　二、右肩上的數字表示現代民法的親等。

世即親等。四世是五服的最外圈；五世共繼高祖之父，不在五服之數；六世共繼高祖之祖，更爲疏遠，可以不通弔問，不算是親族了。

但《尚書·堯典》有"九族"，《儀禮·士昏禮》有"三族"，族的範圍自漢以下解説紛紜，莫衷一是。主要分爲兩派，今文家認爲族包括父族、母族、妻族，古文家則堅持異姓不在族中。[4] 就《喪服傳》而論，古文家的看法比較合理。誠如上論，《喪服傳》特重男性血親，母族和妻族都是外人，最隆重者如母舅、岳父母皆只服緦麻三月，與同高祖的族兄弟等倫。唯爲外祖父母服小功五月者，則係尊尊之故。母族、妻族豈能與父族鼎立爲三？賈誼《新書·六術篇》亦曰：

> 人之戚屬以六爲法，人有六親。……六親有次，不可
相踰，相踰則宗族擾亂，不能相親。

六親者何？按賈誼説是"父、昆弟、從父昆弟、從祖昆弟、從曾祖昆弟、族兄弟"。即上引《禮記·大傳》"五世祖免殺同姓"的五世之親，也全指父系宗族而言，不涉及母族或妻族。我們已經説過，族的範圍比較含混，非一成不變，但戰國到漢初的認定是不包括異姓的。

我們雖以五服辨族，服內仍有親疏，明顯的界線在大功，它是家族共財的極限。戰國以下普通人民的家族結構最重視父系血緣，但《喪服傳》竟有一條規定"爲繼父同居者服期"，這是有緣故的。爲同居之繼父服期有兩項前提，第一、"子無大功之親"，第二、"所適者亦無大功之親"。兒子無大功以上的親屬，故無法定撫養之人；改嫁的新夫也無大功之親，他才能自專財賄，爲其妻之子的生父立廟。可見大功是家族共財的最大範圍，故鄭康成注曰："大功之親，謂同財者也。"大功之外的小功，《喪服傳》曰：

> 《傳》曰：何如則可謂之兄弟？傳曰：小功以下爲兄
弟。

小功以下同輩皆可互稱兄弟，大功以上不能，親疏有別啊。故《禮記·雜記上》鄭康成注云：

> 疏者謂小功以下也，親者謂大功以上也。

---

[4] 俞樾《九族考》，《皇清經解續編》卷一三五二。

五服之內的親疏劃分是以共財爲準繩的，同居大概都不成問題，不能當作標準，安土重遷的社會即使在五服之外也可能同居聚處。最大的共財範圍是大功之親，包括堂兄弟，即同祖父的親人，至多三四代而已。

造成家的因素除血緣外，還有財產。從《喪服傳》看來，家庭的成員主要是父己子三代，最廣可以推到同出於祖父的人口，用人類學的術語說，即是主幹家庭（Stem Family）和共祖家庭（Lineal Family，一般譯作直系家庭），只有父子兩代的核心家庭（Nuclear Family）當然也包括在內。[5] 大功以外至緦服共曾高之祖而不共財，算作"家族"；至於五服以外的同姓雖共遠祖，疏遠無服，只能稱爲"宗族"。這是本文對家庭、家族和宗族三個概念的界定。

我國親屬結構的骨架雖在春秋晚期至戰國時代確立，但各種親屬的實際功能代有改易，即使同一時代也因階級、權勢、生業而有些微差別，與我們的界定不必完全吻合。不過，要理解我國的親屬結構及其運作，本文對家庭、家族和宗族的區分或不失爲一種方便法門。

本文主要分析秦漢以降傳統中國的"家"和"族"，對於家庭結構提出"漢型家庭"、"唐型家庭"以及二型的折衷三類，大抵上有其時間脈絡；對於族群則論秦漢"三族"的擴張、累世同居和宋元以後的新宗族。嚴格說，本文只條理現象和事實，對於它們轉變的動因則付之闕如，那到底是關係整個中國歷史的問題，不是單就家族或社會層面就能解答的。

在討論傳統的家與族之前，先檢查一下我們通常所謂的"家"是怎麼出現的。

二、從族到家——姓氏的緣起和轉變

一夫一妻及其年幼子女所組成的"核心家庭"早在仰韶文化前期的半坡和姜寨就出現了，距今約六千多年。陝西省西安半坡遺址，聚落中心有一所大房子，四周散佈許多小房子。小房子的面積大約二十平方公尺，大房子殘存部分超過一百平方公尺。一般推測後者

---

[5] Ruey Yih-fu（芮逸夫）"Changing Structure of the Chinese Family"，《臺大考古人類學刊》17、18 合期（1961）。

是氏族長的居室，也是族人的聚會所；前者是住家，供族群內核心家庭成員起居臥息之用。[6] 陝西臨潼的姜寨遺址，大房子的周圍也環繞著小房子，[7] 聚落結構和半坡極其相近，小房子應當是小家庭的居室無疑。

這種家庭在河南鎮平趙灣和鄭州大河村的新石器時代遺址看得更明白。趙灣發現一片居住面，三間房基毗連，每個房間都在南墙開門，各以墙壁隔開，互不相通。[8] 大河村也出土四房相連的房基，F_2、F_1、F_3、F_4 依次由西向東排列，F_4 非居室，其餘三間都是住家，各有一門。值得注意的是，F_1 原在東墙開門，F_3 建起後就把東門封堵起來，另闢北門以便出入。[9] 推測這些房間皆是獨立住家，分別供不同的核心家庭居住。

以前研究中國社會史的學者往往喜歡援引莫爾根名著《古代社會》的意見，推論中國也曾經歷群婚家庭（Consanguine Family）、彭那魯亞家庭（Punaluan Family）、偶婚家庭（Syndynasmian or Pairing Family）等階段，過著雜交群婚、亞氏族群婚和對偶婚的生活，[10] 其實皆無稽之談。舊石器時代尚矣，無徵不信，懸而不論；但從新石器時代早期以降，聚落遺址充分顯示一對夫婦與其子女共同生活的核心家庭已經存在了。

但這時的家庭只是生兒育女之地，不構成爲社會單位。社會單位是氏族。由於生產條件的限制，核心家庭很難單獨謀生；同時沒有強大的機構（譬如國家）來維持社會秩序，核心家庭也不易自衛。於是在家之上乃需要一種更重要的社會組織，那就是氏族。少年子女一旦能照顧自己，便投入氏族；爾後在他們的意識中，自視爲氏族之一員，遠甚於家庭之一分子。古代羅馬人之穿袍，日耳曼人之

---

[6] 中國科學院考古研究所、西安半坡博物館《西安半坡》（文物出版社，1963），頁41～42。亦參見杜正勝《篳路藍縷——從村落到國家》，收入劉岱主編《中國文化新論根源篇·永恆的巨流》（臺北：聯經出版事業公司，1981）。

[7] 西安半坡博物館《從仰韶文化半坡類型文化遺存看母系氏族公社》，《文物》1975年第12期。

[8] 河南省文化局文物工作隊《河南鎮平趙灣新石器時代遺址的發掘》，《考古》1962年第1期。

[9] 陳立信《鄭州大河村仰韶文化的房基遺址》，《考古》1973年第6期。

[10] 郭沫若《中國古代社會研究》（1954），頁192～203。莫氏之說見 Lewis H. Morgan, *Ancient Society* (Chicago, Charles H. Kerr & Company, 1877) pt. III *"Growth of the Idea of the Family"*.

持槍和中國人之戴冠，都是青年從家庭走入氏族，變成社會成員的表徵，論其來源是很悠遠的。

族，甲骨文和金文皆作㫃，旗下一矢的象形會意字。《説文》云：“從㫃（旗）從矢。”段玉裁注：“㫃，所以標衆者。”旗是一群人的標幟；矢則是這群人謀生的工具或捍衛的武器，用來狩獵或禦敵。遠古時代一群人共同打獵，收獲同享，共同作戰，死生與共，弓箭是他們的武器，旌旗是他們的象徵，這群人便是一“族”。所以族有聚集連屬之義，《白虎通·宗族篇》曰：“族者湊也，聚也。”韋昭注《國語·齊語》“工立三族”和《楚語》“中軍王族”，孔穎達疏《左傳》引劉炫的話（成公十六年）都説“族者屬也”，也就是《禮記·大傳》的“族屬”。這層歷史背景許叔重已不甚了了，才説出“族，矢鋒也，束之族，族也”這種迂曲的話，顯然是望文生義。後代《説文》專家廣肆推衍，什麼“旌旗所在而矢咸在焉”，或“矢所叢集謂之族。族，湊也，言湊集於侯中”，[11] 便愈説愈離譜了。

人群結合有許多種方式，或居處比鄰，或同業同行，或思想相近，或信仰齊致，不一而足，但最自然、最原始的方式卻是相同的血緣。古代“族”字雖然沒有特別標識血緣成分，而必以血緣因素爲原始群聚的前提，好像我們不必時時證明我們正在呼吸空氣一樣。晚至春秋時代猶有氏族軍，應是遠古血緣戰鬥團體的遺留。[12] 從字形的本義看，族似發端於以游獵爲主要謀生手段的時代，相對的時間遠在新石器時代以前。

新石器時代早期，農莊範圍還没擴張，社群階級結構尚稱平等，旌旗猶足以識別同群或異類。然而到了新石器時代晚期，社群擴大了，對外戰爭日趨頻繁，族群間的交往更加複雜；同時内部結構也分化，不但同族之人逐漸有富貴貧賤的階級區分，靠戰爭或掠奪得來的俘虜也在同一村莊内生活。社群成員的成分由單純而複雜，由一致而多樣，單靠旌旗已不足以識別，於是作爲分别族群的“姓”

---

〔11〕　參見丁福保《説文解字詁林正補合編》（鼎文書局）七上“㫃部”所引段注、徐箋。
〔12〕　族爲氏族社會的軍事組織初本於俞樾的《兒笘録説》，詳見白川静《説文新義》卷七上，亦參見丁山《甲骨文所見氏族及其制度》（科學出版社，1956）《釋族》；杜正勝《周代城邦》（聯經出版事業公司，1979），頁117～121。

就應運而生了。誠如上言，旌旗原是戰鬥團的標幟，當社群不再是
單一的戰鬥團體時，旌旗便不再象徵整個複雜的社群，只代表戰鬥
團而已。但戰鬥團也有領袖和隨從的階層分化，作領袖的人在旌旗
之外又採取某一種東西來表示他們的特殊身份，那就是"姓"。姓別
一開始便是統治階級的專利品，這是可以從姓的本義得到充分説明
的。[13]

姓的起源非天生，而是人爲的，故《左傳》説"賜姓"（隱公
八年）。《國語·晉語四》記載晉大夫司空季子説：少典娶于有蟜氏，
生黄帝、炎帝，黄帝姓姬，炎帝姓姜。又説：

> 黄帝之子二十五人，其同姓者二人而已，唯青陽與夷
> 鼓，皆爲己姓。（青陽，方雷氏之甥也；夷鼓，彤魚氏之甥
> 也。）其同生而異姓者，四母之子別爲十二姓。凡黄帝之子
> 二十五宗，其得姓者十四人，爲十二姓。

青陽、夷鼓同父異母而同姓，我們猶可理解；但黄帝、炎帝同
父、同母卻不同姓，姓就不可能是血緣的標識了。而且黄帝有子二
十五人，只十四人有姓，其中二人同姓，故其子有十二姓之多。可
見這種姓與後世的姓截然不同，其本義不但與父無關，抑且與母無
涉。同時還有許多無姓之人，連黄帝之子都無姓，何況他人呢。

那麼姓的基礎是什麼？依司空季子説是德。他認爲黄帝和炎帝
之所以戰於阪泉，互相殘殺，"異德故也"。因爲"異姓則異德，異
德則異類；……同姓則同德，同德則同心"。德是什麼？漢人講五德
運轉，這個德字還保留著古義。漢人認爲有德乃有天下，德應是土
地和人民的另一種表徵。黄帝與炎帝雖然同父同母，一領姬水流域，
一領姜水流域，土地人民不同，於是"異類"。領民不同類，承天
不同德，於是不同姓。司空季子講得很清楚，"同姓爲兄弟"，而非
兄弟爲同姓也。顧亭林《日知録》"氏族"條引《路史》曰：

> 古之得姓者，未有不本乎始封者也。（卷二三）

沒有封土就沒有姓，真是獨具隻眼，發千古幽微之論。姓的本義是

---

[13] 楊希枚分析先秦賜姓制度，認爲賜姓是賜族屬，與秦漢以下的姓不同，可以參看。見
氏著《姓字古義析證》，《中央研究院歷史語言研究所集刊》第 23 本下 (1952)；《左傳
因生以賜姓解與無駭卒故事的分析》，《中央研究院院刊》第 1 輯 (1954)；《先秦賜姓
制度理論的商榷》，《中央研究院歷史語言研究所集刊》第 26 本 (1955)。

政治的、非血緣的，亦當昭然若揭矣。《大戴禮記·帝繫篇》和《史記·楚世家》敘述陸終娶于鬼方氏之女女隤氏，産六子，別爲六姓，又衍爲八，號稱“祝融八姓”，正可以説明司空季子的議論。

姓既然是政治單位，同一部落的人口日盛，生産不敷所需，或遷徙部分族人到別處墾闢，或征服異族而建立殖民國家，分歧出去的族人乃取新姓。所以理論上姓是隨著政治團體之建立而可以無窮繁衍的。然而自新石器時代晚期以來，部落之間戰爭日烈，認同意識日强，別姓重出容易削弱勢力，原來的族群乃緊密地團結起來，姓的範圍才逐漸趨於固定，後世基於血緣義涵的姓也才顯著。不過，當時政治組織還非常幼稚，社群成員繁衍多了依然要分異。既想團結凝聚，又不得不分，只好以“氏”作爲分衍集團的新標識，但原來的姓仍舊保留。姓、氏並存就是這樣來的。氏之爲群體其實與以前的姓没有二致，而今氏上有姓，不外乎使異氏集團能尋出他們的共同根源。魯國衆仲曰：“天子建德，因生以賜姓，胙之土而命之氏。”（《左傳·隱公八年》）應屬於這一階段。《尚書·堯典》“百姓”與“萬邦”對言，姓有盡而邦無窮，邦即是氏，[14] 也是姓氏並存時期的特色。

不但姓可以分爲氏，氏也可以別出另外的氏。范宣子追述他的先祖説：“自虞以上爲陶唐氏，在夏爲御龍氏，在商爲豕韋氏，在周爲唐杜氏，周卑，晉繼之，爲范氏。”（《國語·晉語八》）范氏出自唐杜氏，唐杜氏出自豕韋氏，依次上溯於陶唐氏，它們都是領有土地和人民的族群。氏的分化愈演愈烈，變成爲所有統治貴族的標誌，連没有獨立領地的貴族也可名氏，氏於是始濫。衆仲曰：“諸侯以字爲諡，因以爲族；官有世功，則有官族。”這是以字，以諡，或以官，或以族爲氏的情形。鄭樵《通志·氏族略·序》列舉三十二種命氏的條件，屬於先秦者幾佔三十，而其中絶大部分皆非胙土之氏。從氏的本義來看，也太泛濫了。

領地或職官皆是政事，專屬男人管轄處理，故男子有氏；女人不參政，只好以姓識別所出的族類。政事隨時會變，但族類分野自

---

[14] 劉師培《古政原始論·氏族原始論》曰：“古帝所標之氏指國言，非指號言。……氏大抵從土得名，無土則無氏矣。”見《劉申叔先生遺書》（臺北：華世出版社）第 2 册，頁 794。

新石器時代晚期以降已經逐漸確定下來。顧亭林故曰："氏一再傳而可變，姓千萬年而不變。"[15] 其實姓氏產生與分衍的過程極其雷同，二者性質也相通，《史記·夏本紀》、《殷本紀》列舉姒姓十二氏、子姓七氏，太史公卻說是"姓"，就是這道理。所以年代一久，有些族群連姓也淡忘了，《禮記·喪服小記》才說：婦人"不知姓則書氏"。三代同姓"雖百世而昏姻不通"者只有周人，《禮記·大傳》特別稱爲"周道"。那麼夏朝的御龍氏應當可與陶唐氏通婚，雖然周人看來他們同姓，是不准婚姻的。

總之，姓、氏皆緣政治要求而生，血緣意義反而是後起的。有人解說姓氏，根據純血緣組織到地域組織的公式來討論"古代民族"的形成，[16] 實在不得要領。因爲三代社會結構的主要成分靠血緣來聯繫，政治體的姓或氏才透露其血緣意義，姓氏才具有雙重意義，成爲"以血統集團爲中心的政治權力的符號"。[17]

上文說過，姓的政治功能逐漸被氏取代以後，它的血緣意義方顯現。但夏商以前姓氏區別不嚴格，姓的血緣功能並未發揮出來。西周以後二者截然劃分，作爲血緣單位的姓乃受重視。周人重姓，姓不但以別婚姻，也是敬宗收族的手段，《禮記·大傳》所謂"同姓從宗合族屬"也。標榜同姓，教育疏遠的周人，爲維護姬周的統治而努力。[18] 在周代，姓毋寧是涵蓋較廣的聯繫；現實政治則以少數公卿大夫專有的氏爲主導，名實相符的血緣政治應指氏而言。

姓氏既因統治而起，照說只統治階級才有，被統治的平民是沒份的。然而自古以來，國家興亡無常，"高岸爲谷，深谷爲陵"，勝國餘燼夷淪爲庶者，代不乏人，他們也當有姓氏的。不過，一旦喪失政權，姓氏流於虛銜，就了無意義了。所以平民無氏，有的甚至無姓，但因爲群居，仍然有族。《國語·齊語》云："工立三族。"按工商之鄉六，則商亦有三族。他們都是群聚的。農人生活於守望

---

[15] 顧炎武《亭林文集》卷一《原姓》，見《亭林先生遺書》（光緒十四年校經山房刊）。

[16] 王玉哲《中國古代史上的民族問題》，《南開學報》1980 年第 2 期。

[17] 徐復觀《中國姓氏的演變與社會形式的形成》，收入《周秦漢政治社會結構之研究》（臺北：學生書局，1975）附錄。

[18] 參見杜正勝《周代封建制度的社會結構》，《中央研究院歷史語言研究所集刊》第50 本第 3 分（1979）。

相助，"祭祀同福，死喪同恤"的農莊，自然也聚族而居。[19] 惟庶民之族與統治貴族不同，最大範圍只限於一生及見的祖孫三代，難得數上四代以前的祖先，故觀射父説，士庶人祭不過其祖（《國語・楚語下》）。比之貴族矜尚的百世閥閱，不啻霄壤。他們既無姓氏，惟以名識別，一離開故國鄉土，便須加上鄉國之名。春秋時期虢的舟之僑、晉的介之推、齊的夏之御寇、燭庸之越、楚的耿之不比、鄭的燭之武，[20] 大概都是平民出仕而冠以故鄉之名者。

統治階級專有的氏是一種血緣政治組織，代表統治貴族與近親、支屬和領民所組成的國或家。譬如周公封給伯禽的殷民條氏、徐氏等六族，"帥其宗氏（近親），輯其分族（支屬），將其類醜（領民）"（《左傳・定公四年》），是相當完整的政治單位，文獻卻稱爲某氏。這種政治體如果擁有較大的領域，興築都城，統治城内的國人和城外的野人，便是"國"；如果區域較小，統治采邑的領民，便稱爲"家"。春秋以前的庶民埋没在家國、氏姓等血緣政治體之中，他們的家庭是不成爲獨立的社會單位的。要等到古代社會崩潰，後世意義的家庭才有其政治社會地位，那是春秋中晚期以後的事了。封建城邦一結束，氏族貴族也瓦解，於是集權的中央政府成於上，兩三代的血緣團體（家庭）立於下。理論上，面對中央政府的各個家庭都是平等的，故稱爲編户齊民。傳統中國政治社會的基本單位到這時才出現。

古代社會一旦解體，原來聯繫統治階級的姓和氏也產生改變。傳統的姬、姜、子、姒之姓不見了，代之而起的是"以氏爲姓"；同時氏也從公卿大夫的專利中解放出來，喪失其政治性，更普及化、平民化了。没落的公子王孫可以其國或氏爲姓，原來隸屬於某國或某氏的平民也徑以其國、氏爲姓，不再自稱某地方之某人。以前的貴族以官爲氏，而今之平民爲官吏，也不例外。《史記・平準書》説，漢初管理倉庫的小吏往往自稱倉氏、庫氏，他們的子孫便以倉、庫爲姓。

編户齊民出現後，古代社會的血緣聯繫非但没有斷絕，反而模仿、抄襲上層社會獨佔的姓氏，使得人人有姓。姓從統治階級深入

---

[19]　參見杜正勝《周代城邦》第二、三章。
[20]　陳厚耀《春秋世族譜》（《四庫全書珍本》第4集第86册）。

民間，成爲兩千年來維繫中國社會的韌帶。如果我們肯定血緣聯繫的歷史意義，那麼春秋中晚期至秦漢間的轉變應當是一種進步，不必像鄭樵悽悽悼念"姓氏之失自此始"。

三、家口之析聚與家庭結構

自西漢以下，我國歷朝都有人口統計，近代謹慎的學者對官方數據雖然不敢輕信，但其間仍不乏相當可信的資料，不能一概而論。這是和各朝的賦稅制度、授田政策與行政效率息息相關的。譬如漢朝凡人有賦，徵收人頭稅，每年八月案比，校正戶口，人口之登錄應該相當信實;[21] 何況漢代地方政府相當健全，辦事效率高，戶口校正，疲癃咸出，大概很少脫漏的。[22] 實施均田的時代，戶口資料也不須太過懷疑。像北魏的授田，連奴婢和牛隻皆在授與之列，民間更無隱瞞人口的必要。同時政府按口授田，也不能妄予，故年年"貌閱"，今存敦煌戶籍簿冊所見的唐朝部分戶口登記頗爲精細。[23] 有些朝代賦稅之徵斂以戶爲單位而不以口，詭戶尚有可能，漏口則無太大的必要，這時的官方資料仍然可以作爲研究家庭人口的參考。我們根據正史記載製成第一表"歷代戶口平均數要略"。

第一表羅列的五十個數據，從公元 2 年至 1812 年，歷時一千八百年之久，雖然都是官方資料，但其價值不應一律抹殺。

第一表的單位是戶和口。戶是行政術語，家才是社會概念，二者並不完全符合。也就是說，在政府的戶籍登記雖然同戶，實際上

---

[21] 《周禮·地官·小司徒》曰："三年則大比，大比則受鄉國之比要。"鄭注：大比，謂使天下更簡閱民數及其財物也。引鄭司農云："今時八月案比是也。"《鄉大夫》曰："以歲時登其夫家之衆寡，辨其可任者，……三年則大比。"可見地方每年校正戶口，三年上其簿書於中央，故沈欽韓《後漢書疏證》卷三《江革傳》引鄭司農注而斷曰："漢時一歲一閱。"杜貴墀《漢律輯證》卷二"八月案比"條亦云："《後書·皇后紀》，漢法常因八月算人是也。"

[22] 《後漢書·江革傳》："建武末年，與母歸鄉里。每至歲時，縣當案比，革以母老，不欲搖動，自在轅中輓車，不用牛馬，由是鄉里稱之曰：'江巨孝'。"可見戶口校正是"疲癃咸出"的。

[23] 李賢注《後漢書·江革傳》"案比"云："猶今貌閱。"唐代正式稱爲"團貌"，《唐會要》卷八五"團貌"條云："開元二十九年三月二十六日勑，天下諸州，每歲一團貌。"又云："天寶九載十二月二十九日勑，天下郡縣雖三年定戶，每年亦有團貌。"團貌時注明黄、小、中、丁、老，今存敦煌戶籍帳可以佐證，見巴黎國家圖書館（Bibliothèque nationalité）所藏伯希和卷與倫敦不列顛博物館（British Museum）所藏斯坦因卷，亦參見歷史研究所編《敦煌資料》第一輯。

表一　歷代戶口數簡表

年代		公元	戶　數	口　數	每戶平均口數	資　料
西漢	平帝元始二年	2	12 233 062	58 594 978	4.87	《漢書·地理志》
東漢	光武中元二年	57	4 279 634	21 007 820	4.19	《後漢書·郡國志》註引伏無忌注
	明帝永平十八年	75	5 860 573	34 125 820	5.82	伏無忌注
	章帝章和二年	88	7 456 784	43 356 367	5.81	伏無忌注
	和帝元興元年	105	9 237 112	53 256 229	5.77	伏無忌注
	安帝延光四年	125	9 647 838	48 690 789	5.05	伏無忌注
	順帝初	126	9 698 630	49 150 220	5.07	《後漢書·郡國志》
	順帝永和中	136～141	10 780 000	53 869 588	5.00	
	順帝建康元年	144	9 946 919	49 730 550	5.00	伏無忌注
	冲帝永嘉元年	145	9 937 680	49 524 183	4.98	伏無忌注
	質帝本初元年	146	9 348 227	47 566 772	5.09	伏無忌注
	桓帝永壽三年	157	10 677 960	56 486 856	5.29	《晉書·地理志》
魏	元帝景元四年	263	943 423	5 372 891	5.75	《後漢書·郡國志》註引《帝王世紀》
晉	武帝太康元年	280	2 459 840	16 163 863	6.57	《晉書·地理志》
前燕			2 458 969	9 987 935	4.06	《晉書·苻堅載記》
宋	孝武大明八年	464	906 874	4 685 501	5.17	《通典》七
	順帝昇明間	477～479	717 760	4 878 286	6.80	《宋書·州郡志》

續表

朝代	年代	公元	戶數	口數	每戶平均口數	資料
北齊	幼主承光元年	577	3 302 528	20 006 886	6.06	《周書·武帝紀》
北周	靜帝大象中	579~580	3 590 000	9 009 604	2.51	《通典》七
隋	煬帝大業二年	606	8 907 536	46 019 956	5.17	《隋書·地理志》
唐	中宗神龍元年	705	6 156 141	37 140 000	6.03	《舊唐書·蘇懷傳》
	玄宗開元十四年	726	7 069 565	41 419 712	5.86	《冊府元龜》四八六
	玄宗開元二十八年	740	8 412 871	48 143 609	5.72	《新唐書·地理志》
	玄宗天寶十三年	754	9 069 154	52 880 488	5.83	《冊府元龜》四八六
	玄宗天寶十四年	755	8 914 709	52 919 309	5.94	《通典》七
	肅宗乾元元年	760	1 933 174	16 990 386	8.79	《通典》七
	代宗廣德二年	764	2 933 125	16 990 386	5.79	《舊唐書》本紀
	穆宗長慶元年	821	2 375 805	15 762 432	6.63	《舊唐書》本紀
北宋	真宗咸平六年	1003	6 864 160	14 278 040	2.08	《宋史·地理志一》
	大中祥符八年	1015	8 422 403	18 881 930	2.24	《續資治通鑑長編》八六
	仁宗天聖元年	1023	9 898 121	25 455 859	2.57	《續資治通鑑長編》一〇一
	慶曆五年	1045	10 682 947	21 654 163	2.02	《續資治通鑑長編》一五七
	神宗熙寧五年	1072	15 091 560	21 867 852	1.44	《宋會要稿·食貨十一》
	哲宗元符三年	1100	19 960 812	44 914 991	2.25	《宋史·地理志》
	徽宗崇寧元年	1102	20 264 307	45 324 154	2.23	《宋會要稿·食貨六九》
南宋	高宗紹興三十年	1160	11 575 733	19 229 008	1.51	《宋會要稿·食貨十一》

續表

年代		公元	户　数	口　數	每户平均口數	資　料
金	孝宗淳熙十一年	1184	12 398 309	24 393 821	1.96	《宋會要稿·食貨十一》
	光宗紹熙四年	1193	12 302 873	37 845 085	2.26	《文獻通考》十一
	章宗明昌六年	1195	7 223 400	48 490 400	6.71	《金史·食貨志》
	泰和七年	1207	7 684 438	45 816 079	5.96	《金史·食貨志》
南宋	寧宗嘉定十六年	1223	12 670 801	28 320 085	2.23	《文獻通考》十一
元	世祖至元二十八年	1291	13 430 322	59 848 976	4.46	《新元史·食貨志》
明	太祖洪武二十六年	1393	10 652 870	60 545 812	5.68	《明史·食貨志》
	成祖永樂十年	1412	10 992 436	65 377 633	5.95	《大明會典》十九
	宣宗宣德九年	1434	9 635 862	50 628 346	5.25	《明實錄》
	代宗景泰七年	1456	9 444 655	53 712 925	5.69	《明實錄》
	孝宗弘治十一年	1498	10 304 374	50 855 370	4,.94	《明實錄》
	世宗嘉靖元年	1522	9 721 652	60 861 273	6.26	《明會要》五十
	神宗萬曆六年	1578	10 621 436	60 692 856	5.71	《大明會典》十九
清	仁宗嘉慶十七年	1812	49 589 715	264 278 228	5.33	《大清一統志》

參考文獻：許倬雲《漢代家庭的大小》，《清華學報慶祝李濟先生七十歲論文集》(1967)；黃盛璋《唐代戶口的分佈與變遷》，《歷史研究》1980 年第 6 期；袁震《宋代戶口》，《歷史研究》1957 年第 3 期；梁方仲《明代戶口田地及田賦統計》，《中國社會經濟史集刊》第 3 卷第 1 期 (1935)；王崇武《明代戶口的消長》，《燕京學報》第 20 期 (1936)；P. T. Ho, Studies on the Population of China , p. 56.

卻營不同的家庭生活，如兩晉南北朝時期的蔭户；元代法令不准別籍而准異財，也是異家同户的例子。相反的，兩宋按户等徵課徭役，人民爲避免高户，申報時往往不同户，但仍過一家人的生活。然而這些情形都不是普遍和恒常的現象，所以以户爲家來研究家庭人口，也不會太離譜。史籍有時家户通用，如《周書·異域傳上》蠻條云"大者萬家，小者千户"，作者顯然把户當作家。

正史志書和《通典》、《通考》所著錄的人口資料很簡單，只限於户數、口（或丁）數等名目，不容易深入研究人口結構，揭發社會經濟問題；但考證各時代的其他史料，對當時的家庭組織情況仍不難有所瞭解。第一表的數據除宋朝比較特殊外，兩千年中全國户口總平均數大約五人，符合通常説的"五口之家"，屬於近人所謂的小家庭。從戰國李悝以下，談人口的學者如漢初的鼂錯，中唐的杜佑，南宋的李心傳等人都看到這層。[24] 然而近代學術界卻流行過一個錯誤的觀念，相信中國傳統的家庭形態是大家庭，還有人專門作文立論。[25] 主張大家庭的人雖然可以舉出每家遠多於五口的證據，但他們若不是以歷史上罕見的特例爲通象，就是混族爲家，於是塑造了龐大家庭結構的假象。

然而全國總平均數五口也可能是抽象的存在，無法透視歷史實情，我國兩千年來的家庭結構恐怕不是一成不變的。因爲總平均數一則掩蓋地方的歧異性，事實上各時代州道郡縣的户口平均數差別是很大的；[26] 再者平均數也看不出單寡人口家庭將平均數拉低的情

[24] 李悝、鼂錯謂五口之家，見《漢書·食貨志》。杜佑《通典·食貨》"丁中"條曰："歷代户口多不過五，少不減三。"（卷七）李心傳《建炎以來朝野雜記》曰："西漢户口至盛之時率以十户爲四十八口有奇，東漢户口率以十户爲五十二口，唐人户口至盛之時率以十户爲五十八口有奇。"（卷一七，甲集）

[25] 雷海宗《中國的家庭制度》，《清華大學社會科學》2卷4期（1937）。按，該文所謂的家族大多指家庭。

[26] 漢平帝元始二年統計郡國每户平均口數，低於3.50口者八，低於4.00口者二十一，高於6.00口者十。最高交阯郡，8.07口，最低梁國，2.76口。唐玄宗天寶十四年天下十道户口平均數，河北道高達6.88口，嶺南道則有2.35口。再就州府考察，户口最多的四十二州中，貝州最高，8.35口；婺州則只有4.89口。北宋徽宗崇寧年間各州府的户口平均數，保州8.38口，太原府7.99口，另一方面則有澄州之1.00口，可見任何時代的每户平均口數各地方有相當大的軒輊。參見牧野巽《漢代における家庭の大きさ》，《漢代の家族形態》（收入《支那家族研究》，生活社，1944），黃盛璋《唐代户口的分佈與變遷》（《歷史研究》1980年第6期），袁震《宋代户口》（《歷史研究》1957年第3期）。

形，阻礙我們對一般家庭結構的瞭解。從第一表看來，家庭結構在二千年間幾乎沒有改變，但如果以可靠資料的衆數比對平均數，我們不難發現這期間中國的家庭結構也發生幾次轉型，其變易與政治社會息息相關。家庭結構的基本類型有兩種，家口平均數上，一種五口左右，一種可以高達十口。這五口之差便顯示家庭成員身份很大的區別，表現兩種截然不同的家庭結構。本文將前者稱爲"漢型家庭"，後者稱爲"唐型家庭"。

(一)"漢型"家庭結構

周代庶民家庭人口多寡，史無確證，按儒家傳述的井田制度，一般認爲五口。《公羊傳》、《穀梁傳》宣公十五年何休、范寧注都説受田百畝以養五口，戰國初期李悝檢討當時的農户收支，也以一家五口來估計。五口包括那些人呢？何休、范寧皆以爲"父母妻子"。但一對夫婦如果父母健在，只能有一個子女，如果父母一存一殁，只能有兩個子女，才符合五口之數，可見五口之數包含祖孫三代已經不易，更難以包括受田者的弟妹。

《孟子》另有一説，是"八口之家"(《梁惠王上》)。他勸國君行仁政，使壯者"入以事其父兄，出以事其長上"；否，則"父母凍餓，兄弟妻子離散"。根據《孟子》，庶民之家不但上有父母，下有妻子，中間還有兄弟。當時蘇秦也説："臨菑之中七萬户，不下户三男子，不待發於遠縣，而臨菑之卒固已二十一萬矣。"一户最少能出三名壯丁，五口家庭絕對辦不到，非兄弟同居不可。這樣的家庭五口不足數，八口也不算大。[27] 這顯示戰國以前的農家頗多三代同居，而且兄弟不分家的情形，井田制度正夫之外尚有餘夫，亦受田，[28] 當是這種家庭結構的寫照。

---

[27] 管東貴認爲平均每户六口，見《戰國至漢初的人口變遷》，《中央研究院歷史語言研究所集刊》第50本第4分(1979)；《周禮·地官·載師》賈公彥疏云："家以七夫爲計。"

[28] 《周禮·地官·遂人》條："辨其野之土：上地、中地、下地，以頒田里。上地：夫一廛，田百畝，萊五十畝，餘夫亦如之。中地：夫一廛，田百畝，萊百畝，餘夫亦如之。下地：夫一廛，田百畝，萊二百畝，餘夫亦如之。"《漢書·食貨志》："民受田，上田夫百畝，中田夫二百畝，下田夫三百畝。……農民户人已受田，其家衆男爲餘夫，亦以口受田如比。"這些"餘夫"皆當指成年男子而言，故賈公彥曰："家以七夫爲計，餘子弟多三十壯有室，其合受地亦與正夫同。"(《周禮·載師》)唯《孟子·滕文公上》曰："卿以下必有圭田，圭田五十畝；餘夫二十五畝。"趙岐注"餘夫"，以爲是農家"其餘老小尚有餘力者"，賈公彥以爲"年二十九已下未有妻"者(《載師》疏)，亦謂農夫，恐皆與孟子本意不符。孟子特曰"卿以下"云云，顯然指受野人供養的"君子"。貴族家庭兄弟同居應比農民還普遍。

戰國中葉以後，西方的秦國以政治力量改造社會，重組家庭。秦原來"父子無別，同室而居"。及公元前359年衛鞅變法，令"民有二男以上不分異者，倍其賦"（《史記·商君列傳》）。家有兩個以上的成年男子合戶同居者，賦役加倍。十年後再下令，令"民父子兄弟同室内息者爲禁"（《商君列傳》）。兒子或兄弟成人結婚後就必須分家，只允許未成年子女與父母同居，塑造了以核心家庭爲基礎的社會。賈誼批評秦人風俗偷薄，"家富子壯則出分，家貧子壯則出贅"（《漢書·賈誼傳》），蓋由於這種家庭結構的緣故。但近年湖北雲夢睡虎地秦墓出土的《秦律雜抄》引《戍律》曰："同居毋並行。"[29] 同居指同户而居的同母兄弟（下詳），可見核心家庭只是大致趨勢，不是絕對的。

秦始皇統一天下後，六國地區通行的父子兄弟同居已經少見。這是六國社會本身演變的結果，抑或秦以嚴政酷法强制造成的，今日難以徵考。但漢代的家庭結構似多承襲秦制，雖不見得限於父子兩代的核心家庭，兄弟通常是分居的，平均家庭人口數不超過五口，我們稱爲"漢型家庭"。其組織成員可從近世晚出的簡牘得到大致的輪廓。

1970年代初期湖北江陵鳳凰山出土一批漢初文景年間的簡牘，[30] 其中墓十的貸穀賬是分析漢初家庭結構的絶好資料。該賬册按家記載家長之名、能田人數、全家口數、耕種田畝，以及放貸的穀數，現在整理成第二表。[31]

表二　湖北江陵鳳凰山墓十貸穀賬

家長	能田	口	田（畝）	貸穀（石）
1. 聖	1	1	8	0.8
2. 楊	1	3	10	1
3. 虒土	2	4	12	1.2
4. 野	4	8	15	1.5
5. 疕冶	2	2	18	1.8
6. 疕	2	2	20	2

---

[29] 睡虎地秦墓竹簡整理小組《睡虎地秦墓竹簡》（文物出版社，1978），頁147。
[30] 長江流域第二期文物考古工作人員訓練班《湖北江陵鳳凰山西漢墓發掘簡報》，《文物》1974年第6期。
[31] 黃盛璋《江陵鳳凰山漢墓簡牘及其在歷史地理研究上的價值》，《文物》1974年第6期。弘一《江陵鳳凰山十號漢墓簡牘初探》，同上。

續表

家長	能田	口	田（畝）	貸穀（石）
7. □輸	2	3	20	〔2〕
8. 虜	2	4	20	2
9. 佗	3	4	20	斷
10. 積	2	6	20	模糊
11. 心	3	6	21	2.1
12. 乞	2	6	23	2.3
13. □奴	4	7	23	2.3
14. 青鳳	3	6	27	2.7
15. 小奴	2	3	30	3
16. 越人	3	6	30	3
17. 未	3	6	30	斷
18. 定冊	4	6	30	3
19. 骿	4	5	30	斷
20. 公土	4	5	32	斷
21. 村敗	4	6	33	3.3
22. 不章	4	7	37	3.7
23. 其奴	3		40	4
24. 勝	4	5	54	5.4
25. □奴	3	3	斷	斷
25 家	71	112	603	

上表全部二十五家，除"其奴"一家口數模糊外，其餘二十四家計一一二口，平均每家4.67人。每家口數分佈情形如下：

每家口數	1	2	3	4	5	6	7	8
家　數	1	1	5	5	2	7	2	1

每家少則一二口，多則七八口，但都是特例，最常見的卻是三至六口，不論家數或口數皆幾佔全部家、口數的80％。然而即使是六口之家，成員大概也只能包括父母與子女，容納不下兩個以上結過婚的兄弟。能田人數可以證明這個推論。第二表能田一項二十五家的資料齊全，能田口數佔所有人口的六成以上，每家能田人數的分佈如下：

每家能田人數	1	2	3	4
家　數	2	8	7	8

顧名思義,凡能下田工作,夠上一個勞動單位的都可稱爲"能田",包括婦女和未成年男子。鳳凰山墓十貸穀賬中,每家能田人數二至四人者佔絕大多數,足證家庭勞動主體是一對壯年夫婦,外加一兩個少年以上的子女或未婚弟妹。能田與家口相差較大者,如野、積和乞這三家差四人,心、口奴、青鳳和越人這四家差三人,可能上有年老父母,下有幼子女。不過,年老父母同居在這二十五家中依然居少數,可見西漢初期江陵地區猶多承襲秦俗,子壯出分,實行近人所謂的小家庭制。

漢簡有《戍卒家屬在署廩名籍》,是戍卒家屬領取口糧的記錄,也可窺探漢代西北邊區的家庭結構。勞榦先生編輯考釋的《居延漢簡》,著錄廩名籍者二十六簡,另外有籌貰簿一簡、符傳二簡也計錄家庭成員,共計二十九簡,其家庭結構見下頁第三表。[32]

表三　居延戍卒的家屬

户　　主	家					屬					家口數	考釋編號	註
	配偶	父	母	子		配偶	兄	弟	姊	妹			
				男	女								
1.　孫青肩	1				2						4	2745	
2.　徐誼	1				2						4	2752	
3.　王並	1				1						3	3281	
4.　寧蓋邑	1	1	1								4	3282	
5.　（斷）	1										2	3283	
6.　李護宗	1			1							3	3287	
7.　王音	1										2	3288	
8.　（斷）	1			2							4	3289	
9.　（斷）	1			1						1	4	3296	
10.　張霸	1							2			4	4069	[33]
11.　丁仁			1							2	4	4207	
12.　張孝	1				1						3	4468	
13.　伍尊	1										2	4470	
14.　王褒	1										2	4789	
15.　張放	1			1							3	4850	
16.　高鳳	1				2						4	4963	
17.　虞護	1									2	4	5242	

---

[32] 勞榦《居延漢簡考釋》(《中央研究院史語所專刊》之四十,1960)略誤,茲據圖版訂補。

[33] 勞榦《居延漢簡考釋》,No. 7011,按原釋作"月卒",茲據圖版第 433 葉 191.10 改。又《考釋》No. 4596 云:□卒家屬在署名籍;No. 5223 云:右卒家屬在署名籍。

續表

户　主	家　　　　　　　　屬										家口數	考釋編號	註
	配偶	父	母	子		配偶	兄	弟	姊	妹			
				男	女								
18. 徐□	1			1	1						4	5345	〔33〕
19.（斷）	1							1			3	5461	
20. 周賢	1			1	1						4	5462	
21.（斷）	1		1								3	6861	〔33〕
22.（斷）	1										2	6980	〔34〕
23.（斷）	1										2	8979	〔35〕
24.（斷）	1	1								1	4	3298	〔36〕
25.（斷）	1			2							4	9903	〔37〕
26.（斷）	1		1							1	4	7188	〔38〕
27. 張彭祖	1				1					1	4	1273	符
28. 孫時	1			2	1	1					6	1274	符
29. 徐宗	1			1				1		2	6	4085	〔39〕
													算貲
合　計	28	6		24		1		4		10	102		

以上二十九家，計一〇二人，平均每家 3.52 口；若排除 21 號至 26 號斷簡和 29 號疑牘，剩下二十二家，七十七口，平均每家 3.50 口。這兩個數據與公元 2 年張掖郡户口普查每户平均 3.64 口

〔34〕　原簡只剩下"妻大女"三字，其上當有户主。從書寫形式看，三字佔足全簡寬度，當別無另外家屬。

〔35〕　原簡"……妻大女母年五十二"書法佔滿全簡寬度，別無另外家屬。

〔36〕　原簡殘，"用穀三石　父大男相年六十用穀三石　用穀三石　凡用穀九石"殘闕的家屬推測是妻和成年妹一人，但後者也可能是母，因爲用穀皆同，不是未成年的子女。"二橦隧長居延西道里公乘徐宗年五十　徐宗年五十"。若全部計算，徐宗一家共有十七人，極不可能。疑原簡書寫重複，本表只計貲產賬以上的家口。又考釋 No. 2820 公乘禮忠小奴二人，大婢一人，無家屬記載，故本表不錄。

〔37〕　原簡殘，只剩下"妻大女/子小男/子小男"三行並列，佔足全簡，推測殘斷部分也不可能有其他家屬。

〔38〕　原簡殘，只剩下"年十八/年卅七/年十二"三行并行，佔足全簡，推測這三人的身份是妻、母或父、妹或弟。

〔39〕　原簡作

妻妻	宅一區直三千	妻	妻一人
子男一人	田五十畝直五千	男子一人	子男二人
男同產一人	用牛二直五千		子女二人
女同產二人			男同產二人
			女同產二人

（漢書地理志）極其接近。這二十九家，口數的分佈如下：

每家口數	1	2	3	4	5	6
家　數	0	6	6	15	0	2

主要集中於二至四口，比鳳凰山貸穀賑集中的情形稍微偏低，這也許是邊地，戍卒年齡又大半正在壯年或青年之故。[40] 就其親屬關係而言，根據表三顯示，由夫妻及其子女組成者十八家，佔總家數的62％，若與父或母同居也合併計算，則高達70％，這顯示家庭結構以核心家庭爲主。已婚兒子仍未分出只有孫時一例，但這簡是符傳，遷徙通行的驗證，不一定和家屬名籍有關。撫養弟妹者只九家十四口，約佔總家數30％強，總口數14％弱，足見同產同居共財的情形並不普遍。這十四位同產，女性佔十位，小者五歲，大者廿三歲，皆未婚；至於另外四位男性，都沒有超過十二歲的。顯示女姓同產出嫁以前尚與兄長同居，如果是男性，稍能自食其力就獨立門戶了。

表三家屬有年齡可考者二十四家，即編號1至20，及23、26、27、28。按年齡分成三組：甲組十四歲以下，乙組十五至四十五歲、四十六歲以上丙組。[41] 家長年齡皆無考，假定夫齡比妻稍大，除編號23妻年五十二，家長年齡應屬丙組外，其餘二十三家的家長年齡都屬乙組。依年齡組合歸納如下：

年齡組		人數	分組人數	百分比
甲	1～5	10		
	6～10	13	18	24.66
	11～14	5		
乙	15～20	12		
	21～30	11	26 + 23 = 49	67.12
	31～40	3		
	41～45	0		
丙	46～50	2		
	51～60	2	5 + 1 = 6	8.22
	61～70	1		
合　　計			73	

[40] 許倬雲《漢代家庭的大小》，《清華學報慶祝李濟先生七十歲論文集》(1967)。

[41] 原簡有三人，年十五，已爲人妻，故把十五歲列入乙組。又古人平均年齡短，五十歲算是高齡，四十歲還不算太老，故乙丙組的界線劃在四十五六歲之間。

如果十五歲至四十五歲是能田的年齡，居延能田人口約佔 67%，比鳳凰山能田者 60% 略高。百分之七的差距可能居延戍卒年幼子女尚少之故，也可能由於年齡組合分類的誤差，如果扣除三位十五歲的女性，居延能田者佔家庭人口的比率和鳳凰山就相差無幾了。

比較表二和表三的家庭人口分佈以及能田人數比率，前者表三稍低，後者表二稍小，在家庭結構上，這些微少的差數沒有太大的意義。居延張彭祖和孫時二簡皆注明永光四年（前 40），表三當可反映西漢中晚期西北邊區的家庭結構，卻與表二西漢初期長江中游的情形極其吻合。居延和江陵，一在邊疆，一在內地，經濟條件大不相同，家庭結構卻相當一致，充分說明這種家庭形態是西漢的通象。綜合居延和江陵的簡牘來看，漢代家庭是以夫婦及其子女所組成的核心家庭爲主體，父母同居者不多，兄弟姊妹同居者更少，家口大約在四、五人之間。這就是"漢型"家庭結構的特色。

不過，居延和江陵簡牘記述的家庭身份，有的是邊疆戍卒，[42]有的是貸穀貧農，有人可能懷疑這些資料只能表現殊相，而非漢代家庭的共相。我們且進一步來檢討當時社會中堅階級的家庭結構是什麼形態。中間階級正史尚可能記載，日本學術界所研究的漢代家庭之大小多限於這個層面，但異說紛紜。[43] 他們意見之分歧對立大半是由於"家庭"和"家族"兩個概念沒有分清楚的緣故。[44]。

主張漢代是大家庭制者，如宇都宮清吉氏以劉邦爲例，證明富農行"三族制複合家族"（按，該說"家庭"），家有十口。[45] 他所謂的"三族制"係指已婚兄弟及其父母同居。這種說法恐怕經不起仔細推敲。我們同樣以劉邦爲例來分析他的家庭結構。

劉邦讀過書，家財夠得上推擇爲吏的標準，爲泗水亭長；平昔游閑，總有賓客追隨；娶呂雉爲妻，又置外室曹氏。這些事實證明他的生活過得比一般人優異。劉邦的二哥耕稼極其賣力，購置不少

---

〔42〕 二十九名家長保存職銜者十九人，隧長張彭祖、孫時，徐宗，隊長張孝，其餘皆是卒，隊卒或隧卒。

〔43〕 如牧野巽《支那家族研究》（生活社，1944）；宇都宮清吉《漢代社會經濟史研究》（弘文堂，1955）；清水盛光《支那家族の構造》（岩波書店，1942）；守屋美都雄《中國古代の家族と國家》（京都大學東洋史研究會，1967）。

〔44〕 參見許倬雲先生前引文，他說是親屬關係（Kinship）和家庭形態（form of household）混淆不清。

〔45〕 宇都宮清吉《漢代における家と豪族》，前引書，頁 405～437。

田園，很得父親的歡心。父親太公，也有外室，生劉交，[46] 後來封爲楚元王。《漢書·楚元王傳》説他：

> 好書，多材藝。少時嘗與魯穆生、白生、申公俱受詩
> 於浮丘伯（伯者，孫卿門人也）。及秦焚書，各別去。

有能力支助子弟遠方游學，而且成爲戰國晚期大學者荀子的再傳弟子，恐怕不是一般農人辦得到的。説劉邦父子兄弟是富農，並不過分。

《史記》、《漢書》所見劉邦的親戚關係，[47] 父母之外，兄弟四人，長兄子信，次兄子濞，呂雉生孝惠帝和魯元公主，曹氏生肥，劉邦的長兄早逝，如外室不計，加上女口，舉兵以前，他的家族至少有十餘人，宇都宮清吉氏認爲這十餘口都是他的家庭成員，顯然錯把"家族"當作"家庭"了。

其實劉邦一家只有四口，他不但没有和兄弟同居，也未與父母共爨。《史記·楚元王世家》曰：

> 始高祖微時，嘗辟事，時時與賓客過巨嫂食。嫂厭叔，叔
> 與客來，嫂詳（佯）爲羹盡，櫟釜，賓客以故去。已而視釜中尚
> 有羹，高祖由此怨其嫂。

劉邦經常犯法，官吏追捕，不敢回家，往大嫂求食，大嫂厭煩，終於拒絶招待。他們分明是兩家，別居異財。《史記·高祖本紀》記載未央宮落成，高祖在前殿置酒，宴享諸侯群臣，給太上皇敬酒，説：

> 始大人常以臣無賴，不能治産業，不如仲力。今某之業
> 所就孰與仲多？

劉邦和二哥家産分開，也不可能同屬於一個家庭。此外，《史記》和《漢書》都收録老父看相的故事，"呂后與兩子居田中耨"，應是核心家庭的經濟形態，與伯叔兄弟無關。劉邦的史料適足以證明，像他這種地方性豪傑的家庭結構與戍卒、貧農並無大異，"漢型家庭"在漢代是有高度代表性的。

漢文帝時賈誼上疏曰：

---

[46] 《漢書·楚元王傳》曰："高祖同父少弟也。"師古曰："言同父，知其異母。"但《史記·楚元王世家》卻説："高祖之同母少弟。"《集解》引徐廣曰："一作'父'。"《索隱》從《漢書》及顏師古注。

[47] 親戚，父母兄弟也。《左傳·昭公二十年》：伍尚謂其弟員曰："爾適吳，我將歸死。吾知不逮，我能死，爾能報。聞免父之命，不可以莫之奔也；親戚爲戮，不可以莫之報也。"《韓詩外傳》七："曾子親戚既没，欲孝無從。又《左傳·僖公二十四年》："封建親戚，以蕃屏周。"杜註："廣封其兄弟。"

故秦人家富子壯則出分,家貧子壯則出贅。借父耰鉏,
慮有德色;母取箕箒,立而詒語。……囊之爲秦者,今轉而爲
漢矣。然其遺風餘俗,猶尚未改。(《漢書·賈誼傳》)

結婚成家之後便不與父母同居共財,父子各爲獨立的家庭,在漢初大
概頗爲普遍,與周制不合,故賈誼陳論政事特加批判,慨歎"俗流失,世
壞敗,因恬而不知怪,慮不動於耳目,以爲是適然耳"。《漢書·地理
志》叙述各地風土民情,河内是"薄恩禮,好生分";潁川"貪遴(吝)、
爭訟、生分。"顔師古注云:"生分,謂父母在而昆弟不同財産。"王先謙
《補註》不從,以爲生分"蓋夫婦乖異"。顔氏以唐人觀念解釋漢代歷
史,固然不對;王氏夫婦乖異之解他自己不敢肯定,事實上亦難證明。
根據賈誼的批評和前文關於家庭結構的分析,生分應當指父子分居、
別籍、異財,兒子一旦成人皆自立門户,誰也不奉養父母。[48] 兄弟分
居還無所謂,置父母於不顧,不但是道德倫常之墮落,也會造成嚴重的
社會問題。生分雖非普遍現象,卻反映出當時社會趨向於核心家庭。

漢惠帝元年詔曰:

今吏六百石以上,父母、妻子與同居,……家唯給軍賦,
他無有所與。(《漢書·惠帝紀》)

師古曰:"同居,謂父母妻子之外若兄弟及兄弟之子等見與同居業者。"
不必從。同居是秦漢的律令術語,雲夢秦簡《法律答問》曰:

何謂"同居"? 户爲"同居"。

又曰:

何謂"同居"? "同居",獨户母之謂也。

所以同居是指住在一起的同母兄弟。《秦律雜抄》引《戍律》曰:"同居
毋並行。"《秦律十八種·金布律》規定官吏因公負欠,當罰勞役賠償,
徭役未滿數而死,短少部分"毋責妻、同居"。[49] 這些同居皆指同户的
同母兄弟而言,沒有包括他們的子女。惠帝詔令"同居"除給軍賦外,
其他負擔皆免,當有鼓勵兄弟合户同居的作用,但只限於六百石中級

---

[48] 參見守屋美都雄《漢代家族の形態に關する考察》,前引書,頁297～353。按元始二年
的户口普查,河内郡每户平均口數4.42強,潁川5.11強,並不比其他郡縣低,守屋推
測班固獨責二地是受儒家人文理想的影響,因爲河内是商紂舊都,潁川屬韓鄭爲韓
非、申不害的故地。不過他也承認漢中葉以後太守韓延壽和黄霸對當地的教化,大概
改變那裏的家庭結構,於是有元始二年的統計結果。

[49] 以上資料見於睡虎地秦墓竹簡整理小組《睡虎地秦墓竹簡》,頁160、238、147、63。

以上的官僚,在中央要丞級以上的官,如少府六丞,在地方是郡守、尉之丞或萬户的縣令,不及萬户的縣長還不够格呢!(《漢書·百官公卿表》)這條法令對平民的家庭結構没有影響。

五十餘年後,漢武帝建元元年詔曰:

> 今天下孝子順孫願自竭盡以承其親,外迫公事,内乏資財,是以孝心闕焉。朕甚哀之。民年九十以上,已有受鬻法,爲復子若孫,令得身帥妻妾遂其供養之事。(《漢書·武帝紀》)

此令關係平民,年逾九十的老者,其子或孫免除徭役,以奉養父祖,不再像從前"孝心闕焉"。孝心有闕可能指分居而言。九十上壽,没有幾人能及,所以這條法令對家庭結構的作用也微乎其微。

傳陶潛著《群輔録》曰:

> 重合令子輿 (居宋里) 櫟陽令子羽 (居東觀里) 東海太守子仲 (居宜唐里) 兗州刺史子明 (居西南里) 潁陽令子良 (居遂與里)
>
> 右郡決曹掾汝南周燕少卿之五子號曰"五龍",各居一里,子孫並以儒素退讓爲業,天下著姓。見周氏譜及《汝南先賢傳》。[50]

按《群輔録》編纂次序,周燕當是西漢中晚期之人,五子非縣令、郡太守就是州刺史,"天子著姓",又崇尚儒業,仍然"各居一里",不同居的。

西漢家庭兄弟分異,固如上文所論;東漢社會風氣逐漸改變,惟據史籍所載事例,兄弟仍以分異爲常,不可能有父母與兩個以上已婚子女同居的事。東漢有"金廣延母徐氏紀産碑",收在宋朝洪适編撰的《隸釋》卷一五中。碑文殘闕漫漶,不能完全通讀,大意説徐氏生於元初(114～119)年間,永壽元年(155)嫁給吏掾金季本。養一男曰恭,早卒,故"收從孫即廣延立以爲後,年十八娶婦徐氏,弱冠仕"。廣延也不幸早世。今考徐氏來歸金季本,最少三十六歲,季本任職吏掾,不會這麽晚婚,徐氏應是續弦或再娶。季本前妻有子,名曰雍直。碑文説:

> 季本平生素以奴婢田地分與季子雍直,各有丘域。

他們父子生前就分居異財了。雍直"蓄積消滅,責(債)負奔亡,□□□立,依附宗家得以蘇……"他將家財花盡,負債累累,大概無顏再入父

---

〔50〕 《群輔録》收入馬俊良輯《龍威秘書》第1集第1册,頁10;亦參見牧野巽《漢代における家族の大きさ》,《漢學會雜誌》第3卷第1號(1935)。

親家門,父親也不收留他,不能存立,只好奔亡,依靠宗族苟活。而後季本、恭、廣延皆殁,徐氏老,留一部分錢財以供衣食,其餘"悉以歸雍直"。大婦(金恭妻)得錢四十八萬。徐氏年老孤伶,身爲繼母,與雍直不同户而居,猶可理解。但碑文獨言:

　　小婦(廣延妻)慈仁供養,周厚奉順,(下缺)煖,不離左右。

似乎親生子恭之妻也没有與婆婆同居。碑文顏曰"金廣延母",稱其過繼之子,而不稱親生子"金恭母",當與其家庭結構有關。[51]

金母徐氏碑建於靈帝光和元年(178),已接近東漢末期,猶存生分之俗。《隸釋》卷一五載光和三年建置的"舜子卷義井碑",碑陰鐫刻斥資人名,多有稱爲"分子"者。洪适考釋曰:

　　義井碑陰稱五大夫者三十一人,稱分子者六十人,摩滅者數人。……景北海碑:"鴟梟不鳴,分子還養。"蓋用"家富子壯則出分"之語,謂惡逆之鳥鉗喙無聲,外爨之息歸奉三牲也。耿勛碑:"修治狹道,分子效力。"謂正丁已供差徭,分子亦來助役。此碑分子似指土豪出分之子。

洪适考釋"分子"當無疑義。按北海相景君碑順帝漢安三年(144)立,耿勛碑靈帝熹平三年(174)立,[52]皆可代表東漢晚期的現象。

不過終東漢之世,全國平均家口數比西漢晚期略高(參見表一),似乎是儒家倫理普及後,矯正生分之俗的結果。正如前引北海相景君碑銘所云:"分子還養,元元鰥寡,蒙祐以寧。"《後漢書·循吏列傳·許荆傳》説,和帝時荆遷桂陽太守,以禮感化,《集解》引謝承《書》曰:"彬人謝弘等不養父母,兄弟分析,因此皆還供養者千有餘人。"地方官教化逐漸改變"生分"的習俗。到曹魏盡除不合時宜的漢律,其中有:

　　除異子之科,使父子無異財。(《晉書·刑法志》)

正式廢止商鞅訂定的生分法律。這期間延續將近八百年。

廢除父子分異的令律並非創制,不過是追認社會事實而已。東漢時代父子生分的情形雖然比較少,兄弟同居共財的例子還很少見。換言之,家庭結構逐漸從"核心家庭"轉爲"主幹家庭",而不是"共祖家庭"。這僅就大勢言,任何時代都有特例。西漢末年劉秀外祖樊重"三

〔51〕　參見《隸釋》卷一五,洪适《考釋》。
〔52〕　參見《隸釋》卷六,《續隸》卷一一。

世共財,子孫朝夕禮敬,常若公家"(《後漢書·樊宏列傳》)。樊重在世時,子孫不分家。東漢和帝時,魏霸"少喪親,兄弟同居,州里慕其雍和"(《後漢書·魏霸列傳》)。霸爲鉅鹿太守,在任上,

> 常念兄嫂在家勤苦,己獨尊樂,故常服粗糲,不食魚肉之味。婦親蠶桑,子躬耕,與兄弟(《太平御覽》卷五一二引作"兄子")同苦樂,不得自異。(謝承《後漢書》)

魏霸妻子與兄大概是同居共財的。稍後薛包也以兄弟不分異聞名,但父母相繼過世後,"弟子求分財異居,包不能止,乃中分其財"(《後漢書·劉趙淳于列傳序》)。薛包之兄弟分異毋寧是當時的通相。東漢初有鄭均者,《東觀漢記》曰:

> 均好義篤實,失兄,事寡嫂,恩禮敦至。養孤兒兄子甚篤,已冠娶;出令別居並門,且盡推財與之,使得一尊其母。(卷一八)

"別居並門",《太平御覽》卷五一二引《典略》作"及居並門"。住家雖共門户,財産分開,自然不屬於一個家庭。鄭均照顧乃兄遺孤用心良苦,並門而不共財,只好推財,因爲當時的家庭結構,兄弟同居共財者依然很罕見也。後漢之世,推産讓財之事例,史傳比比可考,當是周道倫常漸興,而承襲秦制的"漢型家庭"猶未改變時的現象。許武曰:

> 禮有分異之義,家有別居之道。(《後漢書·許荆列傳》)

正是漢人普遍的觀念。

然而時代愈下,儒家倫常愈居主流,讓財往往成爲矯俗干名的手段,頗遭識者物議。應劭《風俗通義·過譽篇》曰:

> 凡同居,上也;通有無,次也;讓,其下耳。

應劭,靈帝時舉孝廉,公元189年拜太山太守,建安中卒於鄴。他的議論代表漢末魏晉的要求,和魏除秦漢父子異科一樣,皆顯示中國家庭結構已邁入另一階段。

(二)"唐型"家庭結構

"唐型家庭"不但人口比漢型多,成員關係也遠較複雜,在唐代相當普遍,故名。它的來源可以追溯到魏晉南北朝。

公元263年曹魏滅蜀,合計兩國户口,每户平均5.75人,高於西漢末期一口左右。公元280年平吳之後,全國平均每户6.57口,比西漢末期增加1.7口(參見表一)。沈約《宋書·州郡志》據晉武帝太

康、元康定户,以及其他地理書,全國總平均每户6.80口。[53] 接近西晉初年的統計。如果根據上節簡牘家口人數分佈與漢代總平均户口數來比對,魏晉時期每户六七口者已相當普遍,八口的人口也不稀奇。這是否顯示核心家庭已漸式微,代之而起的是仰事父母、俯蓄妻子、包括直系三代的主幹家庭逐漸復興,而已婚兄弟同居的共祖家庭也逐漸抬頭呢?實情可能不這麼單純。

《宋書·周朗傳》曰:

> 今士大夫以下,父母在而兄弟異計,十家而七矣;庶
> 人父子殊產,亦八家而五矣。

仕宦人家父母在而兄弟同居共財者雖然不多,父子分異的情形恐怕已很少見,故周朗沒有提出來批評。即使平民,也有將近40%的家庭改變秦漢父子分異的風俗。上述户口平均數之提高大概説明這種現象。當然生分的核心家庭在平民中猶佔多數,《隋書·地理志》謂四川"小人薄於情禮,父子率多異居",即指此而言;江南"父子或異居",不像四川那麼普遍。

---

[53]

州　名	户　　數	口　　數	平均(口/户)
1. 揚	143 296	1 455 685	10. 16
2. 青	40 504	402 729	9. 94
3. 湘	45 089	357 572	7. 93
4. 徐	23 485	175 967	7. 49
5. 江	52 033	377 147	7. 25
6. 豫	22 919	150 839	6. 58
7. 南豫	37 602	219 500	5. 84
8. 南徐	72 472	420 640	5. 80
9. 梁	1 786	10 334	5. 79
10. 郢	29 469	158 587	5. 38
11. 南兗	31 115	159 362	5. 12
12. 兗	29 340	145 581	4. 96
13. 冀	38 076	181 001	4. 75
14. 益	53 141	248 293	4. 69
15. 秦	8 732	40 888	4. 68
16. 雍	38 975	167 467	4. 30
17. 廣	49 726	206 694	4. 16
18. 荊	65 604	—	—
19. 司	18 298	—	—
20. 交	10 453	—	—
21. 越	—	—	—
合　計	717 760	4 878 286	6. 80

然而《宋書·地理志》全國總平均戶口數已經不低,個別州郡戶口平均數,七口以上所在多有,青州幾達十口,揚州超過十口,[53] 這些都不是周朗所描述的家庭結構能完全解答的,須從別的角度來推敲。

《晉書·食貨志》云:政府定制,按官吏"各以品之高卑蔭其親屬,多者及九族,少者三世。宗室、國賓、先賢之後及士人子孫亦如之。又得蔭人以爲衣食客及佃客"。其比例是:衣食客,六品以上三人,七、八品二人,九品及御前禁衛一人;佃客,一、二品無過五十戶,三品十戶,四品七戶,五品五戶,六品三戶,七品二戶,八、九品一戶。佃客以戶計,衣食客以人計,兩者性質固不同;但《晉書·食貨志》説"客皆注家籍",他們或仍過獨立的家庭生活,或在主人家中居住行走,都附屬於主人的戶籍,不算國家的編戶民。《北堂書鈔》卷三八引《祖逖別傳》曰:

> 逖爲豫州刺史,尅己務農,不蓄財産,家僮子弟,耕
> 而後食。

家僮與子弟並稱,因爲他們屬於這個家庭的成員。三國以來的百口之家(詳見下章),有不少是合法或非法蔭庇的家僮人口。《宋書·州郡志》揚州平均戶口數特別高,因爲揚州是京畿之地,國戚貴人、顯官大吏之所叢聚,蔭口多的緣故。

賦税制度對戶口統計也有影響。建安五年(200)曹操徵發戶調,爾後製爲定式。北方到魏孝武帝太和九年(485),南方到梁武帝天監元年(502)始去戶貲,計丁而征布。這期間將近三百年,征税單位以戶不以口,[54] 無形中鼓勵合戶。《宋書》與《南史·孝義傳》都記載一則故事,可以説明這種情形。宋元嘉中,蔣崇平搶劫見擒,共犯吳晞張在逃。晞張本村發生水災,妻子五口避居蔣恭家,因爲恭婦是晞張妻之親。晞張搶劫,其妻不知情,蔣恭更不知情,但官府按捕晞張家口,循跡到蔣家,乃"禽收恭及兄協付獄科罪"。恭以爲事由婦親而起,求免兄協,協卻以身爲"戶主",求免弟恭。史書明説吳晞張妻子"移案恭家",不是兄協之家,蔣氏兄弟在政府的登錄雖然同戶,事實上是兩家分別生活的。顧亭林《日知錄》卷

---

[54] 參見李劍農《魏晉南北朝隋唐經濟史稿》(臺北:華世出版社)第六、七章;唐長孺《魏晉户調制及其演變》,《魏晉南北朝史論叢》(三聯書店,1955);《西晉户調式的意義》,《魏晉南北朝史論叢續編》(三聯書店,1959)。

一三"分居"條引隋盧思道聘陳嘲南人詩曰:"共甑分炊飯,同鐺各煮魚。"雖別財而不異居,更有理由合籍了。

合户可以逃税,史書稱爲"蔭附"或"蔭冒",嚴重者"或百室合户,或千丁共籍"。據説這是因秦晉之弊。(《晉書·載記·慕容德傳》)魏立三長制之前,"民多隱冒,五十、三十家方爲一户"(《魏書·李沖傳》)。不論合法的蔭庇或非法的合户,皆使政府的户口統計不能充分反映真實的家庭結構,探討魏晉南北朝的平均户口數,必須考慮這些政治因素。

倫敦不列顛博物館收藏西凉建初十二年(416)敦煌郡敦煌縣西岩鄉高昌里户籍殘卷,編號斯 0113[55] 著錄十家户籍,只有八户完整。這八户皆居於趙羽塢,其人口和成員見於下表:

表四　西凉建初十二年敦煌高是里户口

| 户主 | 年齡 | 身份 | 妻 | 子 | | 子之配偶 | 孫 | | 母 | 兄弟 | 姊妹 | 合計 |
				男	女		男	女				
1 裴成	65	兵		2		1						4
2 陰懷	15	散							1			2
3 裴保	66	兵	1	2		2	1					7
4 呂沽	56	散	1	2	1							5
5 呂德	45	兵	1	3	1							6
6 隨嵩	50	大府吏	1	1		1					1	5
7 隨楊	26	散							1			2
8 唐黄	24	散	1		1							3
合　計			8	5	10	3	4	1	2		1	34

八户三十四口,平均 4.25,單就數據而論,與漢代沒有顯著的差別,但每户人口數的分佈,五至七口者居一半,尤其成年兄弟同居,卻是西漢時期極爲罕見的。呂沽、呂德的兒子皆未成丁,不論。裴成二子,醜與溱,[56] 年齡分別爲廿九和廿五歲,溱已婚。裴保亦有二子,皆已婚,而且生下第三代,其家庭結構如下:

---

〔55〕 中國科學院歷史研究所資料室編,《敦煌資料》第一輯(中華書局, 1961)。原卷景本見池田温編撰《中國古代籍帳研究》(東京大學東洋文化研究所報告, 1979)頁 146~148。

〔56〕 原卷作"息男醜年廿九(殘)醜男溱年廿五　次男□"。按醜行末殘缺部分當作"丁男一",溱行末缺"一"字,而"醜男"下脱漏"弟"字。

$$袁氏＝裴保\begin{cases}隆＝蘇氏\\金＝張氏——養\end{cases}$$

形成共祖家庭。即使在東漢，裴成、裴保時家庭是爲州里所羨慕的。然而他們的身份不過是極普通的兵卒而已。

西魏大統十三年（547）瓜州敦煌縣效穀鄉課租帳簿也登錄戶口名册，編號斯六一三背。[57] 原有九戶，名册全者有五戶，五至七口不等，另外有一戶雖稍殘缺，可以推測彌補，其戶口狀況是：

```
户主白醜奴丁亥生年肆拾壹     白丁      課户中
母高阿女壬寅生年捌拾陸       老妻
妻張醜女丙申生年叁拾兩       丁妻
息男顯受庚戌生年拾捌         白丁      進丁
```

（息女□□丙辰生年拾兩	中女		口二男口二中年十二已下）

```
息男阿慶丙辰生年拾兩     中男              口一老年八十六
息男安慶丁巳生年拾壹     中男    口十不課    口二中年十二已下
息女未客壬戌生年陸       小女凡口十五 口八女  口四小年八已下
息女未醜戊午生年拾       中女              口一黄年二
息女暈庚申生年捌         小女
弟武興壬寅生年叁拾陸     白丁              三丁男
興妻房英英已亥生年兩拾究 丁妻    口五課見輸
興息女阿暈甲子生年肆     小女              二丁妻
興息女男英甲子生年肆     小女
興息女續男乙丑生年兩     黄女  上
```

白醜奴與白武興兄弟二人，上有老母，下有妻小，他們一起徵課布調田租，一起計口受田，恐怕很難過獨立的家庭生活，所以白醜奴的家也屬於共祖家庭。

西魏大統十三年的簿册分爲兩類，甲類登記戶數及徵課的口數（即丁），乙類登記每戶成員及受田。[58] 甲類戶二十七，丁六十八；乙類戶九，丁二十一（剔除婢一人）。平均每戶的丁數分別爲2.5及2.3。前引西涼建初十二年戶籍八戶十八丁，每戶只2.25丁。故一般估計每戶大概有2.4丁。我們如果用這些簿册的戶丁資料來探討南北朝末年的家庭，對其結構將有更清楚的認識。隋文帝代周後，立刻"令州縣大索貌閱"，《隋書·食貨志》曰："於是計帳進四十四萬三千丁，新附一百六十四萬一千五百口。"每戶以2.43丁計，

---

[57] 池田温，前引書，頁156～165。

[58] 山本達郎《敦煌發見計帳樣本文書殘簡（上）（下）》，《東洋學報》第37卷第2、3號（1954）。

得隱民十八萬三百零五戶，則每戶有九口。這數據容有誤差，似不可能太偏高。隋朝建國前夕，隱漏戶口的下層民家每家竟有八、九口之多。當有不少兄弟同居，甚至已婚依然同居的家庭。

誠如上文所謂，兩晉的官方統計比實際家口平均數稍偏高，但南北朝末年北方細民的家口平均數竟能比擬於西晉初年的官方戶口平均數，豈不意味著三百年間（280～580）中國北方家庭結構普遍產生很大的變化。北周太祖根據家庭人口多寡分配住家面積，令曰："凡人口十口以上，宅五畝；口九以下，宅四畝；口五以下，宅三畝。"（《隋書·食貨志》）當時九口、十口之家恐怕已不稀奇，這是秦漢之人不能想像的。《顏氏家訓·止足篇》曰："常以爲二十口家奴婢盛多不可出二十人。"平民中的大戶人家奴婢家僮除外，家庭成員竟有高達二十人的。

隋唐承襲北朝風尚，十口之家遂成爲口頭語。[59] 唐朝多次舉行戶口普查，一般每戶平均5.8口左右，個別現象超過六口（參見表一）。這些數據似與西漢平帝元始二年的全國總平均戶口數相差不大，但分區來看，漢唐是截然有別的。元始二年各郡國每戶平均口數5.50以上者多在西、南邊郡，内地很少高於4.87的總平均數；[60] 唐代則不然，盛唐之時每戶平均七口的州不足奇，也有高達8.35口者，而多集中在内地。按《新唐書·地理志》引開元二十八年（740）戶部帳各州戶口數，每戶平均大於六口者列表如下：

---

[59] 仁井田陞引唐大中年間進士劉駕"輸者謳"詩，"一身達出塞，十口無稅征"（《全唐詩》第九函），以及其他資料，證明唐代家庭人口約有五至十口。

[60] 兹舉數郡爲例，以見一般：

交阯郡	8.09強	淮陽國	7.24強	蒼梧郡	7.22強
益州郡	7.09強	廣平國	7.09強	越嶲郡	6.67強
零陵郡	6.66強	樂浪郡	6.47強	牂柯郡	6.33強
河南郡	6.30弱	上　郡	5.85強	五原郡	5.85強
鬱林郡	5.74弱	南　郡	5.72強	桂陽郡	5.56強
武陵郡	5.44弱	長沙國	5.42強	常山郡	4.77強
高密國	4.75強	泗水國	4.75強	濟陰郡	4.74強
琅琊郡	4.71強	北海郡	4.67強	臨淮郡	4.61強
東平國	4.61強	河内郡	4.42強	泰山郡	4.22弱
千乘郡	4.20強	河間國	4.16強	中山國	4.15強
趙　國	4.15強	東　郡	4.13強	河東郡	4.06強
弘農郡	4.03強	雁門郡	4.01強	太原郡	4.00強
左馮翊	3.90強	右扶風	3.86強	京兆尹	3.48強

表五　開元二十八年戶部帳州戶口高平均者

州　　名	戶　數	口　數	每戶平均口數
1　貝　州	100 015	834 754	8. 35
2　蘇　州	76 421	632 650	8. 28
3　博　州	52 631	408 252	7. 76
4　亳　州	88 960	675 121	7. 59
5　洛　州	91 666	683 280	7. 45
6　徐　州	65 170	478 676	7. 35
7　魏　州	151 596	1 109 872	7. 32
8　宣　州	121 204	884 985	7. 30
9　冀　州	113 885	830 520	7. 29
10　宋　州	124 268	897 041	7. 22
11　曹　州	100 352	716 848	7. 14
12　濮　州	57 782	400 648	6. 93
13　杭　州	86 258	585 963	6. 79
14　瀛　州	98 018	663 171	6. 77
15　常　州	102 673	690 673	6. 73
16　同　州	60 928	408 705	6. 71
17　滄　州	124 286	825 705	6. 64
18　河中府	70 800	469 213	6. 63
19　晉　州	64 836	429 221	6. 62
20　兗　州	87 987	580 608	6. 60
21　湖　州	73 306	477 698	6. 52
22　潤　州	102 023	662 708	6. 50
23　徽　州	68 472	440 411	6. 43
24　定　州	78 090	496 676	6. 36
25　澤　州	82 204	517 331	6. 29
26　許　州	77 747	487 846	6. 28
27　河南府	194 746	1 183 092	6. 08
28　陳　州	66 442	402 205	6. 05
29　鄆　州	83 048	501 509	6. 04
30　太原府	128 905	778 278	6. 04

如果以上節所論江陵鳳凰山貸穀帳戶口的平均數（4.67）和衆數（三至六口）來比對，唐代每家口數之分佈自然高揚，一般情形可能在五至十口之間，它的家庭成員與漢朝就大異其趣了。根據當代殘存的個別史料印證全國或州縣的平均戶口數，可以説明"唐型"家庭結構的内容。

清人陸耀遹所纂《金石續編》卷五著録"周村十八家造像塔記"碑

表六　唐麟德元年懷州周村十八家造像塔記

戶主(家長)姓名	身份	配偶妻	配偶妾	子男	子女	子女配偶妻	子女配偶妾	子女配偶婿	孫男	孫女	孫配偶妻	孫配偶妾	曾孫男	曾孫女	母	兄弟	姊妹(無夫)	兄弟配偶妻	兄弟配偶妾	姪男	姪女	姪孫男	姪孫女	祖母	伯叔母	家口數
1　周文會		1		1		1			4																	8
2　周子尚		1		1		3			3																	9
3　周子儼	汲郡從事	1		2		2			4																	12
4　周　定	*大陸吳澤二府校尉	2		1		1			1		1**		1													8
5　周永建	并州交城縣令	1		1		1			2		1		1													6
6　周仕峻		1		1					2																	7
7　周　寧		1		2		1																				5
8　周義成	*大陸府隊正上騎都尉	2		1		1			1		1															6
9　劉子儒	曹州考城縣令	1		1					2		1**		1													8
10　乘景嵩		1		1		1			1		1		1													7
11　段文基		1		3		2																				6
12　孫長寧		1		1		2			1																	7
13　周買政		1		1					1		1															7
14　周體剴		1		1					1								1									7
15　周　剴	*上騎都尉	1		1	1	1		1	2																	6
16　周眈羅		1		3	1	2			1																	8
17　周　操		1		2	1	1			4																	8
18　周君楚	上林府	1		1	1	1			4																	8
合計　18		20		23	4	22		1	34		6		4				1									133

注：一、本表本於仁井田陞而有所修訂，見氏著《支那身份法史》頁357。
　　二、*戶主之男擔任的官職。
　　三、**戶主有孫，又有曾孫，其中至少必有一孫已婚，原碑無，以意補之。

表七 敦煌龍勒鄉里天寶六年籍

	戶主姓名	戶主年齡	身份	配偶妻	配偶妾	子男	子女	子之配偶妻	子之配偶妾	子之配偶夫	孫男	孫女	孫之配偶妻	孫之配偶妾	曾孫男	曾孫女	母	兄弟	姊妹(無夫)	兄弟之配偶妻	兄弟之配偶妾	姪男	姪女	姪孫男	姪孫女	祖母	伯叔母	家口數
1	鄭恩養	43	白丁	1		1	5										1		3									12
2	曹思禮	56	隊副	1		1	5										1	2	1	1		2						15
3	曹懷瑀	66	老男翊衛			1	6																			1		8
4	劉智新	29	白丁	1													1	1	2									7
5	陰嚩祖	85	老男																									1
6	陰承光	29	白丁	1													1	1	1							(外婆)1	2	6
7	徐庭芝	17	小男														1	1	1							(外婆)1		6
8	程思楚	47	衛士武騎尉	3		1	2										1	2	2	4		1	1	1	2			18
9	程什住	78	老男翊衛	2	1	2	4											1		1		1	2					15
10	程仁貞	77	老男翊衛	2		1	5																					9
11	程大忠	51	上柱國	2		3	5												2									13
12	程大慶	47	武騎尉	2		3	1												2									9
13	程智意	49	衛士飛騎尉	2		1	10												2									16
14	劉智德	84	老男																									1
15	令狐仙尚	33	中女															1	1									2
16	杜懷奉	45	上柱國			2												1	2	2		2	1	1			1	15
17	卑二郎	29	白丁														父1		2									6
合計	17			17	1	16	43										8	9	21	8		6	4	2	2	3	3	159

注:一、本表本於仁井田陞而有所修正,原表遺漏卑二郎,多(某)明、卑德意。按(某)明屬斯4583號卷天寶五年,卑德意則係誤入。

二、鄭恩養屬伯2592號卷,曹思禮以下屬伯3354號卷。

文一件，建於唐高宗麟德元年(664)，在懷州修武縣。該碑刻録斥資造佛塔的十八家家庭成員，皆有稱謂和名字，現在整理成表六。

這十八家平均每家7.39口，家口分佈從五至十二不等，而以六口至八口佔絕大多數，計十五家；但碑文記載的人數並不完備，女性可能有所缺漏。十八家除周操之女招贅，其他因爲家長年高，女子大多出嫁，故碑文只有一個姊妹和三個女兒，猶可理解。然而若謂十八家有孫子三十四人，竟無一家有孫女者，實非常情，所以家口平均數和家口分佈衆數都應該相對斟量提高。這些家庭或官拜縣令，或任職都尉，無官職者能斥資造塔也多富實，他們代表地方中上階層的人家，故家口平均數比全國總平均大，在州户口高平均者中也偏於上限。

關於十八家的家庭結構，祖孫三代同居者十二家，四代者四家，父子兩代只有二家而已。兩代同居者是周寧和孫長寧，周寧長男行密，官拜大陸府隊正上騎都尉。娶妻王氏；孫長寧三男皆娶。[61] 他們的年紀大概都不輕，而皆無子，如果不是碑文脱漏，就是不育，不可與漢代夫婦與幼子同居的情形等量齊觀。周操可能無子，暫不考慮，其餘十七家第二代兄弟兩人同居者只有四家，另外十三家第二代的男子都只有一人。如果説這是單傳，未免太巧合；更合理的解釋應該是第二代兄弟多分異出去，別立門户。因此，即使三代或四代同堂，基本上家長只與一子同居而已。成年兄弟分居的情形從另一件碑銘可以得到旁證。唐玄宗開元廿四年，這十八家的後裔"因其祖禰所造像塔再鑴藻飾"，而刻"周村卅餘家鑴像記"，銘文收在《金石續編》卷七。麟德元年的家長多老者，七十二年後，約莫三代，十八家分異成四十餘家，正可説明我們的推斷。

總之，唐代前期懷州周村的家庭結構以主幹家庭爲主，年老的家長只與一成年兒子同居，和衆子同居的共祖家庭並不多見，至於"漢型"的核心家庭或生分的風尚，十八家完全絕跡。

周村十八家建造像塔之稍後，高宗儀鳳四年(679)三月冀州武邑縣來昌鄉龍游里馬君起造石浮圖，[62]其供養人名和身份如下：

---

[61] 陸耀遹撰、陸增祥校訂《金石續編》卷五，見嚴耕望編《石刻史料叢書甲編之八》（臺北：藝文印書館）。造像塔記孫長寧條"男沙門囗張"，"張"字上空一格，依體例補作"妻"。

[62] 儀鳳四年六月改元調露，正史儀鳳無四年，但此石造於改元之前，故仍沿儀鳳年號。見陸增祥《八瓊室金石補正》（《石刻史料叢書甲編之九》，藝文印書館）卷三八。

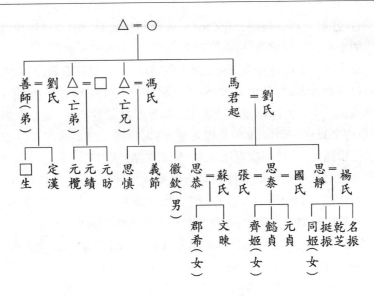

碑云：某某"等合家供養"准懷州周村之例，上列三十人係以馬君起爲家長的家庭成員，而君起之姪可能也各有子女，那麼馬家當不止三十人而已，故碑文有"等"字。甚且即使只馬君起的直系子孫，這個家庭也高達十九人。馬家的例子正顯示已婚衆子合家同居的家庭，甚至包含已婚姪子的家庭，在唐代皆可能有所見的。

討論唐代家庭結構，敦煌户籍殘卷是第一等直接史料，雖然它的代表性及可信度容有保留，但非提出來檢討不可。西州柳中縣高寧鄉開元四年籍，户籍記載完整者三户，分別爲六口、四口和三口。[63] 沙州燉煌縣慈惠鄉開元四年籍户籍記載完整者四户，分別爲三口和四口。[64] 如果根據這兩份殘籍，則盛唐家庭人口結構與漢代便沒有軒輊了。然而三户和四户的代表性實不足引爲推論的憑證，相反的，資料顯示六口、八口之家亦極平常。開元十年沙州敦煌縣懸泉鄉籍殘卷六户户籍完整，八品者一，六口者三，五口者一，其餘一口、三口各一户，另外一户卷殘，只留四女之名及年齡，他們

[63] 原卷藏於日本東京國立博東洋館書道博物館，影本見池田温前引書，頁243~247。
[64] 原卷藏於巴黎，編號 P. 3877，影本見池田温前引書，頁 173~178。按原卷將開元九年帳後户籍殘卷與沙州燉煌縣慈惠鄉開元四年籍殘卷誤合爲一卷，前引敦煌資料根據顯微膠卷編撰，故沿襲其誤。服務於巴黎國立圖書館東方部的左景權先生早已指出來（見其筆記眉批），池田温也將這兩部分分開，但編號仍然只有 P. 3877 一號而已。

至少也有六口。[65]

敦煌戶籍卷最著名的是天寶六載燉煌郡燉煌縣龍勒鄉都鄉里戶籍殘卷,[66] 早爲學者所研究。[67] 這份殘卷有完整人戶記載者十七戶,其口數以及成員的身份參見表七。

以上十七戶,一五九口,平均每戶 9.36 口。這數據和《舊唐書·地理志》所載天寶時代沙州戶口平均數 3.81 差別甚大,但和瓜州的 10.45 卻相接近。這種矛盾有人以爲沙州口數只計丁,[68] 也有人懷疑瓜州戶數脫誤。[69] 總而言之,每戶平均九口以上比第五表開元二十八年的州戶口平均數高出不少,取樣顯然有問題,只可提供參考罷了。

天寶六載戶籍殘卷有人認爲僞濫不實,尤其女口,一、死亡過少,二、登錄不實,三、妻籍漏附,因而推測去世者不除籍,原來母家及出嫁後的夫家雙方皆登載。[70] 這種說法推想成分居多數,缺乏實證。同時論者也發現本殘卷男女口數極不平均,女口大約等於男口的三倍。或以爲逃避課役,或以爲男性逃入城市從事隊商貿易。[71] 然而這些說法不但不能證明第七表每戶平均 9.36 口虛浮,反而說明這個數據尚不足以顯示真實的平均口數。所以即使女口虛報,和男性之脫籍大概可以略相抵消。

上文已經說過,每戶平均口數雖然不必能反映普遍的家庭結構,但是如果參證其他資料,平均戶口數仍然不失爲瞭解實際家庭結構的指針。天寶六載殘卷不但登記每戶的成員,也記錄每戶總受田畝數與地段,故"戶"也是一個生產和消費單位,與"家"無別。這

〔65〕 池田温,前引書,頁 179~186,含 P. 3898 和 P. 3877。敦煌資料題作"唐開元九年帳後戶籍殘卷"。

〔66〕 殘卷分藏三處,在巴黎者 P. 2592, P. 3354,在倫敦者 S. 3907,在中國者羅振玉舊藏,主要資料在 P. 3354。

〔67〕 如玉井是博《敦煌戶籍殘簡について》,《東洋學報》16 卷 2 號(1927),收入氏著《支那社會經濟史研究》。那波利貞《正史に記載せうれたる大唐天寶時代の戶數と口數との關係に就きて》,《歷史と地理》33 卷 1~4 期(1934)。仁井田陞《唐宋法律文書の研究》,東方文化學院東京研究所,1937 年,頁 744~756;《支那身份法史》(座右寶刊行會,1942)頁 353~357。

〔68〕 那波利貞,前引文。

〔69〕 池田温以爲瓜州戶數脫漏一千,當作戶 1477,口 4987,平均每戶只有 3.38。見氏著前引書,頁 97,注 7。然而他的懷疑缺乏有力的佐證。

〔70〕 池田温,前引書,頁 93。

〔71〕 池田温引仁井田陞、鈴木俊以及古賀登諸氏之說,見前引書頁 92。

十七家人口分佈的情形如下：

每家口數	1	2	3	4	5	6	7	8	9	10	11	12	13	14	15	16	17	18
家　　數	2	1	0	0	0	3	1	1	2	0	0	1	1	0	3	1	0	1

任何時代皆有單丁寡口之家，總平均數提高正顯示該時代多口家庭
比較普遍的趨勢。敦煌龍勒鄉這十七家平均每家將近十口，六口至
九口佔七家，十二口以上也有七家，可以說明這種現象。家口一旦
增加，成員的身份複雜，家庭結構於是乎改變。茲舉曹思禮、程思
楚、程什住、杜懷奉四家爲例，製圖（見下三頁）說明每位成員與
家長的親屬關係，並附註他們的年齡。

　　從以上四例來看，已婚兄弟及其子女同居共財在唐代頗不乏例，
兄弟亡故，伯叔與子姪依然同居共財者也大有人在。曹思禮五十六
歲，母六十歲，當然非親生母，然而亦同居，絕非東漢金廣延之母
所能想像。這四個家庭如與前引冀州馬君起的家來比較，並不特別，
對於天寶六載殘卷的真實性是不必過分懷疑的。當然龍勒鄉都鄉里
也有兄弟分異的，程大忠和程大慶據戶籍所註是同父兄弟，他們分
爲兩家，四位未嫁姊妹分別有兩家收留。

（一）曹　思　禮

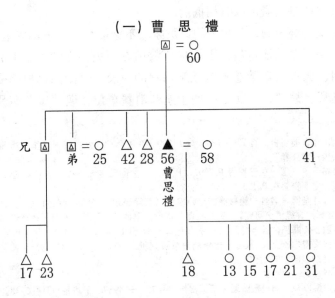

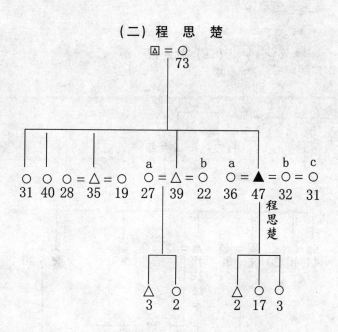

（二）程　思　楚

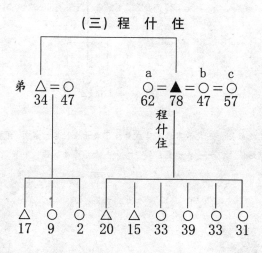

（三）程　什　住

(四) 杜 懷 奉

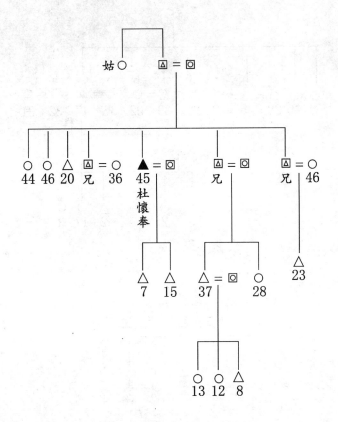

注：▲表示戶主或家長 △表示男性家庭成員 ○表示女性家庭成員 □表示死亡
＝表示婚姻關係 ——表示直系關係 ｜表示旁系關係 （上同）

　　第七表顯示家口較少的家長多屬白丁，多的皆拜官職。《八瓊室金石補正》卷四二收錄唐元和九年（814）開元寺三門樓題刻，所鎸家庭成員可以輔助説明。以劉文宗和周思聞二家爲例，他們的親屬關係如下：

（一）

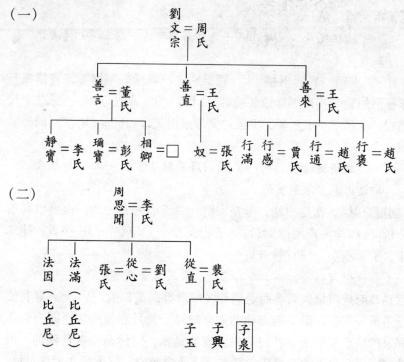

（二）

劉文宗拜文林郎，子善言爲鄉長，孫行通、相卿、珊寶、静寶皆拜公士。周思聞家的地位更高，思聞拜上輕車都尉，父任徐州司馬，祖任上護軍，高祖拜上柱國。思聞子從直官兵部常選，從心拜武騎尉，故其孫爲品子，雖尚未得官，在蔭叙之列。[72] 杜佑《通典》卷一八《選舉六》曰：

　　　　凡士人之家……大率一家有養百口者，有養十口者，
　　多少通計，一家不減二十人。

唐代的情形大致如此。然而家口多、成員複雜者也不止限於士人，開元寺三門樓題刻的田思禮、劉開榮、靳阿師等皆無官銜，但都是祖孫三代、已婚兄弟同居的共祖家庭。由此可見這種“唐型家庭”

〔72〕　參見《八瓊室金石補正》卷四二所錄各柱銘文，及陸增祥題解。

在唐代是通行於上卜各階層的，與"漢型家庭"截然有別。

法律往往是社會演變的果，而不是因。李唐"別籍異財"的禁律和曹魏"除異子之科"一樣，都是歷經三數百年轉變成爲新的家庭結構，法律乃取爲標準，賦予規範意義的。《唐律·户婚律》"子孫不得別籍"條曰：

> 諸祖父母、父母在而子孫別籍異財者，徒三年（《唐律疏議》卷一二）。

原注："別籍、異財不相須。"只要別立户籍或分割財産，皆構成三年徒刑的罪名。長孫無忌《疏議》曰："曾、高在亦同。"那麼上代猶在，子孫就不准別異，不限於父母或祖父母而已。《唐律》同條又曰：

> 諸居父母喪，……兄弟別籍異財者，徒一年。斬衰喪期之内也不准別異的。

"別籍異財"，籍是户籍，財是家財，二者雖經常一體，也可以判然分析。《唐律·户婚律》曰："若祖父母、父母令別籍……者，徒二年，子孫不坐。《疏議》曰：

> 但云別籍，不云令其異財，令異財者明其無罪。

因爲政府按户籍與貲産而定户等，依户等而徵户税，[73] 允許尊長使子弟析分家産，但不能讓他們別立户籍。於是容易産生雖同户而不同家的情形，如果只據户籍來論家庭結構，當然是非常危險的，但政府對同户之人混合授田，基本上已使户變成一個生産和消費單位，與家無二，還以法令鼓勵"同籍共居"，禁止"相冒合户"。利用户的資料來研究家，誤差乃可相對減小。

《唐會要》卷八五"籍帳"條引天寶元年正月制節文云："户高丁多，苟爲規避，父母見在，別籍異居。宜令州縣仔細勘會，其一家之中有十丁以上，放兩丁征行賦役；五丁以上者，放一丁。"以復除放免引誘"同籍共居"。但同籍共居有一定的條件，《唐律》不准限制合户的。《唐律疏議》卷一二"相冒合户"條載律文云：犯此

---

[73] 《唐會要》卷八五"定户等第"云：高祖"量其貲産"而定户三等，貞觀又益爲九等。但户等的標準並不限於財産，人口也是一項因素。《唐會要》同條記載武則天萬歲通天元年詔勅云："天下百姓，父母歿外繼者，所析之户等並須與本户同，不得降下。其應入役者，計其本户丁中，用爲等級，不得以析生蠲免。其差科各從析户祇承，勿容遞相影護。"

條徒二年，主司知情與同罪。何謂相冒合戶？原注：“謂以疏爲親及有所規避者。”預防逃避賦役。唐代文武官員按其品級可以蔭庇近親及同居親屬。[74]“相冒合戶”條係針對官戶而發，和白丁平民關係極少。但由此亦可反證，不論官民，疏遠親屬是不准合戶的，有此規定，戶籍表現的成員才不會與實際的家庭結構相去太遠。《唐律》也不硬性規定合戶，本條曰：“即於法應別立戶而不聽別，……主司杖一百。”《疏議》云：“應別，謂父母終亡，服紀已闋，兄弟欲別者。”所以史籍所見父母亡後，兄弟仍然同居共財的家庭結構應是社會的風尚，不是政府有意要求的。本文根據戶籍資料檢討“唐型”家庭結構，相信雖不中亦不遠矣。

“唐型”家庭的特點是尊長猶在，子孫多合籍、同居、共財，人生三代同堂是很正常的，於是共祖父的成員成爲一家。否則，至少也有一個兒子的小家庭和父母同居，直系的祖孫三代，（主幹家庭）成爲一家。《儀禮·喪服傳》所講的家庭經秦漢四百多年後，才逐漸體現，而以盛唐爲典型，即我們所謂的“唐型”家庭。

（三）“漢型”與“唐型”的折衷

漢型家庭結構以夫婦及其子女組成的核心家庭爲主，甚者“生分”，老人雖有子孫卻無人照顧，自己過家庭生活，此型多見於秦漢兩朝；唐型家庭結構、已婚兄弟同居共財是它的特色，直系的祖孫三代成員共同組成家庭恐怕還稍爲普遍，此型興於北朝，隋至中唐以前爲盛。這只是大致的劃分，不能一概而論。所謂“漢型”、“唐型”，只做爲時代精神的象徵，東漢以下的家庭離“漢型”漸遠，中唐之後嚴格説也不是“唐型”了。

公元八世紀中葉安史之亂，人口流離，戶籍失實。亂後中央政府無力整頓，但各地賦税不加減，逃戶的負擔乃硬攤派給見在戶。肅宗寶應元年（762）勅曰：“逃戶不歸者，當戶租賦停徵，不得率攤鄰親高戶。”[75] 以後兩年，代宗廣德元年、二年赦文也有“不得

---

[74]　《唐律疏議》卷一二“相冒合戶”云：“依賦役令：文武職事官三品以上若郡王、期親及同居大功親，五品以上及國公，同居期親：並免課役。……注云‘謂以疏爲親’，律令：所蔭各有等差，若以疏相合即失戶數，規其資蔭，即失課役。……各依本法自從重論。”

[75]　《唐會要》卷八五“逃戶”條。

虛攤鄰保", "不得依舊籍帳, 據其虛額, 攤及鄰保" 等語。[76] 見在戶負擔加重, 等於變相鼓勵流亡。寶應元年勅書已經指出:

> 今色役殷繁, 不減舊數, 既無正身可送, 又遣鄰保祇
> 承, 轉加流亡, 日益艱弊。(《唐會要》卷八五"逃戶")

這樣的社會要祖孫三代或已婚兄弟同居共爨就不容易了。楊炎懲安史亂後之弊, 想止息攤配科率, 解決賦稅不平的現象, 建中元年(780)奏請改革稅制, 立兩稅法。他的原則是"戶無土客, 以見居為簿; 人無丁中, 以貧富為差"。[77] 戶以見居而不論原籍, 人以貲產而不計年齡, 似可免於"鄰保祇承, 轉加流亡"的惡性循環, 但穩定社會的功能仍極有限。陸贄認為兩稅"惟以資產為宗, 不以丁身為本, 資產少者則其稅少, 資產多者則其稅多"。粗看極合理, 其實不然。資產之中, 事情不一: "有藏於襟懷囊篋, 物非貴而人莫能窺; 有積於場圃困倉, 直雖輕而衆以為富; 有流通蓄息之貨, 數雖寡而計日收贏; 有廬舍器用之資, 價雖高而終歲無利。" 總之, 貲產不易估定, 稅征難得公平, 陸贄奏議曰:

> 由是務輕賓而樂轉徙者, 恒脱於徭稅; 敦本業而樹居
> 產者, 每困於徵求。[78]

結果人民轉去其鄉, 兄弟同居共爨當然更困難。兩稅法想解決不合理的攤派, 防止惡性循環的逃亡, 但並沒成功。元和十三年(818)李渤路過陝西, 發現逃戶比比皆是, "渭南縣長源鄉本有四百戶, 今纔一百餘戶, 閺鄉縣本有三千戶, 今纔有一千戶。其他州縣大約相似"。原因出於:

> 均攤逃戶: 凡十家之內, 大半逃亡, 亦須五家攤稅
> (《舊唐書·李渤傳》)。

正如前引陸贄奏議所說: "逃死闕乏稅額, 累加見在疲氓, 一室已空, 四鄰總盡。" 唐型家庭結構不得不解體。

兩稅法雖然"戶無主客"皆徵稅, 但客戶只負擔戶稅, 不服徭役, [79] 形同鼓勵流寓, 改變原來的家庭結構。《全唐文》卷八六六

---

[76] 《唐大詔令集》(商務印書館, 1959) 卷九。
[77] 《唐會要》卷八三"租稅上"引建中元年宰相楊炎上疏。
[78] 《陸宣公全集》卷二二《中書奏議》六"均節賦稅恤百姓六條"。
[79] 鞠清遠《唐代財政史》(《食貨》, 1943 上海初版, 1978 臺灣再版), 頁42。

楊夔《復宮闕後上執政書》曰："僑寓州縣者，或稱前賢，或稱衣冠，既是寄住，例無徭役。"《文苑英華》卷四二九會昌五年（845）正月南郊赦文亦曰：

> 或因宦游，遂輕土著，戶籍既減，征徭難均。……或本州百姓，子弟纔霑一官，及官滿後，移往鄰州，兼於諸軍諸使，假職，便稱"衣冠戶"，廣置資產，輸稅全輕，便免諸色差役。其本鄉家業，漸自典賣，以破戶籍。

這種客戶不是逃亡的貧民，他們在原籍有祖業，有家產，並且有功名官宦，號稱衣冠。而今連他們也"居別州寄住"，唐型家庭結構之崩解自然指日可待了。到宋代，戶籍資料的數據和隋唐便截然不同。

兩宋有八十多次人口普查的資料，全國平均戶口數最高沒有超過2.57口，最低1.42口，[80] 其略見附表一。平均一戶不及三口，當然不可信，學者乃提出丁口、漏口和詭戶等各種解釋。[81]

《續資治通鑑長編》卷四太祖乾德元年十月庚辰詔：

> 始令諸州縣歲所奏戶帳，其丁口男夫二十為丁，六十為老，女口不須通勘。

但二十歲以下的男子謂之"幼丁"，有殘疾者謂之"疾丁"，凡為男子不論是否二十歲皆可稱為丁。[82] 所以宋代戶籍的口數其實只包含男口，《文獻通考》故曰"女口不預"（卷一一一《戶口》二）。然而即使加倍計算，宋代每戶口數高僅止於五，低不及三，以宋代生產力之提高，能夠養活更多的人口，這種數據依然偏低。因此漏口和詭戶這兩項因素也必須考慮。

宋代與唐代一樣，計丁口及資產而定戶等，《宋史》卷一七七《食貨志·役法篇》云，太平興國時，"定諸州戶為九等，著于籍。上四等量輕重給役，餘五等免之"。所給之役，當時稱曰"職役"，據《宋史·食貨志》，包括衙前之主管官物，里正、戶長、鄉書手之督課賦稅，耆長、弓手、壯丁之逐捕盜賊和承符、人力等之供官府

〔80〕袁震《宋代戶口》，《歷史研究》1957年第3期，附表一、二。
〔81〕梁庚堯《南宋農村戶口概況》，收入《沈剛伯先生八秩榮慶論文集》（聯經出版事業公司，1976）頁142~148。
〔82〕《宋會要·食貨》六九《版籍篇》淳熙五年二月四日臣僚言："殘疾者以疾丁而免，二十以下者以幼丁而免。"間引自梁庚堯前引文。

使令。任務性質近於漢的三老、嗇夫和游徼，與唐以前的邑役也略相仿佛，然而三老等鄉官社會地位崇高，免征徭役；邑役負擔亦輕，與宋代的職役截然有別。宋之應役非但廢業失時，且須罄私財以滿足官府的需求，而愈重的職役愈歸上等戶輪流負擔，故往往有傾家蕩產者。[83] 高戶遂爲大忌，於是設法減少家貲和人口，以降低戶等，父子兄弟分異的情形乃逐漸普遍，甚至採用情理以外的手段，求爲下戶。宋仁宗時韓琦上疏曰：

> 州縣生民之苦，無重于里正衙前。兵興以來，殘剝尤甚。至有孀母改嫁，親族分居，或棄田與人以免上等，或非分求死以就單丁，規圖百端，苟脱溝壑之患。（《續資治通鑑長編》卷一七九仁宗至和二年）

《續通鑑長篇》卷四八一載哲宗元祐八年戶部奏言民間有“誘母或祖母改嫁而規欲分異，減免等第者”。同書《拾補》卷一亦云：“江南有嫁其祖母，及與母析居以避役者。”爲了降等避役，不惜嫁母、殺子、自殺，可見人民不願成爲上戶，漏口、詭戶自然在所難免。[84] 漏口是隱瞞家庭實際人口數，詭戶是戶籍上別籍異財，但仍然過一家人的生活。我們考察宋代戶數，多有一千萬以上者，最高時期超過二千萬戶，高出唐明兩朝甚多，宋徽宗時的戶數比唐玄宗時多二至三倍，幾達明神宗時的二倍，這種畸型的現象非從詭戶來看是無法解釋的。

地方差異性極大，按《宋史·地理志》載徽宗崇寧年間各州戶口資料，有的平均每戶高達七、八口，有的則只一口而已。[85] 這麼懸殊的差距至少能反映各地主要的家庭結構頗不一致，如保州和太原府平均每戶八口之地，“唐型家庭”大概遺風猶存在。

---

[83] 李劍農《宋元明經濟史稿》（三聯書店，1957；臺北：華世出版社，1981），頁223~224。
[84] 袁震，前引文。
[85] 茲列舉宋代崇寧各州戶平均口數四口以上及一口半以下者：

保 州	太原府	懷安軍	嵐 州	代 州	石 州	漢 州	汝 州	鎮戎軍
8.38	7.99	5.90	4.99	4.80	4.61	4.36	4.12	4.10

雄 州	均 州	棣 州	房 州	岳 州	建德府	紹興府	嘉興府	濬 州
4.07	1.48	1.46	1.44	1.31	1.30	1.24	1.04	1.00

取材自袁震《宋代人口》附表四。

南宋政府安置流民，辦理賑災的戶口資料卻與官方戶口統計數據截然不同，參見下表。[86]

表八　南宋災民戶口

年　　　代	地區	戶口名稱	戶　　數	口　　數	每戶平均數
紹興二年(1132)	高郵縣	復業	1 080	6 000	5.56
乾道七年(1171)	合胞縣	復業	344	1 996	5.81
乾道七年(1171)	齊安縣	復業	341	2 112	6.20
淳熙八年(1181)	南康軍	飢民	25 978	217 883	8.39
紹熙二年(1191)	興　州	災民	3 492	19 209	5.50
紹熙二年(1191)	長舉縣	災民	179	1 063	5.94
紹熙年(1190～1194)	臨安府	飢民	50 000	300 000	6.00
嘉泰四年(1204)	撫　州	災民	39 000	185 690	4.77
嘉定元年(1208)	臨安府	淮浙流移災民	560	2 081	3.72
嘉定二年(1209)	臨安府	江浙流移災民	850	3 676	4.33
嘉定七年(1210)	太平州	災民	67 504	415 071	6.15
嘉定七年(1210)	廣德軍	災民	40 573	239 221	5.90
總　　　　　　計			229 901	1 394 002	6.06

各州縣災民每戶平均口數從 3.72 至 8.39 不等，五口以上居四分之三，六口左右佔一半，總平均每戶 6.06 口，遠超出官方的統計。災荒救濟，罹災百姓不必要漏口或詭戶，這數據比較能反映宋代的家庭結構。受賑人口或略有浮報，每戶超過六口的平均數斟量減低，那麼，南宋又回到東漢的水平，已婚兄弟同居共財的家庭減少，和盛唐不同。個別情況仍然有八口或十口之家，已婚兄弟是非同居不可的，但似乎不太普遍。[87]

自漢至清兩千年間，中國法律制訂的特色不是追認既定的現實，就是以過去的傳統來束縛正在發展的情勢，《宋刑統》即是後者的代

---

〔86〕《梁庚堯》，前引文，頁149。原表統計錯誤者，今訂正並且重新整理。年代承梁兄奉告，謹致謝。

〔87〕梁庚堯引曾鞏《元豐類稿》卷九《救災議》、呂陶《凈德集》卷二《奏乞相度逐界坊場放免欠錢狀》、袁說友《東塘集》卷七《峽路山行即事》證明宋代十口之家並不罕見。但從戶口統計數來估量，十口之家是比較罕見的。

表。關於家庭組織法，《宋刑統》完全抄襲唐初制訂的《唐律》，嚴禁祖父母、父母在而子孫別籍異財。然而這些都是具文。宋太祖有兩道勅令，[88] 一説"違者論如律"，即徒三年，一説"其罪死"。仁宗雖然也有詔諭，[89] 已稍與現實妥協。天聖七年（1029）"詔廣南民，自今祖父母、父母在而別籍者論如律，已分居者勿論"。既往不究，實在無法追究，也可見民間私自分異風氣之烈。仁宗景祐四年（1037）"詔士庶之家，應祖父母、父母未葬者不得析居"。以葬期為準比《宋刑統》之喪期寬多了，這也是對現實的讓步。由於戶等限制和職役苛虐，庶民分異是可以想見的；但宋初以來，士大夫也感染時風，其中頗有別籍異財而遭到彈劾的了。《宋史》卷四八三《陳文顯傳》云，文顯官拜四州都巡檢使，與諸弟不睦，真宗咸平初御史中丞李惟清參奏他"一門榮盛，當世罕儔，先人之墳土未乾，私室之風規大坏，……官奉私藏，同居異爨"。《續通鑑長編》卷四三二，哲宗元祐四年諫官彈劾章惇，因為惇父尚在時，"惇用其子承事郎援之名承買朱迎等田業"，犯別籍異財之科，宜徒三年以示懲。這些事實正好説明父子兄弟同居共財的傳統連在士大夫之家也保守不住了。

生分是漢代河内、潁川的通俗，宋朝民間亦多可見。名公書判《清明集》處理財産糾紛的案件，[90] 我們發現南宋有不少生分的判例。《清明集》戶婚門違法交易"業未分而私立契盗賣"條云：方文亮有三男，前妻黄氏生彦德、彦誠，妾李氏生幼子雲老。彦誠先於父卒，有男仲乙；及方文亮死，幼子雲老年僅二歲，家業盡歸長男彦德主掌。彦德控告仲乙非理賭博、盗賣田産，翁浩堂審理，追究仲乙有罪屬實，但係被伯父彦德所逼，因為彦德詭稱抱養仲乙，意欲吞併彦誠這房的産業。斯時"方文亮服尚未滿，雲老所生李氏尚存"，浩堂"合照淳祐七年勅令，所看詳到平江府陳師仁，分法撥田與李氏膳養，自餘田産物業作三分均分，各自立戶"。這判決有宋理宗的勅令為據，而且判書説："庶幾下合人情，上合法意，可以永遠無所爭競。"母親尚在，諸子別籍異財，謂之合"人情""法意"，

---

〔88〕《續資治通鑑長編》卷六開寶元年，卷一〇開寶二年。

〔89〕 前書卷一〇八天聖七年，卷一二〇景祐四年。

〔90〕《清明集》，日本静嘉堂文庫藏，1964 年古典研究會影印發行。

世風之變一至於此。雖然李氏非彥德生母，但比之敦煌戶籍殘卷中的曹思禮（參見上節），唐宋人所習見的家庭結構是不同的。

《清明集》戶婚門違法交易"買主偽契包并"條曰：

> 寡婦阿宋有三男：長宗顯、次宗球、次宗輝。戶下物業除三分均分外，赴留門前池、東丘谷園、又池一口充阿宋養老。

按書判云，兄弟分割家產發生在南宋寧宗嘉定十六年（1223）以前，阿宋是黃宗顯兄弟的親生母，比前例李氏關係親、地位高。

以上兩件判例分家都在父親身後，但也有父子生分的情形。宣統辛亥《增修吳中葉氏族譜》卷六四雜誌丙故事引《雍正舊譜》收錄的宋世分書云：

> 山頭巷住人葉廿八同妻某氏，請到親族楊三十一秀、徐十八秀、葉廿四秀等，寫立遺囑，有身正室某氏生長男葉椿、次男葉柏、三男葉桂、七男葉樞，側室某氏生四男葉槐、五男葉榆、六男葉梅。七男俱已娶妻完聚，不幸葉梅早卒無後，有身仰賴祖宗遺蔭，頗成家業，今將現在房屋山地家私什物均作十分：除葉柏出贅外，葉椿嫡長得二分；餘四子各得一分；葉桂早卒，遺孫葉堂孤苦，同葉梅妻某氏共又得一分；餘三分老身養贍送終並應門戶，待老身天年之後，所遺三分照前均分。此係出于至公，並無私曲，亦無更分不盡之財。既分之後，榮枯得失，聽由天命，所有家私明寫分書之上，永遠爲照。[91]

葉廿八在世時家產已經分析，不但諸子經濟獨立，他自己留十分之三養老，與正妻、側室共同過活，生產消費與兒子都不干涉，是名符其實的"生分"。

《吳中葉氏族譜》也著錄一件元世分書，[92] 山頭巷葉家到元代有位葉茂一郎，生子三人，一人早卒，家私分作二分，"其賦役兩分輪當，人情節禮各分自備，老身同妻兩分輪供"。茂一郎夫妻未留養老之財，他們輪流在二子之家寄食。嚴格説不是生分，但也不是固

---

[91] 引自仁井田陞《唐宋法律文書の研究》，東方文化學院東京研究所，1937 年，頁 603～604。

[92] 仁井田陞，前引書，頁 604。

定的家庭成員。

宋元以降父子兄弟分家的情形逐漸普遍，《元史》卷一九七《孝友傳》、《劉德泉傳》云：“至元末，歲饑，父欲使析居，德泉泣止不能得，乃各受其業以去。”同傳，真定朱顯，“自至元間，其祖父已分財”。“蔚州吳思達，兄弟六人，嘗以父命析居。”濮州朱汝諧，“父子明嘗命與兄汝弼別產”。這些人後來都以兄弟“復與同居”而聞名，故得見於《孝友傳》；然而分不復合，恐怕是當時的常態。

劉德泉兄等人分居析產，是否與葉茂一郎二子一樣，還“賦役兩分輪當”，同屬一個戶籍呢？《元史·孝友傳》無證，但參照元代法令，異財也往往別籍了。《元典章》卷一九家財“同宗過繼男與庶生子均分家財”條曰：

> 唐楨（證之誤）自行主意，與親族唐剛大等議令二子均分家產，赴官執法，連判所立分書，於內明白，將實有田土品搭均分。

既然“赴官執法”，大概是別立戶籍的。《元典章》卷一七分析“父母在許令支析”條說得更清楚：

> 隨處諸色人家，往往父母在堂，子孫分另別籍異財，……《唐律》，祖父母、父母不得令子孫別籍；又舊例：女真人其祖父母、父母在支析及令子孫別籍者聽；又漢人不得令子孫別籍，其支析財產者聽……若依舊例，卒難改革，以此參詳隨代沿革不同擬合酌古准今，自後如祖父母、父母許令支析別籍者，聽；違者，治罪。

元代關於家庭結構的法令屏棄不合時宜的《唐律》，而以女真爲準則，故祖父母、父母在子孫不但可以分居，異爨，而且可以別籍，這改變使戶籍數據更能充分反映真實的家庭結構。它似可追溯到南宋，《清明集》載方文亮子與其姨娘分異，翁浩堂判曰：“下合人情，上合法意。”已可見其端倪。分異之風愈普遍，家庭結構就愈向“漢型家庭”發展。

明律雖不完全承襲元法，但對唐宋律法也有所修正，因爲宋元以來父子兄弟分異逐漸習以爲常，不得不承認這項現實。《明律集解附例》卷四“別籍異財”條曰：

> 凡諸祖父母、父母在而子孫別立戶籍，分異財產者杖一百（原註：須祖父母、父母親告乃坐）。

　　若父母喪而兄弟別立戶籍，分異財產者杖八十（原註：須

　　期親以上尊長親告乃坐）。

刑罰比《唐律》之徒三年、徒一年者大爲減輕，而且還有附帶條件，
前則須祖父母、父母親自告訴乃論，後則須祖父母、伯叔父母和在
室姑母[93]親自告訴政府才受理。但分家已經成爲風氣，近親尊長提
出控訴的情形恐怕很少。清律與明律同，《大清律例增修統纂集成》
卷八"別籍異財"條條例云：

　　　祖父母、父母在者，子孫不許分財異居，其父母許令

　　分析者，聽。

這些律文和條例大抵是因應實際情況所作的調適。

　　明代官方的戶口統計數字，除太祖朝之外，近人多有所保留，
不敢盡信。[94]洪武二十四年（1391）黃册戶口的記載，戶一〇六五
二七八九，口六〇五四五八一二，平均每戶5.68口。[95]太祖一朝通
共合計，每戶平均口數是5.47。這個數據略高於漢代，人口分佈大

---

[93]　參見《明律集解附例圖》"本宗九族五服正服之圖"。

[94]　梁方仲先生參校多種藏本的《明實錄》和《大明會典》，得到明代歷朝各種戶口數
　　據如下表，僅供參考而已。

朝　　代	戶　　數	口　　數	每戶平均口數
太　　祖	10 669 399	58 323 933	5.47
成　　祖	9 844 801	53 197 412	5.41
仁　　宗	10 066 080	52 468 152	5.22
宣　　宗	9 783 231	51 468 284	5.26
英宗（正統）	9 533 021	52 730 601	5.54
代宗（景泰）	9 462 126	53 578 081	5.67
英宗（天順）	9 403 357	54 325 757	5.78
憲　　宗	9 146 327	62 361 424	6.82
孝　　宗	10 000 043	51 152 428	5.12
武　　宗	9 274 406	60 078 336	6.48
世　　宗	9 602 368	62 594 775	6.52
穆　　宗	10 008 805	62 537 419	6.25
神　　宗	10 030 241	56 305 050	5.62
熹　　宗	9 835 426	51 655 459	5.26

[95]　這是韋慶遠根據《後湖志》卷二"黃册戶口"而得的數據,他認爲參考價值較大。見韋
　　著《明代黃册制度》(中華書局,1961),表二,頁248～249。又參見梁方仲《明代戶口、
　　田地及田賦統計》,《中國社會經濟史集刊》第3卷第1期(1935),第19表。該文收入
　　周康燮主編《明代社會經濟史論集》(香港崇文書店,1975)第二集。

概三至七或八口的家庭最多，也就是以核心家庭和父母親與已婚兒子同居的家庭結構爲主體。不過，明代地區差異相當大，[96] 有些布政司區平均每戶超過十一二口，唐型家庭結構似乎仍然很普遍。然而這種現象與清中期和民國初年的家庭結構相差太大，我們對太高的戶口平均值不能不有所保留。

《大清一統志》記載嘉慶十七年（1812）的戶口普查，十四省有詳盡的戶口數統計，詳見下頁表九。[97] 據該表，全國總平均每戶5.33口，與明代歷朝的數據相當接近，而省平均戶口數高者不足七，低者將近四，也比明代合理。這些數據所代表的家庭大概和民國初年的普通農家沒有太大的區別了。

二十世紀二十年代末至三十年代初金陵大學卜凱教授（Buck）調查農村，家庭人口分佈的情形見下頁表一〇。[98]

---

[96] 茲據梁方仲前引文第二十表"洪武、弘治、萬曆三年全國分區戶口數"改作分區戶口平均數表，再配合韋慶遠前引書表二"洪武二十四年、弘治十五年、嘉靖二十一年黃册所載全國分區戶口統計表"，製表如下（＊代表韋表數據）。

年代 區域		洪武廿四年 （1391）＊	洪武廿六年 （1393）＊	弘治四年 （1491）	弘治十五年 （1502）＊	嘉靖廿一年 （1542）＊	萬曆六年 （1578）
南直隸府州縣		5.62	5.63	5.28	5.33	5.16	5.08
北直隸府州縣		5.75	5.76	8.70	9.85	10.20	10.03
十三布政司	浙　江	4.90	4.91	3.53	3.52	3.34	3.34
	江　西	5.78	5.78	4.81	4.98	4.49	4.37
	山　東	6.97	6.98	8.78	8.88	9.22	4.13
	山　西	6.84	6.84	7.58	8.27	8.55	8.93
	福　建	4.80	4.81	4.17	4.06	4.06	3.38
	河　南	6.06	5.11	5.99	9.06	8.74	8.21
	廣　東	4.45	4.46	3.89	3.94	4.16	3.85
	湖　廣	6.06	6.07	7.49	8.06	8.17	8.13
	陝　西	7.87	7.87	12.16	10.87	10.33	11.42
	四　川	6.80	6.80	10.24	10.37	10.77	11.81
	廣　西	7.02	7.02	3.65	5.51	5.23	5.43
	雲　南	4.35	4.30	7.90	11.11	11.58	10.90
	貴　州	—	—	5.97	6.11	6.03	6.71
全國總計		5.68	5.69	5.85	6.34	6.27	5.72

[97] P. T. HO, *Studies on the Population of China* (Cambridge: Harvard University Press, 1959) p. 56.

[98] John Lossing Buck, *Land Utilization in China* (University of Nanking 1937, Paragon Book Reprint Corp N. Y. 1968), p. 368 Tbl. 5.

表九　嘉慶十七年（1812）全國分區戶口數）

省	戶　數	口　數	每戶平均口數
直　隸	3 956 950	19 355 679	4. 89
山　東	4 982 191	19 178 919	5. 86
河　南	4 732 097	23 598 089	4. 99
山　西	2 394 903	14 597 428	6. 10
甘　肅	2 909 528	15 377 785	5. 28
浙　江	5 066 553	27 411 310	5. 41
江　西	4 378 354	23 652 029	5. 40
湖　北	4 314 837	29 063 179	6. 74
湖　南	3 234 517	18 523 735	5. 73
四　川	7 058 777	28 048 795	3. 97
福　建	3 152 879	16 759 563	5. 32
廣　西	1 279 020	7 429 120	5. 81
雲　南	1 010 225	5 933 920	5. 87
貴　州	1 118 884	5 348 677	4. 78
總　計	49 589 715	264 278 228	5. 33

表一〇　卜凱調查 1930 年左右中國家庭之大小

每 家 口 數	家 數 百 分 比		
	中　國	華　北	華　南
1	2. 5	2. 8	2. 3
2	8. 3	8. 4	8. 3
3	15. 4	14. 4	16. 3
4	19. 0	17. 4	20. 4
5	17. 9	17. 0	18. 7
6	13. 0	13. 0	13. 0
7	8. 8	9. 1	8. 5
8	5. 2	5. 8	4. 7
9	3. 5	3. 9	3. 2
10	2. 2	2. 6	1. 7
11	1. 4	1. 8	1. 2
12	1. 0	1. 2	0. 8
13	0. 5	0. 8	0. 3
14	0. 3	0. 5	0. 2
15	0. 3	0. 5	0. 1
16 以上	0. 7	1. 0	0. 4
平均合計總家數	100. 0	100. 0	100. 0
	38 256	17 581	20 695

不論華北或華南，三至六口之家佔最大多數，華北 61.8%，華南 68.4%，若連七八口合計，則分別佔 76.7% 和 81.6%。一至二口略多於 10%，九口以上的人家則不足一成。這批數據顯示近代我國家庭以一對夫婦及其子女所組成的核心家庭爲主，外加父母，直系的祖孫三代同居爲數亦不少；這範圍以外的家屬就罕見了。從卜凱教授調查的家庭親屬關係可以得到證明。[99]

表一一　卜凱調查中國家庭的人口關係

人口關係	中　國	華　北	華　南
家　　　長	17.7	17.0	18.4
妻	16.0	14.9	17.0
妾	0.2	0.2	0.2
子	22.9	21.8	23.9
女	12.4	11.3	13.4
養　　子	0.3	0.3	0.3
養　　女	0.2	0.1	0.3
媳	6.9	7.8	6.1
童　養　媳	0.5	0.1	0.8
贅　　婿	0.1	*	0.2
孫	4.8	5.6	4.1
外　　孫	0.1	*	0.1
孫　　女	3.7	43	3.0
外　孫　女	0.1	*	0.1
孫　　媳	0.3	0.5	0.2
曾　　孫	0.1	0.2	0.1
曾　孫　女	0.1	0.1	*
祖　　母	0.2	0.2	0.1
父　　母	0.6	0.4	0.7
	3.7	3.6	3.7
繼　　母	0.1	0.1	0.1
岳　　母	0.1	*	0.1
伯　叔　父	0.1	0.1	0.1
伯　叔　母	0.1	0.2	0.1
兄　　弟	3.0	3.4	2.7
兄弟之妻	1.7	2.2	1.2
姐　　妹	0.8	0.7	0.8
姪	1.6	2.2	1.1
姪　　女	0.9	1.3	0.6
姪　之　妻	0.3	0.5	0.2
姪　　孫	0.2	0.3	0.1
姪　孫　女	0.1	0.2	0.1
其　　他**	0.3	0.4	0.2
合　　計	100.2	100.0	100.0
總　家　數	202 813	97 538	105 275

注：一、*表總數低於 0.05%。二、**包括三十二種人際關係，每種少於百人。

[99]　Ibid, P. 367 Tbl. 4.

　　與卜凱同時，李景漢在河北定縣也從事農村家庭人口的分析，他調查 5 255 個家庭，總人數 30 642 人，平均每家 5.84 口。其家庭成員之多寡與人口關係見表一二。[100]

表一二　李景漢調查定縣家庭之大小

每家口數	1	2	3	4	5	6	7	8	9	10	11
家數百分比	3.69	7.65	12.84	16.21	14.80	12.67	10.16	6.26	4.07	3.03	2.47
每家口數	12	13	14	15	16	17	18	19	20	21	22
家數百分比	1.62	1.20	0.82	0.49	0.30	0.30	0.21	0.27	0.21	0.13	0.11
每家口數	23	24	25	26	27	28	30	37	39	43	65
家數百分比	0.15	0.02	0.04	0.06	0.06	0.04	0.02	0.02	0.02	0.02	0.02
總　合	100.00										

比較卜凱與李景漢的調查，家庭大小極其相似。

每家口數		1～2	3～6	3～8	9～12	13 以上
家數百分比	李景漢	11.3	56.5	72.9	11.2	4.5
	卜　凱	10.8	65.3	79.3	8.1	1.8

　　三至六口可能包括一個核心家庭，八口則含蓋父母、直系的三代同居。從家庭人口數的比例來看，這兩種家庭佔絕大多數，卜凱的資料大約八成，李景漢較低，也接近七成三。兩口之家可能多是無子女的夫婦，一并計算，則核心家庭與直系三代同居（主幹家庭）所佔比數，二氏的調查都超過百分之八十。已婚兄弟同居的家庭比率大概只有一成而已。這推測可以從家庭成員關係的分析得到充分的說明。

　　李景漢調查定縣五千餘家，其人口關係見下表。[101]

---

[100]　李景漢《農村家庭人口統計的分析》，《清華大學社會科學》第 2 卷第 1 期（1936），第一表。

[101]　李景漢前引文，第二表。

表一三　一九三〇年李景漢調查定縣的家庭人口關係

人　口　關　係	數　目	百　分　比
男家主……………………	5 044	16. 46
女家主……………………	211	0. 69
妻…………………………	4 014	13. 10
未婚子……………………	3 907	12. 75
未婚女……………………	3 247	10. 60
其他………………………	14 219	46. 40
已婚子…………	2 430	7. 93
媳……………	2 393	7. 81
孫……………	1 808	5. 90
孫女…………	1 512	4. 93
母……………	1 317	4. 30
弟……………	1 074	3. 50
姪……………	911	2. 97
弟媳…………	683	2. 23
姪女…………	472	1. 54
姪媳…………	243	0. 79
孫媳…………	219	0. 72
父……………	211	0. 69
姪孫…………	138	0. 45
嫂……………	103	0. 34
妹……………	99	0. 32
姪孫女………	94	0. 31
兄……………	84	0. 27
曾孫…………	83	0. 27
曾孫女………	72	0. 24
祖母…………	64	0. 21
叔母…………	25	0. 08
繼子…………	21	0. 07
伯母…………	20	0. 07
叔父…………	20	0. 07
妾……………	20	0. 07
堂弟…………	14	0. 05
伯父…………	11	0. 04
姊……………	9	0. 03
姪孫媳………	8	0. 03
曾姪孫………	8	0. 03

續表

人 口 關 係	數 目	百 分 比
曾姪孫女………	8	0.03
祖父…………	6	0.02
堂弟媳………	6	0.02
繼母…………	5	0.02
堂妹…………	3	0.01
外甥…………	3	0.01
外甥女………	3	0.01
堂兄…………	2	0.01
堂姪…………	2	0.01
童養媳………	2	0.01
玄孫…………	2	0.01
岳母…………	2	0.01
已婚女………	1	0.00
子妾…………	1	0.00
姪妾…………	1	0.00
內弟…………	1	0.00
曾孫媳………	1	0.00
玄孫女………	1	0.00
堂叔母………	1	0.00
外甥媳………	1	0.00
外祖母………	1	0.00
總　　合	30 642	100.00

　　根據表一二與一四,將家庭人口關係分爲三組:(A)夫爲家長,夫妻及其未婚子女,(B)夫爲家長,夫妻、已婚子或女(招贅)以及後者的配偶和子女,(C)家長與同祖父的成員。這三組家庭成員佔總調查人口的比率如下:

組　　別		A	B	C
成員百分比	卜　凱	61.5[(1)]	22.6	9.1
	李景漢	53.0[(2)]	26.6	12.0

注:(1) 家長扣除單丁爲家長者及子扣除子已婚者, 據本文表一一 38256
　　　　 家單丁者之家佔 2.5%, 則單丁者約 956 人, 佔本文表一二 202
　　　　 813 人的 0.48%, 已婚子比例準媳的比例。
　　(2) 以表一三單丁家數爲單丁爲家長者, 從表一四家主比例中扣除。

上表係就卜凱與李景漢二氏的家庭大小與人口關係兩表作成，容有誤差，但雖不中亦不遠矣。B 組家長與已婚子同居，由於資料的限制，我們無法分析是與一個或兩個以上的已婚子同居，不能解答主幹家庭或共祖家庭的比數。然而上表也足以顯示，抗戰前夕一半以上的中國人是核心家庭，結婚之後還與父母同居大概有四分之一，至於家長同父或共祖的成員同居，則只有十分之一而已。其他的調查研究，核心家庭的比數更高。[102] 這些數據充分説明近代我國的家庭結構多是家長與未婚子女組成的核心家庭，與已婚子女同居者其次，這範圍之外的親屬猶同爲一家人者就很少了。以户口平均數來推測，明清的家庭形態大概也不例外。我國的家庭結構自宋元以下，"唐型"色彩漸淡，稍偏於"漢型"，可以説是兩者的折衷。

四、家族宗族之凝聚與累世同居

（一） 秦漢 "宗族" 及其擴張

族是家的延伸，一群人雖不同居，不合籍，也不共財，但仍以某些因素聯繫，在現實的政治、社會或經濟層面中或多或少地成爲一體，這就是族。以血緣聯繫的，親者爲家族，疏者爲宗族；以婚姻聯繫的，有母族與妻族。本文所論只限於血緣的族。

《尚書·堯典》曰："克明俊德，以親九族；九族既睦，平章百姓。"自西漢以下解經的儒者對於"九族"的義涵頗有異説，大抵今文家以爲九族包括血親和姻親，孔穎達《正義》引《異義》云："夏侯、歐陽等以爲九族者，父族四、母族三、妻族二，皆據異姓有服。"古文家則堅持異姓不在族中，陸德明《釋文》曰："上至高祖，下至玄孫，凡九族馬鄭同。"[103]《白虎通》卷三下宗族條兩存其説，不能調和。遠古尚矣，文獻難徵，氏族時代的社會結構更不能以秦漢以下的社會來比論。《堯典》"九族"與"百姓"對言，恐怕指多族而言，不一定是直的九世或横的九族。《漢書·高帝記下》云："置宗正官以序九族。"九族也是籠統的指

---

〔102〕 核心家庭比數，江蘇江寧 286 家佔 78.61%（言心哲《農村調查》，1935）；浙江嘉興 5113 家佔 75.45%（馮紫崗《嘉興縣農村調查》，1936）；江蘇崑山、廣東揭陽、北平、漢口四處農村 2422 家，佔 72.8%（d. s. Smythe, *The Composition of the Chinese Family*, 1925）。引自芮逸夫《中國家制的演變》，收入《中國民族及其文化論稿》（藝文印書館）頁 751。

〔103〕 俞樾《九族考》，《皇清經解續編》卷一三五二。

稱，劉季沒有九族可序的。西漢初期賈誼只說"六族"，《新書·六術篇》曰："人有六親，……親戚[104]非六則失本末之度。是故六爲制而止矣，六親有次，不可相逾，相逾則宗族擾亂，不能相親。"六親包括那些人呢？賈誼說：

> 六親始日父。父有二子，二子爲昆弟。昆弟又有子，子從父而昆弟，故爲從父昆弟。從父昆弟又有子，子從祖而昆弟，故爲從祖昆弟。從祖昆弟又有子，子從曾祖而昆弟，故爲從曾祖昆弟。曾祖昆弟又有子，子爲族兄弟。

（《新書·六術》）

六親即父、昆弟、從父昆弟、從祖昆弟、從曾祖昆弟、族兄弟，其實質内涵與《儀禮》喪服制的五服完全相同（參見本文第一章），惟名稱稍異而已。我們認爲論秦漢以下之族應以《喪服傳》爲本，理由亦在此。

不過，戰國秦漢文獻，連六親也少講，比較常見的是"三族"，尤其刑章律令"罪及三族"是指極重的罪刑。[105]《史記》云，秦文公二十年（前746）：

> 法。初有三族之罪。（《秦本紀》）

《商君書·賞刑篇》："守法守職之吏有不行王法者，罪死不赦，刑及三族。"《墨子·號令篇》："有以私怨害城若吏事者，父母、妻子皆斷；其以城爲外謀者，三族。"這是秦的三族罪。秦王政九年嫪毐矯詔造反，伏誅，"夷嫪毐三族"（《史記》之《吕不韋列傳》、《春申君列傳》同）。秦二世"具（李）斯五刑，論腰斬咸陽市。……夷三族"（《史記·李斯列傳》）。

《漢書·高帝紀下》，高祖九年：

> 趙臣貫高等謀逆發覺，逮捕高等，并捕趙王下獄。詔："敢有隨王，罪三族。"

同卷，高祖十一年淮陰侯韓信謀反長安，梁王彭越謀反，皆"夷三族"。《史記·季布列傳》高曰："高祖購求布千金，敢有舍匿，罪及三族。"漢

---

[104] 親戚指父母兄弟，參見注〔47〕。

[105] 春秋末葉，楚公子棄疾發動政變，靈王奔於山野，遇其故銷人，令他代爲求食。銷人曰："新王下法，有敢饟王、從王者，罪及三族。"（《史記·楚世家》）可見三族刑不限於秦國而已。

三族罪是承襲秦制而來的,《漢書·刑法志》故曰:"漢興之初,雖有約法三章,網漏吞舟之魚,然其大辟,尚有夷三族之令。"據崔寔《政論》說:夷三族之令是蕭何所作的《九章律》之一(《後漢書·崔寔列傳》)。按《刑法志》文帝二年(前178)一度廢止三族罪,後元元年(前163)新垣平謀反,"復行三族之誅"。[106]

"三族"包含那些人,向來有張晏和如淳兩種說法。張晏曰"父母、兄弟、妻子";如淳則以爲"父族、母族,妻族"。具見於《史記·秦本紀·集解》與《漢書·高帝紀》注所引。裴駰兩存其說,顏師古《贊》從如淳。清人沈家本《歷代刑法考·刑制分考一》"夷三族"條對這兩說頗有辯證,而折衷於如淳、師古一派。[107]但這派說法是否合乎秦漢社會實情,不無可疑。如淳註解《漢書·景帝紀》三年冬十二月的詔令引《漢律》曰:

> 大逆不道,父母、妻子、同產皆棄市。

大逆不道即謀反,而父母、妻子、同產皆棄市也就是夷三族,如淳之說顯然自相矛盾,張晏的說法反而比較可信。證據不限於這條《漢律》。前引《商君書·賞刑篇》說不行王法的官吏,刑及三族。同書《畫策篇》曰:

> 父遺其子,兄遺其弟,妻遺其夫……曰:"失法離令,
> 若死,我死。"

父、兄、妻即三族的範圍。秦昭王時,范睢保任鄭安平爲將軍,使擊趙,被圍,以兵降趙。《史記》曰:

> 秦之法:"任人而所任不善者,各以其罪罪之。"於是
> 應侯罪當收三族。(《范睢列傳》)。

鄭安平的罪名是降敵,按《墨子·號令篇》曰:"歸敵者,父母、妻子、同產皆車裂。"[108] 應侯應生此罪而收三族,三族之非父族、母

---

[106] 按《漢書·刑法志》,《九章》的三族令曰:"當三族者皆先黥、劓、斬左右止(趾),笞殺之,梟其首,菹其骨肉於市。其誹謗詈詛者又先斷舌。"故謂之具五刑。高后元年乃除三族罪、祅言令。孝文二年詔盡除收律、相坐法。疑,秦的三族罪當事人具五刑,連坐相收的三族可能也具五刑,蕭何沿而未改,呂后除三族罪可能只廢除三族具五刑,然仍連坐相收。至文帝盡除收律、相坐法,這時才徹底廢止三族罪;但十五年後又恢復了,終兩漢之世沿襲未改。

[107] 《沈寄簃先生遺書甲編》,《歷代刑法考·分考》一七卷之一。

[108] 《號令篇》是秦墨的作品,說見岑仲勉《墨子城守各篇簡注》(中華書局,1959)《再序》。

族、妻族亦明矣。前引《號令篇》有云：“其以城爲外謀者，三族。”同篇亦曰：“若欲以城爲外謀者，父母、妻子、同産皆斷。”三族除父母、妻子和同産外，不可能有更正確的解釋。漢代的三族亦承秦制。《漢書·鼂錯傳》，丞相、廷尉等劾奏錯，論法：

> 錯當要斬，父母、妻子、同産無少長皆棄市。

《漢書·李廣蘇建傳》，誤傳李陵教單于爲兵以備漢，武帝

> 於是族陵家，母弟妻子皆伏誅。

鼂錯的罪名是“大逆無道”，李陵的罪名是“歸敵”，皆當處以殛刑，而連坐者也只限於父母妻子同産而已。漢文帝議除三族罪，明明白白地説：

> 使無罪之父母、妻子、同産坐之及收，朕甚弗取。
> （《漢書·刑法志》）

《鹽鐵論·申韓篇》，文學批評法家之苛刻曰：“文誅假法，以陷不幸，累無罪，以子及父，以弟及兄。”《周秦篇》文學亦曰：“今以子誅父，以弟誅兄，親戚[109]相坐。……如此，則以有罪反誅無罪，無罪者寡矣。”可見漢人對於三族的認識應當以張晏的説法爲是。[110]秦漢之法雖酷，並不波及母族和妻族，像後世隋煬帝之誅楊玄感，“罪及九族”（《隋書·刑法志》），明成祖誅方孝孺宗族親友數百人者（《明史·方孝孺傳》），秦漢之人是聞所未聞的。[111]

　　秦漢最重的罪刑牽連的親屬並未超出父母妻子和兄弟姊妹，不牽涉伯叔父母、兄弟之配偶及其子女。這並不意味秦漢統治者對於大逆謀反的人比後世皇帝仁慈，實與當時的社會和家族結構息息相關的。自戰國以來，里閭普遍推行什伍編組，在基層社會結構中地緣因素逐漸取代以前的血緣結合。[112]史游《急就章》曰：

> 鬥變殺傷捕伍鄰，游徼亭長共雜診。（第廿七）

---

〔109〕　親戚指父母兄弟。
〔110〕　參見杜貴墀《漢律輯證》（桐華閣叢書，光緒己亥刻）卷一“夷三族”條。
〔111〕　《史記》及《漢書·鄒陽列傳》皆云，陽獄中上梁孝王書有“荆軻之湛七族”一句，似指秦始皇誅殺荆軻的七族。然而荆軻一生浪蕩，要追索出他的七族怕不容易，故周壽昌《漢書注校補》云：“鄒陽不過甚其辭以明秦酷，何關事實也？”《史記·酷吏列傳·王温舒傳》，温舒“罪至族，自殺。其時兩弟及兩婚家亦各自坐他罪而族。光禄徐自爲曰：悲夫！夫古有三族，而王温舒罪至同時而五族乎？”王温舒弟之婚家各自坐罪，與他無涉也。
〔112〕　關於里閭什伍制，我將有專文討論。

《鹽鐵論·申韓篇》曰："一人有罪，州里驚駭，十家奔亡。"即説明地緣在社會政治結構中的重要性。

秦漢之際揭竿起義的豪傑大多利用地緣關係，結合知識故人而成集團，很少血緣因素，劉邦功臣集團核心分子如蕭何、曹參、盧綰、王陵、周緤、樊噲、夏侯嬰、任敖、周昌與周勃皆劉邦之同鄉與故舊，[113] 但絶少劉姓宗族。劉邦平定天下後，分封諸侯王，兄弟子姪之外，同宗姓者只有劉賈和劉澤。《史記·荆燕世家》曰：賈，"諸劉，不知其何屬"；澤，"諸劉遠屬也"。説不出與劉邦的確定親族關係。太史公故曰：

> 天下初定，骨肉同姓少。（《史記·漢興以來諸侯王年
> 表》）

劉邦非無骨肉同姓，因爲交疏，故少。附從他起事的數百名沛中子弟，可能包含劉姓宗族，但總不能像新莽時代的起事者有强大的宗族部隊。這是秦末各地武力結集的通相，不限於劉邦集團而已。

當然，六國之後的宗族聯繫一定比下層的編户齊民强靱得多，《史記》説：田儋，"故齊王田氏族也，儋從弟田榮，榮弟田橫，皆豪，宗彊，能得人"（《田儋列傳》）。他們的部屬有血緣基礎，與平民竄昇者不同。漢統一天下後，東方的六國之族亦因"宗彊"，而使漢帝"未得高枕而卧"（《史記·劉敬列傳》）。他們成爲地方性的豪强，挾持郡守縣令，魚肉鄉里，時諺云："寧負二千石，無負豪大家。"（《漢書·酷吏嚴延年傳》）可見其跋扈。據説他們的力量根源有一種是宗族，《史記·酷吏列傳·郅都傳》曰：

> 濟南瞷氏宗人三百餘家，豪猾，二千石莫能制。於是
> 景帝乃拜都爲濟南太守，至，則族滅瞷氏首惡，餘皆股栗。
> 居歲餘，郡中不拾遺。

同宗姓的族人在豪右大家庇護之下，爲非作歹，與大家狼狽爲奸，如武帝時，灌夫的

> 宗族賓客爲權利，横於潁川。（《史記·魏其武安侯列傳》）

---

[113] 蕭何、盧綰，沛縣豐邑人，與劉邦是小同鄉，其他也都是沛縣人。蕭何爲沛主吏掾，數以吏事護高祖。盧綰與劉邦同日生，兩代世交。王陵，高祖微時兄事之。周緤常爲高祖參考，樊噲與高祖俱隱，任敖亦素善高祖，夏侯嬰過沛泗上亭，與高祖語未嘗不移日。以上諸人與劉邦都是好友至交。曹參地位較高，周勃較低，但以劉邦的個性與他們可能也多有交往。參見《史記》的世家與列傳。

即是濟南瞯氏的翻版。然而瞯氏同姓宗人雖有三百餘家之多，法律上與大猾固然沒有關係，實際生活的聯繫，能不能和上古、中古與近世以下的宗族比擬，則不無可疑。整體來看當時（尤其齊國以外的地區）宗姓聯繫是不強的。

如上文所論，秦漢的"族"多指三族，即父母、妻子、同產，此外便疏遠了，故不負法律連坐相收的責任；而秦漢之際的"宗"比三族也大不了多少。《史記·呂不韋列傳》曰："夷嫪毐三族。"篇末太史公《贊》曰："遂滅其宗。"《蒙恬列傳》，胡亥責備蒙毅曰："今丞相以卿爲不忠，罪及其宗，朕不忍，乃賜卿死，亦甚幸矣。"對皇帝不忠，當處殛刑，"宗"不可能大於三族。《淮陰侯列傳》"夷信三族"，太史公《贊》曰："夷滅宗族。"《彭越列傳》"夷越宗族"，《欒布傳》作"夷三族"。韓信"故賤"，其母死，貧無以葬；彭越"常漁巨野澤中，爲群盜"。他們的"宗族"是不可能超過父母、妻子、同產的。

漢武帝初年，

> 萬石君徙居陵里。內史慶醉歸，入外門不下車，萬石君聞之不食。慶恐，肉袒請罪，不許；舉宗及兄建肉袒，……乃謝罷慶。（《史記·萬石君列傳》）。

萬石君原名石奮，其父趙人，趙亡，從趙都邯鄲徙居溫縣。劉項之爭，漢王過河內，奮年十五，以爲小吏，進其姊爲美人，徙家長安戚里。武帝時，遷茂陵陵里。從石奮的經歷看來，他既久與邯鄲同宗斷絕聯絡，又數度遷徙，晚年子孫雖貴，《史記》所謂"舉宗"當不出於他的子孫。

蕭何的宗屬在劉邦集團中是很特殊的，值得檢討說明，何未嘗有汗馬之勞，高祖論功行封，以蕭何功勞最盛，其中有一點理由是：

> 諸君獨以身隨我，多者兩三人。今蕭何舉宗數十人皆隨我，功不可忘也。（《史記·蕭相國世家》）

舉宗數十人到底包含那些成員呢？按蕭相國世家，漢三年，劉項相距於京索之間，鮑生勸何遣"子孫昆弟能勝兵者悉詣軍所"。《漢書·蕭何傳》說"何父母兄弟十餘人"。十餘兄弟及其子孫，自然可以滿數十人之數，所謂"舉宗"者也指蕭何的兄弟子姪和孫輩的成員而已，據《喪服傳》的系統，還未涉及蕭何的堂兄弟。

秦漢之際的"宗族"範圍如此狹窄,正顯示古代氏族遺習社會解體後[114]以編户齊民爲主的基層社會結構血緣的功能甚爲淡薄。此時文獻的"宗族"和本文第一章的定義——五服以外的同姓族人——宜有所區別。大約西漢中期以後,血緣在人群結合關係中的作用才逐漸擴張。

西漢宣帝以降,儒學復興,古代宗族的社會功能也有所恢復。雖然時勢變異,封建貴族不可再來,但以血緣爲基礎的人群結合在社會和政治層面中逐漸發揮主導的作用,最明顯的是世家大族。西漢中期以後,豪强也投入帝國行政體系中,開始吸收古代經典,文雅化,脱離地方性和草莽性的色彩,於是形成東漢的大族。這過程學者稱之爲"士族化"。[115] 東漢大族進而爲魏晉南北朝的世家,[116]一直延續到唐代中葉,這個階級的勢力與功能才逐漸衰退。

宗族凝聚在西漢晚年已不罕見,王莽末年起義群雄仰賴於宗族者遠比秦漢之際深厚得多。譬如南陽宛縣李通,娶劉秀大姊,常聽父守說讖云:"劉氏復興,李氏爲輔。"及劉縯、劉秀起事,李通響應,《後漢書》本傳說:通在故鄉的"兄弟、門宗六十四人,皆焚屍宛市"。宗族聯繫力强,平常往來頻繁,有事容易互通聲氣,故王莽一并誅滅,與劉邦舉兵,苦於"骨肉同姓少",不是大異其趣嗎? 南陽陰識,游學長安,及劉縯兄弟起兵,識"委業而歸,率子弟、宗族、賓客千餘人往詣伯升(縯)"(《後漢書·陰識列傳》)。上谷昌平的寇恂"世爲著姓",起事,《後漢書》本傳記載茂陵董崇説恂曰:

> 今君所將,皆宗族昆弟也。

只憑宗族成員就能組成一支軍隊,宗族人口之衆,勢力之大,是可以想見的。這類例子史册所在多有,不容備舉。

終東漢之世,大族著姓的力量有增無已,這個階級構成東漢政治的支柱,社會的中堅,如鄧氏是最顯著的例子。《後漢書·鄧禹列傳》説,鄧氏

> 凡侯者二十九人,公二人,大將軍以下十三人,中二

---

[114] 氏族遺習社會,參見杜正勝《周代城邦》(臺北:聯經出版事業公司,1979)。

[115] 余英時《東漢政權之建立與士族大姓之關係》,收入《中國知識階層史論(古代篇)》,臺北:聯經出版事業公司,1980年。

[116] 參見蒙思明《六朝世族之形成》,《文史雜誌》第1卷第9期。

千石十四人，列校二十二人，州牧、郡守四十八人，其餘
侍中、將、大夫、郎、謁者不可勝數，東京莫與之比。

范曄《後漢書》的列傳有許多篇章等於家傳，其故在此。

搏聚的宗族關係密切，人多勢重，自然而然形成一種力量。桓
帝時趙岐避京兆尹唐玹之禍，"逃難四方，江淮海岱，靡所不歷。自
匿姓名，賣餅北海中"。時安丘孫嵩密謂岐曰：

我北海孫賓石，闔門百口，孰能相濟。（《後漢書·趙
岐傳》）

一旦有亂，這種血緣聯繫發揮的作用更大，漢末三國時代看得最清
楚。他們或聚結自保，或集體流亡，雖然包含鄰里鄉黨和部曲附從，
核心成員卻是宗族。《三國志·魏志·常林傳》曰：

林避地上黨，依故河間太守陳延壁。陳、馮二姓舊族
冠冕，張楊利其婦女，貪其貲貨，林率其宗族，爲之策謀，
見圍六十餘日，率全壁壘。

類似的情形亦見於《許褚傳》，傳云，褚"聚少年及宗族數千家，共堅壁
以禦寇"。數千家雖包括少年，但宗族必不在少數，正如《李典傳》所
說，典有"宗族、部曲三千餘家"，宗族隱隱然是一股基本力量，所以常
林才能靠陳、馮二姓的宗族成員抗賊，堅守壁壘六十餘日。

西晉八王之亂，庾袞"率其同族及庶姓保于禹山"。眾人共推袞
爲領袖，在山中經營防衛固守、經濟自足的共同體。《晉書·孝友
傳·庾袞傳》云：

（袞）乃誓之曰："無恃險，無怙亂，無暴鄰，無抽屋，無樵
採人所植，無謀非德，無犯非義，戮力一心，同恤危難。"眾咸
從之。於是峻險阨，杜蹊徑，修壁塢，樹藩障，考功庸，計丈
尺，均勞逸，通有無，繕完器備，量力任能，物應其宜，使邑推
其長，里推其賢，而身率之。分數既明，號令不二，上下有禮，
少長有儀，將順其美，匡救其惡。及賊至，袞乃勒部曲，整行
伍，皆持滿而勿發。賊挑戰，晏然不動，且辭焉。賊服其慎而
畏其整，是以皆退，如是者三。

這種共同體即是我們熟知的塢堡，陶淵明嚮往的桃花源，[117] 酈道元

─────────────

〔117〕 參見陳寅恪《桃花源記旁證》，《陳寅恪先生論文集》（九思出版社）。

《水經注》多有記載。它們基本上是宗族凝聚而成的自衛團體。

晉末南渡人士往往舉宗流亡，《晉書‧祖逖傳》曰："及京師大亂，逖率親黨數百家避地淮泗。" 親黨，是親族和鄉黨，與庾袞的"同族及庶姓"相近。流亡隊伍的領袖稱爲"行主"，[118] 據地自守的首腦稱爲"塢主"，二者充分説明三國至兩晉之際，孑餘黎民仰賴於宗族血緣聯繫而得以幸存者，是多麽大啊。

行主是暫時性的宗族領袖，宗族一旦擇地定居，便不須要行主。塢主也是過渡時期的現象，政治社會秩序一恢復，割地自保的塢堡也不能存在。何况山地土壤磽薄，天下有道，誰不返回家園？然而不論到南方定居或留守故土，聚落形態大多同姓宗門群居。《北史‧李顯靈傳》曰：李顯甫

> 集諸李數千家於殷州西山開李魚川，方五六十里居之，顯甫爲其宗主。

故《魏書‧李沖傳》曰："舊無三長，惟立宗主督護。"李沖創三長之制，太和十年（486）付諸實行。三長制雖仿古制，五家一鄰，五鄰一里，五里一黨（《魏書‧食貨志》），恐怕只以鄰里黨長之統制取代宗主之督護，對宗族聚集没有影響。《通典》卷三引宋孝王《關東風俗傳》曰：

> 瀛冀諸劉，清河張、宋，并州王氏，濮陽侯族，諸如此輩，一宗近將萬室，烟火連接，比屋而居。

這是第六世紀中葉高洋代東魏建朝北齊時的情形。其餘如河東薛氏"同姓有三千家"（《宋書‧薛安都傳》），汲郡徐氏"宗族數千家"（《隋書‧孝義傳》）等事例，皆宗族群聚之犖犖大端者，較小的社群史傳就省略了。

東晉南北朝時期社會結構雖以血緣聚集爲主，但宗族關係南北方是截然有別的。北方異族統治，漢人大姓出仕，與異族合作，同宗家族才是他們真正的政治資本，故其宗族感情濃；西晉政權南移，先後跟隨而來的大姓順理成章地君臨南方土著，中央政權反而要倚賴他們來抗抑當地大族，政治社會地位未受到威脅，不必以同宗做後盾，故其宗族感情淡。《顏氏家訓‧風操篇》曰：

---

[118] 《晉書‧祖逖傳》曰："逖率親黨數百家避地淮泗，以所乘車馬載同行老疾，躬自徒步，藥物衣糧與衆共之。又多權略，是以少長咸宗之，推逖爲行主。"

> 凡宗親世數，有從父，有從祖，有族祖。江南風俗：
> 自茲已往，高秩者通呼爲尊；同昭穆者，雖百世猶稱兄弟；
> 若對他人稱之，皆云族人。河北士人雖三二十世，猶呼爲
> 從伯從叔。梁武帝嘗問一中土人曰："卿北人，何故不知有
> 族？"答云："骨肉易疏，不忍言族耳。"

相隔二三十世還稱從伯，與《儀禮》、《禮記》皆不符合，故顏之推
評爲"於禮未通"，然而親暱的稱謂豈不反映族群結構的緊密？正如
《南史·王懿傳》所説：

> 北土重同姓，並謂之骨肉，有遠來相投者，莫不竭力
> 營贍，若有一人不至者，以爲不義，不爲鄉邑所容。

不似顏之推的父親協，"幼孤，養於舅氏"（《南史·文學傳》）。而
《顏氏家訓》開篇序致曰：

> 年始九歲，便丁荼蓼，家塗離散，百口索然。

南方權勢大族對疏遠宗姓的聯繫微弱，這豈不也是一項明證？

然而南北朝時代，不論族屬親疏，實際生活中聯繫是否密切，
宗族的社會作用絕非西漢中期以前所能想象的。隋唐承襲北朝的傳
統，那時的家庭遠比漢代"三族"的範圍大（第三章第二節），宗
族之活躍自不待言。[119] 唐代柳沖著論魏晉以下名族著姓，曰：

> 過江則爲"僑姓"，王、謝、袁、蕭爲大；東南則爲
> "吳姓"，朱、張、顧、陸爲大；山東則爲"郡姓"，王、
> 崔、盧、李、鄭爲大；關中亦號"郡姓"，韋、裴、柳、
> 薛、楊、杜首之；代北則爲"虜姓"，元、長孫、宇文、
> 于、陸、源、竇首之。（《新唐書·儒學中·柳沖傳》）

柳沖説："代人諸冑，初無族姓。"進入中國而感染華風，可見當時
的風氣。

斠別宗族在於譜牒，政府專設譜局，"令史職皆具"，以爲婚宦
的準則。[120] 柳沖稱："其別貴賤，分士庶，不可易也。"又曰："有
司選舉，必稽譜籍，而考其真偽。故官有世冑，譜有世官。"這是

---

〔119〕 參見楊殿珣《中國家譜通論》，《圖書季刊》（香港）新第 3 卷第 1、2 期合刊
（1941）。

〔120〕 參見毛漢光《中國中古社會史略論稿》，《中央研究院歷史語言研究所集刊》第 47
本第 3 分（1976）。

專就政府而言，民間的則據譜牒而定婚姻，所以南北朝時精通此學者多爲世人所重。譬如傅昭，"博極古今，尤善人物，魏晉以來，官宦簿伐，姻通內外，舉而論之，無所遺失"（《梁書·傅昭傳》）。孔奐，"鑒識人物，詳練百氏，凡所甄拔，衣冠搢紳，莫不悅服"（《陳書·孔奐傳》）。姚察，"於姓氏所起，枝葉所分，官職姻娶，興衰高下"，皆無所失，官遷選部，時人稱宜（《陳書·姚察傳》）。當時有人甚至對於"人倫氏族，多所譜記"（《魏書·李神儁傳》），"日對千客"，而"不犯一人之諱（《南史·王僧孺傳》）。此風至唐猶然，《唐語林》卷一《德行》云：尚書李蟠"嘗爲一簿，遍記內外宗族姓名，及其所居郡縣，置於左右，歷官南曹，牧守、及選人相知者，赴所任，常閱籍以囑之。"自春秋晚期以下，宗族的政治社會功能當以南北朝至隋唐最稱空前絕後。

（二）累世同居——特殊的家族凝聚

"同居"是秦漢法律術語，具有特定的涵義。湖北雲夢睡虎地新出秦簡《法律答問》有一條：

> 何謂"同居"？戶爲"同居"。

共門出入的家庭成員稱爲同居，故同居含攝"共財"之義。前節所論數千家聚居的著姓大族不是同居，因爲他們並不共財。魏晉南北朝的大族，同族成員或貧或富，差別極其懸殊的。[121]《世說新語·任誕篇》曰：

> 阮仲容（咸）、步兵（籍）居道南，諸阮居道北；北阮皆富，南阮貧。七月七日，北阮盛曬衣，皆紗羅錦綺，仲容以竿挂大布犢鼻褌於中庭。

瑯琊王氏亦然。王戎"區宅僮牧、膏田水碓之屬，洛下無比"（《世說新語·儉嗇篇》），同族的王導卻"家世貧約，恬暢樂道"（《世說新語·德行篇》注引《丞相別傳》）。吳姓大族顧氏，《南史·顧覬之傳》說：其子"綽私財甚豐，鄉里士庶多負責（債）"。同傳說綽姪顧憲之，卻"環堵，不免飢寒"。上節談到的庾袞，亦屬於大姓，《晉書·孝友傳·庾袞傳》曰：

> 袞諸父並貴盛，惟父獨守貧約。袞躬親稼穡以供給養，

---

〔121〕 何啓民《南朝門第經濟之研究》，《中古門第論集》，學生書局，1978 年。

而執事勤恪。……父亡，作笞，賣以養母。

庾袞還是東晉明穆皇后的伯父呢![122] 所以所謂宗族同姓千萬家比屋聚居的大族是不能與累世同居相提並論的。

應劭《風俗通義·過譽篇》曰：

凡同居，上也；通有無，次也；讓，其下耳。

應劭，靈帝時舉孝廉，中平六年(189)拜泰山太守，大約在建安中卒於鄴。他的評論可以代表東漢末年某些人的看法。東漢重節操，兄弟推財是其一，流風所及，至於矯情干名。如許武之"盜聲竊位"，"自取大譏"，然後悉財推弟，"一無所留"（《後漢書·循吏·許荆傳》）。李充之"呵叱其婦，逐令出門"（《後漢書·獨行·李充傳》）。皆如應劭所批評的戴幼起，"欲令曒曒"，"畏人而不知"（《風俗通義·過譽》）。通有無，本諸先秦舊説，《儀禮·喪服傳》曰：

異居而同財，有餘則歸之宗，不足則資之宗。

應劭以通財爲次，故貶異居同（通）財，而以同居共財爲尚。

《太平御覽》卷四二一引《續齊諧記》説，田真兄弟三人共議分財，堂前紫荆花即枯死，"兄弟相感，更合財產，遂成純孝之門"。同居共財的範圍只限於兄弟而已。按《續齊諧記》：田真漢成帝時爲太中大夫，屬西漢晚期。同時樊重"三世共財"（《後漢書·樊宏列傳》），蔡邕"三世不分財"（《後漢書》本傳），鄉黨高尚他們的義行，其實也只同祖兄弟同居共財，在後世並不稀奇，够不上"累世"的條件。累世同居共爨最早者當推氾毓，陶淵明予子書提到：

濟北氾稚春，晉時操行人也，七世同財，家人無怨色。（《宋書·隱逸列傳·陶潛傳》）。

《晉書·儒林列傳·氾毓傳》曰："奕也儒業，敦睦九族，客居青州，逮毓七世。時人號其家'兒無常母'[123]，衣無常主。"晉武帝時氾毓召補爲南陽王文學，由他上推七世，則氾氏同居共財當在東漢初葉。但這種例子很罕見，據史傳所録，同曾祖以上的家族或宗族成員共爨稍見於南北朝，溯其根源，大抵肇端於魏晉之際。《晉書·桑虞

---

〔122〕 庾袞雖然貧弱，而能"撫諸孤以慈，奉諸寡以仁，事加於厚而教之義方，使長者體其行，幼者忘其孤"，天下有亂則率同族庶姓保於禹山而爲塢主（《晉書》本傳）。可見世族之中財産雖分，貧者不一定没有地位，故當時多有以寒節自勵之士。

〔123〕 母，今本《晉書》作父，中華書局標點本校勘記曰："《斠注》：《文選·秦彈劉整》注引王隱《晉書》'父'作'母'。"

傳》曰：

> 虞五世同居，閨門邕穆。

按本傳，虞諸兄仕于石勒之世（319～333），又云苻堅（357～384）青州刺史苻郎嘗拜虞母。若以公元370年爲下限，上推五世，則在曹魏時代。《南齊書·封延伯傳》：

> 建元三年（481）大使巡行天下……武陵郡邵榮興、文
> 獻叔八世同居。

從公元481年上推八世，也在魏晉之際。《宋書·孝義列傳·許昭先傳》曰：

> 元嘉初（424）西陽董陽五世同財，爲鄉邑所美。

元嘉初上推五世，則董陽祖上開始共財與邵榮興、文獻叔之先祖大約同時。戰亂頻仍，骨肉易疏，益令人覺得宗族情誼之可貴，累世同財之興起於魏晉之際是有緣故的。

然而四世以上同居共財的例子在南北朝猶不多見，這是與唐宋不同的。《南史·孝義傳》一一八人，剔除同族十人，得一〇八人，三世同居共財者二，四世者四，五世者四，八世者二，累世者二，不過得十四例而已。《北史·節義傳》四十六人，四世以上同居共財者八；《孝行傳》三十人，三世同居者二，總共七十六例中不過十例而已。此時正史孝義列傳所表彰的人，累世同居共財者猶未佔太大的比重，和唐朝以後的風氣不同；唐史以下的孝友傳或孝義傳，除孝行外就是義居了。還有，"義門"一詞的意義南北朝和唐宋以後也不相似。《南齊書·孝義傳》記載會稽"陳氏有三女，無男，祖父母年八九十，老耄無所知，父篤癃病，母不安其室，值歲飢，三女相率於西湖採菱蓴，更日至市貨賣，未嘗虧怠，鄉里稱爲義門"。陳女全家只有七口而已。又《南史·孝義傳》說會稽嚴世期慷慨好施，老人之老，幼人之幼，收埋露骸，

> 宋元嘉四年，有司奏榜門曰："義行嚴氏之門。"

至唐則不然，《舊唐書·孝友傳·李知本傳》說，知本

> 子孫百餘口，財物僮僕，纖毫無間。隋末，盜賊過其
> 閭而不入，因相誡曰："無犯義門。"

從此以後，"義門"變成累世同居者的專利，真德秀《譚州諭俗文》曰："昔江州陳氏累世同居，聚族至七百餘口，前代常加旌表，至今

稱爲義門。"[124] 明王圻《續文獻通考》卷八二《節義考·義居》
云：薛明龜，"五世同居，號爲義門"；薛觀，"聚族千指，同居合食
者五世，人稱義門薛氏"；李庭芝，"十二世同居，號義門李氏"；佘
起，"一門義聚，千三百餘口"；張評事，"五世同居，男女百口，總
服同爨，宋金兩朝勅命築義門臺，旌表宅里"。[125] 以上皆宋人，可
見宋代"義門"沿襲唐人的看法，沒有南北朝的意思。這不只是名
詞含義的改變，也代表時代風氣的轉移。相對來說，唐宋以後"義"
之義更狹窄了，但宗族性也更濃厚了。

　　南北朝、隋唐迄於宋元以下，累世同居共爨而又高官厚祿者實
如鳳毛麟角，通常認爲大族顯貴多累世共財，是未經細考的誤解；
流覽國史，我們發現累世同居者多是僻在田野的農人，很少官宦人
家。

　　北魏盧氏、楊氏和崔氏的門風是當時所稱羨的，他們的確同居
共財，唯距離"累世"尚遠。盧氏自盧度世收容中表和更遠屬的親
戚，"致其恭恤"，至子淵、昶等

　　　　並循父風，遠親疏屬叙爲尊行，長者莫不畢拜致敬，
　　閨門之禮爲世所推。……父母亡，然同居共財，自祖至孫，
　　家內百口。（《魏書·盧玄傳》）

盧淵有三弟，他自己生八子，諸弟共十四子，這種祖孫三代，加上
女眷、疏屬，家內百口是很可能的。然而"當世以爲榮"的盧門，

　　　　淵兄弟亡，及道將（淵長子）卒後，家風衰損，子孫
　　多非法，帷薄混穢，爲論者所鄙。（同上《盧玄傳》）

斯後無所聞，大概自然而然解體了，計其同居，不過三代而已。

　　恒農楊氏，自楊播高祖結以下，"乃有七郡太守，三十二州刺
史，內外顯職，時流少比"（《魏書·楊播傳》）。播過世十六年後，
弟椿嘗訓誡子孫說：

　　　　吾兄弟若在家，必同盤而食；若有近行不至，必待其
　　還；亦有過中不食，忍飢相待。吾兄弟八人，今存者有三，
　　是故不忍別食也。又願畢吾兄弟世，不異居異財，汝等眼
　　見，非爲虛假。如聞汝等兄弟時有別齋獨食者，此又不如

────────────

[124]　真德秀《真西山文集》卷一四。
[125]　中央研究院史語所傅斯年圖書館藏明萬曆三十一年刻本。

吾等一世也。(《魏書·楊播傳》)

同居的第一代已發現諸子"別齋獨食",自然不敢奢望同居共財能持續下去,只求他們兄弟去世前"不異居異財"而已,可以斷言他們這家共財之風在楊播兄弟這輩及身而絕。

博陵崔氏,崔挺以上"三世同居",而後"頻值饑年,家始分析"(《魏書·崔挺傳》)。挺與弟又重新過同居共財的生活,及子孝芬兄弟,

> 一錢尺帛,不入私房,吉凶有須,聚對分給。諸婦亦相親愛,有無共之。(《魏書·崔挺傳》)

絕對的家族共產。挺與弟皆去世,孝芬等奉叔母李氏主持家計,

> 家事巨細,一以諮決,每兄弟出行,有獲財物,尺寸已上,皆内李氏之庫,四時分賚,李自裁之。(同上《崔挺傳》)

這樣維持多久呢?《魏書·崔挺傳》說得明白,"如此者二十餘歲"而已。北魏三個達官貴宦的家庭只能說明本文上章所論的"唐型家庭",不是累世同居。

至於像唐初的劉審禮,宗族官至刺史者二十餘人,"再從同居,家無異爨,合門二百餘口"(《舊唐書·劉審禮傳》)。再從兄弟,同曾祖也。唐代中期的崔邠,兄弟六人,四進士,官至三品,出入禮部、吏部,爲唐興以來所未有;子姪亦爲達官。《新唐書·崔邠傳》曰:

> 四世總麻同爨,宣宗聞而歎曰:"鄲(邠弟)一門孝友,可爲士族法。"

宋初有李昉,《宋史》本傳說,昉"凡七世不異爨"。司馬温公《家範》卷一《治家》稱讚曰:

> 國朝公卿能守先法,久而不衰者,惟故李相昉家,孫數世二百餘口,猶如同居共爨。[126]

以上三家都可算是身既顯達又累世同居的好例子,似與我們的持論不同;但細查他們的家史,並不盡然。

據《舊唐書·劉德威傳》,劉審禮之祖子將爲隋毗陵郡通守,父

---

[126] 司馬光《家範》,留餘草堂叢書。

德威爲刑部侍郎、太僕，審禮官至工部尚書，子易從歷彭城長史、任城男，孫昇，開元中爲中書舍人、太子右庶子。上下五代，而後劉家似乎就沒有顯要達貴了。崔邠兄弟雖然顯宦，祖上並不如此，《新唐書》本傳曰：「父倕，三世一爨，當時言治家者推其法。」故所謂崔氏四世同爨當從邠的高祖開始，唯據《舊唐書·崔邠傳》，祖宗無聞，「祖結、父倕，官卑。」是同居而後才顯達的。宋朝的李昉，溫公《家範》說：「田園、邸舍所收及有官者俸禄皆聚之一庫，計口日給餅飯。」即《青箱雜記》所謂「宅庫」也。[127] 據司馬溫公說：「其規模大抵出於翰林學士宗諤所制。」宗諤，昉之子，似共財始於李宗諤；但至宗諤子昭述時，《宋史》本傳曰：「稍自豐殖，爲族人所望。」自蓄私財，引起怨言，即使維持同居共爨之虛表，共財的精神已經墮落了。昉父爲後晉的工部郎中，宋真宗時昉拜參知政事，這樣說來，李氏真正顯貴又同居的時間也不過三四代而已。

　　唐初有一位朱敬則，武后時代官至同鳳閣鸞臺平章事，「嘗與三從兄同居，四十餘年，財産無異。」三從兄，同高祖的族兄，緦麻服。但他們的上代沒做過官，《舊唐書·朱敬則傳》曰：

　　　　代以孝義稱，自周至唐，三代旌表，門標六闕，州黨
美之。

所謂「以孝義稱」，即一介平民，在官場上無所聞，累世同居共財多存在於這一階層之上。自南北朝以降，歷代正史著録的同居共爨人家，一無門第，二無功名，只因共財見於史册而已。《南史·孝義傳》八世同居的邵榮興、文獻叔，五世同居的徐生之、范安祖、李聖伯、范道根，四世同居的陳玄子、譚弘寶、何弘、陽黑頭，累世同居的王續祖、郝道福；《北史·節行傳》七世同居的李几、郭世儁，六世同居的蓋儁，五世同居的石文德，和數世同居的王悶，皆無其他事蹟可聞。兩《唐書·孝友傳序》已經清楚地指點出來，《舊唐書·序》曰：「前代史官所傳孝友傳，多録當時旌表之士，人或微細，非衆所聞，事出閭里，又難詳究。今録衣冠盛德，衆所知者，以爲稱首。」唐代累世同居的家族就非「微細」嗎？也不然。《新唐書序》曰：「唐受命二百八十八年，以孝悌名通朝廷者，多閭巷刺草

---

〔127〕 《古今圖書集成·家範典》第六卷《家範總部紀事》二之十。

之民。"可見出身也是微細的，唯當時風氣尚同居，乃爲眾人所知聞。

隋唐之際有位劉君良，《舊唐書·孝友傳》曰：

> 累代義居，兄弟雖至四從，皆如同氣，尺布斗粟，人無私焉。……武德七年，深州別駕楊弘業造其家，見有六院，惟一飼，子弟數十人，皆有禮節。

四從超出儀禮喪服圖的範圍，同六代祖，他們都無官爵可以稱道。同卷《宋興貴傳》曰："累世同居，躬耕致養，至興貴已四從矣。"也是六代，宋氏明明白白是農家。還有鄆州張公藝，九代同居，北齊、隋和唐貞觀中三度旌表，以百忍聞於高宗（同卷），大概也是普通農家，沒有官爵可以查考的。

這種既無官又無爵或官卑職微的大族同居而且共財，發源於中古世家興盛之時，當世家逐漸沒落後，他們依然存在，構成中國社會的一種特殊面貌。他們和世家具有顯著的差別：第一、名符其實地同居共財，第二、影響只在基層社會，絕少上昇到較高的政治層面。宋元以後的大族多屬於這一類，他們同居的歷史往往可以追溯到唐代。譬如方綱，真宗天禧年間（1017～1021）已"同居四百年"（《宋史·孝義傳·方綱傳》），上推方家開始同居大概在唐初高祖時代。江州陳氏尤其聞名，《宋史·孝義傳·陳兢傳》云：

> 昉（兢父）家十三世同居，長幼七百口，不畜僕妾，
> 上下姻睦。

但王夫之《宋論》另有一説云"陳兢九世同居"（卷二）。據王夫之説法，可以上推到陳京，中唐時期；按《宋史》則可推到陳宜都王叔明之子，從隋代就同居了。《宋史·孝義傳》説唐僖宗時詔旌其門，當在陳伯宣之世，而明人王圻《續文獻通考》卷八二《節義考》"義居"條云"唐僖宗時已六世不分"。由伯宣上推六世，當在京的父或祖時代，屬於盛唐，大抵江州陳氏自盛唐就開始同居共爨，經歷唐末、五代、北宋，至南宋寧宗晚年真德秀知潭州，其《諭俗文》猶説，江州陳氏，"至今稱爲義門"。這家族至少有五百年以上同居共財的歷史。陳氏在唐代有人做過中央級官員如右補闕、集賢院學士，地方首長如鹽官令和高安丞，至昉祖崇授江州長史、父衮授江州司户，屬地方佐吏，兢的子姪輩有始登進士的。王夫之《宋

論》卷二曰："當唐末以後之喪亂，江州有吳楚交爭之衝，陳氏所居，僻遠於兵火，因相保以全其家。"説明累世同居的大族蟄居於故鄉，很少到外面求發展。

南宋邵伯溫著《河南邵氏聞見録》[128] 説，河中府河東縣永樂鎮，唐代屬永樂縣，"面大河，背雷首，中條山，形勢雄深，安史之亂，土人多避地於此"。這裏有個姚孝子莊，住居累世同居共財的姚氏，和江州陳氏一樣，"僻遠於兵火，因相保以全其家"。始祖孝子姚栖筠，值唐貞元年間（785~804）務農。以後，

> 姚氏世爲農，無爲學者。家不甚富，有田數十頃，聚族百餘人，子孫躬事農桑，僅給衣食，歷三百餘年無異辭者。經唐末、五代，兵戈亂離，而子孫保守墳墓，骨肉不相離散。（《宋史·孝義傳·姚宗明傳》）

所謂三百餘年大概指唐德宗到宋徽宗之間，徽宗政和四年（1114）邵伯溫過訪姚家，親見

> 長少列拜庭下，以次昇堂，侍立應對有禮，道其家世次第甚詳。蓋自栖筠而下，義居二十餘世矣。

這家族"有田十頃，僅給衣食"，並不富裕，唯族人齊力相守，不但經歷唐末五代的兵戈離亂，宋神宗熙寧年間，"陝右歲歉，舉族百口同往唐、鄧間就食，比其返，不失一人"。宗族共同體性質之濃厚可以想見。

宋代東南方的裴氏也是累世同居很著名的史例。《嘉泰會稽志》卷一三"義門"條曰：

> 平水、雲門之間有裴氏，自齊梁以來七百餘年無異爨，……大中祥符四年（1011），用州奏，旌其門閭，是時裴氏義居已十有九世，闔門三百口，其族長曰承詢。到嘉泰初（1201），又五六世，蓋二十四五世矣，猶如故，聚族亦加於昔。[129]

這是公元五、六世紀以來就同居共財的大族。南宋理宗淳祐年間，王柣過訪裴氏，上距真宗旌表又隔二百二十六年，"其號義門如故"。

---

[128] 邵伯溫《河南邵氏聞見録》（涵芬樓藏版）卷一七。
[129] 《嘉泰會稽志》，嘉慶戊辰重鐫，見《宋元地方志三十七種》（臺北：國泰文化事業有限公司影印）。

王栐《燕翼貽謀録》曰：

> 余嘗至其村，故廳事猶在，族人雖異居，同在一村中，
> 世推一人爲長，有事取決則坐於廳事，有竹算亦世相授矣，
> 族長欲撻有罪者則用之。歲時會拜，同飲咸在，至今免
> 役。[130]

不過王栐明言裴氏族人已異居，只歲時會拜同飲，平時各自開伙。
這是嘉泰到淳祐四十餘年之間所產生的轉變，但族長權威依然存在，
世世代代傳授竹算，維護族内的秩序。這樣的大族已非累世同居，
明清基層社會宗族的通相係導源於這類大族。會稽裴氏的下落，據
朱國楨《湧幢小品》卷二〇"義門"條曰："至元末（1294）（廳）
始毀於兵，而族亦且漸陵替，非其舊矣。"

江州陳氏、河東姚氏和會稽裴氏之同居都可以追溯到唐朝或更
早，三家家族成員以務農爲主要生活手段，很少達官貴宦。《宋會要
輯稿》卷一五五四八"旌表"條所記載者，益加證明這三家不是特
殊個案，是有高度代表性的。

《宋會要輯稿》收録累世同居接受政府明令褒揚者二十七家，只有
三家進士，一家故大理寺丞，其餘的身份不是"縣民"就是"百姓"。從
唐朝就開始同居者十六家，約佔北宋時代褒揚者的在百分之八十五，
以唐末開始同居者佔絶大多數，其中契機可以從上虞劉承詔家族的歷
史獲得確切的説明。《嘉泰會稽志》卷一三"義門"條曰：

> 上虞縣劉承詔，唐襄公德威之裔，德威五世孫愉避黃
> 巢亂，自河南徙上虞。至承詔十世，聚族四百餘口，内外
> 無間言，……號孝義劉家。

按《舊唐書·劉德威傳》，盛唐以前劉家相當顯赫，"宗族至刺史者
二十餘人"。至劉愉避亂會稽上虞，以上世代固不盡可信，[131] 以下
至劉承詔應該可以稽考。這十世之間，劉家子孫大概和陳兢、姚宗
明一樣，累世務農。累世同居共財的家族多發端於戰亂之世，亦只
能蘊育於鄉間；利用血緣聯繫以相保求全，應該是他們的初衷，也

---

[130] 王栐《燕翼貽謀録》，《歷代小史》卷三二或《百川學海》卷五。

[131] 劉德威，唐高祖時代的人，高祖至黃巢之亂二百五十年，絶不止五代。而且德威曾
孫昇開元中爲中書舍人，距離黃巢之亂將近一百五十年，與黃巢並世的後裔不可能
是劉昇的孫輩。

是最後的目的。

鄉間務農的大族和中古世家不同，由於他們不參與政治，没有政治風險，族群容易保全，累世同居乃有可能。而且誠如本文所論，他們多以耕稼爲本，很少游宦求仕，族群也才比較不易産生階級。經歷數十百年，含蓋百口千指、同居共財的大族群是怎麽存在下去的，王栐拜訪會稽裘氏時曾經思考這個問題，認爲根本原因是力田不仕。他說：

> 余嘗思之，裘氏力農，無爲士大夫者，所以能久驟而不散。苟有驟貴超顯之人，則有非族長所能令者，況貴賤殊塗，炎凉異趣，父兄雖守之，子孫亦將變之，義者將爲不義矣。裘氏雖無顯者，子孫世守其業，猶爲大族，勝於乍盛乍衰者多矣。[132]

顧炎武也有類似的議論。《日知録》卷二三"北方門族"條曰："其一登科第，則爲一方之雄長，而同譜之人至爲僕役。"所以累世同居和世家大族有本質上的差異，二者必須加以甄别。

同居者共財的程度可能頗不一致，共財之餘大概每人還可保有一點私産；所謂"共爨"或"不異爨"可能也不完全指同吃大鍋飯。南朝劉宋時代，西陽内史劉寅兄弟的奴婢有衆奴，相對的也應有私奴了。《文選》任昉《奏彈劉整》曰：

> 兄弟未分財之前，整兄寅以當伯貼錢七千共衆作田。寅罷西陽郡還，雖未别火食，寅以私錢七千贖當伯，仍使上廣州。[133]

當伯原是劉寅的私奴，賣爲衆奴，從事劉家田作，從來寅又以私錢贖回來。前後過程，寅、整兄弟皆共財，"未别火食"。

前引司馬温公《家範》"治家"論李昉家之同居共爨，收入統歸宅庫，"計口日給餅飯，婚姻喪葬所費皆有常數，分命子弟掌其事"。開支收入統一籌措，二百餘口每日口糧和交際應酬費用，得自於宅庫，大概每對夫婦及其子女成爲一個單位，分别開伙的。

金谿陸九韶、九淵兄弟之家，累世同居，他們的財政經營和李昉家非常相似。羅大經《鶴林玉露》"陸氏義門"曰：

---

[132] 前引《燕翼貽謀録》。
[133] 《文選》卷四〇"彈事"。

一人最長者爲家長，一家之事聽命焉。逐年選差子弟分
任家事；或主田疇，或主租稅，或主出納，或主厨爨，或主賓
客。公堂之田僅足給一歲之食，家人計口打飯，自辦蔬肉，不
合食。私房婢僕各自供給，許以米附炊。每清曉，附炊之米
交至掌厨爨者，置曆交收，飯熟，按曆給散。[134]

家族財産公有，公家供給飯食，自家辦魚肉蔬菜，錢當然來自公産。所
以陸家還是容許族人有限度地私有財産的。

南宋紹興甲子(1144)趙鼎撰《家訓筆録》，[135]“立規式爲私門久遠
之法”。第八項“應本家田産等子子孫孫並不許分割”，田業共産，其他
則否。故第九項曰：

歲收租課，諸位計口分給，不論長幼，俱爲一等。五歲以
上給三分之一，十歲以上給半，十五歲以上全給。止給骨肉。
女雖嫁未離家，并婿甥並同。

因爲分配口糧只限於同宗骨肉，所以該項規定“其妳婢奴僕並不理口
數，不在分給之限”。奴婢在實際生活中是家庭的成員，但不配口糧，
其家族每個單位是非有私産不可的。第二十一項：“如有婚嫁，每分各
給五百貫足。”第二十二項：“增添人口，展修房户等應有所費，並於椿
留内支破；其餘些小修造，諸位自辦。”皆有私産之證。何況公家分給
的只是生糧，他們共財的程度還不及李昉家族之“計口日給餅飯”，和
陸九韶家族之“計口打飯”呢。

不過文獻也保留一些吃大鍋飯、徹底家族共産的事例。唐初瀛州
劉君良“四世同居，族兄弟猶同産也，門内斗粟尺帛無所私。……凡六
院共一庖，子弟皆有禮節”(《新唐書·孝友列傳·劉君良傳》)。河東
姚孝子莊的姚氏，河南《邵氏聞見録》曰：

早晚於堂上聚食，男子婦人各行列以坐，小兒席地共
食於木槽；飯罷即鎖厨門，無異爨者。男女衣服各一架，
不分彼此。有子弟新娶，私市食以遺其妻，妻不受，納於
尊長，請杖之。

共有財産非常徹底，所謂“兒無常母，衣無常主”(《晉書·儒林列傳·
氾毓傳》)，大概近於此；也不容易發生“別齋獨食”(《魏書·楊播傳》)

---

[134] 羅大經《鶴林玉露》(據日本覆明萬曆刻十八卷本，涵芬樓藏版)卷一七。
[135] 趙鼎《家訓筆録》，《函海》第32册。

的流弊。池州方綱家族，"八世同爨，家屬七百口，居室六百區，每旦鳴鼓會"（《宋史·孝義列傳·方綱傳》），可能也是徹底同居共財的。

浦江鄭氏是南宋高宗建炎初年開始同居的大族，至明初已"同居十世，歷二百六十餘年"。政府表彰爲"浙東第一家"，分別見於宋元明三史《孝義列傳》，有《鄭氏規範》傳世。[136] 據明初增訂的《鄭氏規範》規定，家衆每日會食，"男會膳於同心堂，女會膳於安貞堂"。子孫不得"私置田業，私積貨泉。事蹟顯然彰著，衆得言之家長，家長率衆告於祠堂，擊鼓聲罪而榜於壁"。甚至可以"告官，以不孝論"。男女大小衣資由公家供應，諸婦"履材及油澤、脂粉、針花之屬"亦取之於公。別立"嘉禮莊一所，⋯⋯充婚嫁費"。按照《規範》所述，《元史》說鄭氏"一錢尺帛無敢私"（《孝義列傳·鄭文嗣傳》），絶非虛言。

累世同居在唐代至宋元之間比較發達，在此以前，家族結構承襲秦漢之舊，不易産生超過五服的族群；在此以後，另外有一種新的宗族結構出現，既可擴大族群，又能避免累世同居的困難和弊端。朱明以後，"累世同居"，功成身退，日漸式微，故《明史·孝義列傳序》雖羅列政府表彰的人，正傳卻很少記述"義門"事蹟，那到底是過氣的時尚了。

(三) 宋元以下新的宗族形態

東漢以來族群之聚居，基本上出於護衛的需要；世家大族雖不共財或通財，但政治利益是一致的，社會地位也有共同的表徵；至於累世同居，不僅同居，而且共産。基於血緣因素，歷史上各有不同的結合方式，聚居團結與政治之互通聲氣，猶感不足，必求數百家族成員財産與共。這是家族一體意識最充分的表現。[137] 周怡《語錄》"諭族"說：族遠不可知者，與殊方絶域之人無異。大家原本"自吾祖一脈所分，服且未盡，其勢時至於殊方絶域之人，視之不甚可懼也乎"？一體爲秦越，生無顏立於天壤之間，死無面目見祖先於地下。[138] 曹于汴《九族類鑒序》曰：

> 不論尊卑疏近而恩義藹然貫也。一身之中，四其肢，五其官，六其臟腑，十二其經絡，百其骸，仍奢云九！然而疾痛疴癢

---

[136] 《鄭氏規範》收入《學海類編》。宋濂序歷述《規範》編撰的過程，六世孫時前錄五十八則，七世孫後錄七則、續錄九二則，十世孫增訂總爲一百六十八則。

[137] 參見清水盛光《支那家族の構造》（岩波書店，1942），頁 13～14。

[138] 《古今圖書集成·家範典》卷一〇一，《宗族部·總論》三之五。

無不相關,不相關者,木人也。九族之痛癢相關亦然。[139]
縱則溯及遠祖,橫則分散到廣大族群,上下左右俱爲一體,正如方孝孺
所謂"十百之本出於一人之身"。身體某部分生病會影響其他部分,宗
族成員何嘗不然?[140]

族群的一體意識於理雖然可通,但並不符合原始儒家的理論。誠
如本文第一章所論,《儀禮·喪服傳》共財範圍的極限止於同祖兄弟而
已,在此之外,宗族之間可以通財,但不硬性規定共產,故曰:"有餘則
歸之宗,不足則資之宗。"先秦儒家從未想到十幾世還能共財的,共財
又同居則揚大家族的義,而抑小家庭的情,像前節列舉的河東姚氏、浦
江鄭氏,子女對於自己的父母和其他父執輩者皆一視同仁(至少在物
質享受方面如此),這和儒家親親之義,由近及遠,有本質上的差異,
《儀禮·喪服傳》曰:

> 昆弟之義無分焉,而有分者則避子之私也,子不私其父
> 則不成爲子,故有東宮,有西宮,有南宮,有北宮。

《禮記·內則》也説:"由命士以上,父子皆異宮。"張橫渠對異宮的問
題深獲原始儒家的精義,他説:

> 異宮乃容子得伸其私。[141]

唯有肯定父子之"私"才能體會"古之人曲盡人情",程伊川輕視這點
"私心",而謂"親己之子異於兄弟之子,甚不是也",[142] 雖可爲累世同
居張目,卻與先秦經典不合。明人丘濬從一夫受田百畝推知"三代以
前蓋無累世同居共爨之制",[143] 旁通群經,亦有慧識。清人李紱、王紳
也多看到這一層,王紳甚至認爲三代之禮是"教人以分居"的。[144]

然而累世同居張揚宗族之義,事實上會碰到很多困難,袁采説得
最平實。他説:

---

[139] 《古今圖書集成·家範典》卷一〇二,《宗族部·藝文》一之十四。
[140] 方孝孺《遜志齋全集》卷一《宗儀》"睦族"。又云:"人身之疾在乎一肢也,而心爲之
    煩,貌爲之悴,口爲之呻,手爲之撫。夫一身之化爲十百也,何忍自相戕刺而不顧乎?
    何忍見其顛連危苦而不救乎?何爲不合乎一而相視爲塗之人乎?"
[141] 朱熹《近思錄》卷九"治法"引。
[142] 前引書卷六"家道"引。
[143] 丘濬《大學衍義補》(《四庫全書珍本》二集)卷五三"家鄉之禮下"。
[144] 李紱《別籍異財義》云:"古者未嘗禁人之分居也。"收入《清朝經世文編》卷五九"宗
    法下"。王紳《兄弟異居義》云:"古者制民産百畝,家以八口爲率,有弟以爲媵夫,壯而
    有室則別授田,未嘗禁人之分居也,且教人以分居也"。收入《清朝經世文續編》卷六
    八"家教"。

兄弟義居，固世之美事，然其間有一人早亡，諸父與子姪
其愛稍疏，其心未必均齊。爲長而期瞞其幼者有之，爲幼而
悖慢其長者有之。顧見義居而交爭者其相疾有甚於路人，前
日之美事乃甚不美矣。[145]

這類“私心”（程伊川語）既然不能免，强抑之，以維繫大家族，必定要
花費一番代價。隋初有人引述諺語云：“不癡不聾，不作大家翁。”
（《北史·長孫平傳》）其來有自矣。唐高宗時，張公藝九世同居，惟以
百餘“忍”字傳 家（《舊唐書·孝友傳》）。單一個忍字不曉得含藏多
少辛酸，難怪“天子爲流涕”。王夫之《宋論》評曰：

　　夫忍，必有不可忍者矣。則父子之誶語，婦姑之勃谿，兄
弟之交瘉，以至於斁倫傷化者皆有之。公藝悉忍而弗較，以
消其獄訟雠殺之大惡而已。（卷二）

清儒龔鞏祚《農宗答問》曰：“以相忍爲家，生人之樂盡矣，豈美談
邪？”[146]答得極其明快。呂柟雖以“容”代“忍”，[147]並不能真正解決問
題。

宋元以下既本乎一體之義，仿照中古世家大族的連綴，避免累世
同居的弊端，又能發揮宗族通財的精神，於是產生新的宗族形態。它
雖盛於明清，卻發端於北宋。[148] 新式宗族是由許多核心家庭、主幹家
庭或共祖家庭組成的，共財單位很少超出同祖父的成員，但通聲氣、濟
有無的範圍卻可以遠過於五服。它的基礎至少有四：族譜、義田、祠堂
和族長。

（一）族譜　中古譜牒至唐末五代而廢，歐陽修《歐陽氏譜圖序》
曰：“自唐末之亂，士族亡其家譜，今雖顯族名家，多失其世次，譜學由
是廢絕。”[149]蘇洵也說：“蓋自唐衰，譜牒廢絕，士大夫不講而世人不
載。”至北宋前期天下只有歐陽和蘇氏講譜法而已。[150] 雖然歐陽說過
“唐之遺族往往有藏其舊譜者”（歐陽氏《譜圖序》），世人不講，因爲舊
譜已喪失其時代意義了。中古譜牒定婚宦，別門第，經過唐末五代之

〔145〕　袁采《袁氏世範》（《四庫珍本別輯》）卷上“睦親”。
〔146〕　龔鞏祚《農宗答問》，《清朝經世文續編》卷六七“宗法”。
〔147〕　呂柟《語錄》“治家”，見《古今圖書集成·家範典》卷三，《家範·總部》二之十九。
〔148〕　牧野巽《宗祠と其の發達》，《東方學報》（東京）第9冊（1939）。
〔149〕　《歐陽文忠公文集》卷七一，《外集》廿一，集本《歐陽氏譜圖序》一本云。
〔150〕　蘇洵《嘉祐集》卷一三“譜例”。

亂,門閥權貴崩潰,譜牒就無所附麗了。中古譜牒均上呈官府,專員執掌,目的在選官;宋元族譜是私家記述,目的在收族。這是宋元以下族譜與中古譜牒的本質差異。[151] 宋元以後的族譜雖然推始先秦的宗法,其實是兩個不同的時代,社會性質差異極大,既無封國,便無百世不遷的大宗,所以蘇洵只能講小宗之法。即使中古譜牒,山東尚婚姻,江左尚人物,關中尚冠冕,代北尚貴戚(《新唐書・柳沖傳》),亦無大小宗可言的。形勢如此,所以蘇洵修家譜時,"高祖之上不可詳矣"。欲樹大宗,亦無所追尋,故他明白地説:

> 爲族譜,其法皆從小宗。[152]

本文第一章曾論《儀禮・喪服傳》只講五世小宗,是平民的禮制,宋元以下的新式宗族形態其實是復《喪服傳》之古。後世論族譜者每援引先秦舊典,侈言大宗宗法,皆不通時變的緣故。成毅《宗法議》以爲宗法"勢之有所必不行";萬斯大《宗法》云:"宗法與譜法原不相謀",才是通達之論。[153] 因爲宋元以下的族譜既不是封建貴族的系本,也不是門閥世家的牒記,它是平民宗族成員的載録。它的目的在收繫離散的宗族,但因爲缺乏政治地位或權益的支持,不可能無限制地收族,只能以五服爲限;族遠只得合譜可分支。

(二)義田　義田創於范仲淹,大約皇祐二年(1050)始置,[154] 一直沿續到民國時代。[155] 范仲淹的宗族多貧賤,到他才發跡,感於"吳中宗族甚眾,於吾固有親疏,然以吾祖宗視之,則均是子孫,固無親疏也,吾安得不恤其飢寒哉"。[156] 這是宗族一體意識的發揮,但累世同居的方式勢不能行,於是別創義田以彌補不足。錢公輔《義田記》曰:"范文正公……買負郭常稔之田千畝,號曰義田,以養濟群族。"[157] 基本上是濟助性質的。范氏義莊成立之後,模倣者代有其人,爲宋元以來大宗族的一個要素。[158] 范氏義莊對於族人計口給米授衣,[159] 其蔽致使

---

〔151〕　前引楊殿珣《中國家譜通論》;潘光旦《家譜與宗法》,《東方雜誌》第 27 卷第 21 號。

〔152〕　《嘉祐集》卷一三《族譜後録上篇》。

〔153〕　參見潘光旦,前引文。

〔154〕　清水盛光《中國族産制度考》(岩波書店,1949),頁 38。

〔155〕　近藤秀樹《范氏義莊の變遷》,《東洋史研究》第 21 卷 4 期(1963)。

〔156〕　《范文正公全集》所收《褒賢集》卷二,劉榘《范氏義莊申嚴規式記》。

〔157〕　《范文正公全集》所收《褒賢集》卷三。

〔158〕　清水盛光《中國族産制度考》,頁 41~50。

〔159〕　《古今圖書集成・家範典》卷一○○,《宗族部・總論》二之三《范氏義莊規矩》。

"不肖者或以長惰".[160]　其他義莊不一定襲其例則,大抵周濟貧族爲主,使鰥寡孤獨免於飢寒,無力讀書者獲得津貼,可以從師肄業,獵取功名。馮桂芬《復宗法議》設定的莊制:

> 分立養老室、恤嫠室、育嬰室,凡族之鰥寡孤獨入焉;讀書室,無力從師入焉;養疴室,篤疾者入焉。又立嚴教室,不肖子弟入焉。[161]

養老、恤嫠等功能皆部分實行過,唯馮氏加以整齊規劃而已。

(三)祠堂　古代士庶人祭祀止於父母,不及其祖。程伊川卻説"若止祭禰,只爲知母而不知父,禽獸道也;祭禰而不及祖,非人道也。"他認爲:"自天下至於庶人,五服未嘗有異。"祭祀自高祖始,不論七廟、五廟,或寢廟,皆没有分別。[162]　伊川之論不符古義,不過可以看出宋代的新風氣,在新宗族形態蘊育成長中,庶人也要祭遠祖了。但迄於明初,庶人祭祖並没有獨立的"家廟",只附於居室之左的"祠堂",獨立建築的堂屋從明代中期以後才逐漸普遍起來。[163]　建祠堂而祭祀始祖以下的歷代祖宗,可以追遠,可以收族。祠堂成爲全族人的精神中心。

(四)族長　族長產生的方式各地不一,或推昭穆最高者爲之,或舉才德,不拘年齡長幼與輩分尊卑;但行輩年齒高者還是優先的。[164]李塨《學禮》卷四《祭禮》曰:

> 公祠主祭莫若族長,擇行輩年齒高於一族族衆共推者爲之,禮所謂長長也。於是爲祭主而裹以賢,處分尊祖合族之事也;以貴,用其勢以令衆也;以富,須其財以成務也。祭……於以合薦而使通族知本,合薦而使通族知睦,匡其不義,助其不及,而使通族聯貫如一。[165]

族長的任務在於協和全族,此外如仲裁糾紛,處罰不肖都是大家熟知的。

族譜使每個人知道族群的來龍去脈和他的人際關係與地位;祠

[160]　《方望溪先生文集》卷八《教忠祠祭田條目》:"范文正公義田子孫守之七八百年,不失家法,可謂善矣;但計口給糧,則不肖者或以長惰。"卷一七《甲辰示道希兄弟》:"吳郡范氏義莊計口授糧,俾愚者怠於作業,非義也。"引自清水盛光前引書,頁148。
[161]　《清朝經世文編》卷六七。
[162]　《二程遺書》卷一五。
[163]　左雲鵬《祠堂族長族權的形成及其作用試説》,《歷史研究》1964年第5~6期。
[164]　仁井田陞《中國社會の同族と族長權威——とくに明代以後の族長罷免制度》,《東洋文化研究所紀要》第25册(1961)。
[165]　李塨《學禮》,收入《畿輔叢書》。

堂所以聯合族屬，發揚慎終追遠之義；義田贍濟同宗，可以彌補族内貧富的差距；族長則調理族群，維繫族群於不墜。宋元以來的新宗族隱然成爲自治的單位，與行政系統的鄉里保甲相輔相依，穩固既定的政治社會秩序。

五、小　結

家庭、家族與宗族猶如一串同心圓，其範圍因時地而異，也有重疊部分，但政治社會功能則一脈相通，可以互補的，根本的結構和精神則在於五服服制。有了服制，傳統社會的人倫相與、財產分析、法律規章[166]才有規矩和法度，元人龔端禮曰：

> 夫有國者莫不以刑法爲治統，有家者莫不以服紀別親疏。是故禮有五禮，服有五服，刑有五刑。聖人以禮制而定服紀，以服紀而立刑章；然則服有加降，刑分重輕。欲正刑名先明服紀，服紀正則刑罰正，服紀不正則刑罰不中矣。此乃萬古不易，治國、齊〔家、平天下之道〕。[167]

因此五服服制不明，不但庶民無所措手足，國家政令也無所施，離開五服服制便掌握不了傳統中國社會的綱領和特質。

編户齊民的家庭固然是是中央集權政府的基礎，只要没有政治野心的族群，不論是累世同居或的近世的新宗族，統治者都非常歡迎。唐高祖武德二年下詔褒揚四從兄弟同居的宋興貴，詔曰：

> 人禀五常，仁義爲重；士有百行，孝敬爲先。自古哲王，經邦政治，設教垂範，皆尚於斯。……宋興貴立操雍和，志情友穆，同居合㸑，累代積年，務本力農，崇謙履順。弘長名教，敦勵風俗，宜加褒顯，以勸將來。可表其門閭，蠲免課役。布告天下，使明知之。（《舊唐書·孝友傳》）

中央政府所鼓勵的是"務本力農，崇謙履順"的鄉間大族，他們對維護既存的統治秩序有積極的作用，難怪自南北朝以後，歷代政府都不吝累加褒揚。程伊川説："若立宗子法則人知尊祖重本，人既重

---

〔166〕　由服制論律令，參見桑原隲藏《支那法制史論叢》（東京：弘文堂，1935）。
〔167〕　龔端禮《五服圖解·序》，宛委別藏影鈔元至治本。原本"齊"字下壞六字，依文意補足。

本則朝廷之勢自尊。"[168] 真是一針見血的話。蘇東坡也説："教民和親則其道必始於宗族。" 民能和親，則王道可興。[169] 真德秀守譚州和泉州，一再以協和家庭族屬告諭民衆，[170] 是有深意的。顧亭林《説經》曰："一家之中父兄治之，一族之中宗子治之。其有不善之萌，莫不自化于閨門之内，而猶有不率教者，然後歸之士師，然則人君之所治者約矣。"此之謂"衆治之而刑措"。[171] 所以我們認爲論中國社會結構不能不分析中國的家庭、家族與宗族，論中國傳統政治的特質也要從這個層次來探討。

　　後記：有一個機緣使我暫時踏出上古史的範圍，研讀傳統中國的家族結構，凝聚一些想法，草寫成這篇文章。傳統中國的家族結構佔了半部中國社會史，歷來中外學者的貢獻皆使淺學如我者肅然起敬，他們遺留的問題絶非短文所能解決。但這篇文章如果能對幾千年的家庭、家族和宗族提挈一些綱領，某些細部論證如果也有一點可取之處，則不是我敢奢望的。本文寫作過程承蒙同行畏友不吝指正，尤其是何啓民、劉翠溶、蕭璠、邢義田、梁庚堯和張榮芳諸位先生，指點疑漏，提供補充資料，我要特別感謝。

※ 本文原載《大陸雜誌》65 卷 2、3 期，1982 年。
※ 杜正勝，英國倫敦大學政經學院研究員，中央研究院院士、中央研究院歷史語言研究所兼任研究員。

---

〔168〕　朱熹《近思録》卷九"治法"引。
〔169〕　蘇軾《勸親睦》，引自《古今圖書集成・家範典》卷一〇二，《宗族總部・藝文》一之七。
〔170〕　《真西山文集》卷四〇《譚州諭俗文》，《再守泉州勸諭文》。
〔171〕　《清朝經世文編》卷八"原治下"。

從戰國至西漢的族居、族葬、世業

論中國古代宗族社會的延續

邢義田

一、前　言

　　中國古代文化和歷史的研究，在近幾十年隨著考古工作的大力進行和理論的引進，有著日新月異的發展。在許許多多的發展中，一個引人注目的焦點是多數學者逐漸揚棄中國自周秦以後的社會發展停滯不前的看法，轉而認爲中國古代的社會和文化也曾經歷一定的發展階段。發展階段如何劃分，也就是歷史分期的問題，在過去足足討論了最少半個世紀。姑且不論分期的界限定在何時，一個較爲共同的論斷是大家都承認從春秋中晚期，經過戰國到秦漢王朝的統一，中國無論在社會、經濟、政治、思想、文化各方面都曾發生劇烈的變化。無數的論著都以描述這一場大變局爲核心。

　　從春秋中晚期到秦漢的 “變” 無庸置疑。近幾十年學者的努力絕未白費。但是本文想從不同的角度，試圖指出在衆人描述的變局中，其實有不少相對地 “不變” 或變化不那麼明顯的地方。這些 “不變” 或者説表現出强烈延續性的地方，也許更爲根本，也更是中國文化和歷史發展特色之所在。

　　本文所要討論的聚族而居、聚族而葬和家族事業以世世相承爲常的生活形態，粗略地説，在近代以前幾千年可以説没有什麼根本的變化。在春秋戰國這樣劇烈的變局裏，似乎也不曾根本動搖。這個大問題不可能用這篇小文説得周全。本文僅僅希望利用一些文獻和考古的資料，主要就戰國至西漢的一段，言其大要。

二、族居與族葬

(一) 戰國以前的傳統

　　生時聚族而居，經營代代相傳的生業，死後則長眠在聚落附近族人共同擁有的墓地，享受子孫按時的祭祀。這樣的生活形態在中國淵源極早。根據考古學家的報告，族葬制可以上推到史前的龍山、仰韶和齊家文化。嚴文明先生在《中國新石器時代聚落形態的考察》一文中曾以保存較好，發掘規模較大的新石器時代晚期的陝西西安半坡、臨潼姜寨、寶雞北首嶺、甘肅秦安大地灣甲址、山東長島北莊、江蘇常州圩墩爲例，指出"這些聚落的一個顯著特點是把居住區、生產區和埋葬區緊密地結合在一起，並且在範圍上有明確的劃分"[1] 周星先生在綜論黃河中上游新石器時代聚落的典型形態時也有相同的看法[2] 商、周以降，形態仍舊。在 1969 至 1977 年殷墟西區墓葬的發掘報告中，發掘者指出："殷人活着時聚族而居，合族而動，死後合族葬在一起也就必然了。結合這批材料，我們推測，殷墟西區這片大墓地的各個墓區可能是屬於宗氏一級組織，而每個墓區中的各個墓群可能屬於分族的。"[3] 至於兩周時期，曾有學者根據資料較齊全的寶雞鬥雞臺、長安灃西、浚縣辛村、三門峽上村嶺和北京房山黃土坡從西周至東周初的墓葬，指出這些墓地的共同特點就是"屬於同一墓地的死者應該都是同族，或者同宗。這種以血緣關係爲紐帶的聚族而葬的葬俗，可以叫它族葬"[4]

上述所謂的"族"到底是氏族、宗族或家族，是母系或父系，實際上沒有真正明確的證據[5] 這裏不擬爭辯"族"的性質，僅希望指出聚落中的人應有或親或疏的血緣關係；聚落附近的墓地，在

---

[1] 《慶祝蘇秉琦考古五十五年論文集》（北京：文物出版社，1989），頁 25；相同的意見另見於鞏啓明、嚴文明《從姜寨早期村落布局探討其居民的社會組織》，《考古與文物》1981 年第 1 期，頁 63～71；嚴文明《聚落形態》，《仰韶文化研究》，北京：文物出版社，1989 年，頁 166～180。

[2] 周星《黃河中上游新石器時代的住宅形式與聚落形態》，《中國考古學研究論集》，西安：三秦出版社，1987 年，頁 135～146。

[3] 《1969～1977 年殷墟西區墓葬發掘報告》，《考古學報》1979 年第 1 期，頁 117。

[4] 《商周考古》，北京：文物出版社，1979 年，頁 189～194。1990 年在江蘇丹徒南崗山發現的十四座屬春秋中期前後的土墩墓，據報導依其排列，可見各組墓間存在著較親近的血緣關係，應該屬於同一家族。參南京博物院《江蘇丹徒南崗山土墩墓》，《考古學報》1993 年第 2 期，頁 207～237。不過，前述的聚落形態也有例外。例如《中國文物報》1992 年 12 月 13 日報導，社科院考古所在內蒙古興隆窪第五次發掘，揭露一萬餘平方米的聚落遺址（碳十四年代：距今 7470±80 ～6895±205 年），有房址 66 間，灰坑 173 個，墓葬 11 個，"墓葬除一座外，均位於房址內，墓壁的一側依靠房址的穴壁，打破居住面"，其房址形制，埋葬習俗，及總體布局都有自己的特色，與黃河流域偏晚階段的姜寨聚落模式有顯著差異。

[5] 過去一般所提從氏族向宗族發展的説法，主要是依賴歷史階段論和套用莫爾根《古代社會》公式的結果。假如我們排除先人爲主公式的影響，重新檢視聚落和墓葬的考古現象，也許可以得到不同的解釋。請參杜正勝《考古學與中國古代史研究——一個方法學的探討》，《考古》1992 年第 4 期，頁 337～340。

排列的區隔和疏密上可以看出一定的秩序，顯示墓地相距較近的應是彼此關係較密切的，很可能就是同"族"之人。單純從墓葬的內容我們雖然不能絕對證明不同墓主之間的親緣關係，可是如果我們相信後世的同族聚居和聚葬有其淵源，再參證諸如《管子·九變》"凡民之所以守戰至死而不德其上者，有數以至焉。曰：大者，親戚墳墓之所在也；田宅富厚足居也；不然，則州縣鄉黨與宗族足懷樂也"，《周禮·地官·大司徒》"族墳墓"鄭注"族，猶類也；同宗者，生相近，死相迫"，《墓大夫》"令國民族葬"鄭注"族葬，各從其親"等的文獻記載，則新石器時代以來至東周初聚族而居、聚族而葬的事實應是不容懷疑的。

(二)戰國變法與傳統的延續

這樣"同宗者，生相近，死相迫"的族居、族葬習慣，從春秋到戰國時代似乎並未因列國為加強對土地和人口的控制，實行日趨嚴密的戶籍制和郡縣鄉里什伍制而改變。

編民為什伍，可從齊國說起。《國語·齊語》載桓公與管仲論以"參其國伍其鄙"之制，"作內政而寄軍令"。管子謂制國為二十一鄉，有工商之鄉十五，士鄉六。國都城郭域內的二十一鄉，依"五家為軌，故五人為伍……十軌為里，故五十人為小戎……四里為連，故二百人為卒……十連為鄉，故二千人為旅……五鄉一帥，故萬人為一軍"的原則編組，使地方組織與三軍的組成結合成一體。國都以外鄙野中的農人雖沒有軍役，但是也依照"三十家為邑……十邑為卒……十卒為鄉……三鄉為縣……十縣為屬"的層級組織起來。這樣的記述容易使我們誤會，以為管仲曾將齊國都城與鄙野的百姓納入一個重新規劃的層級結構，而改變了原來聚族而居的聚落。事實上，他很可能只是在原有的聚落之上加上新的編組。新制的設計是期望在強化舊聚落原有精神的基礎上，達到強兵稱霸的目的：

> 是故卒伍整於里，軍旅整於郊，內教既成，令勿使遷徙。伍之人祭祀同福，死喪同恤，禍災共之。人與人相疇，家與家相疇，世同居，少同游。故夜戰聲相聞，足以不乖；晝戰目相見，足以相識。其歡欣足以相死，居同樂，行同和，死同哀。是故守則同固，戰則同彊。君有此士也三萬人，以方行於天下，以誅無道，以屏周室，天下大國之君莫之能禦。(《國語·

齊語》）

所謂"祭祀同福，死喪同恤，禍災共之，人與人相疇，家與家相疇，世同居，少同游"，"居同樂，行同和，死同哀"，正是古來聚落共同體精神的再現。[6] 這些祭祀、死喪、禍災和哀樂共之的人，多半沾親帶故，或多或少有著血緣關係。《管子·問》篇有幾段可以反映這種情況：

> 問國之棄人，何族之子弟也？問鄉之良家，其所牧養者幾何人也？問邑之貧人，債而食者幾何家？⋯⋯問鄉之貧人，何族之別也？問宗子之收昆弟者，以貧從弟者幾何家？餘子仕而有田邑，今入者幾何人？子弟以孝聞於鄉里者幾何人？餘子父母存不養而出離者幾何人？

這裏問國，問鄉，問邑，而所問者多爲宗族子弟或父母昆弟。掌國、鄉、邑者所須注意的是各族是否能貧富相濟，是否能存養父母，克盡孝道，以維護這些聚落中家和族的本有的倫理和功能。銀雀山漢墓竹簡《守法守令》等十三篇中有"⋯⋯五人爲伍，十人爲連，貧富相⋯⋯"的殘文，[7] 其義可與《管子》上引文參看。《尉繚子·戰威》論治軍之道，謂："必也因民之所生而利之，因民之所營而顯之。田祿之實，飲食之親，鄉里相勸，死喪相救，兵役相從，此民之所勵也。使什伍如親戚，卒伯如朋友，止如堵牆，動如風雨，⋯⋯此本戰之道也。"所謂"因民之所生"，"因民之所營"，清楚説出連治軍都必須順應民情，而軍中須"什伍如親戚，卒伯如朋友"，可見新制的國、鄉、邑、里甚至什伍組織，都必須藉助舊聚落人倫關係和精神的繼續發揮，才能達到"守則同固，戰則同彊"的目的。

管仲新制的另外兩個重點，一在"使民勿遷徙"，一在使民世守其業，所謂"士之子恒爲士"，"工之子恒爲工"，"商之子恒爲商"，"農之子恒爲農"。世守其業與世居不遷是古老的傳統，人口流離與轉業是春秋中晚期至戰國變局中日趨嚴重的現象。爲有效掌握人口和生產，新制的精神其實是要百姓回到舊傳統中去。《逸周書·程典》謂"士大夫不雜於工商，商不厚，工不巧，農不力，不可成治；士之子不知義，不

---

〔6〕 杜正勝《編户齊民》第五章《聚落的人群結構》，臺北：聯經出版事業公司，1990 年，頁187～228。和上引《國語·齊語》十分相類的一段話也見於《孟子·滕文公上》、《鶡冠子》（四部叢刊本）卷中、《逸周書·大聚》。

〔7〕 《銀雀山漢墓竹簡》（壹），北京：文物出版社，1985 年，頁 146。

可以長幼,工不族居,不足以給官,族不鄉別,不可以入惠",這裏所説的士、農、工、商各有所司,族居鄉別,和前述管子之法十分類似。春秋末晏嬰謂"民不遷,農不移,工賈不變"才是"在禮"(《左傳》昭公廿六年)。齊國雖自管仲制民以鄉里什伍,但從日後齊國宗族勢力之强大,可知鄉里什伍之制並未對舊有聚居的宗族勢力或生活形態形成破壞。大約是作於戰國時期齊國的《六韜·文韜·六守篇》説:

> 人君無以三寶借人……文王曰:敢問三寶? 太公曰:大
> 農、大工、大商……三寶各安其處,民乃不慮。無亂其鄉,無
> 亂其族,臣無富於君,都無大於國……

所謂"無亂其鄉,無亂其族",清楚説出使工、農、商之民,不只是士族各安其處的原則。這個原則應自管仲以來即是如此。不但未破壞,甚至起了鞏固和强化的作用。例如桓公之後一百年,晏嬰爲齊景公相,《晏子春秋内篇·問下》晏嬰曰:"嬰不肖,待嬰而祀先者五百家,故嬰不敢擇君。"待嬰而祀祖先的五百家應是同宗的族人。或謂晏嬰高宦,故族人衆多。可是著作時代應與《六韜》相近的《太公陰符》曾有一段説:"武王曰:民亦有罪乎? 太公曰:民有十大於此,除者則國治而民安。"太公所説的十罪之一是"民宗强,侵陵群下"(《續漢書·百官志》五,李賢注引)。這裏的"民宗"指的是平民的宗族。本書假藉太公與武王問對,反映的其實是戰國時期齊國的情況。[8] 齊國除田氏等掌政治大權的大族,還有强大的民間宗族。他們仗勢侵陵,對社會和國家所構成的威脅,已到當時學者認爲須除之才能國治民安的地步。這種民宗强的現象必是長期發展,不是突然出現的。

齊國的新制是以舊有的社會族群和聚落爲基礎,一方面希望利用舊族群和聚落的精神,可是另一方面某些舊族群力量的增强又不利於君王的專制集權。這是一個顯然的矛盾。這個矛盾曾表現在戰國時代其他國家的變法裏。商鞅變法,立君威,重軍功,打擊宗室貴族,他"相秦十年,宗室貴戚多怨望者"。孝公死,公子虔之徒即告商君欲反,發吏捕之(《史記·商君列傳》)。在楚國也有同樣的情形。楚悼王以吳起爲相,行變法。吳起教悼王廢公族,楚國貴族大恨,盡欲害之。悼王甫死,宗室大臣立即群起攻吳起,射之,並中王屍。後太子

---

〔8〕 關於《六韜》成書時代問題,參周鳳五《敦煌唐寫本太公六韜殘卷研究》,《幼獅學誌》
　　　18:4(1985),頁 44~69。

立,"坐射起而夷宗族者七十餘家"(《史記·孫子吳起列傳》,又見《韓
非子·和氏》、《呂氏春秋·貴卒》)。從此兩例可見君王從事變法和
原居特權地位之大族有嚴重的矛盾。但是這並不能證明當時的變法
曾有意改變社會上一般族的組織或打擊其力量。

　　一般而言,六國之改革似不如秦國的嚴格徹底,宗族在東方仍然
是社會的主要力量。秦始皇曾徙天下富豪十二萬户於咸陽,但是齊田
氏仍能憑"宗强"起兵於東方(《史記·田儋列傳》)。楚國則有以下這
則故事可以説明宗族聚居聚葬仍是當時通常的情況。漢三年,項羽圍
劉邦於滎陽,酈食其勸劉邦立六國之後以制衡西楚霸王。張良反對,
他説:"天下游士,離其親戚,棄墳墓,去故舊,從陛下游者,徒欲日夜
望咫尺之地,今復六國……天下游士各歸事其主,從其親戚,反其故舊
墳墓,陛下與誰取天下乎?"(《史記·留侯世家》)從劉邦游者多爲楚
人,張良説他們離親戚,去故舊,棄墳墓,反映他們未從劉邦以前,原是
與親戚、故舊以及墳墓相守,也就是過著族人生死相依的生活。劉邦
定天下後,感到地方宗族力量的强大,曾徙齊、楚大族昭氏、屈氏、景
氏、懷氏和田氏入關中。這些族姓如果不是相當地聚居在一起,是難
以以某氏爲單位進行遷徙的。他們入關中後,仍能有極大的財勢,並
維持宗族的生存甚久。《史記·貨殖列傳》説:"關中富商大賈,大抵盡
諸田,田嗇、田蘭。"唐代顏師古在注《急就》時,於田細兒條説"漢興徙
田族於關中。今之高陵、櫟陽諸田是也";於景君明條説"漢高祖用婁
敬之計,徙齊楚大族入關,景氏亦遷名數。今之好時、鄭縣、華陰諸景
是也"。[9]這種宗族的生命延續力可説十分驚人。

　　由於史料有限,我們無法對其他各國的情況一一描述,只能據當
時若干的記述去作一般性的推想。聶政爲嚴仲子報仇,嚴仲子曰"臣
之仇韓相俠累,俠累又韓君之季父也,宗族盛多,居處兵衛甚設……"
(《史記·刺客列傳》聶政條;《戰國策·韓策二》),此可見韓國高官宗
族人多且聚居;《戰國策·秦策四》"韓魏百姓不聊生,族類離散,流亡
爲臣妾",雲夢秦律抄有一條魏奔命律,其中提到"宗族昆弟",[10]可以

---

〔9〕　顏師古注《急就》時,於郝利親條提到京兆盩厔有郝鄉,"因地以命氏焉。漢有郝賢,今
　　　盩厔縣猶出郝姓。"苟貞夫條提到"漢有苟賓,河内人也。今之河内猶有此姓焉"。可
　　　見姓族長久聚居,非僅齊楚等大姓而已。
〔10〕　《睡虎地秦墓竹簡》,北京:文物出版社,1990年,頁294。

反映戰國魏地宗族的存在。下文將會提到東漢馮魴的先人爲魏之別支，食菜馮城，因以爲氏。秦滅魏，其族被遷至湖陽，仍是郡之"族姓"。東漢廉范是廉頗之後，廉氏在秦亡趙之後，仍是"豪宗"。漢興，廉氏竟因宗豪，被迫自苦陘遷京師。這是三晉舊族勢力仍存的例子。《列子·説符》記載一個燕人聚族相戒的故事："牛缺者，上地之大儒也，下之邯鄲，遇盜於耦沙之中……乃相與追而殺之。燕人聞之，聚族相戒，曰：'遇盜，莫如上地之牛缺也。'皆受教。"此或可爲燕人族居、聚族而謀的一證。荆軻衛人，其先本齊人，後徙衛。荆軻爲燕刺始皇失敗，漢初鄒陽謂其"七族盡没"（《史記》之《刺客列傳》、《鄒陽列傳》）。《論衡·語增》更説"誅軻九族"。七、九族都難斷言何指，然以荆軻一齊國的遷徙之人的身份，事敗之後，也有可遭牽連的族人，可證戰國不僅統治的貴族才有宗族。

由吕不韋門客（主要來自六國）所寫的《吕氏春秋》，在《上農》篇中爲求安農，曾説"然後制野禁，苟非同姓，農不出御，女不外嫁，以安農也"，陳奇猷曰："男女婚嫁皆以同邑爲限，然古者同姓不婚，若同邑皆同姓，則不得不與邑外之異姓爲婚，故吕氏此文云然。"依照這樣的野禁，同鄉邑的人之間必然仍如過去充滿了同族和婚姻的親戚關係。《逸周書·大武》以内姓、外婚、友朋、同里爲四戚，同書《大開武》以内同姓，外婚姻，官同師，哀同勞爲四戚；官同師即朋友，哀同勞指有喪互助，如陳平於邑中之喪，因家貧以先往後罷爲助即是同里之誼。成於莊子後學的《莊子雜篇·則陽》有一段説："太公調曰：丘里者（《釋名》"四邑爲丘；丘，聚也"），合十姓百名而以爲風俗也。"十姓百名爲約數，但明白反映所謂的丘里聚落，仍然是若干姓氏的家族的聚合。《墨子·明鬼下》："内者宗族，外者鄉里，皆得如具飲食之。雖使鬼神請亡，此猶可以合歡聚衆，取親於鄉里。"這些顯示出戰國鄉里聚落成員之間主要的關係仍然是宗族，與過去並無重大的不同。

不過，我們必須指出，平民的宗族不可能像封建貴族有大、小宗那樣龐大且細密的組織。我們對平民宗族的内部結構缺少實際的資料去認識，可以比較確定的是其規模必然小得多。雲夢秦律提到有大父母（祖父母）、高大父母（曾祖父母）、外大母（外祖母），[11] 漢代七科謫

---

〔11〕 《睡虎地秦墓竹簡》，頁 184、276。

只及大父母有市籍者(《漢書·武帝本紀》),當時庶民的親屬範圍大概就在曾祖父母一層的上下。因此,戰國時代設想的一套"自天子以達庶人"的五服制,就以稍寬的高祖至玄孫爲宗族的範圍了。

　　族居與族葬的習慣也沒有大的變化。前文曾經提到從新石器時代開始,生人的聚落和死者的墓地每相毗鄰,但也總是有所區隔。在春秋戰國階段看到的情形是城中居人,城外有墳;隨著城的擴大和郭的出現,許多墓地也出現在城内或城、郭之間。[12]《孟子·離婁下》齊人驕其妻妾,"國中無與立談者,卒之東郭墦間之祭者,乞其餘……"正是墳塚在城、郭之間,非城郭之外的例子。齊湣王時,燕軍圍即墨,田單守城縱反間曰:"吾懼燕人掘吾城外冢墓,僇先人,可爲寒心。"燕軍盡掘壟墓,燒死人,即墨人從城上望見,皆涕泣,俱欲出戰(《史記·田單列傳》)。這個例子清楚反映墓地在城外目視所及的範圍内,而墓中皆城裏居民的親族先人。《白虎通·崩薨》謂"葬於城郭外何? 死生別處,終始異居",這應是漢儒對葬制的一種解釋,和這時期所見到的不完全相同。

　　考古資料也充分印證文獻裏的不同情況。以櫟陽城遺址爲例,墓葬在城的外圍,發掘報告中說:"遺址的墓葬大多分佈在城址附近,城東南爲戰國至東漢的墓葬區,東北爲秦漢大型墓葬區,西北墓區爲漢太上皇和昭靈皇后陵墓。"[13] 趙邯鄲城的墓地在城外的西北方向,晉國晚期都城新田(山西侯馬)附近發掘到一系列古城址,其延續到戰國中期的墓葬群在城南不遠的上馬村;而東周洛陽城、魯曲阜城、齊臨淄城、中山國靈壽故城和燕下都城則在郭内有大型墓地;[14] 其中靈壽城外東北一公里的高地上另有小墓群三十餘座,據報導"均爲族葬墓地"。[15] 南方的楚以郢都爲例,現在在江陵紀

---

〔12〕　楊寬認爲西周、春秋時代的古城址,如曲阜、臨淄、新鄭,貴族的墓地往往就在城郭之内。參《中國古代都城制度史研究》,上海:上海古籍出版社,1993 年,頁 70。

〔13〕　《秦漢櫟陽城遺址的勘探和試掘》,《考古學報》1985 年第 3 期,頁 353~381。

〔14〕　石永士《燕下都、邯鄲和靈壽故城的比較研究》,《中國考古學會第五次年會論文集》,北京:文物出版社,1988 年,頁 40~48;杉本憲司《中國城郭成立試論》,《戰國時代出土文物的研究》,京都:京都大學人文科學研究所,1985 年,頁 147~195;山西省文管會侯馬工作站《山西侯馬上馬村東周墓葬》,《考古》1963 年第 5 期,頁 229~245。以上這些古城及墓葬的綜合性報導見李學勤《東周與秦代文明》,北京:文物出版社,1984 年。

〔15〕　《中國考古學年鑒–1988》,北京:文物出版社,1989 年,頁 120。

南城近郊發掘的楚墓有數千座，城東一公里左右的雨臺山即有東周時期墓五百五十四座。根據報告，這些墓的形制、陪葬器物的組合和分佈都頗有規律，報導者相信"雨臺山一帶應屬《周禮》所載'墓大夫'職掌的邦墓之地，即郢都近郊的萬民葬地。至於分佈上的疏密不匀，似乎同當時區分爲若干族葬的'私有域'有關"。[16] 關於中原地區戰國宗族聚葬的情形，葉小燕先生曾對包括韓、魏、趙、周、衛、宋、鄭等國七八百座墓葬的情況作過綜合性的論述，並曾在"宗族墓地"一節中以墓地材料較完整的洛陽中州路、洛陽燒溝、鄭州二里崗、輝縣琉璃閣、固圍村、趙固鎮、褚邱村、安陽大司空村、禹縣白沙、長治分水嶺等爲例，指出："聚族而葬古代已然，西周漸成定制，戰國墓地反映出的仍是這種族墳墓制度。"葉先生還提到墓地和生人居址的關係，指出"墓地大多地勢高爽，和當時居民點距離較近"。[17] 從此可以看出在變動劇烈的戰國，聚族而居，聚族而葬，居址與葬地相鄰的傳統最少在各國都城仍然延續不絕。雖然已發掘的墓葬多數屬於各級的封君或貴族，但是郢都附近的是自高等貴族至一般平民的墓都有，可以説明族葬不只是行於貴族。目前的考古成果以戰國時代的都城及墓葬爲主，一般鄉村聚落的情況還有待進一步發掘去證實。若依推想，離政治中心愈遠，受時代變局的衝擊應愈小，保留的傳統可能就愈多；換言之，村里聚落應更是聚族而居、聚族而葬才是。

　　屬於戰國至漢初的考古證據也有一些。1986 至 1987 年，在安徽西部大別山北麓霍山縣的高崗上曾發掘六座方向一致、雙雙南北並排、形制與楚墓相同的長方形豎穴土坑木槨墓，其出土陶器、銅器的形制和組合都有戰國晚期至西漢初的楚器風格，發掘報告相信這是一處西漢前期中小型貴族的家族墓地。[18] 江西南昌東郊賢士湖南畔山丘上曾發掘十三座西漢中期墓。這十三座墓分佈密集，沒有相互打破的現象，據推測應是一家族墓地。[19] 湖北蕭家山曾發掘出八座戰國墓，

〔16〕　郭德維《江陵楚墓論述》，《考古學報》1982 年第 2 期，頁 155～182；《江陵雨臺山楚墓》，北京：文物出版社，1984 年；《新中國的考古發現和研究》，北京：文物出版社，1984 年，頁 304。

〔17〕　葉小燕《中原地區戰國墓初探》，《考古》1985 年第 2 期，頁 171。

〔18〕　《安徽霍山縣西漢木槨墓》，《文物》1991 年第 9 期，頁 40～60、14。

〔19〕　《南昌東郊西漢墓》，《考古學報》1976 年第 2 期，頁 171～186。

十五座西漢前期墓。墓區附近還有不少已遭破壞的墓,據報導這些墓的時代從戰國晚期延續到西漢武帝以前,其排列有一定的規律,雖然分佈甚密,卻無打破現象,極可能是一處"氏族墓群"。[20]　二十世紀五十年代在河南洛陽燒溝的大規模發掘,曾建立了重要的漢墓斷年標準。其中燒溝出現了西漢中期包括十幾座墓的郭氏塋域;金谷園也出土了西漢中期左、唐、樊、鄭、郭、王、閻等姓氏的家族墓。[21]　此外,1979年至1989年,在浙江龍游縣東郊東華山清理了從西漢武帝以前至東漢中期墓葬二十七座。墓葬分佈密集,方向一致,最小間距僅0.7公尺,未發現相互疊壓現象,報導者相信這些"墓主人係同一家族成員"。[22]　山東濟寧郊區潘廟也曾發掘西漢墓群四十五座,從出土錢幣、陶器形制、墓葬間打破的關係及同期墓的規則排列,可以證實這是一處連續埋葬、死者有很近親緣關係的墓區。[23]　可以較明確證實的家族墓地也是在濟寧發現,時代稍晚,從大約武帝時期延續到王莽時的鄭氏家族的二十五座墓。在其中三座墓中分別發現鄭元、鄭廣和鄭翁孺的銅印;從這三座墓的墓葬布局,還可以看出鄭翁孺是長輩,鄭元和鄭廣應是後輩中的同輩。[24]　時代較早的家族墓地則有安徽天長縣三角圩於1991、1992年清理出的二十餘座漢墓。從墓葬的形制結構、器物的變化以及共生的半兩、五銖等,可以看出其中八座屬西漢早期,十三座屬西漢中晚期。重要的是從不同墓出土的印章,有桓平、桓蓋之、桓樂、桓安等,使發掘者相信三角圩墓區可能是桓氏家族墓地。[25]

---

[20]　《湖北蕭家山戰國西漢墓》,《考古與文物》1989年第3期,頁36～44。
[21]　《洛陽燒溝漢墓》,北京:科學出版社,1959年;徐蘋芳《秦漢魏晉南北朝時代的陵園和塋域》,《中國歷史考古學論叢》,臺北:允晨文化實業公司,1995年,頁269。
[22]　朱土生《浙江龍游縣東華山漢墓》,《考古》1993年第4期,頁330～343。
[23]　《山東濟寧郊區潘廟漢代墓地》,《文物》1991年第12期,頁48～65,37。
[24]　《山東濟寧師專西漢墓群清理簡報》,《文物》1992年第9期,頁22～36。其餘發現的漢初墓還不少。湖南長沙已發掘的西漢前期墓有四百多座,湖北江陵鳳凰山、宜昌前坪、雲夢大墳頭、睡虎地、宜城楚皇城、光化五座墳等也曾發掘西漢早、中期之中、小型墓四十餘座,其中江陵、睡虎地的墓群年代從戰國末經秦延續到西漢初(《新中國的考古發現和研究》,頁426～436)。可惜報導多偏重墓葬的形制和內容,墓群之間的關係多不清楚或未加報導。
[25]　《安徽天長縣三角圩戰國西漢墓出土文物》,《文物》1993年第9期,頁1～31;最近看到蔡永華《試論西漢早期的喪葬特徵及其形成》一文,該文指出西漢墓葬的三大特點之一即聚族而葬,見《考古學研究》編委會編《考古學研究》,西安:三秦出版社,1993,頁575～587。江蘇尹灣西漢中晚期至王莽時代墓群也是家族墓,相關簡報見連雲港市博物館《江蘇東海縣尹灣漢墓群發掘簡報》,《文物》1996年第8期,頁24。

以上這些資料没有提到墓葬附近是否有相關的聚落。聚落和墓葬有所聯繫的例子有三個：一是遼陽三道壕的西漢村落遺址。據報導，1955 年在遼陽市北郊三里的三道壕村，在一萬多平方米的發掘面積中，發現大約屬於公元前 200 至公元 25 年之間的農民居住址六處，水井十一眼，磚窯址七座，鋪石道路二段，另有兒童甕棺墓 368 座。這是居址、作坊和墳墓三者在同一範圍内的好例證。當時發掘的只是全村遺址的一小部分，三百餘墓葬的資料後來在發掘人孫守道先生論遼南漢魏晉墓葬制之發展時，簡略提到。他説這些墓葬"如此集中成群，密列多排，有一定的方向、一定的埋葬秩序，而時代又是如此連綿延續，往往經過百年以至數百年之久，這説明了什麽問題呢？……我們認爲，這就是古時的族葬，亦即《周禮》一書所稱的‘族墳墓’"。他在同文中又説："遼陽三道壕的一處西漢棺槨墓群，就在西漢村落遺址的東頭不遠的地方。該村落的聚居興起於漢初，荒蕪於新莽時代；此墓地亦始自漢初，終止於西漢末。兩者地域相接近，時代相一致。"[26] 1984 年，在安徽壽縣城關鎮東南發現面積約二十平方公里的戰國至漢代的建築遺址，陶管井和相鄰的墓葬區。墓葬在不同時代有分别在不同地區聚葬的傾向。[27] 1989年，在撫順市小甲邦，渾河與東洲河的交會處，曾發掘一處遺址，其東區有房址、竈址及各式陶、銅器；其西南及南部爲墓葬及兒童墓葬區。發掘者相信這可能是西漢中晚期至東漢的一個城址。[28] 目前從考古印證戰國至西漢初的聚落與墓葬關係，雖然資料極爲有限，但結合前述家族墓地的資料，顯示在今安徽、江西、湖北、河南、山東、遼寧的廣大範圍内，文獻上聚族而居、聚族而葬的記載是可以得到相當支持的。然而，改革最烈的秦國是不是例外呢？

商鞅在秦推行的變法，與東方六國比較，最爲嚴屬徹底。一般認爲舊的宗族或家族制度受到壓抑，社會上變成以一夫一妻及未成

---

[26] 《遼陽三道壕西漢村落遺址》，《考古學報》1957 年第 1 期，頁 119～126；孫守道《論遼南漢魏晉墓葬制之發展演變》，《遼海文物學刊》1989 年第 1 期，頁 124～125。此次開會因林澐先生介紹，得識三道壕遺址發掘人孫先生，不但在求教中得知許多遺址具體情況，並承以《遼海文物學刊》文見示，獲益極多，謹此誌謝。

[27] 《壽縣城關鎮戰國、西漢遺址》，《中國考古學年鑒－1985》，北京：文物出版社，1985 年，頁 151。

[28] 《撫順市小甲邦漢代遺址》，《中國考古學年鑒－1990》，北京：文物出版社，1991年，頁 186。

年子女組成的五口左右的小家庭爲主。從文獻及新出秦簡等資料看，這個結論大概不容否認。[29] 不過，這些小家庭是否仍然聚居在一起，仍然同族聚葬呢? 商鞅變法以後，秦國的宗族是否即趨消滅? 行什伍之制，"集小鄉邑聚爲縣" 以後，原本聚族而居的聚落是否就消失了呢? 這些問題都需要進一步推敲。

首先是秦的宗族應該仍然存在。早在東周之初，秦文公二十年（前 746）秦"法，初有三族之罪"（《史記·秦本紀》）。三族之族，解釋不一，有父族、母族、妻族（如淳説）和父母、兄弟、妻子（張晏説）等不同的説法。秦行此法之時，所指似不限於父母、妻子和兄弟的家人，應還牽連到一定範圍的族人。秦王政九年，長信侯嫪毐作亂失敗，其黨"衛尉竭、内史肆、佐弋竭、中大夫令齊等二十人皆梟首、車裂以徇，滅其宗"（《史記·秦始皇本紀》），這些黨羽梟首車裂，他們的宗或宗族也受牽連。秦併天下前夕，荆軻謀以秦降將樊於期頭見秦王，私見樊於期曰："秦之遇將軍可謂深矣，父母宗族皆爲戮没"（《戰國策·燕策三》），這裏説的"父母宗族"似亦不限於父母、妻子、兄弟。秦二世即位後，頗感不安，趙高教其"嚴法而刻刑，令有罪者相坐誅，至收族"。公子高"恐收族"，竟請從死，以免族人；後二世使趙高案李斯獄，"皆收捕宗族賓客"，李斯具五刑，腰斬咸陽市，"而夷三族"（《史記·李斯列傳》）。秦末，東方群雄大起，趙高懼，與婿閻樂、弟趙成謀曰："上不聽諫，今事急，欲歸禍於吾宗。吾欲易置上，更立公子嬰……"公子嬰殺趙高於齋宮，"三族高家"（《史記·秦始皇本紀》）。三族罪、"收族"或"收捕宗族"的事實與趙高以"吾宗"爲言，應可證明宗族仍然存在，而三族的"族"所涉爲宗族，似不限於父母、妻子、兄弟而已。《商君書·賞刑》説"守法守職之吏，有不行王法者，罪死不赦，刑及三族"，此言針對所有的吏，可證在秦，最少吏以上的階層有族；族人爲吏不奉法，即會受到牽連。

其次，如果宗族存在，同族聚居的情況即可能繼續。秦國的小家庭各自爲户，但編爲鄉里什伍後的左鄰右舍，大概仍以或親或疏的宗族親戚爲多。《尉繚子·將理》在尉繚答秦王的話中，提到秦之

---

〔29〕 許倬雲《漢代家庭的大小》，《慶祝李濟先生七十歲論文集》，1967 年，頁 789～806；杜正勝《傳統家族試論》，《大陸雜誌》65 卷第 2、3 期，1982 年，頁 7～34、25～49；張金光《商鞅變法後秦的家庭制度》，《歷史研究》1988 年第 6 期，頁 74～90；松崎つね子《睡虎地秦簡よりた秦の家族と國家》，《中國古代史研究（第五）》，東京：雄山閣，1982 年，頁 269～289。

連坐，曾説："今夫決獄……所聯之者，親戚兄弟也，其次婚姻也，其次知識故人也……"；同樣，漢人批評商鞅行什伍連坐的結果是"以子誅父，以弟誅兄，親戚相坐"，"至於骨肉相殘，父子相背，兄弟相慢"（《鹽鐵論·周秦》）。從雲夢秦律、《韓非子·和氏》、《韓非子·定法》篇和《史記·商君列傳》看，商鞅的連坐是以四鄰什伍連坐爲原則，結果受牽連的卻是父子、兄弟、婚姻、親戚、故人，這不從宗人親族在相當程度上聚居，是無法理解的。

商鞅改革以後，秦國是否聚族而葬呢？從現在可考的墓葬遺跡看，秦國舊域似乎確有不同於東方六國之處。在關中地區出土的戰國秦墓很少有東方六國那樣的宗族墓群。鳳翔南指揮秦公陵園北面八旗屯發掘的四十座多屬春秋時期的中小型墓，在布局上南北成行，較有規律；但已發表的寶雞地區二十多座春秋前期墓及八旗屯東面高莊出土，年代上屬戰國早中期的秦墓四十八座，在墓地布局上卻都看不出以族爲單位的規劃。在長安客省莊（71 座）、西安半坡（112 座）、大荔北寨子（26 座）、寶雞李家崖（10 座）四地發掘的二百一十九座戰國秦墓，規格不一，也都看不出以族爲單位區隔墓地的痕跡。[30] 這些墓地附近是否有聚落？兩者關係如何？由於考古報告對這些問題甚少交代，並不清楚；暫時而論，秦國宗族聚葬的情形以現有的資料看，似不如同時期東方各國那樣明顯。不過，此次開會期間，[31] 承呼林貴及田亞歧先生見告，他們在西安東郊白鹿原發掘的西漢至東漢墓一百五十餘座，在排列上有族葬的現象；而隴縣店子秦人墓地，在若干墓葬外圍發現有壕溝，壕溝內墓葬排列有秩序可循，相信也應是家族墓地。由於相關資料尚待刊佈，秦人葬俗又與東方有異，應如何正確評估上述資料，實有待進一步研究。[32] 袁仲一、韓偉先生憑多年在關中考古的經驗，一致相信族葬

---

〔30〕 《新中國的考古發現和研究》，1984 年，頁 310～314；葉小燕《秦墓初探》，《考古》1982 年第 1 期，頁 65～73；滕銘予《關中秦墓研究》，《考古學報》1992 年第 3 期，頁 281～300。

〔31〕 1993. 7. 14～21 西安，周秦文化會議。

〔32〕 隴縣店子秦墓資料現在已刊佈，參陝西省考古研究所編著《隴縣店子秦墓》，西安：三秦出版社，1998 年。關於公墓和族墓的討論，見頁 160。同年刊佈的咸陽東郊塔兒坡出土的數百座戰國晚期至秦統一的平民墓也呈現井然有序、以族爲單位成片分佈的情形，參咸陽市文物考古研究所編著《塔兒坡秦墓》，西安：三秦出版社，1998 年，頁 230。

的持續存在。可是應如何正確認識墓葬的排列和墓葬之間的關係，仍是問題。總之，除秦人舊地外，秦統一六國後，始皇雖號稱改化黔首，大治濯俗，但東方宗族的勢力和習慣不是他短短十一年的統治可以改變的。這一點下文論及秦末及漢初的宗族即可考見。

三、世　業

（一）戰國：世業相承不再是典型？

除了族居和族葬，宗族或家族生業的世世相承也是自遠古不分貴賤的一項傳統。殷周封建之世，貴族職司世守，固不待言。隸屬各級封君的平民通常也没有改業這樣的事。所謂"良冶之子，必學爲裘；良弓之子，必學爲箕"（《禮記·學記》），職業之世代相承，在古代是普遍通常的現象。改業或遷徙都是出現於封建鬆弛以後。

春秋中晚期至戰國，棄農就工、商，或游學以獵卿相的很多。當時的人感於時代的變化，多去記述變局中的特殊異常現象，現代學者受資料影響，也無不暢言戰國之變。[33] 由於對戰國之"變"有先入爲主的印象，一些足以顯示"不變"的資料反而在有意或無意之間被忽略掉。這些資料十分零星，卻可以顯示出時代的另一面；也就是說，世業相承在戰國那樣的時代裏，仍有其典型意義。

例如《吕氏春秋·召類》中，有一個春秋時宋人世世賣鞋履的故事：

> 士尹池爲荆使於宋。司城子罕觴之。南家之墻犨（曲出也）於前而不直，西家之潦徑其宫而不止。士尹池問其故。司馬子罕曰：南家，工人也，爲鞔（履也）者也。吾將徙之。其父曰：吾特爲鞔以食三世矣。今徙之，宋國之求鞔者不知吾處也，吾將不食。爲是故，吾弗徙也。

司城子罕見《左傳》襄公六年（前 567）。這個故事不論是否確有其事，但工人不遷居、不改業，是那個時代的常態，十分清楚。《莊子·逍遙遊》另有一個大家熟知，宋人賣不龜手藥方的故事：

---

〔33〕　例如齊思和《戰國制度考》，《中國史探研》，北京：中華書局，1981 年，頁 95～127；Cho-yun Hsu, Ancient China in Transition（Stanford University Press, 1965）；楊寬《戰國史》，上海：上海人民出版社，1981 年；裘錫圭《戰國時代社會性質試探》，《古代文史研究新探》，南京：江蘇古籍出版社，1992 年，頁 387～429。

> 宋人有善爲不龜手之藥者，世世以洴澼絖爲事。客聞
> 之，請買其方百金。聚族而謀曰：我世世爲洴澼絖，不過
> 數金，今一朝而鬻拔百金，請與之。

這又是一個假借爲宋人的寓言。宋人世世以洴澼絖爲事，洴澼絖是用水漂絮的工作，表明宋人的身份是勞力的平民，他們代代以此爲生；有事則聚族而謀，表明凡涉同族之共同利益，由族人共商。這個故事生動地反映了戰國時期族人聚居生活、世守其業的現象。《莊子·漁父》的另一個故事也有同樣的反映：

> 孔子游乎緇帷之林……客指孔子曰：彼何爲者也？子
> 路對曰：魯之君子也。客問其族，子路對曰：族孔氏。客
> 曰：孔氏者何治也？子路未應。子貢對曰：孔氏者，性服
> 忠信，身行仁義……

客問孔子何族，又問其族以何爲治，這雖是寓言，卻反映戰國時代的人認爲族和治業之間仍然相互關聯，否則不會有這樣的設問。《逍遙遊》爲莊子所作《漁父》則爲莊子後學所作；兩篇著作有先後，不約而同反映相同的現象，這是值得注意的。在墨子後學所作的《墨子·公孟》篇中另有類似的故事：

> 有游於子墨子之門者，子墨子曰：盍學乎？對曰：吾
> 族人無學者。子墨子曰：不然，夫好美者，豈曰吾族人莫
> 之好，故不好哉？

"吾族人無學者"一語所謂的"學"是學爲仕宦，顯示這個族原本是不學的平民之族；其次，當時的生業是以族爲單位，同族的人多治同樣的生業並世世相傳。《莊子》中客對孔子的詢問，《墨子》裏游於墨子之門者的答語，都在無意中顯現一直到戰國，當時人的觀念中，還都以爲無論像孔子這樣的君子（治人者）或漂絮的平民（治於人者），他們的族屬和職業是二而一的。遷徙改業是戰國時代一個顯著的現象，但傳統的觀念仍然明顯存在。列國變法，雖說突破不少傳統，可是對遷居改業的現象基本上都力圖扭轉，希望回復到舊聚落不遷居、不改業或者說"族居世業"的傳統中去。《韓非子·解老》說"工人數變業則失其功，作者數搖徙則亡其功"，同書《飾邪》引"語曰：家有常業，雖飢不餓；國有常法，雖危不亡"，就是戰國言變法者態度的明證。所謂"語曰"云云，是引用當時的

諺語。如果我們承認諺語可以反映某一時代的一般常識和心理，這個諺語表明當時還是將"家有常業"視爲值得肯定的常態。

（二）秦漢：士農工商的家業相承

封建世襲的時代似乎隨著秦漢帝國的建立而消逝。從中央百僚以至地方郡縣守令，皆由中央派任，不再有父死子繼的事。漢初建立的異姓與同姓諸侯王國是世襲的，異姓諸侯王國在開國後的幾十年裏漸次消滅，世襲之制雖在某些情況下仍然存在，卻已不再是過去那樣的封君世襲的時代。不過從更廣的角度看，事實上，秦漢時代的人不論士、農、工、商，大部分仍然過著族人生死相依、家業相承的生活。這樣的生活形態也許因爲太過平凡，很少有被記錄下來的機會。現在我們只能依據極有限的線索去勾勒部分的現象。

秦漢大多數的人口是以農爲業，少數從事工商。以下先舉若干戰國至漢代家族世業的實例。《漢書·禮樂志》謂"漢興，樂家有制氏，以雅樂聲律世世在大樂官"，服虔曰制氏："魯人也。"這是以雅樂聲律爲家族世代職業的例子。漢高祖時，叔孫通"因秦樂人制宗廟樂"的樂人，也很可能是和制氏一樣世世代代相傳。武帝時，李延年"身及父母兄弟皆故倡也"（《漢書·佞幸傳》），古代倡樂一體，可證這種職業是家業相傳。《左傳》成公九年那位能樂的楚囚就是世代爲伶人；而《後漢書·律曆志》元和元年，待詔嚴崇教其子嚴宣以樂律準法，仍然是這個傳統的延續。

醫家也世傳。樓護"齊人，父世醫也，護少隨父爲醫長安，出入貴戚家"（《漢書·游俠傳》）。《禮記·曲禮下》謂："醫不三世，不服其藥。"《正義》："擇其父子相承至三世也，是慎物調齊也。"從《曲禮》的話，可以理解當時的人信賴的是父子世傳的醫者，樓護正是一個例子。

世業更好的例子是知星曆的疇人。《史記·曆書》謂："周室微……故疇人子弟分散，或在諸侯，或在夷狄……"如淳曰："家業世世相傳爲疇。律：年二十三傅之疇官，各從其父學。"如淳注例引漢律，這一資料似乎意味漢代甚至將星曆之學的家業相承，明訂在法律之中。

除了音樂、醫、星曆，其他許多性質相近，專門性的職業如卜、祝、相、巫（漢有所謂巫家），大抵也是家學相承，世代經營。《史記·龜策列傳》謂漢高祖因秦設太卜官，"雖父子疇官，世世相傳，其精微深妙，多所遺失……"。《潛夫論·志氏姓》謂"巫氏、匠氏、陶氏，所謂事也"；《風俗通義》謂古來姓氏有"或氏於事者"，"巫、卜、陶、匠也"。[34] 因職爲氏，在漢代還見其例，如倉氏、庾氏、將匠氏。[35] 古來氏職世守，但漢倉、庾、將匠之後，是否再爲倉庾、將匠之吏，難以確定。但我相信，像製陶、建築等工匠技藝之業恐以世代相傳的居多。

以工、商爲業的家族除了極少數的例外，如桑弘羊爲洛陽賈人之子（《漢書·食貨志》），莽末李通家"世以貨殖著姓"（《後漢書·李通傳》），絕大部分也都失於記載。《史記》和《漢書》的《貨殖傳》，雖然記載了不少以工商致富的人物，但所記極簡略，我們無從知道是否曾構成家族事業。唯有春秋時的范蠡，善治生，"年衰老而聽子孫，子孫修業而息之，遂至巨萬"；魯國曹邴氏，以鐵冶起家，"家自父兄子孫約，俛有拾，仰有取，貰貸行賈徧郡國"（《史記·貨殖列傳》）。所謂"父兄子孫約"，意味著鐵冶行賈已成爲曹邴氏家傳的事業，在經營上有一定家傳的規矩。

西漢中晚期有些著名的人物，他們的先世原本是世世爲農的，例如：蕭望之"家世以田爲業，至望之，好學，治齊詩"（《漢書·蕭望之傳》）；匡衡"父世農夫，至衡好學；家貧，庸作以供資用"（《漢書·匡衡傳》）；揚雄先世揚季曾官至廬江太守，武帝元鼎間因避仇，溯江處峀山之陽有五世，"世世以農桑爲業"（《漢書·揚雄傳》）。東漢初鄧彪，"其先楚人，鄧況始居新野，子孫以農桑爲業"（《後漢書·鄧彪傳》注引《續漢書》）。這些世世農桑的家族正是漢代絕大多數農人的寫照。因爲他們的後人有人好學，入仕爲高官，才被記載下來，否則必像多數人一樣消失在歷史的大海裏。匡衡、蕭望之棄農就學，桑弘羊棄商而仕，固然反映出世業改變和社會流

---

[34] 王利器《風俗通義校注》，佚文，臺北：明文書局，1982年，頁496。

[35] 《史記·平準書》說："至今上即位數歲，漢興七十餘年，國家無事……守閭閻者食梁肉，爲吏者長子孫，居官者以爲姓號。"《集解》引如淳曰："時無事，吏不數轉，至於子孫長大而不轉職任"；又曰："倉氏、庾氏是也。"《姓纂》及《通志·氏族略》引《風俗通義》佚文另有"將匠氏，漢官有將匠少府，因爲氏"。按：將作少府爲秦官，掌治宮室，景帝中六年更名爲將作大匠（《漢書·百官公卿表上》）。將匠氏應是從漢代將作大匠得名。

動的可能，但是就當時的社會整體而言，能有機會像他們這樣的其實十分有限。

從戰國到漢初，可以想見有很多家族或宗族因戰爭，因改朝換代，遭到無情的打擊，也有很多如六國的公族和貴族，因國破而家亡。[36] 但是這時布衣可爲卿相，也有得勢的新貴吸引族人，建立起不少新的宗族勢力，開啓新的宗族事業。蘇秦的故事就是一個佐證。蘇秦原爲東周洛陽人，素爲兄弟嫂妹妻妾所輕。當他成爲從約長，並相六國，行過洛陽時，一向輕易他的兄弟妻嫂，見他"位高金多"，匍匐不敢仰視，蘇秦歎曰"此一人之身，富貴則親戚畏懼之，貧賤則輕易之，況衆人乎"，於是散千金以"賜宗族朋友"（《史記·蘇秦列傳》）。蘇秦功成名就，不但使宗族重聚，更吸引他的兩個弟弟——蘇代、蘇厲"亦皆學"，先後"游説諸侯以顯名"，這是以口舌爲家業了。李斯原爲楚上蔡布衣，後爲秦丞相，其長男爲三川守，諸男皆尚秦公主，女悉嫁秦諸公子，如果不是後來政爭失敗，宗族賓客皆被收，上蔡李氏應將成爲政治上的豪門大族。助秦得天下的兩位大將王翦和蒙驁，他們都是世家子，世世爲將。頻陽東鄉王翦，據載其先出自姬姓。周靈王太子晉以直諫廢爲庶人，其子宗敬爲司徒，時人號曰王家，因以爲氏。八世孫錯爲魏將軍，生賁，爲中大夫。賁生渝，爲上將軍。渝生息，爲司寇。息生恢，封伊陽君。生元，元生頤，皆以中大夫召，不就。頤生翦。翦爲秦將，其子王賁亦爲將，其孫王離爲蒙恬裨將。[37] 蒙驁祖先爲齊人，驁自齊事秦昭王，官至上卿。秦莊襄王元年，驁爲秦將；驁子曰武，武子曰恬；蒙武爲秦裨將軍；蒙恬弟毅。始皇二十六年，蒙恬因家世得爲秦將，攻齊，大破之，拜爲内史。始皇甚尊寵蒙氏，信任賢之，而親近蒙毅，位至上卿，出則參乘，入則御前（《史記·蒙恬列傳》）。《史記·王翦列傳》説秦併天下，"王氏、蒙氏功爲多，名施於後世"，但蒙氏毀於二世之手，王離爲項羽所擄，兩個家族都沒有能再延續下去。

---

[36] 例如魏咎爲魏諸公子，封爲寧陵君。秦滅魏，咎即淪爲家人（《史記·魏豹列傳》）。張良祖父和父親五世相韓，韓爲秦破，張良悉以家財求客刺秦王失敗，亡匿於下邳（《史記·留侯世家》）。

[37] 《新唐書·宰相世系表》，轉見馬非百《秦集史》，頁244；《史記·王翦列傳》。

漢初從龍的功臣應可建立起不少新的世宦之家，但是劉邦殺戮
封王的功臣，使得這樣的家族能存在和延續的很少。據司馬遷説，
韓信母死，貧無以葬，"乃行營高敞地，令其旁可置萬家。余視其母
冢，良然"（《史記·淮陰侯列傳》）。司馬遷親訪韓信母冢，並以此
證韓信自布衣時即志向非凡。韓信助劉邦得天下，本有機會一償宿
願，爲韓氏一族立下基業，不幸落得兔死狗烹的下場。不過，從韓
信擇母冢的用心，可以看出重振家族和經營族人墓地是當時一個人
成就和志向的重要標示。漢時仕宦之家多聚族而葬。雖在故里之外
爲官，一旦有功，獲准返故里，上冢，大會宗族故人，是最光榮的
一刻；致仕之時，例乞骸骨，歸故里養老，死則葬於祖塋，受族人
子孫世世奉祀。[38]

西漢二百年中，除少數自戰國延續下來的，也孕育出不少新的
世宦之族，用當時的話來説就是"世家"或"世族"。[39] 雖然政治
上由封建而郡縣，由世官而尚賢，但是社會上族居與族業的形態基
本未變，某些封建時代的觀念到了郡縣時代仍然發揮著巨大的影響。
家族事業世代相承一直被認爲是當然之事。以下先舉若干西漢世家
的例子，再作進一步的討論：

1. 上黨馮氏

　　馮奉世……上黨潞人也，徙杜陵。其先馮亭，爲韓上黨
守……戰死於長平。宗族繇是分散，或留潞，或在趙。在趙
者爲官帥將，官帥將子爲代相。及秦滅六國，而馮亭之後馮
毋擇、馮去疾、馮劫皆爲秦將相焉。漢興，文帝時，馮唐顯名，
即代相子也。至武帝末，奉世以良家子選爲郎。奉世有子男
九人，女四人……長子譚……功次補天水司馬……譚弟野
王、逡立，參至大官……野王嗣父爵爲關内侯……子座嗣
爵……座生衍，元帝時爲大鴻臚（《漢書·馮奉世傳》，
《漢書·馮唐傳》，《東觀記》曰："野王生座，襲父爵爲關

---

[38] 楊樹達《漢代婚喪禮俗考》，歸葬及上冢二節（臺北：華世出版社，1933 初版，
1976 再版），頁 197~210、274~289。
[39] "世家"如："所忠言：世家子弟富人或鬥鷄走狗馬……"（如淳曰：世世有祿秩
家）（《史記·平準書》）；"陳咸、朱博、蕭育、逢信、孫閎之屬，皆京師世家"
（《漢書·翟方進傳》）。"世族"如："人之善惡，不必世族"（《潛夫論·論榮》）；
"昔田橫，齊之世族"（《三國志·程昱傳》裴注引《魏略》）。

內侯，座生衍"，然《華嶠書》曰："衍祖父立，生滿；年十七喪父，早卒，滿生衍。"）

2. 金城趙氏

三老諱寬，字伯然，金城浩亹人也……凤爲晉謀，佐國十嗣，趙靈建號，因氏焉。迄漢文、景，有仲況者，官至少府，厥子聖，爲諫議大夫。孫字翁仲，新城長，討暴有功，拜關內侯。弟君〔宣〕，密靖内侍，報怨禁中，徙隴西上邽，育生充國，字翁孫。該於威謀，爲漢名將……封邑營平。元子卬，爲右曹中郎將，與充國并征……讓不受封，卬弟傳爵。至孫欽，尚敬武主，無子，國除。元始二年，復封曾孫纂爲侯。宗族條分，裔布諸華。充國弟，字子聲，爲侍中；子君游，爲雲中太守；子字游都，朔農都尉；弟次卿，高平令；次子游，護苑使者；次游卿，幽州刺史。卬陪葬杜陵，孫澧，字叔奇，監度遼營謁者。子字孟元，次子仁，子仁爲敦煌太守。孟元子名寬，字伯然，即充國之孫也，自上邽別徙破羌，爲護羌校尉假司馬……（《趙寬碑》，《漢碑集釋》頁444～446）趙充國字翁孫，隴西上邽人也，後徙金城令居，始爲騎士，以六郡良家子善騎射，補羽林……甘露二年薨，謚曰壯侯。傳子至孫欽，欽尚敬武公主……欽，薨子岑嗣侯……岑坐非子免，國除。元始中，修功臣後，復封充國曾孫伋爲營平侯。（《漢書·趙充國傳》）

3. 京兆杜陵廉氏

廉范，京兆杜陵人，趙將廉頗之後也。漢興，以廉氏爲豪宗，自苦陘徙焉，世爲邊郡守。或葬隴西襄武，故因仕焉。曾祖父褒，成、哀間爲右將軍；祖父丹，王莽時爲大司馬庸部牧，皆有名前世。范父遭喪亂，客死於蜀漢，范遂流寓西州。（《後漢書·廉范傳》）

4. 南陽湖陽馮氏

馮魴，南陽湖陽人也，其先魏之支別，食菜馮城，因以氏焉。秦滅魏，遷於湖陽，爲郡族姓。

（《後漢書·馮魴傳》）

5. 扶風平陵魯氏

魯恭，扶風平陵人也，其先出於魯頃公，爲楚所滅，遷於下邑，因氏焉。世吏二千石。哀、平間，自魯而徙。祖父匡，王莽時爲義和……（《後漢書·魯恭傳》）

6. 濮陽汲氏

汲黯……濮陽人也，其先有寵於古之衛君也，至黯十世（《史記·汲黯傳》作"七世"），世爲卿大夫，以父任，孝景時爲太子洗馬……卒後，上以黯故，官其弟仁至九卿，子偃至諸侯相。黯姊子司馬安……四至九卿，以河南守卒，昆弟以安故，同時至二千石十人。（《漢書·汲黯傳》）

7. 魯國孔氏

孔光……孔子十四世之孫也。孔子生伯魚鯉，鯉生子思伋，伋生子上帛，帛生子家求，求生子真箕，箕生子高穿，穿生順，順爲魏相；順生鮒，鮒爲陳涉博士，死陳下；鮒弟子襄爲孝惠博士，長沙太傅；襄生忠，忠生武及安國；武生延年，延年生霸，字次儒；霸生光焉。安國、延年皆以治《尚書》爲武帝博士，安國至臨淮太守。霸亦治《尚書》……昭帝末年爲博士……（《後漢書·孔光傳》）

8. 龍門司馬氏

司馬氏世典周史。惠襄之間，司馬氏去周適晉，晉中軍隨會奔秦，而司馬氏入少梁。自司馬氏去周適晉，分散，或在衛，或在趙，或在秦。其在衛者，相中山；在趙者，以傳劍論顯，蒯聵其後也。在秦者名錯……惠王使錯將伐蜀，遂拔，因而守之。錯孫靳，事武安君白起……靳孫昌，昌爲秦主鐵官。當始皇之時，蒯聵玄孫卬爲武信君將……諸侯之相王，王卬於殷。……昌生無澤，無澤爲漢市長。無澤生喜，喜爲五大夫……喜生談，談爲太史公。（《史記·太史公自序》）

9. 魏郡王氏

王莽自謂黃帝之後，其《自本》曰：……十一世，田和有齊國，世稱王，至王建爲秦所滅。項羽起，封建孫安爲濟北王。至漢興，安失國，齊人謂之"王家"，因以爲氏。文、景間，安孫遂字紀伯……生賀，字翁孺，爲武帝繡衣御史……翁孺生禁，字稚君，少學法律長安，爲廷尉史。本始三年生政君，即元后也……（《漢書·元后傳》）

10. 隴西李氏

李將軍廣者，隴西成紀人也。其先曰李信，秦時爲將，逐得燕太子丹者也。故槐里，徙成紀，廣家世世受射。孝文帝十四年，匈奴大入蕭關，而廣以良家子，從軍擊胡。（《史記·李將軍列傳》）

11. 偃陵尹氏

君諱宙，字周南，其先出自有殷，迄於周世，作師尹赫赫之盛，因以爲氏。……世事景王，載在史典。秦兼天下，侵暴大族，支判流僊，或居三川，或徙趙地。漢興，以三川爲潁川，分趙地爲鉅鹿。故子心騰於楊縣，致位執金吾，子孫以銀艾相繼。在潁川者，家於偃陵，克纘祖業，牧守相亞……（《尹宙碑》，《漢碑集釋》，頁436～437）

12. 楚固始孫氏

楚相孫君諱饒，字叔敖，本是縣人也，六國時期……（《楚相孫叔敖碑》）相君有三嗣，長子即封食邑固始，少子在江陵，中子居三〔缺〕……相君卒後，十有餘世，有渤海太守字武伯，武伯有二子：長子字伯尉；少子字仲尉，仕郡爲掾史；伯尉有一子，字世伯，舉江夏孝廉、城門侯；仲尉有二子：長子字孝伯，荊州從事，弟世信仕〔缺二字〕掾功曹。會哀、平之間，宗黨爲賊寇所殺，世伯、孝伯、世信〔缺〕各遺一子，財八九歲，微弱不能仕學……（《孫叔敖碑陰》，《隸釋》卷三，頁4下～8下）

以上十二家都有先漢官宦事蹟可考，但大部分是因子孫於漢代有特殊事蹟，入史傳，言及先世，其世業才爲後人所知。封建世襲是周代以來一個有近千年歷史的傳統，職官相襲，本以爲常；戰國由親親而尚賢，官不世及，這種變化是逐漸形成，不是出現於一夜之間。秦尚軍功，蒙恬卻因“家世”爲秦將。項羽季父項梁，梁父項燕，“世世爲楚將，封於項，故姓項氏”（《史記·項羽本紀》）。張良的父親、祖父“五世相韓”（《史記·留侯世家》）。尤其重要的是在社會認定的價值和心理上,賢才固爲人所重,家世仍是地位的指標。秦末東陽令史陳嬰起兵,從者二萬人,欲立嬰爲王,陳嬰母不以爲然曰:"自我爲汝家婦,未嘗聞汝先古之有貴者。今暴得大名,不祥。不如有所屬,事成猶得封侯,事敗易以亡,非世所指名也。"嬰乃不敢爲王,謂其軍吏曰:"項氏世世將家,有名於楚。今欲舉大事,將非其人,不可。我倚名族,亡秦必矣。"於是衆從其言,以兵屬項梁(《史記·項羽本紀》)。陳嬰母所説,不只是她個人的想法,實際上反映了當時一種普遍的心理,以爲先世未貴而今一朝而貴,事屬不祥。布衣可爲卿相,戰國以來已甚普遍,但貴賤世及,身份地位不可踰越的想法似乎仍籠罩著許多人的心。因此陳嬰想倚世世爲楚將的"名族"成事,衆人也都被説服,追隨項梁。秦、楚之際,東方群雄並起,立號爲王的除了劉邦之類,還有很多六國公族之後,即因爲他們的貴族身份仍具有號召力。

以下再舉若干西漢建立後,新興的官宦世家。他們共同的特點是家業的建立都在漢興以後,有的是從龍功臣,有的基於寵幸,有的本於事功,有的學而優則仕,但真能連續仕宦四、五代以上的並不多見:

13. 沛蕭氏

蕭何,沛人也……封爲鄼侯……悉封何父母兄弟十餘人,皆食邑……孝惠二年,何薨,諡曰文終侯。子祿嗣,薨,無子。高后乃封何夫人同爲鄼侯,小子延爲築陽侯。孝文元年,罷同,更封延爲鄼侯。薨,無子。文帝復以遺弟則嗣,有罪免。景帝二年,……封何孫嘉爲列侯……薨,子勝嗣,後有罪免。武帝元狩中……封何曾孫慶爲鄼侯……薨,子壽成嗣,坐爲太常犧牲瘦,免。宣帝時……得玄孫建世等十二人,復下詔以鄼户二千封建世爲鄼侯。傳子至孫獲,坐使奴殺人減死論。成帝時,復封何玄孫之子南繾長喜爲鄼侯。傳子至曾孫,王莽敗乃絶。(《漢書·蕭何傳》)

14. 任城周氏

周仁,其先任城人也,以醫見……仁乃病免,以二千石禄歸老,子孫咸至大官。(《漢書·周仁傳》)

15. 温石氏

萬石君石奮,其父趙人也。趙亡,徙温。高祖……過河內……以奮爲中涓……及孝景即位,以奮爲九卿……奮長子建,次甲,次乙,次慶,皆以馴行孝謹,官至二千石……慶方爲丞相時,諸子孫爲小吏至二千石者十三人。(《漢書·萬石君石奮傳》)

16. 張歐（郡籍不明）

高祖功臣安丘侯說少子也。孝文時以治刑名侍太子……至武帝元朔中,代韓安國爲御史大夫……老篤,請免,天子亦寵以上大夫祿,歸老於家,家陽陵,子孫咸至大官。(《漢書·張歐傳》)

17. 陳鄭氏

鄭當時……陳人也。其先鄭君嘗事項籍,籍死而屬漢……孝景時,爲太子舍人……以官卒。昆弟以當時故,至二千石者六、七人。(《漢書·鄭當時傳》)

18. 雒陽賈氏

賈誼,雒陽人也……文帝召以爲博士……孝武初立,舉賈生之孫二人至郡守。賈嘉最好學,世其家（師古曰:言繼其家業）。(《漢書·賈誼傳》)

賈捐之,字君房,賈誼之曾孫也。(《漢書·賈捐之傳》)

又據洮邻父子墓誌得知,賈誼玄孫名迪,迪官河東守。(參李獻奇、趙會軍《有關賈誼世系及洛陽饑疫的幾方墓誌》,《文博》1987:5,頁43。)

19. 南陽杜氏

杜周,南陽杜衍人也……列三公,而兩子夾河爲郡守……少子延年行寬厚……居九卿位十餘年……謚曰敬侯,子緩嗣……緩六弟,五人至大官,少弟熊歷五郡二千石,三州牧刺史。唯中弟欽官不至最知名……欽子及昆弟支屬至二千石者且十人……欽兄緩前免太常,以列侯奉朝請,成帝時乃薨,子業嗣……傳子至孫絕。

贊曰:張湯、杜周並起文墨小吏,致位三公……俱有良子,德器自過,爵位尊顯,繼世立朝,相與提衡,至於建武,杜氏爵乃獨絕。(《漢書·杜周傳》)

又《三國志·杜畿傳》："畿，漢御史大夫杜延年之後，延年父周，自南陽徙茂陵；延年徙杜陵，子孫世居焉。"

20. 杜陵張氏

張湯，杜陵人也，父爲長安丞……〔湯〕遷御史大夫……子安世……少以父任爲郎……封富平侯……安世子千秋、延壽、彭祖皆中郎將侍中……安世兄賀幸於衛太子，太子敗，賓客皆誅……賀有孤孫霸，年七歲，拜爲散騎中郎將……安世子孫相繼，自宣、元以來爲侍中、中常侍、諸曹散騎、列校尉者凡十餘人。功臣之世，唯有金氏、張氏親近貴寵，比於外戚。

贊曰：馮商稱張湯之先與留侯同祖，而司馬遷不言，故闕焉。漢興以來，侯者百數，保國持寵，未有若富平者也。（《漢書·張湯傳》）

按：漢人有攀附名人爲祖之習。東漢《張遷碑》稱遷之先，出自有周，周宣王中興，有張仲，高帝龍興，有張良，文景之間，有張釋之，孝武時有張騫云云（《漢碑集釋》，頁507）。張良、張釋之、張騫僅能説是同宗，馮商謂張湯之先與張良同祖，恐亦只是同宗攀附而已，故司馬遷不言。

張純，京兆杜陵人也，高祖父安世，宣帝時爲大司馬衛將軍，封富平侯。父放，爲成帝侍中，純少襲爵土，哀平間爲侍中，王莽時至列卿……建武初，先來詣闕，故得復國，五年，拜太中大夫……子奮嗣，官至津城門侯……子吉嗣，永初三年，吉卒，無子，國除。自昭帝封安世，至吉，傳國八世，經歷篡亂，二百年間，未嘗譴黜，封者莫與爲比。（《後漢書·張純傳》）

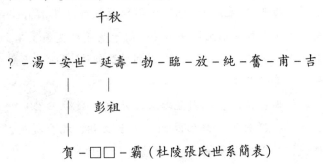

千秋
｜
? －湯－安世－延壽－勃－臨－放－純－奮－甫－吉
　　　　｜　　　　｜
　　　　｜　　　彭祖
　　　　｜
　　　　賀－□□－霸（杜陵張氏世系簡表）

21. 瑯琊王氏

王吉字子陽，瑯琊皋虞人也……昌邑中尉……益州刺史……博士諫大夫……子駿以孝廉爲郎……諫大夫，趙內史，幽州刺史，司隸校尉，少府，京兆尹，御史大夫，丞相駿子崇以父任爲郎，歷刺史，郡守，建平三年爲御史大夫，大司農，左將軍，大司空。（《漢書·王吉傳》）

22. 鉅鹿路氏

路溫舒字長君，鉅鹿東里人也，父爲里監門……〔溫舒〕遷臨淮太守……卒於官。溫舒從祖父受曆數天文……子及孫皆至牧守大官。

贊曰：路溫舒辭順而意篤，遂爲世家，宜哉！（《漢書·路溫舒傳》）

23. 狄道辛氏

辛武賢，〔酒泉太守，破羌將軍，〕病卒，子慶忌至大官。……少以父任爲右校丞……拜爲右將軍諸吏散騎給事中，歲餘，徙爲左將軍……長子通爲護羌校尉；中子遵，函谷關都尉；少子茂，水衡都尉出爲郡守，皆有將帥之風。宗族支屬至二千石者十餘人……〔王〕莽遂按通父子，遵、茂兄弟及南郡太守辛伯等，皆誅殺之，辛氏繇是癈。（《漢書·辛慶忌傳》）

24. 蘭陵蕭氏

蕭望之……東海蘭陵人也，徙杜陵，家世以田爲業。至望之，好學……代丙吉爲御史大夫……望之有罪死，有司請絕其爵邑。有詔加恩，長子伋嗣爲關內侯。天子追念望之不忘，每歲時遣使者祠祭望之冢，終元帝世。望之八子，至大官者育、咸、由。……由……遷江夏太守……陳留太守……大鴻臚……家至吏二千石者六七人。（《漢書·蕭望之傳》）

25. 鄒韋氏

韋賢……魯國鄒人也。其先韋孟，家本彭城，爲楚元王傅……自孟至賢五世。……以詩教授，號稱鄒魯大儒……本始三年，代蔡義爲丞相……賢四子，長子方山，爲高寢令，早終；次子弘，至東海太守；次子舜，留魯守墳墓；少子玄成，復以明經歷位至丞相……玄成兄高寢令方山子安世歷郡守，大鴻臚，長樂衛尉……而東海太守弘子賞亦明詩，哀帝爲定陶王時，賞爲太傅。哀帝即位，賞以舊恩爲大司馬車騎將軍，列爲三公，賜爵關內侯……宗族至吏二千石者十餘人。（《漢書·韋賢傳》）

韋彪，扶風平陵人也，高祖賢，宣帝時爲丞相；祖賞，哀帝時爲大司馬……族子義……高祖父玄成，元帝時爲丞相。初彪獨徙扶風，故義猶爲京兆杜陵人焉。（《後漢書·韋彪傳》）

26. 東海匡氏

匡衡……東海承人也，父世農夫，至衡好學……射策甲科，以不應令除爲太常掌故……建昭三年，代韋玄成爲丞相，封樂安侯……衡子昌爲越騎校尉……子咸亦明經，歷位九卿，家世多爲博士者。（《漢書·匡衡傳》）

27. 東海于氏

于定國……東海郯人也，其父于公爲縣獄史、郡決曹……〔定國〕爲廷尉十八歲，遷御史大夫。甘露中，代黃霸爲丞相，封西平侯……子永嗣……至御史大夫……會永薨，子恬嗣……（《漢書·于定國傳》）

28. 魏郡馮氏

馮勤……魏郡繁陽人也，曾祖父揚，宣帝時爲弘農太守，有八子，皆爲二千石……勤祖父偃……乃爲子伉娶長妻，伉生勤……初爲太守銚期功曹……期常從光武征伐，政事一以委勤……（《後漢書·馮勤傳》）

29. 南陽卓氏

卓茂……南陽宛人也，父祖皆至郡守。茂，元帝時學於長安……初辟丞相府史，事孔光……封褒德侯……復以茂長子戎爲太中大夫，次子崇爲中郎，給事黃門……子崇……官至大司農，崇卒，子棽嗣；棽卒，子訢嗣；訢卒，子隆嗣。永元十五年，隆卒，無子，國除。（《後漢書·卓茂傳》）

30. 杜陵蘇氏

蘇建，杜陵人也，以校尉從大將軍青擊匈奴，封平陵
侯。……有三子：嘉爲奉車都尉；賢爲騎都尉；中子武最
知名……〔武有一子在匈奴〕後通國隨使者至，上以爲郎，
又以武弟子爲右曹。（《漢書·蘇建傳》）

蘇章……扶風平陵人也，八世祖建，武帝時爲右將軍，
祖父純……永平中，爲奉車都尉竇固軍……封中陵鄉侯，
官至南陽太守……章……順帝時，遷冀州刺史……兄曾孫
不韋……〔不韋〕父謙……累遷至金城太守……郡守使不
韋迎〔張〕賢，即時收執，并其一門六十餘人盡誅滅之，
諸蘇以是衰破。（《後漢書·蘇章傳》）

31. 涿郡崔氏

崔駰……涿郡安平人也，高祖父朝，昭帝時爲幽州從
事……擢爲侍御史。生子舒，歷四郡太守，所在有能名。
舒小子篆，王莽時爲郡文學……舉爲步兵校尉……時篆兄
發以佞巧幸於莽，位至大司空……後以篆爲建新大尹……
篆生毅，以疾，隱身不仕。毅生駰。（《後漢書·崔駰傳》）

32. 魯國史氏

史丹……魯國人也，徙杜陵。祖父恭有女弟，武帝時
爲衛太子良娣……宣帝微時依倚史氏……自元帝爲太子時，
丹以父高任爲中庶子，侍從十餘年……有子男女二十人，
九男皆以丹任並爲侍中諸曹，親近在左右，史氏凡四人侯，
至卿大夫二千石者十餘人，皆訖王莽乃絕。（《漢書·史丹
傳》）

33. 扶風班氏

班彪……扶風安陵人也，祖況，成帝時爲越騎校尉；
父稚，哀帝時爲廣平太守。（《後漢書·班彪傳》）

班氏之先……令尹子文之後也……秦之滅楚，遷晉、
代之間，因氏焉。始皇之末，班壹避墜於樓煩，致馬牛羊
數千群。值漢初定，與民無禁，當孝惠、高后時，以財雄
邊。壹生孺，孺爲任俠……孺生長，官至上谷守。長生回，
以茂才爲長子令。回生況，舉孝廉爲郎……入爲左曹越騎

校尉……况生三子：伯、𣏈、㠖。伯少受詩於師丹……拜
爲中常侍……遷奉車都尉……定襄太守……上徵伯，伯上
書願過故郡上父祖冢，有詔，太守都尉以下會。因召宗族，
各以親疏加恩施，散數百金，北州以爲榮……𣏈博學有俊
材……遷諫大夫，右曹中郎將，與劉向校秘書……㠖少爲
黃門郎中常侍……哀帝即位，出㠖爲西河屬國都尉，遷廣
平相……㠖生彪……（《漢書·叙傳》）

34. 弘農楊氏

楊震……弘農華陰人也，八世祖喜，高祖時有功，封
赤泉侯；高祖敞，昭帝時爲丞相，封安平侯；父寶，習歐
陽尚書，哀平之世，隱居教授……（《後漢書·楊震傳》，
其詳見王先謙補注）

35. 瑯琊伏氏

伏湛……瑯琊東武人也，九世祖勝，字子賤，所謂濟
南伏生者也；湛高祖父孺，武帝時，客授東武，因家焉。
父理，爲當世名儒，以詩授成帝，爲高密太傅，別自名學。
湛性孝友，少傳父業，教授數百人，成帝時，以父任爲博
士弟子，五遷，至王莽時爲繡衣執法……（《後漢書·伏湛
傳》）

36. 廣川董氏

董仲舒，廣川人也，少治春秋，孝景時爲博士……年
老，以壽終於家。家徙茂陵，子及孫皆以學至大官。（《漢
書·董仲舒傳》）

37. 東海翼氏

翼奉……東海下邳人也，治齊詩，與蕭望之、匡衡同
師。……以中郎爲博士、諫大夫，年老以壽終，子及孫皆
以學在儒官。（《漢書·翼奉傳》）

38. 魯國夏侯氏

夏侯始昌，魯人也，通五經，以齊詩、尚書教授……
時昌邑王以少子愛，上爲選師，始昌爲太傅。……族子勝
亦以儒顯名……勝復爲長信少府，遷太子太傅……勝子兼

爲左曹太中大夫，孫堯至長信少府、司農、鴻臚；曾孫蕃
郡守、州牧、長樂少府；勝同産弟子賞爲梁内史；子定國
爲豫章太守，而〔勝從父子〕建子千秋，亦爲少府、太子
少傅。（《後漢書·夏侯始昌傳》）

西漢的世宦之家並未盡列於此。我們所能考知的絕大部分不過是能
夠進入《史記》、《漢書》或《後漢書》列傳的人物。他們大部分曾
擔任較高、較重要的官職，或曾有較引起史家注意的事功。因而他
們家族的命運也較容易受到當朝者喜怒和政局變動的影響。像張湯
一族能如此綿延不絕，"保國持寵"，達八世之久，班固和范曄都不
禁要驚歎。

　　以上的例子中，也有不少世宦的情形語焉不詳，或世代並不連
續。這有許多可能。一個可能是缺少適當的宗族子弟入仕，另一個
可能是史書刪削、省略。最好的例子是趙充國，將《漢書·趙充國
傳》和趙寬碑作一對比，就可以知道有多少世宦的資料輕輕地被史
臣省略掉了。

　　其次，記載中的先世，也有可能是攀龍附鳳。例 20 提到的張遷
碑攀附同宗就是例子。又同族不一定始終聚居，有時分成數支，分
徙各地，如上黨馮氏、龍門司馬氏、偃陵尹氏。分徙後的族人，也
不一定歸葬舊塋，而在新的據點開始經營新的族居和族葬生活。

　　另外值得注意的是，上列人物的記述，雖以某人及其子孫的仕
宦爲主，實際上一個人的宦海浮沉，關係的不只是一"家"，而是整
個"宗族支屬"，甚至賓客在政治、經濟上的利害禍福。賓客暫且不
談，以宗族而言，《漢書·楚元王傳》，"宗人以〔劉〕德得官宿衛者
二十餘人"；江充遷水衡都尉，"宗族知友多得其力者"（《漢書·江
充傳》）；文帝即位時，"發御府金賜大臣宗族，亡不被澤者"（《漢
書·賈山傳》）。在經濟上，仕宦得意之人，分施宗族親戚從西漢以
來一直是如此（如見《漢書》中《張湯傳》、《楊惲傳》、《疏廣
傳》）。大臣一朝有罪，以親疏連坐，牽連的也會是整個宗族，其例
甚多，不再一一細述。

　　那些離權力核心較遠、秩位較低、世世爲刀筆吏的家族，因較
不受政局的波及，反而較有可能長久維持。西漢官僚吏員自佐史至

丞相達十二萬二百餘人（《漢書·百官公卿表上》），無印綬和秩祿較低的吏佔其中的絕大部分。[40] 他們世世爲吏的情形恐怕比上層宦族還要普遍。即以治獄爲例，就有“家世獄官”的（《後漢紀·光武皇帝紀》）。秦漢以法爲治，治獄爲地方大小官吏的重要工作，而秦漢律令又極爲繁複，治獄幾成專門之學。[41] 雲夢秦簡的發現已清楚證明治獄工作在地方的重要性。依雲夢秦律“内史雜”的一條規定，只有“史子”，也就是文書吏之子，才可以入學室學習。《睡虎地秦墓竹簡》的注釋説：“古時以文書爲職務的史每每世代相傳。”[42] 這種認識完全正確。其實恐怕不限於文書之史，一般小吏都是如此。東漢初任延爲武威太守，“造立校官，自掾史子孫皆令詣學受業”（《後漢書·循吏傳》），這就包含郡縣各曹吏的子孫了。任延的作法從秦律可知是其來有自。湖北江陵張家山西漢初墓出土的《二年律令》中有所謂的《史律》，規定史、卜、祝之子學成之後要參加太史、太卜和太祝舉行的考試，依成績行獎懲和分配工作。[43] 除了學校，父子相承習法，在西漢不乏其例：于定國“少學法于父，父死……亦爲獄吏、郡決曹”（《漢書·于定國傳》）；嚴延年父爲丞相掾，延年少學法於丞相府（《漢書·酷吏傳》）；張湯父爲長安丞，湯自小耳濡目染，其劾鼠掠治，傳爰書、鞫、論報，在司法程序和文辭上，一“如老獄吏”（《漢書·張湯傳》）；西漢末王霸家“世好文法”，祖父爲詔獄丞，父爲郡決曹掾，霸少時亦爲獄吏（《後漢書·王霸傳》）。到了東漢，更有了郭躬、陳寵、吳雄、鍾皓等有名的法律世家。南齊時崔祖思回顧漢代的治律之家，曾説，“漢來治律有家，子孫並世其業”，他認爲“苟官世其家，而不美其績，鮮矣”。[44] “治

---

[40] 如《續漢書·百官志》注引《漢官》曰：雒陽令秩千石，丞三人四百石，孝廉左尉四百石，孝廉右尉四百石。員吏七百九十六人，十三人四百石。鄉有秩、獄史五十六人，佐史、鄉佐七十七人，斗食、令史、嗇夫、假五十人。官掾史、幹小史二百五十人，書佐九十人，循行二百六十人。在雒陽令之下，員吏七百九十六人中，佐史、斗食以下吏即佔六百。同樣的情形亦見於河南尹，不俱引。

[41] 邢義田《秦漢的律令學》，《秦漢史論稿》，臺北：東大圖書公司,1987 年，頁 247～316。

[42] 《睡虎地秦墓竹簡》，北京：文物出版社，1990 年，頁 63：“令史毋從事官府。非史子，毋敢學學室，犯令者有罪。”

[43] 張家山二四七號墓竹簡整理小組《張家山漢墓竹簡》（二四七號墓），北京：文物出版社，2001 年，頁 203～205。

[44] 邢義田，前引文，頁 291～295；《南齊書·崔祖思傳》。

律有家"用漢代的話來說就是治律"世家"。除世家之外，漢代還有
"世吏"一詞，指的也是世世爲官爲吏。《漢書·薛宣朱博傳》贊
曰："薛宣、朱博皆起佐史，歷位以登宰相。宣所在而治，爲世吏
師。"同書《趙廣漢傳》謂：廣漢"所居好用世吏子孫，新進年少
者，專屬彊壯氣，見事風生，無所迴避"。漢有世吏二千石之家，但
這裏的世吏子孫是世世爲掾史一類史的子孫。兩漢地方吏職事實上
有不小的一部分即操控在這些世吏子孫之手。[45] 西漢中期以後，儒
術漸興，以儒經爲家業，世世相傳的很多，《儒林傳》所載，大家耳
熟能詳，這裏不再多説。總之，不論律令或經學，在漢代都以家學
形式相傳，基本上都受到家族世業這個大傳統的影響。

四、結語：古代宗族社會的延續

根據以上的討論，也許可以暫時得到以下的一個結論，即中國
古代社會最基礎的宗族或家族，在居住形式和生活手段上有十分強
烈的延續性。從新石器時代開始，以血緣關係爲主的群體，不論稱
之爲氏族、宗族或家族，即維持著聚族而居、族墓相連、生業相承
的生活。

依考古資料而論，居住區、墓葬區與生產區相連的遺址發現，
從新石器時代可以延續到西漢。春秋戰國時期的變法，看似爲歷史
塑造新貌，實際上有些是朝向回復傳統而努力。例如齊管仲的鄉邑
什伍之制，是頗有意借新的行政組織，強化舊聚落共同體的精神，
達到強兵稱霸的目的。列國爲控制人口，都企圖扭轉遷居改業的現

---

[45]《後漢書·循吏傳》孟嘗條"會稽上虞人也，其先三世爲郡吏"；《王允傳》"世仕
州郡爲冠蓋"可爲例。地方世吏之家又往往是地方上的大姓豪族，這種情況在東漢
尤爲明顯，可參勞榦《漢代的豪彊及其政治上的關係》，《慶祝李濟先生七十榮慶論
文集》，1967 年，頁 31～51；池田雄一《中國古代における郡縣屬吏制の展開》，
《中國古代史研究》，東京：雄山閣，1976 年，頁 319～344；東晉次《後漢時代の
選舉と地方社會》，《東洋史研究》46 卷 2 號，1987 年，頁 33～60。我相信西漢地
方吏職也可能是由地方若干有勢力的家族壟斷，但證據十分缺乏。寇恂是上谷昌平
人，"世爲著姓，恂初爲郡功曹，太守耿況甚重之"（《後漢書·寇恂傳》），這是西
漢末，王莽時之一例。許師倬雲據何武兄弟五人皆爲郡吏爲例，認爲昭帝以後，有
些大姓的勢力已在郡國中形成，每一地區由幾家把持，這幾家又可能延續幾代，變
成所謂世族大姓。參所著《西漢政權與社會勢力的交互作用》，《中央研究院歷史語
言研究所集刊》第 35 本，1964 年，頁 278～281。

象，而恢復舊聚落不遷居、不改業的傳統。秦國變法最爲澈底，但對族姓聚居的傳統聚落，並没有完全破壞。封建世襲的貴族雖已遠去，但作爲封建制基礎的宗族制並未動搖。在進入郡縣時代以後，個別的小家庭不論高宦或平民，在相當程度上仍維持著同族聚居、同族而葬、家業相承的生活方式。

秦漢一統，動亂結束。家族或宗族得以長期聚居，在安定中不斷繁衍，又因家業世承、利害與共、墳墓相連、祭祀同福，同族意識得以增强，族的力量也就日趨强大。西漢政府雖曾力圖打壓大姓豪族，實際上效果有限。莽末群雄起事，一個主要的力量就是地方的大姓豪族；東漢以後，"世族"勢力更上層樓，終於發展成魏晉至隋唐那樣的貴族社會。[46] 這可以説是千百年來一個以宗族爲基礎的社會不斷延續發展的結果。

不過，這裏有必要指出，族居、族葬和世業相承的情形在上層的統治階層表現得較爲清楚，我們對周至秦漢社會底層平民的情形所知畢竟太少。西漢成帝鴻嘉四年春正月詔中有幾句話説："數勅有司，務行寬大，而禁苛暴，訖今不改。一人有辜，舉宗拘繫，農民失業，怨恨者衆……"（《漢書·成帝紀》）所謂"舉宗拘繫，農民失業"云云，這已經是難得的資料，告訴我們西漢農民也是宗族聚居，一旦有罪，舉宗受到牽連。但我相信各地情況一定有差別，平民是否族居、族葬，情形不必一律。

其次，可以想見的是一般的平民即使有族，大概也不可能像封建貴族那樣有大、小宗的龐大細密的組織。他們如果缺乏特殊的機緣和運氣，作爲大多數人口的小農之家，要長期聚居在一地，發展

---

[46] 1957 年，童書業先生在一篇題爲《論宗法制與封建制的關係》的論文中（見《歷史研究》1957 年第 8 期，頁 63～74）曾有以下一段結論："戰國以後，由於領主制的轉化，許多貴族下降，一部分庶人上昇，形成新興的地主階級。這一階級的人數是相當衆多的，包括大、中、小的土地所有者。這些新興地主們，模仿古代貴族階級的'宗法'制度，他們也聚族而居起來。甚至一般農民也漸有聚族而居的現象。就普遍化講，戰國以後的'宗法'制度，可能反比上古時代發展，發展的頂點就是魏晉南北朝。"我雖然不完全同意童先生文中的論證，但是他在將近四十年前發表的看法，和愚意頗有相合之處，值得參考。愚意以爲從兩周至秦漢，最大的發展似不在封建制的崩潰或消失，而在將原本由統治貴族獨佔的制度，向下延伸擴大發展成爲一個包括下層庶人在内的制度。換言之，封建制不曾消失，而是因勢變化，擴大發展。茲事體大，容另文詳論。

成爲生業世承、聚族而葬的大族不是很容易的事。天災、人禍每使
人口流散。像客、部曲一類的依附人口，或地位更卑下的奴婢，每
因年成或動亂，先後大量地存在於這一時期的社會中。他們談不上
族人，談不上世業，身後除了一堆黃土，魂魄恐怕是没有祖塋可以
依附的。

  1993. 6. 12 初稿，1995. 5. 5 改稿，2004. 11. 14 訂補

  附記：本文原宣讀於 1993 年 7 月 14 日至 21 日在西安召開之周
秦文化會議。會中多承袁仲一、孫守道、韓偉、呼林貴、田亞歧先
生提供資料；會後又承許倬雲、蕭璠、黃清連兄指教，得以修正缺
失，補充資料。謹此誌謝。

※ 本文原載《新史學》6 卷 2 期，1995 年。
※ 邢義田，美國夏威夷大學博士，中央研究院歷史語言研究所研究員。

漢代的益州士族

劉增貴

一、前言

漢代豪族的發展與轉變，是以官僚世家爲其歸趨，這種現象學者稱之爲"士族化"。[1] "士族化"既指各種舊有社會勢力（如漢初的游俠、豪富等）向士族的轉化，也指新社會勢力大多透過入仕途徑而形成。西漢中葉以下，士族逐漸成爲豪族的主要形態，各地都出現了世家大族。不過，由於歷史背景、地理環境、經濟條件、文化傳統的不同，各地士族的發展並不一致。例如關東地區原爲六國之地，宗族勢力强大，文化蘊藉深厚，所以很早就出現了士族；[2] 相反的，河西地區由於開發較遲，要到東漢末葉才出現士族。[3] 此外，核心地區容易出現仕宦顯赫的大士族，邊陲地區則多地方性的小士族。這些都説明了士族的發展具有區域性的差異；因此，士族的分區研究有其必要。

益州地區曾是秦的重要經濟支柱，漢高祖起家之國，也是公孫述割據之地，漢末更出現了鼎立一方的蜀漢政權。經濟上，益州沃野千里，號爲天府，以富裕稱；然而漢蠻雜揉，具有邊區的性質。以地勢論，與江南地區對外的交通便利、中原地區的四通八達都不同，它形勢封閉，地方色彩也較濃厚。[4] 處於這些情況下的士族，

〔1〕 余英時《東漢政權之建立與士族大姓之關係》（收於所著《中國知識階層史論·古代篇》，臺北：聯經出版事業公司，1970），頁113~118。

〔2〕 如魯國孔氏、夏侯氏、瑯琊伏氏等，皆興於漢初，而武帝以下如董仲舒子孫皆至大官，張湯一族及汲黯、杜周、路温舒、于定國、蕭望之諸族皆是。

〔3〕 漢代河西地區到漢末才出現了一些世家，如敦煌曹氏（曹嵩、曹全一支）、蓋氏（蓋勳之族）、張氏（張奐一族）及武威張氏（張濟一族）、段氏（段頴一族），他們的興起與羌亂有關。

〔4〕 江南地區之交通除海運外，陸路有壽春廬江一道，北接彭城，通徐、豫，南可渡江至吳越，溯江而上可至江陵，下接吳中錢塘一道。錢塘一道，自壽春下歷陽、丹陽、秣陵、吳、錢唐至山陰，其間水道交錯，自較益州之褒斜、子午諸道便捷，參考譚宗義《漢代國内陸路交通考》（香港：新亞研究所，1967）第一章及第四章。

其發展性質如何？在全國政治網中佔什麼地位？他們對中央政權與地方割據政權抱什麼態度？這些都是本文嘗試討論的。

在進入正題前，有幾點先要說明的。第一，本文所說的"士族"，與魏晉南北朝時期嚴士庶之分下之"士族"不同，僅指仕宦家族而言。漢代的仕宦之家雖亦有"名族"、"姓族"、"族姓"、"顯姓"、"著姓"、"洪族"、"舊門"、"舊姓"、"舊族"、"大族"、"大姓"之稱，[5] 但含意模糊，其大小界線並不分明，這正說明了漢代爲士族之形成期，士族地位仍有相當的流動性，因此本文對士族採取寬泛的定義，凡一族有二人以上仕宦，或雖只見一人，但有其他記載可證其爲地方大姓者，皆認爲士族，列入文末之《漢代益州士族總表》（見附錄二，以下簡稱《總表》）中。爲方便討論，表中仍對族勢大小稍加甄別標示，官閥以六百石、二千石爲不同界線，世代以二代爲界線，這種劃分也符合漢代人的觀念。[6] 第二，本文之"士族"，以仕宦爲共同條件，若就性質論，仍可有較單純的仕宦之家或儒學士族與具强固勢力的地方豪强之分。但是由於漢代是士族的形成期，一族性質隨發展階段每有前後之異，如郫縣何氏、毋斂尹氏皆以地方豪强轉化爲儒學士族，而南鄭趙氏卻以儒學仕宦發展成地方大姓（見下節）。事實上，除益州南部各郡士族具有較明顯的地方豪强性格外，益州北部各郡士族此二種性質難以截然劃分，故本文《總表》中不加區劃，僅於討論時稍作分疏而已。第三，漢代士族的發展，主要在後漢，故本文將重點放在後漢時期。不過，蜀漢政權的建立，與後漢以來的士族關係密切，因此本文時間上可下至蜀漢。第四，本文以士族與政治的關係爲主題，至於其經濟、文化層面僅附帶提及，不多討論。

二、士族的形成與發展

漢代的益州地區，大體可分爲南北兩部分。北部包括今日的漢中盆地及四川盆地，有巴、蜀、廣漢、犍爲、漢中諸郡及蜀郡、廣漢兩屬國；南部包括今日的雲貴高原及滇西縱谷，有益州、永昌、牂柯、越嶲諸郡

---

〔5〕 諸詞參考拙稿《漢代豪族研究——豪族的士族化與官僚化》（臺大史研所博士論文，1985）第一章。

〔6〕 同上，頁38～400。

及犍爲屬國。這些郡國並非同時出現,而是在開發過程中次第設立的。從秦到東漢,郡國不斷增設,人口不斷移入,與關中、關東地區郡國的減省合併及人口減少恰成對比。[7] 根據學者的研究,巴蜀地區(益州北部)的縣有88%是戰國後(主要是漢代)新設立的"新縣",春秋以前的"舊縣"(舊邑故國)只佔12%,舊縣比例較關東(40%)、關中(44%)及江淮(41%)低得多,這顯示益州地區開發較遲,因此士族大姓也出現得較晚。[8] 至於益州南部,全部是漢代設立的新縣,開發更遲,其士族出現也更晚。

秦及漢初益州的社會勢力可分兩大類,即土著大姓與東方移民。土著大姓中有少數在漢初即已嶄露頭角,如"板楯七姓"(羅、朴、昝、鄂、度、夕、龔);他們是巴郡的板楯蠻(賨民),在閬中人范目的領導下協助高祖定秦地,范目封侯,七姓也取得免賦役的特權。[9] 范目據考亦爲土著大姓之一。[10] 這一類土著大姓在當地擁有强固的勢力,並且延續長久,如漢末張魯曾依巴中朴胡、杜濩(即度濩)以抗曹操,即是一例。[11]

外來移民可分成四種。第一種是秦定巴蜀之初,由關中南徙的政策性移民。周赧王元年(前314)秦以張若爲蜀國守,以戎伯尚强,"乃移秦民萬家實之",又移上郡之民以實臨邛。[12] 第二種是秦平天下的過程中,將各國的有力者遷來蜀漢,如秦滅趙,徙趙王於

---

〔7〕 益州各郡建立的過程如下:秦惠文王後元九年(前316)秦滅巴,取蜀,用其君長。過了兩年置巴郡,又二年(前312)取楚漢中,置漢中郡,到了公元前258置蜀郡,至此益州北部大體納入控制。到了漢高祖六年(前201)分蜀置廣漢郡,至武帝時(前135)將西南夷之一部分及巴、蜀之一部分合置犍爲郡。元鼎六年(前111)建了牂柯、越巂等郡,天漢元年(前100)攻滅滇國,設益州郡。明帝永平十二年哀牢王率衆內附,乃割益州郡西部與哀牢合置永昌郡。安帝時又分設蜀郡、犍爲、廣漢三屬國。以上參考常璩《華陽國志》(劉琳校注本,成都,巴蜀書社,1984)卷一至卷四各卷及校注。關於益州戶口增加之情形參考勞榦《兩漢郡國面積之估計及口數增減之推測》(史語所集刊五本二分)。另關於經濟發展及開發過程詳參蕭璠《春秋至兩漢時期中國向南方的發展》(臺大《文史叢刊》41,1973)第四章《秦漢時期對南方之經營》。

〔8〕 參考鶴間和幸《漢代豪族の地域の性格》,《史學雜誌》87卷12號。鶴間發現豪族的發展大多以"舊縣"爲基盤,就各地區分別觀,巴蜀地區由於新縣比率高,延續兩漢的士族甚少,且出現較關東、關中、江淮爲晚。

〔9〕 見《華陽國志》卷一《巴志》,頁37。此七姓左思《蜀都賦》李善注引《風俗通》中羅作盧,昝作昔,龔作襲,當以《國志》爲是。《後漢書》(王先謙集解本)卷八六《南蠻西南夷列傳》中昝作督,亦誤,說詳《華陽國志校注》,頁38。

〔10〕 參考董其祥《巴子五姓考》(收於氏著《巴子新考》,重慶出版社,1983),頁71。

〔11〕 見《三國志》(盧弼集解本)卷八《張魯傳》,頁47。盧弼引錢大昕言朴爲七姓夷王,趙一清據《方輿紀要》杜濩亦作度濩,則亦七姓賨侯之一。

〔12〕 《華陽國志》卷三《蜀志》,頁194及244。

房陵即是。[13]《華陽國志》卷三《蜀志》："秦惠文始皇克定六國，輒徙其豪傑於蜀，資我豐土。"則這些外來勢力對蜀地開發大有助益。第三種是流放的罪犯。秦時以巴蜀爲流放罪犯之處，《漢書·高帝紀上》顏注引如淳云："秦法，有罪遷，徙之於蜀漢。"項羽所說："巴蜀道險，秦之遷民皆居之。"[14] 這些罪犯有的原本也是有力者，如呂不韋之族即是。漢初之諸侯王有罪者，亦每徙於益州各郡。[15]第四種是自發性的移民，如楊雄的祖先原自河東徙楚巫山，楚漢之間又溯江遷居巴郡江州，後再溯江西入蜀郡郫縣。[16] 以上四種移民中（尤其二、三兩種）原有不少東方或關中的社會上層階級，他們移入後迅速在巴蜀生根，並融入當地的社會中。其中部分人掌握了當地的資源，重新成爲有力階層，如蜀卓氏及程鄭之先，都是以"山東遷虜"的身份致力工商，而成爲有名的豪富。[17]

要之，漢初的社會勢力，不外上述的土著大姓與外來移民，其中勢力最大的當屬工商豪富，如巴寡婦清及卓氏之流。不過，從景武間文翁治蜀開始，地方風氣開始改變。《漢書》卷八九《文翁傳》載：

> 蜀地僻陋有蠻夷風，文翁欲誘進之，乃選郡縣小吏開
> 敏有才者張叔等十餘人，親自飭屬，遣詣京師，受業博士，
> 或學律令。……數歲，蜀生皆成就還歸，文翁以爲右職，
> 用次察舉，官有至郡守刺史者。又修起學官成都市中，招
> 下縣子弟以爲學官弟子，爲除更縣，高者以補郡縣吏，次
> 爲孝弟力田。……數年，爭欲爲學官弟子，富人至出錢以
> 求之。縣是大化，蜀地學於京師者比齊魯焉。

在文翁的倡導下，富人至出錢求爲學官弟子，應有部分豪富進入政治軌道，轉化爲士族。其後司馬相如游宦京師，聲名顯赫，自此循跡漸

---

〔13〕 趙王徙於房陵，事見《淮南子》（高誘注本，臺北：世界書局，1974）卷二〇《泰族訓》，頁365。

〔14〕 語見《漢書》（王先謙補注本）卷三一《陳勝項羽傳》，頁18。按秦簡《封診式》"遷子"條爰書，有父告官命斷其子足，遷蜀邊之記載，見《睡虎地秦墓竹簡》（北京：文物出版社，1978），頁261～262。又《史記》（百衲本）卷六《秦始皇本紀》載秦徙嫪毐舍人四千家於房陵亦是。

〔15〕 詳細例子參考沈家本《漢律摭遺》（臺北：商務印書館，1976）卷一〇《遷徙》條，頁12。

〔16〕 楊氏一族之遷徙見《漢書》卷八七《楊雄傳》，頁1～2。雄先人由荊州沿江上溯巴江州，再上溯至郫縣，然傳云成都人則以二地相近之故，或後又徙至成都？已不可考。

〔17〕 見《史記》卷一二九《貨殖列傳》，頁17。

多。所謂"文翁倡其教,相如爲之師"。[18] 隨著儒學的提倡及武帝以下仕途之開放,至成哀之間,已出現了許多仕宦之家,如揚雄在《蜀都賦》中提及的成都七姓"侯、羅、司馬、郭、范、壘、楊",不只是豪富,也是士族。[19] 此外郫縣何氏、江原王氏、臨邛陳氏、閬中任氏、趙氏、譙氏、新都楊氏、梓潼文氏、李氏、武陽楊氏、資中王氏、僰道隗氏皆於此時出現,其後成爲大族(見《總表》)。

不過,士族的大量出現仍然是後漢的事,現在根據本文附錄二之《總表》,表列其出現時間及地理分佈如下:

表一　益州士族的興起時間與地域分佈

估計方式 時間 地域	I				II				III				IV				V			
	前	後	三	總計	前	後	三	總計	前	後	三	總計	前	後	三	總計	前	後	三	總計
蜀	7	10	0	17	6	10	0	16	3	3	0	6	5	6	0	11	3	3	0	6
巴	4	25	7	36	4	16	7	27	2	9	4	15	4	13	7	24	2	8	3	13
廣漢	4	12	6	22	4	10	6	20	3	5	2	10	3	10	4	17	2	5	2	9
犍爲	4	6	0	10	4	6	0	10	1	2	0	3	3	5	0	8	1	2	0	3
漢中	1	7	0	8	1	7	0	8	1	5	0	6	1	5	0	6	1	5	0	6
南中	0	4	5	9	0	3	5	8	0	1	2	3	0	1	5	6	0	0	2	2
總計	20	64	18	102	19	52	18	89	10	25	8	43	16	40	16	72	9	23	7	39

説明: 前、後、三指家族最早出現的時間是在前、後漢或三國。I 表示以附錄二《總表》之所有家族來估計。II 只估計出現六百石以上官吏之家族數。III 六百石以上,傳世二代以上之家族數。IV 二千石以上之家族數。V 二千石以上,傳世二代以上者。

上表是以幾種不同的標準計算,但其結果大體相同。大約有 19% ~ 23% 的家族始見於前漢,後漢新起的佔 56% ~ 63%,到三國才出現的家族佔 16% ~ 22%。以 I 來看,102 族中有 20 族興起於前漢,但在前漢多只一代一人,這些家族的繼續壯大仍在後漢。20 族中在前漢有二代以上官閥可考的只有三族。這三族中,成固張氏,張騫以功封侯傳後,可説是特例;揚雄五世祖揚季,漢初爲廬江守,

---

[18]　《漢書》卷二八下二《地理志》,頁 52~53。
[19]　揚雄《蜀都賦》見《古文苑》(章樵注、錢熙祚校本,臺北:商務印書館,《國學基本叢書》本)卷四,頁 111~112。按此七姓中司馬氏可能指司馬相如一族。而范、羅二姓可能爲當地土著蠻族漢化者,羅本板楯諸姓之一,亦分佈於成都平原,如郫縣亦有羅氏。而繁、范、樊爲巴子五姓同支,成都平原有繁(范)縣,是此族亦嘗居此,説詳董其祥,前揭文。

但自巴郡江州遷至蜀郡後，卻世代業農，至揚雄始再仕，揚雄之仕，亦已在前漢末。[20] 真正傳兩代者只有張寬一族。至於東漢新起的有64族，三國時期有18族。東漢是士族形成的重要階段，這點如果與《華陽國志》相比對則更清楚。《華陽國志》卷一至卷四列有各地之大姓，這些"大姓"即指各地的仕宦之族，故或稱"冠冕大姓"、"郡冠首"、"大姓冠蓋"，"首族"、"甲族"、"四姓"、"八族"等，共148姓，它們不只是晉代的情形，而是前漢以來長期發展而成。148姓中有70姓在漢代有官閥可考（見《附錄一》），這70姓中有10姓可推源於前漢，8姓始於蜀漢之世，其餘52姓皆出現於後漢。由此看，即使從晉追溯，後漢也是士族形成的重要階段。[21] 漢代士族的發展主要在後漢，這點益州與其他地區並無太大差別，不過，如果我們就上述東漢64族再加分析，有41族見於安帝之後，6族時間不詳，可說近三分之二起於東漢後期，所以傳延世代都不很長，較其他地區稍遜。[22]

　　《總表》中的士族，有一些原出貧賤，不具地方勢力。例如南鄭趙宣，出自寒微，爲太守犍爲楊文方察孝廉，官至犍爲太守，而其後人逐漸成爲地方強族。新都汝敦躬耕田中，舉孝廉入仕後，遂世爲冠族。[23] 然而也有許多士族，是地方勢力的進一步發展。一個明顯的現象是：有許多是從豪富轉化的，或具有豪富的身份，這與益州的經濟富裕有關。例如成都羅氏，在前漢活躍的是富人羅沖、羅

〔20〕　揚氏一族之遷徙見《漢書》卷八七《揚雄傳》，頁1～2。雄先人由荊州沿江上溯巴江州，再上溯至郫縣，然傳云成都人則以二地相近之故，或後又徙至成都？已不可考。

〔21〕　《華陽國志》中敍述當地大姓時，有許多都追溯至漢代。如卷三《蜀志》云："臨邛縣……漢世縣民陳立歷巴郡、牂柯、天水太守，有異政。陳氏、劉氏爲大姓冠蓋也。"（頁245）"廣都縣，……漢時縣民朱辰字元燕，爲巴郡太守，……迄今蜀人莫不歆辰之德，靈爲之感應。今朱氏爲首族也。"（頁249）"資中縣……先有王延世，著勳河平；後有董鈞，爲漢定禮。王、董、張、趙爲四族。"（頁289）

〔22〕　64族中，見於和帝以前的17族是《附錄二》中的7、34、43、52、54、56、57、64、71、79、82、86、94、95、96、97，不詳者爲4、16、20、68、80、85，其餘皆見於安帝以後。《總表》中延續最久的是6代，但這些家族（漢中李氏、犍爲張氏等）是併計徙入益州前的祖先官閥世代，如只計入蜀後，也只四代左右。這與其他地區士族相比，相去甚遠。如千乘歐陽歙於光武時任三公已"八世博士"，杜陵張純在光武時已是7代的世家。這種情況可參考鶴間和幸前揭文。另邢義田統計孝廉出身時，也發現巴蜀地區"世族化"的情形不如關東、關中，見《東漢孝廉的身份背景》，收於許倬雲、毛漢光、劉翠溶主編《第二屆中國社會經濟史研討會論文集》，臺北：漢學研究資料及服務中心，1983年，頁31。

〔23〕　見《華陽國志》卷一〇中《先賢士女總贊·中》頁770及同書卷一〇下，頁801。

哀等，後漢則出現了仕宦人物。而郫縣何氏，何顯雖已仕宦，仍有市籍。[24] 巴郡譙玄，於成哀世爲諫議大夫，後不應公孫述之召，述欲鴆之，賴其子奉錢千萬始免。[25] 《後漢書》卷四一《第五倫傳》載：“蜀地肥饒，人吏富實，掾史家貲多至千萬，皆鮮車怒馬，以財貨自達。”皆爲其證。其次，士族中有許多姓氏可能原爲蠻夷大姓，如巴郡墊江、安漢的龔氏，應出自巴郡賨民七姓之龔。而朐忍扶氏、漢昌句氏亦皆板楯大姓，[26] 他們處於益州北部漢族集聚之區，與漢族已不易區別。[27] 另外值得注意的一點是，士族中有一些是自外移入者。如漢中南鄭李氏原出於潁川陽翟大姓李氏，李郃之父李頡爲博士始居漢中。廣漢新都楊氏本爲河東人，楊統曾祖父仲續爲祁令，樂益部風俗，始居新都；而張綱一族本張良之後，亦自外遷來。[28]這些家族徙入之前本爲世家，在益州繼續發展，故官閥綿延世代較長，他們也多爲儒學世家，尤其新都楊氏，世代以經術圖緯教授，成爲益州學術的主流。[29]

其次從《表一》的地理分佈來看，I 項中前漢 20 族，集中於三蜀地區（蜀、廣漢、犍爲），尤以蜀爲多，而南中地區（益州南部各郡）則無。到了後漢，新起的 64 族中，按其多寡，順序爲巴（25）、廣漢（12）、蜀（10）、漢中（7）、犍爲（6）、南中（4），雖然仍以益州北部爲多，但分佈地區已有擴大的情形。其中巴郡、廣漢所增超過蜀郡，這是三蜀地區文教圈擴大的結果，也與巴郡在後漢的

---

〔24〕 見《漢書》卷八六《何武傳》，頁 1。

〔25〕 玄子納貲千萬事見《後漢書》卷八一《譙玄傳》，頁 2。《華陽國志》卷一《巴志》則云納八百萬。

〔26〕 據劉琳考訂，扶氏爲板楯蠻之一族，迄清代猶存。惟扶氏其祖先扶嘉亦曾助高祖定秦地，官至廷尉，則其中一部分仕宦甚早。又句氏亦爲賨民。見劉琳前揭《華陽國志校注》卷一《巴志》，頁 81 及 100。

〔27〕 從考古的發現來看，古代具有強烈地方特色的巴蜀文化，其下限應訂在西漢前期，由於秦以來對巴蜀的移民，使巴蜀本地的文化特色逐漸消失。西漢前期的墓葬中尚存留部分巴蜀文化的特色，如船棺、獨木棺、銅甌等，但在漢武帝以後，統一的漢文化佔了重要地位。參考趙殿增《巴蜀文化幾個問題的探討》，《文物》1987 年第 10 期及宋治民《關於蜀文化的幾個問題》，《文物》1983 年第 2 期。

〔28〕 見《後漢書》卷三〇上《楊厚傳》，頁 4 李賢注引《益部耆舊傳》；同書卷五六《張皓傳》，頁 1，王先謙集解。同書卷八二上《李郃傳》，頁 9～10 集解引惠棟語。

〔29〕 益州後漢儒學中，新都楊氏最盛，楊厚本其家學，授徒三千，其中任安、何茂、董扶、周舒皆著名，任安授徒杜瓊、何宗、杜微，何茂授羅衡、楊班，他們又各自教授，影響益大。

開發有密切關係。[30] 如果我們再以Ⅴ項來看,爲官二代以上的二千石之族中,巴、廣漢、漢中在後漢新起明顯。漢中由於居益州對外之樞紐,地近關中,仕宦亦盛,《華陽國志》卷二《漢中志》:"自建武以後,群儒修業,……其州牧郡守,冠蓋相繼,於西州爲盛。"不過,漢中比起三蜀地區,自然不如。《華陽國志》卷三《蜀志》:"益州以蜀郡、廣漢、犍爲爲三蜀,土地沃美,人士俊乂,一州稱望。"表中三蜀合計,仍勝餘郡。這種情形,至晉末改,《華陽國志》所載大姓,仍有半數集中於蜀部之郡。[31] 至於巴郡官閥雖盛,但性質與三蜀不同。三蜀文教興盛,仕宦者多以經術文章,故云:"漢徵八士,蜀有四焉。"[32] 而巴郡屬賨人地區,自古以來以武勇稱,武王伐紂、高祖平秦,皆得巴人之助。[33]《華陽國志》卷一《巴志》:"巴有將,蜀有相也。"若以《華陽國志》卷一二《益梁寧三州先漢以來士女目錄》分析,三公漢代七人中有五人在三蜀,兩人在漢中,而將軍十六人中,巴郡即佔十人,與"巴有將、蜀有相"相合。巴郡之士族衆多,與後漢中期後羌、蠻多變,有賴巴人撫戢有相當關係。

南中的開發較遲,直到後漢才有少數士族出現,但若從上表的第Ⅴ項來看,傳延二代以上的二千石之族要到蜀漢才出現。南中既多蠻夷,復少儒學,這些都是限制士族發展的原因。漢章帝時,王阜爲益州太守,"始興起學校",但並不曾有多大影響。漢桓帝時牂柯人尹珍才受學返鄉教授,"南域始有學焉"。[34] 真正的開發還是要到蜀漢時。不過,值得注意的是,漢末的南中大姓多爲自益州北部南遷之漢族移民,如永昌呂氏,《三國志》卷四三《呂凱傳》裴注引《蜀世譜》:"初秦徙呂不韋子弟宗族於蜀漢,漢武帝時開西南夷置郡縣,徙呂氏以充之,因

---

[30] 巴郡在後漢有相當發展,以人口論,前漢有七十萬人左右,但在後漢永和五年,已增至一〇八萬左右。見《漢書》卷二八上三《地理志》頁95及《後漢書》志二三上《郡國志》頁7。另梁方仲《中國歷代户口、田地、田賦統計》(上海人民出版社,1981)頁16及24。不過《華陽國志》卷一《巴志》載桓帝永興二年巴郡户口達一八七萬左右,距永和五年不過十三年,此一數字較永和五年蜀郡及屬國合計一八二萬還高。

[31] 參考宮川尚志《六朝史研究·政治社會篇》(京都:平樂寺書店,1977),頁219。

[32] 語見《華陽國志》卷三《蜀志》,頁223~225。劉琳校注云:"東漢一代,徵士遠不止八人。'蜀有四',蓋指楊厚、王稚、董扶、任安,但何莫也稱'徵士',見本書《先賢志》。其實此語只是言徵士之多居漢之半,未必爲實際數目。"

[33] 巴人助高祖見上文范目事。《華陽國志》卷一《巴志》:"周武王伐紂,實得巴蜀之師,……巴師勇銳,歌舞以凌殷人,……"(頁21)又:"巴東郡……郡與楚接,人多勁勇,少文學,有將帥才。"

[34] 見《後漢書》卷八六《南蠻西南夷列傳》,頁1及15。

曰不韋縣。"[35] 又益州大姓雍氏，出自什邡侯雍齒，由廣漢什邡南遷，故呂凱與雍闓書謂其"世受漢恩，……先人雍侯，造怨而封"。[36] 至於建寧孟氏（孟獲之族）與朱提孟氏應皆漢族，而爨氏亦來自中原。南中大姓本是漢族移民中的統治階層，他們的出現並非偶然，仍然與南中的開發密切相關。[37]

三、士族的仕宦地位

士族是仕宦的產物，益州士族在仕宦上佔什麼地位呢？常璩指出，自前漢始，"璽書交馳於斜谷之南，玉帛戔戔乎梁益之鄉"，而"西秀彥盛，或龍飛紫闥"，東漢自建武迄中平，兩百年間"府盈西南之貨，朝多華岷之士"。[38] 似乎益州之士較中原亦不多讓，不過實際情形尚有待具體的比較。根據小林史朗的估計，益州人物在《後漢書》中的立傳人數，雲貴高原各郡未見立傳者，而四川盆地各郡（尤其三蜀，即四川西部）皆較全國平均數爲高。[39] 然而此一估計尚可商榷，因爲立傳並不表示其仕宦地位也高。小林史朗所舉之立傳三十五人中，在方術、儒林、文學三傳者即佔三分之一（11人），這固然顯示益州北部文教的發達，但卻與仕宦比率不相干，因此我們還得另外估計。《華陽國志》卷一二《梁益寧三州先漢以來士女目錄》後附有益州官僚總計，然其數目與總數不合，除公七人可

[35] 另一説法是，徙此者爲南越相呂嘉子孫，"因名不韋，以彰其先人惡"（《華陽國志》卷四《南中志》，頁427）。此一説法似不如《蜀世譜》妥當，洪亮吉指出不韋宗族遷蜀，史有明文，而呂嘉爲不韋後則未見記載（《後漢書》志二三上《郡國志》，頁23，集解引）。

[36] 《三國志》卷四三《呂凱傳》，頁6~7。

[37] 孟氏、爨氏皆漢族，説詳陳天俊《論南中大姓》（《貴州文史叢刊》1985年第1期）頁59~66及方國瑜《試論漢晉時期的南中大姓》（收於所著《滇史論叢》第一輯，上海人民出版社，1982）頁35~38。方國瑜更指出南中大姓爲移民之統治階層。不過，也有人持不同的看法，如何斯強雖然同意南中大姓大多數是秦漢以來遷入西南地區的漢族富豪，但又説孟獲原本是當地夷族中漢化較深的奴隸主。參考何斯強《三國、兩晉、南北朝時期的南中'大姓'與'夷帥'》，《思想戰線》1987年第5期。然《華陽國志·南中志》載有雍闓"使建寧孟獲説夷叟"之事，獲以言欺夷，故夷從亂。又《三國志·諸葛亮傳》注引《漢晉春秋》："孟獲者，爲夷漢所服。"似以原爲漢人之可能性較大。朱提孟氏參考附錄二《總表》。

[38] 見《華陽國志》卷三《蜀志》，頁221及同書卷五《公孫述劉二牧志》，頁484~485。

[39] 小林史朗《東漢時代における益州について——《後漢書》を中心として》（《大東文化大學漢學會誌》17號，1978）頁65。

考外，其餘已很難估算，且無法與他州比較。[40] 現在就全國各州公卿及郡國守相加以估計，先看各州公卿。

表二　後漢各州公卿數量比較表

州　別	各州人口比例	三　　公			九　　卿		
		人　數	各州三公比例	三公比例÷人口比例	人　數	各州九卿比例	九卿比例÷人口比例
司　隸	6.48	36	22.79	3.52	66	20.18	3.11
豫　州	12.90	37	23.42	1.82	65	19.88	1.54
冀　州	12.39	8	5.10	0.41	15	4.59	0.37
兗　州	8.46	8	5.10	0.60	21	6.42	0.76
徐　州	5.83	9	5.70	0.98	14	4.29	0.74
青　州	7.75	9	5.70	0.74	13	4.00	0.52
荆　州	13.08	28	17.72	1.31	46	14.07	1.07
揚　州	9.06	8	5.10	0.56	11	3.36	0.37
益　州	15.12	6	3.80	0.25	11	3.36	0.22
涼　州	0.88	3	1.90	2.16	11	3.36	3.81
并　州	1.45	3	1.90	1.31	4	1.22	0.84
幽　州	4.27	2	1.27	0.30	4	1.22	0.29
交　州	2.33	0	0	0	0	0	0
不　明		1	0.63		46	14.07	
總　計	100	158	100		327	100	

說明：1. 各州人口比例取自梁方仲《中國歷代戶口·田地·田賦統計》甲編，頁22。

　　　2. 公卿係以拙著博士論文《漢代豪族研究》附表10、11查對籍貫統計。

益州公卿在前漢只有扶嘉、何武二人，[41] 因此本表只就後漢估計。從表中看，三公人數益州六人，僅比涼、并、幽、交等邊州爲多，而較其他各州（包括揚州）爲少。九卿十一人，與揚、涼二州相同，比并、幽、交多，而較其他各州爲少。無論公卿，人數最多的都是司隸、豫州、荆州三者，這與司、豫爲帝國核心區，荆州（尤其南陽）爲帝鄉，功臣外戚集團强大有關。益州的數目較近邊區，甚至也不如揚州。如果我們再以人口比例衡量，則除交州無公卿外，益州的比數是各州中最低的。

---

〔40〕 按《士女目録》云："公七人，大將二十二人，侯二十人，卿佐十四人，侍中七人，尚書五人，司隸校尉六人，州刺史十三人，郡守四十八人，國師三人，光禄大夫四人，尚書郎十二人，中書郎、將、御史六人，公車令、諫議、大中十人，公府辟士八人，高士十一人，聘士七人，徵士四人，節士四人，列女四十七人。"合計共二四九人，但上文云"三百五十人"，相去甚遠。公七人可考，即何武、李郃、李固、張皓、趙戒、趙温、趙謙。

〔41〕 扶嘉見注〔26〕。

不過,這個比數還須加以校正,由於益州南部各郡並無公卿,若只計北部各郡所佔全國的人口比例 8.99,[42] 則比數爲公 0.42,卿 0.37,稍有提昇;然公僅較幽、交、冀爲高,卿僅與揚、冀略等,較幽、交高而已,整個益州北部之公卿比率,還是落後於核心地區。

這裏對涼州比數最高附帶説明。涼州情況特殊,一方面人口甚少,另一方面外患頻仍,立功邊域者往往成爲公卿。涼州公卿中期以前的皆爲安定梁氏(梁統之族,卿佔六人),梁氏爲外戚,與一般士族有別。其餘公卿如張奂、段熲、皇甫嵩、王邑皆在漢末,至於董卓、李傕更是情況特殊,故比率偏高。現在再看看郡國守相的比率。

從表三可看出,益州在前漢任守相者只有十任,僅較并、交爲多,衡以人口比例後的結果相同。若單計益州北部,則比數略提高爲 0.28,[43]然仍爲倒數第三。表四後漢的情況則稍有不同。以任數論,益州並不少,有一二八任,緊追司、豫、荆各州,居第四;然衡以人口比例後降爲第八,而仍與揚州並列。不過,益州任數之多,是因有一部專載益州人物的《華陽國志》之故,若將僅見於此書而不見於他處之守相剔除,則減少三十九任,只餘八十八任,[44]居第五,然校以人口比例後比數降爲 0.39,居第十位。單計益州北部則爲 0.63,居第八,較揚州稍高。

由上看來,益州人物之整體政治地位並不高,這可能與益州遠離政治中心及地域的隔絶有關,這點也可從中央對地方的態度來了解。表四中各州人物在司隸任太守的,都佔各州出身太守任數的相當比例,如司、豫、冀、并諸州皆佔第一,兗、青、益、涼等州佔第二,這些顯示中央吸納各州,以形成向心力。但是同時存在另一種現象:即某些州中有任用本州人任郡守的傾向。這些州除司隸情況特殊外,還包括荆、揚、益、涼、交五州,五州出身的郡守皆以任本州者佔最多。這五州或爲邊區,或雖非邊區,但内有蠻夷,亦具邊區性質,用本州人便於解決地方事務。五州中尤以益州爲明顯,益州出身的一二七任守相中有五十四任在本州,中央對益州人士借重之處正是本州問題的解決。中央對益州的控制南北不同,益州北部常用他州人爲郡守(114 任中只有 30 任爲本州人,佔 26%),益

---

[42] 據益州北部人口計出,參考梁方仲,前揭書,頁24。

[43] 前漢時益州人口比例爲 8.30,但只計北部則爲 5.91。參考梁方仲,前揭書,頁 14 及 16。

[44] 剔除僅見於《華陽國志》所載後之八十八任守相分仕各州之數爲:司 18、豫 5、冀 4、兗 6、徐 4、青 1、荆 4、揚 3、益 37、涼 6、并 0、幽 2、交 2。

表三　前漢各州守相數量比較表

籍貫＼所仕州	司	豫	冀	兗	徐	青	荊	揚	益	涼	并	幽	交	總數(任)	各州比例(任)	各州比例÷人口比例
司	40	5	8	8	8	7	8	4	3	11	14	5	1	122	20.4	1.76
豫	16	1	2	8	7	6	5	2	1	0	1	4	2	55	9.20	0.76
冀	4	1	0	1	3	2	1	1	1	0	1	2	0	17	2.84	0.32
兗	9	1	4	4	2	2	1	2	0	0	2	2	0	30	5.02	0.38
徐	19	3	0	7	2	2	2	5	0	1	0	2	0	42	7.02	0.77
青	7	0	0	1	1	3	0	0	2	1	0	2	0	17	2.84	0.36
荊	7	0	0	0	0	0	3	2	0	1	2	1	0	14	2.34	0.38
揚	5	1	0	2	0	1	0	3	2	1	1	1	0	20	3.34	0.60
益	2	1	2	0	0	0	0	1	3	0	0	0	0	10	1.67	0.20
涼	1	0	0	0	0	0	0	0	0	7	5	5	0	19	3.18	1.43
并	0	0	0	0	0	0	0	0	0	0	0	2	0	2	0.33	0.09
幽	6	3	1	5	0	0	0	0	0	1	0	1	0	17	2.84	0.44
交	0	0	0	0	0	0	0	0	0	0	0	0	0	0	0	0
不明	86	15	14	10	12	13	8	4	5	18	23	22	3	233	39.0	0
總計	202	32	31	46	35	36	28	24	19	41	49	49	6	598		

說明：1. 前漢各州人口比例據方仲舒前揭書，頁14。

2. 為估計所仕之州，以任數爲單位，與前表以人數異。

3. 據嚴耕望《兩漢太史剌史表》計算而得。

4. 斜線所包可看出各州人任官本州的數量，下表同。

表四　後漢各州守相數量比較表

所仕州籍＼籍貫	司	豫	冀	兖	徐	青	荊	揚	益	涼	并	幽	交	總數（任）	各州比例（任）	各州比例÷人口比例
司	32	17	18	17	10	9	21	10	9	31	11	11	0	196	12.71	1.96
豫	26	16	18	25	9	15	18	16	18	9	3	9	2	184	11.94	0.93
冀	8	5	0	4	4	3	5	2	5	4	1	5	0	46	2.98	0.24
兖	12	7	13	11	5	12	7	7	4	3	4	6	1	92	5.97	0.71
徐	5	6	11	8	5	4	6	12	1	0	1	3	0	62	4.02	0.69
青	4	5	5	3	2	0	0	5	2	1	1	3	0	31	2.01	0.26
荊	17	14	8	6	6	3	26	6	19	10	2	3	10	130	8.43	0.64
揚	8	12	4	3	3	3	14	23	1	0	0	0	5	76	4.93	0.54
益	18	7	8	6	5	3	8	4	54	7	1	3	3	127	8.24	0.54
涼	13	3	0	2	0	0	1	2	0	20	2	1	0	44	2.85	3.23
并	7	3	2	2	2	0	5	0	0	5	4	2	0	28	1.81	1.25
幽	4	4	0	3	0	3	5	4	1	2	3	3	0	32	2.07	0.48
交	0	0	0	0	0	0	0	0	0	0	0	0	5	5	0.32	0.14
不明	48	37	45	31	31	21	56	39	42	60	27	32	19	488	31.7	
總計	202	136	132	121	82	76	168	130	156	152	60	81	45	1541	100	

說明：1. 本表據嚴耕望《兩漢太守刺史表》計算而得。然原表未列籍貫而可考者補正之。

2. 各州人口比例見表二，本表省略。

州南部則多用益州北部出身的人(42 任中有 24 任爲益州北部人,佔 57%),則以南部多蠻夷變亂之故。在此情況下,若地方問題不嚴重,則益州人士的仕宦也就受到限制。事實上,益州士族的興起,正是在蠻夷問題嚴重的安帝時期以後;益州公卿的出現,除郭賀一人外,也都在安帝之後。以下比較各州仕宦人物的時間分佈如下:

表五 後漢各州三公時代分佈表

時代 籍貫	光	明	章	和	小計I	安	順	桓	靈	獻	小計II	I÷II
司	7	0	3	4	14	2	6	6	6	2	22	0.64
豫	1	1	1	5	8	2	5	6	13	3	29	0.28*
冀	2	0	0	1	3	1	0	2	2	0	5	0.60
兗	0	1	0	1	2	2	1	1	1	1	6	0.33*
徐	1	1	0	0	2	2	1	1	3	0	7	0.29*
青	2	1	0	1	4	1	0	2	0	2	5	0.80
荊	9	2	2	0	13	3	3	1	7	1	15	0.87
揚	0	0	1	0	1	2	1	1	1	2	7	0.14*
益	0	0	0	0	0	1	2	1	0	2	6	0*
涼	0	0	0	0	0	0	0	0	2	1	3	0*
并	0	2	0	0	2	0	0	0	0	1	1	2.0
幽	1	0	0	0	1	0	0	0	1	0	1	1.0
交	0	0	0	0	0	0	0	0	0	0	0	0
總計	23	8	7	12	50	16	19	21	36	15	107	0.47

表六 後漢各州九卿時代分佈表

時代 籍貫	光	明	章	和	小計I	安	順	桓	靈	獻	小計II	I÷II
司	9	3	9	8	29	7	8	7	7	8	37	0.78
豫	4	3	3	6	16	6	9	12	14	8	49	0.33*
冀	3	1	0	2	6	0	1	3	4	1	9	0.67
兗	3	2	1	3	9	3	0	4	3	2	12	0.75
徐	1	2	1	1	5	1	1	1	4	2	9	0.56*
青	3	2	0	1	6	1	1	2	0	3	7	0.86
荊	10	4	2	4	20	6	6	1	11	2	26	0.77
揚	1	1	2	0	4	3	1	0	1	2	7	0.57
益	1	0	0	0	1	3	2	2	1	2	10	0.10*
涼	0	1	0	0	1	0	3	3	1	3	10	0.10*
并	2	1	0	0	3	0	0	0	1	0	1	3.00
幽	2	0	0	0	2	0	0	0	2	0	2	1.00
交	0	0	0	0	0	0	0	0	0	0	0	0
總計	39	20	18	25	102	30	32	35	49	33	179	0.57

表七　後漢各州守相時代分佈表

時代 籍貫	光	明	章	和	小計Ⅰ	安	順	桓	靈	獻	小計Ⅱ	Ⅰ÷Ⅱ
司	31	16	10	15	72	13	20	26	20	33	112	0.64
豫	18	5	7	19	49	11	19	42	28	31	131	0.37*
冀	9	1	2	2	14	3	3	10	12	2	30	0.47
兗	11	1	1	2	15	5	5	22	22	17	71	0.21*
徐	5	4	2	1	12	1	3	7	15	19	45	0.27*
青	6	0	1	0	7	0	4	10	6	3	23	0.30*
荊	31	14	4	1	50	8	8	19	19	27	81	0.62
揚	1	4	7	4	16	2	11	6	10	25	54	0.30*
益	5	5	4	1	15	12	12	24	17	20	85	0.18*
涼	3	1	0	1	5	4	7	8	10	6	35	0.14*
并	5	2	0	0	7	0	2	2	6	8	18	0.39
幽	9	0	1	0	10	0	1	1	9	12	23	0.43
交	0	0	0	0	0	0	0	1	1	3	5	0*
總計	134	51	41	46	272	59	95	178	175	206	713	0.38

　　爲便於估計，將後漢粗略地分爲光武到和帝、安帝到獻帝兩階段[45]首先就人數來看，前期益州没有三公，三公出現於安帝以後；九卿前期也只一人，至於太守雖有十五人，但仍不如司、豫、荊、揚諸州。益州官宦主要是出現在後期，這以前後期比率來看更爲清楚。由於兩期的時間並不平均，而人數多寡也涉及任期長短，所以各州人數後期較前期多，並不表示後期更有發展，其前後期比率還須校正以前後期總數比率（三公0.47，九卿0.57，守相0.38，各表右下角）才能看出增減。較總數比率低者（表中附*號者）表示後期較前期有增加，高者減少。以上三表大體相當一致，其中除交州外益涼兩州比數最低，顯示兩者的主要發展是在後期，這可與本文上節所説益州士族興起較他州爲晚相印證。

　　由上看來，益州人士的整體仕宦地位並不高。《三國志》卷三八《秦宓傳》載廣漢太守夏侯纂與功曹古樸的問答：

　　　　纂問古樸曰：“至於貴州，養生之具實絕餘州矣，不知士人何如餘州也？”樸對曰：“乃自先漢以來，其爵位者或不如餘

---

〔45〕　表五、六、七皆以和帝爲兩階段之分界，一般而言，東漢和帝時國勢達於頂點，而外戚、宦官與士族之爭也開始萌芽，安帝後衝突漸烈，故可視爲另一階段。

州耳,至於著作爲世師式,不負於餘州也。"

益州著作傑出而仕宦不如,確爲事實。不過,整體仕宦固不如餘州,但個別的士族勢力仍甚强大。《總表》中的一〇二個家族中,仕宦二代以上的二千石之族有三十九族,三代以上的有十七族,四代以上的有七族。這顯示益州也像他州一樣出現了閥閱世家。其中公族如南鄭李郃、李固父子繼踵三公,成都趙戒、趙典、趙溫、趙謙數代公卿,犍爲張皓、張綱父子世有名位,其聲望較三輔名族亦不少遜。至於一族人同時入仕的也很多,如南鄭趙宣(犍爲守)七子,"皆辟命察舉,牧守州郡"。[46] 同縣的楊矩四子,才官隆於先人,當時稱爲"四珍"。[47] 而廣漢郪縣王堂爲司隸校尉,子孫世代爲官,堂妻文季姜卒時"四男棄官行服,四女亦從官舍交赴,内外冠冕,百有餘人"。[48] 可見其聲勢。

士族在地方政治中的地位也很重要。地方掾史階層大多出自當地的士族大姓。例如前漢時蜀郡郫縣何武,"兄弟五人皆爲郡吏,郡縣敬憚之"。[49] 後漢的《巴郡太守張納碑陰》載有巴郡一郡之吏七十四人,其中姓氏可考者六十三人,而屬《華陽國志》所列之"大姓"者即有二十一人,其餘屬《總表》中諸姓者又十人,故幾乎有半數出於士族。[50] 士族對地方事務的參與,可以桓帝年間的分郡事件爲例。桓帝永興二年,巴郡的大吏郡文學掾宕渠趙芬、墊江龔榮、王祁、李温,臨江嚴就、胡良、文愷,安漢陳禧,閬中黃閶,江州毌成、陽譽、喬就、張紹、牟存、平直等,與郡人上谷太守陳弘(安漢人)、隴西太守馮含(宕渠人),共同説服郡太守但望上書,要求將巴郡分爲兩郡,而建官舍等費用由他們負擔,"不費公家,得百姓歡心"。[51] 這些人中趙氏、馮氏、龔

---

〔46〕 《華陽國志》卷一〇下《漢中士女·杜泰姬》,頁811。

〔47〕 《華陽國志》卷一〇下《漢中士女·泰瑛》,頁810:"四子才官,隆於先人,故時人爲語曰:'三苗口止,四珍復起。'"按,四子以"珍"爲字,長元珍,次仲珍,故云。而"三苗"、"四珍"之類的稱號,是東漢士族標榜家族人物常用的,與"三虎"、"二龍"、"五常"等相類,參考拙著《論後漢末的人物評論風氣》(《成功大學歷史學系歷史學報》第10號),頁205。

〔48〕 《華陽國志》卷一〇下《梓潼人士·季姜》,頁825~826。

〔49〕 《漢書》卷八六《何武傳》,頁2。

〔50〕 《張納碑陰》,收於洪适《隸釋》(收於嚴耕望主編《石刻史料叢書甲編》)卷五,頁13~14,屬《華陽國志》之大姓者有江州鈜、毌、然(二人)、白、上官(二人)、悃,枳縣章、牟,墊江夏氏,胊忍扶氏,閬中黃、趙、嚴,充國譙氏,安漢趙、范、陳(三人)等二十一人。另可考者有宕渠李(五人)、馮、王(二人),閬中周,墊江龔等十人。

〔51〕 見《華陽國志》卷一《巴志》,頁45。

氏、李氏、嚴氏、文氏、陳氏、黃氏、毌氏都是地方大族,事雖未成,亦可見士族大姓對地方事務的積極參與。四十年後,安漢大姓趙韙重提此議,巴郡的分郡終告實現。[52]

四、益州士族的地域性及其與中原地區的關係

漢代的士族大多起自州郡,其勢力根植於地方,故雖入仕中央,仍具濃厚的地方色彩,同郡相結,每成集團,如汝南、潁川等郡,皆以黨援氣烈著聞。[53] 益州地區,由於與中央的地理阻隔,自成一獨立單位,這種現象就更爲明顯,現在先以婚姻關係爲例。[54]

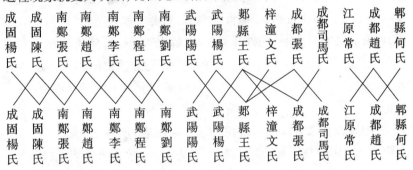

圖一　益州部分士族互婚圖

上圖中之三組婚姻關係,是益州地區士族婚姻相結的例證。其中漢中南鄭的劉、程、李、趙、張與成固陳、楊相婚,顯示漢中郡同郡士族間的密切關係。蜀郡郪縣何氏是前漢公族,但後漢仍有勢力,而成都趙氏則爲後漢公族,彼此門第相當。成都趙氏的趙温、趙謙兄弟與江原常洽同仕獻帝,可説是同鄉里朝官之結合。廣漢郪縣王氏與同郡梓潼文氏、蜀郡司馬氏、犍爲楊氏主婚姻跨越三蜀,顯現較爲廣泛的同州觀念。不過益州士族的婚姻事例中,尚未發現與他州人士的婚姻關係,這與中原地區之大族如汝南袁氏、沛國桓氏、弘農楊氏等之婚姻常跨越數州相比,似更具地方色彩,然資料不足,未能確證。

---

[52] 見同書同卷,頁55。

[53] 潁川自前漢即以朋黨稱,見《漢書》卷七六《趙廣漢傳》,頁1。東漢之初光武曾指責戴憑:"汝南子欲復黨乎?"《後漢書》卷七九上《戴憑傳》,頁6。)至後漢末期,汝潁之士相互結合,是黨錮人士之主要成員。其實不只二郡地方觀念強烈,他郡亦然。如東漢政治上之南陽集團亦爲一例。

[54] 據拙著《漢代婚姻制度》(臺北:華世出版社,1980),頁175～176,《漢代蜀地婚姻表》訂正繪製。

　　婚姻之外,益州士族每結友共學,或共相薦引,形成複雜的交游關係,下圖是部分例證。[55]

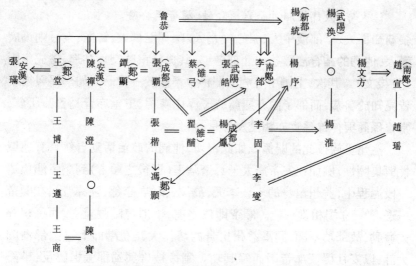

|父子,↓師徒,‖朋友,⇓薦拔。其中魯恭非益州人。

圖二　益州部分士族相互關係圖

　　上圖顯示益州士族彼此交游、相互舉薦的情形。值得注意的是益州士族除同郡觀念外,確具較强的同州觀念,他們的結合不限同郡,而跨越一州。如犍爲武陽楊文方曾薦漢中南鄭趙宣,李固亦薦文方兄子淮“累世忠直”而李、趙二族亦交好,且有婚姻關係(參圖一),廣漢翟酺與蜀郡楊鳳、張楷交友,而李郃、張皓等之互結更是典型例證,《華陽國志》卷一〇中《廣漢士女》:

　　　　鐔顯,字子誦,郪人也。蔡弓,字子騫,雒人也。俱攜手
　　共學,冬則侍親,春行受業。與張霸、李郃、張皓、陳禪爲友,

〔55〕　鐔顯、蔡弓、李郃、張霸、陳禪結友共學同師魯恭見《華陽國志》卷一〇中《廣漢士女·
　　　鐔顯》,頁749。李郃、張皓、陳禪是透過其師魯恭之介而爲鄧隲所辟,此據上田早苗的
　　　推斷,參考氏著《巴蜀の豪族と國家權力——陳壽とその祖先を中心に》(《東洋史研
　　　究》第25卷第4號),頁3。王堂於永初二年爲三府所舉,考時魯恭爲司徒,事見《後漢
　　　書》卷三一《王堂傳》,頁10。李固屢薦楊序(即楊厚)事見同書卷三〇上《楊厚傳》,頁
　　　5。翟酺薦言李郃見同書卷八二上《李郃傳》,頁10。翟酺友張霸,見同書卷三六《張
　　　霸傳》,頁18。酺友張楷、楊鳳見同書卷四八《翟酺傳》,頁6。王堂薦張瑞,見《華陽國
　　　志》卷一《巴志》,頁44。魯恭辟楊統、馮顯師張楷,見同書卷一〇中《廣漢士女》,頁
　　　741、746。李固薦楊淮、楊文方薦趙宣,見同書卷一〇中《犍爲士女》,頁774、785。李
　　　燮友趙瑤見同書卷一〇下《漢中士女》,頁803。陳實友王商見同書卷一二《士女目
　　　錄》,頁924。

共師司徒魯恭。顯又與王稚子（廣漢郪王渙）同見察孝於太
守陳司空（寵），歷豫州刺史、光祿大夫、侍中、衛尉。弓爲盧
江太守，徵拜議郎。而霸、郃、皓、禪皆至公卿。

張霸蜀郡人、李郃漢中人、張皓犍爲人、陳禪巴郡人，鐔顯、蔡弓則爲廣
漢人，他們的結合涵蓋益州北部各郡，其後仕宦時交援共進，儼成集團
（見後文）。其次，上圖中各族的關係也不限於一代。例如李郃與楊統
皆見知於魯恭，而郃子固亦屢薦統子厚。陳禪、王堂亦皆爲魯恭所薦，
堂曾孫商與禪曾孫實亦相交友皆是。

益州士族彼此的關係既如此密切，他們的政治活動自然具有地域
性與集團性，例如在安帝廢太子爲濟陰王（即後之順帝）到順帝繼位這
一段過程中，益州出身的士族李尤、龔調、張皓、李郃、陳禪皆站在順帝
一邊。[56] 立場相當一致。順帝即位之前，李郃曾暗圖擁立，而孫程等
先發動，故郃功不顯，同爲益州出身的將作大匠翟酺即上書："郃潛圖
大計，以安社稷。"順帝因而錄其功。酺後被告與蜀郡張楷謀反，事雖
無驗，亦可見益部結黨之風。[57]

益州士族在安、順之間聲勢最盛，順帝即位事件前後的活動是其
著例。不過推其原始，他們的入仕卻與本州事務有關。安帝永初二
年，羌亂起於涼州，有寇掠三輔、南下益州之勢，帝國西部備受威脅，益
州士族李郃、張皓、陳禪等於此時透過其師魯恭的推介，爲大將軍鄧騭
所辟薦。次年，羌亂波及益州，益州各地的蠻夷也蜂起響應，在此情況
下，更需藉助於益州出身的士族，於是陳禪被任爲漢中守，王堂被任爲
巴郡守，敉平了兩郡的變亂。[58] 羌亂平定後，益州士族也都各自以功
昇遷，不過羌亂破壞了益州與關中間的主要通道——褒斜道，此一道
路的修復，一直是他們共同的願望。然而由於鄧騭被誅，益州士族雖
極力爭取，朝廷一直沒有行動。直到順帝被擁立後的十八日（延光四
年十一月乙亥）才下令："罷子午道，通褒斜路。"這個詔書顯然具有酬
庸益州士族的用意。[59] 由此看益州士族的入仕不但與本州問題相

---

〔56〕 參考狩野直禎《後漢中期的政治と社會——順帝の即位をめぐつて》，《東洋史研究》
第 23 卷第 3 號。上田早苗，前揭文。

〔57〕 《後漢書》卷四八《翟酺傳》，頁 6；卷八二上《李郃傳》，頁 10。

〔58〕 王堂任巴郡守事見《後漢書》卷三一《王堂傳》，頁 10。陳禪事見同書卷五一《陳禪
傳》，頁 2。

〔59〕 上田早苗，前揭文，頁 6～7。

關,其政治主張也涉及本州的利益。

由以上觀察,益州士族的地方色彩相當濃厚。不過,漢代的士族固具地域色彩,而其理想卻往往非地域所能限,只從地域團體來斷定益州士族的性質,似未能得其全貌。士族既是仕宦的產物,他們與中央間有著依存的關係,上述他們極力爭取打通褒斜道的行動,不只是爲了地方利益,也爲了維繫其與中央的關係。其次,入仕即表示對中央的向心力。事實上,有些士族入仕中央後,也出現了脱離原籍的跡象,如張霸卒葬河南,諸子遂家於河南。而李郃之子李固長期游學京師,"司隸、益州並命郡舉孝廉",[60]京師已成其生活重心。益州士族之入仕,也頗得力於中原士族的推薦。除上述李郃、陳禪、張皓、楊統得力於魯恭,鐔顯、王渙舉薦於陳寵等例外,如李固得賈建之薦,楊淮得陳蕃保舉皆其著例。[61] 益州士族也薦拔了許多中原士族。如張皓爲司空,"多所薦達,天下稱其推士"。王堂拔汝南陳蕃、應嗣,號爲知人;翟酺亦薦故太尉龐參。[62] 至於李固致達海内名士江夏黃瓊、南陽樊英、會稽賀純、汝南周舉、河内杜喬、陳留楊倫、河南尹存、東平王惲、陳國何臨、清河房植等,更無地域界線。[63] 可見士族的性質。

從交游範圍來看,益州士族雖自有其交游圈,但也與中原士族關係密切。李固早年常步行尋師,結交英賢,後與南陽鄭叔躬、宋孝節、零陵支宜雅爲友,又交潁川荀淑。[64]固子燮與潁川賈彪、荀爽,南陽張温,河南种岱爲至交。[65]燮從兄弟李歷也是"善交,與鄭玄、陳紀等相結"。[66]可見李氏一族與中原士族之關係。廣漢梓潼的楊充,與潁川荀爽、李膺、京兆羅叔景、漢陽孫子夏、山陽王暢等爲友;成都趙氏的趙典,名列"八俊"之一,是有名的黨錮人物;廣漢王商也與山陽劉表、南陽宋仲子通好。[67] 這些明顯的例子,都説明了益州士族

〔60〕 見《後漢書》卷三六《張霸傳》,頁18及同書卷六三《李固傳》,頁1。又,謝承《後漢書》
　　　 即直稱張霸子張楷爲"河南張楷",見周天游輯注《八家後漢書輯注》,上海:上海古籍
　　　 出版社,1986年,頁45。
〔61〕 見《後漢書》卷六三《李固傳》,頁1。《華陽國志》卷一〇中《犍爲士女》,頁774。
〔62〕 見《後漢書》卷五六《張皓傳》,頁2。《華陽國志》卷一〇中《廣漢士女》,頁746~747。
〔63〕 《後漢書》卷六三《李固傳》,頁7。《華陽國志》卷一〇下《漢中士女》,頁797。
〔64〕 同上注。另李固與荀淑爲友見《三國志》卷一〇《荀彧傳》,頁2裴注引《續漢書》。
〔65〕 參《華陽國志》卷一〇下《漢中士女》,頁803及《後漢書》卷五六《种嵩傳·种
　　　 岱》,頁11。
〔66〕 《後漢書》卷八二上《李郃傳·李歷》,頁11。
〔67〕 見《華陽國志》卷一〇下《梓潼士女》,頁818。同書卷一〇上《蜀郡士女》,頁717。同
　　　 書卷一〇中《廣漢士女》,頁753。

不只具地方性,也是全國士族網的一部分。

士族的仕宦以經術爲必要條件。益州學術頗具地域特色,[68]也出現了廣漢楊氏、翟氏、漢中李氏、成都張氏、巴郡馮氏等家學世傳的士族,然而其與中原地區的學術聯繫仍密。益州士族大多游學京師,早在文翁時,蜀地學於京師者已"比於齊魯"。前漢的張寬、何武、楊宣皆受學京師。[69] 後漢游學更盛,如上述張霸、李郃、陳禪、張皓、譚顯等共師魯恭,即爲一例。京師外,有學於荆州者,如漢中成固陳綱學於南陽,漢末荆州學派盛時涪縣李仁、尹默皆往受學。[70] 此猶益州鄰境,更有許多周游天下的,如李固步行尋師,不遠千里;段恭周流七十餘郡,求師受學三十年;祝龜遠學太學及汝、穎;景鸞少與廣漢郝伯宗、蜀郡任叔本(末)、穎川李仲、渤海孟元叔游學七州,甚至南中地區的大姓尹珍也遠學汝南。[71] 在不斷的游學中,不但加强了與中原士族的聯繫,也産生了文化認同,這或許是何以益州士族地域色彩雖濃,卻並不完全支持割據政權的原因之一。

五、士族與割據政權

益州地區由於地理的隔絶,在中央政府崩潰之際,很容易出現割據政權。《華陽國志》卷一二《序志》謂益州"世亂先違,道治後服",即後世"天下未亂蜀先亂,天下已治蜀未治"之意。[72] 兩漢之末,先後有公孫述、劉焉及蜀漢政權之建,三者皆自外來,當地士族對他們抱什麼態度? 以下試加討論。

(一)公孫述

前漢之末的起事集團可分饑民集團、士族大姓兩大類,而後者又包括地方豪族自建政權及地方官擁郡自立兩種, 公孫述即屬擁郡

---

[68] 蒙文通指出:"詞賦、黄老、律歷、災祥,是巴蜀的固有文化。"(見《巴蜀史的問題》,《四川大學學報·社會科學》1959年第5期,頁43~49)

[69] 張寬事見《漢書》卷八九《文翁傳》,頁2。何武見同書卷八六,本傳,頁1。楊宣見《華陽國志》卷一○中《廣漢士女》,頁739。

[70] 陳綱見《華陽國志》卷一○下《漢中士女》,頁802。李仁、尹默見同書卷一○下《梓潼士女》,頁822~823。

[71] 李固見《後漢書》卷六三《李固傳》,頁1。段恭見《華陽國志》卷一○中《廣漢士女》,頁754。祝龜見同書卷一○下《漢中士女》,頁807。景鸞見同書卷一○下《梓潼士女》,頁819。尹珍見《後漢書》卷八六《南蠻西南夷列傳》,頁13。

[72] 《華陽國志》卷一二《序志》,頁901,校注。

自立型。[73] 他是扶風茂陵人，王莽天鳳中，爲導江卒正（蜀郡太
守）。更始稱帝時，豪傑蜂應，南陽宗成入掠漢中，弘農王岑亦起兵
雒縣響應。公孫述派人迎成等，但他們到成都後卻擄掠橫暴，於是
述召臨邛縣中豪傑，諭以"吾欲保境自守，以待眞主"。得到他們的
支持，乃假藉輔漢將軍、蜀郡太守兼益州牧的名義，攻破宗成，又
大破更始將李寶、張忠，威震益部。建武元年，在功曹李熊的力勸
下，自立爲天子。[74]

公孫述的起兵，以"保境自守"爲號召，得到地方勢力的認同，而其
自建帝號，也滿足了部分地方人士仕宦的願望，所以其集團中除了公
孫氏一族外，也包括了不少當地人士。由於以地方政府而獨立，許多
當地人士以掾史的身份加入，如大司徒李熊原爲郡功曹，太常李隆、光
祿勳常少原爲主簿。[75] 另有巴郡任滿、程烏、廣漢楊春卿皆爲述將，
越巂任貴亦率衆歸命，此外成都羅衍爲郎官，而李育、侯丹、程汎三人
爲將，也是當地人士。這些人家世多不可考，不過楊春卿（楊序之祖）
祖父仲續爲祁令，爲士族，常少可能出自江原常氏，羅氏成都大族，任
貴蠻夷君長，估計其中當有不少地方的士族大姓。[76]

公孫述政權興起之初，大體上依賴當地豪傑，但其後歸附漸多，
長安蔣震、霸陵張邯、陳倉呂鮪、南陽延岑、汝南田戎紛紛加入，
公孫述漸倚重這些外來勢力。建武七年，騎都尉平陵荆邯上書出兵，
引起了一場"蜀人"與"山東客兵"的爭論，《後漢書》卷一三
《公孫述傳》載其事云：

> （邯）説述曰："……宜及天下之望未絶，……令田戎據江
> 陵，……令延岑出漢中，……如此海內震搖，冀有大利。"述以
> 問群臣，博士吳柱曰："……未聞無左右之助，而欲出師千里
> 之外以廣封疆者也。"邯曰："今東帝……所向輒平，不亟乘時
> 與之分功，……是效隗囂欲爲西伯也。"述然邯言，欲悉發北

〔73〕 參考木村正雄《兩漢交替期の豪族叛亂——隗篡集團と公孫述集團》（《立正史學》
31 號，1967）頁 12。

〔74〕 以上見《後漢書》卷一二《公孫述傳》，頁 13～15。

〔75〕 見《華陽國志》卷五《公孫述劉二牧志》，頁 475。《後漢書·公孫述傳》李隆作張隆，惟
未言其身份，《華陽國志》作主簿。

〔76〕 以上任滿、程烏、李育、侯丹、程汎、任貴皆見《後漢書·公孫述傳》。楊春卿見同書卷
三〇上《楊厚傳》，頁 4。羅衍事見《華陽國志》卷一〇上《蜀郡士女》，頁 730。余英時
推斷公孫述集團中多士族，詳余英時，前揭文，頁 147～148。

軍屯士及山東客兵，……蜀人及其弟光……固爭之，述乃止。

延岑田戎亦數請兵立功，終疑不聽。

爭論中可看出，益州人士雖參與公孫述政權，但意在保境自守，所以其後當天下將定之時，他們就勸述降漢。建武十一年，光武向述勸降，述以示太常李隆、光祿常少，二人勸述降，不聽。郎官羅衍慫恿尚書解文卿、大夫鄭文伯勸述，結果二人囚死，這些都說明了蜀人的心態。[77]

值得注意的是，雖然一些益州士族參與公孫氏集團，但也有許多抗拒的。如廣漢梓潼文齊爲益州郡太守，據郡不服，歸心光武；牂柯郡大姓龍、傅、尹、董與功曹謝暹共保境，南中除越嶲外，皆非述所有。[78]至於北部，除犍爲功曹朱遵抗述被殺外，有名望的士族如巴郡閬中譙玄、任文公皆不仕公孫；蜀郡江原王皓、王嘉及梓潼李業寧死不從；犍爲南安費貽、䢺道任永、廣漢郪縣馮信託疾佯狂。他們的不仕公孫與其心存漢氏相關，王嘉答公孫述使者："犬馬猶識主，況於人乎？"可爲代表。[79]由此可見士族性質。

（二）劉 焉

漢末劉焉、劉璋父子據有益州，其情況與公孫述相似。劉焉亦以地方官之身份自立，同時也遭遇到外來勢力與本土勢力的衝突問題。

劉焉江夏竟陵人，爲漢宗室。靈帝中平五年，他以太常的身份出任益州牧。焉以九卿任地方，一方面是眼見世亂，尋求避難，另一面是受侍中董扶（廣漢人）"益州分野有天子氣"之言的影響。當時董扶求爲蜀郡屬國都尉，回到益州；太倉令巴郡趙韙也棄官隨焉。[80]董扶益州名士，趙韙安漢大姓，[81]所以劉焉初時頗得地方勢力之助。不過其後焉引用南陽、三輔避難來蜀的數萬"東州士"爲黨與，並枉誅大姓巴郡太守王咸、李權等十多人立威，引起益州士民的普遍不滿。加以部分地方人士忠於漢室，他們當初支持劉焉，意在藉其宗室聲望保境安

---

〔77〕 李隆、常少及羅衍見注〔75〕、〔76〕。

〔78〕 文齊事見《華陽國志》卷一〇下《梓潼士女》，頁 816。牂柯諸大姓見同書卷四《南中志》，頁 378 及《後漢書》卷八六《南蠻西南夷列傳》，頁 13。

〔79〕 朱遵事見《華陽國志》卷一〇中《犍爲士女》，頁 779，費貽、任永亦見同卷，頁 775～776。馮信見同卷《廣漢士女》，頁 75。王嘉、王皓見同書卷一〇上《蜀郡士女》，頁729～730。李業見同書卷一〇下《梓潼士女》，頁 816。任文公見《後漢書》卷八二上《任文公傳》，頁 3。譙玄見同書卷八一《譙玄傳》，頁 1。王嘉之言見同書同卷，頁 4。

〔80〕 事見《三國志》卷三一《劉焉傳》，頁 4～5。

〔81〕 皆參《總表》。

民,發現他的野心後,遂起而討伐。初平二年,犍爲太守任岐與校尉賈龍(皆蜀郡人)以焉"陰圖異計",舉兵攻焉,被焉與東州人所破,這是第一次大衝突。[82] 不久劉焉去世,劉璋繼立。

劉璋之立,得力於帳下司馬趙韙與治中從事王商兩人。[83] 王商出自廣漢郪縣王氏,是王堂的曾孫,他勸劉璋拔擢當地名士,推薦了巴郡安漢陳實、墊江龔揚、趙敏、黎景、閬中王澹、江州孟彪等人。[84] 陳實是陳禪的曾孫,龔、黎也是方土大姓,因此情況稍趨緩和。不過,劉璋無法抑制東州人對當地人的侵暴,建安五年,遂暴發了趙韙領導的另一次大衝突。《三國志》卷三一《劉璋傳》注引《英雄記》云:

> 東州人侵暴舊民,璋不能禁,……益州頗怨。趙韙素得人心,……乃厚賂荆州請和,陰結州中大姓與俱起兵還擊璋,蜀郡、廣漢、犍爲皆應韙,璋馳入成都城守,東州人畏威(盧弼集解,威當作韙),咸同心并力助璋,皆殊死戰,遂破反者,……斬韙。

趙韙的起兵與任岐、賈龍的擁戴中央心態不同,可視爲益州人士企圖驅逐外力、自建政權的表現,他的失敗顯示益州人士自立的失敗,此下益州割據政權仍屬外來,除少數土豪及蠻夷地區大姓的反叛外,益州人士大規模的自立行動不再出現。[85] 這次事件後,劉璋與當地士族間的關係略有調整,他任命了一些當地士族,且以世局方亂,保土爲先,雙方還能合作,維持了十餘年的穩定,直到劉璋爲劉備所取代。[86]

---

[82] 事見《華陽國志》卷五《公孫述劉二牧志》,頁 487～488 及《三國志》卷三一《劉焉傳》,頁 7～8。

[83] 《華陽國志》卷五《公孫述劉二牧志》:"州帳下司馬趙韙、治中從事王商等貪璋溫仁,共表代父。"

[84] 《華陽國志》卷一〇中《廣漢士女》,頁 753。唯《華陽國志》此處謂商爲劉璋辟爲治中,則與前注所說璋未立前商已爲治中矛盾,恐誤。另又載商所薦諸人亦包括趙韙,恐亦誤,韙在劉焉時已受任命,無待商之薦也。

[85] 參考田餘慶《李嚴興廢和諸葛亮用人》(收於中華書局編《中華學術論文集》,北京:中華書局,1981),頁 110。

[86] 趙韙事件後,璋任用了許多益州人士,如蜀郡張肅、張松兄弟先後爲別駕,後張裔爲帳下司馬,黃權爲巴西主簿。這些人中,亦頗有忠於璋者。如州從事王累以死諫止迎接劉備,另一從事廣漢鄭度爲劉璋畫驅劉備之策,巴西趙筰爲巴郡守拒劉備,巴西嚴顏爲璋將軍拒張飛。甚至成都被圍時,衆尚欲爲其死戰,事皆見《華陽國志》卷三《公孫述劉二牧志》。

(三) 蜀漢政權

蜀漢政權的建立倚賴荆州人士,故荆州人士是蜀漢政權的骨幹。宮川尚志指出,周明泰所編的《三國世系表》中,蜀漢五十一姓族内,益州士族只佔十八族。[87] 這點與公孫述、劉焉之信任三輔、南陽人士有類似之處。成漢政權時期,巴西人龔壯即指出“豫州入蜀,荆楚人貴;公孫述時,流民康濟”。[88] 不過,蜀漢政權對外來者與當地人間矛盾的消除較爲成功,因此也避免了大規模的衝突。

根據狩野直禎的研究,蜀漢政權中樞部分的尚書系統中,錄尚書事、平尚書事、尚書令前後十八人,只有一人爲益州人。至於尚書僕射以下(包括僕射、尚書、郎中、尚書郎等)荆楚人士亦居大半;丞相府掾屬的情形也是相似。不過,地方級的掾史階層如州之治中從事、別駕從事、從事祭酒及議曹、勸學、典學、督軍諸從事等則都用地方大姓,益州人士仍掌有地域的支配權。[89] 這種兩重的構造,對於衝突的避免應有影響。不過這也只能説明部分的事實。因爲地方掾史出自土著大姓,漢代以來一向如此,公孫述、劉焉亦莫不然。恐怕劉備、諸葛亮等對地方人士的尊重,才是矛盾消除的原因。

蜀漢政權對益州地方勢力的態度有南北之別。南方的夷帥大姓擁有强固的地方武力,時常反叛,故派兵鎮壓,並將其部分遷徙至北方。然而鎮壓之外,亦加引用,如李恢、吕凱、爨習、孟琰、孟獲等皆獲重用,史稱南中之平,“皆即其渠帥而用之”。[90] 至於北部的士族則極力攏絡。先主入蜀之初,即以漢嘉人王謀爲少府,蜀郡張裔爲巴郡守、偏將軍,巴郡黄權爲光禄勳。及東征孫氏,以黄權爲鎮北將軍以防魏師,先主自在江南。及黄權不得已降魏,後得馬忠,喜曰:“雖亡黄權,復得狐篤(即馬忠),此爲世不乏賢也。”[91] 廣漢秦宓有重名,先主入蜀後稱病不出,辟爲從事祭酒。[92] 諸葛亮對當地人才的延攬更爲注意,他任益州牧時,“選迎皆妙簡舊德”,涪人杜微稱聾不出,也“輿而致之”。[93] 駐漢中時,爲恐失蜀士心,乃以蜀人張

〔87〕 宮川尚志,前揭書,頁 222~223。

〔88〕 《華陽國志》卷九《李特雄期壽勢志》,頁 686。

〔89〕 狩野直禎《蜀漢政權の構造》(《史林》第 42 卷第 4 期)。

〔90〕 語見《三國志》卷三五《諸葛亮傳》,頁 14,裴注引《漢晉春秋》。

〔91〕 王謀見《三國志》卷四五《楊戲傳》,頁 16 注。餘見同書卷四一《張裔傳》,頁 7;卷四三《黄權傳》,頁 1~2;同《馬忠傳》,頁 8。

〔92〕 見《三國志》卷三八《秦宓傳》,頁 19。

〔93〕 《三國志》卷四二《杜微傳》,頁 1。

裔爲留府長史。[94] 而其用人能盡其才用，所以得到蜀士的信服。《三國志》卷四一《楊洪傳》：

> 始(楊)洪爲李嚴功曹，嚴未至(當爲"去")犍爲，而洪已爲蜀郡。洪迎(疑衍)門下書佐何祇，有才策功幹，舉郡吏。數年，爲廣漢太守。時洪亦尚在蜀郡，是以西土咸服諸葛亮能盡時人之器用也。

楊洪、何祇皆當地士族，諸葛亮皆能盡其用。

事實上，益州士族對蜀漢政權的參與，絕不止限於掾史階層而已，上述先主、諸葛亮任益州人爲九卿、太守即爲一證。我們檢視尚書及丞相府以外的其他官吏，雖然三公無出自益州者，侍中十二人中亦無一出於益州，但九卿等官吏(包括次於三公的特進、九卿、光祿大夫、太中大夫、諫議大夫、議郎、左中郎將、右中郎將、南中郎將等)可考的四十二任中，益州人士佔二十任，居其半。[95] 這些官職中如太常，可考者五人，益州居其三；大鴻臚三人，益州居其二；諫議大夫六人，益州居其四。從各郡太守看，益州人在北部諸郡任太守的不多(蜀郡七人中佔二人，廣漢十三人中佔五人，巴、巴東、巴西十六人中佔三人)，核心地區仍掌於荊楚人士之手；不過，犍爲七人中益州有五人，而南方諸郡(牂柯、越嶲、益州、永昌、建寧、雲南)二十二任中益州佔十二任。[96] 由此看，儘管權力核心掌於荊楚人士，但益州人仍有相當的入仕空間。

不過，從軍事系統方面看，益州人士的比例相當低。中領軍、中護軍十七任中，益州士族只有張翼、楊戲二人，他們任職已在蜀漢後期。而各種將軍(包括無名號的)一五六任中，益州出身的只二十八任。[97]

---

[94] 按諸葛亮鎮漢中，欲選留府長史，曾詢楊洪以張裔，洪以爲不若向朗，而亮終用張裔(見《三國志》卷四一《楊洪傳》，頁10)。其考慮應爲地域因素，何焯以爲乃慮及"一府皆楚人，失蜀士心"得之(見同卷《張裔傳》，頁8盧弼集解引)。

[95] 以上根據洪飴孫《三國職官表》(收於《二十五史補編》第二冊)計算而得。不過洪氏亦有遺漏，如侍中十二人中不包括常竺，常竺爲蜀郡江原人，延熙中以南廣太守召入爲侍中。見《華陽國志》卷四《南中志》，頁419。

[96] 按《三國職官表》無各郡太守，此處僅據筆者所見估計。各郡太守如下：漢中：吕乂、魏延、王平。犍爲：陳震、李嚴、何祇、王離、何宗、李邈、王士。蜀郡：射堅、法正、許靖、吕乂、王連、楊洪、張翼。廣漢：射堅、許靖、夏侯纂、吕乂、羅蒙、何祇、鄧芝、張翼、張存、習禎、姚伷、馬齊、李驤。巴東：羅憲。巴西：龐羲、張飛、吕乂、劉幹、向朗、邵正、閻芝、李福。巴郡：廖立、張裔、費觀、王謀、楊顒、董恢、輔匡。涪陵：龐宏。牂柯：朱褒、龐煥、向朗、費詩、馬忠。越嶲：龔祿、張嶷、馬謖、霍彪、焦璜。益州：張裔、董和、正昂、王士。永昌：霍弋、王伉、吕祥。建寧：霍弋、李恢、楊戲。雲南：吕凱。其餘之郡如南廣等暫缺。以上諸人，姓名劃線者爲益州人。

[97] 據洪飴孫，前揭書計得。

益州人士在軍事系統中不佔重要地位,這固然與荆楚集團掌握軍權有關,但也因爲益州士族缺乏武力基礎。益州地區經濟富裕,除了部分地區的蠻夷叛變外社會安定,故只有少數蠻夷叛變頻仍地區出現私人武力,一般士族不具武力基礎。[98] 這與關中、關東、江淮地區動亂時常出現團結數千家的武裝集團(塢堡、營壁)者不同。我們只要對照孫吳江南大族,由擁衆而領兵世襲,成爲政府支柱的情形即可了解其差異。[99] 益州士族無部曲家兵,也可由諸葛亮南征後,鼓勵地方大姓成立部曲的情況看出。《華陽國志》卷四《南中志》載亮征服南中後,"移南中勁卒青羌萬餘家於蜀,……分其贏弱,配大姓焦、雍、婁、爨、孟、量、毛、李爲部曲;……以夷多剛狠,不賓大姓富豪,乃勸令出金帛,聘策惡夷爲家部曲,得多者弈世襲官"。大體上,益州只有與蠻夷雜居地區的大姓擁有武力,一般士族則無,此或爲其軍事地位低落之因;益州地區之割據政權皆自外來,無一爲當地人所建,或亦與此有關。

參與蜀漢政權的益州士族大姓包括成都張氏、杜氏,郫何氏,江原常氏,廣都朱氏;巴郡臨江嚴氏,朐忍徐氏,閬中黃氏、馬氏、周氏,宕渠王氏,充國譙氏,漢昌句氏,安漢龔氏;廣漢綿竹秦氏,廣漢彭氏,郪王氏、李氏、鐔氏,梓潼文氏夕,涪杜氏、李氏、尹氏;犍爲武陽楊氏、張氏,南安費氏,資中王氏;漢中成固陳氏以及南中地區益州郡的雍氏,永昌不韋呂氏,建寧孟、爨、李等(皆參《總表》)。他們之中除南中地區大姓外,大多數是漢代舊族,雖然有些到蜀漢後期才加入的(如犍爲武陽張氏),但許多在蜀漢政權初建時即已表示支持,如立先主爲漢中王的疏奏即由郫縣李朝起草,而張裔、黃權、趙筰、楊洪、何宗、杜瓊、張爽、

[98] 益州地區部曲家兵缺乏記載,有一二條皆出現於蠻夷、羌衆變亂之區,如永初四年,羌殺漢中太守鄭廑,郡吏程信乃結故吏冠蓋子弟二十五人,各募壯士,誓志報羌(《華陽國志》卷二《漢中志》,頁112)。另一條載扶風人蘇固爲漢中太守,爲米賊張修所攻,其門下掾成固人陳調乃聚其賓客百餘人攻修,戰死。此亦在漢中者(見同書同卷,頁117)。以下一條甚可疑,《華陽國志》卷五《公孫述劉二牧志》載益州黃巾馬相自稱天子,"州從事賈龍素領家兵,在犍爲之青衣。"按《後漢書》卷七五《劉焉傳》"州從事賈龍先領兵數百人在犍爲",《三國志》卷三一《劉焉傳》亦作"州從事賈龍素領兵數百人,在犍爲東界",皆無"家"字,此字疑衍。賈龍爲州從事,本領州兵,常駐於蠻夷區之青衣,斷無以家兵從事之理。至於與任岐叛變,攻劉焉,則以校尉及太守身份,所領乃郡兵而非私人武力。至於趙韙攻劉璋各郡響應之"大姓"顯然也是指郡守。益州地區只有南中的蠻夷及巴郡、漢中蠻夷有較强的武力。

[99] 參考龐聖偉《論三國時代之大族》,《新亞學報》第6卷第1期。龐氏所舉漢末之塢堡及私人部曲家兵,並無益州資料,皆爲關中、關東及江淮地區之記載。

尹默、周群等也都列名勸進。[100]

　　然而士族參與蜀漢政權,並不表示認同蜀漢政權的措施。先主之自立爲帝,一些蜀人並不贊成。如費詩上書反對稱尊號,他直率的指斥先主"大敵未尅,而先自立","昔高祖獲子嬰,猶尚推讓;況未出門,便欲自立耶"![101] 這一類的意在興復漢室,其主張超越了地域觀念,故反對尊號,贊成出兵。但更多的是接受蜀漢爲漢之延續,卻反對出兵的。如先主初欲取漢中,閬中周群、蜀郡張裕即表反對,認爲"不可爭漢中,軍必不利"。[102] 至於黃權,主張攻打漢中,但對東進攻吳並不十分贊成。[103] 諸葛亮卒時,李邈(李朝之兄)上疏云:"今亮殞没,蓋(亮)宗族得全,西戎静息,大小爲慶。"後主怒誅之。[104] 邈顯然不贊成往外擴張。後主延熙十八年,姜維欲進兵,當時征西大將軍張翼(犍爲武陽張氏)廷爭,以爲"國小民貧,不宜黷武"。維不聽。[105] 晚期益州士族反對擴張的論調,最具體者見於譙周的《仇國論》,他指出漢魏皆已傳國易世,"既非秦末鼎沸之時,實有六國並據之勢,故可爲文王,難爲漢祖","如遂極武黷征,土崩勢生"。[106] 這種"可爲文王"的論調,與公孫述時期蜀人之"欲爲西伯"有其一貫之處,"保境自守"正是益州士族在割據政權下的共同心態。然而"保境自守"是統一解體的産物,它雖然暫時維持了地方的安定,但長久下來卻又常陷於對外戰爭中,使地方遭受破壞,譙周對"極武黷征"的警告,正顯現了益州士族與外來統治階層間的矛盾。因此,當天下再度出現統一跡象之時,在避免戰亂的同樣要求下,部分益州士族又往往主張結束割據、恢復一統;公孫述時李隆、常少之勸述降漢,蜀漢之末譙周之勸後主降魏,乃至其後成漢時期龔壯之勸李壽、常璩之勸李勢降晉,都是此一心態的延伸。[107]

---

〔100〕《三國志》卷三一《先主傳》,頁 31～32。
〔101〕《華陽國志》卷一〇中《犍爲士女》,頁 780。
〔102〕《三國志》卷四二《周羣傳》,頁 3。
〔103〕《三國志》卷四三《黃權傳》,頁 2。
〔104〕《華陽國志》卷一〇中《廣漢士女》,頁 766。
〔105〕《三國志》卷四五《張翼傳》,頁 6。又《華陽國志》卷一〇中《犍爲士女》,頁 783:"時維屢出隴西,翼常廷爭,……不聽,每怏怏從行。"
〔106〕《三國志》卷四二《譙周傳》,頁 15～16。
〔107〕李隆等事見上文。譙周勸後主降見《三國志》卷四《譙周傳》,頁 16～19。龔壯、常璩事見《華陽國志》卷九《李特雄期壽勢志》,頁 685～686、695。

六、結　語

漢代益州士族的發展,是隨著開發的過程而出現的。由於開發較關東、關中爲遲,士族的出現亦較遲。在開發過程中,經濟的發展、文化的傳佈,都是有利士族發展的條件;然而何以其士族在全國政治網中卻又不佔重要地位? 這恐怕與益州對外的地理阻隔、遠離政治核心、仍具邊區性質有關。從本文第三節各表看來,核心地區的司隸、豫州及其他山東各州仕宦皆盛。荆州雖南部偏遠,仍多蠻夷,[108]但北部接司隸及豫州,南陽一帶爲帝鄉所在,仕宦特盛。至於揚州地區,其發展與益土相類,但對外稍便,故仕宦亦較益州稍盛。益州地區的情況,僅與幽、凉並列,較交州略勝而已。益州與關中、關東的交通,北出惟賴褒斜、子午諸道(以褒斜爲主),險巇不便,東下水道亦險。内部交通多賴水路,城市亦分佈於水道沿岸,然而益州南部多山谷,東部亦屬山區,僅西部平原交通稍便,因此全州的發展並不平衡。[109] 這種情形至後世猶然。例如北魏的邢巒曾提到當時的巴西:“彼土民望,嚴、蒲、何、楊,非惟五三,族落雖在山居,而多有豪右,文學箋啓,往往可觀,冠帶風流,亦爲不少。但以去州既遠,不能仕進,至於州綱,無由厠迹。”[110] 由於地域交通不便,這些豪右要在地方做官已是困難,何況中央。其次,從儒學文教方面看,較盛的仍屬三蜀地區,然而較中原自然仍是不如,前述益州人士之遠游受學即可見之。《華陽國志》卷一〇下《漢中士女》載:

> (衛衡屢徵不應)董扶、任安從洛還,過見之,曰:“京師,天下之市朝也。足下猶之人耳。幸其在遠,以虚名屢動徵書;若至中國,則價盡矣。”

由此可見益州士人之見重,以其偏遠難得,在中原人士心目中地位固不甚高。[111] 由於這種種因素,影響益州士族的發展,造成較他州爲低的仕宦比率。不但漢代如此,魏晉南北朝之士族亦然。根據學者研

---

[108]　例如江夏郡亦多蠻夷,東漢猶有“蠻多士少”的説法,見《後漢書》卷六一《黄琬傳》,頁20。

[109]　參考段渝《論巴蜀地理對文明起源的影響》,《四川大學學報》1988 年第 2 期。

[110]　見魏收《魏書》(新校標點本)卷六五《邢巒傳》,頁 1442。

[111]　按,晉統一後,蜀人入晉,中原人士仍不重視,例如《晉書》(新校標點本)卷四五《何攀傳》:“時廷尉卿諸葛沖以攀蜀士,輕之。”即爲一例。

究,魏晉南北朝的大士族分佈於北至涿郡,東至吳會,西至隴西的大三角形之内,而益州不在其中。[112] 益州士族的地位,在門第社會時期仍然不高。

在此一特殊環境下的益州士族,其地方色彩自然十分濃厚,他們的仕宦也與地方事務有關。日本學者上田早苗即指出,由於地方治水、灌溉、交通等公共設施的需要,使他們不得不與國家權力接觸,從而進入中央爲官,[113] 我們雖然不能同意這種惟經濟觀點的解釋,但是益州士族對地方事務的關心也是明顯事實。不過,士族的理想仍然是超越地域的,像張綱、李固等士族的形態,可説是“天下士”,非一地所能限,從他們與中原地區士族的關係來看,益州士族仍然是全國士族網的一部分。

益州士族與割據政權的關係相當複雜。一方面割據政權化地方政府爲中央政府,滿足了地方人士仕宦的願望,但另一方面也帶來了外來勢力與本地士族的矛盾。長久與中原隔絕,固然不利地方的發展;時時往外擴張,卻也會帶來地方的破壞;這些矛盾不只見於兩漢之末的割據政權,亦可在魏晉以下的割據政權中發現。

※ 本文原載《中央研究院歷史語言研究所集刊》第 60 本 3 分, 1989 年。
※ 劉增貴,臺灣大學歷史研究所博士,中央研究院歷史語言研究所研究員。

---

〔112〕 見毛漢光《中古官僚選制與士族權力的轉變——唐代士族之中央化》(收於許倬雲主編,前揭書),頁 82。另同氏之《兩晉南北朝士族政治之研究》(臺北:中國學術著作獎助委員會,1966)第二章之《晉南朝大士族統計表》、《北朝大士族統計表》中皆無益州士族。
〔113〕 上田早苗,前揭文,頁 6 ~ 7。

附錄一　《華陽國志》所載大姓表

郡	縣	名　稱	姓　氏
巴	江　州	冠族	波、鋌*、毌*、謝、然*、程、楊、白*、上官*、懽（愢）
	枳	郡冠首	章*、常、連、黎、牟*、陽
	臨　江	大姓	嚴*、甘*、文、楊*、杜
	平　都	大姓	殷、呂、蔡
	墊　江	大姓	黎*、夏*、杜
巴東	胊忍	大姓	扶*、先*、徐*
涪陵		大姓	徐、藺（蘭）、謝、范
巴西	閬中	大姓	狐、馬*、蒲、趙*、任*、黃*、嚴*
	南充國	大姓	侯、譙*
	安　漢	大姓	陳*、范*、閻*、趙*
宕渠	漢　昌	大姓	勾*
漢中	南　鄭	大姓	李*、鄭（程）*、趙*
梓潼	梓　潼	四姓	文*、景*、雍*、鄧
	涪	大姓	楊、李*、杜*
蜀	成　都	大姓	柳*、杜*、張*、趙*、郭*、楊*
	郫	冠冕大姓	何*、羅*、郭
	繁	甲族	張*
	江　原	大姓	東方、常*
	臨　邛	大姓冠蓋	陳*、劉
	廣　都	首族	朱*
廣漢	雒	姓族	鐔、李*、郭*、翟*
	緜竹	首族	秦*、杜*
	什　邡	大姓	楊*
	新　都	四姓	馬、史、汝*、鄭
	郪	大姓	王*、李*、高、馬
	廣　漢	甲族	彭*、段
	德　陽	四姓（大族之甲者）	康、古、袁
犍為	武　陽	大姓、諸姓	楊*、李*
	南　安	四姓、五大族	能、宣、謝、審、楊*、費*
	僰道	大姓	吳*、隗*、楚、石、薛、相
	牛　鞞	冠蓋之族	程、韓
	資　中	四族	王*、董*、張、趙*

續　表

郡	縣	名　稱	姓　　　　　氏
江陽	江　陽	四姓、八族	王、孫、程、鄭、趙、魏、先、周
	漢　安	四姓、八族	程、姚、郭、石、張、李、季、趙
	新　樂	大姓	魏、呂
牂柯		大姓	龍*、傅*、尹*、董*
	鱉	大姓	王
建寧	同　樂	大姓	爨*
朱提		大姓	朱、魯、雷、興、仇、遞、高、李
永昌		大姓	陳、趙、楊

説明:1. 本表據《華陽國志》卷一至卷四製成。

　　　2.（　）内之姓係經劉琳於《華陽國志校注》中考訂校正者。

　　　3. 附*號之各姓亦見於附録二。

附録二　漢代益州士族總表

（標示:x/y＝爲官世代數/人數,⊥＝前漢,T＝後漢,△＝三國

　　●＝有二代以上官閥可考,⊘＝二千石之家,○＝六百石）

編號	郡	縣	姓氏	家　世　官　閥	標　示	資　料　來　源
1	蜀	成都	楊	大姓之一。可考家系有三支:①楊季爲廬江守,五世孫楊雄爲黄門侍郎。②章帝時楊終爲郎中,兄鳳爲郎。③和帝時楊竦爲州從事,子統,二千石。此外,前漢尚書郎楊壯,後漢博士楊班、文學掾楊由亦皆成都之楊。	①2/2⊥ ●⊘ ②1/2T ③2/2T 另3人	《漢》87:1a～2a 《後》48：1a、6b 注引 　《續漢志》 《後》86:19b～20a 《華目》913、917
2	蜀	成都	張	大姓之一。可考家系有三支:①前漢有揚州刺史張寬,寬子弘農守,後漢末張景爲郡守,即其後。②張霸和帝時會稽守、侍中、五更,子楷,徵長陵令(不至官),楷子陵,尚書,自陵之後,"世有大官"。③張肅,廣漢守;弟松,别駕;松子表,安南將軍。另有輔漢將軍張裔。	①3/3⊥T ●⊘ ②3/3⊥ T ③2/3 T △ 另1人	張寬一族見表後考訂, 其餘見 《後》36: 17a～20a 《三》41:7b～9a 《華》10 上:716 《華目》913、916、919、 　920、921

編號	郡	縣	姓氏	家 世 官 閥	標 示	資 料 來 源
3	蜀	成都	趙	大姓之一。趙定以游俠聞,子戒於順、桓世歷三公、特進,封厨亭文侯;戒子典,太常;典兄子謙太尉、司徒封郫忠侯,謙弟溫司徒、司空,"自是後世有二千石"。另濮陽太守趙子真亦其族人。	3/5 丅 ● ⊘	《後》27:14a 《華》3:238 《華》10 上:721~723 《華目》916
4	蜀	成都	柳	大姓之一。柳宗爲美陽令。	1/1 丅 ○	《華目》917
5	蜀	成都	杜	後漢武陵太守杜伯持,蜀時杜瓊爲太常。大姓之一。	2 人丅△	《隸續》14:3a"高眹石室六題名" 《華目》919
6	蜀	成都	任	任某,郡五官掾;子循,長沙守;循子昉,大司農、司隸校尉,昉弟愷徐州刺史。	3/4 丅 ⊘	《華目》916
7	蜀	成都	羅	揚雄《蜀都賦》七姓之一。前漢有富人羅沖、羅衷,後漢初博士羅衍,後有郎中羅桓。	2 人丅 ● ⊘	《漢》91:9a 《漢》72:2a 補注引《高士傳》 《隸續》12:5b "劉寬碑陰門生名"
8	蜀	成都	司馬	《蜀都賦》七姓之一,司馬相如爲中郎將。張霸妻即出司馬氏。	1 人丄 ⊘	《史》117:1a~3a 《華目》913、920
9	蜀	成都	郭	《蜀都賦》七姓之一,前漢有富人郭子平。郭姓在《華陽國志》仍爲大姓之一。	丄	《華》3:238

續表

編號	郡	縣	姓氏	家 世 官 閥	標 示	資 料 來 源
10	蜀	郫	何	爲冠冕大姓。前漢何武兄弟五人皆仕宦,武至大司空,封氾鄉侯。兄霸中郎將;弟顯,潁川守。武子況嗣侯。後漢何英爲謁者僕射,英孫汜,爲犍爲屬國。蜀有大鴻臚何宗,宗子何雙爲雙柏長。宗族人何祗爲廣漢、犍爲守。何氏爲有名的"公族",前漢迄晉"世有名德"。	5 以上/11 ● ∅ ⊥ T △	《漢》86:1a～b 《華》10 上:709、718、720 《華目》:913、917、919
11	蜀	郫	羅	冠冕大姓。羅衡,公府辟士,廣漢長。	1 人 T ○	《華》10 上:725
12	蜀	繁	張	張爲甲族。張禪爲縣長。	1 人 T ○	《隸續》16:9b～10a "繁長張禪等題名"
13	蜀	江原	常	大姓之一。常楫、常荒爲郡吏。漢末常洽爲京兆尹、侍中、長水校尉;常詡,侍御史;常良,廣都令。蜀有侍中常竺、郫長常播。常原永昌守,子高廟令,孫勗郫令,勗從父閎,漢中廣漢守。	3/11 T △ ● ∅	《隸》18:9a～b "故吏應酬題名碑" 《三》45:26a 《華》11:843 《華目》:916、919、920
14	蜀	江原	王	前漢美陽令王皓、尚書郎王嘉。後漢王思、王麻、王弋、王恂同時爲郡吏。	6 人 T ⊥ ○	《隸》18:9a～b "故吏應酬題名碑" 《華目》914、917
15	蜀	臨邛	陳	大姓冠蓋。陳立在前漢官巴郡守、牂柯、天水守。	1 人 ⊥ ∅	《華目》914

編號	郡	縣	姓氏	家　世　官　閥	標　示	資　料　來　源
16	蜀	廣都	朱	後漢郡功曹史朱普,巴郡守朱辰皆有聲名,蜀時有江原長朱游,至晉,朱氏爲首族。	3人T△ ⊘	《華目》918 《三》45:26a
17	蜀	廣柔	樊	樊,巴子五姓之一,自巴郡徙此。樊敏,巴郡守。	1人T ⊘	《隸》11:9a "巴郡太守樊敏碑"
18	巴	江州	謁	謁煥爲汝南守,另"張納碑陰"有郡掾謁恭。	2人T ⊘	《華目》925 《隸》5:14a
19	巴	江州	丗	大姓之一,丗成、丗龜爲郡掾(桓、靈時)。	2人T	《華》1:45 《隸》5:13a "張納碑陰"
20	巴	江州	然	冠族之一,然溫爲度遼將軍、桂陽守,"張納碑陰"有郡掾然存、然雄。	3人T ⊘	《華目》925 《隸》5:13a～b
21	巴	江州	白	冠族之一。"張納碑陰"有白文爲郡掾。	1人T	《隸》5:13a
22	巴	江州	上官	冠族之一。"張納碑陰"有郡掾上官延、上官旦。	2人T	《隸》5:13a、14a
23	巴	江州	鉛	冠族之一。"張納碑陰"有郡掾鉛遷。	1人T	《隸》5:14a
24	巴	枳	章	冠族之一。"張納碑陰"有郡掾章某。	1人T	《隸》5:13b
25	巴	枳	牟	冠族之一。"張納碑陰"有郡掾牟梁。	1人T	《隸》5:14a
26	巴	臨江	嚴	大姓之一。嚴某爲郡守,子舉有名。另有郡掾嚴就,三國時有將軍嚴顏。	3人T△ ⊘	《隸續》11:4b～5a "都鄉孝子嚴舉碑" 《華》1:45 《目》931

編號	郡	縣	姓氏	家　世　官　閥	標　示	資　料　來　源
27	巴	臨江	甘	大姓之一。甘寧，折衝將軍。	1人△ ∅	《華目》932
28	巴	臨江	楊	大姓之一。楊任爲陳留守，子信，縣三老，另嚴舉碑陰有縣吏楊姓四人。	2/2 T● ∅ 另4人T	《隸》18：4a～b "縣三老楊信碑" 《隸續》11：6b "嚴舉碑陰"
29	巴	墊江	龔	龔榮，荊州刺史；龔楊，巴郡守；龔策，文學掾。另"張納碑陰"有户曹史龔祖。	4人T ∅	《華目》925 《隸》5：13b
30	巴	墊江	黎	大姓之一，黎景爲日南守。	1人T ∅	《華目》925
31	巴	墊江	夏	大姓之一。"張納碑陰"有掾夏晉。	1人T	《隸》5：14a
32	巴	胸忍	扶	大姓之一。漢初有廷尉扶嘉，後漢有議曹掾扶古。"漢時有扶徐，荊州著名"。	2人⊥T ∅	《華》1：8 校注 《隸》5：13a "張納碑陰".
33	巴	胸忍	先	大姓之一。先讖，華陰令。當靈帝時。	1人T ○	《隸》2：4a"西岳華山亭碑"
34	巴	胸忍	徐	大姓之一。徐容於東漢初曾起兵數千人叛。蜀有徐惠，上表改固陵爲巴東郡，失其官名。	T△	《後》18：7a 《華》1：71
35	巴	閬中	嚴	大姓之一，後漢嚴遵爲揚州刺史，子羽徐州刺史，當安、順間。另"張納碑陰"有郡掾嚴晏。	2/2 T ●∅ 另1人	《華目》924 《隸》5：13a
36	巴	閬中	任	大姓之一。前漢末侍御史任文孫，弟文公，司空掾。	1/2 ⊥ ○	《華目》921
37	巴	閬中	趙	大姓之一。前漢末有公車令趙珪，玤子毅公府掾。另有涼州刺史趙宏。後漢上蔡令趙邵，另郡掾趙應。	2/2 ⊥T ●∅ 另3人	《華目》922、925 《隸》5：14a "張納碑陰"

編號	郡	縣	姓氏	家　世　官　閥	標　示	資　料　來　源
38	巴	閬中	黃	大姓之一。"張納碑陰"有郡掾黃機,另但望爲郡守時有郡掾黃閶。蜀世黃權,車騎將軍;子崇,尚書郎。	⊤　●∅ 2/2 △	《隸》5:13a 《華》1:45 《華目》932
39	巴	閬中	譙	前漢譙隆爲侍中,譙玄,成哀中爲太中大夫,玄子英爲後漢尚書郎,以易授明帝。	2/2 ⊥⊤ ●∅ 另1人	《華目》921、922
40	巴	閬中	馬	大姓之一。馬忠爲鎮南大將軍,子修嗣侯,另有別駕從事馬勳,尚書馬參。	2/2 △ ●∅ 另 2 人 △	《華目》932 《三》43:7b~8a
41	巴	閬中	周	周舒,徵士;子羣,儒林校尉;羣子巨博士。	3/3 △ ● ○	《華目》931、932
42	巴	宕渠	馮	安帝時馮煥,幽州刺史;子緄,車騎將軍、廷尉。緄子鸞,郎中;緄弟允,降虜校尉;允子遵,尚書郎。另有隴西守馮含、縣主簿馮湛、郡掾馮譽。	3/5 ⊤ ●∅ 另3人⊤	《後》38:4b、7b 《華目》924、926 《隸》5:13a
43	巴	宕渠	李	李翊,廣漢屬國侯,父從事,祖謁者,曾祖牂柯守。另李溫爲桂陽守,而"張納碑陰"宕渠李氏爲郡掾者五人。	4/4 ⊤ ●∅ 另6人⊤	《隸》9:7b "廣漢屬國侯李翊碑" 《華》1:96 《隸》5:13a~14a
44	巴	宕渠	王	王平,蜀世鎮北大將軍安漢侯,子訓嗣侯。	2/2 △ ●∅	《華目》932
45	·巴	充國	譙	譙岍,徵士;子周,散騎常侍。譙爲大姓之一。按充國乃和帝時分閬中置,應與閬中之譙同族。"張納碑陰"有郡吏譙將。	2/2 △ ●∅ 另1人⊤	《華目》932 《隸》5:14a
46	巴	漢昌	勾	大姓之一,蜀有左將軍勾扶,勾氏蓋賨人氏族。	1/1 △　∅	《華》1:100 校注

續　表

編號	郡	縣	姓氏	家 世 官 閥	標 示	資 料 來 源
47	巴	涪陵	柳	柳敏，守宕渠令；父某，郎中、府丞。	2/2 丁 ●○	《隸》8：8a
48	巴	安漢	陳	大姓之一。陳禪，司隸校尉。子澄，漢中守，澄孫實，州別駕從事。另有上谷守陳宏、郡掾陳禧。另"張納碑陰"有安漢陳氏三人，爲郡掾。	3/3 丁 ●∅ 另 5 人	《後》51：2a～4a 《華目》924、925 《華》1：45 《隸》5：13a～14a
49	巴	安漢	趙	大姓之一。後漢魏郡守趙晏，漢末征東中郎將趙穎（即趙韙），另"張納碑陰"有趙瓖爲郡掾。	3 人丁 ∅	《華》1：55 《華目》925 《三》31：10b 引《英雄記》 《隸》5：13a
50	巴	安漢	閻	大姓之一。閻圃爲張魯功曹，降魏封侯，後爲大族。	1 人△ ∅	《晉書》48：1349
51	巴	安漢	范	大姓之一。"張納碑陰"有郡掾范謀。	1 人丁	《隸》5：14a
52	巴	安漢	張	明帝時張翕，越嶲守，後其子瑞亦爲越嶲守。	2/2 丁 ●∅	《華目》925 《後》86：19a
53	巴	安漢	龔	後漢荊州刺史龔調。蜀世有龔諶，犍爲守；子禄，越嶲守；禄弟礒，鎮軍將軍。	1 丁　●∅ 2/3 △	《華目》925、932
54	廣漢	雒	李	姓族之一，李尤，樂安相；孫充，尚書郎。另有東觀郎李勝。	2/2 丁 ●∅ 另 1 人	《華目》936 《後》80 上：11b～12a
55	廣漢	雒	翟	姓族之一。翟酺，四世傳詩，酺將作大匠。	1/1 丁 ∅	《後》48：4a～b 《華目》937
56	廣漢	雒	郭	姓族之一。後漢郭堅爲烏丸校尉；孫賀，司隸校尉、河南尹。	2/2 丁 ●∅	《華目》936

續　表

編號	郡	縣	姓氏	家　世　官　閥	標　示	資　料　來　源
57	廣漢	雒	折	原姓張,先張江爲武威守,封折侯,曾孫國爲鬱林守,徙廣漢,因封爲氏,貲産二億,家僮八百人。國子像,著名士林。	3/3 丁 ●⊘	《華目》937 《後》82 上:12a~b
58	廣漢	綿竹	秦	首族。秦宓,蜀大司農。	1/1 △　⊘	《華目》939
59	廣漢	綿竹	杜	首族。杜真兄事翟酺,不應辟命。另有郡水曹史杜慈。	1/1 丁	《華目》937 《隸》15:7b~8b 　"廣漢太守沈子琚綿竹江堰碑"
60	廣漢	什邡	楊	漢成帝時楊宣爲使持節交州牧,後爲大族。	1/1 ⊥　⊘	《華目》936
61	廣漢	新都	楊	前漢楊仲續本河東人,爲祁令,始徙新都;孫春卿,公孫述將;春卿子統,光禄大夫、國三老;統子序,侍中;序兄博,光禄大夫。另一支楊寬及父斌、兄混皆爲郡吏。	4/5 ⊥丁 ●⊘ 另 2/3 丁	《後》30 上:4b 《華目》936、938
62	廣漢	新都	汝	新都四姓之一。汝敦兄弟"並察孝廉,世爲冠族"。	1/2 丁	《華》10 中:770
63	廣漢	廣漢	彭	甲族,彭羕,江陽守。	1/1 △　⊘	《華目》940
64	廣漢	郪	王	大姓之一。有兩支:①王堂,司隸校尉(和、安間);子博,博子遵,皆仕宦,官位不詳。博弟稚,徵爲太常,不詣;遵子商,劉焉時蜀守;商從弟王士,益州守;士從弟甫,別駕從事;甫子祐,尚書右選郎。王氏自王堂以下甚盛,堂夫人卒時,"內外冠冕,百有餘人"。②王順,安定守;子渙,洛陽令;渙子石,郎中。	①5/8 丁 △●⊘ ②3/3 丁 ●⊘	①《後》31:10b 《華目》937、939、940 《華》10 下:825~826 ②《後》76:9a 《華目》937

編號	郡	縣	姓氏	家　世　官　閥	標　示	資　料　來　源
65	廣漢	郪	李	大姓之一。後漢牂柯守李禄。蜀世李邈，安漢將軍；弟朝別駕從事；朝弟邵，丞相西曹掾。	1/3　△∅ 另1丁	《華》10 中：784 《華目》939
66	廣漢	郪	鐔	鐔顯，衛尉；蜀世鐔承爲特進、太常。	1/2 丁△ ∅	《華目》936、940
67	廣漢	郪	馮	前漢末馮信，公府十辟，不赴。後有馮顥，越巂守。	1/1 丁	《華目》937
68	廣漢	郪	羊	羊甚，交州牧；子期，野王令。	2/2 丁 ●∅	《華目》937
69	廣漢	梓潼	文	平帝末文齊爲益州守，東漢初封侯。子恠，北海守。司隸校尉王堂妻文極，即出此族。蜀時有文恭爲丞相參軍。文爲四姓之一。	2/2 ⊥丁 ●∅ 另　1　人 △	《華目》948、949
70	廣漢	梓潼	景	四姓之一。後漢景鸞以博士徵，不詣。景毅爲益州守，侍御史。	1/2 丁　∅	《華目》948
71	廣漢	梓潼	雍	四姓之一。雍竇九江守；子望，右校令。望子陟，益州守；朗，武都守；勘，趙相。勘子煜，江令。	4/6 丁 ●∅	《隸》12：12a～13a "趙相雍勘闕碑" 《華》4：350 校注
72	廣漢	梓潼	李	前漢末李業爲郎，子翬建武中爲遂久令。	2/2 ⊥丁 ●∅	《華目》148
73	廣漢	涪	杜	大姓之一。蜀世杜微爲諫大夫。	1/1 △　○	《華目》948
74	廣漢	涪	李	"大姓李權"爲劉焉所枉誅。權臨邛長；子福，尚書僕射，封平陽亭侯。	2/2 △ ●∅	《三》31：7a～b 《華目》949
75	廣漢	涪	尹	尹默，蜀世爲太子家令；子宗，博士。	2/2 △　○	《華目》949

編號	郡	縣	姓氏	家 世 官 閥	標 示	資 料 來 源
76	犍爲	武陽	楊	大姓之一。前漢楊莽爲揚州刺史。後漢楊渙,司隸校尉;子文方,漢中守。文方長子弼,下邳相,次子頻亦二千石。文方兄子淮,司隸校尉、將作大匠、河南尹。三國時楊洪爲蜀守、關內侯;楊羲(戲)射聲校尉。	3/5 丁 ●◎ 另 1 人 ⊥ 另 2 人 △	《華目》941、943 《華》10 中:785 《隸續》11:11a~b "司隸校尉楊淮碑"
77	犍爲	武陽	李	大姓之一。後漢有大姓李威,刺史辟爲掾,另李寓爲城固令。另縣主簿李橋、縣吏李昺。	4 人丁 ○	《華》10 上:724 《八瓊》4:12b "右扶風丞李君通閣道記" 《希古》7:6b "孟廣宗殘碑"
78	犍爲	武陽	張	張睦,張良八世孫,自良迄睦,世有官閥。睦爲蜀郡守,子孫始居此。睦子皓,司空;皓子綱,廣陵守。綱子植,郎中;續,尚書;方,豫州牧,"子孫數爲大官"。綱曾孫翼,蜀左車騎將軍。	6 以上/8 以上 ●◎ ⊥丁△	《後》56:1a~b 集解 《華》10 中:772、778、783 《華目》941、942
79	犍爲	南安	費	大族之一。費貽,後漢初合浦守,"後世爲大族",其後人費詩,蜀諫議大夫。	2/2 丁△ ●◎	《華》10 中:775 《華目》941、943 《後》81:3a 集解
80	犍爲	南安	楊	大族之一,楊暢爲令;楊宗,益州太守。兩闕相連,應爲一族。	1/2 丁 ◎	《八瓊》7:10a "益州太守楊宗闕"
81	犍爲	資中	王	四族之一,前漢有諫議大夫王褒,光禄大夫王延世,三國郡督郵王沖。	3 人⊥ ◎ △	《華目》913、941 《華》10 中:786
82	犍爲	資中	董	四族之一,永平中董鈞爲五官中郎將,教授數百人。	1 人丁 ◎	《後》19 下:7a

續　表

編號	郡	縣	姓氏	家　世　官　閥	標　示	資　料　來　源
83	犍爲	資中	趙	四族之一,司隸校尉趙旂	1 人丁　∅	《華目》942
84	犍爲	僰道	隗	大姓之一,隗相,平帝時爲郎。	1 人⊥　○	《華目》942
85	犍爲	僰道	吳	大姓之一,吳順,永昌守;吳厚,中牟令。	2 人丁　∅	《華目》942 《華》10 中:786
86	漢中	南鄭	李	大姓之一。李頡,博士,頡爲太尉李修從子,太常卿李武之孫。頡始居漢中。頡子郃,司徒;郃子固,太尉;固子燮,河南尹,固從弟歷,爲奉車都尉。另有司隸校尉李法。固另二子基、慈長史,固死時被收。	6/9 丁 ●∅ 另 1 人丁	《後》48:4a、63:1a、82 上:9b~10a 集解 《華目》744~945
87	漢中	南鄭	程	大姓之一。程祗,安衆令,六子:興、敦、覲、豫、淮、基,五人州郡察舉,基特儁逸,爲南郡守。程氏另有上計吏程苞,獻平板循蠻之策;功曹程信,糾合 25 個故吏冠蓋子弟對付羌人。	2/7 丁 ●∅ 另 2 人丁	《華目》945
88	漢中	南鄭	趙	大姓之一。趙宣爲犍爲守,七子皆辟命察舉,牧守州郡,其中瑤爲廣漢守,琰爲尚書。此外趙氏爲郡吏者甚多,有趙嵩、趙邵、趙子賤、趙英、趙忠等。	2/8 丁 ●∅ 另 5 人丁	《華目》945~947 《華》10 下:811、815 《華》2:117 《隸》3:11a"仙人唐公房碑陰",4:5a"司隸校尉楊孟文石門頌"。
89	漢中	南鄭	楊	楊矩,官位不詳。其妻爲大鴻臚劉巨公女。四子:元珍、仲珍,其餘不詳,"四子才官,隆於先人"。元珍女嫁陳省(元初間平羌亂封侯)蓋皆高門。	2/6 丁　○	《華目》947

編號	郡	縣	姓氏	家　世　官　閥	標　示	資　料　來　源
90	漢中	南鄭	張	張泰,廣漢屬國;從弟張亮則,度遼將軍。	1/2 丅 ●∅	《華目》945
91	漢中	南鄭	祝	祝龜,葭萌長;祝揚(颺)司徒掾;祝忧,州從事;祝榮,郡吏,族人眾多。	4 人丅 ○	《華目》945 《隸》13:4b～5a "馮煥殘碑陰" 《隸》3:11a "仙人唐公房碑陰"
92	漢中	成固	陳	陳綱,弘農守;孫調,州從事。另有陳省(元初間封侯),陳雅,巴郡守,蓋皆一族。三國有陳術為郡守。	2/2 丅 ●∅ 另人丅 1 人△	《華目》945、947 《後》87:15a～b
93	漢中	成固	張	張騫為博望侯,衛尉;曾孫猛,給事中。	2/2 ⊥ ●∅	《華目》944
94	犍為屬國	朱提	孟	孟瑾父武陽令,曾祖嚴道長。三國有孟琰。	2/2 丅 ●○	《希古》7:5b～7a "孟廣宗殘碑" 《華目》951
95	牂柯	毋斂	尹	尹為大姓,前漢末保境自守。後漢尹珍,荊州刺史。	1 人丅 ○	《華》4:378 《後》86:13a
96	牂柯	毋斂	謝	大姓,功曹謝暹與尹氏等王莽時共保境。	1 人丅	《華》4:378 《後》86:13a
97	牂柯	平夷	傅	大姓,與尹氏等共保境,後漢傅寶巴郡守。	1 人丅 ∅	《華》4:378 《後》86:13a 《華目》950
98	益州		雍	益州郡大姓,雍闓,雍齒之後,吳平戎將軍。	1/1 △ ∅	《三》52:30b～31a
99	永昌	不韋	呂	呂凱,呂不韋後,不韋縣即因呂氏得名。凱為雲南守,子祥嗣爵。	1/1 △● ∅	《三》43:6a 《華目》951
100	建寧		孟	大姓,孟獲御史中丞。	1/1 △ ∅	《華目》951
101	建寧		爨	大姓,爨習,領軍。	1/1 △ ∅	《華目》951
102	建寧	俞元	李	大姓,李恢建寧守,封侯,子遺嗣侯,恢弟子羽林右部督。	2/3 △ ●∅	《三》43:6a

說明:資料來源中,《史》=《史記》,《漢》=《漢書》,《後》=《後漢書》,《三》
=《三國志》,《華》=《華陽國志》,《華目》=《華陽國志》卷一二《益梁
寧三州先漢以來士女目錄》,《隸》=《隸釋》,《八瓊》=《八瓊室金石補
正》,《希古》=《希古樓金石萃編》。

總表考訂(標號即總表編號)

2.《隸續》卷一四錄有《太守張景題字》、《博士題字》、《洪農太守
張君題字》,洪氏以爲此皆在高眹石室,不過據楊芳燦《四川金石志》
(《四川通誌》卷五八)考訂,此爲另一石室,爲光和六年成都張景(曾
任太守)所建,諸題辭皆景追念先祖之辭。今考《博士題字》所述受業
春秋於京師,參與郊祀、出典方州諸事,悉與《華陽國志》所載張寬(張
叔)事合,蓋追念先祖張寬之詞,緊接的《洪農太守張君題字》云:"弘
農太守張□子陽,張叔之子也。"亦可爲證。

3. 關於趙氏世系《華陽國志》卷一○上《趙典傳》及《趙戒傳》皆以
典爲戒孫,然同書卷一二之《目錄》又以爲典乃戒之第二子,按卷一○
上之《趙謙傳》以謙爲戒之孫,而目錄云謙爲典兄子,則與典爲戒第二
子合,又《後漢書》卷二七《趙典傳》亦云"父戒爲太尉",當從之。

12.《繁長張禪題名》一碑,自洪適立此標題後頗令人誤解,碑文云
"長蜀郡繁張君諱禪",後云"丞蜀郡司馬達⋯⋯左尉武都孫真",則繁
爲張禪之籍貫,張爲縣長,但決非繁長。

28.《楊信碑》,《四川通誌》卷六○載,碑在忠州。按忠州即漢之
臨江,據漢人歸葬本縣之習俗推測,楊信當爲臨江人。

36. 此據《華陽國志》之《士女目錄》。按《後漢書》卷八二上《任文
公傳》,文公爲文孫之子,然父字孫,子字公似乎不類。又《御覽》卷四
二三引《華陽國志》云,"任文孫,字文公",則又以爲一人。

39.《後漢書》卷八一《譙玄傳》頁1 集解引惠棟曰:"《華陽國志》
云,元(玄)父隆,⋯⋯爲上林令,諫沮武帝⋯⋯至侍中。"按惠氏所引不
見今本《華陽國志》,或自類書採來,然《太平御覽》卷二一九、《藝文類
聚》卷四八雖引《華志》此事,但無隆爲玄之父的記載,今存疑。

47.《孝廉柳敏碑》,據王象之《蜀碑記》卷六,碑在黔州,即今之彭
水,漢之涪陵,柳敏蓋涪陵人。

61.《後漢書》卷三○上,楊序作"楊厚"。

64. 東漢有樂府辭《雁門太守行》歌頌王渙,謂其"明知法令,歷世

衣冠",可知其家世。

91.《仙人唐公房碑陰》載有祝氏多人,除祝黽(字元靈)、祝揚、祝榮(文華)外,尚有祝岱(子華)、祝恒(仲華)、祝朗(德靈)等,從他們字的排行可知爲一族。

94.《孟廣宗殘碑》在雲南昭通府城南出土(光緒間),屬漢之朱提。

引用書目

1. 司馬遷《史記》,百衲本。

2. 班固《漢書》,王先謙補注本。

3. 范曄《後漢書》,王先謙集解本。

4. 陳壽《三國志》,盧弼集解本。

5, 房玄齡等《晉書》,新校標點本。

6. 魏收《魏書》,新校標點本。

7. 常璩《華陽國志》,劉琳校注本,成都:巴蜀書社,1984年。

8. 謝承《後漢書》,收於周天游輯注《八家後漢書輯注》中,上海:上海古籍出版社,1986年。

9. 劉安《淮南子》,高誘注本,臺北:世界書局,1974年。

10. 蕭統《文選》,李善注本,臺北:文化圖書公司,1975年。

11. 佚名《古文苑》,章樵注,錢熙祚校本,臺北:商務印書館,《國學基本叢書》本。

12. 歐陽詢等《藝文類聚》,臺北:文光出版社,1974年。

13. 李昉等《太平御覽》,臺北:新興書局,1959年。

14. 睡虎地秦墓竹簡整理小組《睡虎地秦墓竹簡》,北京:文物出版社,1978年。

15. 洪适《隸釋》,臺北:藝文印書館,《石刻史料叢書甲編》本。

16. 洪适《隸續》,臺北:藝文印書館,《石刻史料叢書甲編》本。

17. 陸增祥《八瓊室金石補正》,臺北:藝文印書館,《石刻史料叢書甲編》本。

18. 劉承幹《希古樓金石萃編》，臺北：藝文印書館，《石刻史料叢書甲編》本。

19. 王象之《蜀碑記》，臺北：新文豐出版公司，《石刻史料新編》第 3 輯第 16 冊。

20. 楊芳燦《四川金石志》，臺北：新文豐出版公司，《石刻史料新編》第 3 輯第 14 冊。

21. 沈家本《漢律摭遺》，臺北：商務印書館，1976 年。

22. 洪飴孫《三國職官表》，收於《二十五史補編》第 2 冊。

23. 黃節《漢魏樂府風箋》，北京：人民文學出版社，1958 年。

24. 嚴耕望《兩漢太守刺史表》，中央研究院歷史語言研究所專刊之三十，上海：商務印書館，1948 年。

25. 毛漢光《中古官僚選制與士族權力的轉變──唐代士族之中央化》，收於許倬雲等主編《第二屆中國社會經濟史研討會論文集》，臺北：漢學研究資料及服務中心，1983 年。

26. 毛漢光《兩晉南北朝士族政治之研究》，臺北：中國學術著作獎助委員會，1966 年。

27. 方國瑜《滇史論叢》第 1 輯，上海人民出版社，1983 年。

28. 田餘慶《李嚴興廢和諸葛亮用人》，收於中華書局編《中華學術論文集》，北京：中華書局，1981 年。

29. 余英時《中國知識階層史論·古代篇》，臺北：聯經出版事業公司，1970 年。

30. 邢義田《東漢孝廉的身份背景》，收於許倬雲等主編《第二屆中國社會經濟史研討會論文集》，臺北：漢學研究資料及服務中心，1983 年。

31. 何斯強《三國、兩晉、南北朝時期的南中"大姓"與"夷帥"，《思想戰線》1987 年 5 期。

32. 宋治民《關於蜀文化的幾個問題》，《文物》1983 年 2 月。

33. 段渝《論巴蜀地理對文明起源的影響》，《四川大學學報》1988 年 2 期。

34. 梁方仲，《中國歷代戶口、田地、田賦統計》，上海人民出版社，1981 年。

35. 陳天俊《論南中大姓》，《貴州文史叢刊》1985 年 1 期。

36. 勞榦《兩漢郡國面積之估計及口數增減之推測》,《中央研究院歷史語言研究所集刊》第 5 本第 2 分。

37. 董其祥《巴子新考》,重慶出版社,1983 年。

38. 蒙文通《巴蜀史的問題》,《四川大學學報》1959 年 5 期。

39. 趙殿增《巴蜀文化幾個問題的探討》,《文物》1987 年 10 期。

40. 劉增貴《論後漢末的人物評論風氣》,《成功大學歷史學系歷史學報》10 號。

41. 劉增貴《漢代婚姻制度》,臺北:華世出版社,1970 年。

42. 劉增貴《漢代豪族研究——豪族的士族化與官僚化》,臺北:臺灣大學歷史學研究所博士論文,1985 年。

43. 譚宗義《漢代國內陸路交通考》,香港:新亞研究所,1967 年。

44. 龐聖偉《論三國時代之大族》,《新亞學報》第 6 卷第 1 期。

45. 蕭璠《春秋至兩漢時期中國向南方的發展》,臺北:臺灣大學,1973 年。

46. 上田早苗《巴蜀の豪族と國家權力——陳壽とその祖先たちを中心に》,《東洋史研究》第 25 卷第 4 號。

47. 小林史朗《東漢時代における益州について——〈後漢書〉を中心として》,《大東文化大學漢學會誌》17 號。

48. 木村正雄《兩漢交替期の豪族叛亂——隗纂集團と公孫述集團》,《立正史學》31 號。

49. 狩野直禎《蜀漢政權の構造》,《史林》第 42 卷第 4 期。

50. 狩野直禎《後漢中期の政治と社會——順帝の即位をあぐつて》,《東洋史研究》第 23 卷第 3 號。

51. 官川尚志《六朝史研究·政治社會篇》,京都:平樂寺書店,1977 年。

52. 鶴間和幸《漢代豪族の地域的性格》,《史學雜誌》第 87 卷第 12 號。

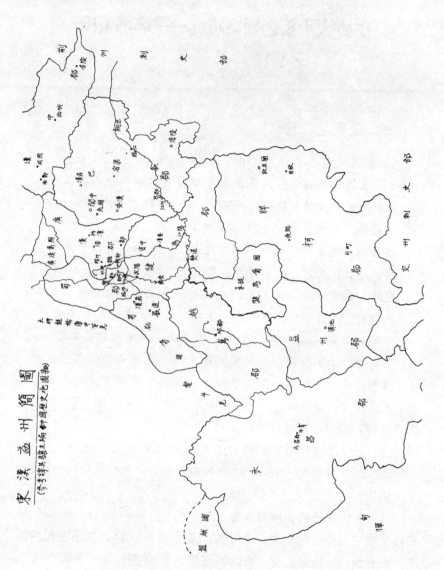

東漢益州簡圖（參考譚其驤主編《中國歷史地圖集》）

中古大士族之個案研究——瑯琊王氏

毛漢光

一、王氏之源流

《新唐書》卷七二中《宰相世系表》二中稱：

> 王氏出自姬姓，周靈王太子晉以直諫廢爲庶人，其子宗敬爲司徒，時人號曰"王家"，因以爲氏。八世孫錯，爲魏將軍。生賁，爲中大夫。賁生渝，爲上將軍。渝生息，爲司寇。息生恢，封伊陽君。生元，元生頤，皆以中大夫召，不就。生翦，秦大將軍。生賁，字典，武陵侯。生離，字明，武城侯。二子：元、威。元避秦亂，遷於瑯琊，後徙臨沂。四世孫吉，字子陽，漢諫（議）大夫，始家皋虞，後徙臨沂都鄉南仁里。生駿，字偉山，御史大夫。二子：崇、游。崇字德禮，大司空、扶平侯。生遵，字伯業，後漢中大夫、義鄉侯。生二子：旹、音。音字少玄，大將軍掾。四子：誼、叡、典、融。融字巨偉。二子：祥、覽。

依《晉書》卷三三《王祥傳》記載：

> 王祥，字休徵，瑯琊臨沂人。漢諫議大夫吉之後也。
>
> 祖仁，青州刺史。父融，公府辟不就。

又《漢書》卷七二《王吉傳》云：

> 王吉字子陽，瑯琊皋虞人也。

比較上列三部正史的記載，《晉書》及《漢書》對於瑯琊王氏的源流，皆云始於前漢的王吉，而歐陽修撰《新唐書》遠在班固撰《漢書》及唐太宗御撰《晉書》之後，卻能自王吉以上，祖述至周靈王，是必歐陽修有新證據之發現；然而，魏晉之際，門第標榜之風極盛，各族皆喜將祖先追溯極遠，以"舊門"自豪，若這些遠祖有高官偉業的事蹟，則更以此作爲炫耀家族地位的最佳資料，設如瑯琊王氏果與周靈王、王翦輩有蛛絲馬跡的關係，則魏晉間王氏們必不會闕漏，蓋王氏家譜在當時亦甚著稱。故瑯琊王氏源起周靈王之説，可能爲隋唐以後的王氏附會之説。因此，我們寧以最早出現於記載的王吉爲王氏的始祖。

據《漢書·王吉傳》云："（王吉）少好學明經，以郡吏舉孝廉，爲郎，補若盧右丞，遷雲陽令。舉賢良，爲昌邑中尉。"從這段文字裏，我們不能確切知道他的家世，但王吉先做郡吏，因爲舉孝廉而才得爲郎（漢制舉孝廉者大多可補郎，見勞榦師《漢代察舉制度考》，刊於《中央研究院歷史語言研究所集刊》第 17 本），可見王吉之父祖不會是大官，因爲漢有蔭子制度，大官之子不必在郡做吏。所以其父祖最多是地方掾吏，甚或未仕。王吉出仕似乎全憑其自己的才學與品德，因爲"好學明經"，獲得一個吏，吏的地位甚低，何況又是在郡國裏做吏，所做的事不外乎抄寫文書之類，這種職位若無其他因素，不易昇遷。然而，王吉是漢武帝昭帝時代的人物，自武帝始以孝廉、賢良方正等科作爲大量吸收郡國有才華者的橋樑，王吉因明經，被舉孝廉，爲郎，補若盧右丞（按顏師古注：少府之屬官有若盧令丞，《漢舊儀》以爲主治庫兵者），從地方掾吏踏進了中央掾屬，外遷拜雲陽令，其地位已在秩六百石至千石間；又舉賢良，爲昌邑中尉。所以王吉之起，建立於本身明經及適逢漢朝開始以孝秀擢拔人才的兩個因素上。據許倬雲師《西漢政權與社會勢力的交互作用》[1] 一文指出，從武帝以孝秀取士以後，功臣子孫出身的官吏比例日減，由孝秀出身的儒生比例日增，因而使西漢政權與社會勢力更密切結合。王吉碰上了變動時期，成爲"上昇變動"運動中的上昇角色之一，由此我們把王吉看作瑯琊王氏參加政治的始祖是合理的。另一點值得注意者，即王吉從哪裏學得經術？當時受教育的途徑主要有三。第一是入太學；第二是從師學經；第三是經術家傳。王吉入太學的可能性極小，因爲當時太學生出身的不會派到郡國中當小吏。王吉之所以能明經多半是出於第二及第三途徑。究竟他有沒有從師，我們已不可考，但家傳的可能性最大，因爲若從經學大師學經，正史可能記上一筆，而家傳常被視爲當然，除非有特別的必要，正史不特別注明，但是這僅可作爲推測而已。

---

[1] 刊於《中央研究院歷史語言研究所集刊》第 35 本，1964。

王駿的經學確實是乃父吉所傳授，"初吉兼通五經，能爲《騶氏春秋》，以《詩》、《論語》教授，好梁丘賀說《易》，令子駿受焉"，因此我們可以假定自王吉以後，王氏已有世世承襲的家學家風，東漢時王遵、王峕、王音、王誼、王叡、王典、王融等記載不詳，魏晉時的王祥曾受命爲太學的三老，"祥南面几杖，以師道自居，天子北面乞言，祥陳明王聖帝君臣政化之要以訓之"。王吉沉浮宦海，歷盡風波，坐昌邑王之罪髠爲城旦，終於諫議大夫；乃子駿因受吉之經學，舉"孝廉爲郎，左曹陳咸薦駿賢父子，經明行修，宜顯以屬俗，光禄勳匡衡亦舉駿有專對材，遷諫（議）大夫"。王駿歷趙國内史、幽州刺史、司隷校尉、少府、京兆尹、御史大夫。駿子崇，以父任爲郎，歷刺史、郡守、河南太守、御史大夫、大司農、衛尉、左將軍、大司空，封扶平侯。

從《漢書·王吉傳》中的記載，及上述之分析，我們對瑯琊王氏的早期有下列幾點認識：

第一：形成士族有三大主要途徑。一是經過政治主要途徑，即由於參與新政權的建立或輔助新君的登基，或由於皇帝的寵幸，或由於外戚等因素而居官位，其後並能保持若干代官宦的家族。一是經過文化途徑，即由於經傳、法律、曆法等學問的精通，藉此入仕而能若干代官宦的家族。一是經過經濟途徑，即憑藉經濟的力量，或由大地主、或由巨商大賈入仕，而能若干代官宦的家族。[2] 西漢時的瑯琊王氏，顯然是經過文化途徑而演變成爲士族者。

第二：正因爲王氏是經過文化途徑演變而成的士族，因此王氏從開始便具有若干文化人的特質，除上述注意子弟的培養而發展成家學外，由於服膺儒家的經典，在做事方面灌注有儒家的精神，例如王吉爲昌邑中尉，王好游獵驅馳國中，動作亡節，吉上疏諫曰："……今者大王幸方與，曾不半日，而馳二百里，百姓頗廢耕桑，治道牽馬，臣愚以爲民不可數變也。……夫廣夏之下，細旃之上，明師居前，勸誦在後，上論唐虞之際，下及殷周之盛，考仁聖之風，習治國之道，訢訢焉發憤忘食，日新厥德，其樂豈徒衡樔之間哉?"宣帝時，吉爲諫議大夫，嘗奏曰："孔子曰：安上治民，莫善於禮，

─────────────

〔2〕 參見拙著《兩晉南北朝士族政治之研究》，1966年，頁48。

非空言也，王者未制禮之時，引先王禮，宜於今者而用之，臣願陛
下承天心，發大業，與公卿大臣，延及儒生，述舊禮，明王制。"
(《漢書》卷七二本傳) 在做人方面則以儒家最強調的禮作爲行爲規
範，王吉以友聞名，王祥以孝聞名，正是王氏這類經過文化途徑而
發展成士族的特質。其源見於王吉。

第三:《漢書》云:"自吉至崇,世名清廉,然材器名稱,稍不能及父,
而禄位彌隆。"這種現象,若列表説明,則更易找出其中道理。

世系	姓 名	才　　　學	出　　　身	最 高 官
I	王吉	兼通五經	先爲郡吏，舉孝廉拜郎	諫議大夫
II	王駿	吉授駿經	舉孝廉爲郎	御史大夫
III	王崇	材器名稱，不及乃父	以父任爲郎	大司空

才學是前代爲佳,官位則後代爲高,其關鍵在於入仕之難易,王吉入仕
最難,王駿舉孝廉以後,陳咸及光禄勳匡衡交相推薦拜命,比乃父舉孝
廉以後昇遷得快,王崇入仕更易,以父蔭爲郎。才學品德是當時人所
重視的任官條件,才學與品德是可以努力獲得的,但上述例子,似乎已
發展著非由於才能而獲得高官的因素,也就是説"世資"因素已漸次重
視了。西漢哀帝曾詔王崇曰"朕以君有累世之美(師古曰:謂自祖及身
皆有名也),故踰列次"。這正是士族的濫觴。

第四: 嚴格地説,士族可有許多形態,有的擁有廣大的田地産,
僕僮千餘,或牛羊谷量;有的是部落酋豪,據塢堡而自雄,同時又
做官吏者;有的是依附朝廷的官僚。西漢時的瑯琊王氏是屬於官僚
型的士族。據云:"皆好車馬衣服,其自奉養極爲鮮明,而亡金銀錦
繡之物,及遷徙去處,所載不過囊衣,不蓄積餘財,去位家居,亦
布衣疏食。"並没有廣大的田地産,亦没有龐大的地方勢力。

第五: 王吉、王駿、王崇及東漢的王遵、王音而至王祥等,都
是以中央官爲其主要事業,顯然地,自西漢以來,瑯琊王氏已是中
央級的士族了。

第六: 婚姻關係是研究家族社會地位的重要座標,在非自由戀
愛的社會中,門當户對的觀念常常存在,相互婚嫁,至少表示兩家

的社會地位相去不遠。王氏的婚嫁關係可得一例。即："是時成帝舅
安成恭侯夫人放，寡居，共養長信宮，坐祝詛下獄，（王）崇奏封
事，爲放言，放外家解氏與崇爲昏，哀帝以崇爲不忠誠。"從這件婚
姻關係中，瑯琊王氏在西漢時似乎已晉昇於高階層的社會地位之中。

二、王氏政治地位之研究

兩漢是我國中古時期大士族的醞釀時代，許多大士族的源流皆
可溯尋至東漢或西漢，正如上節分析，瑯琊王氏便是例子，但是，
王氏在兩漢時期一直是細水長流型的發展，與當時政治社會中的士
族相比較，王氏並不算強盛的士族。例如《後漢書》卷一六《鄧禹
列傳》："鄧氏自中興後，累世寵貴，凡侯者二十九人，公二人，大
將軍以下十三人，中二千石十四人，列校二十二人，州牧郡守四十
八人，其餘侍中、將、大夫、郎、謁者，不可勝數。"東漢耿弇家族
亦非常興隆，《後漢書》卷一九《耿弇列傳》記載："耿氏自中興以
後，迄建安之末，大將軍二人，將軍九人，卿十三人，尚公主三人，
列侯十九人，中郎將護羌校尉及刺史二千石數十百人。"又《後漢
書》卷二三《竇融列傳》記載："竇氏一公、兩侯、三公主、四二
千石，相與並時。"而《後漢書》卷三四《梁統列傳》亦云："（梁）
冀一門，前後七封侯，三皇后，六貴人，二大將軍，……其餘卿相
尹校五十七人。"到了東漢末年，袁氏楊氏是當時的名族。《三國志》
卷六《魏書》第六《袁紹傳》："（袁）安爲漢司徒，自安以下，四
世居三公位，由是勢傾天下。"《後漢書》卷五四《楊彪列傳》："自
震至彪，四世太尉，德業相繼，與袁氏俱爲東京名族。"觀乎瑯琊王
氏在東漢時的人物，正史僅錄遵及音、峕，而官位只是中大夫義鄉
侯及大將軍掾而已。降至曹魏之際，才漸漸地，由細水長流型而一
變爲滔滔江水型的士族。《晉書》卷三五《裴秀傳》云："初，裴、
王二族盛於魏晉之世，時人以爲八裴方八王。"因此本文研究的重
點，放在東漢以後王氏在政治社會種種現象之分析。

一個家族的興旺，應當指多方面的成就，因此亦應多元探討，
本節從政治地位入手，一則因爲官品官職較易成爲科學分析的具體
座標，再則因爲政治地位一直被視爲判別社會地位的重要標準。

（一）官位之統計

爲了統計運用便利，我們須假定王氏某一代作爲我們研究本文的第一代，最理想的是採取連續不斷的世系的最早的一代，王祥之祖王仁最合於這一條件。王仁之前，系數不明，王仁之後，代代相襲。但是，王祥之祖有二種不同的説法。《新唐書》卷七二中《宰相世系表》二中説："（吉）生駿，……御史大夫。二子崇、游；崇，……大司空、扶平侯。生遵，……後漢中大夫義鄉侯。生二子旹、音，音字少玄，大將軍掾。四子誼、叡、典、融，融字巨偉，二子祥、覽。"而《晉書》卷三三《王祥傳》説："漢諫議大夫吉之後也。祖仁，青州刺史。父融，公府辟不就。"王祥之父融，兩書之説相同，固無疑問。祖父究竟是誰？按《漢書》卷七二《王吉傳》記載，王吉、王駿、王崇皆前漢人；王祥係曹魏西晉時人；在王崇與王祥之間，亦即整個後漢二百十幾年之中，《新唐書》只記載王遵、王音、王融三代，殆不可能，其間必定漏列了若干代，而王仁亦可能是漏列者之一。因此承認王仁爲王祥之祖，似較合理。故本文以王仁爲第一代，王融爲第二代，王祥爲第三代……。從《三國志》、《晉書》、《宋書》、《南齊書》、《梁書》、《陳書》、《魏書》、《北齊書》、《周書》、《隋書》、《新唐書》、《舊唐書》、《南史》、《北史》及中央研究院歷史語言研究所收藏大量墓誌銘搨本中，共找到瑯琊王氏後裔凡六百七十六人。尋其脈絡，追其世系，一一加以整理歸類，自漢末至唐亡，歷七百十年，得二十三世，兹依各人最高品製成《瑯琊王氏各代官品統計表》。爲了易於明瞭王氏各代活動於何朝何代，又製《瑯琊王氏各代主要活動之時間幅度對照表》，作爲本文研究之基礎。瑯琊王氏之世系雖可以排列至第二十三代，但王氏活動事蹟的記載，只有魏晉南北朝時較爲詳細。隋唐之際，因王氏官位微減，正史中很少發現他們的詳細動態。上表自第十三代以下（第十三代亦有一部分王氏進入隋唐時期），皆屬隋唐時期，主要的資料來源，是出於《新唐書》卷七二《宰相世系表》及現存之墓誌銘，只有人名、官職及世系，而無實際活動現象。故本文以魏晉南北朝時期（即第一代至第十二代外加部分第十三代）的王氏人物作爲一個研究單位，並視爲重點之所在，隋唐部分則隨資料之多寡，略加討論。

瑯琊王氏各代官品統計表

世系 \ 官品	一	二	三	四	五	六	七	八	九	合計	不仕	總計
1				1						1		1
2											1	1
3	1		1	1						3		3
4			2	1	4	4	1			12	3	15
5	5		3	2	2	1				13	4	17
6			9	2	6		2	3		22	4	26
7	1	1	6	1	8		2	1		20	6	26
8	1	2	16	2	6	2				29	4	33
9		1	14	3	4	1	4			27	3	30
10		3	14	2	6	3	1	1		30	10	40
11	1	1	9	1	7	4	1			24	9	33
12	1	6	11	1	10	1				30	6	36
13		4	4	6	6	3	4	1	2	30	4	34
14		1	2	4	6	2	6	7		28	4	32
15			3	7	2	7	12	13	3	47	7	54
16			8	2	4	8	5		12	39	25	64
17			1	7	3	1	2	5	5	24	32	56
18			3	6	6	2	8	5	6	36	30	66
19			1	2		1	4	5	7	20	33	53
20				3	3	1	3	1	1	12	19	31
21					1	1	1	3	1	7	4	11
22								1		1	6	7
23				1					3	4	3	7
合　計	10	19	99	61	82	38	59	51	40	459	217	676

瑯琊王氏各代主要活動之時間幅度對照表

世系	活動之朝代及建元年號	代表人物
1	漢獻帝建安——曹魏文帝黃初	仁
2	曹魏	融
3	曹魏齊王芳正始——西晉武帝太熙	祥、覽
4	西晉	裁
5	西晉惠帝永熙——東晉成帝咸康	敦、導
6	東晉康帝建元——東晉海西公奕太和	洽、羲之
7	東晉穆帝永和——東晉孝武帝太元	珣、珉
8	東晉安帝隆安——宋文帝元嘉	弘、曇首
9	宋	景文、僧虔
10	宋世祖孝建——南齊	儉、志
11	南齊——梁武帝中大通	亮、暕、肅
12	梁——陳	沖、詡、猛
13	陳——唐高祖武德	袞、胄、寬
14	隋——唐太宗貞觀	蕭、德素、敞
15	隋煬帝大業——唐高宗弘道	弘讓
16	唐高宗永徽——唐玄宗開元	方泰,同皎
17	唐中宗文明——唐玄宗天寶	繇、景、鴻
18	唐中宗神龍——唐代宗大曆	志悌、訓
19	唐玄宗開元——唐德宗貞元	沿
20	唐肅宗至德——唐穆宗長慶	敬元
21	唐德宗建中——唐武宗會昌	鐵師、甫
22	唐順宗永貞——唐懿宗咸通	搏
23	唐敬宗寶曆——唐亡	倜

（二）起家官職與官品之研究

研究政治地位首先需注意出發點平等與否？如果不平等,其不平等的程度如何？當時一個人最初就任的官職,專稱爲"起家官",初次

任官有許多專用名稱,如:"起家"、"釋褐"、"解褐"、"解巾"、"初任"、
"初拜"等。依當時所實行的九品官人法,起家官需與中正官對該人的
品評相符合,即中正評品高者起家官亦較高之意。由於大士族力量強
大,控制了選舉機構(參見拙著《兩晉南北朝士族政治之研究》及《中
國中古社會史論》第六篇),大士族子弟,中正評品極佳,因此起家官亦
極高。瑯琊王氏當然是大士族,其起家官分析於下:

六品官起家者有:

以秘書郎起家者:場、固、質、勵、通、沖、訓、錫、僉、衷、
規、承、泰、寂、儉、慈、績、僧虔、恢之、
誕、謐、義之等二十二人。

以駙馬都尉起家者:陳、亮、瑩、志、琨、嘏、敦等七人。

以騎都尉起家者:肇、珉。

七品官起家者:

以著作佐郎起家者:長玄、秀之、彪之。

以王國常侍起家者:晏、逡之、准之、敬弘。

以嗣王三品將軍參軍起家者:琳、筠、峻、鎮之、僧達、弘。

以一品將軍參軍起家者:惠、球、徽之。

以司徒祭酒起家者:微。

以州別駕起家者:祥。

以太子舍人起家者:衍。

八品官起家者:

以一品官掾起家者:戎、珣、曇首。

以三品將軍參軍起家者:韶之、協。

以三品將軍主簿起家者:份。

以州祭酒起家者:智深。

以州主簿起家者:獻之、華、思遠。

以侍講東宮起家者有悅,應本郡之召者有覽。而王氏舉秀才者共
發現三起,即王祥及南齊的琨及延之。其他因資料不全,不能一一查
出。

由上列各種起家事例中得知王氏最高可以六品官起家,最低亦可
以八品官起家,而以六品及七品起家爲常態。王氏無以九品官起家
者,這點可解釋《瑯琊王氏各代官品統計表》中在魏晉南北朝時期無九

品官之原因。

隋朝瑯琊王氏似以第九品起家,例如:

《唐貝州臨清縣令王宏墓誌銘》(登記號 13927,14234,17319)記載:

宏釋褐隋謁者臺散從郎(九品),從班例也。

《唐開府右尚令王仁則墓誌銘》(登記號 14188)記載:

王仁則解褐王府典籤(九品)。(按仁則起家在隋朝)

《唐通泉金城二縣令王素墓誌銘》(登記號 05238,17345)記載:

王素起家(隋朝)州都督府典籤(九品)。

唐朝瑯琊王氏起家事蹟見諸記載者有:

《唐武榮州南安縣令王基墓誌銘》(登記號 13473,14024,16634):

王基弱冠明經擢第,補州參軍(八、九品)。

《唐雅州名山縣尉王大義墓誌銘》(登記號 13862):

弱冠以永徽三年明經擢第,拜縣主簿(八、九品)。

《唐南陽郡臨湍縣尉王志悌墓誌銘》(登記號 01553,05962):

判入甲科,授相州成安縣尉(九品)。

《唐右翊衛清廟臺齋郎天官常選王豫墓誌銘》(登記號 13392,14419,16992):

年二十一門調宿衛,州舉孝廉,補清廟臺齋郎(九品)。

《唐行京兆府涇陽主簿王郊墓誌銘》(登記號 07761,07762,07769):

自弘文館明經,授弘農尉(八品)。

《唐吏部常選王元墓誌銘》(登記號 12964,13578,16598):

始以門蔭備宿衛,續以戶選奏銓衡(即吏部常選,九品)。

《唐朝散大夫譙郡司馬王秦客墓誌銘》(登記號 13587,13789):

以門蔭補太廟齋郎,解褐授左清道率府冑曹參軍(九品)。

《唐衛州司馬王善通墓誌銘》(登記號 13762):

勅授州參軍(九品)。

《唐王虔暢墓誌銘》(登記號 08877,18086):

釋褐縣尉(九品)。

《唐彬州司士參軍王公度墓誌銘》(登記號 13585,17732):

弱冠調補州參軍(九品)。

《唐襄州襄陽縣尉同州馮翊縣丞王鴻墓誌銘》（登記號 13210,14174,19061）：

> 初任縣尉。（九品）

《唐忠王府文學王固已墓誌銘》（登記號 01539, 16796, 24205）：

> 解褐滑州衞南尉（九品）。

從上列十二個例子中，有幾點值得注意的。第一：除三例明經擢第以八品起家以外，皆以九品官起家，似乎像魏晉南北朝時期以六七品起家的現象，已不復存在，我們最低限度可以説唐朝王氏以九品起家爲常態。第二：沒有發現以流外官起家者，顯示在唐朝王氏仍然保持其士族地位。第三：十二個例子中有五個是經由“明經擢第”、“判入甲科”、“自弘文館明經”等方式入仕，這是一種以才華任官的途徑，這種途徑是允許任何階級競爭，也就是説唐朝王氏已不能全靠門資，亦須與他人平等求進了。這與整個魏晉南北朝期間只有三個王氏以舉孝廉出身相比較，其中變化甚巨。第四：仍有以門資入仕者，但這種現象似乎並不普遍，且以門資入仕者皆需經過一段實習時期，如“門調宿衞”、“以門蔭宿衞”、“以門蔭補太廟齋郎，解褐授左清率府胄曹參軍”。這亦表示王氏在唐朝仍有相當的地位。無論如何，王氏起家官位，在唐朝遠不如魏晉南北朝時期。

（三）昇遷速度之研究

魏晉南北朝期間（即第 1～13 代），約有五分之一的王氏不見拜任何官職，對於研究王氏家族的政治地位而言，這些未拜任何官職者，其重要性一如拜官者，爲何大部分的王氏皆任官而這小部分不居官？其原因何在？都是值得推敲的問題，但是這些未任官職的王氏，歷史書上的記載語焉不詳，不能完全地找出其客觀及主觀的因素，僅能就可得的記載分析之。王氏未任官職的原因，首推“早卒”，如王祥的三個兒子芬、烈、夏，皆夭折，若他們能夠達到弱冠之齡，相信以王祥官居太保的身份，任官極其可能。其他如王裁之子即王導之弟王穎、王羲之之子王玄之、王僧祐之孫即王藉之子王碧、王羅雲之子王思玄等，皆因早卒而未仕。第二個原因是父兄謀逆。如《南齊書》卷四九《王奐傳》云：王奐叛逆，奐第三息彪隨奐在州，凡事是非皆干豫扇構，奐敗，彪被誅，彪弟爽亦卒，而奐弟佃雖得保留性命，但終身廢於家。第三原因是品德不良，如《宋書》卷六三《王華傳》云：王定侯子王長，襲嗣，坐罵母奪爵，其後不見仕宦。第四原因是庶出，如《晉書》卷四三《王戎傳》云："有庶子興，戎所不齒，以從弟陽平太守悟子爲嗣。"《晉書斠注》引《五禮通考》卷一四六曰："有子立嗣，似屬創見，然繼體祖宗事關重大，子出微賤而猥以承祧，是不敬其先人也。"一般而論，庶子不慧並不得乃父喜愛者才不仕。第五原因是襲爵承嗣，但未任職。如《晉書》卷七六《王舒傳》云：王晞之承襲乃父王允之番禺縣侯，俟卒，王肇之又承襲乃父王晞之之爵。其他如《宋書》卷八五《王景文傳》，王絢之子王婥；《宋書》卷四二《王弘傳》，王錫之子王僧亮；《宋書》卷六三《王華傳》，王定侯之子王終等，皆是。第六原因是自己拒絕徵詔不仕，如《南史》卷二四《王素傳》云："素少有志行，家貧，母老，隱居不仕。宋孝建大明泰始中，屢徵不就，聲譽甚高。山中有蚿聲清長，聽之使人不厭，而其形甚醜，素乃爲蚿賦以自況，卒年五十四。"王素祖王泰之、曾祖王望之皆不仕。其他原因不詳者有：王會之子王邃、王廣之子王藉之、王廣之孫王承之、王允之之子王仲之、王晏之之子王崏之、王崏之之子王陋之、王羅雲之子王思微、王敬弘之孫王閎之、王倫之之子王昕、王峻之子王玩、王錫之子王泛及王湜、王泰之子王廓及王祁，王翼之之子王法興、王曄之之子王曷等。但依事實而論，王氏未宦之最大原因厥爲未能及既冠之年而早卒。除早卒以外，襲嗣承爵而未任職者，亦有例子多起。其餘如父兄謀逆、品德不良、庶出爲乃父不喜、拒徵不仕等原因，比較少見，似乎是特例。

在魏晉南北朝時期，王氏未見拜命第九品官職，因王氏起家最低者拜第八品，上節已有細論。

第八品、第七品、第六品，是王氏起家的官品，故將六、七、八品合而論之。研究的主旨是：如何昇達？昇遷之速度如何？未能再上昇之原因何在？

止於第八品者共有五人，其中一人被害而亡，其他四人的年歲及死因不清，但顯然這五人皆起家即拜第八品者。

止於第七品者共有九人，其中丞相祭酒王敞、元帝撫軍參軍王協、平西長史王羅雲三人早卒，其餘六人的年壽及死因不詳。從資料中顯示，似乎這些第七品者並非由第八品上昇而來，可能皆起家

即拜第七品官。九人之中只有一人曾經平級轉遷，即王偉之曾由烏
程令（七品）遷爲本國郎中令（七品）。

止於第六品者共有十六人，其中三人因早卒，另三人被殺或賜
死，另一人卒年二十九歲，一人卒年六十三歲，其餘八人年歲及死
因不詳。十六人之中，十三人起家即拜第六品官，其餘五人由第七
品昇至第六品：

　　王孚　海鹽令（七品）→司徒記室參軍（六品）。

　　王微　司徒祭酒（七品）→司徒主簿（七品）→始興王後軍功
　　　　　曹記室參軍（七品）→太子中庶人（六品）→始興王友
　　　　　（六品）。

　　王弘之　瑯琊王中軍參軍（七品）→司徒主簿（七品）→烏程
　　　　　　令（七品）→衛軍參軍（七品）→南蠻長史（六品）
　　　　　　→右軍司馬（六品）。

王弘之轉遷最多，這是一個特例，因爲他是一位高士，很早就脫離
宦海，故最高品只達第六品，卒年六十三。研究六品以下而昇至第
六品之速度問題，不但要注意到自第七品昇至第六品而止於第六品
的五個例子，且要兼顧到昇至第六品而又再上遷的人、在其上昇至
第六品時的速度。一般而論，王氏以七品起家者多於以八品起家，
以六品起家者又多於以七品起家（詳見上節之分析），起家六品而止
於六品者暫且勿論，七品八品起家者大多數經過二至三遷便昇至第
六品。上列王微似乎是一個較爲典型的例子，他在第七品這一階級
上經過三遷而昇至第六品，他卒年是二十九歲，死在始興王友任上，
因此我們可以推定王氏若從第八或第七品起家者，至遲在三十歲以
前便可昇達第六品官。

在魏晉南北朝之際，王氏曾任第六、七、八品這些階官職者共
有二百零六人，能够跳過第六品而進入第五品者有一百七十六人，
透過這一階的比率達85％，只有15％滯留在六、七、八品。爲何這
15％不能上昇至第五品呢？我們沒有積極的資料，在此只能作邏輯
上的推論。滯留未昇的15％共有人數三十。已知被害而死者四人，
另一人年壽六十三，因此餘下二十五人，這二十五人佔王氏總人數
二百五十八人的10％弱。我們若推定二十幾歲時死去王氏總人數的
10％，亦甚合理。因此這二十五個未能再上昇的王氏們，我們假定

其最大的原因是年壽不永（事實上二十五人中已知七人記載是早卒）。

止於五品者共有五十九人。在九品中正制度之下，第五品已漸次重要；中央官如給事黃門侍郎、中書侍郎、尚書吏部郎、尚書左右丞、太子中庶子、散騎侍郎等，地方官如單車刺史、太守等皆屬第五品。除宗室以外，一般士族沒有以第五品起家者，所以第五品皆由低品昇至。就王氏而言，第五品如何昇達？其比不能昇達第五品的其他王氏有何特點？昇遷路線與速度如何？再者，這些止於第五品者爲何不能再向上爬一層，其原因安在？自第六品昇至第五品早遲幅度較大，一個起家即拜六品的王氏，若一帆風順，可能不久便上遷第五品，則其年歲可能只有二十左右，如王錫：年十二爲國子生，年十四舉清茂除秘書郎（六品）→太子舍人（六品）→中書侍郎（五品）→黃門侍郎（五品）→吏部郎（五品）。卒於吏部郎任內，年二十四，則當其初昇至第五品時，其年齡約僅二十歲左右。一般而論，王氏自二十歲弱冠之年起家，由第八品（大多數由七品或六品）幾經昇遷，在三十歲以前，若無特殊事故，或年壽不永，皆能昇至第五品官。另一方面有一種現象，即第五品官的最大年齡除王僉達四十五歲以外，似乎皆未過四十，如第五品官的王錫卒於三十六；王融卒於二十七；王悅先乃父王導而卒，亦必四十以內；王絢終於秘書丞，《宋書》稱其早卒；王徽之居黃門侍郎，年壽短。五品官皆由六品昇達，固無疑問。一般而論，王氏在第六品上同級遷官者通常僅二三遷而已，即王氏自六品昇五品的速度與自七品昇六品的速度相似，五品以下同級累遷而滯留不昇的現象甚少。但一旦昇至五品官時，就常出現在第五品這一階級上屢次轉移職務，如：

王琳　舉南徐州秀才，釋褐征虜將軍建安王府法曹參軍（七品）→司徒東閣祭酒（七品）→南平王文學（六品）→中書侍郎（五品）→衛將軍長史（五品）→明威將軍東陽太守（五品）→司徒左長史（五品）。

王錫　少以宰相子起家爲員外散騎侍郎（六品）→中書侍郎（五品）→太子左衛率（五品）→江夏內史（五品）。

王僉　補國子生，對策高第，除兼秘書郎中（六品）→尚書郎（六品）→太子中庶人（五品）→建安太守（五品）→

武威將軍始興内史（五品）→黃門侍郎（五品）→戎昭
將軍尚書左丞（五品）→太子中庶子（五品）。

這種現象有兩種含義。其一：表示自五品昇四品的速度比六品昇五
品爲慢。其二：在第五品這一階内多遷，勢必增長其昇四品的年歲，
而使年壽不够長者自然淘汰。

魏晉南北朝之際，王氏做過第五品官者共一百七十六人，其中
一百一十七人更上一層樓，佔66.6%，只有三分之一止於五品，年
壽仍然是最大原因，因爲昇至四品或三品需要更長的時間。另有一
個理由支持這一種説法，即當時司徒左長史、吏部郎、黃門侍郎、
中書侍郎等皆是"清要官"，不但昇遷只是時間問題，而且常常可以
超遷，卒於這幾種清要官者若天假年壽，再昇一二級當無問題，而
卒於這些官的王氏甚多。如卒於黃門侍郎者有：王融、王僧祐、王
茂璋、王粹、王彭之、王徽之、王祥（父筠）、王攸。卒於司徒左長
史者有：王廞、王静之。卒於中書侍郎者有：王耆之、王悦。卒於
吏部郎者如王錫。

第四品的官職除御史中丞及都水使者以外，都是些四品將軍，
這些將軍大多是將軍號的加官而已，其實際職多是第五品。如寧朔
將軍晉安太守，太守屬第五品，爲了提高其品位，加以第四品將軍
號寧朔將軍，於是乎這位太守便屬第四品了，而實際上仍然是做第
五品太守之職。即以御史中丞及都水使者而言，其品位雖屬第四品，
但有時其政治地位還不如第五品的司徒左長史及吏部郎，御史中丞
有發現上遷第五品司徒左長史，而司徒左長史亦有不經第四品的任
何官職超遷第三品者。所以第四品的官職大都含有濃厚的過渡性，
又因第四品的官職很少，卒於此階者魏晉南北朝時只得十二例，資
料不全，然而以第五品官的分析適用於第四品，似乎不會與事實相
差太遠。

第三品的官職已非常重要，包括中央政治的決策人物。如門下
省的侍中；尚書省的尚書令、尚書僕射、列曹尚書；中書省的中書
監令。武官如諸征鎮安平將軍、中領中護軍。瑯琊王氏在魏晉南北
朝期間曾經居五品者共得一百七十六人，其中有一百零五人能够跳
過第四、五品而至第三品，佔三分之二弱。大部分皆可昇至第三品，
據上段分析不能昇達三品者的最大原因仍然是缺乏足够的年壽。然

則昇達第三品時需達幾歲呢? 早晚隨各人不同, 其平均年齡研究於下: 卒於第三品而有年歲記載者, 凡三十二人, 我們且從其卒年與在第三品這一階平行遷官的次數而推論其初任第三品的年歲。

卒時年歲	人　　數	百分比	三品官平行遷職次數
30～39 歲	5 人	15.1%	1～2 遷
40～49	10	30.3%	2～3
50～59	9	27.3%	3～4
60～69	7	2.12%	3～11
70～79	2	6.1%	3～8

40～49 歲卒於第三品, 且曾經過 2～3 遷者, 我們推論其初任第三品時在 40 歲以內。以此得王氏初拜三品的年歲得:

～39　歲　拜　三　品　者　佔	45%
40～49　歲　拜　三　品　者　佔	45%
50～　　歲　拜　三　品　者　佔	10%

上列曾經説王氏能否昇至第三品是年壽問題, 即王氏若有足够的年壽, 最後必可昇達第三品之謂也, 如果 30～40 歲沒有昇達三品, 40～50 很有希望爬上這級, 如果在 40～50 仍然沒有昇達三品, 則除非此人是高士或特殊事由, 必可在 50 歲以後遷昇至第三品。但是我們必須注意一件事實, 昇達三品有的早在三十歲以前, 有的在五十歲以後, 其時間早晚之幅度達二十幾年, 關於昇至三品孰早孰晚卻是依據 “才”、 “資” 爲其條件。所謂 “才” 是當時人所認爲的才; 所謂 “資” 者, 因王氏是大士族, 分枝分房很多, 房與房之間的資蔭亦有高低之分。例如在三十歲以前昇達三品者有王儉、王訓 (儉之孫), 這兩人是各房之中最貴的一枝, 其世系爲:

導 ── 洽 ── 珣 ── 曇首── 僧綽 ── 儉 ── 騫 ── 訓
丞相　中書令　衛將軍　侍中　　侍中　　侍中　尚書左僕射　侍中
(一品)　(三品)　(二品)　(三品)　(三品)　(三品)　(三品)　(三品)

王訓在二十六歲以前即拜三品,《梁書》卷二一本傳對其才資的叙述如下:

　　十六召見文德殿, 應對爽徹, 上目送久之, 顧謂朱昇

曰："可謂相門有相矣！"補國子生，射策高第……俄遷侍
中，既拜入見，高祖從容問何敬容曰："褚彥回年幾爲宰
相。"敬容對曰："少過三十。"上曰："今之王訓，無謝彥
回。"訓美容儀，善進止，文章之美，爲後進領袖，在春宮
特被恩禮，以疾終於位，時年二十六。

第一品及第二品官職與其說有實質上的意義毋寧說是一種榮譽
地位。一品官是指列公及開府儀同三司驃騎車騎大將軍等，蓋自魏晉
以降，三公無權，實際權力在三省長官手中(皆三品官)，列公只是德高
望重的大臣，開府儀同三司是文散，車騎驃騎大將軍大半是武散。二
品官是包括三品官冠以"特進"字銜，武官則驃騎車騎將軍、諸大將軍
及諸持節都督者。凡此只是階級增高，與三品比較並沒有實質上的變
更。一品二品這種榮譽，當時人似乎亦很重視，不輕易授與，例如魏晉
南北朝之際，王氏曾任三品官者達一百零五人，但是能夠昇至一二品
者(一品十人；二品十人)，僅二十人，只佔19%而已，絕大部分沒有獲
得這項榮譽。且將一品及二品官列舉於下：

王　祥　　司空、太尉、司徒。年七十餘。

王　敦　　丞相、大將軍。年五十六。

王　導　　丞相、司徒、太傅。年六十餘。

王　戎　　司徒。年七十二。

王　衍　　司空、司徒。年五十六。

王　謐　　司徒。年四十八。

王　弘　　司徒、太保。年五十四。

王　含　　開府儀同三司驃騎大將軍。年五十餘。

王　肅　　(北魏)使持節都督車騎將軍刺史開府儀同三
　　　　　　司。年三十八。

王敬弘　　特進尚書令。年八十。

王僧朗　　特進侍中。

王僧虔　　特進左光祿大夫。年六十。

王　份　　特進左光祿大夫。年七十九。

王　沖　　特進光祿大夫。年七十六。

王　通　　特進光祿大夫。年七十二。

王　猛　　鎮南大將軍。

王　晏　驃騎將軍。

王　珣　衛將軍。年五十二。

王延之　使持節都督安南將軍江州刺史。年六十四。

其中除王肅北奔被魏主特別寵愛，年三十餘即登一品官外；王謐初任司徒則係由桓玄稱帝時所命。除此二人以外，其餘一、二品者皆年五六十歲以上。早期的人物如王敦、王導等以功業晉級外，似乎以德望才華昇至一、二品者爲多。總之，王氏昇至一、二品時才有若干選擇性。

上列各段提及年壽對王氏官宦昇遷之重要性，且綜合列表如下：

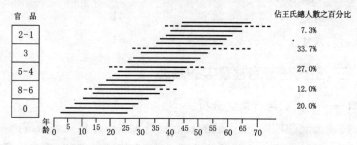

上述強調年壽與昇遷之關係，並非完全不重視才華因素，王氏自始便是以學業承襲的家族，對家族成員的學業皆有某些標準，王氏的學業水準似乎很得當時人的信心（詳細討論見下節），再加以崇高的門資，於是乎就造成上述年壽與官品昇遷有密切關係的現象。

隋唐時期的昇遷資料極端缺乏，無法作系統研究。但是有一點可作肯定者，即依據《瑯琊王氏各代官品統計表》所示，王氏在隋唐的政治地位已遠不如前，詳細情形要待隋唐墓誌銘全面整理完成後，或可有進一步瞭解。因此上述魏晉南北朝時期昇遷速度之研究，不適用於隋唐時期。

（四）擔任官職之分析

魏晉南北朝時，王氏所擔任官職統計如下：

司徒	5
侍中	58（包括加官）
尚書令	9
尚書僕射	14
中書監令	22
列曹尚書	35
光祿大夫	16

散騎常侍	16
列卿	25
秘書監	5
三品將軍	31
太子太師詹事	9
司徒左長史	19
黃門侍郎	34
中書侍郎	24
刺史	41
太守	81

三、王氏在政治社會中的動態

(一) 王氏政治行爲之分析

魏晉南北朝期間,王氏們的政治行爲大致可分爲三大類型:

第一類是無爲型。其代表人物有王戎、王衍。試以此二人爲例,從其對政治上各種觀點及作風諸方面看這一類型的具體行爲。

甲、王戎。

《晉書》卷四三《王戎傳》記載:

尋轉司徒,以王政將圮,苟媚取容,屬愍懷太子之廢,竟無一言匡諫。

惠帝反宮,以戎爲尚書令。既而河間王顒遣使就説成都王穎,將誅齊王冏。檄書至,冏謂戎曰:孫秀作逆,天子幽逼,孤糾合義兵,掃除元惡,臣子之節,信著神明。二王聽讒,造構大難,當賴忠謀,以和不協。卿其善爲我籌之。戎曰:公首舉義衆,匡定大業,開闢以來,未始有也,然論功報賞,不及有勞,朝野失望,人懷貳志。今二王帶甲百萬,其鋒不可當,若以王就第,不失故爵。委權崇讓,此求安之計也。冏謀臣葛旟怒曰:漢魏以來,三公就第,寧有得保妻子乎? 議者可斬。於是百官震悚,戎偽藥發墮厠,得不及禍。

《晉書》給他的評論最能表現出其政治行爲,云:"(戎)無蹇諤之節,自經典選(爲吏部尚書),未嘗進寒素,退虛名,但與時浮沉,户調門選而已。"

乙、王衍。王戎之從弟，其風格與戎極相似。

《晉書》卷四三《王衍傳》記載：

> （王衍爲尚書令時）女爲愍懷太子妃，太子爲賈后所誣，衍懼禍自表離婚。賈后既廢，有司奏衍曰：衍與司徒梁王肜書，寫呈皇太子手與妃及衍書，陳見誣之狀，肜等伏讀，辭旨懇惻，衍備位大臣，應以義責也。太子被誣得罪，衍不能守死善道，即求離婚，得太子手書，隱蔽不出。志在苟免，無忠蹇之操，宜加顯責，以厲臣節，可禁錮終身。從之。

> 及（東海王）越薨，衆共推爲元帥，衍以賤寇鋒起，懼不敢當，辭曰：吾少無宦情，隨牒推移，遂至於此。今日之事，安可以非才處之。俄而舉軍爲石勒所破，勒呼王公與之相見，問衍以晉故。衍爲陳禍敗之由，云計不在己，勒甚悦之，與語移日。衍自説少不豫事，欲求自免，因勸勒稱尊號。勒怒曰：君名蓋四海，身居重任，少壯登朝，至於白首，何得言不豫世事邪？破壞天下，正是君罪。……填殺之。衍將死，顧而言曰：嗚呼！吾曹雖不如古人，向若不祖尚浮虛，戮力以匡天下，猶可不至今日。

第二類是積極型。有抱負有才能的人物，對現實政局採取積極的態度，有的失敗，有的成功，我們且不論其成功與失敗，其積極則一也，當西晉末葉，王氏有兩個積極型的代表人物，即王導與王敦。

甲、王導。

王導處理當時局面，頗有開創的氣魄。《晉書》卷六五《王導傳》云：

> 導知天下已亂，遂傾心推奉（晉元帝），潛有興復之志，帝亦雅相器重，契同友執。帝之在洛陽也，導每勸令之國，會帝出鎮下邳，請導爲安東司馬，軍謀密策，知無不爲。

陳寅恪《論東晉王導之功業》一文曾予肯定。

建立東晉之初，王導有一連串的新猷，他樹立了南朝規模，他的政策一直被南朝遵循著，今簡述其重要作風如下：

（1）收攬土著民心，任用吳郡賢才，使新政府能在南方生根，採取恩威並用的手段。《晉書》卷六五《王導傳》云（下同）：

> 及徙鎮建康，吳人不附，居月餘，士庶莫有至者，導患之。會敦來朝，導謂之曰：瑯琊王仁德雖厚，而名論猶輕，兄威風已振，宜有以匡濟者。會三月上巳，帝親觀禊，乘肩輿，具威

儀,敦、導及諸名勝皆騎從,吳人紀瞻、顧榮皆江南之望,竊覘之,見其如此,咸驚懼,乃相率拜於道左。導因進計曰:古之王者,莫不賓禮故老,存問風俗,虛己傾心,以招俊乂。況天下喪亂,九州分裂,大業草創,急於得人者乎? 顧榮、賀循此土之望,未若引之以結人心,二子既至,則無不來矣! 帝乃使導躬造循、榮,二人皆應命而至,由是吳會風靡,百姓歸心焉。

(2)安慰流亡人士,並選用其賢才。《王導傳》云:

俄而洛京傾覆,中州士女,避亂江左者十六七,導勸帝收其賢人君子,與之圖事。時荆揚晏安,户口殷實,導爲政務在清靜。

(3)規勸君主。

每勸帝克己勵節,匡主寧邦,於是尤見委杖,情好日隆,朝野傾心,號爲"仲父"。

(4)勉勵士大夫積極爲國。

過江人士,每至暇日,相要出新亭飲宴,周顗中坐而歎曰:風景不殊,舉目有江河之異。皆相視流涕。惟導愀然變色曰:當共勠力王室,克復神州,何至作楚囚相對泣耶? 衆收淚而謝之。

(5)提倡教育。

于時軍旅不息,學校未修,導上書曰:夫風化之本,在於正人倫,人倫之正,存乎設庠序,庠序設,五教明,德福洽通,彝倫攸叙,而有恥且格,父子兄弟夫婦長幼之序順,而君臣之義固矣!《易》所謂"正家而天下定"者也。故聖王蒙以養正,少而教之,使化霑肌骨,習以成性,遷善遠罪而不自知,行成德立,然後裁之以位……。

(6)安定王儲。

初,帝愛瑯琊王裒,將有奪嫡之議,以問導,導曰:夫立子以長,且紹又賢,不宜改革。帝猶疑之。導日夕陳諫,故太子卒定。

(7)協調大臣。

於時庾亮以望重地逼,出鎮於外,南蠻校尉陶稱間說亮當舉兵内向,或勸導密爲之防。導曰:"吾與元規(亮字)休感是同,悠悠之談,宜絶智者之口。則如君言,元規若來,吾便角巾還第,復哉懼哉?"又與稱書,以爲庾公帝之元舅,宜善事之。於是讒間遂息。

又:(大司馬)庾亮將徵蘇峻,訪之於導。導曰:峻猜險,必不
奉詔。且山藪藏疾,宜包容之。固爭不從,亮遂召峻,既而難作。

上列若干項王導的政治措施,與古今任何宰輔相較毫無遜色。更值得
注意者,這種種措施,皆基於儒家的政治理論。王導的作風被南朝士
族子弟們所效法,雖然模仿他的人只學到一部分,且在實行時遠不如
王導積極,但王導似乎已替士族子弟們樹立了一種政治行爲的典範。

乙、王敦。

對於州郡的控制,地方勢力的鏟平,王敦的貢獻不亞於從弟王導。
例如元帝初鎮江東之時,悉賴王敦武力支持。王敦是另一種的積極行
爲代表人物。

第三類是因循型。這類人的政治行爲是兢兢業業,不求有功,但
求無過,隨波逐流,憂讒畏譏,但並非完全不做一點事情,有時做一點,
大部分時間皆蕭規曹隨,因循不變。如《晉書》卷三三《王祥傳》中的
王祥是代表人物之一。

徐州刺史呂虔檄爲別駕……委以州事。于時寇盜充斥,
祥率勵兵士,頻討破之,州界清靜,政化大行。時人歌之曰:
海沂之康,實賴王祥,邦國不空,別駕之功。

王祥比王戎輩無爲作風而言,要積極些,但其積極程度亦達此而已。
《王祥傳》又云:

累遷大司農。高貴鄉公即位,與定策功。……轉司隸校
尉,從討毌丘儉。……祥爲三老,……高貴鄉公之弒也,朝臣
舉哀,祥號哭曰:老臣無狀。涕淚交流,眾有愧色。頃之拜
(祥)司空,轉太尉。

王祥臨卒時對其子孫的一段話,可作爲最佳的自我描述:

吾生值季末,登庸歷試,無毗佐之勛,沒無以報。氣絕但
洗手足,不須沐浴……

因循人物在南朝末期被王氏們發揮至極,形成一種爲人處事的典
型,試舉數例。

《陳書》卷一七《王沖傳》:

性和順,事上謹肅,習於法令,政在平理,佐藩莅人,鮮有
失德,雖無赫赫之譽,久而見思。

《陳書》卷一七《王勱傳》:

爲政清簡,吏民便安之。

《陳書》卷二一《王固傳》:

世祖以固清静,且欲申以婚姻。

《陳書》卷二三《王瑒傳》:

除吏部尚書,……居選職,務在清静,謹守文案,無所抑揚。

政治行爲的分類,是一件不容易之事,因循型與無爲型之間之明確標準爲何? 積極型與因循型是否毫無重疊之處? 這種種問題都無法得到完整的答案。同時政治行爲是否只能分爲這三類,亦頗值得商榷。本文這種分類是將就資料的分法。且將魏晉南北朝王氏在政壇上主要人物依上列三種類型歸類列表於下:

王氏政治行爲分類表(魏晉南北朝時期,即自第一代至第十三代)

世系	積 極 型	因 循 型	無 爲 型
第1代			
第2代			
第3代		祥、覽	
第4代			
第5代	敦、導、含、廙、恬、允之、彪之	舒、彬	戎、衍、澄
第6代		洽、劭、薈、瑜、羲之、胡之、翹之	
第7代		混、珣、珉、謐、恢、獻之	徽之、凝之惠
第8代		弘、虞、柳、孺、曇首、朗、練、球、智、僧朗、華、琨、敬弘、鎮之、訥之	
第9代		僧達、猷、遠、僧綽、僧虔、景文、翼之、普曜、淮之、韶之	
第10代		懋、僧衍、瞻、儉、慈、志、絢、繢之、蘊、份、瓚之、昇之、晏、逡、思遠、奐、暕、泰	
第11代		瑩、亮、騫、筠、融、延之、秀之	
第12代		沖、裒、銓、通、勘、質、固、峻、訓、錫、承	
第13代		瑒、瑜、寬	

表中有二點值得注意。其一:前三代因記載不詳,第五代及第六代時三種類型皆有著名人物出現。其二:因循型者逐代增加。討論於下:

上列粗分的三種政治行爲類型,也可視爲王氏對現實社會的三種反應,作風雖有不同,其基本心理則一,即保持家族的生存與地位。當永嘉亂起,正值王氏第五及第六代出現於歷史舞臺,面臨如此複雜巨

大的變局,很容易產生各種不同的應變方法。有人認爲採取消極態度
做人處事可免許多爭執,不做不錯,少做少錯的心理產生,於是乎老莊
思想最吻合於這些人的思想,他們認爲"無爲"是保家保身的萬靈丹。
例如,"鍾會伐蜀,過與(王)戎別,問計將安出?戎曰:道家有言,爲而
不恃。非成功難,保之難也。"又"東安公繇專斷刑賞,威震外内。
(王)戎誡繇曰:大事之後,宜深遠之。"及戎主持選舉時,"與時沉浮,
户調門選而已"。很容易看出他的無爲保家思想。又王戎雖知族弟王
敦有高才,但反對他的積極作風,認爲是招禍之因,故"敦有高名,戎惡
之,敦每候戎,輒託疾不見"。另一位主張無爲的王衍,曾有狡兔三窟
的設計,由此可見這類無爲型的人物,其政治行爲是無爲,其心理乃是
因爲保家。另一類型者認爲國家危難之秋,得積極匡正才能保國保
家,若説王導完全出於愛護司馬睿之心,毋寧説王導欲保家而以瑯琊
王司馬睿做個招牌,這不但是王導一個人的想法,且是當時大部分僑
姓及吳姓士族們的一般想法。而王敦的政治行爲積極之至,但是他的
心理基礎可由他病倒時的一段話中得到若干啓示。"錢鳳謂敦曰:脱
其不諱,便當以後事付應。敦曰:非常之事,豈常人所能。且應年少,
安可當大事。我死之後,莫若解衆放兵,歸身朝廷,保全門户,此計之
上也。"(《晉書》卷九八《王敦傳》)第三種人介於無爲型與積極型之
間,採取中庸之道,因循故事,不急不緩,如王祥、王覽。這三種類型的
人,在永嘉之亂以後皆得到充分的實驗,其結果是主張無爲作風者因
爲完全失去政府設官治事之基本原則,這種人居位是敗事有餘而成事
不足,王衍之死便表示無爲型的政治行爲的完全失敗,而時人亦漸以
"浮華"稱之,遭人唾棄,故自戎、衍以後真正在政治上採取無爲者漸
少。積極型的人物對國家有創造性的貢獻,但是在權力鬥爭之下,一
旦走上了"螺旋進程"之途,[3]可能會騎虎難下,如王敦是也,王敦給
王氏家族之打擊至深且巨,王氏幾乎滅族。即以王導而論,亦曾遭元
帝及他人之忌,故王導在其晚年亦以"清静"聞。經過這些實驗,因循
型的政治行爲似乎最能保持家族的生存及政治社會地位的繼續,自東
晉以後,王氏皆服膺這種作風。然而,因循作風的盛行是否因爲該家
族活力之衰微,非現存資料所能證明。

<hr>

[3] 參見朱堅章著《歷代篡弑之研究》第五章《篡弑的動機——權力與自保》,嘉新出版事業
有限公司,1964。

(二) 王氏與軍旅

這是從另一個角度看王氏之行爲風格。依與軍旅接近之深淺,且分爲三類,即"活躍"、"不活躍"、"未涉"。將魏晉南北朝主要的王氏歸類於表中:

王氏參與軍旅分類表　　　(魏晉南北朝時期)

世系	活　躍	不　活　躍	未　　涉
第1代			
第2代			融
第3代			祥、覽
第4代	叉	彦、載、渾	肇、馥、基、正、琛、憻
第5代	敦、含、舒、廙	導、彬、澄、衍	戎、俊、曠、棱、侃
第6代	恬、應、允之	洽、薈、晏之、萬、徽	遐、悦、劭、羲之、玄、頤之、耆之、彭之、彪之、翹之、胡之、會
第7代		珣、肅之、羨之、越之	混、珉、謐、穆、默、恢、廞、凝之、徽之、獻之、操、茂、隨之、臨之
第8代		螟、曇首、華、楨之、琨	誕、弘、虞、柳、朗、練、球、智、僧朗、惠、敬弘、偉之、鎮之、弘之、納之
第9代		恢、欽、宣侯、准之、僧達、僧虔	偓、錫、深、猷、遠、微、僧議、僧綽、景文、楷、粹、翼之、恢之、韶之、普曜
第10代		僧祐、珪之、蘊、鎮之、奐	藻、懋、脩、僧亮、僧衍、道琰、瞻、儉、慈、志、楫絢、繢、思遠、份、瓚之、昇之、曄之、晏、翽、邃
第11代		延之、籍、德元	瑩、亮、茂璋、長玄、騫、暕、泰、筠、融深、琳、秀之、晃
第12代			沖、寶、規、訓、承、稺、祥、詡、銓、錫、僉、通、勱、質、固、
第13代			峻、衰、寬、琮、瑒、瑜

上表所示,王氏參與軍事活動逐代減少。前幾代因記載不詳,且王氏並未至極盛時期。第五代是王氏軍事方面最活躍時期,王敦更爲突出,王含、王舒、王廙皆有積極的表現。第六代的王恬、王應、王允之雖不如王敦輩,但亦甚愛軍旅。自第六代以後,軍事方面活躍分子不復出現,至多只是些軍事參謀及一些不甚重要的軍職而已,且未涉軍者

的數目遠過"不活躍"類。自第十一代以後,甚至"不活躍"者亦不見,王氏似乎已完全退出了軍旅。涉及軍旅與否或有時勢因素,永嘉亂後誠然是用兵之時,但南朝政局變化奇大,且侯景之亂所造成的混亂局面不亞於西晉末年,而王氏第十二代第十三代(正值梁陳之際)卻完全脫離了軍旅。因此應當著重於內在因素的分析。瑯琊王氏自西漢始便是一個以經業傳家的家族,本質上傾向於文才方面,此乃基本的心理傾向,但是當時文武之途並沒有截然分開,許多儒生都曾經將兵,王敦是一位文質彬彬的貴公子,同時也是一位傑出的將才,謝安的淝水之戰,證明其軍事才華。王氏之所以逐代遠離軍旅,最重要的原因是軍功雖能帶來功績,但不能給家族幸福,自王敦反後,幸賴王導忠誠,王氏才免去族滅之禍,這個打擊對兢兢業業的王導教訓很大,從一個例子中可以看出王導的心理。《晉書·王導傳》:

> (王導長子)悅字長豫,弱冠有高名,事親色養,導甚愛之。

> (次子恬)少好武,不爲公門所重。導見悅輒喜,見恬便有怒色。

王氏一族居高官者三分之二皆王導之後裔,這種重文輕武的作風,可能已成爲王導的家訓矣!

(三) 王氏與社會價值觀念

在政治行爲方面王氏逐漸走因循路線,在軍事活動方面王氏又逐漸遠離軍旅,然則王氏如何能維持其政治地位呢? 其所憑爲何物? 最重要的原因是士族能適應當時的社會價值,甚或士族能掌握當時的社會價值觀念。

社會價值觀念的差異,會影響到取士的標準,這是歷代皆有的現象,[4]魏晉南北朝時期也不例外。但是魏晉南北朝取士標準受社會價值觀念影響之大,非以往任何朝代所能及,這是因爲當時選舉制度伸縮性過大所致。自曹魏文帝時吏部尚書陳羣創立了九品官人法以後,一直延用於南北朝。九品中正制度在各州郡設立大小中正,評定管轄地區內人才爲九等。如《文獻通考》卷二八《選舉》一云:

> 州郡縣俱置大小中正,各取本處人在諸府公卿及臺省郎
> 吏有德充才盛者爲之,區別所管人物,定爲九等。其有言行
> 修著,則昇進之,或以五昇四,以六昇五;倘或道義虧缺,則降

---

[4] 參見拙文《中國中古賢能觀念之研究──任官標準之商榷》,刊於《中央研究院歷史語言研究所集刊》第48本第3分,1977。

下之,或自五退六,自六返七。

評定人物之權歸於中正官,而最重要之點厥爲評定人物無具體固定的標準。雖然在晉武帝時曾詔令諸郡中正舉淹滯,其詔令中定下了六個標準。即一曰:忠恪匡躬。二曰:孝敬盡禮。三曰:友于兄弟。四曰:潔身勞謙。五曰:信義可復。六曰:學以爲己。很顯然地這六個標準都以品德爲主,且模稜非常,毫不具體。所以後世中正官所採用的選士標準,全與社會價值的觀念相吻合,社會上認爲某一行爲是好的,中正官便引爲取士的好條件,故一般做人的社會價值標準亦被認爲取士標準。社會價值觀念與取士標準成廣泛的結合,誰能掌握或適應社會價值觀念,誰便能合於任官標準。且看當時的社會價值觀念如何:

①品德重於一切

重視品德本是任何社會之常態,但當時人對品德重視之程度,遠在一般社會之上。士族皆崇尚儒家學說,儒家對於品德方面的主張是仁義孝弟,而魏晉南北朝的士族們把"孝"、"弟"實踐得極爲徹底,也唯有孝弟才被時人視爲品德的最高境界。魏晉南北朝正史裏這種記載多極了,因爲孝弟實行得不徹底而被中正官降品的例子亦屢見不鮮。即以瑯瑘王氏而論,孝弟之例在當時社會中極爲稱著。如《晉書》卷三三《王祥傳》:

> 祥性至孝,早喪親,繼母朱氏不慈,數譖之,由是失愛於父,每使掃除牛下,祥愈恭謹。父母有疾,衣不解帶,湯藥必親嘗。母常欲生魚,時天寒冰凍,祥解衣將剖冰求之,冰忽自解,雙鯉躍出,持之而歸。母又思黃雀炙,復有黃雀數十飛入其幕,復以供母,鄉里驚歎,以爲孝感所致焉。有丹柰結實,母命守之,每風雨,祥輒抱樹而泣。……母終居喪毀瘁,杖而後起。徐州刺史呂虔檄爲別駕。

王祥之弟王覽則以"弟"聞名:

> 母朱遇祥無道,覽年數歲,見祥被楚撻輒涕泣抱持。至于成童,每諫其母,其母少止凶虐。朱屢以非理使祥,覽輒與祥俱。又虐使祥妻,覽妻亦趨而共之,朱患之,乃止。祥喪父之後,漸有時譽,朱深疾之,密使酖祥,覽知之,徑起取酒,祥疑其有毒,爭而不與,朱遽奪反之。自後朱賜祥饌,覽輒先嘗,朱懼覽致斃,遂止。覽孝友恭恪,名亞於祥。及祥仕進,覽亦應本郡之召。……咸寧初詔曰:覽少篤至行,服仁履義,

貞素之操,長而彌固,其以覽爲宗正卿。

而王獻之、王徽之兄弟求代死之一幕,亦非常感人。甚至如王氏中崇尚老莊最洒脱不羈的王戎,《晉書》卷四三本傳中亦云:

> 以母憂去職,性至孝不拘禮制,飲酒食肉,或觀弈棊,而
> 容貌毀悴,杖然後起。裴頠往弔之,謂人曰:若使一慟能傷
> 人,濬沖(戎字)不免滅性之譏也。時和嶠亦居父喪,以禮法
> 自持,量米而食,哀毀不踰於戎。帝謂劉毅曰:和嶠毀頓過
> 禮,使人憂之。毅曰:嶠雖寢苫食粥,乃生孝耳;至於王戎,所
> 謂死孝;陛下當先憂之。

孝弟被當時人視爲品德之最上品,"容貌毀悴"、"杖而後起"已成爲士族居喪的基本禮貌,而王氏之孝弟行爲似乎在當時扮演偶像角色。

②文才的重視。

這也是歷代共同重視的社會價值觀念。文才被認爲仕進的條件之一,如《陳書》卷三《世祖紀》天嘉元年七月詔:

> 梁前征西從事中郎蕭策,梁前尚書中兵郎王暹,並世胄清
> 華,羽儀著族,或文史足用,或孝德可稱,並宜登之朝序,擢以不次。

宋臨川王劉義慶表薦庾寔有云:

> 伏見前臨沮令新野庾寔,秉真履約,愛敬淳深。昔在母
> 憂,毀瘠過禮。今罹父疾,泣血有聞。行成閨庭,孝著鄰黨,
> 足以敦化率民,齊教軌俗。前徵奉朝請武陵龔祈,恬和平簡,
> 貞潔純素,潛居研志,耽情墳籍,亦足鎮息頹競,獎勖浮動。
> 處士南郡師覺,才學明敏,操介清修,業均井渫,志固冰霜。
> (《宋書》卷五一《臨川王劉義慶傳》)

除孝弟以外,文才是被重視的。瑯琊王氏在這方面的造詣,可見諸《梁書》卷三三《王筠傳》),僧虔孫筠與諸兒書論家世集,曰:

> 史傳稱安平崔氏及汝南應氏,並累世有文才,所以范蔚
> 宗云崔氏世擅雕龍,然不過父子兩三世耳。非有七葉之中,名
> 德重光,爵位相繼,人人有集,如吾門世者也。沈少傅約語人
> 云:"吾少好百家之言,身爲四代之史,自開闢以來,未有爵位
> 蟬聯,文才相繼,如三氏之盛者也。"汝等仰觀堂構,思各努力。

③重視禮法。

禮法是規範人與人之間行爲的準則,一個士族家庭之所以見重於

世,原因固多,但有優良的禮法是其重要條件之一。錢穆先生甚至説:
"禮法實與門第相始終,唯有禮法乃始有門第,若禮法破敗,則門第亦
終難保。如陸機服膺儒術,非禮不動。庾亮善談論,性好老莊,風格峻
整,動由禮節。而王弘的禮法舉止,更成爲模仿的典型人物。"
《宋書》卷四二《王弘傳》云:

> (王)弘明敏有思致,既以民望所宗,造次必存禮法,凡動
> 止施爲及書翰儀體,後人皆依倣之,謂爲王太保家法。

除了個人及家庭間的禮法以外,能通曉朝廷禮法者亦見重於世。《南
齊書》卷二三《王儉傳》云:

> 時大典(宋禪位於南齊)將行,儉爲佐命,禮儀詔策,皆出
> 於儉。……朝廷初基,制度草創,儉識舊事,問無不答,上歎
> 曰:"《詩》云:'維嶽降神,生甫及申。'今亦天爲我生儉也。"

又《宋書》卷六〇《王准之傳》云:

> 彪之博聞多識,練悉朝儀,自是家世相傳,並諳江左舊
> 事,緘之青箱,世人謂之王氏青箱學。

④重視外貌與儀態。

這是一項較爲奇特的社會價值觀念,起源於漢末的品題人物,而一
直沿襲至魏晉南北朝。如《世説新語》中卷《賞譽篇》對李膺的評價:

> 世目李元禮,謖謖如勁松下風。(劉孝標注引《李氏家
> 傳》,謂膺嶽峙淵清,峻貌貴重。)

據錢穆的理論,認爲這是時人對品德的另一標準。[5]

> 當時人喜把外面一切人事全擺開,專從其人所表現在其
> 本身者作品目,因之事功德業有非所重,而其人之儀容舉止,
> 言辭音吐,反多爲人注意。當時人觀念,似乎認爲一人之德
> 性,可在其人之日常生活與其聲音儀容中表出,而一切外面
> 之遭遇與作爲,則可存而不論。此種德性之表出,而成爲一
> 固定之格調,時人謂是其人之標致,亦稱標格,或風標,或風
> 格,或標度。猶之此後宋儒之愛言氣象,要之總是就其人之
> 表現在自身者言。此種氣象與標致之表現在其人之自身者,
> 亦即是其人之品格與德性。而此種品格與德性,則實具一種

動的潛力,使他人與之相接而引起一種仰欽欣美之心,受其感染,群相慕效,此乃其人人格一種內在影響力,此種潛力之發爲影響,在魏晉人則稱之爲風流。《論語》有云:君子之德風,小人之德草,草上之風必偃。《孟子》云:其故家遺俗,流風善政,猶有存者。風流二字,大意本此。故知當時人之所謂人物風流,即指其人之品格德性之修養可以形成爲一時風氣,爲人慕效。故風流即是至德,至德始成風流。

"風流即是至德",不在本文討論範圍之內。然而貌美風儀是當時社會所崇尚者,這點可有許許多多例子證實之。例如《陳書》卷二三《王瑒傳》:

> (王瑒)沉靜有器局,美風儀,舉止醞藉……授散騎常侍領太子庶子侍東宮,遷領左驍騎將軍、太子中庶子,常侍、侍中如故。瑒爲侍中六載,父沖嘗爲瑒辭領中庶子,世祖顧謂沖曰:所以久留瑒於承華,政欲使太子微有瑒風法耳。

《梁書》卷二一《王峻傳》:

> 峻少美風姿,善舉止。……高祖甚悅其風采。……出爲宣城太守。

王氏貌美風儀者不乏其人。而知名者有三十二人之多。

⑤清談及應對。

自魏晉崇尚老莊之風起,清談成爲上流社會重要的生活面之一,是社交的重要節目,同時亦爲表現才情的機會及較量學識(當時人喜談玄學)的場所。如《世說新語》卷上《文學》載:

> 裴散騎娶王太尉女,婚後三日,諸婿大會。當時名士,王裴子弟悉集。郭子玄在坐,挑與裴談,子玄才甚豐贍,始數交,未快,郭陳張甚盛,裴徐理前語,理致甚微,四座咨嗟稱快。王亦以爲奇,謂諸人曰:君輩勿爲爾,將受困寡人女婿。

又如(同上):

> 羊孚弟娶王永言女,及王家見婿,孚送弟俱往,時永言父東陽尚在,殷仲堪是東陽女婿,亦在坐。孚雅善理義,乃與仲堪道"齊物",殷難之。羊云:君四番後當得見同。殷笑曰:乃可得盡,何必相同。乃至四番後一通。殷咨嗟曰:僕便無以相異。歎爲新拔者久之。

《梁書》卷二一《王暕傳》中記載明帝詔求異士,始安王遙光表薦陳暕及東海王僧孺曰：

> 勢門上品，猶當格以清談；英俊下僚，不可限以位貌。

可見清談受上流社會之重視。王衍善於清談，其受人景仰之程度可由《晉書》本傳中見之：

> 衍既有盛才美貌，明悟若神，常自比子貢，兼聲名藉甚，傾動當世，妙善玄言，唯談老莊爲事。每捉玉柄麈尾，與手同色。義理有所不安，隨即改更，世號口中雌黃。朝野翕然，謂之一世龍門矣！累居顯職，後進之士，莫不景慕放效，選舉登朝，皆以爲稱首。矜高浮誕，遂成風俗焉。

善於應對亦甚受重視。如《梁書》卷二一《王訓傳》：

> （年）十六召見文德殿，應對爽徹，上目送久之，顧謂朱异曰：可謂相門有相矣！

⑥重視藝術。

《顏氏家訓·雜藝篇》記載分藝術爲九類：一書法；二繪畫；三弓矢射藝；四卜筮；五算術；六醫方；七音樂琴瑟；八博戲與圍棋；九投壺與彈棋。其中以書法最受社會重視，而瑯琊王氏善書者計有二十九人，據王僧虔謂，王氏善書者居古今之半。[6]

以上是當時社會上比較重視的社會價值。有時一人兼具上列數種的才情，如美貌風儀及善清談，或工書善屬文等，則在相互標榜的風氣之下而成爲"名士"。王氏子弟有名於當時者極多，計有五十七人。

被社會價值認爲好的，不但是好行爲好事物，並且被採用爲取士的積極條件。王氏能歷久不衰，與王氏家族的特性（其他士族亦有此特性，但王氏較爲典型）最與這些社會價值觀念接近有關。但是這種現象是因爲士族掌握了社會價值觀念？抑或是士族適應社會價值觀念？則是一個極難分辨的問題。

四、王氏盛衰之研究

西晉之際，時人把裴王二氏並稱，瑯琊王氏雖不是第一大族，但已是前數位的士族了。自東晉開始，垂南朝四期，王氏顯然是聲勢赫赫的第一號大族。這個士族綿延及盛貴之久，罕有其例，但是它畢竟有

----

〔6〕《南齊書》卷三三《王僧虔傳》。

盛有衰,其間變化之痕跡,則是本節討論之主旨。一個家族之盛衰,可由二方面研究之:其一是政治地位的盛衰;其二是社會地位的盛衰。雖然政治與社會地位的盛衰有著密切的關聯,但如果能分開討論則更易收相輔相成之效。

王氏政治暨社會地位盛衰統計表

世系＼項目	上品	中品	下品	合計	不仕	總計	娶	嫁
1		1		1		1		
2					1	1		
3	2	1		3		3	薛(高平)、朱(廬江)	
4	2	9	1	12	3	15	羊、任(樂安)	衛
5	8	5		13	4	17	○、裴、郭、曹(彭城)、郗(濟陰)	夏侯
6	9	8	5	22	4	26	謝、謝、周、周、荀、裴、夏侯、郗	○、裴
7	8	9	3	20	6	26	謝、謝、謝、何、郗、樂(南陽)、○	
8	19	10		29	4	33	○、桓、桓、袁	○、桓、殷
9	15	8	4	27	3	30	○、○、○、○、○、○、羊、何	○、○、○、何
10	17	11	2	30	10	40	○、○、○、○、○、謝、殷	○、謝、蔡
11	11	12	1	24	9	33		○、○、○、○、○、殷
12	18	12		30	6	36	○、○、○、袁	○、○
13	8	15	7	30	4	34	○、○	○、○
14	3	12	13	28	4	32		褚、張(南陽)
15	3	16	28	47	7	54	杜(京兆)、李(高平)	許(高陽)
16		14	25	39	25	64	○、蕭、段(雁門)	盧(范陽)
17	1	11	12	24	32	56	○、楊(弘農)、薛、薛(河東)	崔(清河)
18	3	14	19	36	30	66	○、○、李(隴西)	張(清河)
19	1	3	16	20	33	53	○	
20		7	5	12	19	31		
21		2	5	7	4	11		湯華
22			1	1	6	7	韋(京兆)	崔(博陵)、韋(京兆)
23		1	3	4	3	7	范(順陽)	范(順陽)

附記:(一)上品指第一至第三品。中品指第四至第六品。下品指第七至第九品。
　　　(二)"○"符號表示與皇室通婚。

政治地位之盛衰可以官宦爲其座標。任官者多與官品高是二項主要的標準,而官品高似乎又比較具重要性。從《瑯琊王氏各代官品統計表》中,將第一至第三品歸成一類,稱爲上品;將四至六品稱爲中品;七至九品稱爲下品:便很容易看出政治地位盛衰現象。第一代第二代沒有什麼特出;第三、四代已逐漸"起飛";第五、六、七代每代皆有八至九人官居上品,另有八九名官拜中品,而入仕人數每代已超過二十人,這時正當西晉末年及東晉。第八、九、十、十一、十二代達到最盛狀況,每代皆有十五名居官上品,十名以上居官中品,而尤其第八代拜上品者竟至十九人之多,每代入仕人數亦晉至三十人左右,這正是東晉末期及宋齊梁陳時代。第十三代開始下降,第十三代的現象與第五、六、七代相似。第十四、第十五代每代有上品三人,中品十幾人,與第三第四代相似,這正值唐初之際。第十六、十七、十八、十九代雖然上品人數僅只一至三人,但中品人數仍有每代十餘人,而每代入仕人數則有三十人左右,這正值中唐時期。第二十、二十一代已不見居上品者,而中品亦僅數人而已。第二十二、第二十三代幾乎只有幾人居下品而已,而入仕人數亦不過四人。顯然地,王氏政治地位的盛衰如拋物線一般,東晉南朝爲其頂峰,但其衰勢是緩慢的,這條拋物線的末端延長至唐亡。

社會地位的盛衰包含著當時人對王氏共同的看法,其盛衰是由許許多多心理因素決定,因此無法如同政治地位盛衰能有較明確的起伏線,而只能以相對的比較以判別之。本文用以比較的坐標則是當時王氏的婚嫁關係。本文的基本假設是:如果二族互相通婚,則該二族的族望及社會地位相差不大。從婚嫁關係中發現;第三代王氏與高平薛氏及廬江朱氏爲婚,該二族在當時並非大士族。第四代王氏與泰山羊氏,樂安任氏及衛氏爲婚,除泰山羊氏爲士族外,其他二族並不聞名於當時。顯然地第四代的社會地位比第三代有加焉。第五代有與皇室、裴氏、夏侯氏通婚,這皆是當時名族;又有與郭氏爲婚,郭氏乃賈后之親戚,而曹氏與邵氏則未知其社會地位之高低,總而言之,從王氏第五代的婚嫁關係看,視第四代有加焉,另一點值得注意者,即自第五代始,往後每代皆有與皇室通婚者。第六代時,王氏之婚嫁皆屬當時大族,如與皇室通婚者一,與謝氏者二,與裴氏者二,與周氏者二,荀氏、夏侯氏、邵氏各一。第七代與第六代相似。第八代的婚嫁更爲盛美,計皇室二,桓氏三,袁氏、殷氏各一。第九代至第十三代有大批的王氏與皇室爲婚，計有三十七起，除皇室以外有謝氏、何氏、殷氏、袁氏、蔡氏，社會地位之隆，已至頂峰，這正值南朝時期。第十三代以下，資料更是殘缺，但仍可作某些程度的推論。以第十四代至第十九代而言，與王氏通婚者仍以大族爲多，如皇室有五起（第 16、17、18、19 代每代皆有），褚氏、南陽張氏、京兆杜氏、蕭氏、范陽盧氏、弘農楊氏、河東薛氏、清河崔氏、清河張氏、隴西李氏、高陽許氏等，皆當時大族，但值得注意者這些皆北方大士族，屬於南朝者僅蕭氏而已。第二十二及第二十三代王氏與京兆韋氏、博陵崔氏及順陽范氏通婚，且已不見與皇室通婚者。一般而論，唐朝時王氏社會地位雖不及南朝時期，但仍然有很高的地位，這種社會地位至唐末而不衰。

　　依上列分析，王氏政治地位的盛衰大致與社會地位盛衰相吻合，皆以南朝爲其盛極時期，兩晉爲其“起飛”時期，隋唐則其“下降”時期，而其衰微的時期較緩，延綿時期較長，尤見社會地位的衰微，沒有政治地位那樣敏感。

※ 本文原載毛漢光《中國中古社會史論》，臺北：聯經出版事業公司，1988 年。
※ 毛漢光，政治大學博士，中正大學歷史系榮譽教授、吳鳳技術學院講座教授。

拓跋氏與中原士族的婚姻關係

逯耀東

前　言

　　拓跋氏原來是一個"長統幽都之北，廣漠之野，畜牧遷徙，射獵爲業"的草原民族，進入中原以後，和源遠流長的中國文化接觸，後來又經過孝文帝所作一連串政治、經濟、社會的改革，促使拓跋氏文化迅速地融化在中國文化裏。

　　在孝文帝所作的許多改革中，最有意義的便是"婚禁詔令"的頒佈，他利用政治力量，打破魏晉以來鞏固門閥制度的婚姻鎖鍊，這樣不但使其家族透過婚姻關係，獲得和中原世族同等的社會地位，同時使其文化能够和中國文化徹底凝固在一起。對中國文化而言，由於這些新血液加入的刺激，又變得活潑生動，迸發出新的創造力量，此後隋唐兩代盛世，也是多由這些混合血統的人們在領導，這個新經融合的民族，又創造出一個在某些方面能超越前代的燦爛文化。這是兩種不同類型的文化融合過程中，很重要的問題，但卻很少人注意。

　　楊愔批評《魏書》，認爲"枝葉姻親，過於繁碎"（《北齊書》卷三七《魏收傳》）。雖然魏收所撰的《魏書》在某些方面是失敗的，可是在這方面，卻把握住當時的時代精神。不過僅利用《魏書》的材料，探討拓跋氏初期的婚制，以及後來中原士族的婚姻關係，還是不够，因此不得不利用北魏的墓誌，與史傳連綴在一起。雖然非常瑣碎，但或可了解當時拓跋氏婚姻的情形。

　　本章是筆者在新亞研究所碩士畢業論文中所抽出的一部分。由於個人的識見與材料的限制，有些地方仍不能週全。在撰寫期間，承牟潤孫師指導，錢賓四師、嚴耕望師批閱，孫同勛兄通訊討論，且提供若干材料，並此致謝。

一、拓跋氏初期的婚姻形態

和拔跋氏初期文化一樣，作爲其社會結構重要環節的婚姻制度，也有它的原始形態。雖然這種原始形態的婚制，由於和中原文化接觸而發生轉變，但其中某些特質，所謂"仲春奔會"的婚姻形式，即使在孝文帝遷都華化以後，仍然保存在他們的社會中。這的確是一個有趣，也是值得我們探討的問題。

（一）婚姻的形式

《後漢書》卷九〇《烏桓傳》：

> 其嫁娶則先略女通情，或半歲百日，然後送牛馬羊畜，以爲聘幣，婿隨妻還家，妻家無尊卑，旦旦拜之，而不拜其父母。爲妻家僕役，一二年間，妻家乃厚遣送女，居處財物一皆爲辦，其俗妻後母，報寡嫂，死則歸其故夫。

以上這段敘述是烏桓的婚姻情況，拓跋鮮卑初期習俗與烏桓相同，根據上述材料，也可得到拓跋部族初期婚姻制度的梗概。

"其嫁娶，則先略通情"，案裴注《三國志》引《魏書》作："其嫁娶，皆先私通，略將女去。"同書同卷《鮮卑傳》：

> 唯婚姻先髡頭，以季春目大會於饒樂水上，飲讌畢，然後配合。

饒樂河的季春大會，就政治而言，是部落酋長決定軍國大事的會議。就整個部落社會言，則是全體部民一律參加，有著聯誼和促進部落間感情的意味在內，所以在這一年一度的部落聯歡會上，凡達到婚嫁年齡的青年男女都先髡頭，《史記·索隱》引服虔云："烏桓父子男女悉髡髮，爲輕便也。"又《三國志·烏桓傳》注引《何義門讀書記》："案説髭注云'大人曰髡，小人曰髭'。"由是可知，髡頭是北方游牧民族的風尚，而且表示青年男女已達到成年的階段，於是這些青年男女在聚會的"飲讌"中，互相選擇自己理想的對象，先行私通，然後再略將去。

《魏書》卷七下《高祖紀》：

> 太和二十年，詔曰：夫婦之道，生民所先，仲春奔會，禮有達式，男女失時者，以禮會之。

由此可知在拓跋氏遷都洛陽以後，"仲春奔會"的情形仍然存在。所謂"仲春奔會"是早期拓跋氏婚姻制度的遺跡，和"春季月聚於饒樂河上"的聚會有著密切的關係。"男女失時者，以禮會之"，和《世宗紀》正始二年的詔書稱"男女怨曠，務令媾會"，及《肅宗紀》正光二年的詔書稱"男女怨曠，務令會偶"諸詔書看來，似乎拓跋氏雖入中原已久，還保留"仲春奔會"的遺跡。

至於"略將女去"，則是一種掠奪婚（Marriage by Capture）的遺跡，證明掠奪婚曾經存在拓跋氏最初的社會裏，這是一種最原始的婚姻形式，後經演變，這種婚制雖已不存在，但假戰（Sham-fight）仍然被認爲是一種結婚的儀式。

"婿隨妻還家……爲妻家僕役二年"，《三國志》裴注引《魏書》："婿隨妻歸，爲妻家僕役二年。"

這是典型的勞役婚（Marriage by Service）。在最初的掠奪婚是一種無賠償的結婚方法，勞役婚則是對女家損失的補償，同時也測驗男方耐苦的精神，勞役婚在游牧民族中間頗盛行（The History of Human Marriage, Vol. Ⅱ Chap. XXIII.），同時勞役婚的從妻居婚是母系社會特徵之一（《從平城到洛陽——拓跋魏文化轉變的歷程》）。因爲男子移居於婦人族中，他爲妻族親屬所環繞，婦人遂成爲社會的中心（F. Muller-Lyer 著，葉啓芳譯《婚姻進化史》第三章）。《北史·鐵勒傳》："其俗大抵與突厥同，唯丈夫婚畢，便就妻家，待產乳男女，然後歸舍。"鐵勒是匈奴民族的一支，早期和拓跋氏部族有婚姻關係，又《隋書·契丹傳》："婚嫁之法，二家相許，婿輒盜婦將去，然後送牛馬爲聘，更將歸家。待有娠，乃相隨還舍。"這段記載和《烏桓傳》所載相似，契丹和初期的鮮卑同爲東北民族，其俗應相去不遠。另一個東北民族女真也是行勞役婚的，據《大金國志》稱，凡婿婚後隨妻至岳家稱"女下男"。

"其俗妻後母，報寡嫂，死則歸其故夫。"《三國志·烏丸傳》裴注引《魏書》則稱："父兄死，妻後母，執嫂，若無嫂執者，則己子以親之，次妻伯叔焉，死則歸其故夫。"案《三國志》注引《漢律》："姪季父之妻曰報。"由是知裴注所引訛報爲執。

據上述可知，父死，子可以妻其後母，兄死，弟可以報其寡嫂，如寡嫂之小叔死，小叔之子可以妻其伯母，小叔若無子，則輪及其他的叔伯，這很明顯的是一種繼收婚制。這種婚制盛行在北方的游牧民族中,《史記·匈奴傳》稱:"父死,妻其後母;弟死,皆取其妻妻之。"《北史·突厥傳》:"父、兄、伯、叔死,子、弟及姪等妻其後母、世叔母、嫂。"在初民社會裏,認爲婚姻是一種團體契約,而不是個人的事,所以配偶死亡,其團體必須再供給一個,這表示團體對婚姻的責任與義務。這種繼續收婚制在北魏初期也曾有過。

《魏書》卷一五《昭成子孫秦明王翰傳》:

> 子儀……儀弟烈……烈弟觚……(觚)使於慕容垂,垂末年,政在羣下,遂止觚以求賂,太祖絕之。觚率左右數十騎,殺其衞將走歸。爲慕容寶所執,歸中山,垂待之逾厚……太祖之討中山,慕容普驎既自立,遂害觚以固衆心……追諡秦愍王。

同書卷一三《獻明皇后傳》:

> 獻明皇后賀氏……後后少子秦王觚使於于燕,慕容垂止之。后以觚不返,憂念寢疾,皇始元年崩,時年四十六。

兩傳所載之秦王觚,同名、同事、同爵,其爲一人可知,但一爲賀后少子,即拓跋珪之同母弟,一爲秦王翰之子,即拓跋珪的從父弟。又《通鑑》卷一○七"太元十三年八月"條:"儀,珪母弟,翰之子也。"

如上所載,儀的情形和觚相同,即是珪的同母弟,又是從父弟,如果儀和觚是翰之子,那麼賀后則應爲翰之妻,拓跋珪也應該是秦王翰之子,如果儀和觚不是翰之子,則應爲獻明之子,但是珪是遺腹子,賀后生珪後不應再有少子。

又《魏書》卷一五:

> 秦明王翰,昭成皇帝第三子,少有高氣,年十五便請率騎征討,……建國十年卒。

而翰與獻明帝實爲慕容后之子,獻明爲長,翰爲次,慕容氏爲慕容皝之女,建國七年六月始至魏,如八年生獻明,則最早在九年始生翰,即照中國年齡計算法,到建國十年也不過二歲,《北史》謂翰死於建國十年,也不過七歲,何來"年十五便請率騎征討"的事?

又賀后卒於皇始元年(396),年四十六,則她當生於建國十四年(351),即令翰卒於建國十五年,那時她不過兩歲,根本無法生少子觚，因此可知翰的記載錯誤，崔浩因直書拓跋氏舊俗而見殺，由此可見他們當有許多見不得人的鄙風陋俗。其一即爲收繼婚制，後人記《魏書》者不敢直書，無意中漏下此一錯誤，推此而知，慕容氏先生獻明帝，再生翰，獻明娶賀后，建國三十四年獻文死，遺腹生珪，那時賀后也不過廿一歲，翰加以接收，其後兩三年翰死，因此氏又生儀與觚，此並非憑空推測，翻閱《北史》、《魏書》所載，則不難發現道武與翰子孫間的特殊關係。翰的長子，道武依爲左右臂，其子纂"五歲，太祖命養於宮中……太祖愛之，恩與諸皇子同"，若前論不假，則纂爲道武之親姪，視爲己子乃是人之常情，至於道武爲觚報仇的慘烈情況，尤其發人深思。

《魏書》卷一五《觚傳》稱：

> 太祖之討中山，慕容普驎既自立，遂害觚以固衆心，太祖聞之哀慟。及平中山，發普驎柩，斬其尸，收議害觚者高霸、程同等，皆夷五族，以大刃剉殺之。乃改葬觚，追諡秦愍王，封子爰爲豫章王以紹觚。

魏宗室之被殺者，並不限觚一人，獨爲觚報仇，且如此慘烈。又同書同卷：

> 世祖之初育也，太祖喜，夜召儀入，太祖曰："卿聞夜喚，乃不怪懼乎?"儀曰："臣推誠以事陛下，陛下明察，臣輒自安。忽奉夜詔，怪有之，懼實無也。"太祖告以世祖生，儀起拜而歌舞，遂飲申旦。

世祖誕生，太宗在許多宗室中，獨召儀入宮告之，而且暢飲達旦，由此可證他們的關係決非泛泛。綜合上述，那麼在拓跋氏初期必有收繼婚制存在。

《北史》卷一六《臨淮王譚》：

> 古諸侯娶九女，士有一妻二妾，《晉令》：諸王置妾八人。……而聖朝忽棄此數，由來漸久……習以爲常，婦人多幸，生逢此世，舉朝略是無妾，天下殆皆一妻。

這是臨淮王曾孫孝友所上的表奏，他依農業社會"廣繼嗣，修陰放"的觀念，請求宗室廣娶媵妾，從他的表奏裏可知拓跋氏"殆皆一妻"，是"由來漸久，習以爲常"的，因此也可由此推論在拓跋氏初期的社會裏是行一夫一妻制的（Monogmy）。

（二）婚姻的範圍

《魏書》卷七上《高祖紀》：

> 淳風行於上古，禮化用乎近葉，是以夏殷不嫌一族之
> 婚，周世始絶同姓之娶。斯皆教隨時設，治因事改也。皇
> 運初基，中原未混，撥亂經綸，日不暇給，古風遺樸，未
> 遑釐改，後遂因循，迄兹莫變。朕屬百年之期，當後仁之
> 政，思易質舊，式昭惟新。自今悉禁絶之，有犯以不道論。

這是孝文帝禁“一族之婚，同姓之娶”的詔令，因此有人肯定同姓
之婚曾盛行在拓跋氏的社會裏（見李亞農《周族的氏族制與拓跋族
的前期封建制》，第100頁）。“一族之婚，同姓之娶”即是所謂的
内婚制（edogomy）。案李氏立論據趙翼而來，《陔餘叢考》卷三一
“同姓爲婚”條下：“北魏本無同姓爲婚之禁，至孝文帝始禁之。”

《北史》卷二二《長孫紹遠傳》：

> 出爲河州刺史，河右戎落，向化日近，同姓婚姻，因
> 以成俗。紹遠導之以禮，大革弊風。

案《魏書·地理志》稱：“河州，前凉置，魏初置抱罕鎮，後復置河
州。”在今甘肅蘭州附近，河右即河西之地，當時爲匈奴別種稽胡所
盤據，這個民族“俗奸淫穢，女尤甚，將嫁之夕，方與淫者叙離，
夫氏聞之，以多爲貴”（《北史·稽胡傳》）。長孫紹遠所導化的“河
右戎落”，可能就是這個民族。依照他們淫亂的情形看來，有行“同
姓之婚”的可能性。因此可以推論，在拓跋氏部落聯盟時期，其中
有某些部落可能有内婚現象，但並不是説即是拓跋氏，至少在拓跋
氏部落由東北進入草原以後，他們所行的是外婚制。根據現有材料
分析，内婚情形絶對没有。同時，《官氏志》也説明“凡與帝室爲十
姓，百世不通婚”，如果有，那不是拓跋氏。雖然《魏書》卷一一三
《皇后傳》稱：“魏氏王業之兆，始於神元，至於昭成前，世崇儉質，
妃嬙嬪御率多闕焉。”但在初期有兩個不屬於鮮卑民族的部落，與拓
跋氏有婚姻關係存在。他們是乙旃部落與紇骨部落。

《魏書》卷一○三《高車傳》：

> 高車之族，又有十二姓……三曰乙旃氏。

《晉書》卷一二五《乞伏國仁載記》稱：“以其將乙旃音爲左相。”
又《周書》卷二《文帝紀》有“茹茹乙旃達官寇廣武”。這個乙旃

達官應爲高車種，在當時蠕蠕族中便有許多高車部落，此可知乙旃氏是高車的姓氏，李清《南北史合注》："《魏書·氏族志》（按應作《官氏志》）稱獻帝以叔父之胤爲乙旃氏，孝文帝改叔孫氏，此又一乙旃邪！"《魏書·官氏志》稱："又命叔父之胤爲乙旃氏，後改叔孫氏。"叔孫氏屬於"百世不婚"帝室十姓之一，可是在没有改姓以前，其姓氏和高車部乙旃氏相同，他們之間的關係，頗耐人尋味。

又《官氏志》："長兄紇骨氏，後改胡氏。"而《魏書·高車傳》稱"其種有護骨氏"；《隋書》卷四八《鐵勒傳》稱，鐵勒部族中有紇骨部。紇骨，《舊唐書》卷一九五《回紇傳》又作護骨；《新唐書》卷二一七《回鶻傳》："囬鶻，元魏時亦歸高車，或勑勒，訛爲鐵勒。"由此知鐵勒亦是高車種，紇骨氏既屬鐵勒部，亦應爲高車部族之一，其與拓跋氏的長孫氏必定有特殊的關係。

《魏書·官氏志》稱太和十九年詔曰："代人諸冑，先無姓族。"《後漢書·烏桓傳》亦稱烏桓"氏姓無常"。拓跋鮮卑既與烏桓言習相同，也可證其早期是没有姓氏的。《元和姓纂》卷二二"紇骨氏"條下稱："後魏獻帝與淑長元（兄之訛）匹麟爲紇骨氏。"又《魏書·官氏志》稱："至獻帝時，七分國人，使諸兄弟各攝領之。乃分其氏。"則其有姓氏在分國人之後，高車部族當時居在阿爾渾士拉河流域，可能也在"七分國人"各攝領的範圍以内，與之互通婚姻。而當時拓跋氏可能仍停留在母系社會狀態中，"所生子皆以母族爲姓"，因而得以高車部乙旃與紇骨爲氏，以此類推其他諸兄弟的姓氏也是由外婚的結果，就是拓跋氏本身的姓氏，也是外婚的象徵，因"拓跋"二字是由"胡父鮮卑母"與"胡母鮮卑父"轉變而來的。

後來由於拓跋氏力量日漸壯大，四方部落不斷内附，於是四方諸姓不斷向内姓方面轉變，與最初内附諸姓不斷分化，於是拓跋氏部族的婚姻範圍也隨著擴大。

《魏書》卷二一上《咸陽王禧傳》：

> 王國舍人應取八族及清修之門。

這即指拓跋宗室的嬪妃，應娶於八族之内，八族即是功勳八姓，穆、陸、賀、劉、樓、于、稽、尉而言。但是根據皇后傳與宗室諸王傳的資料分析，北魏前期諸帝的后妃並不僅限於所謂"八族"之中，灼然可知的"功勳八姓"是拓跋氏入中原後，受中原門閥制度的影響而定下的。前此拓跋氏的婚姻範圍的界限，並不十分嚴格，統計神元至孝方前期后妃的姓氏，共有五十五人，其中功勳八姓十二人，漢人十七人，然而這十七人都不是中原顯族，其餘三十二人則屬於內附諸姓與四方諸姓（詳見本章附表）。由此可知拓跋氏在和中原文化接觸前後，仍然保持著其他部落間的婚姻的關係。

至於拓跋氏的宗室，也和其他部落有著婚姻關係。《元龍墓誌》：

> 君諱龍……平文六世孫……祖諱阿斗那，夫人洛陽紇
> 干氏。（見趙萬里《漢魏南北朝墓誌集釋》，以下所引同。）

案《魏書·官氏志》："紇干氏後改干氏。"《元和姓纂》卷一一"紇干氏"條下："紇干氏，代人，孝文帝改爲干氏。"《姓氏辨證》卷三七"紇于氏"條引《西秦錄》云："乞伏部老父無子，養一小兒，字曰紇干，紇干華語依倚也，後因爲氏。"《晉書》卷一二五《乞伏國仁載記》："紇干者，夏言依倚也。"唐紇干濬撰《女紇干氏墓誌》："初《官氏志》有紇干，與後魏同出於武川，孝文南遷洛陽，改爲干氏……虜言紇干，夏言依倚，爲國家之依倚。"將紇干釋爲依倚都是附會《晉書》之説。

《新五代史》卷二一《宛彥卿傳》稱：

> 太祖以兵至河中……昭宗亦顧瞻陵廟，徬徨不忍去。

謂其左右爲俚語云："紇干山頭凍死雀，何不飛去生處樂。"《御覽》卷四五"紇真山"條引《郡國志》稱："夏恒積雪，故彼語人語紇真山頭凍死雀，何不飛去生處樂？"則紇干山又作紇真山。《元和郡縣志》卷一八稱："紇真山在之中縣東三十里，虜語'紇真'，漢語'三十里'，其山夏積霜雪。"案唐時的雲中縣即今之山西大同縣。《清一統志》卷一九"大同府山川"條："紇真山在大同縣東，亦名紇干山。"因此《晉書》、《十六國春秋》之"紇干"，可能紇干氏依山爲部，後即因山而爲氏。

又《元龍墓誌》稱其祖母紇干氏之"祖和突，南部尚書，新戎侯；父萇命，代郡尹"。俱於史無徵，干氏後來在西魏時又復其舊姓，龍門有《紇干汗煞興造像》謂："大統五年四月九日……東平將軍中散大夫長史雍丘縣開國伯紇干汗煞興爲父母造像一臣。"《周書》卷二七《田弘傳》稱弘"大統時賜姓紇干氏"。《庾子山集》卷一四有《柱國將軍紇干弘神道碑》，紇干弘即田弘。又《周書》卷一一

《晉蕩公護傳》稱："護母閻姬没在齊，作書報護曰：'得汝母紇干同居。'"《北齊書》卷一七《斛律金傳（附子光傳）》："武平二年，周遣其柱國紇干廣略圍宜陽。"以上所述，除北齊的田弘是賜姓外，其餘極易相混，太和改姓，乃改胡人複性爲單姓，故十之八九，同於漢姓。大統復姓，乃去單姓而復胡之複姓，亦可言去漢姓而復胡姓。至於賜姓應分爲二，有賜漢人以胡姓者，有賜胡人以胡姓者，且賜姓與賜名同，皆易其原名姓，決不可與複姓相混。（見朱希祖《西魏賜姓源流考》，載《張菊先生七十生日紀念論文集》。）西魏的紇干汗煞，宇文護母紇干氏，及《姓纂》卷一〇所載唐河南紇干承基都是紇干氏部的後裔，元龍祖母之祖和拔與其父葛命或即是他們的遠祖，雖然他們的事蹟史書不載，但依其官爵必爲紇干部落的酋長。

《元昭墓誌》：

> 曾祖兒使持節撫軍征南大將軍右丞相長山王，曾祖親太
> 妃劉氏，祖連使持節侍中征西大將軍都督河西諸軍事……祖
> 親太妃赫連氏，親太妃宇文氏。

劉氏原來是獨狐氏，爲功勳八姓之一，赫連氏爲《官氏志》未載的東胡姓氏之一，宇文氏則爲四方諸姓之一，由此可知元昭曾祖、祖、父三代都婚於其他部落，由此可知拓跋氏初期的宗室，與當時的部落酋長有密切的婚姻關係。即使分土定居以後，這些部落分散在各處，似仍有其潛在的勢力。拓跋氏一方面娶其酋長的女兒，另一方面也將公主下嫁其他的部落，其目的在通過婚姻關係，以維繫部落間向心的團結。

二、拓跋氏初期與漢人通婚所發生的問題

自拓跋氏放棄游牧而定居以後，在高度的農業文化影響下，其原有的社會結構開始鬆懈，文化與社會形態發生變化，在轉變過程中，拓跋氏原來的婚姻制度也在轉變，因此在這個時期的婚姻，呈現出紊亂的現象。雖然他們仍然和部落酋長維持著婚姻關係，另一方面開始和漢人通婚。一個文化落後的民族，渴望著和一個文化較高的民族通婚，這是文化接觸過程中必然的現象。同時也只有通過婚姻關係，才能使得兩個民族在種族與文化上，更密切地結合與融

化，不過這時期只是一個開始，至於真正的結合與融化卻在孝文遷都洛陽以後。

（一）"婚禁詔令"產生的背景

由於拓跋氏對外迅速擴展，政治向君主專制集權方面轉化，其勢力逐漸控制黃河流域，形成五胡亂華後安定中原社會的一種力量，於是那些流徙在暴風雨裏的人口漸漸集中。同時對外戰爭不斷勝利，劫掠大量的漢人遷徙到代京京畿之地，於是拓跋氏和漢人接觸的機會漸多。經過一個時期的雜居共處，然後進一步便是互相聯婚。

在這個時期，拓跋氏和漢人通婚的範圍，大概限於中原的徙民、流民、犯罪没官的罪犯及戰爭的俘虜，至於和中原士族的婚姻情形並不顯著。

關於拓跋氏移民代京的情形，從天興元年到皇興三年五十一年間，據《太祖紀》、《太宗紀》、《世祖紀》等統計，有天興元年山東六州四十六萬口，又同年十二月六州二十二郡二千家，（天興五年二月癸丑）泰常三年龍城萬家，始光三年十一月七統萬七千家，延和三年營丘、成周、遼東等六郡三萬家，太延元年七月龍和六千口，太延五年涼州三萬餘家，太平真君七年長安二千家，太平真君九年西河五千餘家，平正元年宋國五萬家，皇興三年清州八千九百戶。

以上十一次的移民，計四十六萬口，十四萬六千九百戶，案《太祖紀》稱："徙山東六州民三十六萬口以充京師。"又《魏書》卷三三《張濟傳》稱晉雍州刺史楊佺期問："魏定中山，徙幾戶於北？"張濟答曰："七萬餘家。"又據《魏書·慕容白曜傳》謂其平青州"凡獲城內戶八千六百，口四萬一千"。上述三十六萬口合七萬餘戶，四萬一千口合八千六百戶，則每戶平均在五口左右，今戶以五口計，則十四萬六千餘戶合七十三萬餘口，與山東六州等地所徙的四十六萬三千，拓跋氏徙往代京人口總數在百萬以上。而在這些所遷徙的人口中，雖雜有吳蠻、徒何、高麗雜夷、匈奴、稽胡等族，但其中仍以漢人佔絕大多數。

再加上原居於該處的"雁門人"與"晉人"，在這樣的情況下，由雜居而通婚的情況一定很普遍。

另一方面，拓跋氏部族在流民飢口中，選得妻妾的情形也很多。《魏書》卷七上《高祖本紀》：

今自太和六年已來，買定、冀、幽、相四州飢民良口

者，盡還所親，雖娉爲妻妾，過之非理，情不樂者亦離之。

上述定、冀、幽、相等州正是中原地區，這些飢民良口當然盡屬漢人，雖然書上說"太和六年以來"，但前此拓跋氏宗室從"飢民良口"中，選稍具姿色的作爲妻妾的情形一定不在少數，否則孝文帝決不爲此小事而特下詔書。

在戰爭勝利中掠劫了大量的"生口"，將這些俘虜公賜與有功者，也是拓跋氏與漢人通婚的另一個來源。

《魏書》卷三〇《王建傳》：

從征伐諸國，破二十餘部，以功賜奴婢數十口。

《魏書》卷三〇《宿石傳》：

父沓干，世祖時，從駕討和龍，以功賜奴婢十七戶。

《魏書》卷二九《奚斤傳》：

涼州平，以戰功賜僮隸七十戶。

以上是因戰功而獲得賞賜的，《魏書》像此類的記載尚多。拓跋氏每次對外勝利，不但參與戰爭的人都可以獲得賞賜，即留守後方的也不例外。

《魏書》卷四《世祖紀》：

始光四年，車駕西討赫連昌，……以昌宮人及生口……

班賚將士各有差。

同書同卷：

神𪊨三年……獲……赫連定車旗，簿其生口財畜，班

賜將士各有差。

又同書同卷：

延和三年，命諸軍討山胡白龍于西河，……虜其妻子，

班賜將士各有差。

又同書同卷：

正平元年，……，三月已亥，車駕至自南伐……賜留

臺文武所獲軍資生口各有差。

那些被賜的奴婢與生口之中，一定有很多後來成爲拓跋氏宗室與大臣妻妾，更有直接賜以妻妾的，如《元儀傳》："慕容德之敗也，太祖以（慕容）普驎妻周氏賜儀。"

根據《魏書》史傳及碑誌，統計北魏宗室婚姻之親家，共八十四人，計中原士族三十六人，代北部落酋長二十四人，后族十人，其他十四人。由此比例觀之，就可以了解當時的婚姻情況。

《魏書》卷五《高祖紀》：

> 中代以來，貴族之門，多不率法，或貪利財賄，或因緣私好，有於苟合，無所選擇，今貴賤不分，巨細同貫，塵穢清化，虧損人倫。

這說明當時拓跋氏的宗室婚姻情形。在這個時期，拓跋氏對於“諸王娉合之儀”及“宗室婚姻之戒”並沒有一定的限制。他們和漢人通婚，所娶的不是“罪犯掖庭”，便是“舅氏輕微”、“族非百兩”人家的女兒，很少是中原顯族。當然在中原士族也有“營事婚宦”的人，爲了攀附這些新貴而將女兒下嫁，有時甚至還附帶經濟條件，所以《顏氏家訓》卷五《治家篇》說：“近世嫁女，有賣女納財，買婦輸絹者。”這是顏之推對北方婚姻制度的批評，其所謂“近世”，殆是北齊。如果上溯至北魏初期這種情形可能更普遍。

後來拓跋氏和中原士族接觸後，這種“巨細同貫”的婚姻，引起中原士族的卑視。首先對這種婚姻制度批評的是高允。

《魏書》卷四八《高允傳》：

> 古之婚者，皆揀擇德義之門，妙選貞閑之女，先之以媒娉，繼之以禮物，集僚友以重其別，親御輪以崇其敬，婚姻之際，如此之難。今諸王十五，便賜妻別居，然所配者或長少差舛，或罪入掖庭，而作合宗王，妃嬪藩懿。失禮之甚，無復此過。往年及今，頻有檢劾，誠是諸王過酒致責，跡其元起，亦由色衰相棄，致此紛紜。

中原士族認爲“藩懿失禮之甚無復此過”。因此拓跋氏要想和中原士族進一步結合，必須先改革這種婚制，所以他們注意到“夫妻之義，三綱之首，禮之重者，莫過於斯，尊卑高下，宜令區別”，因此制皇族等不得與百工伎巧卑姓爲婚。

《魏書》卷五《高宗紀》：

> ……今制皇族、師傅、王公侯伯及士民之家，不得與百工、伎巧、卑姓爲婚，犯者加罪。

孝文帝更重申前令，於太和二年下詔稱：

> 皇族、貴戚及士民之家，不惟氏族，下與非類婚偶。
> 先帝親發明詔，爲之科禁，而百姓習常，仍不肅改。朕今
> 憲章舊典，祗案先制，著之律令，永爲定準，犯者以違制
> 論。

孝文帝所以將此"著之律令，永爲定準"，完全由於當時拓跋宗室對於"高宗不得與百工伎巧卑姓爲婚"的詔令的漠視，所以在二年下詔以後，更於六年對於那些娶了"飢民良口"的宗室，而"遇之非理，非情所願者亦離之"，表面上看來是憑著各人的志願，實際上卻有强迫的意味在內。及咸陽王娶任城王的隸戶，引起孝文帝對這種婚制徹底的改革：

> （咸陽王）禧取任城王隸戶爲之，深爲高祖所責。詔
> 曰："……太祖龍飛九五，始稽遠則，而撥亂創業，日昃不
> 暇。至於諸王娉合之儀，宗室婚姻之戒，或得賢淑，或乖
> 好逑。自茲以後，其風漸缺，皆人乏窈窕，族非百兩，擬
> 匹卑濫，舅氏輕微，違典滯俗，深用爲歎。以皇子茂年，
> 宜簡令正，前者所納，可爲妾滕，將以此年爲六弟娉室。"

（《魏書》卷二一上）

這次改革當然還有其他客觀的因素，但是自此以後，拓跋氏宗室的婚姻範圍，只能限於"八族"或"清修"之門了。

（二）"納不以禮"的問題

在拓跋氏和漢人通婚，其對象只是徙民、流民、俘虜以及罪入掖庭的時候，都沒有經過正式的婚姻手續，因此給後來北魏宗室的婚制留下一個問題，那就是所謂"納不以禮"。《魏書》卷二〇《齊郡王傳》：

> 簡……妻常氏，燕郡公常喜女也，文明太后以賜簡，
> 性幹綜家事，頗節斷簡酒……（簡薨）子祐，字伯授，襲。
> 母常氏，高祖以納不以禮，不許其爲妃，世宗以母從子貴，
> 詔特拜齊國太妃。

案洛陽出土的《元簡墓誌》，後半殘缺，未載及簡與常氏的婚姻關係，而元簡妃常氏墓誌於出土時損壞，僅餘篆文"太保齊郡順王常妃說銘"幾字。案除傳稱簡薨後，高祖"謚曰靈王，世宗時改謚曰順"，與常氏誌蓋"齊郡順王"合，其他事蹟多不可考，頗爲可惜。

所幸元簡子元祐與其妃常季繁墓誌完整無缺，還可從此兩誌間尋找出些證據。

《元祐墓誌》稱："王姓元諱祐，高宗文成皇帝之孫，太保齊郡順王之世子。"又其妃《常季繁墓誌》稱：

> 妃諱季繁，侍中太宰遼西獻王澄之曾孫，遼西公園之季女，其先河內溫人。永嘉之末，乃祖避地，遂居遼西郡之肥如縣，初昭皇太后，籍聖上之德，正坤元之位，母儀天下，是以王爵加隆於父兄，世祿廣貽於子姪。

案《魏書》卷一三《皇后傳》："高宗乳母常氏，本遼西人，太延中，以事入宮，世祖選乳高宗。慈和履順，有劬勞保護之功，高宗即位，尊爲保太后，尋爲皇太后……崩，諡曰照。"照誌作昭，傳稱常氏本遼西人，而誌則稱其本望河內溫人，遼西郡的肥如縣是常氏一族避難的寄籍，案《魏書》卷四《世祖紀》："太延元年秋……不等至於和龍徙男女六千口而還。"和龍即龍城，是燕都邑所在地，這次徙民，常氏可能也在其中，因此入宮。又《北史》卷八〇《外戚傳》稱："太后前兄英字世華，自肥如令超爲散騎常侍、鎮軍大將軍，賜爵遼西公；弟喜，鎮軍大將軍、祠曹尚書、帶方公，……左進光祿大夫，改封燕郡公。""追贈英祖父符堅扶風太守亥爲鎮西將軍、遼西簡公；父渤海太守澄爲侍中、征東大將軍、太宰、遼西獻王。"案誌稱常季繁是"侍中太宰遼西獻王之曾孫，遼西公園之季女"，但園之名字不見於《外戚傳》，可能就是英的世子，因此得以襲爵，如是則常季繁乃昭太后的姪孫女。誌又稱：

> （常季繁）中廿五作嬪故龍驤將軍通騎直散騎常侍齊郡王祐，所奉太妃，即妃之從姑也……妃恒事慈姑，薰陰散，風花無違於婦道，終始不衒於禮度。

則常季繁所奉的太妃，是元簡的妻子齊國太妃常氏，既是她的婆母，又是她的從姑，元祐和常季繁則是"中表"爲婚。那麼爲什麼元簡妃常氏，高祖認爲"納不以禮，而不許爲妃"。而常季繁則可以爲妃，至於傳稱簡妃常氏，則是由文明太后所"賜"，這個"賜"字道破了內中消息。

《北史》卷八〇《外戚傳》：

> （訴子）伯夫爲洛州刺史，以贓汙欺妄，徵斬於京師……

後員與伯父子禽可共爲飛書,誣謗朝政。事發,有司執憲,刑
及五族。孝文以昭太后故,罪止一門。訢年老,赦免歸家,恕
其孫一人扶養之,給奴婢田宅,其家僮入者百人。……其女
婿及親從在朝,皆免官歸本鄉。十一年,孝文、文明太后以昭
太后故,悉出其家前後没入婦女。

這段記載雖有缺誤之處,如"訢",《北史》一處作訴,《魏書》皆
作訴,同時訢置於昭太后從兄泰之下,卻没有説明與昭太后的關係,
疑或即是昭太后的從兄弟。但卻可以這段材料而知常氏家的婦女,
乃因此事而没入官,元簡妃常氏即是其中之一,因此文明太后得將
常氏賜於元簡。

《魏書》卷四八《高允傳》:

今諸王十五便賜妻別居,然所配者,或長少差舛,或
罪入掖庭。

所謂"罪入掖庭"即是因罪没入宮廷的婦女。案《魏書》卷一一一
《刑罰志》:"大逆不道腰斬,誅其同籍,年十四以下腐刑,女子没縣
官。"當時北魏此制極嚴,往往因些微小事即收入官家,據統計北魏
宮人十塊墓碑,幾乎全部都是因罪没入官的,如太監劉阿素因"家
遭不造,幼履宮廷",大監劉仁華因"家門傾覆,幼履宮庭",女尚
書馮迎男因"鄉曲之難,家没官,女郎時年五歲,隨母配宮",第一
品張安姬因"年十三,因遭罹難,家戮没宮",女尚書王僧男因"父
以雄俠綱法……僧男與母伶丁秉燭入宮焉,時年有六聰",内司因家
以"歷域歸誠,遂入宮",傅母王遣女因夫"爲深澤令與刺史競功抗
衡,互相陵壓,以斯艱躓遂入宮"。

唐代刑法,"近承北齊,遠祖後魏",《唐六典》卷六"刑部都
官郎中"條下稱:"都官郎中掌配没隸册……凡反逆相坐,凡初配
没,有伎藝者,從其能配諸司,婦人工巧者入於掖庭。"又《通典》
卷二"職官(五)刑部尚書都官郎中"條稱:"掌薦歛配役官婢。"
由是知刑部都官郎中掌配没官婢,那些因罪没入官家的婦女,首先
至刑部都官郎中處,有伎藝的依其才能,分配到公家各單位,於是
犯罪婦女中,再選"工巧者"送到宮庭去。

她們一經没官,一般人民所享受的權利和義務皆被剥奪,《左
傳》襄公廿三月疏引《魏律》:"緣坐没爲工樂雜户者,皆用赤紙爲

籍，其卷以鉛爲軸。"並且終身服官役，又《唐六典》"都官郎中"條："凡反逆相坐没其家爲官奴婢，一免爲番户，再免爲雜户，三免爲良人，皆因赦宥所及則免之……年六十及廢疾，雖赦令不該並免爲番户，七十則免爲良人，任所居樂處而編附之。"且長期爲官家輸作，又同書同卷注引："番户一年三番，雜户二年五番，番皆一月，十六以上當番，……其官奴長役無番也。"其本文則謂："凡配官曹，長輸其作。"（詳見拙作《深宮怨》）

綜上所述，亦可見北魏婦女没官制的一斑，這些没入官的"罪入掖庭"，像高允所説配"諸王子"的情形一定不少，像《魏書·皇后傳》所載，"平文皇后王氏，年十三，因事入宮"，"世祖保母竇氏，初以夫家坐事誅，與二女俱入宮"，"文明皇后（父）朗坐事誅，後遂入宮"。即元簡妃常氏的姑祖母也是"以事入宮"，因此這些被賜給王子的"罪入掖庭"，當然没有經過"納采、問名、納吉、納徵、請期"等手續，所以是"納不以禮"，最後不能册封爲妃，元簡妻常氏所遭遇的情形可能是這樣。

至於元祐妃常季繁同樣也被没入宮，但卻可以爲妃，案《常季繁墓誌》稱妃正光三年薨，年四十二，而嬪於元祐時年廿五，由正光三年逆數到景明四年，這時常季繁廿五歲下嫁元祐，已是太和十一年，此在文明太后"以昭太后故，悉出其家没入婦女"以後，殆是經過特赦，她又恢復原來身份，所以可以正常的手續納之以禮而爲妃。

三、與中原士族的婚姻關係

如要進一步研究拓跋氏與中原士族的婚姻關係，就須先了解當時中原社會士族的婚姻情況。在魏晉南北朝"士庶天隔"的門閥社會裏，婚姻是保持士庶間"清濁分涇"最好的方法之一，王元規不婚非類，崔明惠不事卑族，都是以婚姻維持門第，不失婚宦最好的説明。

尤其是在北方，經過一場巨大的暴風雨侵襲後，整個中原社會的結構鬆懈，分割社會等級的門閥制度的基礎也隨著搖動，因此不得不以婚姻關係維持門閥制度的存在，同時在異族統治下，藉著婚姻關係而鞏固團結，所以柳沖説"山東重姻婭"，其原因也許在此，因此當時社會上，都認爲"士大夫當好婚姻"，同時一個在社會上有地位的世家大族，必須"一門婚嫁，盡表冠之美，吉凶儀範，爲世所稱"。

（一）婚姻的等級

陳寅恪氏認爲"魏晉之際，雖一般社會有巨族小族之分，苟小族之男子以才器著聞，則其人之政治地位及社會地位，即與巨族之子弟無異，小族之女子苟能以禮法見尊重，則亦可與高門通婚，非若後來士族之婚宦，專以祖宗官職高下爲標準也"（《隋唐政治制度淵源論稿》中篇，53 頁）。

陳氏認爲其以上所提之理論，"關係南北朝士族問題之全部"，但陳氏所説並不能完全成立，也許小族中傑出之士，其才能受到統治者的特別眷寵，在政治地位上可以平等，但在社會地位上卻仍有等差，當然小族和大族通婚關係並不是沒有，像李訴和杜超的女兒通婚那樣，但這並不是平常的事。若依陳氏之説，則門閥的等級可由政治力量或婚姻關係而打破。那麼魏晉南北朝的"門第"與"士族"根本不存在，但是從北魏來説不但是士庶之間婚姻有界限，就是大族之間也有等級存在。《魏書》卷四七《盧玄傳（附崇）傳》：

> 崇兄弟官雖不達，至於婚姻，常與玄家齊等。

茫陽盧氏是中原第一流高門，盧崇兄弟雖在政治上沒有地位，但在社會上地位很高，所以他們的婚姻仍然能和盧玄家"齊等"，由此可見當時的婚姻是有等級的。不但如此，即是同等級的大族也常常自矜門第，而"貴己賤人"。例如《魏書》卷五四《游雅傳》：

> 雅勸（高）允娶於其族，允不從，雅曰："人貴河間邢，不勝廣平游。人自棄伯度，我自敬黃頭。"貴己賤人，皆此類也。

伯度是游雅的號，黃頭是雅的小名，廣平游氏，河間邢氏，渤海高氏都是中原望族，而且族望也頗相近，因此可以互相聯婚，但必須有一個條件，那就是所謂"門當户對"，其他條件尚在其次，當崔浩的弟弟將女兒嫁給王慧龍的時候，崔浩並沒有見過王慧龍。《魏書》卷三八《王慧龍傳》：

> 崔浩弟恬聞龍王氏子，以女妻之，浩既婚姻，及見慧龍，曰："信王家兒也。"王氏世齇鼻，江東謂之齇王，慧

　　　龍鼻大，浩曰：“真貴種矣。”

太原王氏是江東大族，髗鼻是王家特徵，這是清河崔氏與太原王氏
聯婚的原因，因爲他們都是一流的大族。可是崔浩對於族望較低的
趙郡李氏的態度就不同了。《魏書》卷三六《李順傳》：

　　　初浩弟娶順妹，又以弟子娶順女，雖二門婚媾，而浩
　　頗輕順，順又弗之伏也。由是潛想猜忌，故浩毀之。

由浩讚王慧龍“真貴種也”，與對李順“潛想猜忌”的態度相比，
就可以看出中原士族間婚姻的界限，他們把婚姻關係限制在一個狹
小的圈子裏，就在這狹小圈子裏選擇他們理想的婚姻對象。

　　《魏書》卷三八《王慧龍（附子寶）傳》：

　　　尚書盧遐妻，崔浩女也，初，寶與母及遐妻俱孕，浩
　　謂曰：汝等將來所生，皆我之自出，可指腹爲親。及婚，
　　浩爲撰儀，躬自監視。謂諸客曰：“此家禮事，宜盡其美。”

由是可知當時的婚姻關係，在橫的方面將高門大第聯繫在一起，在
縱的方面又將他們的子孫聯繫在一起，門閥制度由婚姻而鞏固了，
因此這種大族與大族之間的婚姻。由於限制在一個狹小圈子裏，往
往會發生兩個大族互相婚嫁的現象。以上所述河間邢氏與廣平游氏
互爭高允便是一例。又《魏書》卷三九《李寶（附神雋）傳》：

　　　神雋喪二妻，又欲娶鄭嚴姐妹，神雋之從甥也，盧元
　　明亦將爲婚，遂至紛競二家鬩於嚴祖之門。鄭卒歸元明，
　　神雋惆悵不已。

這是隴西李氏、范陽盧氏爭娶滎陽鄭氏之女的情形。案《李挺墓
誌》：“公諱挺，字神雋，隴西狄道人也……元妻儁中太常文貞公彭
城第二女字幼妃未期而亡。又娶江陽王繼第三女阿妙卒於穰城。”傳
稱神雋喪二妻，即指劉芳女與元繼女而言，又傳僅稱：“神雋以才學
知名，爲太常劉芳所賞。”並未說劉芳以女妻之，劉芳是崔浩外甥，
隴西李氏與清河崔氏也有婚姻關係，又案元颺妃李媛華墓誌稱：“父
諱沖，妹適前輕騎將軍尚書部清河伯崔勗。”由此推之，劉芳與隴西
李氏有間接的姻戚關係，至於隴西李氏拓跋氏的婚姻關係詳見下節，
但案元繼妃墓誌稱石氏爲元繼次妃，而元繼的元妃不知誰氏，料必
與隴西李氏爲親屬，因中原士族和拓跋氏宗室翁主結婚多屬中表爲
婚，由神雋傳稱“莊帝以神雋外戚之望，拜殿中尚書追論守荊州，

封千乘縣侯"可知，神雋墓誌又稱："又娶清河獻王第三女季聰。"
這時當在鄭氏已歸盧門，"神雋惆悵不已"，乃娶孝靜姑田清河獻王
之第三女。

由此可知不但大族與寒門間有婚姻的界限，即大族之間，亦常
常爲了爭婚發生衝突，如果寒門能獲得高門女兒的下嫁那是認爲
"殊賞"的。關於這一點可以從北齊陳元康的一段婚姻裏看出。《北
史》卷五五《陳元康傳》：

> 左衛將軍郭瓊以罪死，子婦范陽盧道虔女也，没官。
> 神武啟以賜元康爲妻。元康地寒，時以爲殊賞。

元康因"地寒"，而配到范陽盧氏之女，不但認爲殊賞，而且"乃棄
其故妻李氏"，這時的盧氏乃是罪人掖庭，但其族望仍然被社會所重
視，因此可知政治雖對門閥制度的形成有很大的影響，但門閥制度
形成以後，卻不能因政治的力量改變其社會地位。又按《魏書》卷
四七《盧玄（附儀僖）傳》：

> 孝昌中，時靈太后臨朝，黃門侍郎李神軌勢傾朝野，
> 求結婚姻，義僖慮其必敗，拒而不許。

盧儀僖拒婚李神軌，雖然"盧其必敗"是一個原因，不過門第不相
配卻是最重要的原因。《北史》卷二四《崔㥄傳》稱："㥄以籍地自
矜……每謂盧元明曰：'天下盛門，唯我與爾，博崔趙李何事者
哉！'"崔㥄是清河崔氏，盧元明是范陽盧氏，都是第一流的大族世
家，至於"博崔趙李"則是博陵崔氏，趙郡李氏，他們的族望較低，
並不是博崔趙李没有和崔、鄭、李、王、盧通婚的記錄，只是不大
普遍而已。盧儀僖拒李神軌的婚事，因爲李神軌是頓丘李氏，而他
的女兒遂適他族，臨婚之夕，靈太后遣中常侍服景就家勑停，内外
惶怖，義僖夷然自若，他所以"夷然自若"，是因爲他並没有因政治
力量而改變其門第婚姻。

由於婚姻界限的存在，寒門女兒嫁到門第高的家族中，不但她
本身不被尊重，就是她所生子女仍然會受到歧視。例如《魏書》
卷三三《公孫表傳》：

> 第二子軌……娶於封氏，生二子斌、叡。……軌弟
> 質，……第二子邃，……邃、叡爲從父兄弟，而叡才器小
> 優，又封氏之生，崔氏之婿，邃母雁門李氏，地望縣隔。

鉅鹿太守祖季真多識北方人物，每云："士大夫當須好婚
姻，二公孫同堂兄弟耳：吉凶會集，便有士庶之異。"

公孫叡與邃雖然是叔伯兄弟，但是由邃母"地望縣隔"，因此在凶吉
集會時候便分出等級來。由此可知，在門閥制度下的婚姻，圈子更
小，往往由於門第高下、地望優劣在他們之間分割出許多等級來，
像清河崔氏、榮陽鄭氏、太原王氏、范陽盧氏、隴西李氏列爲一流，
廣平游氏、河間邢氏、博陵崔氏，頓丘李氏、渤海高氏等又是一流。
《魏書》卷三九《李瑾傳》：

瑾字道瑜，美容貌，頗有才學……清河王懌知賞之……
稍遷通直散騎侍郎，與給事黃門侍郎王遵業、尚書郎盧觀典
領儀注。臨淮王彧謂瑾等曰，卿等三儁共掌帝儀，可謂甥舅
之國。王、盧即瑾之外兄也。

照上面的資料，知道盧觀是李瑾的姐夫，李猷墓誌書説："父承子伯
業，夫人太原王氏，父慧龍。"而李猷之妻又是王洛成的女兒，《北
史》卷一〇〇《序傳》稱：王遵業有女嫁給李德明，李德明之妹又
嫁范陽盧元明。《魏書》卷三八《王慧龍（附子寶興）傳》："及浩
被誅，盧遐後妻，興從母也，緣坐没官……（寶興子）瓊女適范陽
盧道亮。"由上述可見隴西李氏、太原王氏、范陽盧氏的鏈鎖式的婚
姻關係。

至於博陵崔氏與頓丘李氏等則屬另一流，他們之間維持密切的
婚姻關係詳見下節。《李憲墓誌》稱：

夫人河間邢氏。父肅州主簿，長子希遠，妻廣平宋氏弁。

由此可知頓丘李氏除了和"地寒望劣"的東崔有婚姻關係外，
並與河間邢氏、廣平宋氏互通婚姻，河間邢氏、廣平宋氏雖也是大
族，但族望較范陽盧氏等爲低。《魏書》卷二三《宋弁傳》："高祖
曰：'卿自漢魏以來，既無高官，又無儁秀……'弁曰'臣清素自
立'。"可知廣平宋氏雖屬大族，但門第並不高。

這種門第間的特殊婚姻現象，同時亦爲社會一般人所承認。《北
史》卷五五《房謨傳》：

謨與子結婚盧氏，謨卒後，盧氏將改適他姓。有平陽
廉景孫者，少勵志節，以明經舉郡孝廉，爲謨所重，至是
訟之，臺府不爲理。乃持繩詣神廟前，北面大呼曰：'房謨

清吏，忠事高祖，及其死也，妻子見陵。神而有知，當助
申之。今引決，訴於地下。'便以繩自經於樹，衛士見之，
救解送所司。朝廷哀其至誠，命女歸房族。

孫景並非顯族，他本身是孝廉，他以死來維護這種特殊的婚姻制度，
正可代表當時社會上一般人對於這種婚姻制度的看法。

由於這種門閥制度下的婚姻，而使他們在社會上互相標榜，在
政治上互相提携，或者更進一步結成黨羽互相鬥爭，有時更因求婚
不成遂加謠讒。同時在家庭裏，由於庶長之間地望不同，常常引起
無謂的糾紛。《顏氏家訓》卷二《嫁娶篇》：

河北鄙側出，不豫人流，是以必須重娶，至於三四，……
爰及婚宦，至於士庶之隔，宇於俗常，身没之後，辭訟盈公門，
誣辱彰於道路，子誣母爲妾，弟黜兄爲庸，播揚先人之辭迹，
暴露祖考之長短，以求直己者，往往有之。

從上所述，可以了解中原士族的婚姻情況，並且也道破了北方
家庭中的糾紛原因，當時家庭裏對於"長庶"問題。所謂"嫡庶之
別，所以辨上下，明貴賤"（《晉書·武帝紀》泰始十年詔），正是
當時大族家庭糾紛的癥結所在。"庶長之別"的問題，一部分由於五
胡亂華後，北方社會的特殊環境所影響而成。但門閥婚姻卻對這個
問題的產生，發生了直接的影响。《魏書》卷二四《崔玄伯》（附道
固）傳》：

道固賤出，嫡母兄攸之、目連等輕侮之。……略無兄
弟之禮。……會青州刺史新除，過彭城，（劉）駿謂之曰：
"崔道固人身如此，豈可爲寒士至老乎？而世人以其偏庶，
便相陵侮，可爲歎息。"青州刺史至州，辟爲主簿，轉治
中。後爲義隆諸子參軍事，被遣向青州募人，長史已下皆
詣道固，道固諸兄等逼道固所生母自致酒炙於客前。道固
驚起接取，謂客曰："家無人力，老親自執劬勞。"諸客皆
知其兄弟所作，咸起拜謝其母。母謂道固曰："我賤，不足
以報貴賓，汝宜答拜。"諸客皆歎美道固母子，賤其諸兄。

又《魏書》卷四八《高允傳》：

始神麚中，允與仲叔濟、族兄毗及同郡李金俱被徵。

《魏書》卷八九《高遵傳》：

（濟子）遵賤出，兄矯等常欺侮之，及父亡，不令在喪位。

《北史》卷二七《李訢傳》：

> 訢母賤，爲諸兄所輕。

可見當時“世人以其偏庶相陵侮”的情形，這完全由於崔道固、高遵、李訢等“舅氏輕微”，不能和他們家庭的門第相稱，而且又不是正室，所以在家庭中受到歧視，甚至於連父親亡故都不“居喪”，同時也可看出在大家族中“嫡庶”之間的地位懸殊。《魏書》卷四七《盧度世傳》：

> 初，玄有五子，嫡惟度世，餘皆別生。崔浩之難，其庶兄弟常欲危害之，度世常深忿恨。及度世有子，每誡約令絕妾孽，不得使長，以防後患。

又《魏書》卷四〇《陸俟（附子定國）傳》：

> 初定國娶河南柳氏，生子安保，後納范陽盧度世女，生昕之。二室俱爲舊族而嫡妾不分。定國亡後，兩子爭襲父爵。僕射李沖有寵於時，與度世子淵婚親相好，沖遂左右申助，昕之由是承爵尚主。

這是因嫡庶而引起的爵位繼承問題，但在這段材料裏，可以發現另一個問題，即是由於“婚姻相好”在政治上所發生的作用。《魏書》卷五六《鄭羲傳》：

> 李沖貴寵，與羲姻好，乃就家徵爲中書令……出爲安東將軍、西兗州刺史……多所受納，政以賄成。性又嗇吝，民有禮餉者，皆不與杯酒臠肉，西門受羊酒，東門酤賣之。以李沖之親，法官不之糾也。

鄭羲因與李沖姻好而得官，得官以後貪贓枉法，但本官卻因而不檢舉。《魏書》卷六六《亮光韶傳》：

> 刺史元弼前妻，是光韶之繼室兄女，而弼貪婪，多諸不法。光韶以親情，亟相非責。

又《魏書》卷四六《李訢傳》：

> 高宗詔崔浩選中書學生，器業優者爲助教。浩舉其弟箱子與盧度世、李敷三人應之。給事中高讜子祐、尚書段霸兒姪等，以爲浩阿其親戚，言於恭宗。

由於高祐等將“浩阿其親戚”的事告訴太子晃，而涉及中原士族與

代北大族之間的政治衝突，這裏不詳論（參看《從平城到洛陽
拓跋魏文化轉變的歷程》第二、三章），此處則專論及其婚姻方面。
案《盧立傳》稱："司徒崔浩立之外兄。"那麼盧度世乃崔浩的内
姪，至於李敷也和崔浩有婚戚關係。《李順傳》稱："初浩弟娶順妹，
又以弟子娶順女。"崔浩雖然看不起丘頓李氏，但由於婚戚關係，在
政治上總會得到某些方便。

但也有因在政治上的衝突而遭受株連的，因崔浩之獄"范陽盧
氏、太原郭氏、河東柳氏皆浩之姻親，盡夷其族"，便是一例。同時
也有因求婚不遂，懷恨在心而加殘害的。如《魏書》卷三三《公孫
表傳》：

> 初，表與渤海封愷友善，後爲子求愷從女，愷不許，
> 表甚銜之。及封氏爲司馬國璠所逮，太宗以舊族欲原之，
> 表固證其罪，乃誅封氏。

綜合上述，可知北魏時期的中原士族，由於族望不同，而使相
互婚姻有著界限與等級之存在，亦因爲這種關係而使他們在政治上
更密切地團結在一起。北方士族經過一場巨大暴風，而仍然能屹立
存在，雖然還有許多其他因素，但那條婚姻鎖鏈確也發生了很大的
影響。

（二）中表姻戚關係

上節討論中原士族間的婚姻等級時，略論及大族彼此間的婚姻
關係，由於他們將婚姻限制在一個狹小的範圍内，如此甲族之子娶
乙族之女，則其所生的子女又娶或嫁於乙族，往往數代聯婚，形成
親上加親的中表姻戚關係。

元颺妃《李媛華墓誌》：

> 祖諱寶，使持節侍中鎮西大將軍開府儀同三司，并州
> 刺史敦煌宣公。
>
> 亡父諱沖，司空清淵文穆公。
>
> 夫人滎陽鄭氏，父德玄，字文通，宋散騎常侍，魏使
> 持節冠軍將軍豫州刺史陽武靖侯。
>
> 兄延寔……亡弟休纂……弟延孝……
>
> 姊長妃適故使持節鎮北將軍相州刺史文恭子滎陽鄭道
> 昭。

姊仲玉適故司徒主簿滎陽鄭洪建。

姊令妃適故使持節撫軍青州刺史文子范陽盧道裕。

妹稚妃適前輕車將軍尚書郎中朝陽伯清河崔勗。

妹稚華適今太尉參軍事河南元季海。

子子訥字令言，今彭城郡王，妃隴西李氏，父休纂。……

女季瑤今安陽鄉主適……隴西李彧，父延寔。

妃諱媛華，隴西狄道縣都鄉和風里人。

案李媛華墓誌，其長姊適鄭道昭，次姊適鄭建洪，三姊適盧道裕，妹適崔勗、滎陽鄭氏、范陽盧氏、清河崔氏都是北方第一流的大族。

依誌知李沖有二女嫁於滎陽鄭氏。《魏書·鄭義傳》稱"及李沖貴寵與義姻好"。案墓誌稱李沖所娶是鄭德玄之女兒，鄭德玄是鄭義的從父兄，義傳又稱"義從父兄德玄，顯祖初自淮南內附拜滎陽太守"，則李沖是鄭義的姪女婿，然李沖長女下嫁鄭道昭，道昭是鄭義次子，以輩份推之，鄭道昭是鄭長妃的舅父，他們是舅甥爲婚。又沖次女嫁鄭洪建。《魏書》卷五六《鄭義傳》亦稱洪建爲李沖女婿，與誌合。鄭洪建是鄭德玄之孫，而李沖所娶是德玄之女，則是洪德與仲王中表兄妹互聯婚姻。

誌又稱："妹稚華適今太尉參軍河南元季海。"《北史》卷一五《平文子孫傳》稱"季海妻，司空李沖之女，莊帝從母也，賜爵唐郡君。"……又《隋書》卷五四《元亨傳》稱"其母魏司空李沖之女也"，與誌合。

又誌稱："女季瑤適隴西李彧，父延寔。"案《魏書》卷八三《外戚傳》："（李）彧尚莊帝姊豐亭公主。"《魏書》卷一〇《孝莊紀》："孝莊皇帝，諱子攸（誌稱"子子攸字彥達"，傳未載），彭城王勰之第三子（誌作次子，母曰李妃。"與誌合，所以李彧所尚莊帝姊豐亭公主，當即季瑤，元勰妃李媛華是李彧的姑母，因此李彧與元季瑤是中表爲婿。

《魏書》卷四七《盧玄（附淵）傳》稱："淵與僕射李沖特相友善，沖重淵門風，而淵私沖才官，故結爲婚姻。"這當指《李媛華墓誌》所説"姊令妃適范陽盧道裕"而言，傳未提及，但傳又稱道裕"少以學尚知名，風儀兼美，尚顯祖女樂浪公主"，則李氏應是道裕的繼室，盧道裕娶李沖次女，乃隴西李氏和范陽盧氏互相婚姻之開始。此後，李盧兩大族間的關係密切持續着。隋盧文構夫人《李相月墓誌》：

> 曾祖韶，魏侍中吏部尚書，贈司空文宗，祖瑾，魏通騎散侍騎郎齊州刺史，父產之齊散騎侍郎，夫人春秋八十有四，以大業十四年十月終於東都。

案《北史》卷一〇〇《序傳》稱："李寶子承，承子韶拜侍中除吏部尚書……韶次子瑾直通散騎常侍，於河陰遇害，贈齊州刺史，瑾子產之位北豫州刺史。"除產之官職稍異外，皆與誌合。又《北齊書》卷二九《李瑾傳》："產之撫訓諸弟，友愛篤至，其舅盧道將稱之曰：'此兒風調，足爲李公家孫。'又產之弟行之風素夷簡，其舅子盧思道贈詩云：'水衡稱逸人，潘陽有世親（陽，《北史·序傳》作揚），形骸預冠蓋，心思出風塵（風，《北史·序傳》作"嚚"）。'"時人以爲實錄。"

以輩份推之，思道是道將之子，產之既然稱道將爲舅，則產之的母親必是范陽盧氏，是盧道將的同胞姊妹或從姊妹，所以思道與產之應該是同輩，而且是中表兄弟。

又《盧文構墓誌》：

> 文構字子康，漢侍中植，君之十三世，王父儀禧，儀同孝簡公，顯考懸之，贈郢州刺史。

案《盧文機墓誌》稱文機"字子辨，祖儀禧，魏儀同簡公，父懸之，齊郢州使君"，則盧文構與盧文機是同胞兄弟，《三國志·魏志》卷二二《盧毓傳》："盧毓字子家，涿郡涿人也，父植，有名於世。"注引《後漢書》稱："植字子幹。少事馬融，與鄭玄同門相友。"《晉書》卷四四《盧欽傳》："盧欽字子若，范陽涿人也，祖植，漢侍中，父毓，魏司空……欽弟挺字子笏衛尉卿，子志，（志）長子諶。"又《魏書》卷四七《盧玄傳》："盧玄，字子真，范陽涿人也。曾祖諶，晉司空劉琨從事中郎，祖偃，父邈，竝仕慕容氏。"綜上所引，以《新唐書》卷二六《宰相世系表》校之，則知植生毓，毓生珽，珽生志，志生諶，諶生偃，偃生玄，玄生世度，世度生敏，敏生儀禧，儀禧生懸，懸生文構、文機，從植則文構剛好十三世。又據《魏書》卷四七《盧玄傳》知道將與文構之祖父儀禧是同祖兄弟，所以儀禧子懸與道將子思道同輩，因此懸與李彥之也是中表關係。盧文構與李月相一個是懸的兒子，一個是彥之的女兒，兩人輩份相同，所以他們也是表兄妹結婚。由是知隴西李氏和范陽盧氏是累世聯婚。《北史》卷一〇〇《序傳》稱："李曉自河陰家禍後，無復宦情，外兄范陽盧叔彪勸令出士。"再如盧觀是李謹的姊夫，盧道約是李延寶的姊夫，李爽是盧元明的妹夫等等，由以上所説外兄、妻弟、舅、舅子等看來，范陽盧氏與隴西李氏，多半是中表爲婿。

現在再進一步分析趙郡李氏與其他士族之間的中表婚姻關係。

《李憲墓誌》：

> 長女長輝適營州刺史博陵崔仲哲，父秉司徒穆公。
> 第三女淑媛適兗州刺史博陵崔臣，父逸廷尉卿。
> 第二子希宗，妻博陵崔氏，父偕儀同三司。
> 第四子希仁，妻博陵崔氏，父孝芬儀同三司。

由上述可知博陵崔氏與趙郡李氏有密切的婚姻關係。

《魏書》卷三六《李順（附敷）傳》：

> 敷既見待二世，兄弟親戚在朝者十有餘人。弟奕又有寵於文明太后，李訢列其隱罪二十餘條，顯祖大怒。皇興四年，誅敷兄弟，削順位號爲庶人……敷長子伯和，次仲良。與父俱死，（長子）伯和走竄歲餘，爲人執送，殺之。
> 伯和有庶子孝祖，年小藏免，後敷妻崔氏得出宮養之。

李敷遇難，妻崔氏没入宮，雖然傳上没有説明她的族望，但從博崔趙李累世聯婚的情形推之，則其屬博陵崔氏無疑，李憲是李敷弟式之子，案誌其子女多與博崔聯婚，而傳未載，誌稱："第三子希仁，妻博陵崔氏，父孝芬。"《魏書·崔挺傳》稱："始挺兄弟同居，孝芬等奉叔母李氏，若事所生，出入啓覲，家事巨細，一以諮決，每兄弟出行，有獲財物，尺寸以上，皆内李氏庫。"孝芬的叔母是振之妻，爲趙郡李氏，而孝芬的女兒又下嫁於希仁，亦可能是中表互爲婚姻，希宗妻父崔楷，即逸弟。《魏書·崔辯傳》附《楷傳》："與憲同以黨附高肇，爲中尉所劾，卒贈儀同三司。"與誌合。又誌稱："長女長輝適龍驤將軍營州刺史博陵崔仲哲。"《魏書·崔鑒（附仲哲）傳》稱："仲哲假寧朔將軍，賜爵安平男。"《太平廣記》引《三國典略》："齊崔子武，幼時宿子外祖揚州刺史趙郡李憲家。"子武或即是仲哲子。誌又稱："第三女叔婉適兗州刺史漁陽開國男博陵崔巨，父逸廷尉卿。"《魏書·崔辯（附逸）傳》稱："官廷尉少卿，卒贈以本官。"《崔巨傳》作崔巨綸，官爵與誌合。

又《崔敬豈墓誌》稱：

> 祖秀才諱殊字敬異，夫人從事中郎趙國李怷女。
>
> 父雙護，夫人趙國李詵女。

案敬邕是崔挺從祖弟，然其祖父之名不見於傳，夫人李怷女，然即休字別體。《北史》卷二二《李士謙（附休）傳》："休字紹則，讚次子。"敬邕母是趙國李詵女。又案《魏書》卷二九《李順附説傳》："説，靈族叔，字令孫，官京兆太守。"由是可知崔李兩姓的婚姻也是累世不絕的，到北齊時候仍然繼續著。

《李琮墓誌》：

> （子妻）博陵崔氏，父彥遐。
>
> （女）上和適博陵崔君宏，開府參軍事。

李琮、崔彥遐、崔君宏等皆不見於史傳。案《新唐書·宰相世系表》稱：後魏永昌郡守崔幼之子有彥珍、彥璋、彥昇、彥稷，彥稷之子有君綽、君肅、君瞻，以行輩排之，彥遐是彥章的昆弟行，君弘是君綽的同輩，雖不能據此確定他們的世系，但可以確定他們是親上加親的，因博崔趙李之間的中表姻親是普遍的。《北史》卷三二《崔辯傳》：

> 子巨倫有姊，明慧有才行，因患眇一目，內外親族，莫有求者，其家議欲下嫁之。巨倫姑，趙國李叔胤之妻，聞而悲感曰："吾兄盛德，不幸早世，豈令此女，屈事卑族。"乃爲子翼納之。

這裏説明李明惠與崔冀亦中表爲婚。再案《李憲墓誌》稱其長子希道娶廣平宋氏，父弁吏部尚書，又案《憲傳》稱"（敷）妹夫廣平宋叔珍等皆坐鬥亂公私同時伏法"，敷爲憲的從伯，則李憲的姑母嫁給宋叔珍，叔真是宋弁的父親，宋弁的女兒又嬪於希道，也是中表爲婚。

又《魏書》卷四七《盧玄傳》：

> 房崇吉母傅氏，度世繼外祖母兄之子婦也。兗州刺史申纂妻賈氏，崇吉之姑女也，皆亡破軍途，老病憔悴。而度世推計中表，致其恭恤。每觀見傅氏，跪問起居，隨時

奉送衣被食物，亦存賑賈氏，供其服膳。

由此可見當時對於中表關係的重視，這完全由於大族與大族之間，將婚姻限制在小範圍內，兩個大族累世互通婚姻，像崔孝芬等奉承叔母李氏，"若事所生"。因爲博崔趙李世代婚姻，孝芬的叔母可能是他母親的親姊妹，既是叔母又是姨母，在這種雙重親屬關係下，當然要"若事所生"了。

《北史》卷三〇《盧潛傳》稱："盧懷仁著《中表實錄》二十卷。"惜此書已軼失。《舊唐書·經籍志》載齊有《永元中表簿》六卷，梁有《大同年中表簿》三卷，由此可知不但中原，即在江左亦是非常重視中表婚姻關係的。

四、拓跋氏宗室的婚姻

"北魏帝室多與高門通婚，至孝文遷洛而愈積極，孝文爲其弟六人聘隴西李氏、榮陽鄭氏、范陽盧氏、代郡穆氏之女，以咸陽王禧原妻出身隸戶，使爲妾媵。北魏改代人姓氏，令著藉河南，以八姓與漢人高門並論，與令宗室通婚高門爲一貫之華北政策。"（潤孫師《敦煌唐室姓氏錄殘卷考證》，《注史齋叢稿》，頁179。）在兩種文化接觸過程中，首先受到影響發生變化的是生活方式的變化，繼之，則是意識形態的轉變。這兩種有形與無形的變化，最後通過互相婚姻的關係而融合完成。

（一）與中原士族的婚姻關係

魏晉南北朝時代士族的婚姻，鋼鎖在門閥制度之內，自成一範圍。這範圍亦非政治力量所能擊破。這些世族大家自標身價，並不以攀附皇家聯婚爲榮，反而帝王之家倒希望和他們聯婚。《北齊書》卷三《文襄紀》：

> 世宗謂趙郡王曰："吾爲爾娶鄭述女，門閥甚高，汝何所嫌而精神不樂。"

又《北史》卷二四《崔悛傳》：

> 妻太后爲博陵王納悛妹爲妃，勅中使曰："好作法用，勿使崔家笑人。"

可知雖貴爲帝王，仍然喜歡和高門大姓聯婚，可是那些世家大族卻"不籍殿下（皇室）婚媾爲門户"（《梁書·王峻傳》）。帝王之家雖

在政治上有絕對權威，在社會地位上仍不能和高門相比。拓跋氏以
胡人君臨中原，他們既無優厚的文化傳統作爲憑依，又無統治經驗，
因此他們不能不與中原士族合作，以統治所征服的人民。經過長期
合作後，到了孝文帝時，他發現如果要鞏固他的政權，消除代北與
中原士族間的矛盾，必須進一步擺脫其原來文化的桎梏，徹底投入
中原文化的熔爐，更密切地和中原士族結合起來，在其遷都前後所
作種種改革，都是朝着這方向進行，和漢族高門通婚便是許多改革
裏很重要的一種。按《魏書·李沖傳》"高祖初依《周禮》置妃嬪
之列，以沖女爲夫人"，《盧玄（附盧敏）傳》稱"高祖納其女爲
嬪"，《崔休傳》稱"父伯宗，高祖納休妹爲嬪"，《鄭羲傳》稱"文
明太后爲高祖納其女爲嬪"。《王慧龍（附子王瓊）傳》"高祖納其
長女爲嬪"。范陽盧氏、清河崔氏、滎陽鄭氏、太原王氏都是中原大
族，孝文都納其女置於後宮。此外，並納博陵崔挺女爲嬪，這似乎
有意要打破中原士族的婚姻界限，使拓跋氏宗室與中原士族通過婚
姻關係，而獲得更徹底的融合。所以除了他自己娶中原士族的女兒
爲嬪外，並爲其子太子恂聘中原士族的女兒爲妃。《魏書》卷二二
《廢太子恂傳》：

> 高祖將爲恂娶司徒馮誕長女，以女幼，待年長。先爲
> 娉彭城劉長文、滎陽鄭懿女爲左右孺子。

同時更爲其六弟聘大族之女爲妃。《魏書》卷二〇《咸陽王禧傳》：

> （咸陽王）禧取任城王隸戶爲之，深爲高祖所責……將
> 以此年爲六弟娉室。長弟咸陽王禧可娉故潁川太守隴西李
> 輔女，次弟河南王幹可聘故中散代郡穆明樂女，次弟廣陵
> 王羽可娉驃騎諮議參軍滎陽鄭平城女，次弟潁川王雍可娉
> 故中書博士范陽盧神寶女，次弟始平王勰可娉廷尉卿隴西
> 李沖女，季弟北海王詳可娉吏部郎中滎陽鄭懿女。

自此以後，拓跋氏宗室與中原士族之間，不僅限於政治上的從屬關
係，而且更多了一層親戚關係。北魏宗室和中原士族中每一個大家
族都有婚姻關係，所謂"國王舍人應娶於八族及清修之門"。八族是
指功勳八姓而言，"清修"即中原高門世家之謂。但上述孝文六弟所
娶，代北功勳八姓僅佔六分之一，由此可見當時中原士族社會地位
的崇高。雖如劉芳並不是第一流大族，高祖欲聘其女爲太子孺子，

他辭以"年貌非宜"。由此可見，當時中原士族對拓跋氏，尚多少有點鄙視的意味。《魏書》卷四〇《陸俟（附陸叡）傳》：

> 叡……娶東徐州刺史博陵崔鑒女，鑒謂親云："平原才度不惡，但恨其姓名殊爲重複。"時高祖未改其姓。

案《魏書·官氏志》"步六孤氏，後改陸氏"，爲神元内入功勳八姓之一，崔釜不嫌其他，卻嫌"其姓名殊爲重複"，進一步説即是嫌他是個鮮卑胡人了。

《北史》卷二四《崔逞傳》：

> （逞六世孫）叔義父休爲青州刺史，放盜魁，令出其黨，遂以爲門客，在洛陽，與兄叔仁鑄錢。事發，合家逃逸，叔義見執。時城陽王徽爲司州牧，臨淮王彧以非其身罪，驟爲致言，徽以求婚不得，遂停赦書而殺之。

崔逞是清河崔氏，以不禮於世祖見殺，其子孫仍然自標門第不願與拓跋氏通婚，而因此得禍。當然也有些大族因政治關係而"榮利婚婚"，與拓跋氏宗室互通婚姻。但士族社會對他們這種做法，是"議者非之"的。在孝文帝利用政治力量，打破中原士族所封固的門閥婚姻界限以後，中原士族和拓跋氏通婚的情形漸漸普遍，今據所獲資料略加分析如後：

（甲）范陽盧氏：

蕭宗充華《盧令媛墓誌》：

> 嬪諱令媛，范陽涿人，魏司空容成侯之十一世孫，録事府君之元女，……曾祖世度，祖諱淵字伯源，父道約字季恭。

《魏書》卷二二《盧毓傳》稱"正元三年授印綬，進爵封容城侯，邑二千三百户"，則容城侯即盧毓，自毓下數至令媛剛好十一世。《魏書》卷一三《皇后傳》稱"（靈）太后欲榮重門族，爲蕭宗爲選納，抑屈人流，博陵崔孝芬、范陽盧道約、隴西李瓚等女但爲世婦"，傳與誌合。誌又稱：

> 年甫九齡，召充椒庭，正光三年夏四月十六日卒於京師，時年十二。

則九歲入宮應在神龜二年，這時孝明年也在十歲左右，由此也可見北魏宗室早婚的情形。

《元義墓誌》稱：

> 子亮，妻盧氏，父元聿，尚高祖義陽公主，拜駙馬都
> 尉司馬光祿大夫。

《魏書》卷一六《陽平王傳》稱："義子亮襲祖爵，齊受禪，例降。"又同書卷四七《盧玄（附元聿）傳》稱："元聿字仲訓，無他才能。尚高祖女義陽長公主。"與誌合，但並沒有道及盧氏嬪於元亮之事。案盧元聿是盧昶子，盧昶是盧淵之弟。淵弟敏傳"高祖納其女爲嬪"，元聿與盧敏女爲從兄妹，因而尚高祖長公主。

又元壽安妃《盧蘭墓誌》：

> 大妃諱蘭，幽州范陽涿縣人也，祖共書侍中盧毓，魏
> 君同垂……祖興宗范陽太守，父延集幽州主簿。

又案章武王元融妃《盧貴蘭墓誌》稱："范陽涿縣人也，魏司空毓九世孫，祖嶽燕太子洗馬良鄉子，魏建武將軍，父延集幽州主簿。"由前後兩誌並觀，都稱"父延集，幽州主簿"，則盧蘭與盧貴蘭應爲同胞姊妹，貴蘭卒於武定四年，享年五十四歲，知其生於太和十七年，而盧蘭死時年六十七，葬於大統十七年，如盧蘭即死於下葬那年，則應該生於太和九年。但盧蘭和盧貴蘭墓誌所載他們的祖父，一是"祖興宗范陽太守"，一是"祖嶽燕太子洗馬，魏建武將軍良鄉子"，不但名字不同，所任官職也不同，同時盧貴蘭與盧蘭父祖之名字都不見於史。《魏書》卷四七《盧玄傳》稱："祖偃、父邈並仕慕容氏。"貴蘭墓誌稱妃是魏司空毓九世孫，而且貴蘭之祖亦仕於燕，則嶽與玄應是同輩，興宗可能是嶽字，其官職相異，或一是其生前的官職，一是其死後的賜諡。

盧貴蘭所嬪者是元融，墓誌稱融是章武王彬之子，後廢帝朗之父。《魏書》卷一八下稱融是章武王長子，廢帝則是元融的次子。其事正合。但朗可能非貴蘭所出，因融碑誌出土時，另有一塊元融妃的墓誌，可惜碑文殘闕不清，查不出她的事蹟與姓氏，但既和元融合葬，應是元融之元妃，則盧氏可能是元融的次妃或續弦。盧蘭嫁元壽安，案元壽安墓誌稱"景穆皇帝之孫，汝陰靈王第五子"。《魏書》卷一九上《汝陰王傳》稱"（汝陰王）天賜第五子修義字壽安"。以輩份推之，元壽安應是元融的族叔；盧蘭與盧貴蘭雖爲姊妹，所嫁卻是叔姪。

（乙）隴西李氏：

元子邃妻《李艷華墓誌》：

夫人子艷華，隴西狄道人，武昭王暠之五世孫也。……

祖蕤，司徒冀州刺史，父談，散騎常侍齊廣二州刺史。

案《李蕤墓誌》稱："祖寶，父承字伯業，君八男、四女。"《北史》卷一〇〇《序傳》稱："涼武昭王暠，子翻，翻子寶，寶子承，承子蕤。歷司農少卿，卒贈豫州刺史，蕤子諧，莊帝初，濟廣二州刺史。"與誌叙蕤，該歷官合，但傳稱自武昭王暠下數到李艷華爲七世，誌作五世誤。武昭王暠誌作皓，誌稱李艷華的父親談，《魏書·李寶傳》作詠，《北史·序傳》作諧。又案元颺妃《李媛華墓誌》："祖諱寶，父諱沖。"則李艷華父李蕤與李媛華是同祖兄妹。案《元子邃墓誌》："字德修，河南洛陽人也，曾祖魏文成皇帝，祖太尉安豐王猛，父太保大司馬文宣王。"《北史》卷一九《安豐王傳》稱："安豐王猛字季烈，太和五年封，出爲營州刺史……薨於州，贈太尉，諡曰匡。子延明襲。……至明帝初，爲豫州刺史，後兼尚書右僕射。"案爾朱榮入洛，孝莊即位，延明永安元年七月拜尚書令，二年十一月兼大司馬，故得與莊帝母族爲婚。又案李彧尚莊帝姐豐亭公主，豐亭公主即李媛華女季瑤，李彧與李豐華是從兄妹，則元子邃爲李彧的姊婿或妹婿。

又《元徽墓誌》：

妃，隴西李氏，司空文穆公之孫女。

《魏書》卷一九《景穆十二王傳》稱："徽後妻莊帝舅女，侍中李彧帝之姊婿。"文穆公即李沖，則元徽妃李氏與元子邃妃李豐華亦是同從姊妹，與李彧是同祖兄妹。李氏爲元徽的次妃，《徽傳》稱："（徽）不能防閑，其妻于氏遂與廣陽王淵姦通。"又卷一八《廣陽王傳》："（深）坐淫城陽王妃于氏，爲徽表詔，詔付丞相高陽王雍等宗室議決其罪，以王還第。"則于氏可能亦由此得罪而褵異，婚於李氏，所以元徽墓誌未列妃于氏之名。

又案《李媛華墓誌》稱："子訥，字令言，今彭城邑王，妃隴西李氏，父休纂。"休纂是李媛華的胞弟，而休纂子或得尚媛華女豐亭於主，其子又嬪於李媛華長子，他們互相間都是中表爲婚。

隴西李氏，是拓跋氏宗室攀附姻親的對象。《魏書》卷一四《神元平文孫傳》："初，李沖又德望所屬……（丕）逐與子超沖兄女，即伯尚妹也。"可見拓跋氏宗室想與中原士族通婚急切之情。

又《魏書》卷四七《盧道虔傳》：

> 道虔尚高祖女濟南長公主，公主驕淫，聲穢遐邇，先無疹患，倉卒暴薨。時云道虔所害，世宗秘其醜惡，不苦窮治。尚書嘗奏道虔爲國子博士。靈太后追主薨事，乃黜道虔爲民，終身不仕。孝昌末。……道虔外生（甥）李彧尚莊帝姊豐亭公主，因相藉託，永安中，除輔國將軍、通直常侍。

這裏所說的尚書應是任城王澄，《魏書·將相年表》稱永安三年三月，尚書令高肇賜死，同年二月澄拜司空，九月兼尚書令。《肅宗紀》："（永平三年）二月賜尚書令高肇死，詔太保高陽王雍入居西柏堂決庶政，又詔任城王澄爲尚書令。"又案《任城王澄傳》："肅宗沖幼，朝野不安，澄疏斥不預機要，而朝望所屬，領軍元義、于忠、侍中崔光表奏澄爲尚書令，於是衆心忻服。"故知《盧道虔傳》所稱的尚書是元澄。又任城王元澄妃《李氏墓誌》，李氏卒於景明二年，雖未說明李氏的地望，但由於元澄舉盧道虔爲國子博士，可推其是隴西李氏，因隴西李氏與范陽盧氏有密切的婚姻關係，《盧道虔傳》稱李彧是其外甥，李彧之父延實是盧道約之姊丈，而范陽盧道約又娶延實之妹仲玉。雖元澄爲尚書時，李氏已死，而元澄念及故情，而舉李氏的姻婭並非不可能之事。由此可推元澄妃李氏，與李延實、李媛華有親密的關係。

（丙）榮陽鄭氏：

《魏書》卷五六《鄭羲（附希儁）傳》：

> 希儁弟幼儒……丞相、高陽王雍以女妻之，幼儒亡後，妻淫蕩兇悖，肆行無禮。……從兄伯猷每謂所親曰："從弟人才足爲令德，不幸得知此婦，今死復重死，可爲悲歎。"

《魏書》卷二一上《咸陽王禧傳》："潁川王雍可聘故中書博士范陽盧神寶女。"丞相高陽王即潁川王後所改封，則幼儒所娶是范陽盧神寶的外孫女。

又廣陵王羽納平城女爲妃，而平城子伯猷所納者，爲定豐王元延明女，案延明妃《馮氏墓誌》稱馮氏爲皇后之妹。又案元悅妃

《馮季華墓誌》稱"第六姊安豐王妃"，則安豐王妃馮氏是馮氏的六女，鄭伯猷所娶者是馮氏所生女。

《元徽墓誌》稱"妹適榮陽鄭氏"，元徽妃李氏是李沖的孫女，隴西李氏與榮陽鄭氏有很密切的婚姻關係，元徽妹可能因李氏關係而嫁於榮陽鄭氏。在陽城王的家族裏，在元徽以前沒有和中原士族通婚的記錄，如元徽的母親是"河南乙氏，廣川公之孫女"，《官氏志》"乙弗氏後改乙氏"，是四方內附諸姓之一。

元範妻《鄭令妃墓誌》：

> 夫人諱令妃，榮陽中平人也，齊州使君鄭寶之女，濟北府君範之妻，範則景穆皇帝之曾孫，汝陰王司空公之二子。

元範不見於史，《高祖本紀》"復封前汝陰王天賜孫景和爲汝陰王"，誌稱司空公或即景和，鄭令妃之父鄭寶之名也不見於史，誌稱令妃卒於隋開皇九年，享年八十三，知其生於魏宣武正始四年，是必爲榮陽鄭氏之一支。

（丁）瑯琊王氏：

瑯琊王氏僑居江左，世爲顯族，太和十七年以家難奔魏，事見《南齊書·王奐傳》及《魏書·王肅傳》。

《王肅傳》稱年三十八歲卒於壽春，時在景明二年，由此推溯到太和十七年，則王肅奔魏時年二十三歲。因肅是江左望族，奔魏時又適逢孝文帝準備遷都改革之際，因此立即受到重視。

> 肅自建業來奔……高祖幸鄴，聞肅至，虛襟待之，引見問故。……促席移景，不覺坐之疲淹也。……或屏左右相對談說，至夜分不罷。肅亦盡忠輸誠，無所隱避，自謂君臣之際，猶玄德之遇孔明也。

由此可見王肅受高祖寵眷，而且這時他又年輕，妻子沒有隨同北來，因此奉詔尚陳留長公主。公主原爲彭城長公主是劉昶子承緒妻，《魏書·劉昶傳》："昶子承緒，尚高祖母妹彭城長公主，爲駙馬都尉。"承緒死後，公主寡居，因而下嫁王肅。

世宗充華《王普賢墓誌》：

> 父肅，魏故侍中司空昌國簡公。
>
> 夫人陳郡謝氏，父在齊侍中右光祿大夫憲侯。
>
> 復尚陳留公主，父獻文皇帝。

《王肅（附子紹）傳》："肅臨薨，前妻携二女與子來奔。"由《普賢墓誌》與《廣陽王湛墓誌》知，王肅的兩個女兒入魏後，一嬪於世宗，一爲廣陽王淵（傳作深）妃。

《廣陽王元湛墓誌》：

> 父諱淵，侍中吏部尚書司徒公，雍州刺史廣陽武忠王。

> 母瑯琊王氏，父肅尚書令司空簡公。

而王肅子於太和十七年肅奔魏時，尚在襁褓之中，案《王紹墓誌》稱："春秋廿四，延昌四年八月薨。"知其生於太和十六年，景明二年肅臨終前入魏，時年十歲。又案《王普賢墓誌》稱普賢卒於延昌二年，二十七歲，兩年後王紹又卒，得二十四歲，故知普賢長於紹五歲。普賢入魏時年已十五，所以得嬪於世宗，廣陽王淵妃雖不知其生卒年月，但其爲紹姊，可能也是普賢姊。

又《王肅（附秉）傳》："肅弟秉，世宗初，携兒子誦、翊、衍等入國。"

元湛妃《王令媛墓誌》：

> 父翊，魏侍中司空孝獻公。

> 母河南元氏，父澄假黄鉞太傅任城宣王。

是王翊娶任城王澄之女，又按《元義墓誌》："女僧兒年十七，適瑯琊王氏，父散騎常侍濟州刺史。"《王翊傳》稱"翊頗銳於榮利，結婚於元義，超轉左將軍濟州刺史"，誌稱濟州刺史即是翊，據傳稱"結婚元義"，即是女僧兒嬪於王翊子。

又《王誦墓誌》：

> 祖奐，齊就書僕射，父融黄門侍郎。

案誌又稱："平甫十二，備遭荼蓼，泣血孺慕，幾於毁滅。"據誌知王誦生於齊高帝建元四年，永明十一年奐等被害時，誦剛好十二歲。《魏書》卷六三《王肅（附誦）傳》"誦，肅兄融之子，學涉有文才，神氣清儁，風流甚美"，入魏後，得先後兩次妻宗室之女。

王夫人《寧陵公主墓誌》：

> 父彭城王，夫君瑯琊王君。

案墓誌僅稱夫君瑯琊王氏而不名，但公主墓誌與王誦墓誌同出，當然應是王誦之妻。王誦妻《元貴妃墓誌》：

> 祖，高宗文成皇帝。

父，侍中太尉安豐國王。

安豐王即元猛，《寧陵公主墓誌》稱公主薨於永平三年，則公主卒時誦當二十七歲，所以續娶安豐王猛女爲妻。元貴妃卒於熙本二年，上距永平二年公主卒時已歷七年，則知公主是王誦元配，安豐王女是王誦繼室。元湛妃《王令媛墓誌》稱妃是王翊之女，而嬪爲王肅姪，案《元湛墓誌》王肅有女嬪於廣陽王淵，則湛王肅外孫，湛母王氏與湛妃王令媛父爲從兄弟，則元湛與王令媛是中表聯婚，但翊所妻是任城王元澄女。以世系言之，湛與任城王澄應爲同輩，則令媛又是元湛外甥，則王媛華與元湛既是中表聯婚，又是甥舅爲婚。

　　以上叙及范陽盧氏、隴西李氏、滎陽鄭氏、瑯琊王氏與拓跋氏宗室的婚姻關係。至於清河崔氏雖爲中原大族，但經"崔浩之獄"之後，在政治上地位漸漸没落，所以孝文既未選嬪於崔氏之家，六弟要妃亦未聘於清河之門。除崔玄伯姪（玄猷子）敞妻李氏是"公主之甥"外，和拓跋氏有婚姻關係的，是清河崔氏的另一支，即崔逞玄崔休的家族，《休傳》稱"高祖納休妹爲嬪"，又"（休子）仲文納承相雍第二女，（休）女妻元義長庶子"，《元義墓誌》"子穎，字稚舒，妻清河崔氏，父休，尚書僕射"，與誌合，休子仲文所納是高陽王雍女。後仲文又嬪裴延儁子敬猷，《裴延儁傳》稱"敬猷妻高陽王雍外孫"，或即指此而言。又崔休弟妻安樂王長女晉寧公主。

　　太原王氏和拓跋氏宗室的婚姻記錄，除高祖納王慧龍子瓊女爲嬪外，別無資料可尋。

（二）拓跋氏公主的婚姻

《魏書》卷二四《崔玄伯傳》：

　　太祖曾引玄伯講《漢書》，至婁敬説漢祖欲以魯元公主妻匈奴，善之，嗟歎者良久，是以諸公主皆釐降於賓附之國，朝臣弟子，雖名族美彦，不得尚焉。

由此可見北魏宗室的婚姻，是有政治條件在内的，宗室王子皇孫與中原士族通婚，是爲提高並鞏固其宗室的社會地位。至於公主婚嫁，則受了漢朝和親政策的影響，對於那些來歸附的酋長與南朝前來投降的顯貴發生一種羈縻作用。

　　本章附表根據《魏書》、《北史》傳紀並參以墓誌所得統計，分析五十一個駙馬都尉的家世，拓跋氏公主下嫁代北部落酋長家族者二十一人，下嫁投降北魏的南方宗室大族者十一人，下嫁歸附部落者四人，因姻戚關係下嫁后族與中原士族者十五人。

在下嫁代北酋長的廿一人中，嫁給穆氏家族的有十一人，穆氏是代北大族，《魏書》卷二四《官氏志》稱“丘穆陵氏，後改穆氏”，是神元內入諸姓中功勳八姓之首，在穆氏門中的駙馬都尉有穆真、穆麗智、穆觀、穆壽、穆平國、穆伏平、穆羆、穆亮、穆相國、穆平城、穆紹等。穆氏家族從拓跋氏初期，到孝文遷都穆泰叛變伏誅時，一直和拓跋氏保持密切的關係。北魏宗室諸王與穆氏家族通婚的頗多，如《元嘉墓誌》稱妃河南穆氏，是穆壽的孫女，穆亮妹，《元幹墓誌》稱妃代郡穆氏，《元煥墓誌》稱妃河南穆氏，穆纂的女兒，《元幹墓誌》稱妃穆氏，《元挺墓誌》稱妃穆玉容，穆崇之曾孫女等。

由於穆氏和拓跋氏有著婚姻關係，他們都在幼時便入侍東宮，然後再拜駙馬都尉，穆亮子紹“九歲除員外郎，侍學東宮，轉太子舍人，十一尚瑯琊長公主，拜駙馬都尉”。穆泰子“伯智，八歲侍學東宮，十歲拜太子洗馬、散騎侍郎。尚饒陽公主，拜駙馬都尉”。並有死後爲婚，“（穆）平城，早卒，高祖時始平公主薨於宮，追贈平城駙馬都尉，與公主合葬”。（以上所引皆見《魏書》卷二七《穆崇傳》）

其他代北大族與拓跋氏聯婚的有陸氏、乙氏、萬氏、于氏等，他們的家族都是“世爲酋師”的部落酋長。

至於那些歸附而與拓跋氏聯婚的，可分兩類，一是邊境部落酋長的後裔，一是從南朝投奔來的宗室或大族。

《闞伯昇墓誌》：

> 高祖即茹茹主之第二子，率部歸化錫爵高昌王，仕至司
> 徒公。
> 夫人樂安郡公主元氏諱仲英，顯祖獻文皇帝之孫，太尉
> 咸陽王之女。

案城陽王鸞次子恭墓誌稱妃“闞氏，茹茹主之孫，景穆皇帝女平長公主孫”，闞氏當與文帝母郁久闞氏、闞大肥同族。關於茹茹內附事，《北史·蠕蠕傳》未詳載，可能是茹茹的一部內附後，拓跋氏賜公主爲婚以作爲一種懷柔政策。又案北齊赫連子悅妻《闞炫墓誌》稱，闞氏曾祖大肥尚隴西公主。而大肥傳則稱尚華陰公主，後公主薨，復尚護澤公主與誌異，但由此可知，茹茹內附後常和和拓跋氏聯婚，又闞伯昇妻元

氏,父咸陽王即禧。

《劉懿墓誌》:

> 君諱懿字貴珊,弘農人也。
>
> 夫人長常山王之孫,尚書左僕射元生之女。
>
> 長子撫軍將軍……元孫。
>
> 妻驃騎大將軍司徒公元恭之女。
>
> 世子散騎常侍千牛備身洪徽。
>
> 妻大丞相勃海高王之第三女。

劉懿《北齊書》卷一九作劉貴,《北史》亦作劉貴,所不同者是籍貫,誌稱劉貴是弘農人,而傳作"秀容曲陽人",《劉玉墓誌》也稱"玉,弘農胡城人"。案《魏書‧地形志》稱恒農,屬陝州領三縣並無胡城,又案《元和姓纂》稱劉氏族望甚多,弘農華陰是劉氏一脈。周一良《領民酉長與六州都督》論劉玉事稱,《劉玉墓誌》又稱:"遠祖司徒寬之苗裔。"《後漢書》卷五五《劉寬傳》稱:"字文饒,華陰人……父崎,順帝時爲司徒。"《元和姓纂》也稱:"漢高兄代王喜……後漢司徒琦始居弘農,先寬,太尉。""崎"《姓纂》作"琦"誤,《劉玉誌》師所謂的司徒,是崎而非寬。《金石錄》卷二三稱:"夷虜妄言出於名冑,以欺眩世俗。"大抵魏晉以來,北邊外族多喜冒漢姓,從李陵没於匈奴,胡人冒姓李的很多。後世李太白是西域人,自稱涼武昭王之後(見陳寅恪《李太白氏族之疑問》),所以劉玉散諸部落後定居弘農,因而攀附劉寬爲其遠祖。這與《劉懿墓誌》自稱爲弘農人,而攀"臨淮給事"爲遠祖的情形相似。案《劉貴傳》稱貴爲"秀容曲陽人",《元和郡縣誌》卷一四稱:"秀容故城在宜芳縣南三十里,劉元海感神而生,姿容秀美,因以爲名也。"這不過是望文生義的説法。由上述知秀容在新興(今忻縣)北。《晉書》卷一〇三《劉曜載記》稱曜"隱迹管涔山",《水經‧汾水注》稱"水出太原汾陽北管涔山",酈道元注謂"劉淵族子曜嘗隱避於管涔之山",此山和秀容相近。又誌稱玉的官職"陝肆二州大中正第一酉長敷城開國公。"考《魏書‧地形志》,秀容即敷城屬郡,屬肆州,誌稱高歡以懿爲肆州刺史,後長子爲肆州中正贈肆州刺史,而其三子亦爲肆州主簿,且懿既封敷城開國伯,所以應是秀容敷城人。

《新唐書‧宰相世系表》:"河南劉氏,本出匈奴之族,漢高祖以宗女妻冒頓,其俗貴者皆從母姓,因改爲劉氏,左賢王去卑裔孫庫仁，字沒根，後魏南部大人、凌江將軍，弟眷，生羅辰，定州刺史永、安敬公……五世孫環雋，字仲賢，北齊中書侍郎、秀容懿公。"（《姓纂》"獨孤"條，《晉書·元海載記》略同。）再以《劉懿墓誌》所載"大將軍府騎兵參軍……第一酋長"的官職推之，劉懿應爲孝文遷都洛陽後，留在北方的獨孤氏之一支。獨孤氏和拓跋氏有很密切的婚姻關係，道武宣穆皇后劉氏，即是劉羅辰之妹，《魏書》卷二三《劉仁庫傳》："劉根之宗也……母平文皇帝之女，昭成皇帝復以宗女妻之。"誌稱："長子撫軍將，銀青光祿大夫都督肆州諸軍事肆州刺史元孫。"《北齊書·劉貴（懿）傳》稱"長子元孫員外郎肆州中正"，與誌異。其妻元氏，"驃騎大將軍司徒公元恭女"，考拓跋氏宗室名恭的一爲節閔帝，一爲元顯恭（顯恭名恭見《元恭墓誌》）。《魏書·孝莊紀》："永安三年十月，以中書將軍前東荆州刺史元（顯）公爲持節都督晉建南汾三州諸軍事，鎮西將軍，晉州刺史，兼尚書左僕射。"又《北齊書·劉貴傳》稱："（懿）永安三年除涼州刺史"。建明初，爾朱世隆專擅，以貴爲征南將軍金紫光祿兼左僕射西道行臺，使抗孝莊行臺元（顯）恭於正平，破擒（顯）恭。"則此兩家自無通婚之理。然節閔帝雖名恭，初爲廣陵王，嗣位後爲高歡所殺，西魏時追諡爲節閔皇帝，節閔帝未曾任過司徒，所以這裏的司徒公恭，可能另爲別人。另一種可能則是元恭被擒後，其家族也被擒而配給元孫爲妻，爾朱之亂洛陽淪陷，拓跋氏宗室因此流落者不在少數。《魏書·肅宗紀》："孝昌二年詔曰：'頃舊京淪覆，中原喪亂，宗室子女，屬籍在七廟之內，爲雜濫門所拘辱者，悉聽離絕。'"由此知元孫娶元顯恭的女兒是可能的。劉懿所娶"常山王之孫，尚書左射元生女"，元生不見於傳，常山王遵道武四年封，二世素，三世陪斤，陪斤坐事國除，陪斤子暉，"靈太后臨朝爲尚書，卒贈尚書左僕射"。暉爲遵四世孫，不知孰是？

在下嫁北來的南朝宗室大族的十五位公主中，嫁晉朝宗室後裔的有四個，他們是司馬彌絕、司馬楚之、司馬躍、司馬朏，下嫁劉宋宗室的有五個，他們是劉昶、劉承緒、劉輝，祖孫三代都尚公主，劉昶因與所尚公主折翼，曾前後尚三主。蕭齊降魏的宗室如蕭受、蕭烈、蕭權、蕭寶卷等亦尚公主。這些南朝的宗室，不是投降北魏，便是遭受政治迫害而潛逃到北方來的，拓跋氏將公主下嫁給這些落

難的宗室，一方面表示懷撫降人寬大的風度，另一方面，因在當時
南北敵對的狀態下，這批流落的貴族不論怎樣，在南方仍然有他們
政治或社會的潛勢力存在，因此拓跋氏除將公主下嫁他們外，並且
封他們王爵，多少包含着許多政治作用在內。

　　至於中原士族和拓跋氏公主通婚的，他們多是后族，像杜超、
馮誕、馮穆、高肇、高猛等都是由於外戚之親，而得爲駙馬都尉的。
其他的大族也多由於婚姻戚關係而中表聯婚的，已略見上述。

　　拓跋氏公主的婚姻非常自由，既可以離婚又可以再嫁，但這只
是限於公主方面。《魏書》卷四五《裴詢傳》：

> 詢……美儀貌，多藝，能音律博奕……太原長公主寡
> 居，與詢私姦，肅宗仍詔詢尚焉。

以是知拓跋氏閨閫之防不嚴，王肅所尚的彭城公主是劉昶婦再嫁，
已見前述。

　　又《魏書》卷六四《張彝傳》：

> 時陳留公主寡居，彝意願尚主，主亦許之，僕射高肇
> 亦望尚主，主意不可，肇怒，譖彝於世宗。

由以上所述知公主再醮，完全憑自己意思決定，不過也有被迫改嫁
的。如邢巒妻兄《純陀墓誌》：

> 夫人初笄之年，言歸穆氏，良人既逝，兄太傅文宣王，
> 違情奪義，來嬪君子。

案夫人是任城康第五女，兄太傅文宣王郎任城王澄，由誌稱"兄……違
情奪義，來嬪君子"，可知元氏再嫁，非其本意。

　　但尚公主的駙馬都尉，除非奉勅離婚，如穆真尚長城公主，後
奉勅離婚另尚文明太后妹，或公主薨而另娶，否則不允有次妻，甚
至有"因尚公主而出妻者"（《魏書·外戚李益傳》）。王肅便是一個
很好的例子。王肅於太和十七年奔魏，其妻亦隨止於壽昌，壽昌爲
魏所轄，後王肅尚陳留公主，其妻一直留滯在壽昌，至王肅臨終前
才趕來奔喪，可是這卻是十年以後的事了。由此可知，王肅雖沒有
因尚公主而出妻，事實上卻是分居的。在世宗夫人《王普賢墓誌》
後，王肅妻郭氏與陳留公主並列，並沒有庶長之分。由王肅妻與兒
女被阻入京的情形看來，也可以作爲拓跋氏公主下嫁而"出妻"的
一種解釋，更可以爲拓跋氏初期，所行的一夫一妻制作一個註腳。

（三）與中原士族通婚後所發生的問題與影響

自從婚禁詔令頒布以後，便嚴厲地執行著，江陽王繼爲青州刺史，因"取民女爲婦妾，又以良人爲婢，爲御史所彈，坐免官爵"（《魏書》卷一六《道武七王傳》）。而且婚姻也有一定的界限，如《魏書》卷二一《高陽王雍傳》：

> 元妃盧氏薨後，更納博陵崔顯妹，甚有色寵，欲以爲妃。世宗初以崔氏，世號"東崔"，地寒望劣，難之。

博陵崔氏的崔挺、崔休都曾是在朝的顯要，而且孝文與肅宗都曾納博陵崔氏女爲婚，雖然他們的地望比不上崔（清河）、王、盧、李、鄭，但是他們的社會地位不算低，但世宗卻以"地寒望劣難之"，可知當時諸王的"新婦"，必須"門戶匹敵"的大家女，因此他們結婚對象的範圍縮得很小，後來有些王子所納非大族的女兒，就不得不託顯族大姓以自重。如《魏書》卷二二《京兆王愉傳》：

> 愉在徐州納妾李氏，本姓楊，東郡人，夜聞其歌，悅之，遂被寵嬖。罷州還京，欲進貴之，託右中郎將趙郡李恃顯爲之養父。

由上所引，可知當時拓跋氏對宗室婚姻的限制非常嚴格，孝文帝強制宗室與中原士族通婚，並且硬性規定"前所納者，可爲妾媵"，這即是不承認原來王妃的家庭地位。這個規定不但破壞了拓跋氏原有的婚姻制度，同時更給拓跋氏家族中平添了許多麻煩。《魏書·畢從敬傳》稱："魏故事，前妻雖有子，後賜之妻皆承適。"這便引起了家庭中所謂"庶長之爭"的糾紛。如《魏書》卷二一《咸陽王禧傳》：

> 咸陽王禧有子八人，……翼與昌，申屠氏所出。曄，李妃所生也。翼容貌魁壯，風制可觀，（蕭）衍甚重之，封爲咸陽王。翼讓其嫡弟曄，衍不許。

案《禧傳》，禧奉詔納隴西李輔女，所以禧前妃屠氏一降爲妾，原來的嫡子也變爲庶子。後來禧因謀反誅，翼與其弟昌、曄奔於蕭衍，當蕭衍要封翼爲咸陽王時，就發生了嫡庶繼承的問題。那時翼在江南尚如此，由此推想在當時的中原，這種問題必然發生得更多。

《魏書》卷一四《元丕傳》：

> 初，李沖又德望所屬，既當時貴要，有杕情，遂與子超娶沖兄女，即伯尚妹也。……丕前妻子隆同產數人，皆

與別居。

在最初那些嫁到拓跋氏宗室家族去的大家女,和原來家庭人相處得必不和諧,分居只是暫時的,一旦王子先她而死,而自己又無兒息襲爵,於是問題就發生,像趙郡王元幹家中,就發生前妻與其子對後賜之妻"不遜"的情形。如《魏書》卷二一《趙郡王元幹傳》:

> (幹)子諶,世宗初襲封。幹妃穆氏表諶母趙等悖禮愆常,不遜日甚,尊卑義阻,母子道絕。詔曰:"妾之於女君,猶婦人事舅姑,君臣之禮,義無乖二,妾子之於君母,禮加如子之恭,何得瀆我政風,可付宗正,依禮治罪。"

上述由於婚姻所引起的家庭糾紛,不過僅是在文化接觸過程中,所掀起的片片漣漪而已,但就整個文化融和而論,孝文帝強制拓跋氏宗室與中原士族通婚的影響是不可磨滅的。因爲這些出身於中原士族家庭的閨秀,不論在學養和德性方面,都比那些長在草原的女子強得多,她們下嫁到拓跋氏的家庭裏去,以她們文靜的氣質,來調和北方草原民族的粗獷習氣是非常有效的,同時將中國文化傳統、生活方式、倫理觀念帶到拓跋氏的家庭裏,感化她們的夫君,教育她們的子女。經過一段潛移默化的時間以後,拓跋氏的宗室,由"我鮮卑常馬背中領生活"(《宋書·索虜傳》)的草原武夫,一變爲"博極羣書,兼有文藻"的儒雅之士,在高祖時已有彭城王勰、任城王澄,但他們的家室都出自中原士族大家,元勰妻隴西李氏,元澄妻也是隴西李氏,繼室長樂馮氏,是馮熙的第五女(見元澄妃《馮令媛墓誌》)。自遷都以後和中原士族通婚比較普遍,於是在拓跋氏宗室裏"文雅從容"之士越來越多,當時最著明的有延明、元彧、元熙。

《魏書》卷二〇《文成五王安豐王(猛附子延明)傳》:

> 延明既博極羣書,兼有文藻,鳩集圖籍萬有餘卷。性清儉,不營產業,與中山王熙及弟臨淮王彧等,並以才學令望有名於世。雖風流造次不及熙、彧,而稽古淳篤過之。……以延明博識多聞,勅監金石事。……所著詩賦讚頌銘誄三百餘篇,又撰《五經綜略》、《詩禮別義》,注《帝王世紀》及《列仙傳》。又以河間人信都芳工算術,引之在館。其撰《古今樂事》九章十二圖,又集《器準》九篇,芳別爲之注,皆行於世。

同書卷一八《彧傳》:

或少有才學，時譽甚美。……少與從兄安豐王延明、中山王熙並以宗室博古文學齊名，時人莫能定其優劣。……爲之語曰：三王楚琳琅，未若濟南（案或封濟南王）備圓方。或姿制閑裕，吐發流靡，瑯瑯王誦有名人也，見之未嘗不心醉忘疲。……奏郊廟歌辭，時稱其美。……或性至孝，事父母盡禮，自經違離，不進酒肉，容貌憔悴，見者傷之。……或美風韻，善進止，衣冠之下，雅有容則。博覽羣書，不爲章句，所著文藻雖多亡失，猶有傳於世者。

又同書卷一九下《南安王楨（附孫熙）傳》：

熙，……好學，俊爽有文才，聲著於世。……熙既蕃王之貴，加有文學，好奇愛異，交結偉俊，風氣甚高，名美當世，先達後進，多造其門。

其他如元暉、元洪超、元鑒、元羅、元昌、元孚、元欽、元弼、元暉業、元顯和、元匡、元略、元徽、元端、元懌等人，或經學修明，或篤志孝友，都是爲時所重的風流人物，如果再進一步分析，他們不是直接和中原士族家庭有婚姻關係，便是母族是漢人。經過長期的婚姻關係，到後來周齊隋唐，拓跋氏以才學德行名於世的更多了。

《周書》卷三八《元偉傳》：

魏昭成之後。……偉少好學，有文雅。……世宗初，拜師氏中大夫，受詔於麟趾殿刊正經籍。……篤學愛文，政事之暇，未嘗棄書。謹慎小心，與物無忤，時人以此稱之。

《隋書》卷四六《元暉傳》：

頗好學，涉獵書紀。少得美名於京下，周太祖見而禮之……開皇初，拜都官尚書。

同書卷六二《元巖傳》：

好讀書，不治章句，剛鯁有器局，以名節自許。

同書卷六三《元壽傳》：

少孤，性仁孝，九歲喪父，哀毀骨立，宗族鄉黨咸異之。事母以孝聞。及長，方直，頗涉經史。

同書卷七五《儒林傳》：

（元）善少隨父至江南，性好學；遂通涉五經，尤明《左氏傳》……上（高祖）每望之曰：“人倫儀表也。”凡

有敷奏，辭氣抑揚，觀者屬目。……上嘗親臨釋典，命善
講《孝經》，於是敷陳義理，兼之以諷諫，上大悅……善之
通博，在何妥之下，然以風流醞藉，俯仰可觀，音韻清朗，
聽者忘倦，由是爲後進所歸。

《舊唐書》卷一〇二《元行沖傳》：

> 博學多通，尤善音律及詁訓之書，舉進士。……行沖
> 以本族出於後魏，而未有編年之史，乃撰《魏典》三十卷，
> 事詳文簡，爲學者所稱。……又充關內道按察使，行沖自
> 以書生，不堪搏擊之任，固辭按察。……先是秘書監馬懷
> 素集學者續王儉《今書七志》，左散騎常侍諸无量於麗正殿
> 校寫四部書，事未就，而懷素、无量卒，詔行沖總代其職，
> 於是行沖表請通撰古今書目，名爲《群書解書四錄》。

同書卷一九〇《元萬頃傳》：

> 洛陽人，後魏景穆皇帝之胤……萬頃善屬文。……時
> 天后諷高宗廣召文詞之士入禁中修撰，萬頃……預其選，
> 前後撰《列女傳》、《臣軌》、《百僚新誡》、《樂書》等凡千
> 餘卷，朝廷疑議及百司表疏，皆密令萬頃等參決，以分宰
> 相之權，時人謂之北門學士，萬頃屬文敏速。

同書同卷（下）《元德秀傳》：

> 河南人，……少孤貧，事母以孝聞。開元中，從鄉賦，
> 歲游京師，不忍離親，每行則自負板輿，與母詣長安。登
> 第後，母亡，廬於墓所，食無鹽酪，藉無茵席，刺血畫像
> 寫佛經。……（卒）門人相與謚爲文行先生。士大夫高其
> 行，不名，謂之元魯山。

至於唐一代文宗元稹，史稱他是昭成第十代孫，叙述他的事蹟很多，這
裏不細引。《舊唐書》載元姓者共七人，除元載是冒姓，元讓、元思政雖
不知其出處，但中國元姓自拓跋始，他們當是拓跋氏的後人。此六人
中一在《孝友傳》，三人在《文苑傳》，元行沖精通文學經籍，元稹更是
大文豪，在《新唐書》裏又有元結，也是擅長學。這些拓跋氏的後裔到
北魏末年，已與中國人沒有什麼區別，而到隨唐以後，其中傑出之士，
更可駕凌漢人。如果追究其原因，家學淵源是一個重要因素，而他們
的“家學”，卻是嫁到拓跋氏家族去的中原士族的女兒帶去的。

拓跋氏宗室姻戚表

宗室姓氏	妃妻族望	妃 妻 家 世	材 料 來 源 及 備 考
阿斗那	洛陽紇干氏	祖和突南部尚書, 父莨命代郡尹	案《官氏志》:"紇干氏後改爲干氏"。見《元龍墓誌》
元度和	下邳皮氏	祖豹淮陽王, 父欣廣川公	《魏書·皮豹子傳》:"豹子卒,子道明襲,道明第八弟喜廣川公。"喜誌作欣,又案《魏書·高祖紀》與《吐谷渾傳》皮喜,作皮懽喜 見《元龍墓誌》
元鷟	遼東公孫甑生	祖順生給事中義平子 夫人河南長孫氏(父壽字勑斤陵,征東將軍謚莊王) 父固字九略,大鴻臚少卿營州大中正 夫人河南長孫氏(父遐,兗泰相三州刺史)	公孫氏、祖父名位於史無徵,祖,父親河南長孫氏,亦不見於史,當與長孫道生同族 見《元鷟與妃公孫甑生墓誌》
元興都	婁氏		見《魏書》卷一四
元丕	段氏		同上
元超	隴西李氏	李沖兄女,即伯尚妹	同上
元受久	王氏	昭成之舅女	見《元倖墓誌》
元遵	劉氏	明元帝之姨	同上,又見《元昭墓誌》
元素連	赫連氏	夏主赫連昌之妹	同上
元於德	南陽張氏	驃騎將軍阜城侯提之孫女	同上
元悝	叱羅氏	父興,儀曹尚書,散騎常侍兗州刺史	同上
元暉	遼東公孫氏	父順,振威將軍義平子北平太守	並見元俊,元悟墓誌
元逸	頓丘李氏	父平,侍中車騎大將軍,司空武邑郡開國公	同上
元陪斤	宇文氏		見《元昭墓誌》
元儀	周氏		見《魏書》卷一五,原慕容普驎妻,太祖賜爲妃
元均	京兆杜氏	漢御史大夫周之後	見《元均暨妻杜氏墓誌》
元鑒	吐谷渾氏	吐谷渾國主之胄胤,安西將軍斤之孫,安北將軍永安王仁之長女,太尉公三老錄尚書東陽王(丕)之外孫	見元鑒妃《吐谷渾氏墓誌》

續表

宗室姓氏	妃妻族望	妃 妻 家 世	材 料 來 源 及 備 考
元繼	渤海南皮石婉	魏故使持節都督荊州豫州諸軍事、荊豫青三州刺史汝陽公敬之季女	見《元繼妃石婉墓誌》
元乂	安定胡氏	父珍,相國太上秦公	《魏書·道武七王傳》:"乂妻封新平郡君,後遷馮翊郡君拜女侍中",與誌合
元亮	范陽盧氏	父聿,駙馬都尉大尉司馬	《魏書·盧玄傳附元聿傳》稱元聿尚高祖女義陽長公主,拜駙馬都尉,與誌合
元穎	清河崔氏	父休,尚書僕射	案《魏書·崔休傳》稱,"休女妻,領軍元乂長庶子秘書郎稚舒。"傳稱稚舒,誌云:"字稚舒"傳誤
元爽	頓丘李氏	儀同三司彭城文烈公平之女	見《元爽墓誌》
元德隆	蕭氏	父寶夤,大將軍齊王	案《蕭寶夤傳》:"(彭城)公主攜男女就寶夤訣別",傳又稱:"寶夤有三子皆公主所生。"故蕭氏或即公主所出 見《元爽墓誌》
元悅	長樂信都馮季華	曾祖道鑒燕昭文皇帝 曾祖母慕容氏 祖朗,真君中人魏封西郡公薨 追贈假黃鉞太宰進爵燕宣王 父熙進爵,駙馬都尉 母樂陵郡君太妃 兄恩政侍中儀曹尚書 長姊南平王妃 第二、第三姊孝文后 第四、第五姊孝文昭儀 第六姐安豐王妃 第七姐任城王妃	《魏書·外戚傳》稱,熙有子女數十人,則熙女名不見碑誌者必尚有之。又外戚傳稱熙尚恭宗女博陵公主,誌載七姊,二爲皇后,二爲昭儀,三爲王妃與元悅妃共四人 又文成文明皇后爲妃之姑 見《元悅墓誌》
元騰	廣平程法珠		見《元騰墓誌》
元良	陸孟暉	祖司空公東郡莊王 著作郎之長女	《魏書·陸俟傳》稱:"俟子麗,麗子定國賜封東郡王。遷司空,太和八年薨,諡莊王。"由是知陸氏是陸定國孫女 見元夫人《陸孟暉墓誌》。
元嘉	河南穆氏	宜都王壽之孫女 司空亮之從妹	案《廣陽王嘉傳》稱:"嘉後妃,宜都王穆壽孫女,司空從妹,聰明婦人,及爲嘉妃,多所匡贊。"與誌合 見《元湛墓誌》

宗室姓氏	妃妻族望	妃　妻　家　世	材料來源及備考
元淵	瑯琊王氏	父蕭尚書令	案世宗夫人《王普賢墓誌》,知蕭有女,入魏後一爲世宗夫人,一爲廣陽王嘉妃 見《元湛墓誌》
元湛	瑯琊王令媛	祖琛,齊司徒從事中郎,夫人彭城劉氏(父義恭,宋太宰江夏文獻王) 父誗魏侍中司空孝獻公 夫人河南元氏(父澄任城文宣王)	見元湛妃《王令媛墓誌》
元新成	雷氏 頓丘李氏		《魏書·景穆十二王傳》:"(衍)轉徐州刺史,所生母雷氏卒,表請解州"。案元衍是新成次子,由是知非李氏所出,故李氏爲新成繼室 見《元新成妃李氏墓誌》
元颺	瑯琊王氏		案《元颺墓誌》稱:"颺字遺興,景穆皇帝孫,陽平王第六子。"然魏書新成本傳僅稱載新成子頤,衍,欽而不及颺,又颺妃王氏墓誌則稱:"陽平王第六弟元颺之妻也。"兩誌所載不同,然必王肅的一系。 見《元颺妃王氏墓誌》
元遥	安定梁氏		見《元遥墓誌》
元靈曜	河南尉氏	祖元,司徒淮陽景桓王 父誗侍中尚書博陵順公 夫人上谷張氏(祖白澤,殿中尚書廣平簡公,父倫前將軍司農卿)	案《魏書·尉元傳》稱:"元拜淮陽王率謚景桓公,子羽犯肅宗廟諱,改朔,博陵郡開國公謚順。"與誌合。又案《魏書·張袞傳》稱:"袞上谷沮陽人,次子度,度子白澤,太和初官殿中尚書,贈廣平公謚簡,子倫後將軍。"亦與誌合 見《元靈曜墓誌》
元壽安	范陽盧蘭	漢燕王盧綰,晉侍中盧毓之後祖興集范陽太守 父延集幽州主簿	案與盧玄同族,詳見本文 見《元安壽墓誌》安壽妃《盧蘭墓誌》
元範	滎陽鄭氏令妃	父齊州使君鄭寶	詳見本文 見《元範墓誌》及範妃《鄭令妃墓誌》
元固	河南陸氏	祖拔,使持節侍中征西大將軍,相州刺史都督中外諸軍事太保建安王 父琇散騎常侍司州大中正	案《魏書·陸俟傳》稱,長子馛,誌作拔,又案元凝妃陸順華墓誌稱拔作受洛跋,跋、拔相通,代北諸姓名漢譯無定,代人名拔者,有吕洛拔,于洛拔等,名跋者有伊跋 見《元固墓誌》

續表

宗室姓氏	妃妻族望	妃妻家世	材料來源及備考
元澄	李氏 長樂馮令華 （繼室）	太師昌黎武王第五女，姑文明皇后	李氏爲隴西李氏，詳見本文。又《李氏墓誌》稱：景明二年九月三日，雍州刺史任城王妃李氏薨於長安。又案澄本傳稱澄世宗初改授安西將軍雍州刺史，時在景明初，與誌合，又澄妃馮氏墓誌稱正始三年策封任城國妃。時李氏已先卒，由是知馮氏爲澄繼室，且知拓跋氏當時行一夫一妻制 並見元澄，澄妃李氏，馮氏墓誌
元雲	孟氏		澄父，見《魏書·任城王傳》
元誘	長樂馮氏 河東汾陰薛伯徽	祖太宰燕宣王 父太師武懿公 尚書之玄孫 雍秦二州刺史之曾孫 河東府君之孫尚書三公郎中之長女	案《魏書·薛辯傳》："其先自蜀徙河東之汾陰，仕姚興尚書，辯子謹卒贈秦雍二州刺史，謹子初古拔，太和六年改河東公。"案誌稱之尚書即辯，刺史即謹，河東府君即初古拔，傳又稱："胤弟□，字崇業。廣平王懷郎中令、汝陰太守。"尚書三公郎中或指崇業 見元誘墓誌，誘妻馮氏、薛氏墓誌
元略	范陽盧真心	父尚之，出身中書，皇子諮議，濟青二州刺史	見《元略墓誌》
元壽	麴氏	澆河太守麴寧孫之長女	案澆河初爲呂光屬地，麴氏爲西平顯姓，《晉書·乞伏乾歸傳》有"侍中麴景"，《元和姓纂》十"漢有麴潭，生閎，避難湟中，因居西平，十一代孫嘉仕沮渠氏，後立爲高昌王。"或即妃同族 見《元壽妃麴氏墓誌》
元鸞	河南乙氏	父延	案《元徽墓誌》稱："太妃河南乙氏，廣川公之孫女"即乙瓌之裔，《魏書·官氏志》稱："乙弗氏後改爲乙氏。"見《元顯魏墓誌》
元延	長樂馮氏	父熙	同上
元崇智	河南薛氏	父和南青州刺史	同上
元恭	閭氏	茹茹主曾孫景穆帝女樂平公主之孫，父閭世穎安固伯	當與文成帝母郁久閭氏、閭大肥、閭毗等同族，詳見本文 見《元恭墓誌》
元徽	隴西李氏	司空文穆公沖之孫女	詳見本文 見《元徽墓誌》

宗室姓氏	妃妻族望	妃 妻 家 世	材 料 來 源 及 備 考
元融	范陽盧貴蘭	魏司空毓九世孫 祖蟻燕太子洗馬,魏建將軍良鄉子 祖母魯郡孔氏 父延集幽州主簿 母趙郡李氏	詳見本文 見《元融妃盧貴蘭墓誌》 詳見《元固妃》
元凝	河南洛陽陸順華	祖受洛跋相州刺史吏部尚書太保建安貞王 父琇襲爵建安王給事黃門司州大中正	見《元凝妃陸順華墓誌》
元湛	河東汾陰薛慧命	曾祖謹陪陵公,祖初古拔河東康公, 父胤襲爵	見《元湛妃薛慧命墓誌》
元楨	馮翊仇氏	本州別駕仇牛之長女	《魏書·閹官傳》稱仇洛齊,本姓侯氏,外祖仇款始出馮翊重泉,款生二子,長曰嵩……有孫女適安南安王楨,生章武王彬,與誌合 見《元羋墓誌》
元彬	中山張氏	小種之女,種爲本郡功曹	同上
元淨	長樂馮氏	昌黎王第三女南平王誕之妹	同上
元羋	勃海高氏	父聿黃門郎武衛將軍夏州刺史	同上
元願平	樂浪王氏	祖燕儀同三司武邑公波六世孫,父道岷冀齊二州刺史	見元願平妻《王氏墓誌》
元珽	河南穆玉容	曾祖堤寧南將軍相州刺史 祖衷中堅將軍 父如意左將軍東萊太守	案《魏書·穆崇傳》稱"崇宗人醜善,子莫提從征中原,爲中山太守,除寧南將軍,相州刺史。"誌之提與傳之莫提官職相同,當爲一人,傳僅載莫提子吐,則子衷,孫如意未載,見元珽妻《穆玉容墓誌》
元幹	南安譙氏 代郡穆氏	父釐頭本州治中從事史,濟南太守 父中散代郡穆明樂	見《元煥墓誌》 見《魏書·咸陽王禧傳》
元謐	渤海高氏	父信使持節鎮東將軍,幽瀛二州刺史	《元煥墓誌》
元煥	河南穆氏	父纂荊州長史	見《元煥墓誌》

續表

宗室姓氏	妃妻族望	妃 妻 家 世	材 料 來 源 及 備 考
賀略汗	上谷侯氏	父石拔平南將軍洛州刺史	見《元煥墓誌》
元諧	太原王氏	父叡侍中吏部尚書衛大將軍尚書令太宰公中山文宣王	同上
元靈遵	河南宇文氏	父伯昇鎮東府長史懸氏侯	同上
元簡	常氏		詳見本文 見《元簡墓誌及簡妃常氏墓誌》
元祐	長樂常氏	曾祖澄遼西獻王 父遼西公囧	見《元祐墓誌與妃常季繁墓誌》 詳見本文
元延明	長樂馮氏	（文明）皇后之妹	見《元延明墓誌及妃馮氏墓誌》
元諡	長樂馮會	高祖燕昭文皇帝 曾祖朗燕宣王 祖熙 父修尚書東平公	見《元諡及妃馮氏墓誌》
元譚	河內司馬氏	曾祖真，司徒揚州刺史琅琊貞王 祖冀州刺史琅琊康王 父纂鎮遠將軍南青州刺史	案《魏書·司馬楚之傳》，貞王即楚之，康王乃楚之子金龍，妃即金龍之孫女。 見《元譚與妃司馬氏墓誌》
元顯	頓丘李元姜	祖太宰宣王 父奇頓丘公	見《顯墓誌及妃李元姜墓誌》
元端	長樂馮氏	祖朗燕王 父燕州使君	見《元瑞墓誌》與《馮氏墓誌》
元纓	隴西李氏	祖寶儀同三司敦煌宣公 父沖司空清淵文穆公	見《元纓墓誌及妃李媛華墓誌》， 《魏書·咸陽王傳》 詳見本文
元禧	隴西李氏	父李輔	見《魏書·咸陽王禧傳》
元羽	滎陽鄭氏	父鄭平城	同上
元雍	范陽盧氏	父盧神寶	同上
元詳	滎陽鄭氏	父鄭懿	同上
元子訥	隴西李氏	父休纂	詳見本文 見《元纓妃李媛華墓誌》
元愉	恒農楊氏	祖伯念秦州刺史	見《元寶月墓誌》
元寶月	蘭陵蕭氏	曾祖齊太祖 父子賢齊太子詹事平樂侯	見《元寶月墓誌》

續表

宗室姓氏	妃妻族望	妃 妻 家 世	材 料 來 源 及 備 考
元懌	河南羅氏	父蓋使持節撫將軍濟兗二州刺史	見《元寶建墓誌》及《孝文五王傳》
元亶	安定胡氏	父持節散騎常侍右將軍臨涇公	洛陽龍門有清河王妃造像銘曰："信女佛弟子妃胡智。"又魏書外戚傳稱："胡國珍子僧洗襲爵……改爲臨涇伯,後進爲公,女爲清河王亶妃。"與誌合
元寶建	武城崔氏	父悛驃騎大將軍徐州刺史。	見《元寶建墓誌》

拓跋氏公主婚嫁表

公　　主	駙　　馬	駙 馬 家 世	備　　　　考
長城公主	穆　真	祖穆崇,征虜將軍歷陽公散騎常侍,後遷太尉加侍中徙安邑公。父乙九,富城公加建忠將軍。	後勑離婚,納文明太后姊
饒陽公主	穆伯智	父真	八歲入侍東宮
宜陽公主	穆　觀	父穆崇	
樂陵公主	穆　壽	父觀	
城陽公主	穆平國	父壽	
濟北公主	穆伏干	父平國	
新平長公主	穆　罷	父平國	
中山長公主	穆　亮	父平國	
瑯琊公主	穆　紹	父亮	
長樂公主	穆正國	父崇	九歲入侍東宮,轉太子舍人,十一歲尚公主
始平公主	穆平城	父壽	早卒,始平公主薨於宮,追贈駙馬都尉與公主合葬。以上見《魏書》卷二七
上谷公主	宿　石	天興二年父子歸闕	見《魏書》卷三〇
華陰公主	閭大肥	蠕蠕人,太祖時與弟率宗族入魏	案赫連悦妻閭炫墓誌稱曾祖大肥尚隴西公主,與傳異
濩澤公主	閭大肥		華陰公主薨復尚濩澤公主。見《魏書》卷三〇
南安長公主	盧　統		見《魏書》卷三四

續表

公　主	駙　馬	駙　馬　家　世	備　　　　考
高陽長公主	萬　振	代人，父真，世爲酋帥，率部民隨世祖征伐，以功除平西將軍敦煌公	見《魏書》卷三四
河南公主	萬安國	萬振子	以國甥故得尚公主
華陰公主	嵇　拔	世爲紇奚部帥，父根皇始初率衆歸國	見《魏書》卷三四
臨涇公主	司馬彌陁	父司馬休之河内溫人晉宣帝季弟之後	先娶毗陵公竇瑾女
河内公主	司馬楚之	晉宣帝弟旭之八世孫	子金龍初納賀源女，後納沮渠牧犍女，世祖妹武威公主所生
趙郡公主	司馬躍	父楚之	見《魏書》卷三七
華陽公主	司馬朏		世宗妹。同上
饒安公主	刁　宣		中山王熙之女（《魏書》卷三八）
常山公主	陸昕之	陸俟孫	顯祖女。見《魏書》卷四〇
上谷公主	乙　瑰	代人，其先世統部落，世祖時其父瑰入貢因留之	世祖女。見《魏書》卷四四
安樂公主	乙乾歸	乙瑰子	恭宗女。同上
淮陽公主	乙　瑗	乙乾歸孫	同上
太原長公主	裴　詢		見《魏書》卷四五
樂浪公主	盧道裕	盧玄子	《魏書》卷四七
濟南長公主	盧道虔		同上
豐亭公主	李　彧	李沖孫	莊帝姊。見《魏書》卷八三
義陽公主	盧元聿	盧昶子	高祖女。見《魏書》卷四七
滄水公主	李安世	李孝伯兄祥子	見《魏書》卷五三
武邑公主	劉　昶	劉義隆第九子和平六年歸魏	見《魏書》卷五七
建興長公主	劉　昶		武邑公主薨而尚建興長公主。同上
平陽公主	劉　昶		建興長公主薨改尚平陽公主。同上
彭城公主	劉承緒	劉昶子	同上
蘭陵公主	劉　輝	劉承緒子	世宗第二姊。同上
南陽公主	蕭寶夤	蕭鸞第六子景明二年歸魏	見《魏書》卷五九

續表

公　主	駙　馬	駙　馬　家　世	備　　　考
建德公主	蕭　烈	寶夤長子	同上
壽陽公主	蕭　贊	寶夤兄	同上
彭城公主	王　肅	太和十七年自建業來奔	公主原適劉承緒，承緒薨而改嫁王肅。詳本文
陳留公主	張　彝		見《魏書》卷六四
晉寧公主	崔　賓	崔休弟	安樂王長樂女。《魏書》卷六九
武威公主	李　蓋	李惠父	《魏書》卷八三《外戚傳》
陽翟公主	姚黄眉	姚興之子、太宗昭哀皇后之弟	同上
南安公主	杜　超	密皇后之兄	同上
樂安公主	馮　誕	馮熙子	同上
順陽公主	馮　穆	馮誕子	高祖女。同上
高平公主	高　肇	文昭皇太后兄	世宗姑。同上
長樂公主	高　猛	高肇子	世宗同母妹。同上
東陽公主	于　烈		汝陰王女。見《于烈墓誌》
襄城公主	崔　瓚	崔邏子	莊帝妹

孝文帝以前拓跋氏后妃姓氏表

帝號	后　妃	姓　氏	改姓前姓氏	備　　　考
神元	皇　后	竇氏	紇豆陵氏	
文帝	皇　后	封　氏	是賁氏	
	次　妃	蘭　氏	烏洛蘭氏	
桓帝	皇　后	祁氏		
平文	皇　后	王氏		年十三因事入宮
昭成	皇　后	慕容氏	慕容氏	
獻明	皇　后	賀氏	賀賴氏	
道武	穆皇后	劉氏	獨孤氏	
	皇　后	慕容氏	慕容氏	
	夫　人	賀　氏	賀賴氏	
	夫　人	王　氏		
	夫　人	王　氏		
	夫　人	段　氏	徒何段氏	
明元	昭哀皇后	姚　氏		姚興女

續表

帝號	后　妃	姓　　氏	改姓前姓氏	備　　　　考
	密皇后	杜　氏		
	夫　人	慕容氏	慕容氏	
	夫　人	尹　氏		不可考
太武	皇　后	賀　氏	賀賴氏	
	椒　房	越　氏	越勒氏	入宮未定位者爲椒房
	椒　房	舒　氏		姓氏不可考
	椒　房	弗　氏		
	椒　房	伏　氏	俟伏斤氏	
	昭　儀	石　氏	嘔石蘭氏	
	皇　后	赫連氏	赫連氏	
景穆	恭皇后	郁久閭氏	郁久閭氏	
	椒　房	袁　氏		
	椒　房	陽　氏		
	椒　房	孟　氏		
	椒　房	劉　氏	獨孤氏	
	椒　房	慕容氏	慕容氏	
	椒　房	尉　氏	尉遲氏	
	椒　房	孟　氏		
文成	文明皇后	馮　氏		
	皇　后	李　氏		
	夫　人	渠沮氏	渠沮氏	
	夫　人	悅　氏		
	夫　人	玄　氏		
	嬪	耿　氏		
	嬪	狄　氏		
獻文	思元皇后	李　氏		
	昭　儀	封　氏	是賁氏	
	貴　人	韓　氏	出大汗氏	
	椒　房	孟　氏		
	貴　人	潘　氏	破多羅氏	

續表

帝號	后 妃	姓 氏	改姓前姓氏	備 考
	椒 房	高 氏		
	夫 人	侯 氏	胡古口引氏	遷洛後改侯氏
	嬪	于 氏	勿忸于氏	
孝 文	貞皇后	林 氏		
	廢皇后	馮 氏		
	幽皇后	馮 氏		
	昭皇后	高 氏		
	貴 人	袁 氏		
	夫 人	羅 氏		
	充 華	鄭 氏		
	充 華	趙 氏		充華品秩不見於皇后傳

附注：上表材料分見《魏書》卷一三《皇后傳》，卷一六《道武七王傳》，卷一七《明元
六王傳》，卷一八《太武五王傳》，卷一九《景穆十二王傳》，卷二〇《文成五王
傳》，卷二一《獻文六王傳》，卷二二《孝文五王傳》，《顯祖嬪侯骨氏墓誌》，《世
宗貴華王普賢墓誌》，《高宗嬪耿氏墓誌》，《顯祖嬪成氏墓誌》，《高宗嬪妃耿壽姬
墓誌》，《高宗夫人于仙姬墓誌》，《高祖充華趙氏墓誌》。

※ 本文原載《新亞學報》7 卷 1 期，1965 年 2 月，後收入氏著《從平城到洛
陽》，臺北：聯經出版事業公司，1979 年。

※ 逯耀東，臺灣大學歷史研究所博士，臺灣大學歷史系退休教授。

北魏時期的河東蜀薛

劉淑芬

一、前　言

　　從 1960 年代以迄於今，學界一直熱中於討論中國士紳或地方菁英的形成與演變，他們的研究主要以宋代和明清時代的地方社會爲主。[1] 然而，自秦漢以降，對於地方社會、乃至於中央政府能够發揮相當影響力的地方菁英，可以説一直存在著；而在歷史的長河中，各個時代都有其特異性，如魏晉南北朝時期非漢民族就扮演一個十分重要角色，十六國大都是非漢民族所建立的政權，其中鮮卑族更統一了北方，建立了北魏政權。因此，以明清時代地方菁英研究所獲得的結論，是否是一個定律，也適合用以解釋其他時代的地方菁英？本文主要討論北魏時代一個非漢族的家族——河東的蜀薛，如何利用地方勢力，成功地轉化爲全國性的士族？並且嘗試以此例來檢視當今學界有關地方菁英的理論。

　　北魏是一個鮮卑政權，統治著境内衆多的漢人和多種非漢民族。關於北魏政權如何統理其境内多種不同的民族，前此的研究主要集中在鮮卑和漢人（多含混地稱之爲“胡、漢”）關係的討論上，至於其他非漢民族的研究則相對地偏少。唐代河東薛氏是關中著姓之一，他們原來是蜀族，而不是漢族；[2] 在魏晉時期官爵也不顯赫；它之所以成爲著姓，其關鍵在於北魏孝文帝定姓族時將其列入郡姓。唐長孺認爲：這是由於薛辯一系子孫在北魏官爵顯赫的緣故。[3] 薛

---

〔1〕 Joseph W. Esherick and Mary B. Rankin, *Chinese Local Elites and Patterns of Dominance* (Berkeley: University of California Press, 1990).

〔2〕 陳寅恪《魏書司馬叡傳江東民族條釋證及推論》，收入：氏著《金明館叢稿初編》（《陳寅恪先生文集》之二，臺北：里仁書局，1981），頁 74。唐長孺《論北魏孝文帝的定姓族》，收入：氏著《魏晉南北朝史論拾遺》（北京：中華書局，1963），頁 86。

〔3〕 唐長孺《論北魏孝文帝的定姓族》，頁 86。

辯這一支系自從被列入著姓之後，便刻意抹去其蜀族的出身。蜀族
遷居河東的人數很多，除了薛辯這一支之外，也還有其他薛姓和好
幾種姓氏的族人；然而除了薛辯這一支系的蜀族之外，至少到了北
魏末年，其他在河東的蜀族（包括部分薛氏）仍然被視爲非漢民
族。[4] 何以河東蜀族僅有薛氏一支被列爲郡姓，並且成功地轉化爲
漢人的著姓，而其他同居於河東的蜀族卻不然？

　　北魏孝文帝重定姓族時，主要是以當代的官爵爲主，河東蜀薛
在此時得以擠身於著姓，除了前述唐長孺所提出來由於薛辯子孫官
爵顯赫的原因之外，薛安都一系子孫的勳高位重，也是重要的因素。
然而在這兩支薛氏官高爵重的背後，也還有河東蜀族社會性和經濟
性的因素：他們所遷居的河東地區，不僅戰略地位重要，同時也是
氐、胡、漢人雜居之地，當地的氐、胡時常起來反抗北魏的統治，
蜀族係一驍勇善戰的民族，[5] 蜀薛中薛辯和薛安都兩支系就是幫助
北魏討伐氐、胡，故得以軍功封爵入仕。另外，河東蜀族宗族勢力
龐大，雖然河東蜀族也時有起來反抗北魏統治的事件——其中最著
名的是薛安都和薛永宗的反叛，但是這兩個反叛事件非但沒有使蜀
薛傾家滅族，反而提供北魏拉攏薛辯及少數薛氏支系藉以平亂的機
會。因此，河東蜀薛並不因爲河東蜀族的叛變而降低其地位，而是
成爲其列登著姓的跳板。至於經濟方面，由於河東是著名的鹽產區，
蜀族佔盡地利之便，加以宗族勢力強大，北魏政府若想從此地征收
到鹽稅，勢必維持此地的安定，而須和蜀族合作。

二、河東蜀族

　　“河東地區”係因其位於黃河以東而得名，戰國、秦漢時指今山
西省西南部，置有河東郡；唐以後則泛指今山西省，[6] 本文所謂的
河東也是這個範圍。蜀族原居於中國西南地區，有一部分的蜀族不
知在什麼時候遷徙至今山西省西南部居住，據《新唐書·宰相世系
表》的記載，他們應是在三國後期遷居河東。不過，由於《宰相世

---

〔4〕　唐長孺《論北魏孝文帝的定姓族》，頁86。
〔5〕　周一良《北朝的民族問題與民族政策》，收入：氏著《魏晉南北朝史論集》（北京：
　　　中華書局，1963），頁174。
〔6〕　《原抄本日知錄》（臺北：明倫出版社，1970）卷三一《河東山西條》云：“河東，
　　　山西一地也，唐之京師在關中，而其東則河，故謂之河東。”頁879。

系表》完全抹去河東薛氏出身蜀族的事實，[7] 因此它所敘述河東薛氏的遷移有可能也是爲此而捏造的。

蜀族在河東的分佈甚廣：遷居到河東郡（治所在蒲阪縣，今永濟縣西南、蒲州東南）的蜀族有薛氏、黃氏、郭氏，平陽郡（治所在今山西臨汾市）有丁氏，絳縣（今山西省曲沃縣西南）有陳氏，正平郡（治所在今山西新絳縣）有范氏、劉氏，西河（北魏時西河屬汾州，相當於今山西離石、中陽、石樓、汾陽、介休、靈石等地）有韓氏。另外，和河東郡相鄰的雍州（治所在今陝西省西安市西北）也有蜀族，分別是張姓和姜姓。[8] 其中，居住在河東郡的被稱爲“河東蜀”，遷居絳郡者稱爲“絳蜀”，住在關中赤水一帶的稱爲“赤水蜀”。[9] 河東地區的蜀族之中，尤其以定居在河東郡汾陰縣的薛姓，宗族勢力最爲龐大，如北魏明元帝泰常八年（423）正月，河東蜀族薛定、薛輔就率領五千家歸附。[10]

從四世紀末開始，河東蜀族就陸續歸附北魏，他們是一波波地相繼來歸，顯示河東蜀族從部落封建化到宗主豪強化，[11] 宗主各自爲政的情況相當明顯。道武帝天興元年（398），“夏四月，郝城屠各董羌、杏城盧水郝奴、河東蜀薛榆、氐帥符興，各率其種內附。”[12] 次年（天興二年，399）八月，“西河胡帥護若諾干、丁零帥翟同、蜀帥韓礨，並相率內附。”由此可知，山西西部有蜀民和山胡、丁零等族雜居。五世紀初，北魏明元帝永興三年（411）“夏四月戊寅，河東蜀民黃思、郭綜等率營部七百餘家內屬。”永興五年（413）“夏四月，河東民薛相率部內屬。”[13] 明元帝泰常三年（418）：“正

〔7〕 《新唐書》（中華書局新校標點本）卷七三下《宰相世系三下》，頁2989～2990。由於蜀薛是非漢民族，他們擠身於著姓之後，便捏造自己的家系，遠托其先祖是黃帝之孫顓頊的少子陽，其十二世奚仲被夏禹封爲薛候，其地是魯國的薛縣。漢末時，薛永（字茂長）隨劉備入蜀，永子齊仕蜀，及蜀亡國，齊率五千户降魏，拜爲光禄大夫，徙河東汾陰，世號蜀薛。

〔8〕 陳連慶《中國少數民族姓氏研究》（吉林文史出版社，1993），頁355～358。

〔9〕 點校本《資治通鑑》（北京：古籍出版社，1956）卷一二四《宋紀六》，文帝元嘉二十二年，胡注，頁3915。

〔10〕 《魏書》（中華書局點校本）卷三《太宗紀》，頁63。

〔11〕 唐長孺《論北魏孝文帝定姓族》，頁85。

〔12〕 《魏書》卷二《太祖紀》，頁32。

〔13〕 同前書，卷三《太宗紀》，頁51、53。

月，河東胡、蜀五千餘家相率内屬。"[14] 由此可見，河東有稽胡和蜀民共居。最後一波是明元帝泰常八年正月薛定和薛輔率五千餘家歸附。

北魏時期河東地區居民頗爲複雜，除了蜀族之外，還有漢人、山胡（稽胡）和氐族。北魏政府在面對此一地區山胡、氐族反叛時，常借助蜀民的力量以平亂，如太武帝延和三年（434）山胡白龍子反叛，命秦州刺史薛謹和鎮南將軍奚眷從太平（今山西襄汾縣西北）北討白龍，薛謹因此除安西將軍，並且由汾陰侯晉爵爲涪陵公。[15]同時，另一支系的薛安都也協助秦州刺史北賀汩征討白龍，亂平之後，薛安都因功被任爲雍、秦二州都統。[16] 可能蜀薛和氐、胡同處一個地區，原來就有一些衝突，在氐、胡反叛時，薛氏大抵是站在北魏這一邊去對付山胡和氐族的，從薛辯的長子初古拔有一個兒子名"破胡"，另外一個兒子叫"破氐"，[17] 也透露出蜀薛的動向。

至於河東蜀族和當地漢人的關係如何，不得而知，他們似乎和漢人是和睦相處的，而且還有與當地望族通婚的，如薛安都的女婿裴祖隆很有可能是河東聞喜的裴氏。[18]

在宗教信仰方面，河東蜀薛是信奉佛教的，從薛氏子孫有名字和佛教有關連者，[19] 如薛辯的次子名洪隆，字菩提。[20] 薛安都的三世孫名羅漢。[21] 薛慎字佛護，薛脩義的兒子名文殊。[22] 在北魏孝明帝武泰元年（528）二月十七日去世的魏前將軍廷尉卿元公妻薛慧命，也是篤信佛教，其墓誌形容她"尊佛盡妙，禪練尚其極。"北朝時期貴族多有自家供養敬事的僧人，稱爲"門師"，[23] 爲命薛慧命

〔14〕 《魏書》卷三《太宗紀》，頁58。

〔15〕 同前書，卷四二《薛辯附子謹傳》，頁941~942。

〔16〕 《宋書》（中華書局點校本）卷八八《薛安都傳》，頁2215。

〔17〕 《魏書》卷四二《薛辯附子謹傳》，頁944、946。

〔18〕 《資治通鑑》卷一三一《宋紀十三》，明帝泰始二年，頁4128。

〔19〕 宮川尚志《六朝人名現佛教語（一）、（二）、（三）》（《東洋史研究》3卷6期、4卷1期、4卷2期），首先指出六朝時代人名有以佛教經典爲名的諸多例子。

〔20〕 《魏書》卷四二《薛辯傳》，頁944。

〔21〕 同前書，卷六一《薛安都傳》，頁1355。

〔22〕 《周書》（中華書局點校本）卷三五《薛善傳附弟慎傳》，頁624；《北齊書》卷二○《薛脩義傳》，頁277。

〔23〕 山崎宏《支那中世佛教の展開》（東京：清水書房，1947年再版）第五章《支那佛教盛時に於ける家僧、門師》，頁836~839。

寫墓誌銘者，正是她家的"門師"釋僧澤。[24]

三、河東蜀薛

蜀薛原來是部落組織，後來轉化爲部落封建化的形式，分爲三營，由薛陶、薛祖、薛落分別統領部衆，稱爲"三薛"，[25] 此三薛也就成爲蜀薛的三大支系，後來分別稱爲"北祖"、"南祖"和"西祖"。[26] 大約在東晉、十六國時期，由於北祖系和南祖系沒有强而有力的子孫，因此西祖系的薛强總領三營，薛强去世後，由其子薛辯承襲統領部衆。不過，後來薛辯因驕傲而漸漸失去民心，可能就在這時候，南祖系和北祖系又各自領管其營。

北魏一代，蜀薛高爵顯著的，就是"西祖"系的薛辯，和"南祖系"的薛安都這兩個支系；至於北祖系則沒落無聞。西祖系發跡較早，薛强不僅統攝蜀薛三營，還曾官至後秦國主姚興的尚書，薛强之子薛辯襲其位統領蜀薛，也在後秦任官。宋武帝劉裕滅後秦，薛辯投降劉裕；後來劉宋失守長安，薛辯就投降北魏，明元帝任命他爲雍州刺史，賜爵汾陰侯。這是蜀薛在北魏的仕宦之始。薛辯去世之後，由其子薛謹襲爵，出任河東太守，太武帝時遷爲泰州刺史，[27] 因討山胡白龍有功，除安西將軍，晉封涪陵公，仍領泰州刺史。太平真君五年（444），薛謹從太武帝北伐蠕蠕，他和中山王拓跋辰等八位將領，因爲失了軍期，在這一年的二月平城之南被處以

---

[24] 趙超《漢魏南北朝墓誌彙編》（天津古籍出版社，1992），頁 214～215，《魏故元氏薛夫人墓銘》。

[25] 《魏書》卷四二《薛辯傳》："薛辯，字允白。其先自蜀徙於河東之汾陰，因家焉。祖陶，與薛祖、薛落等分統部衆，故世號'三薛'。"

[26] 《新唐書》卷七三下《宰相世系三下》："（薛蘭）子永，字茂長，從蜀先主入蜀，爲蜀郡太守，永生齊，字夷甫，巴、蜀二郡太守，蜀亡，率户五千降魏，拜光禄大夫，徙河東汾陰，世號蜀薛，二子懿、始，懿字元伯，一名奉，北地太守，襲鄢陵侯，三子：恢、雕、興。恢，一名開，河東太守，號'北祖'；雕號'南祖'；興，'西祖'。雕生徒，徒六子：堂、暉、推、焕、渠、黄。堂生廣，晉上黨太守，生安都。"頁 2990。

[27] 《魏書》中有多處《泰州》皆誤作"秦州"，可能是因"泰"和"秦"字形相近，傳抄錯誤所致。如《魏書》卷六一《薛安都傳》云安都去世後，"贈本將軍、秦州刺史，河東王。"點校本校勘記〔二〕："安都及其子生前曾任或死後追贈秦州刺史共五人，疑皆'泰州'之訛。泰州治河東蒲板，是薛氏本州，當時以官本州刺史爲榮，故祖孫多居此官。若是秦州，和薛氏毫無關係，便不可解。"頁 1377。

斬刑。[28] 薛謹因延誤軍期而被殺，對於西祖系蜀薛是一個很大的打擊。然而，太平真君六年（445），同是河東蜀族薛永宗的反叛，太武帝爲平息動亂，故借助在當地有影響力的薛謹之長子薛洪祚（太武帝後來賜名爲"初古拔"）及其宗人的力量以平亂，重新開啓西祖系再興的契機。至於南祖系在北魏仕宦之跡，則始於薛安都。

《新唐書》卷七三《宰相世系表三》，有關於薛氏西祖系和南祖系的世系記載；另外，也有學者研究唐代河東著姓薛氏，並繪有世系表。由於本文主要討論的是北魏時期的蜀薛，故此處所列的世系表僅限於北魏時期蜀薛祖西祖系和南祖系的世系。（見：《表一：北魏蜀薛"南祖系"》，《表二：北魏蜀薛"西祖系"》）又，在此要特別提出來說明的是，入唐之後蜀薛便力圖抹去其蜀族的出身，少數薛氏祖先比較不雅的名字，都被更改了，如《魏書》記載薛謹之子名破胡，在《周書》"薛破胡"就改名爲"薛瑚"，《北史》作"薛湖"，張森楷懷疑原名是破胡，單名爲"胡"，後人嫌此名不雅，於是在"胡"字加上玉旁或水旁。[29] 又，如《魏書》卷四二云薛破胡之弟名破氏，到了《新唐書》卷七三《宰相世系表》中，他的名字就被改成"昂"，字"破氏"。

爲了保留北魏蜀薛的原來面貌，表一、表二上所列的世系僅限於《魏書》、《周書》、《北史》上的記載。雖然《新唐書·宰相世系表》中也有一些北魏時期蜀薛的資料，但基於蜀薛在孝文帝時被列入郡姓以後，便極力隱藏其蜀族出身；故其中北魏蜀薛的名字、官位也有不少脫誤的緣故。[30] 至於入唐以後薛氏世系，請參見宋德熹《唐代河東薛氏門風再探》一文中的兩個附錄，以及《唐代薛儆墓發掘報告》中所附《薛儆家族人物表》。[31]

---

〔28〕《魏書》卷四二《薛辯傳》，頁941～942；同書，卷四下《世組紀下》，頁97。

〔29〕《周書》卷三五《薛善傳》，校勘記〔二三〕，頁630～631。

〔30〕趙超《新唐書宰相世系表集校》（北京：中華書局，1998）卷三，薛氏，頁578～597。

〔31〕宋德熹《唐代河東薛氏門風再探》，收入：國立成功大學主編《第四屆唐代文化學術研討會文集》（臺南：國立成功大學，1999）；山西省考古研究所編著《唐代薛儆墓發掘報告》（北京：科學出版社，2000）附錄四《薛儆家族人物簡介》，頁82～86。

表一：北魏河東蜀薛西祖系

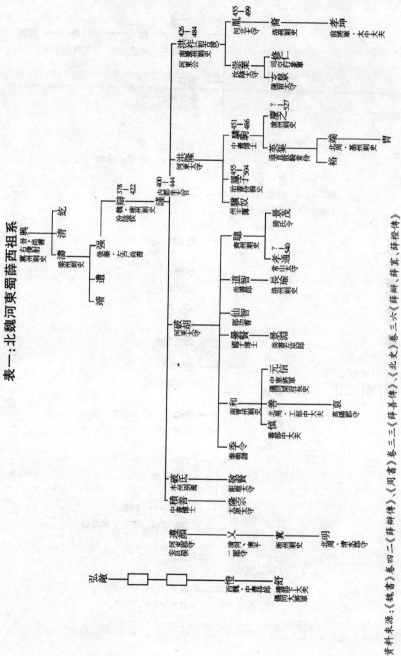

資料來源：《魏書》卷四二《薛辨傳》、《周書》卷三八《薛善傳》、《北史》卷三六《薛辯、薛寘傳》

表二：北魏河東蜀薛南祖系

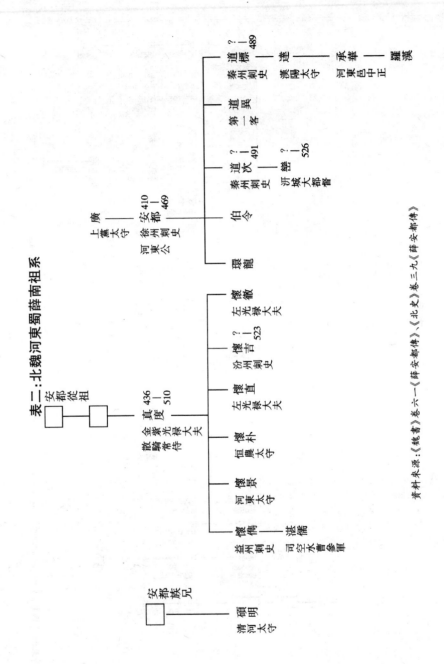

資料來源：《魏書》卷六一《薛安都傳》、《北史》卷三九《薛安都傳》

四、蜀薛的兩次反叛

北魏蜀薛的興起，和蜀薛兩次的反叛有間接的關連，這兩次反叛是太武帝太平真君五年（444）南祖系薛安都的謀反，[32] 和太平真君六年（445）薛永宗的反叛。按太平真君五年七月，南祖系薛安都謀反失敗，南奔劉宋，至獻文帝天安元年（466）薛安都又來歸。這兩個叛事件的首末竟促成了北魏政府再度起用西祖系的薛洪祚（後太武更賜名爲“初古拔”）。爲了敘事連貫起見，此處先談薛永宗的反叛。

（一）薛永宗的反叛

太平真君六年十一月時，河東蜀族的薛永宗因爲泰州（治所在河東蒲板）刺史周觀失政的緣故，起兵反叛。[33] 薛永宗起兵之後，立刻和兩個月以前在陝北杏城（今陝西省黃陵縣）起事的盧水胡人蓋吳互通聲氣，並且接受他的封爵，[34] 給予北魏政府莫大的威脅感。由於蓋吳的叛軍聲勢浩大，從蓋吳起兵之後，便指地爲名，自號“天台王”，同時有好幾個非漢民族加入他的陣營，包括：盧水胡、屠各、氐、羌，新平、安定諸夷酋，這一支反叛軍的人數在很短的時間內便擴大到十餘萬人；範圍擴及秦隴的金城、天水、略陽東及河東，南至渭水南岸長安、鏊屋。[35] 如果這二支反叛勢力可以成功地聯合的話，叛軍勢力便擴及河東，很快便威脅到帝都所在的平城。

薛永宗起兵後，泰州刺史周觀立即就近討伐薛永宗，但無功而返。面對著蓋吳和薛永宗這兩支反叛軍的聯合，太武帝甚爲憂心，在戰略上他一方面立即切斷蓋吳和薛永宗的聯繫，命薛謹的長子薛洪祚在當

---

[32] 關於薛安都謀反的時間，有兩種不同的記載，一是太平真君五年和東雍州刺史沮渠秉同反，見：《魏書》卷六一《薛安都傳》，頁1353；《北史》卷三九《薛安都傳》，頁1411；《宋書》卷八八《薛安都傳》，頁2215。

[33] 《魏書》卷三〇《周觀傳》：“出除平南將軍、秦州刺史，復爵金城公。撫馭失和，民薛永宗聚衆於汾曲以叛。”頁728。按：此“秦州刺史”，當作“泰州刺史”，泰州治河東蒲板。因泰州刺史周觀有失政之處，故河東汾陰人薛永宗起兵反叛。《魏書》中有多處“泰州”皆誤作“秦州”。並見註〔27〕。

[34] 同前書，卷四《世祖紀》：“河東蜀薛永宗聚黨盜官馬數千匹，驅三千人入汾曲，西通蓋吳，受其位號。”頁99。

[35] 同前書，卷四《世祖紀》；《資治通鑑》卷一二四《宋紀六》，文帝元嘉二十二年，頁3914～3915；唐長孺《魏晉雜胡考》，頁410；並見：拙文《從民族史的角度看太武帝滅佛》，《中央研究院歷史語言研究所集刊》第72本第1分，頁18～19。

地"糾合宗鄉,壁於河際,斷二寇來往之路。"[36] 這個策略成功地切斷二者的連合。另一方面,則分別派遣大軍討伐這兩支叛軍:派遣殿中尚書、扶風公元處真,和尚書、平陽公慕容嵩率領二萬騎兵討伐薛永宗;另外則派遣殿中尚書乙拔率三萬騎兵討伐蓋吳、西平公寇提率一萬騎兵討伐蓋吳的黨羽白廣平。[37] 十二月,太武帝更親征這兩支叛軍。太平真君七年(446)正月,太武帝和他的軍隊抵達東雍州(治所在今山西省新絳縣),"庚午,圍薛永宗營壘。永宗出戰,大敗,六軍乘之,永宗眾潰。永宗男女無少長赴汾水死。"[38] 薛永宗的反叛事件就此落幕了。太武帝的軍隊繼續前往陝西,討伐蓋吳的叛軍;二月,太武帝抵達長安,在一所寺院內發現追兵仗,還因此引爆了全面的滅佛行動。三月,太武帝討伐蓋吳無功,返回平城;一直要到這一年的八月,北魏的軍隊才平定蓋吳這支叛軍。由於蓋吳的反叛不在本文討論的範圍之內,故不予細論。[39]

前面已提及,太平真君五年二月,河東蜀薛"西祖系"的薛謹因延誤軍期被殺,然而,薛氏的仕途受到嚴重的打擊,但其宗族勢力仍在。一年多以後,由於蜀薛的薛永宗反叛,為了有效地切斷薛永宗和蓋吳的聯繫,薛謹的長子洪祚在此情況下,再度被起用,他成功地切斷二者的聯繫,在此亂事平定之後,被授以中散大夫之職,賜爵永康侯。大約也在這個時候,太武帝賜他"初古拔"之名。[40] 薛永宗的叛變非但沒有給蜀薛帶來災難,反而提供"西祖系"再度和北魏中央合作的機會。

(二) 薛安都的反叛與來歸

太平真君五年(444)七月,蜀薛"南祖系"的薛安都和東雍州刺史沮渠秉一起反叛。沮渠秉是盧水胡人的政權北涼國的皇子,太武帝太延五年(439),北魏攻陷北涼都城姑臧,北涼國主沮渠牧犍投降,多數的北涼宗室和涼州三萬家吏民都被遷徙到北魏的都城平城,沮渠牧犍之弟沮渠秉被任命為東雍州(太平真君四年,以平

---

[36] 《魏書》卷四二《薛辯傳》,頁942。《資治通鑑》卷一二四《宋紀六》,文帝元嘉二十二年,頁3915。

[37] 《魏書》卷四《世祖紀》,頁100。

[38] 同前註。

[39] 關於盧水胡人蓋吳的反叛,參見拙文《從民族史的角度看太武帝滅佛》。

[40] 《魏書》卷四二《薛辯傳附薛初古拔傳》,頁942。

陽郡改置，治所在今山西省臨汾市）刺史。沮渠秉可能有復國的意圖，故起而反叛，至於薛安都反叛的原因，可能和這一年二月其族人“西祖系”薛謹被殺有關。

太平真君五年，薛安都和東雍州刺史沮渠一同謀反。

（元嘉二十一年）二月，辛未，魏中山辰王、内都坐大官薛辨、尚書奚眷等八將，坐擊柔然後期，斬於都南。[41]

這個反叛事件很快就告失敗，沮渠秉被捕送平城絞殺，[42] 至於薛安都則向南逃亡，投靠劉宋政權，他向宋文帝表示願意到北方去招誘河東、陝西，而被任命爲北弘農太守。[43] 因此，次年（太平真君六年）蓋吳起兵反叛時，河東薛永宗起兵響應、屯聚汾曲，此時薛安都正好在弘農。因此《宋書》才會出現“元嘉二十一年（444），索虜主拓拔燾擊芮芮大敗，（薛）安都與宗人薛永宗起義，永宗營汾曲，安都襲得弘農。會北地人蓋吳起兵，遂連橫相應。”[44] 這樣年代和事情混淆的記載。

由於薛安都其人驍勇善戰，爲宋室建立了不少功勞——包括平定内亂，和對北魏的戰爭。[45] 公元450年，劉宋北伐，以建威將軍柳元景總統北伐諸將，成功地攻下了盧氏縣、弘農、陝縣，在這幾個戰役中，薛安都的勇武猛進，是這一系北伐軍的靈魂人物，主導了戰事的成功，《宋書·柳元景傳》花了不少篇幅描述薛安都的勇猛善戰及其在戰事的貢獻，如在攻佔陝縣一役中：

安都瞋目橫矛，單騎突陣，四向奮擊，左右皆辟易不能當，殺傷不可勝數，於是衆軍並鼓噪俱前，士皆殊死戰。虜初縱突騎，衆軍患之，安都怒甚，乃脱兜鍪，解所帶鎧，唯著絳納兩當衫，馬亦去具裝，馳奔以入賊陣，猛氣咆㘎，

〔41〕《資治通鑑》卷一二四《宋紀六》，文帝元嘉二十一年，頁3903。

〔42〕同前註，頁3906。

〔43〕《南史》卷四〇《薛安都傳》，頁1021。

〔44〕《宋書》卷八八《薛安都傳》，頁2215。又，《資治通鑑》卷一二四，文帝元嘉二十三年：“（正月）戊辰，魏主軍至東雍州，……庚午，圍其壘，永宗出戰，大敗，與家人皆赴汾水死。其族人安都先據弘農，棄城來奔。”頁3921。對於薛安都投奔劉宋的時間和經過，也有錯誤。

〔45〕如宋武帝孝建元年（454）魯爽反叛，薛安都在平魯爽的役中，親斬魯爽，英勇無比，聞名南境：“安都望見爽，便躍馬大呼，直往刺之，應手而倒，左右范雙斬爽首。爽累世梟猛，生習戰陣，咸云“萬人敵”，安都單騎直入，斬之而，時人皆云“關羽之斬顔良，不是過也。”（《宋書》卷八八《薛安都傳》，頁2217）

所向無前，當其鋒者，無不應刃而倒。賊忿之，夾射不能
中，如是者數四，每一入，衆無不披靡。[46]

宋明帝泰始二年(466,北魏獻文帝天安元年)正月，宗室晉安王子
勛據尋陽反叛，各州紛紛響應，當時擔任徐州刺史的薛安都也加入這
個反叛的隊伍；八月，子勛失敗被殺，九月，薛安都願意歸順宋明帝，但
由於宋室派遣鎮軍將軍張永率重兵往彭城迎接他，使得薛安都心生疑
慮，於是他以自己第四個兒子薛道次做爲人質，乞降於魏；汝南太守常
珍奇也遣使請降。北魏派遣鎮東大將軍尉元、鎮東將軍孔伯恭率領一
萬騎兵，前往援救在彭城的薛安都。另外，派鎮西大將軍西河公石等
人兵援助懸瓠。魏軍南下，至次年(467)正月，宋師敗績，劉宋喪失了
淮北青、冀、徐、兗四州和豫州的淮西之地。[47]

二十二年前叛逃的薛安都來歸，竟開啓了蜀薛“南祖系”仕宦
的另一契機。首先，在南北政權對峙的時代，薛安都位據彭城重地，
以淮北之地來降，並引魏軍南下，北魏因此獲得淮北四州之地。對
北魏而言，這無疑是個莫大的禮物，“南祖系”的薛安都也因此由
“叛臣”變成“功臣”，獻文帝授薛安都散騎常侍、都督徐、南北
兗、青、冀五州諸軍事，鎮南大將軍、徐州刺史，賜爵河東公。當
初和薛安都一同反叛、並且南奔劉宋“南祖系”的薛姓宗人，也都
和薛安都一同北返，同樣地都被授以高官厚爵，如薛安都兄子碩明
“隨安都入國，賜爵蒲阪侯、清河太守、太中大夫”；薛安都的從祖
弟薛真度“從安都來降，爲上客”。[48] 上客是北魏授予勳臣的官位，
弘農楊椿誡子孫書中提到“我家入魏之始，即爲上客，給田宅、賜
奴婢、馬牛羊，遂成富室。自爾至今二十年，二千石、方伯不絕，
緣恤甚多。”[49] 由此可見，北魏對勳臣的酬庸包括官爵和財富。薛
安都“南祖系”的近親也都因此而受惠：“子姪群從並處上客，皆封
侯，至於門生無不收叙焉。”[50]

---

〔46〕《宋書》卷七七《柳元景傳》，頁1984。關於薛安都的驍勇善戰的描述，亦見於頁
　　　1985。
〔47〕 同前書，卷五七《蔡廓傳》，頁1582～1583。《資治通鑑》卷一三一《宋紀十三》，
　　　明帝泰始二年，4123～4124；同前書，卷一三二《宋紀十四》，頁4129～4130。
〔48〕《魏書》卷六一《薛安都傳》，頁1354～1355。
〔49〕 同前書，卷五八《楊播附弟楊椿傳》，頁1289。
〔50〕《魏書》卷六一《薛安都傳》，頁1354。

從此之後，南祖系諸薛可以説因爲薛安都之故，而在北魏中央政壇中佔有相當的份量。薛安都的子孫世代被封爵授官，獻文帝皇興三年（469），薛安都去世，追贈爲泰州刺史、河東王。他的長子薛道標承繼“河東公”的爵位，先後出任平州、相州和泰州刺史。[51] 薛道標兒子薛達還受到其祖父的餘蔭，“及開建五等，以安都著勳先朝，封達河東郡開國侯、食邑八百户”；薛安都的曾孫薛承華，襲父爵，爲司徒從事中郎、河東邑中正，[52] 掌握河東的地方選舉。薛安都的次子道異“亦以勳爲第一客”，第一客和上客一樣，都是封賞勳臣的官位；第三子道次，就是薛安都請求回歸北魏時，被先送到京師平城做人質者，他先後做過幾個官職，後來被任命爲泰州刺史，他的兒子薛巒則官至沔城大都督。[53]

第二，薛安都的來歸，連帶地使西祖系受到重用。爲了要羈縻薛安都，北魏派遣“西祖系”的薛初古拔前往彭城迎接薛安都；他先前在公元四四五年薛永宗反叛時，成功地阻斷薛永宗和蓋吳的聯繫，而被啓用，至此更獲得重用，並且進一步和北魏的帝室聯姻。

前面提及：太平真君五年薛安都的反叛，可能和“西祖系”薛謹的被斬殺有關；另外，由於北魏在接受薛安都的投降時，先是派遣鎮東將軍尉元、鎮東將軍孔伯恭等率一萬餘騎至彭城時，薛安都出迎，當時因爲尉元對薛安都不恭敬，使得安都頗爲後悔降魏，曾經計劃再度反叛。後來這個計謀爲尉元事先得知，薛安都爲求自保，故以重金賄賂尉元等人，並且將叛變之謀推給自己的女婿裴祖隆，殺了他做替死鬼。[54] 由於薛安都前因薛謹被殺而南奔，後復有悔降之意，因此，獻文帝皇興二年（468）正月，召薛安都入朝時，[55] 就特別派遣同是河東蜀薛的西祖系的薛初古拔，前往彭城迎接薛安都。授薛初古拔冠軍將軍、南豫州刺史；次年（皇興三年，469），更把文成帝之女西河長公主嫁給他，《魏書》卷四一《薛辯傳附子薛

---

〔51〕 關於薛安都和薛道標被追贈及授以“泰州刺史”，《魏書》均作“秦州刺史”，當係筆誤，見註〔27〕和註〔33〕的説明。
〔52〕 《魏書》卷六一《薛安都傳》，頁1355。
〔53〕 同前註，頁1354~1355。
〔54〕 《資治通鑑》卷一三一《宋紀十三》，明帝泰始二年，頁4124、4128。
〔55〕 《魏書》卷六一《薛安都傳》，頁1354；《資治通鑑》卷一三二《宋紀十四》，明帝泰始四年，頁4143。

初古拔傳》云：

> 皇興三年，除散騎常侍，尚西河公主，拜駙馬都尉。
> 其年，拔族叔劉彧徐州刺史安都據城歸順，敕拔詣彭城勞
> 迎。除冠軍將軍、南豫州刺史。[56]

上文的記載在時間上有一點錯誤，薛安都入朝係在皇興二年，而初古拔尚公主是在此的後一年。由此可見，“南祖系”薛安都的北歸也成爲“西祖系”更飛黃騰達的因素。

西河長公主和薛初古拔的聯婚，顯然是一項政治婚姻。初古拔其人生年不詳，但他在孝文帝太和八年（484）去世，享年五十八歲，故可推算他應當是生於太武帝始光三年（426）。太平真君五年，其父薛謹被殺時，他才十八歲。至皇興三年時，他已經四十三歲了，以當時的婚齡而言，這應當不是他第一次的婚姻。[57] 獻文帝之所以和蜀薛聯姻，可能和薛安都的來歸有關。

初古拔的聯婚帝室，對於薛氏一族的地位有很大的影響，尤其在北魏“將相多尚公主”風潮下，[58]初古拔和西河公主的聯婚，無形中也提昇了薛家的地位，薛氏也頗以此爲豪。在兩個嫁給元氏（北魏皇室原姓拓拔，孝文帝易姓氏時，改爲元氏）的薛氏家族女子的墓誌銘中，都特別提到其先祖和西河長公主的聯婚，在孝明帝正光二年（521）四月廿四日去世的雍秦二州刺史元公夫人薛氏的墓誌銘，就提到了薛氏攀親的西河長公主：“夫人諱字伯徽，河東汾陰人，……伯祖親西河長公主，以母儀之美，肅雍閨閫，常告子孫：‘顧吾老矣，而不見此女，視其功容聰曉，足光汝門族。’”[59]另外，在孝明帝武泰元年（528）二月十七日棄世的魏前將軍廷尉卿元公妻薛夫人的墓誌銘，不僅在誌文中述及其公祖係西河長公主之婿，“公祖貂璫煥□，劍玉明霞，遷鎮西大將軍左光祿大夫、啓府南豫州刺史駙馬都尉、河東康公，即是西河長公主之

---

[56] 《魏書》卷四二《薛辯傳》，頁942。

[57] 北魏常以公主作政治婚姻，並不在乎對方是否已有妻室，如北魏太武帝以其妹武威公主嫁給北涼國主沮渠牧犍，當時沮渠牧犍已有妻室，是西涼國主李玄盛之女，武威公主到了北涼都城姑臧之後，李氏還居酒泉。見《晉書》卷九六《列女傳·涼武昭王李玄盛后尹氏》，頁2527。

[58] 《魏書》卷一八《太武五王列傳·臨淮王傳附淮陽王孝友傳》，元孝友上書云形容北魏的情形是“將相多尚公主，王侯亦娶后族”，頁423。

[59] 《漢魏南北朝墓誌彙編》，頁174，《魏故使持節同三司車騎大將軍雍秦二州刺史都昌侯元公夫人薛氏墓誌銘》。

貴婿也。"在墓銘中又云：

> 曾祖法順，曾祖親裴喬女；祖初古拔，祖親西長公主。
>
> 父應胤，母梁氏。[60]

從迄今所能查到的薛氏家族女子的墓誌銘中，提及其先祖尚公主之事，可見河東薛氏頗以其先祖和北魏帝室聯婚而自豪；其後，薛氏女子多有和皇室聯婚者，除了上述兩個例子之外，河東薛氏家族也另有兩個女兒分別嫁給太武帝的太子晃（廟號恭宗，文成帝時追封爲景穆皇帝）的兩個曾孫元顯魏、元伯陽。[61]

五、蜀薛擠身於郡姓之列

北魏孝文帝太和二十年（496），孝文帝重定諸州士族時，河東蜀薛得以列入郡姓。薛氏之所以名列於士族，是經過薛氏爭取而來的，這個爲薛氏爭取到郡姓地位的人，據《北史》記載是"西祖系"的薛聰（薛謹之孫），而《資治通鑑》則從元行沖《後魏國典》之說，認爲是薛宗起。[62] 這兩則記載除了人名不同之外，内容幾乎相同，即孝文帝原來認爲薛氏是蜀族，不可列入郡姓，而薛宗起或是薛聰則以北魏帝室的胡族出身相譏，孝文帝乃以蜀薛列入郡姓：

> 衆議以薛氏爲河東茂族，帝曰："薛氏，蜀也，豈可入郡姓！"直閤薛宗起執戟在殿下，出次對曰："臣之先人，漢末仕蜀，二世復歸河東，今六世相襲，非蜀人也。伏以陛下黄帝之胤，受封北土，豈亦可謂之胡邪！今不預郡姓，何以生爲！"乃碎戟於地。帝徐曰："然則朕甲、卿乙乎？"乃入郡姓，仍曰："卿非'宗起'，乃'起宗'也！"[63]

比較兩個不同來源的記載，則以《通鑑》所述較爲生動，胡注云"今從元行沖《後魏國典》"，他必定思考過《北史》和《後魏國典》記載的真實性和合理性，而做出這個判斷。

本文認爲蜀薛之所以得以列入郡姓，有以下幾個原因：

---

〔60〕《漢魏南北朝墓誌彙編》，頁214~215，《魏故元氏薛夫人墓銘》。

〔61〕同前書，頁166~167，《魏故假節輔國將軍東豫州刺史元（顯魏）公墓誌銘》；頁194，《魏故假節輔國車騎大將軍青州刺史元（字伯陽）公墓誌銘》。

〔62〕《北史》卷三六《薛辯傳附孫薛聰傳》，頁1333；《資治通鑑》卷一四〇《齊紀六》，明帝建武三年，頁4395。

〔63〕《資治通鑑》卷一四〇《齊紀六》，明帝建武三年，頁4395。

一、就孝文帝定氏族的標準而言,係以當代官爵爲主,蜀薛除了唐長孺所説"西祖系"薛辯子孫官爵顯赫之外,"南祖系"薛安都的親族後代官高爵顯,也是重要的因素。孝文帝時常記著:薛安都一系來歸時給北魏帶來淮北四州的功勳。太和十八年(494)十一月,南齊雍州刺史曹虎詐降,孝文帝詔行征南將軍薛真度(薛安都從祖弟)督四將出襄陽,無功而還;同月,孝文帝南征欲取南陽,盧淵請先攻赭陽,取得葉倉之糧,薛真度軍次於沙堨,爲南陽太守房伯玉所敗。[64] 朝官奏劾薛真度兩次對南齊戰爭的敗績,請免其官爵,孝文帝不同意,而提及公元466年薛安都和薛真度從南方來歸,爲北魏開拓疆土的功績,故僅僅削去他的徽號而已,孝文帝詔云:

> 真度之罪,誠如所奏。但頃與安都送款彭方,開闢徐、宋,外捍沈攸、道成之師,内寧邊境烏合之衆,淮海來服,功頗在茲。言念厥績,每用嘉美,赭陽百敗,何足計也。[65]

不久,孝元帝更進一步除薛真度爲假節、假冠軍將軍、東荆州刺史;其後,又轉征虜將軍、豫州刺史。因此,在此一事件發生的兩年之後,當衆人議論是否要將河東蜀薛列入郡姓時,孝文帝應該也還記得"南祖系"的功勳。又,當時薛安都的子孫官爵亦高盛。太和十五年(491),薛安都的一個兒子道次去世時,他的官爵是安西將軍、秦州刺史、假河南公,由其子薛巒承襲他的爵位,先後爲尚書郎、秦州刺史、隴西鎮、帶隴西太守,後遷滎陽太守。另外,當時薛真度也是位高爵重,他的子孫從孝文帝至宣武帝永平年中,也都是官位顯赫。[66]

總之,蜀薛南祖系薛安都的功勳及其子孫的官位顯赫,應當也是子孝文帝同意將河東薛氏列入茂族的重要考量之一。

二、就北魏前期的政治情況而言,由於北魏在孝文帝太和十年(486)二月以前,沒有建立鄉里組織,所用統御人民的是宗主都護制,《資治通鑑》卷一三六,武帝永明四年(486,北魏孝文帝太和十年)二月條云:

> (二月)魏無鄉黨之法,唯立宗主督護,民多隱冒,三、五

---

[64] 《資治通鑑》卷一三九《齊紀五》,明帝建武元年,頁4370~4373。

[65] 《魏書》卷六一《薛安都傳附從祖弟真度》,頁1356。

[66] 同前註,頁1357~1359。

十家始爲一户。内秘書令李沖上言："宜遵古法:五家立鄰
長,五鄰立里長,五里立黨長,取鄉人強謹者爲之。……"
……甲戌,初立黨、鄰、里三長,定民户籍。民始皆愁苦,豪強
者尤不願,既而課調省費十餘倍,上下安之。[67]

由上可知,在北魏實施三長制之前,作爲衆多的宗族、鄉人領袖的
河東蜀薛的領導者"三薛",無疑地是長久以來河東汾陰的豪強。這
必定也成爲北魏太和年中定氏族時,孝文帝考量的重要因素之一。

　　三、就軍事上而言,北魏不僅要借助河東蜀薛的宗族力量,以其
同族、同鄉的關係綏服當地人數衆多的蜀族;同時,在面臨同一地區的
氐、胡的反叛時,也需要重用蜀薛善戰的能力,以平定亂事。如北魏孝
明帝正光末年,北魏開始陷於北鎮的叛變紛亂之時,詔令能募得三千
人者,就可任爲別將。當時,薛脩義就回到河東汾陰的老家,募得了七
千餘人,因此被任命爲安北將軍、西道別將。[68] 而在孝明帝孝昌二年
(526)六月,東雍州絳蜀陳雙熾在汾曲聚衆反叛時,北魏便借助河東薛
脩義,任他爲大都督,和鎮西將軍長孫稚共同討伐叛軍。薛脩義因爲
和陳雙熾是同鄉,故親自前往其營壘中,向他剖析利害關係,竟然不費
一兵一卒之力,而使得陳雙熾請降:"脩義以雙熾是其鄉人,遂輕詣壘
下,曉以利害,熾等遂降。拜脩義龍門鎮將。"[69]

　　四、就經濟上來說,蜀族所遷居的河東地區是著名的鹽產地,
北魏若要從鹽池收取稅收,勢必要維持此一地區的安定,因此之故,
有必要取得當地宗族勢力強大的蜀族的合作。北魏時的河東郡、猗
氏縣,[70] 安邑縣（治所在今山西省夏縣西北）、解縣（治所在今山
西省運城市西南解州）都盛產池鹽。[71] 西漢在安邑設置鹽官,北魏
初年也在河東郡立官府,向當地製鹽的"鹽户"徵收鹽稅,[72] 至獻

---

〔67〕 《資治通鑑》卷一三六《齊紀二》,武帝永明四年,頁4271。《魏書》卷五三《李沖
　　　傳》:"舊無三長,惟立宗主督護,所以民多隱冒,五十、三十家方爲一户。沖以三
　　　正治民,所由來遠,於是創三長之制而上之。"頁1180。又,南北朝情況不同,北
　　　魏在太和十年以前無鄉里組織,而南朝則實施著的符伍制。
〔68〕 《北齊書》卷二〇《薛脩義傳》,頁275。
〔69〕 同前註;《資治通鑑》卷一五一《梁紀七》,武帝普通七年,頁4714。
〔70〕 高敏主編《中國經濟通史·魏晉南北朝經濟卷》（北京:經濟日報出版社,1998）,
　　　頁943~944。
〔71〕 《舊唐書》卷五八《食貨志上》,頁2106。
〔72〕 《魏書》卷五七《崔浩傳附崔纂從子弟遊傳》:"熙平末,轉河東太守。郡有鹽户,
　　　常供州郡爲兵,……",頁1276。

文帝皇興四年（470）一度罷廢，由民間自由經營；至孝文帝延興末年，又設置鹽官；宣武帝時再廢鹽池之禁，至孝明帝神龜初年，復立鹽官；其後以迄於北魏滅亡，時廢時置。[73] 河東鹽稅的收入十分可觀，北魏孝明帝時長孫稚估算河東鹽稅收入，一年可有三十萬匹之多，相當於冀、定兩州的歲收。[74] 無疑地，河東鹽是一筆豐盈的收入，孝明帝時因國用不足，特別在河東置"鹽池都將"，蜀薛西祖系的薛善（薛謹的曾孫）就曾經被任爲鹽池都將。[75] 北魏後來分裂爲東魏和西魏，雙方都想佔有此地，經略鹽池，以收其利。[76]

在北魏罷鹽官、開放民間自由經營的期間，河東鹽池卻爲當地的豪强所專擅獨佔，如當地住在鹽池之旁的平民尉保光就擅自圍障鹽池，[77] 形成"民有富强者，專擅其用，貧弱者不得資益"的情況。[78] 蜀薛在此地宗族勢力强大，他們可能也是這些"專擅鹽池之利"的富强者之一。如孝明帝孝昌三年（527）河東蜀民薛鳳賢在正平（河東聞喜縣）、薛脩義在河東郡同時反叛時，首先就是"分據鹽池"：

> 時薛鳳賢反於正平，薛脩義屯聚河東，分據鹽池，攻圍蒲阪，東西連結，以應（蕭）寶寅。[79]

五、就宗教上來說，信奉佛教的薛氏也透過當時佛教的結社，領導族人、鄉民造像和從事宗教活動。中國中古時期以俗人爲主體組成的信仰團體，稱爲"義邑"或"法義"，其成員從數十人、甚至多達數百人，他們主要從事的活動包括營造佛像、石窟，舉行齋會、寫經、誦經，或者是爲了修橋補路，造井，建立義塚，施食給

---

[73] 同前書，卷一一〇《食貨志》，頁2826："河東郡有鹽池，舊立官司以收稅利，是時罷之，……延興末，復立監司，……世祖即位，政存寬簡，復罷其禁，與百姓共之。……神龜中，太師、高陽王雍，太傅、清河王懌等奏：……於是復置鹽官以監檢焉。其後更罷更立，以至於永熙。"按："是時罷之"係指皇興四年十一月，見前書《校勘記》〔一七〕，頁2867。

[74] 同前書，卷二五《長孫稚傳》，頁648。

[75] 《周書》卷三七《寇儁傳》，"孝昌中，以國用不足，乃置鹽池都將，秩比上郡。"頁658；同前書，卷三五《薛善傳》，頁623。

[76] 同前書，卷三九《辛慶之傳》："（大統）四年，東魏攻正平郡，陷之，遂欲經略鹽池，慶之守禦有備，乃引軍退。"頁697。

[77] 《魏書》卷一一〇《食貨志》，頁2862。

[78] 同前註。

[79] 《資治通鑑》卷一五一《梁紀七》，梁武帝大通元年，頁4731；《魏書》卷二五《長孫稚傳》，頁648。

貧民等。[80] 此處要特別討論的一個造像碑，是在六世紀上半葉在今
山西省稷山縣由僧俗五百餘人所建造的一個造像碑，係由比丘僧智、
道飄、道行、曇演和"直後羽林監安陽男薛鳳賢"領導建造的，上
面共有僧俗五百零七人的題名，其中僧尼五十五人，俗人四百五十
二人——其中薛姓有二十八人。雖然題名者不以薛姓居多數，但從
其上題名"發心起像主薛鳳賢"、"石像主薛鳳賢"，可知此一造像
活動是由薛鳳賢主導、發起的。[81] 此一義邑組織中執事者"唯那"，
也有兩位薛氏男子（薛萇壽、薛□顯）擔任此職。[82]

　　"直後羽林監安陽男薛鳳賢"是其中唯一有官銜的人，由於六朝碑
刻多異體字，如"薛鳳賢"之名，在各家的著錄中就有所差異，《魯迅輯
校石刻手稿》作"薛鳳顏"，而周錚《北魏薛鳳規造像碑考》一文，則釋
爲"薛鳳規"。[83] 根據以下三個理由，本文將它釋爲"薛鳳賢"：

　　第一，周錚雖然將它釋作"薛鳳規"，但他同在同一文中也説：
"規"字碑文上作"頊"，若筆畫稍有錯位，便有可能寫成"賢"字。[84]

　　第二，正史上確有薛鳳賢其人的記載，[85] 即前面提及北魏孝明
帝孝昌三年（527）十月，河東蜀民薛鳳賢、薛脩義在河東郡分據鹽
池反叛。[86] 當時，薛脩義是龍門鎮將，而薛鳳賢是薛脩義的宗人，
其後薛脩義慚悔求請招降，脩義與薛鳳賢書信，曉以禍福，鳳賢亦
降。此事件平息後，薛脩義因功被封爲汾陰侯，而薛鳳賢也被拜爲

〔80〕　山崎宏《隋唐時代に於ける義邑及び法社》，收入：氏著《支那中世佛教の展開》
　　　　（東京：清水書房，1974 年再版），頁 767～768。並見拙著《北齊標異鄉義慈惠石
　　　　柱——中古佛教社會救濟的個案研究》，《新史學》5 卷 4 期。

〔81〕　此一造像碑，各家著錄的名稱不同，北京魯迅博物館、上海魯迅紀念館編《魯迅輯
　　　　校石刻手稿》（上海書畫出版社，1987），作《薛鳳顏等造象碑》（第 2 函《造象》
　　　　第 1 冊，頁 179）；北京圖書館金石組編《北京圖書館藏中國歷代石刻拓本匯編》
　　　　（鄭州，中州古籍出版社，1989）第 5 冊，作《僧智道飄等造像記》。又，此一造像
　　　　碑上有極少數的邑子題名是隋代補刻上去的。

〔82〕　《魯迅輯校石刻手稿》第 2 函第 1 冊，頁 182、190。

〔83〕　同前書，第 2 函《造象》第 1 冊，頁 179；但周錚在《北魏薛鳳規造像碑考》，《文物》1990
　　　　年第 8 期，考訂此碑原在山西省稷山縣，推測其建造年代在普泰二年，並且釋"薛鳳
　　　　顏"爲"薛鳳規"。

〔84〕　《北魏薛鳳規造像碑考》，頁 62～63。

〔85〕　周錚認爲：薛鳳規名字不見於史籍，而因此碑係在山西省稷山縣出土，而據《稷山
　　　　縣志》卷三《職官》有"龍驤將軍假節稷山鎮將薛鳳賢"，又因而懷疑《稷山縣
　　　　志》上"薛鳳賢"爲"薛鳳規"之誤，見《北魏薛鳳規造像碑考》，頁 62～63。

〔86〕　《資治通鑑》卷一五二《梁紀八》，梁武帝大通二年，頁 4734～4735；《魏書》卷二
　　　　五《長孫稚傳》，頁 648。

龍驤將軍、假節、稷山鎮將，夏陽縣子、邑三百户。[87] 又，《稷山縣志》卷三《職官》也記載著："薛鳳賢：龍驤將軍假節稷山鎮將"。[88] 孝昌三年薛鳳賢被任爲稷山鎮將，可知薛鳳賢其人及其家族至少有一段時期是住在稷山縣的，和此碑建造的年代頗爲符合。按魯迅的著録，此碑係建於孝莊帝永安三年（530）；依周錚考證，則它建於節閔帝普泰二年（532）。此碑又係在稷山縣被發現的，因此，其上所刻當係"直後羽林監安陽男薛鳳賢"。孝昌三年，薛鳳賢被任爲稷山鎮將，在此之後，他的仕宦經歷不詳，在此數年之後，他被調往中央任職，直後羽林監有可能是薛鳳賢後來遷昇的職務。

第三，從薛氏家族在此碑上的題名看來，其名都有涵意，如薛鳳賢的三個兒子分別叫做翼遷、龍遷、鸞遷，都是有相同意義；而比較薛鳳賢和其六個弟弟的名字，按《魯迅輯校石刻手稿》録爲："弟薛辨顏"、"弟薛彥□"、"弟薛敬顏"、"弟薛奉顏"、"弟薛英顏"，"弟□（薛）令顏"，此七個名字之間没有共同的含意，如若以"賢"字取代以上五個名字的"顏"字，薛鳳賢和他五個弟弟名字的涵意是很一致的：彥賢、敬賢、奉賢、英賢、令賢。因此，薛鳳賢當是比較説得通的。

此外，在西魏恭帝元年(554)四月十二日，由薛山俱、薛季訛、薛景等二百餘人所組成的一個義邑建造了一佛碑像。此一義邑的領導者之一是"都邑主薛山俱"（僅次於都大邑主李玉），薛宣曜出任"都唯那"，另外有薛明洛、薛九龍係擔任"唯那"之職。在此碑上的題名中，薛姓有五十一人之多，而其中有官銜者僅有薛氏家族中的二人，一是奉朝請、正平郡功曹、郡主簿、都尉薛通尚，一是大都督、戎州司馬、平原扶溝二縣令、高涼縣功曹、東豐縣開國男薛盛。[89]

以上兩個造像碑題名上的薛氏，當係河東汾陰薛氏的支屬，所以官位都不高，但他們在地方上仍有相當影響力，從薛鳳賢造像記上稱"是以佛弟子比丘僧智、比丘道翫、比丘道行、比丘曇演，直後羽林監安陽男薛鳳規（賢）鄉原道俗等，……各竭珍，建造石像

---

〔87〕 《北齊書》卷二〇《薛脩義傳》，頁 275~276。

〔88〕 〔清〕沈鳳翔纂修《稷山縣志》（臺北：成文出版社，據清同治四年石印本影印，收入：《中國方志叢書》華北地方，山西省，第424號）卷三《職官志》，頁2。

〔89〕 《魯迅輯校石刻手稿》第2函第3册，《薛山俱二百他人等造象》，頁563~572。

一區", 和薛山俱造像記上稱 "但佛弟子薛山俱、薛季訛、薛景, 鄉宿二百他人等, ……各竭精心, 共造石像一區",[90] 薛季訛之子即前述都尉薛通尚之父, 可見薛氏係以地方上的名望家族, 領導著地方上的宗教結社。

又, 前述薛永宗和薛安都的反叛事件, 都是和盧水胡族一起行動的: 薛永宗響應蓋吳的反叛, 蓋吳是陝西杏城的盧水胡人, 而薛安都和東雍州刺史沮渠秉同反。沮渠秉是盧水胡人政權北涼國主沮渠蒙遜之子, 盧水胡族很早就接受佛教信仰, 北涼王室致力於獎掖、提倡佛教, 湯用彤甚至認爲 "北涼沮渠氏, 本可謂爲佛法之國家。"[91] 而居住在陝北的盧水胡族也是世代篤信佛教的, 在今陝西省黃陵縣 (即蓋吳起兵的杏城) 有一北朝時期所開鑿的香坊石窟, 從其上的題記, 可知此係盧水胡蓋姓家族出資興造的。[92] 又, 在黃陵縣西南的宜君縣的福地水庫石窟, 開鑿於西魏文帝大統元年 (535), 從其中央龕的題記, 可知它是盧水胡蓋氏和漢人或是羌人共同組織的義邑所開鑿的石窟。[93] 回顧蜀薛的歷史, 在道武帝天興元年時, 河東蜀薛榆也曾經和杏城盧水胡的郝奴, 一同率領其族人歸順。究竟是什麼原因, 使得河東蜀薛和陝北盧水胡人之間有如是的關連? 本文以爲: 這和居住在關中蜀族作爲兩者聯繫的橋樑, 或有關連; 另外, 兩者都篤信佛教或許也提供他們連合的共同基礎。[94]

六、結　語

從以上對北魏時期河東蜀薛歷史的考察, 可以發現蜀薛能够從一個地方上主要支配的家族, 發展成全國性士族的 "郡姓", 和近年來新興以對地方上支配性來解釋地方菁英之說, 頗有一些相符之處。地方菁英係透過對社會上各種資源的支配, 而得以維持其地位, 包括以下四種: (一) 物質性——土地、商業、軍力, (二) 社會性

---

[90] 《薛鳳顏等造象碑》, 頁185;《薛山俱二百他人等造象》, 頁563。
[91] 湯用彤《魏晉南北朝佛教史》, 頁489。參見拙文:《從民族史的角度看太武滅佛》。
[92] 靳之林《陝北發現一批北朝石窟和摩崖造像》,《文物》1989年第4期, 頁62。
[93] 《陝北發現一批北朝石窟和摩崖造像》, 頁64。
[94] 唐長孺在《北魏末期的山胡敕勒起義》一文中指出: 魏末汾胡起義的兩個特色之一是: 宗教活動在這次起義中極爲顯著, 五城郡山胡馮宜都、賀悦回城的服色是彌勒教的特徵。見: 氏著《山居存稿》(北京: 中華書局, 1989), 頁85～86。

——宗族、結社、人際關係，（三）象徵性——地位、名望、生活方式，（四）個人的因素——各種專長或領導能力。[95] 河東蜀薛獲得郡姓的地位，部分印證了上述的說法，他們先是掌握了社會性和物質性的資源，其宗族勢力強大，"三薛"及其後代分別或同時領導著這個龐大的宗族。同時，他們定居的河東地區恰好是重要產鹽的地區，他們以強宗大族而掌握這筆豐厚的資源。

另外,本文也可就北魏蜀薛的例子,對地方菁英的理論提出下列的補充:

第一,以中古時期士族的情況而言,蜀薛成為郡姓之後,可獲得一種超越宋代以後地方菁英的"象徵性資本",他們所得到的是全國性的社會地位、名望和其地位相儔的生活方式。

第二,前此討論近世地方菁英的政治社會環境和北朝有很大的差異,如北魏河東蜀薛處在多種民族競逐、複雜的時代背景和人文環境之中,因此,在考量蜀薛這個例子時,就必須加入這些因素。北朝係以鮮卑族統治著境內多種不同的民族,而河東地區便分佈著漢人、氐、山胡、蜀族,這些民族之中以漢人和蜀族的社會資源較為豐富,漢人係以河東裴氏為大族,蜀族之中則以薛氏的社會和經濟資源最為多。山胡和氐人似乎無法掌握到上述資源,而屢屢起來反抗北魏的統治。在民族的特性方面,蜀族是其中最勇武善戰的。北魏在面對反叛的隊伍時,一向以同一地區的社會勢力、甚至是同一宗族的力量來制衡,並且進一步平亂,如前述用西祖系的薛初古拔切斷薛永宗和蓋吳的聯繫。蜀薛就在河東這種特殊的人文、時代背景下,協助北魏綏靖河東地區,以軍功獲致官位爵銜,逐步邁向士族之路。也就是在這種情況下,蜀薛的兩次反叛也不成為其家族墜落的因素,反倒是部分蜀薛因被北魏中央作為制衡反叛勢力之用,而提供他們向上攀昇的機會。

第三,討論地方菁英的研究都忽略了宗教也是重要的資源之一,[96] 魏晉南北朝是佛教信仰披靡的時代,地方上的家族透過組織佛教信仰團體"義邑"、"法義",以領導地方社會,這也是他們發展其影

〔95〕 同註〔1〕。

〔96〕 Paul R. Katz, "Temple Cults and the Creation of Hsin–chuang Local Society", 收入:湯熙勇主編《中國海洋發展史論文集》第七輯(中央研究院中山人文社會科學研究所, 1999),頁 735～798。

響力的途徑之一。如薛鳳規、薛山俱可以聚集數百人以共同從事造像、及其他宗教活動。

第四，民族認同問題，北朝是一個多種民族互相競爭、同時也常處在一種混合居住的狀態，部分民族由於長期雜居共處和相互通婚，而使得他們之間的界限變得愈來愈不明顯。在孝文帝定姓族時，蜀薛得以擠身於全國性的大族地位"郡姓"，然而，由於北朝及其後的隋唐朝時期，仍然是以漢人的郡姓地位為高，加上在孝文帝定姓族時，蜀薛差一點因為出身蜀族而不得以入郡姓；因此，入唐以後，擠身於郡姓的河東蜀薛，就有意抹去他們原來出身蜀族的種族事實，搖身一變為漢人的郡姓。這也可為近代社會科學研究所指出的：所謂民族認同，是一種主觀意識，它是相當有彈性的，也很容易改變這個理論，[97] 作一個註腳。

由上可知，古代、中古的政治社會則和近世有相當的差異，因此，迄今學界以研究近世地方菁英所發展出來的理論，在檢視早期社會時應做部分的調整。

※ 本文原載《中國史學》第 11 卷，東京，2001 年。
※ 劉淑芬，臺灣大學歷史研究所博士，中央研究院歷史語言研究所研究員。

---

[97] John Hutchinson & Anthony D. Smith, eds., *Ethnicity* (Oxford: Oxford University Press, 1996).

從趙鼎《家訓筆録》
看南宋浙東的一個士大夫家族

柳立言

前　言

　　宋代家族雖被學者認爲是近世家族的肇始，但其面貌已難以清楚重建，主要原因不外是資料零碎分散。好不容易東拼西湊出來的一個大輪廓，不但令人懷疑其是否符合實態，而且也難以符合區域研究所重視的地方特色和精確程度。個案研究可以克服這些困難，但除了要面對所謂代表性的問題外，還容易因資料的限制而顧此失彼。就功業、教育、財富、家族管理和婚姻關係這幾個維繫士大夫家族的要件來説，目前的研究，以家族管理，尤其是族産營運方面最爲薄弱。北宋猶有范仲淹義莊的好例子，南宋就没有等同的研究。

　　家族管理的規章，多獨立成篇，後來或收入士大夫的文集或家譜裏，泛稱家法（或家訓、家誡、家範等）。若干世家大族的家法，有些已經失傳（如向子諲的薌林家規），有些已經殘缺不全（如陸九韶的家訓），有些則經後人增損，難復宋代的面貌（如鄭文融的鄭氏規範）。傳世的宋代家法大約有十多種（見附表一），以立身處世的訓誡居多，較詳細討論財産處理的大概只有從唐入宋的江州陳氏《家法三十三條》、范仲淹（989～1052）的《義莊規矩》、趙鼎（1085～1147）的《家訓筆録》和袁采（約1140～1195）的《袁氏世範》（嚴格上只算一部通論式的勸世文）。

　　《義莊規矩》和《袁氏世範》已有日譯、西譯和多篇研究論文，《家法三十三條》也有專文討論，但趙鼎《家訓筆録》卻乏人問津。趙鼎的相業，與南宋的立國息息相關，加上其品德學問，均足稱道，故最後配饗高宗廟庭。《宋史》本傳就説："論中興賢相，以鼎爲稱首云。"他的謚號"忠簡",意即"正直無邪"。[1] 對這樣重要的一位歷史人物,卻要到最近幾年,才有三種較詳細的論著,就是寺地遵《南宋初期政治史研究》(1988) 的第四章,James T. C. Liu (劉子健) *China Turning Inward: Intellectual-Political Changes in the Early Twelfth Century* (《兩宋之際文化內向》,1988) 的第六章,和黃繁光的《趙鼎的相業及其仕宦風格》(1990)。三者的重點不同,但都集中討論趙鼎的政治生涯,很少提到他的家族。就筆者所知,目前以家族組織的角度分析《家訓筆錄》的,最長不過是多賀秋五郎《中國の宗譜》(1981) 裏約壹頁的篇幅。

　　史料的缺乏是研究家族史的一大障礙。趙鼎的後人請朱熹撰寫行狀時,朱熹已替另一位與趙鼎共事多年的宰相魏國公張浚寫了行狀,認爲"趙忠簡行實……其中煞有與魏公同處,或有一事張氏子弟載之,則以爲盡出張公,趙氏子弟載之,則以爲盡出趙公;"[2] 故轉而推薦陳傅良。也許趙家沒有接受,故陳的《止齋文集》並無類似的資料。南宋史學名家李燾第七子李垕撰有《趙鼎行狀》三卷,今已失傳。[3] 爲避免一次文字獄,趙鼎與門人故舊的書信也付之一炬。理宗嘉泰年間 (1201～1204),他的《得全居士集》由孫兒付梓,有擬詔一一○道、雜著八篇、古律詩四百餘首、奏疏表劄各二百餘篇及《別集》詞四十首,沒有書信。[4] 到了南宋末年,此集已經散佚失傳,連有意訪求的士大夫都難睹全貌。[5] 元人修《宋史》時,以爲有"擬奏表疏、雜詩文二百餘篇,號《得全集》"。[6] 今日的《忠正德文集》是四庫館臣從《永樂大典》輯錄而成,只剩下"奏議六十四篇、駢體十四篇、古今體詩二百七十四首、詩餘二十五

〔1〕 脫脫等《宋史》卷三六○《趙鼎傳》,頁 11295;徐松《宋會要輯稿》卷一一《禮》,頁 8b～9a。又見錢士升《南宋書》卷九《趙鼎傳》,頁 16a 及 17b～18a "論曰";真德秀《西山先生真文忠公文集》卷四八《趙忠簡》,頁 744:"惟公以忠正德文,爲中興名相第一。"但朱熹毀譽參半,見黎靖德編朱熹《朱子語類》卷一三一《中興至今日人物》上,頁 2b、3b～11b,又見李心傳《建炎以來繫年要錄》(以下簡稱《繫年要錄》) 卷一一四,頁 1843;卷一二二,頁 1977。

〔2〕《朱子語類》卷一三一《中興至今日人物》上,頁 10a～11b。

〔3〕《宋史》卷二○三《藝文》,頁 5117。

〔4〕 周必大《周文忠公集》卷五四《忠正德文集序》,頁 15b～18a。

〔5〕 高斯得《恥堂存稿》卷五《跋趙忠簡公詩帖》,頁 9b～10a。

〔6〕《宋史》卷三六○《趙鼎傳》,頁 11295。

首、筆錄七篇"，和據《歷代名臣奏議》增補十二篇。[7] 近人欒貴明也從《永樂大典》搜佚，多得十條。[8] 李心傳《建炎以來繫年要錄》、熊克《中興小紀》和徐自明《宋宰輔編年錄》裏保存了一些屬於雜著的《趙鼎行實》、《趙鼎遺事》和《趙鼎雜記》等的片斷，但都很少透露家族的消息，甚至連趙鼎親朋（見附表二、三）的傳記和文集中也甚少提到趙鼎的家族。

族譜家乘原爲寶貴史料，但趙鼎的"遺書譜牒，永樂十四年丙申（1416）盡爲洪水所漂，惟知元時六世孫繼清爲泗州總管，僑居於彼"，故歐陽哲於正統九年（1444）修復趙鼎墳塋後寫墓誌，竟無一語道及趙鼎的先世；他說趙筧翁（字繼清）僑居泗州，只是誤聞，筧翁實遷返原籍聞喜。[9]《宋元學案》甚至將趙鼎之孫謐誤爲其子。[10] 筆者到聯合報國學文獻館檢查了所有約五十餘種趙姓族譜（大致上包含《美國家譜學會中國族譜目錄》〔1983〕所列及一些臺灣的趙氏族譜），發現沒有一種跟趙鼎有關。此外，《臺灣區族譜目錄》（1987）也列有五十多種趙姓族譜，但從其地名、散居地，加上始祖三項來看，恐怕也跟趙鼎無關。

趙鼎家族的資料既如此缺乏，故本文只能以《家訓筆錄》爲基礎作一個靜態的描述，只能說趙鼎筆下的家族是如此這般，它可能在當時確實以這樣的形態存在，也可能只是一個構想，有沒有實際發生，或發生時有怎樣的變異，這些屬於動態的問題，到目前尚無法回答。

一、家族的背景

趙鼎不但是南宋的開國功臣，也是山西解州聞喜趙氏在浙東衢州常山的始遷祖，一手創基立業。他爲何選擇衢州僑居，史無明文。一個家族的發展，固然深受領導人物個人因素的影響，但也必須對當地的客觀條件作出適應。本節乃先說明常山的經濟環境，指出其

---

〔7〕 趙鼎《忠正德文集》（以下簡稱《文集》）卷首《欽定四庫全書提要》。
〔8〕 欒貴明《四庫輯本別集拾遺》，頁627~632。
〔9〕 李瑞鍾等《光緒常山縣志》（以下簡稱《常山縣志》）卷一九《建置·墟墓》，頁4b~5b；余寶滋等修撰《聞喜縣志》卷一〇《民族》，頁6a~b。
〔10〕 黃宗羲、全祖望《宋元學案》卷四四《趙張諸儒學案表》，頁1409；《知州趙先生謐》，頁1422。

地瘠民貧，既缺糧食作物，也無經濟物產，加上南宋政府以兩浙爲
經濟命脈，重重控制，賦役繁重，以致百姓有生子不舉，或析戶避
役的傾向，趙鼎或因此而計劃設立義莊型的族產和採取分散投資的
策略作爲因應辦法。其次，本節探索趙鼎一生中與家族發展相關的
經歷，包括他幼年喪父而有著士人家庭和百口大族的背景，少年接
觸洛學而程頤注重家族制度，壯年困頓而目睹洛陽故家舊族的維持，
中年由衰轉盛而家族亦由艱辛度日轉而榮華富貴，最後是晚年一蹶
不振而家族亦陷入危機，《家訓筆錄》也是在殺身滅族的陰影下完成
的，既是家族發展的構想，也是預立的遺訓。

（一）衢州常山的客觀環境

　　儘管浙江在北宋時已發展成爲全國首屈一指的經濟和文化地區，
到南宋更是行都所在，集政治、經濟和文化重心於一身，但是衢州
常山縣的經濟並不發達，甚至可算落後。光緒《常山縣志》説：

> 常地山多田少，耕作之家終歲勤苦，不過給仰事俯育之
> 資，倘遇旱乾，歲收一歉，即向鄰境運糴，或補種黃粟雜糧以
> 濟之。……常地土燥，不產柔桑，故蠶事不載。……棉花向
> 不多植。[11]

至於其他物產，以球川紙較有名，但獲利有限，“若謂富商大賈，則
未有也”。[12]

　　經濟條件雖如此缺乏，但南宋軍興之際，“百司兵衆，皆仰給於
二浙”，[13] 賦役相當繁重，正稅之外，還有不時的攤派雜稅。趙鼎
在紹興三年（1133）曾上奏説：“契勘朝廷數頒詔令，務在寬恤民
力，不許州縣科率騷擾。臣昨閑居山野間（衢州常山），具見此患。
今待罪守臣（時以江西安撫大使兼知洪州），斷不敢經賦之外，毫髮
橫斂。”[14] 當時的科率，是連官戶也不能豁免的。[15] 由於本地產絹
不多，衢州甚至要向外州搜購以應付和買。[16]

---

〔11〕《常山縣志》卷二一《風俗·四民》，頁 1b～2a；又見孔毓璣《雍正常山縣志》卷
　　　一一《風俗·農》，頁 5a～9a，尤其頁 7a～b。
〔12〕《常山縣志》卷二一《風俗·四民》，頁 2a～b，又見卷二八《物產》。
〔13〕李光《莊簡集》卷一一《乞蠲二浙積欠劄子》，頁 8b～9b。
〔14〕《文集》卷二《知洪州乞支降錢米狀·貼黃》，頁 2a。
〔15〕朱家源、王曾瑜《宋朝的官戶》，《宋史研究論文集》（鄧廣銘、程應鏐編，上海：
　　　上海古籍出版社，1982），頁 12。
〔16〕倪士毅《浙江古代史》，浙江：浙江人民出版社，1985 年，頁 189～190。

經濟條件落後，加上賦役繁重，人口自然難以增加。《衢州府志》和《常山縣志》只記有理宗端平年間（1234～1236）的戶口數，爲戶 25 435，口（丁）35 385，平均一戶只有 1.39 丁。[17] 與衢州其他四縣比較，常山的户數佔第三位，平均丁數卻居榜末（開化 2.91、江山 2.41、龍游 2.17、和西安 1.47）。[18] 丁數偏低的原因很多，其中之一是生計困難，無力養育。如紹興三年（1133）臣僚上奏説：“浙東衢、嚴之間，田野之民，每憂口衆爲累，及生其子，率多不舉。”[19] 另一個原因是避免身丁錢。如紹興七年（1137）大臣言：“浙東之民，有不舉子者。……蓋爲其子成丁，則出紬絹，終其身不可免。愚民寧殺子，不欲輸紬絹。又資財遣嫁，力所不及，故生女者例不舉。”[20] 據近人研究，這種不舉子之風，不但盛行於貧困之家，而且也蔓延於衣冠富户，主要原因是在兄弟均分父産的原則下，兄弟愈多，將來家産便愈分散，容易造成社會地位的下降。[21] 此外，析居以降低户等、逃避差役，也是户多丁少的一個普遍原因。

一般來説，在一個經濟落後而賦役繁重的地區，當一個家族不斷繁衍而資源無法配合時（如糧食和土地的供不應求），便容易出現分家、遷徙和貧富分化嚴重的情況。分家和遷徙可導致家族的分崩離析，而貧富兩極化可引致族人的離異，貧窮的族人甚至會生子不舉，這些均與敬宗睦族的宗旨背道而馳。在有限資源的競爭中，出現上述情況的家族便容易被較團結的家族所擊敗。

那麽，士大夫之家要在一個先天不足的地方開基創業，就尤其需要團結族人，發揮群體力量，而希望家族傳之久遠，就必須配合良好的經濟運作，例如到外地投資以補本地之不足。《家訓筆錄》第二十七項説：“三十六娘吾所鍾愛，他日吾百年之後，於紹興府租課內撥米二百石充嫁資，仍經縣投狀，改立户名。”可見趙家分散投

---

〔17〕 楊廷望等《衢州府志》卷二一《户口》，頁 3a；《常山縣志》卷三四《户口》，頁 1b。

〔18〕 梁庚堯《南宋的農村經濟》（臺北：聯經出版事業公司，1985 年修訂本），頁 55～56。

〔19〕 《宋會要輯稿》卷二《刑法》，頁 147b。

〔20〕 《繫年要錄》卷一一七，頁 1889。

〔21〕 陳廣勝《宋代生子不育風俗的盛行及其原因》，《中國史研究》1989 年第 1 期，頁 138～143。

資，而且是跨州的投資。紹興府更與臨安府比鄰，易得京城消息，趙鼎於紹興八年和十年領祠時，均居紹興。總之，分散投資固然有著大片土地不易獲得的原因，但以常山地瘠和不產經濟作物的情況言，更是提高投資報酬和分散風險的手段。

　　此外，設立義莊或祭田等家族共產可以提供家族一個較長久和較穩定的經濟基礎。在平時，按口分給的義莊收入可以紓解中下層族人的生活和賦稅負擔，使他們不致生子不舉或陷於貧困的極端，減低了析居和遷徙的需要。在旱荒時，義莊的存糧更是比金錢更爲實用的救濟品，而族眾愈多就愈有設立的需要。紹興五、六年間（1135～1136），浙東大旱，朝廷不得不兩次下詔賑災。[22] 趙鼎家族親身經歷了一次嚴重的災情，可能會更深切地感受到，必須成立義莊，才能在常山平時已缺糧的情況下，有計劃地爲族人積穀防饑。由於義莊需要雄厚的投資，故即使是士大夫之家，義莊也遠不如墓祭田普遍。[23] 但以恤族的功能言，自然是義莊遠勝於墓祭田。據近人統計，宋元見於記錄的義莊約七十餘所，[24] 南宋至少有四十所，可知地點的三十六所分佈在十九個府、州和軍，以平江府有五所居首，而以一地兩所的最多（共五處）。假如包括趙鼎構想中的義莊在內，衢州一地竟有四所，而有三所在常山縣，[25] 也許不無補救其先天條件不足的原因。同時值得注意的，是曾爲趙鼎推薦的湯東野和屬於其政治集團的向子諲（見附表二）均設有義莊：東野“嘗請於朝，與兄弟世爲義居，禁子孫毋析戶，又輟俸實田爲義莊，以給疏族之貧者”。[26] 子諲“買義莊以贍宗族貧者”。[27] 與趙鼎關係先密

---

[22]　《常山縣志》卷二六《食貨》，頁 3a；《繫年要錄》卷九七，頁 1606；可參考另一次的嚴重災情，見朱熹《朱文公文集》卷一六、一七有關奏狀。

[23]　宋三平《試論宋代墓祭》，《江西社會科學》1989 年第 6 期，頁 104～107、62；《宋代封建家族的物質基礎是墓祭田》，《江西大學學報》1991 年第 1 期，頁 79～83。

[24]　李文治《明代宗族制的體現形式及其基層政權作用——論封建所有制是宗法家族制度發展變化的最終根源》，《中國經濟史研究》1988 年第 1 期，頁 54～72，附表被編輯省去。

[25]　分見梁庚堯《南宋的農村經濟》，1985 年，頁 315（信安即常山）；《宋史》卷四〇五《袁甫傳》，頁 12238；《常山縣志》卷四〇《選舉·進士》，頁 6a，卷五〇《人物·名臣》，頁 3b。除趙鼎構想中的義莊外，衢州其餘三所義莊的創始人分別是趙德橡和趙崇、趙希瀞（宗室）和不詳人。

[26]　《繫年要錄》卷九六，頁 1590。

[27]　汪應辰《文定集》卷二一《向公墓誌銘》，頁 262。

後疏的張浚，甚至"買義莊以贍宗族之貧者，以至母族，喪葬婚嫁亦皆取給焉"。[28] 或許士大夫之間的互相推動也是義莊成立的一個原因。

（二）趙鼎個人的遭遇

據趙鼎《自誌筆錄》，趙家在宋以前"世居汾晉，歷古士宦不絕。藝祖（宋太祖）初征河東（時爲開寶二年〔969〕），舉族内徙，居解州聞喜縣，今爲聞喜縣人。"[29] 接下來趙鼎便没有提到近代有任何仕宦；曾祖榮、祖父友和父親玘的官爵，都是因他拜相而追贈。[30] 據《衢州府志》、《常山縣志》和《聞喜縣志》，趙鼎是趙家的第一位進士；[31] 同朝宰相朱勝非就曾譏諷他"起於白屋，有樸野之狀"。[32] 不過，《宋史》本傳謂鼎喪父後，"母樊教之，通經史百家之書"，[33]《自誌筆錄》也稱"余四歲而孤，太夫人樊氏躬自訓導，廿一歲鄉里首薦，明年登進士第"，[34] 祖父也具有制定祭祀禮數的學識（見下段），趙家應屬士人家庭。

《家訓筆錄》第二十五項説："應祭祀、忌日、旦望供養之物及禮數等，吾家自祖父以來，相傳皆有則例，人人能記，不必具載，亦不必增損。"可以想見趙家至遲到趙鼎祖父一代已有一定的發展，不但講求祭祀的禮數，而且已有需要將之固定下來成爲則例（習慣法）。看來這些供養之物和禮數還頗得體，可以適合後來宰相之家的需要和身份。趙鼎的生母樊氏是繼室，"輕財重義，有能治千人之功"。[35] 可見她一面守寡教養趙鼎，一面照顧不少的族衆，而且可能因此花掉不少産業，以致趙鼎在發跡前經常喊窮（詳下文），這些也許是他日後要別立共産以照顧各房的一個原因。無論如何，從趙鼎的祖父制定祭祀禮數和寡母疏財照顧族人來看，趙鼎本房在族中應享有不錯的地位。

---

[28] 《朱文公文集》卷九五下《少師魏國張公行狀》，頁1705。

[29] 《文集》卷一〇《自誌筆錄》，頁5b。

[30] 胡寅《斐然集》卷一四，頁18a~b。

[31] 《衢州府志》卷一八《選舉》及卷二〇《世科》諸表；《聞喜縣志》卷一四《選舉表》，頁3b；《常山縣志》卷四〇《選舉》，頁7a~b。

[32] 朱勝非《秀水閒居録》，引自徐夢莘《三朝北盟會編》卷二一六，頁8a。

[33] 《宋史》卷三六〇《趙鼎傳》，頁11285。

[34] 《文集》卷一〇《自誌筆錄》，頁6a。

[35] 《斐然集》卷一四，頁18b。

除受母教外，趙鼎曾入地方官學和到洛陽（河南洛陽市東北）邵伯溫門下求學。[36] 儘管他被全祖望批評於伊洛之學"所得淺"，[37] 但他推崇元祐之學，執政時又大批起用伊川門人卻爲不爭事實，以致被譏爲伊川三魂之"尊魂"，連高宗也稱他"主程頤"。[38] 所以，程頤對家族制度的重視，[39] 加上趙鼎自己"歷觀京、洛士大夫之家，聚族既衆，必立規式爲私門久遠之法"（《家訓筆錄》序言），再再加強了他統宗收族的趨向。

趙鼎廿二歲便同進士出身，[40] 可謂早露頭角，但早期的仕途不算得意：最先四任所在的鳳州（陝西鳳縣）和岷州（甘肅岷縣）都屬偏遠之地，然後是河東縣丞（山西永濟縣），接著便丁母憂。這時期的詩文時常歎窮："嗟余竟奚爲，濫爲策名早。漫浪戲一官，不覺成潦倒。……州縣定勞人，侏儒尚能飽。"又説："宦游無況田園薄，自問此生何以歸。"宣和二年（1120）又謂："那知有志士，居以貧爲患。求田亦本謀，他日當能辦。"但到了四十歲在洛陽縣令任上時，仍慨歎"蹭蹬窮途已半生"，"老矣未成南畝計"，"我無田可歸"。[41] 少年中舉，在家族裏科名最高，經過十七八年的仕宦卻仍不能求田問舍，趙鼎的感慨是可以明白的；同時可清楚看到，田產在趙鼎心目中的重要地位：它是免於窮困和保障餘生的基礎。

宣和七年（1125）十月，金兵南下，徽宗內禪。次年，靖康元年二月，金兵始撤離開封。趙鼎於此時受少宰中書侍郎吳敏的推薦，自洛陽縣令擢昇開封士曹。他願到危城供職，固然是有著"無限青雲著鞭處，固應分付祖生先"的情懷，也因爲次子趙汾應舉八行中

〔36〕《宋史》卷四三三《邵伯溫傳》，頁 12853；《文集》卷三《乞追贈邵伯溫狀》，頁 8a～9a；《繫年要錄》卷九二，頁 1532；卷九八，頁 1612；卷一二〇，頁 1935～1936。
〔37〕《宋元學案》卷四四《趙張諸儒學案》，頁 1411。
〔38〕《宋史》卷三七六《呂本中傳》，頁 11637；李幼武《宋名臣言行錄別集》下卷四《趙鼎》，頁 11b～12a；《繫年要錄》卷一七三，頁 2847，又見卷一五二，頁 2453；王梓材、馮雲濠《宋元學案補遺》卷四四，頁 4b～5a。
〔39〕見潘富恩、徐餘慶《程顥程頤理學思想研究》（上海：復旦大學出版社，1988），頁 361～377。
〔40〕陳騤《南宋館閣錄》卷七，頁 1a。
〔41〕《文集》卷五《己亥秋陪伯山游中條》，頁 1a～2a；《夢覺一首時將解安邑赴調》，頁 6a～b；《奉送呂若谷縣丞任蒲東歸五首》，頁 10a～b；《馮翊次韻邵子文寄贈之什》，頁 23a；《夜送客至馬鳴橋》，頁 23a；《次韻縣尉》，頁 24b；《次韻張與之登異亭》，頁 25b～26a；卷六《解梁別李氏女子晚宿靜林寺》，頁 9b。

的孝廉，要到開封考試。[42] 六月，趙鼎從制置使解潛軍北上援救太
原，在七月大敗而返。[43] 十月，朝廷集議割地求和，趙鼎反對。次
年二、三月，皇族蒙塵，偽楚張邦昌在金人退兵後迎元祐孟后垂簾
聽政。五月一日，康王（高宗）在應天府（河南商丘）即位，改靖
康二年爲建炎元年。當時趙鼎已在開封接受京畿提刑兼權轉運副使
的新職，負責雍邱（河南杞縣）和開封之間的水陸措置，準備迎接
高宗還京。[44] 其間他敢於藏匿宋室忠臣之後，免被金人擄走。[45] 他
對朋友表明立場説：“酬恩未擬填溝壑，强顏忍復陪簪裾（偽楚）。
浩然胡不徑投劾，老矣難堪歸荷鋤。田園墳壟亂戎馬，是身是處長
羈孤。”[46] 除了家人外，趙鼎可説是身無長物；故鄉聞喜不能歸，
在開封任職亦因高宗不敢返歸而地位尷尬（日後亦被政敵指摘爲供
職偽楚），[47] 但除了出仕，又似乎無以爲生。對“田園墳壟亂戎馬”
的趙鼎來説，必須重建家園才能再次生根，才能擺脱“是身是處長
羈孤”的命運，而出仕是他唯一的方法。也許，患難的過來人會特
別注重家族的團結與持久。

建炎元年（1127）七月，趙鼎帶著親屬“沿檄南渡”，打算投
靠新朝廷，至建康（江蘇南京市）後暫時將親屬安頓，再追趕也在
繼續南避的高宗。[48] 入冬，金兵三路入侵，要捕捉高宗。次年初，
趙鼎有《寄金陵（即建康）諸幼》詩云：

> 去年都城開，南下相繼踵。我亦具扁舟，携汝百指衆。
> 汝寧爲我累，我獨干汝重。今而暫相違，愁亦慮汝共。因
> 人問在否，未語先悸恐。淚下復吞聲，寢愕不成夢。儻有

---

〔42〕《文集》卷五《之官開封泛洛東下先寄京師故舊》，頁27a。又見《登舟示邢子友》，頁
21a~b；《聞喜縣志》卷一六上《名賢》，頁85a。八行科舉於徽宗大觀元年，計爲孝、
悌、睦、婣、任、恤、忠、和，見《宋會輯稿》卷一二《選舉》，頁33b~37b；《宋史》卷四五
《理宗紀》，頁875；卷四五六《仰忻傳》，頁13410。

〔43〕《三朝北盟會編》卷四八，頁7b；卷五〇，頁8a~b；《繋年要録》卷八八，頁1466。

〔44〕《文集》卷九《辯誣筆録》，頁9b~10a。

〔45〕《宋史》卷二九八《司馬池傳》，頁9907。

〔46〕《文集》卷五《舟中呈耿元直》，頁15b。

〔47〕《宋史》卷三六〇《趙鼎傳》，頁11294；《文集》卷九《辯誣筆録》，頁4a~15b。

〔48〕《文集》卷一〇《自誌筆録》，頁6b；唐圭璋《全宋詞》卷二《滿江紅·丁未
（1127）九月南渡泊舟儀真（江蘇儀徵縣）江口作》，頁944；《文集》卷六《除吏
部郎題建康省中直舍壁》，頁13a，《泊白鷺洲時辛道宗兵潰犯金陵境上金陵守不得
入》，頁17b~18a，卷五《丁未冬同陸昭中渡江泊秦淮税亭之側》，頁24b~25a。

相見期，勿復藉官俸。一飽不求餘，去辦南山種。[49]

不久便抵達揚州（江蘇揚州市）行在；《戊申正月行在參吏部示諸幼》詩云：

> 折腰為米豈所願，賣劍買牛端可賢。……罷官清坐乃
> 吾分，號寒啼饑誰汝憐。政緣茲事藉升斗，使我不得休林
> 泉。[50]

此行的收穫是不久便得遷朝奉大夫（正五品寄祿官）祠差主管洞霄宮（浙江杭州西南），雖無實際的工作，但總算有了每月十貫的祠祿可以維生。[51] 其後與親屬會合；自建炎元年七月南渡，"便買扁舟作家宅"，[52] 到今年六月，已整整一年；"余去秋七月登舟，逮此一年矣，六月晦日午睡，覺聞兒女輩相謂曰：明朝又是秋風起。推枕悵然，走筆記之"一詩云：

> 流萍斷梗飛花委，四海茫然無定止。……薄酒時時伴
> 兒女，踈蓬處處愁烟水。故鄉知是幾長亭，眼暗相望越千
> 里。悵念征鴻一紙書，明朝江上秋風起。[53]

之後一度寓居杭州，生活相當清苦；"泊舟鹽橋（杭州興福坊東），兒子洙輒於市買歷，尾題云：客裏其如日費多；因取筆足成一詩"云：

> 蹭蹬生涯一釣蓑，東西淮海信濤波。亂來益覺人情薄，
> 客裏其如日費多。麟閣壯圖今老矣，蒐裘歸計奈貧何。越
> 吟楚奏那能已，時倚哀彈拍棹歌。[54]

《謝人惠麥穗》詩云：

> 愚軒臥病空瓶儲，市米不得如求珠。鄰翁餉麥穗盈筥，
> 或操或簸喧庭除。……須臾粥成勸我食，齊眉舉案煩妻
> 孥。……童兒作孼若不足，老夫大笑為有餘。[55]

此外，《思鄉》詩說：

> 何意分南北，無由問死生。永纏風樹感，深動渭陽情。

---

[49] 《文集》卷五《寄金陵諸幼》，頁11a～b。

[50] 《文集》卷五《戊申正月行在參吏部示諸幼》，頁13b～14a。

[51] 梁天錫《宋代祠祿制度考實》，香港：龍門書店，1978，頁295。

[52] 《文集》卷六《泊盈川步頭舟中酌酒五首》之二，頁18a～b。

[53] 《文集》卷五《余去秋七月登舟》，頁14b～15a。

[54] 《文集》卷五《泊舟鹽橋》，頁36a。

[55] 《文集》卷一〇《自誌筆錄》，頁6b，卷五《謝人惠麥穗》，頁16a～b；又見卷五《臥病一首：己酉正初》，頁30b。

兩姊各衰白，諸生未老成。塵煙渺湖海，惻惻寸心驚。[56]
留在家鄉的族人生死未卜，兩姐年事漸高，未諳人情世故的晚輩不
能任事，整個家族的盛衰繫於唯一有功名的趙鼎一身，而烽煙滿地，
難免步步驚心。

　　這六首詩是稍能透露當時家族狀況的難得資料，除了《戊申正
月行在參吏部示諸幼》外，其餘五首都沒有寫作時間，只能從上述
趙鼎在這幾年間的活動配合詩的内容加以繫年。可以肯定的是，除
了妻子和均應成年的長子洙和舉孝廉的次子汾外，四十三歲的趙鼎
有十個左右的"諸幼"需要照顧。根據近人的研究，一個有廿口左
右的家庭，每月的主食米加上副食，必須廿貫左右；[57] 趙家的生活
主要靠一月十貫的俸祿，相當困苦，自無餘力購置田產。留在聞喜
的族人，音訊難通，不知下落如何，後來有沒有南下團聚，不得而
知。《聞喜縣志》記錄當地的大姓，於"阜底村趙氏"下說："祖，
宋忠簡公趙鼎；鼎，固村人，南遷後六世孫篔翁（於元至正年間）
建董澤書院祀忠簡，復歸故里，至今（民國七年）傳二十六世。"[58]
邑人王宗舜亦說："趙氏前後絕響，而豐公（趙鼎）固元宗矣。"[59]
可見趙鼎原來在聞喜的宗族到後來已隱沒無聞，又因篔翁的推崇，
鼎反而成了先祖。

　　建炎三年（1129）二月，金兵掩至揚州，高宗棄百官逃到趙鼎
寓居的杭州。大抵是恐怕金人將尾隨而至，趙鼎立即買舟渡錢塘江
將親屬遷往衢州常山縣黃岡山。由於"百官至者十無一二"，高宗下
令都司、侍從各薦二人。趙鼎得薦，於四月入見，除司勳員外郎，
隨即與高宗開始了一年多的陸海逃亡，有一次差點便被金兵追獲，
而杭州也果然被金兵"洗城"，大火十餘日始滅。在這段逃亡日子
裏，由於表現優異，趙鼎深得高宗信任，接二連三地擢昇，是他發
跡的開始。[60]

---

〔56〕　欒貴明輯《四庫輯本別集拾遺》，北京：中華書局，1983，頁628。
〔57〕　衣川强，1977，頁94～97。
〔58〕　《聞喜縣志》卷一〇《民族》，頁6a～b；又見卷一三《學校》，頁2b、7a。
〔59〕　《聞喜縣志》卷二二《營建》，頁11a。
〔60〕　《文集》卷七《建炎筆錄》，頁1a～16a；厲鶚《宋詩紀事》卷三六《趙三衢別故
　　　　人，時車駕幸杭州》，頁920；Liu, James T. C.（劉子健，China Turning Inward：
　　　　Intellectual-Political Changes in the Early Twelfth Century（《兩宋之際文化内向》），Cam-
　　　　bridge, Mass.：Harvard University Press, 1988，頁107～110。

建炎四年（1130）四月，宋師邀擊一支金兵主力於黃天蕩，軍威始振，高宗乃暫安於越州（浙江紹興）。五月，趙鼎已累昇至端明殿學士簽書樞密院事成爲執政，"實總一院之事"，[61] 這不過才經過十三個月的新仕歷而已。同年十一月，卻因事罷政，以本職提舉洞霄宮，可謂宦海無常。[62]

趙鼎回到常山，決定在此置產安居；"越土水淺易涸而近山，無木可採，故常有薪水之憂，既歸黃岡，遂脫此責，作詩示同舍"云："經年薪水困行朝，一日歸來百念消，決決溪流鳴枕下，丁丁谷響應山椒。山安課伐猶多事，無復移居莫見招。老矣羞爲吳市隱，買田從此混漁樵。"[63] 同時的《將歸先寄諸幼》、《還家示諸幼》、《還家》和《將至常山先寄諸幼》等詩，都流露對家族的濃厚感情。例如第一首說："擾擾干戈地，懸懸父子情。人間正多故，身外復何營。我已忘官寵，兒須辦力耕。歸來休歇處，團坐話無生。"第二首說："避地重遭亂，還家幸再生。一身今見汝，寸祿敢留情。更恐死生隔，渾疑夢寐驚。吾今猶有愧，未遂鹿門耕。"第四首說："經年遊宦歎離群，相見提携數候門。一笑相看即無事，徑須歸辦酒盈樽。"[64] 都明顯流露着戰亂離群和在宦海波濤中對家族這個天然避風港的嚮往。趙鼎這次賦閑長達兩年，也是他一生中留在常山最長的一段日子。《雪中與洙輩飲》詩云："朝市邱園定孰優，要將閒適換深憂。門闌終日斷還往，父子一樽相勸酬。雲鎖山林寒悄悄，風吹雪霰暮悠悠。醉餘身世知何許，莫向東陵覓故侯。"[65] 這時他以前任執政的身份領在外宮觀，每月的添支約有錢五十貫、米七石、麵十石、羊十口、馬五匹和從人十名；[66] 雖不算豐厚，但足可"買田從此混漁樵"，"莫向東陵覓故侯"了。這時期可稱爲家族財富的肇始期。

從紹興二年（1132）十月至八年十月第二次罷相，是趙鼎一生

---

〔61〕　王瑞來校補徐自明《宋宰輔編年錄校補》卷一四，頁952。

〔62〕　《宋史》卷三六〇《趙鼎傳》，頁11287。

〔63〕　《文集》卷五《越土水淺易涸》，頁34b。

〔64〕　《文集》卷五《將歸》、《還家示諸幼》、《還家》，頁17a～b，卷六《將至常山》，頁12a。

〔65〕　《文集》卷五《雪中與洙輩飲》，頁36a～b。

〔66〕　梁天錫《宋代祠祿制度考實》，香港：龍門書店，1978年，頁295～297，所論爲紹興三年九月所定添支新例，乃依元豐舊例，故可推想在此之前便沿用舊制。

功業的黃金時期：自江東安撫大使兼知建康府、江西安撫大使、制
置大使兼知洪州、參知政事、右相、而左相。尤其是紹興七年再次
入相時，由正三品的正左奉大夫一躍而爲正二品的金紫光禄大夫，
"進四官，異禮也"。[67] 隨之而來的，是榮華富貴。紹興六年趙鼎五
十二歲生日，得到額外的御賜賀禮，所填《賀聖朝》一詞，充滿華
貴氣象："花光燭影春容媚，香生和氣。紛紛兒女拜翁前，勸犀樽金
醴（自注：家釀，名出《真誥》）。凌煙圖畫，王侯富貴，非翁雅
意。願翁早早乞身歸，對青山沉醉。"另一首《醉蓬萊》也説："破
新正春到，五葉堯蓂，弄芳初秀。剪綵然膏，爛華筵如畫。家慶圖
中，老萊堂上，競祝翁遐壽。喜氣歡容，光生玉斝，香霏金獸。"[68]
宋人習稱父爲爺或爹，稱祖父爲翁，[69] 此時趙鼎大抵已有多位數歲
的孫兒女了。家中亦設私塾，一度聘請日後的狀元汪應辰爲師。[70]

　　當代固有少殖產業，甚至可稱貧宦的高級官員，[71] 但趙鼎似乎
樂於利用職權所帶來的好處。同僚朱勝非曾譏諷他："一日拜相，驟
爲驕侈。以臨安相府爲不足居，別起大堂，奇花嘉木環植周圍。堂
之四隅各設大鑪，爲異香奇種。每坐堂中，則四鑪焚香，煙氣氳氳，
合於坐上，謂之香雲。又堂饌（宰相之公膳）自艱難（以）來，至
菲薄。鼎增十倍厚，且有會集；侍從、諸將，下逮省、寺官所喜者，
次第召食。堂厨公吏支日費香直且數千緡，酒饌尚不計也。其後鼎
坐台諫落職守泉，累章數千言，而乾没都督錢十七萬緡，竊用激賞
庫錢七十餘萬緡，掩有臨安府什物三千餘件，乃章中一事；命下，
人皆謂鼎必辯而不辯也。"[72] 朱勝非與趙鼎之際遇相當，或因不能
相容而出惡言，容有過實，卻不致於憑空捏造。[73] 趙鼎乾没事見於
紹興十年閏六月御史中丞王次翁之彈章，鼎至臨終前才加反駁，時

〔67〕 《繫年要録》卷一一四，頁 1846。
〔68〕 《文集》卷四《謝生日賜牲餼表》，頁 5a～b；卷六《賀聖朝》，頁 25b～26a；《醉蓬萊》，頁 20b～21a。
〔69〕 朱瑞熙《宋代官民的稱謂》，《上海師範大學學報》1990 年第 3 期，頁 103～110。
〔70〕 《宋史》卷三八七《汪應辰傳》，頁 11876。
〔71〕 梁庚堯《南宋的貧士與貧宦》，《國立臺灣大學歷史學系學報》16（1991），頁 105～108；又參青山定雄《北宋を中心とする士大夫の起家と生活倫理》，《東洋學報》57（1976），頁 35～63。
〔72〕 朱勝非《秀水閒居録》，引自《三朝北盟會編》卷二一六，頁 8a～b。
〔73〕 《宋史》卷三六二《朱勝非傳》，頁 11319。

勝非已死。[74] 趙鼎在飛黃騰達期間之各種收入難以追究，但以范仲淹憑參知政事的俸祿便可在七年間（1043～1050）於蘇州置千畝良田爲義莊，可見趙鼎憑宰相之祿，便足以廣置田宅。何況他自少壯即念念不忘求田，今值此貴盛時機，自必努力購田，而黃岡山上亦頗有亭臺樓閣之勝景，可稱爲家族財富的壯大期。[75] 也許正由於財產增加迅速，容易成爲政敵攻擊的藉口。

趙鼎因不贊同宋金議和的條件而罷相，初時還得到相當的禮遇，以使相出知與臨安不過一水之隔的紹興府。再貶泉州時，雖然落檢校官和節度使，但仍保有從一品的特進，沿途更有千百侍從扈衛。[76] 然而，從紹興十年(1140)四月開始，趙鼎一步一步走向不歸之路。首先是王次翁彈劾他治郡廢弛，乃罷知泉州領祠；"鼎歸會稽（紹興府），上書言時政，（秦）檜忌鼎復用，乃令次翁又言之，乞顯置於法，且言：特進乃宰相階官，鼎雖謫降，而階官如故，是未嘗罷相也。（閏六月，）遂降散官（正五品左中大夫秘書少監分司南京），謫居（福建）興化軍。右諫議大夫何鑄又論鼎罪重罰輕，降朝奉大夫（從六品），移（福建）漳州。檜意猶未厭，次翁又論，……（七月）再移（廣東）潮州安置。"[77] 在短短三個月內朝廷竟然如此折辱一位中興功臣，實大出趙鼎本人意料。[78] 紹興十二年，宋金和議成，肆赦，趙鼎原應量移近地，但高宗特旨更不檢舉。次年郊恩，也不檢舉。[79] 在精神上飽受朝廷絕情的折磨，在生活上也有窮途末路的感覺，自謂"老矣潮州韓吏部，饑餐渴飲似當年"。[80] 所以，從紹興十年開始，因趙鼎的一蹶不振，隨時有籍沒的可能，可稱爲家族的危機時期。

《家訓筆錄》就是在這時完成；序言的紀年是紹興十四年（1144）四月十五日，跋語的卻是九月七日，大抵是初寫於四月十五日，定稿於九月七日。此年是趙鼎貶潮州四年的最後一年，不但罷官無事可爲，而且因秦檜的逼害，早已遭受一連串的誣告，罪名包

---

[74] 《文集》卷九《辯誣筆錄》，頁 18a～19b。
[75] 《常山縣志》卷六八《邵志謙石門里趙忠簡公墓感懷六首》，頁 10a～11a。
[76] 《繫年要錄》卷一三〇，頁 2097。
[77] 《宋史》卷三八〇《王次翁傳》，頁 11711。
[78] 汪應辰《文定集》卷一六《上趙丞相》，頁 188。
[79] 《繫年要錄》卷一四七，頁 2368；卷一五一，頁 2431。
[80] 《文集》卷六《潮陽容老出游閩浙過泉南》，頁 20a。時潮守徐璋爲之治第並致餉饋，見《繫年要錄》卷一五六，頁 2531。

括：(1) 在靖康二年擔任開封提刑時"糾集保甲以拒勤王之師"；
(2) 貶謫潮州時接受岳飛五萬貫的路費，屬於"交結叛將（岳飛於
紹興十一年底賜死）"；(3) 曾向宗室趙士褒"賄遺請求"，士褒稍
後亦因營救岳飛而遭貶；(4) 吞沒官錢；和 (5) 引用私人等；目
的不外將趙鼎醜化爲逆臣，迫令自盡。[81] 趙鼎明白到此危險説：
"嗚呼！讒人之言，一何酷邪！此自古人君惡聞之者，殺身滅族之禍
也。"[82] 他自號"得全"，就是希望逃過毒手。[83] 當時他"杜門謝
客，時事不掛口，有問者，但引咎而已"。[84] 結果，就在他完成
《家訓筆録》的同時，再受誣而移置吉陽軍（廣東崖縣西北）；高宗
還特別交待："使其門生故吏知不復用，庶無窺伺之謀。"[85] 在"門
人故吏皆不敢通問"的情況下過了兩年多，朝廷又下詔將他永遠排
除在恩赦之外，趙鼎自忖劫數難逃，不死則"禍及一家"，乃絕食身
亡。[86]

由此可知，《家訓筆録》是在"殺身滅族"的陰影下寫成的。
爲壓制反對宋金和議的力量，朝廷不惜驅逐大臣、枉殺大將，作爲
反對者的趙鼎自然明白，以他昔日的地位和聲望，是難望復出的，
唯有將希望寄於後輩。然而，在可見的將來，只要目前的政治路線
不變，權力仍爲秦檜及其黨人所掌握，則後輩的出頭亦恐不易；北
宋新舊黨争的冷酷和後患是趙鼎所熟知的，他就曾奉高宗之命清算
新黨的子孫。[87] 所以，如何捱過一大段黑暗的日子等待他日重振家

---

[81] 《文集》卷九《辯誣筆録》，頁 3b~21a；秦湛《林泉野記》，引自《三朝北盟會編》
卷二一六，頁 3b。

[82] 《文集》卷九《辯誣筆録》，頁 21a。

[83] 解縉等《永樂大典》卷五三四五《歐陽玄趙忠簡公得全書院記》，頁 21a~22a。

[84] 《宋史》卷三六〇《趙鼎傳》，頁 11294。

[85] 《繫年要録》卷一五二，頁 2451。

[86] 《宋史》卷三六〇《趙鼎傳》，頁 11294~95，卷三八六《王大寶傳》，頁 11856；李光《莊簡
集》卷六《趙丞相過藤州》，頁 19b~20a；卷七《次韻趙丞相海鳴》，頁 5b~6a；《繫年要
録》卷五六，頁 2531。

[87] 紹興五年，趙鼎奉高宗命追究蔡卞及章惇詆毁宣仁太后之罪。高宗本想將二人子孫
及親戚一律外放，不得在朝，經趙鼎緩頰，只罪及子孫。然而，趙鼎亦斥新黨爲小
人。後趙鼎失勢，章惇姻親子弟乃乘機報復，謝祖信即其中佼佼者。各事可見《繫
年要録》卷九二，頁 1536、1541，卷一〇八，頁 1756，卷一二九，頁 2085~2086；
李心傳《建炎以來朝野雜記·甲集》卷五《籍記崇觀姦邪》，頁 67；《宋史》卷四
三五《胡寅傳》，頁 12921；《斐然集》卷一四《行遣章惇、蔡卞詔》，頁 28a~b；
《文集》卷三《論行遣章、蔡狀》，頁 9a~b，《援任申先第一疏》，頁 9b~10b，卷
九《辯誣筆録》卷首，頁 3b~4a。

聲是趙鼎必須爲家族設想的事，最重要的莫過於族人的團結聚居，否則一旦分家四散，不但難以互相照應，而且無論是如何龐大的家業，終會化整爲零。要達到團結聚居，必須在精神上加强祭祀的敬宗功能，和在物質上維持不可分割的族産來進行收族，同時以一個集體參與的領導層來執行敬宗收族的目的，這三者就是《家訓筆録》的主要内容，也是家族發展的藍圖。

此外，就趙鼎本家的情形來説，也有預立家訓的需要。據稱趙鼎共有四子，[88] 但知道名字的只有長子洙（？～1140）、次子汾（？～1155/6）和四子渭（？～1139），女兒的數目也不詳。在寫《家訓筆録》時，長子和四子已經去世。《中興小紀》引《趙鼎事實》説："時鼎連失洙、渭二子，與親知書曰：幼子之病，以某謫温陵（即泉州，時爲紹興九年），失於醫理而死；長子之病，以某謫潮陽（即潮州，紹興十年），惜於離别而死。"[89] 他的《謝到潮州安置表》也説："臣憂患踵至，羸瘵日增；始抱疾以還家，即銜悲而哭子。齒髮彫瘁於感傷之後，精神昏耗於驅馳之餘。"[90] 他堅持不要趙汾到潮州隨侍，就是恐怕父子俱死瘴鄉。[91] 既然可以預見四房的參差發展，自己又朝不保夕，實有必要預先安排孤兒寡婦的生活，這就涉及財産的處置和家族的管理等問題。《家訓筆録》序言謂："付之汝曹，世世守之，敢有違者，非吾之後也。"跋語又説："子孫世守之，不得有違。"名爲家訓，實有遺訓意味。

二、《家訓筆録》的取材

除了一般性的關於立身處世的前代遺訓外，《家訓筆録》主要取材自三方面：（一）當代士大夫的家法，（二）趙鼎個人的經驗和他對家族前途的構想，和（三）祖先的習慣法。

（一）當代士大夫的家法

在道德教育方面，趙鼎最看重司馬光。《家訓筆録》只有第一、二和二十九項關乎德育，第一項就提到司馬光的《家範》："司馬温

---

〔88〕《林泉野記》，引自《三朝北盟會編》卷二一六，頁3b。
〔89〕 熊克《中興小紀》卷二八，頁336；又見《朱文公文集》卷八三《跋趙忠簡公帖》、《再跋趙忠簡公帖》，頁1509～1510。
〔90〕《文集》卷四《謝到潮州安置表》，頁9b。
〔91〕《宋名臣言行録别集》下四，頁28b～29a。

公《家範》可各錄一本，時時一覽，足以爲法，不待吾一一言之。"第二十九項也提到司馬光寫給第八子康的《訓儉文》，也是要"人寫一本，以爲永遠之法"。司馬光既是名臣，又是大儒，其教訓自足爲法，而《家範》是當時較有系統的著作（趙鼎所推崇的程頤就没有等同的作品），故容易成爲較普遍的參考書。[92] 司馬光的族人當時也寓居常山，與趙鼎的親家范沖家族聯姻，亦提供了取材的方便。[93]

在家族營運方面，《家訓筆錄》序言說："吾歷觀京、洛士大夫之家，聚族既衆，必立規式爲私門久遠之法，今參取諸家簡而可行者，付之汝曹。"東京開封和西京洛陽是宋代文化重鎮和世家舊族聚居之地，趙鼎曾在此兩地求學和任官，耳聞目睹，容易產生效法之想。是《家訓筆錄》參酌了一些士大夫的家規，將其中適合實際環境的，加以系統化而成。此反映出當代士大夫爲了家族的延續，紛紛樹立治家之法，而且互相參考借鏡。所以，《家訓筆錄》固然有獨特之處，但未嘗不可以代表若干士大夫的家法。

《家訓筆錄》第八項、第二十六項和跋語都間接（所謂"正條"）或直接提到今已失傳的《私門規式册》，由於此三項都是關於財產的處理，故此規式册很可能是處置財產的細節，不宜盡錄於家訓，所以别爲一册。也有可能是因爲財產的處理較爲敏感，也針對本族的特殊情況，不宜流傳於外，故别爲一册，以免士大夫借閱《家訓筆錄》時看到。

(二) 趙鼎個人的經驗和他對家族前途的構想

《家訓筆錄》的目的,正如京、洛士大夫的家規一樣,是作爲"久遠之法",藉以維繫家族於不墜。除了第一、二和二十九項關乎德育外,其餘廿七項都是家族經營的原則和規定,主要是爲了維持一個累世聚居的大家族,也就是趙鼎個人的選擇和構想(詳第三節)。

---

[92] 有關司馬光《家範》，可參閱宮崎市定，在 Y. Hervouet 編 *A Sung Bibliography* (1978)，頁 232~233；熊伶《評〈温公家範〉的家庭倫理思想》，《西南師範大學學報》1988 年第 2 期（未閱）；林春梅《宋代家禮、家訓的研究》，輔仁大學中文研究所碩士論文，1990，頁 41~47。有關其《訓儉文》，見楊知秋選注《歷代家訓選》，廣西：廣西人民出版社，1988 年，頁 107~115。

[93] 《常山縣志》卷五九《司馬彪》，頁 2a；《宋元學案補遺》卷二一《范先生仲彪》，頁 19b。

即使在第一、二和二十九項中，也可看到這種個人的取向。第一項説：“閫門之内，以孝友爲先；吾平日教子孫讀書爲學，正爲此事。前人遺訓，子孫自有一書，並司馬温公《家範》，可各録一本，時時一覽，足以爲法，不待吾一一言之。”第二項説：“凡在仕宦，以廉勤爲本。人之才性，各有短長，固難勉强，唯廉勤二字，人人可至。廉勤所以處己，和順所以接物；與人和則可以安身、可以遠害矣。”第二十九項説：“古今遺訓，子弟固有成書，其詳不可概舉，唯節儉一事，最爲美行。司馬温公《訓儉文》，人寫一本，以爲永遠之法。”在古今衆多的遺訓中（第一項的“前人遺訓”，應泛指以前的人的教訓，亦即第二十九項中的“古”今遺訓，並非趙氏先人的教訓），趙鼎特别看重孝友、廉勤、和順及節儉。黄繁光認爲趙鼎的仕宦風格有三大特色，其中兩點即爲“崇尚實務，勤政儉約，束吏愛民”和“處事穩健，待人温和，善於排難解紛”，可謂與“廉勤”、“和順”和“節儉”若合符節。第二項揭櫫爲官廉勤是人人可至之事，堪稱過來人的至理名言。

（三）祖先的習慣法

《家訓筆録》裏提到祖先規定的只有第二十五項：“應祭祀、忌日、旦望供養之物及禮數等，吾家自祖父以來，相傳皆有則例，人人能記，不必具載，亦不必增損。”當時有關祭禮的論著不少，例如司馬光就有獨立成書的《書儀》，[94]但趙鼎尊重祖父遺規，傳爲定式，不得增減。事實上，士大夫的祭禮、喪禮和婚禮等都有複雜的儀式，没有必要詳録於家訓中，例如《家訓筆録》第五和二十三項分別提到歲祭和婚娶，都只簡單説“協力排辦，務要如禮”，而没有詳列甚麼禮數。

至於其他的廿九項，很明顯是到了趙鼎才成爲正式規定。正如序言所説：“聚族既衆，必立規式以爲私門久遠之法。”在聚族既衆以前，家族的結構比較簡單，可藉約定俗成的習慣法來經營族務，這些習慣法甚至“人人能記”，無須明文規定。到了聚族既衆之後，家族的結構愈趨複雜，便有需要將現行的習慣法轉變爲成文法，在轉變的過程中還會加以增删以配合家族的發展。這種制度化現象可視爲家族漸趨成熟的一種表現，是研究家族發展的一個指標。

---

〔94〕 可見牧野巽《司馬氏書儀の大家族主義と文公家禮の宗法主義》，氏著《牧野巽著作集》第三卷《近世中國宗族研究》（東京：御茶の水書房，1980），頁13～28。

三、趙鼎構想中的家族形態：由同居共財到聚族而居

爲方便了解家族的形態，可以參用下面一個虛構的化家爲族的例子，説明當然也是虛構的。

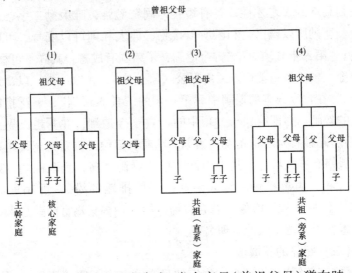

這是一個四代同堂的大家庭，當大家長（曾祖父母）猶在時，四房同居，共財共爨，這樣的大家庭足稱家族。爲方便説明，假設大家長去世後，四房不再共財共爨，但仍然聚居，這就變成了一個聚族人而居的家族。組成這個家族的家庭可以十分複雜。第一房選擇了異財別居：家長與長子嫡孫同居構成主幹家庭；次子與下一代同居構成核心家庭；三子未生育，只與妻子構成最簡單的一夫一妻家庭。第二房是簡單的核心家庭。第三房與第一房相反，選擇了同居共財，構成了共祖直系家庭。第四房的家長（祖父母）及其一對兒媳已經去世，但其餘的兄弟叔姪仍然同居共財，也構成共祖但旁系家庭；假如這四房異財別居（虛線所示），就變成了四個家庭，其中未成年孤兒或不能獨立謀生的成員則由其兄弟或叔伯照顧並監管其分得的財產。

與本文關係較大的家族形態是共祖和聚族而居兩種，試以實例略加説明：

（1）共祖家庭（或家族），主要特徵是族人共同居住（合籍）、共同生產、平均擁有（通常不包括妻之妝奩）和平均消費。陸九淵的家族，有名的撫州金谿陸氏“其家累世義居。一人最長者爲家長，一家之事

聽命焉。歲遷(遣)子弟,分任家事,凡田疇、租税、出納、庖爨、賓客之事,各有主者。……晨興,家長率衆子弟謁先祠畢,擊鼓誦其(訓)辭,使列聽之"。[95] 又如江州德安陳氏,"長幼七百口,……每食必群坐廣堂,未成人者別爲一席。有犬百餘,亦置一槽共食,一犬不至,群犬亦皆不食。"[96]吉州永新顏氏"一門千指,……匜架無主,厨饌不異。"[97] 這種家族在宋代,尤其在庶民間爲數不少,無論就普及的程度、同居的人數、世代和時間,都超越唐代和明清。[98] 需要强調的是,共財的原則較同居更爲重要。例如士大夫游宦四方,實質上與家族的同居恐怕要在致仕之後,但平時保持合籍和將收入交由家族處理。張載和趙鼎政治集團中的高閌,就先後提出"異居而同財"。[99] 司馬光的《家範》和《書儀》以《禮記·內則》爲據,甚至要求媳婦也將粧奩歸公:"凡爲子婦者,毋得蓄私財。俸禄及田宅所入,盡歸之父母舅姑。當用,則請而用之;不敢私假,不敢私與。"[100]要言之,共財是共祖家庭的必要條件。

　　(2)聚族而居,就是有著同一個祖先的家庭,雖然不斷別籍異財,成爲法律上獨立的單位,但仍然世代聚居。例如江蘇地區,"兄弟析煙,亦不遠徙,祖宗廬墓,永以爲依,故一村之中,同姓至數十家或數百家,往往以姓名其村巷焉"。[101] 又如蘇州范氏自仲淹創業後一直到明清都是聚族而居。[102] 然而,世代愈久,血緣也愈疏,要把五服內、外的

---

〔95〕 《宋史》卷四三四《陸九韶傳》,頁12879。

〔96〕 《宋史》卷四五六《陳兢傳》,頁13391;許懷林《"江州義門"與陳氏家法》,《宋史研究論文集》(1987年年會編刊,鄧廣銘、漆俠編,石家莊:河北教育出版社,1989),頁387~401。

〔97〕 《宋史》卷四五六《顏詡傳》,頁13413。

〔98〕 參見柯昌基《論中國封建社會的一種家族組織形式》,《社會科學研究》1980年第6期,頁9~16、19。

〔99〕 分見江永注朱熹、呂祖謙《近思録集注》卷九,頁33;劉清之《戒子通録》卷六《高閌》,頁13a~b。宋代士大夫毫無保留地將財產與族人共分的例子,可參見柯昌基《宗法公社管探》,《中國社會經濟史研究》1985年第2期,頁38~41;清水盛光《中國族產制度考》,東京:岩波書店,1949年,頁98~99。

〔100〕 司馬光《書儀》卷四《居家雜儀》,頁41~42;《家範》卷四《子》上,頁6a,卷一〇《婦》,頁4a~b。

〔101〕 《同治蘇州府志》卷三引《具區志》,轉引自徐揚杰《宋明以來的封建家族制度述論》,《中國社會科學》1980年第4期,頁101,又參考徐揚杰《中國家族史研究的歷史和現狀》,《社會科學動態》1990年第7期,頁5~7。

〔102〕 見Twitchett, D. C., "The Fan Clan's Charitable Estate, 1050~1760," in *Confucianism in Action* (D. S. Nivison & A. F. Wright, eds., Stanford: Stanford University Press, 1959);其他例子,見清水盛光《中國族產制度考》,1949年;第二章第一節;柯昌基《論中國封建社會的一種家族組織形式》;柯昌基《宗法公社管探》,頁30~44。

族人在析產别居的情況下結合,主要靠族產(如義莊)、族祭、族譜和族長。如前文所述,宋元兩代見諸記録的義莊約有七十餘所,但由於所需資本不菲和難於維持,故直到清代猶不發達。[103] 祭田輕易成立、維持和能夠發揮義莊部分功能,因此也較普遍,而在宋代又以墓田多於祠田。祭田受法令保護,而且在一定數量内可以免税。如仁宗天聖九年(1031)詔:"河南府民墓田七畝以下,除其税。"[104]哲宗元祐六年(1091)從刑部言:"墓田及田内材木土石,不許典賣及非理毀伐,違者杖一百,不以蔭論。"[105]次年明確規定:"諸大(太)中大夫(文臣從四品)、觀察使(武臣正五品)以上,每員許占永業田十五頃,餘官及民庶願以田宅充祖宗饗祀之費者亦聽。官給公據,改正税籍,不許子孫分割典賣,止供祭祀,有餘均贍本族。"[106]以范仲淹千畝義田可分贍九十多名族人爲準,十五頃即一千五百畝足以支持一個大家族了。據近人統計,現存號稱宋代的族譜序跋在北宋有六十一件,南宋二百一十六件,但在現存兩宋文集中出現的,北宋只有九件,南宋有四十三件。[107]以收族爲主要目的,有蘇洵和歐陽修倡之在前,程頤和朱熹等和之在後,南宋修譜之風盛於北宋,也反映近世家族制度的日趨成熟。[108] 與族長相關的名詞有族正、宗子和宗正等,有時甚至只稱家長,但從其多次出現在《名公書判清明集·户婚門》中的"立繼"、"歸宗"、"檢校"、"遺囑"、"别宅子"和"争業"等事項來看,"族長"在南宋已是一個普遍的名詞,而其職權實爲明清族長的張本。[109]

那麼,當六十歲的趙鼎寫成《家訓筆録》時,家族是怎樣的形態呢?由於資料的限制,只能簡單説明他的直系親屬(見附圖一)。當趙鼎在紹興五年二月由右僕射遷左僕射時,朝廷追崇他的三代和元配,可知

[103] 馮爾康、常建華《清人社會生活》,天津:天津人民出版社,1990 年,頁 107~108;馮爾康《清代宗族制的特點》,《社會科學戰線》1990 年第 3 期,頁 175~181、189。

[104] 李燾《續資治通鑑長編》卷一一〇,頁 17a。

[105] 《宋會要輯稿》卷六一《食貨》,頁 61b。

[106] 《續資治通鑑長編》卷四七八,頁 10b~11a。

[107] 多賀秋五郎《中國宗譜の研究》上、下,東京:日本學術振興會,1981 年,頁 134。

[108] 參見森田憲司《宋元時代における修譜》,《東洋史研究》第 37 卷第 4 號(1979),頁 27~53;盛清沂《試論宋元族譜學與新宗法之創立》,《第二屆亞洲族譜學術研討會會議紀録》(聯合報文化基金會國學文獻館編,臺北:聯經出版事業公司,1985),頁97~159。

[109] 見左雲鵬《祠堂族長族權的形成及其作用試説》,《歷史研究》1964 年第 5、6 期,頁 97~116;筆者擬另撰專文討論宋代的族長。

此時妻子已經去世。[110] 紹興四年八月他以知樞密院事充川陝宣撫處置使，上疏説自己"以羈孤寡偶之身，將使於萬里之遠"。[111] 可能喪妻不久，此時趙鼎不過五十歲左右，有没有續弦，不得而知。《家訓筆錄》第二十七項透露他在晚年曾得一女："三十六娘吾所鍾愛，他日吾百年之後，於紹興府租課内撥米二百石充嫁資，仍經縣投狀，改立户名。"據近人研究，出産二百擔租米約需田二百畝，[112] 以此作爲粧田，改立户名，出手可謂大方。再看《家訓筆錄》一再告誡不准分割不動産和娶嫁支錢五百貫，只够買十一畝之田（均詳"共産與私産"），今竟一次分割二百畝之田，可見這位三十六娘應是至親的幼女，而且是最後一位未嫁的女兒，故嫁資不但是諸孫女的十八倍，而且是年年收租的田産，不是一次付清的金錢。事實上，宋代法律規定，父母亡殁後分家，在室女可分得一定比例的嫁資。[113] 由於趙鼎堅持不分家，故唯有在生前預先決定嫁資之數。至於爲甚麼要等自己"百年之後"才改立户名，應是考慮到法律規定：父母在，子孫不得别籍異財（此規定的對象爲子孫，但精神在於同居共財）。三十六娘在《家訓筆錄》完成時可能距及笄之年尚遠，而趙鼎當時朝不保夕，乃預先安排。此外，趙鼎還有一個在南宋初年便已出嫁的女兒，據稱是嫁與范沖之子仲彪。[114] 當建炎三年（1129）苗傳、劉正彦兵變，迫高宗傳位太子時，仲彪兄弟仲熊被懷疑與苗、劉友善，亂平後遠謫，到紹興四年（1134）復職，趙鼎因聯姻的關係，特降五官。[115] 查范沖於建炎四年遷居常山，[116] 而趙鼎於此年十一月至紹興二年十月間罷政鄉居，故婚事很可能在此兩年間發生。遺憾的是趙、范的來往通訊只剩下若干酬唱的詩文（事實上連趙鼎、范沖和魏矼的《三賢唱和詩》也散佚失傳），[117] 没有透露家族的消息，不像范仲淹的書信裹或長或短地提到義田的購買、目的和營運等。

---

〔110〕 《斐然集》卷一四，頁18b～19a。

〔111〕 《文集》卷二《除宣撫處置使朝辭疏》，頁14a。

〔112〕 梁庚堯《南宋的農村經濟》第二章第二節，尤其119頁，1985年。

〔113〕 蔡杭等《名公書判清明集》卷七《立繼有據不爲户絶》，頁215～217；袁俐《宋代女性財産權述論》，《宋史研究集刊》第二集（杭州大學歷史系宋史研究室編，浙江：浙江省社聯《探索》雜誌增刊，1988），頁271～308。

〔114〕 寺地遵《南宋初期政治史研究》，廣島：溪水社，1988年，頁114，但未註明資料出處。

〔115〕 《繫年要錄》卷二一，頁443、445；卷二二，頁471；卷八一，頁1336。

〔116〕 徐象梅《兩浙名賢錄》卷五三《翰林學士范元長沖》，頁41a。

〔117〕 《常山縣志》卷六六《藝文》，頁2a。

長子趙洙（？～1140）及其妻陸氏的事蹟不詳。紹興三十年（1160），陸氏請朝廷准以趙鼎故恩澤回授其長男趙益，由此得知趙洙死時是正九品的承奉或承事郎，而趙益因此得自從九品的右承務郎遷爲正九品的右承奉郎；父子的禄位很明顯都是出於恩蔭。[118] 紹興六年九月一日趙鼎隨高宗親征偽齊劉豫，五日"得洙輩書，報初四日已發舟出門，將往德清也"。[119] 可見趙洙既未隨行，當時也没有任何實職，後來因父親貶潮，憂傷得疾，死於家中。似乎當父親離家時，趙洙便扮演照料家務的角色。由於是長子嫡孫的關係，會得到較多的恩澤，例如光宗紹熙元年（1190），因趙鼎配饗高宗繪像完工，"許長房陳乞恩例一名"。[120]

次子汾（？～1155/6）在紹興廿五、六年去世時是正九品的右承事郎，[121] 他在北宋末年（約1125）曾舉孝廉，但後來因爲國亡和南宋初年的動亂，似乎不曾舉行考試。當時趙鼎四十三歲，汾大約二十歲上下，故在《家訓筆録》完成時（1144），他在四十歲上下。他的一名孫子緡生於孝宗隆興二年（1164），大致上可推算趙汾在四十歲左右已有兒子。

幼子渭（？～1139）和另一位兒子的家庭狀况完全不明。渭陪同父親貶泉州時病死；假如他是屬於南宋初年的"諸幼"，死時也三十歲左右了。既然連姪兒趙益也已受蔭補，這兩位叔叔也應有禄位了。事實上，趙鼎盡力爲後人爭取恩澤，例如紹興五年（1135）重修神宗實録成書，趙鼎力辭特進的轉官，"乞回授，從之，仍賜一子六品服"。[122]

由上述可知，當趙鼎撰寫《家訓筆録》時，已經至少三代同堂，而且其恩蔭已及於第三代。前文謂趙鼎在紹興六年（1136）生日時已有數歲的孫兒，他們現在（1144）已十多歲。宋代法律規定的男女最低婚齡是十五和十三歲，司馬光和朱熹均主張男子十六至三十、女子十四至二十爲適婚年齡，而一般士人家庭的男子需要應考科舉，

---

[118]《宋會要輯稿》卷六一《職官》，頁26a～b；《繫年要録》卷一八七，頁3122。

[119]《文集》卷八《丙辰筆録》，頁4a～b。

[120]《宋會要輯稿》卷一一《禮》，頁6b。

[121]《宋史》卷三一《高宗紀》，頁582～584。

[122]《宋會要輯稿·職官》卷六一，頁24b；《文集》卷四《謝恩敕》，頁4a～b。

故稍晚結婚，平均是男廿四歲和女十八歲。[123] 趙鼎恩蔭良多，後代無須應舉便可入官，故第三代較早結婚生育是可以預見的事。趙鼎《辯誣筆錄》謂"某十年遷謫，百口流落"。[124] 所謂"百口"，泛指家庭、家族，但也許真的表示人口甚眾。孝宗即位後（1163），從宰相史浩建議，錄用趙鼎子孫；淳熙六年（1179），又再錄用，賜以京秩；到高宗祔廟，再擢用十二名；[125] 亦可見其後代之眾。由趙洙和趙汾均是九品的祿位來看，兄弟間的際遇都很平均，暫時沒有特別強或特別弱的房。不過，洙和渭的去世，令長房和幼房失去了第二代的房長，但由於長子嫡孫往往受到優待，故四房中以渭的一房處境較差。從《家訓筆錄》第二十六項"他日吾百年之後，除田產房廊不許分割外，應吾所有資產，依諸子法分給（原注：諸子分自有正條）"和前述第二十七項等來看，家族的財富掌握在趙鼎個人手中，是同居共財的共祖直系家庭（上圖〔3〕），符合父母在子孫不得別籍異財的法律規定。

然而，趙鼎對家族未來的構想，亦即身故後四房並立的可能發展，卻是捨目前的同居共財而取聚族而居的模式。雖然《家訓筆錄》中有類似同居共財的詞彙，例如第十三項有"世世爲一户，同處居住"，第二十八項有"同族義居"；但是，這都只有"同族之人世世代代同處聚居"的意義，並沒有包含"共財"這個必要條件。事實上，分財已由趙鼎明確指示，即上引第二十六項明白地將財富分爲不許分的不動產和許分的動產：前者即屬各房共有的族產；後者變成各房的私產，可隨意處置，他房不得過問，這點在第十四項中説得更清楚：

> 仕宦稍達，俸入優厚，自置田產，養贍有餘，即以分
> 給者均濟諸位之用度不足或無餘者。然不欲立爲定式，此
> 在人義風何如耳。能體吾均愛子孫之心，強行之，則吾爲
> 有後矣。

所謂"自置田產"，即各房可以擁有私產，其收入可只供本房之用；

---

〔123〕 方建新《宋代婚姻禮俗考述》，《文史》24 期（1985），頁 157～178。

〔124〕 《文集》卷九，頁 19b。

〔125〕 《宋宰輔編年錄校補》卷一七，頁 1150～1151；《宋史》卷三九六《史浩傳》，頁 12066，卷三五《孝宗紀》，頁 670，卷三六○《趙鼎傳》，頁 11295；《雍正常山縣志》卷七《選舉·封蔭》，頁 35b。

假如單憑這些私產的收入便"養贍有餘",可將本房從共有的族產處分得的收入用來周濟有需要的各房,但也可以照領不給。連不勞而獲的族產分得也無須用來補助族人,更遑論自己的私置產業了。實際上,義田或祭田等族產一旦設立,就表示族中的財產只有這些義田或祭田是屬於全族所有,其餘的財産屬於私産。

這樣,也就完全違反了同居共財的平均原則,縱使仍然世世爲一戶,也只是聚族而居。趙鼎明白到,目前的家庭結構是共祖直系的父——子——孫,但一旦四房並立,便變成了共祖旁系的兄——弟——叔——姪(第一、四房的房長爲孫輩,第二、三房爲子輩);在父子孫之間較容易做到"均愛",在兄弟叔姪間則較難。在各房的血緣將愈來愈疏遠和宦業出現順逆高低的情況下要求均愛均財,其困難是不言而喻的,故趙鼎只希望後人勉力行之,但不強硬規定。近人指出,同居共財較易行於農民和庶民之間,而聚族而居毋寧較適合士大夫的家族。[126] 從趙鼎的例子可清楚看到,士大夫家族的領導者在考慮到家族結構的轉變和顧慮到各房宦業不平均發展的情況下,主動將家族由同居共財轉到聚族而居的方向上,好讓構成族的個別家庭可以無牽無掛地自由獨立發展,對其他家庭沒有經濟上的義務,只有參加婚喪祭祀的責任。趙鼎所盡力的,就是設立族產,照顧較不幸的族人。否則,強迫實行同居共財,要少數的精英與多數的族衆均財,恐怕家族更難維持。

四、趙鼎構想中的家族維繫

族譜、族長、族祭和族產是維繫近世家族的要件,對已經不再同居共財而只是聚族而居的家族來說就更爲重要。《家訓筆錄》裏完全沒有提到族譜,目前也找不到任何有關的序跋。然而,《嘉慶常山縣志》卷一二《雜記》裏一條有關趙鼎的資料出自《趙氏譜》,並爲後來的光緒朝縣志所襲用(但不見於臺灣公藏最早的萬曆和雍正縣志),很可能就是趙鼎的族譜。《家訓筆錄》第九項限定:"歲收租課,諸位計口分給,⋯⋯止給骨肉。"要在一個人口逐漸衆多的家族裏辨別是否骨肉的最佳辦法,自然是以族譜登錄的人口爲準。可

能趙氏族譜的修定和掌管等事項在《家訓筆錄》成書之前已有一定辦法，故無須再交待。也可能趙鼎當時三或四代同居共財，人口有限而關係親密，暫時沒有複雜的修譜行爲。無論如何，趙氏確有一部在明代被洪水沖走的族譜（見"前言"），至於修譜始於何時，目前並無答案。以下討論有關族長、族祭和族產的事宜。

（一）領導層的構成與功能：主家者、次人、衆議

《家訓筆錄》以"主家者"稱呼一族之長，根據年齡產生；第三項說："諸位中以最長一人主管家事及收支租課等事務；願令以次人主管者聽，須衆議所同乃可。"這裏有三個觀念須要確定："諸位"、"次人"和"衆議"。所謂"諸位"，並非"各位"，[127] 而是"諸房"。例如第十項中有"主家者與諸位最長子弟一人通行簽押"，第二十三項有"應婚嫁，……主家者與本位子孫協力排辦，務要如禮"。其中的"位"，都應是"房"的意義。所謂"次人"，應是"副者"、或"年齡次於最年長者"，可能有好幾位。按年齡選族長，是最客觀的一種標準（雖不一定反映輩分），但年事愈高，辦事的能力也愈減低，故有另選賢能爲副的必要。假如這位"次人"也是按年齡順序這個客觀的標準選出，實無須"衆議所同乃可"，故應是參考其他標準，所選出來的就不一定是次年長的人了（雖然順年齡以次下來，仍可輪到這位被選的族人）。最長者可讓賢，但不必退位，即仍然是名義上的主家者，不過實際的工作由次人負責，例如第二十三項說："應婚嫁，主家者主之；有故，以次人主之。"由於次人掌管家事財務，故順理成章負起籌辦婚事的責任。當時的崀山金氏，亦同趙鼎此法："推尊宗長一人，總治一應大小事務，如或不能任事者，次者佐之。"[128] 所謂"衆議"，不可能是所有的族衆，應是上引第十項中的"諸位最長子弟"，也就是諸位房長，由他們來構成家族的領導層。

"主家者""次人"和"衆議"的並存正是家族領導層的構成特色。由最長者自動出任主家者是根據家族法議尊議長的原則，如此則諸房機會平等，不論貴賤貧富，總有產生主家者的可能。然而，由地位較低

---

〔127〕 Denis Twitchett 翻譯范氏莊規將"諸位"譯作"各位"（member of the clan），見"The Fan Clan's Charitable Estate, 1050～1760"，p. 110。

〔128〕 聯合報國學文獻館藏《紹興漁臨關金氏宗譜·家規十六章》，轉引自盛清沂《試論宋元族譜學與新宗法之創立》，《第二屆亞洲族譜學術研討會會議記錄》（聯合報文化基金會國學文獻館編，臺北：聯經出版事業公司，1985），頁156。

者擔任主家者,對家族,尤其是士大夫家族的發展也許並非最爲有利,而且"苟有驟貴超顯之人,則有非族長所能令者。況貴賤殊塗,炎凉異趣,父兄雖守之,子孫亦將變之,義者將爲不義矣"。[129] 故此,若干北宋儒者乃倡"奪宗"之論。例如張載説:"宗之相承固理也,及旁支昌大,則須是卻爲宗主。……至如人有數子,長者至微賤不立,其間一子仕宦,則更不問長少,須是士人承祭祀。"[130] 程頤也説:"立宗必有奪宗法,如卑幼爲大臣,以今之法,自合立廟,不可使從宗子以祭。"又説:"且立宗子法,亦是天理。譬如木,必從根直上一幹(原注:如大宗),亦必有旁枝,……自然之勢也。然又有旁枝達而爲幹者,故曰:古者天子建國,諸侯奪宗云。"[131] 兩人所論,都是優先考慮議貴盛或議賢能的原則了。"次人"的出現便解決了議尊和議貴的矛盾:長者仍是名義上的主家人,而賢能者負責實務。

　　主家者必須大公無私;第二十八項説:"同族義居,唯是主家者持心公平,無一毫欺隱,乃可率下,亦可以久遠,不至敗壞家法。"爲了保障主家者大公無私,乃有"衆議"。《家訓筆録》共有三項提到衆議:第十項是家族的收支預算:"宅庫租課收支等,應具文歷並收支單狀,主家者與諸位長子弟一人通行簽押,其餘非泛增損事務,亦須商議。"單據帳目由全部的房長核對認可,可互相約制,杜絶作弊和勾結;由他們集體決定突發性的財務事宜(如增減租課等),亦可防止獨斷和上下其手。第二十四項是臨時的開銷:"非泛支用,除婚嫁資送等已有定數外,如祭祀、忌日、旦望等,名色不一,難爲預定,仰主家者公共商量,隨時裁處,務要適中,兩無妨闕。"這裏的"主家者"已是泛指整個領導層而非族長一人了。非常性的開支可多可少,假如連祭祀會食等費用也須"公共商量",則可以斷言,家族的財務原則上是由整個領導層而非主家者或次人所控制。第三十項説:"應該載不盡事件,並仰主家者公共相度,從長措置行之。"增入家規,等於是家族立法,影響至大,必須各房全部參與。在此,主家者的角色首先是召集人或提案人,然後與各房長共同決策,最後主家者成爲執行人。

---

〔129〕　王栐《燕翼詒謀録》卷五,頁48。
〔130〕　張載《張載集》,《經學理窟·宗法》,頁259~260。
〔131〕　程頤、程顥《二程集》卷四一四《二程外書》,頁11,卷二四二《河南程氏遺書》,頁18。

從以上三項可以清楚看到趙鼎處處以家族而非以繼祀自己的長房的利益爲著眼點。作爲始遷貴盛之祖，趙鼎本人唯我獨尊的地位是無容置疑的；然而，在子孫繁衍的將來，今日的長房就未必能維持趙鼎的位望，完善地結合宗主、年齡、輩分和成就。可以想見，任何一房要再次扮演趙鼎今日的角色，以大家長的身份憑一己之力置業安居，又以獨斷的方式定下家規，都是難以服衆的事。更現實的，是趙鼎的長子已死，次子將成主家者，容易造成次房的凌駕長房，故趙鼎乃採取諸房平等的原則，也就是所謂"均愛子孫之心"，以衆議的方式，使各房均有代表參與領導層，而這份參與感同時有利於各房的團結。這種領導權力由集中而分散的現象，往往發生在家族形式由同居共財向聚族而居過渡的時期，也就是血緣關係由密而疏的時期。趙鼎的家族正面臨這個問題，趙鼎不堅持同居共財而傾向聚居異財，乃將本人大家長的權力分散到各房的房長。

主家者的任務分兩大類，即第三項所説的"主管家事"和"收支租課"。主管的家事主要有三種：（一）維持家風。第四項説："子孫所爲不肖，敗壞家風，仰主家者集諸位子弟堂前訓飭，俾其改過，甚者影堂前庭訓，再犯再庭訓。"這也是宋人常用的方法，金谿陸氏更嚴："子弟有過，家長會衆子弟責而訓之，不改，則撻之；終不改，度不可容，則言之官府，屛之遠方焉。"[132] （二）主持祭祀（詳"祭祀與墳塋"）。（三）主持婚禮。第二十三項説："應婚嫁，主家者主之；有故，以次人主。除資送禮物等已給錢諸位自行措置外，其筵會及應干費用，並於椿留内支破。主家者與本位子孫協力排辦，務要如禮。"古代婚姻的意義在合二姓之好，不但是家事，也是族事，故可由主家者主持，代表家族。《家訓筆錄》沒有提到喪事，大抵是比照婚事，也由主家者主持。

收支租課的任務關係全體族人的利益，是繁瑣而重要的工作。收入方面，宋代大地主的莊園管理制度已相當發達，[133] 趙鼎又規定其管理由族外的人專門負責，各房不得干預，故主家者的主要任務，是會同

〔132〕 《宋史》卷四三四《陸九韶傳》，頁12879。
〔133〕 見加藤繁《唐宋時代の莊園の組織並に其の聚落としての發達に就きて》，《狩野教授還曆紀念支那學論叢》，鈴木虎雄編，東京：弘文堂書房，1928 年，頁 653 ~ 681；周藤吉之《中國土地制度史研究》（東京：東京大學出版會，1954）第三章和第六章。

各房房長核對帳目,免受管理者上下其手。當然,主家者必須清楚田產的狀況,挑選能幹可靠的管理者和留意他們的運作(第十五項),也要注意物價的波動以便在最有利的時間將實物租課出糶(第十一項)。支出方面,主家者就是《家訓筆錄》各種規定的執行者和規定以外的決策者。前者包括發放的項目(如妝奩聘金和生活費用),發放的對象(如誰給誰不給),發放的數量(主要以年齡分三等),和發放剩餘的善後等。後者主要是非泛的開支,即樁留錢的運用,例如營造修繕、婚宴的排場以及最重要的投資決定等(詳"共産與私産")。

(二)祭祀與墳壟

祖先崇拜是家族最重要的一項活動,表示慎終追遠不敢忘本。通過"敬宗",可在精神上聯絡族人,強化同宗意識,而祭祀時全族聚首,可促進彼此間的人際關係。廣義來説,祭祀不但有宗教的功能,也是一種社會活動,發揮"收族"的效能。全祖望就説:"宗祠之禮,則所以維四世之服之窮,五世之服之殺,六世之屬之竭。昭穆雖遠,猶不至視若路人者,宗祠之力也。"[134]

趙鼎家族的祭祀活動有三種:歲享、朔望祭和遠忌。

歲享:第五項説:"歲時享祀,主家者率諸位子弟協力排辦,務要如禮,以其享祀酒食,合族破盤。"這種全族的祭祀又稱時享,可在春分夏至秋分冬至舉行,由族長主持,行禮後會食。

朔望祭:第六項説:"旦望酌酒獻食如平日,長幼畢集,不得懈慢。"朔望祭通常有兩種:一是構成家族的個別家庭,每逢朔望祭祀直系祖先,所謂"兄弟同居則合享,異居則分祭";二是好像歲享一樣,全族在朔望瞻拜祖先,但儀式較歲享簡單。[135] 這裏指的是合祭,所以第二十四項聲明:"非泛支用,除婚嫁資送等已有定數外,如祭祀、忌日、旦望等,名色不一,難爲預定,仰主家者公共商量,隨時裁處,務要適中,兩無妨闕。"正因是全族的事,故其用度要由族長與諸位房長公共商量,既要適合禮儀,又不能過於花費。

遠忌:第七項説:"遠忌供養飯僧追薦如平日,合族食素。"趙鼎遭北宋國破家亡之難,無法灑掃解州聞喜的墳墓,如今在忌日請僧侶爲

---

〔134〕 全祖望《鮚埼亭集》外編卷一四《桓谿全氏祠堂碑文》,頁664。
〔135〕 呂祖謙《東萊別集》卷四《家範四》,頁1a～b;又參考徐揚杰《宋明以來的封建家族制度述論》,《中國社會科學》1980年第4期,頁103～104、113。

死者作功德邀福,要求所有族人一起吃素。

從上述來看,無論是歲享、旦望祭或遠忌,都是合族參與。由主家者率領諸房子弟協力排辦,固然是爲了盡禮,也可以在排辦的過程中,一面令後輩熟悉禮儀、練習辦事,一面令他們彼此合作,增加接觸。旦望祭提供族人一月聚會兩次的機會,故更加强調"長幼畢集,不得懈慢"。《家訓筆錄》共三十項,有關祭祀的就佔了五項(第五、六、七、二十四及二十五項),可見趙鼎的重視。

祭祀的儀式,第二十五項説:"應祭祀、忌日、旦望供養之物及禮數等,吾家自祖父以來,相傳皆有則例,人人能記,不必俱載,亦不必增損。"可見當時士大夫各有家法,所謂"諸儒論祀,行多不同"。[136] 一般來説,以歲享最隆重,與祭者須齋戒沐浴盛服,祭所祭器亦一併灑掃滌濯。其次爲忌日,例如河南大族吕祖謙家的規定是:"忌日:曾祖以下設位於堂,祭食從家之舊俗用素饌。……高祖以上遇忌日,張影貌於堂,設茶酒瞻拜。"朔望則是:"長少晨詣家廟瞻拜,設酒三盃、茶三盞(原注:隔夜別研茶)、時果三品。"此外,吕家平日"晨興,長幼詣家廟瞻敬(原注:十歲以下免)。"[137] 趙鼎家訓第六、七項均有"如平日"之語,也許亦有每日謁祠的辦法,而忌日及朔望均屬瞻拜,並無隆重的儀式。亦有在瞻敬祖先之後,依尊卑長幼行禮拜的。[138]

祭祀的場所有二,一爲第四項中的"影堂",即是在正寢(亦即廳堂)之東闢室設置祖先的神主,不單是祭祀,也是家族重要事件舉行的地方。[139] 司馬光《書儀》卷一〇有《影堂雜儀》,可透露影堂的重要性:

> 影堂門無事常閉。每旦,子孫詣影堂前唱喏,出外歸亦然。出外再宿以上,歸則入影堂每位各再拜。將遠適及遷官大事,則盥手焚香,以其事告;退,各再拜。有時新之物,則先薦於影堂,遇水火盜賊,則先救先公遺文,次祠版,次影,然後救家財。

---

〔136〕 《東萊別集》卷四《家範四》,頁10a。

〔137〕 《東萊別集》卷一《家範一》,頁27a~29a、32b,卷四《家範四》,頁1a~10b;又可參考司馬光《書儀》卷一〇《喪儀六》,頁113~121。

〔138〕 《書儀》卷四《居家雜儀》,頁43。

〔139〕 左雲鵬《祠堂族長族權的形成及其作用試説》,《歷史研究》1964年第5、6期,頁97~116;葉顯恩《明清徽州農村社會與佃僕制》,安徽:安徽人民出版社,1983,頁161~170。

同卷又説:

> 影堂迫隘,則擇廳堂寬潔之處以爲祭所。

自仁宗慶曆元年(1041)十一月開始,品官之家可以建立"家廟",至徽宗大觀四年(1110)明確規定:"文臣執政官、武臣節度以上,祭五世,文武昇朝官祭三世,餘祭二世。"[140] 趙鼎位至宰執,自可立廟祭五世,但他只有影堂。有一點需强調的,是影堂在宋代有時也泛稱祠堂,甚至稱家廟,例如吕祖謙説:"謹倣《王制》士一廟之義,於所居之左蓋祠堂一間兩厦(原注:面勢隨地之宜,亦未能如古),以爲藏主時祀之地。存家廟之名以名祠堂,使子孫不忘古焉。"[141] 但是,室外和獨立的"家廟",只有品官之家才有資格建立,一般民衆只在居室内設"影堂"或"祠堂"。直到明代中葉(一謂嘉靖十五年〔1536〕,一謂十九年),正式准許天下臣庶建立家廟,於冬至日得祭祀遠祖,家廟才庶民化。[142]

另一個祭祀的場所是墳塋(見附圖二)。《家訓筆録》第十三條説:"田産既不許分割,即世世爲一户,同處居住,所貴不遠墳塋。"居處接近墳塋的目的,是好讓清明和十月孟冬時所有族人都能參與祭祀。就此而言,趙氏是一個以墳塋爲向心點的聚居家族,故趙鼎死前特別吩咐趙汾請求朝廷准許歸葬。[143] 由於趙鼎的墓地已選在風水甚佳之處,[144] 故容易發展成爲族墳,世世代代成爲全族聚首的地方,甚至可發揮族譜明昭穆、别源流的功能。[145]

(三) 共産與私産

趙鼎構想中的家族既是聚族而居,各房有獨立的私産,而趙鼎又預見將有仕宦貴顯之房與需要周濟之房的懸殊,那麼怎樣才能促使身

---

[140] 《宋會要輯稿》卷一二《禮》,頁1a~3a;《建炎以來朝野雜記·甲集》卷三《群臣家廟》,頁51。

[141] 《東萊别集》卷四《家範四》,頁1b~2a。

[142] 左雲鵬《祠堂族長族權的形成及其作用試説》,頁103~104;李文治《明代宗族制的體現形式及其基層政權作用——論封建所有制是宗法家族制度發展變化的最終根源》,《中國經濟史研究》1988年第1期,頁60~61,李文治《中國封建社會土地關係與宗法宗族制》,《歷史研究》1989年第5期,頁96。

[143] 《宋史》卷三〇《高宗紀》,頁567,卷三六〇《趙鼎傳》,頁11295;《常山縣志》卷一九《墟墓》,頁5a~b;《衢州府志》卷三八《僑寓》,頁8a。

[144] 《常山縣志》卷一六《祠廟》,頁8a。

[145] 參考 Ebrey, P. B., "The Early Stages in the Development of Descent Group Organization", *Kinship Organization in Late Imperial China*, 1000~1940 (P. B. Ebrey & J. L. Watson, eds., Berkeley: University of California Press, 1986): 20~29。

份地位不同的族人繼續聚居呢？就經濟手段來說，就是希望族人爲了享有永遠的經濟利益而留在族中。這永遠的利益來自兩方面：一是別立族產一體均霑，二是各房不動產不許分割，這是《家訓筆錄》最重視的地方。跋語說：

> 右三十項恐太繁，更在臨時擇而行之，大意止是：應田產不許分割，每歲計口分給約束；應本家所有田產並不許分割，每歲據所入計口分給，其詳在私門規式冊中，可以檢照遵守。子孫世守之，不得有違。

首項"田產不可分割"就是義莊形態的家族共產，次項"本家所有田產並不可分割"就是各房（即本家）私有田產。

1. 別立族產一體均霑

目前的資料並不清楚趙氏究竟有多少義田，但從三事來看，應以千畝爲計算單位：（1）一體均霑的原則。規模較小的族產，一般只給付老幼、鰥寡孤獨和貧困的族人，或先提供祭祀、婚喪或教育等費用。只有規模龐大的族產，才能分贍全體族人，不但照顧他們的日常生活，還包辦婚嫁、祭祀和修繕房屋等（詳後）。（2）男女婚嫁，先支五百貫爲聘禮或嫁妝，另外再付筵席等費用（第二十一和二十三項）。近人估計，南宋初年江浙田價每畝在 20～70 貫之間，若取中數四十五貫，則五百貫可買田十一畝多。[146] 這必需有龐大的族產作爲後盾。（3）如前文所說，三十六娘的粧田，可收二百石的租米，以一畝收租一石計算，即共二百畝。以此爲基數推測，趙鼎保留予其他親屬（即使只以四子四房爲準）作爲族產的義田，不會少於千畝。近人估計，一般成人每天食米一升半（不計副食），一石即一百升米可吃六十七天，千畝千石，够一百名成人吃接近兩年。[147]

族產的收入主要是租課，九分發放予族人，一分儲藏，前者有租課歷，後者有椿留歷作帳簿。第十一項說："甲年所收租課，乙年出糶收索，至丙年正月初，據所收之數十分內椿留一分（原注：約度有餘即量增）以備門户緩急。"由此可知，族人每年所得錢米之多少受三個因素影響：（1）租課收入，（2）物價波動（糶價），（3）人口增減。由於沒有一

---

〔146〕　梁庚堯《南宋的農村經濟》第二章第二節，尤其頁 117，1985。

〔147〕　何忠禮《蘇軾在黄州的日用錢問題及其他》，《杭州大學學報》19 卷 4 期（1989），頁 126～134。

定的分給額,便没有上限,可將發放額分完爲止,但趙鼎希望多留意儲蓄,故注明此項可量增以備緩急。又隨即在第十二項説:"椿留錢歲終有餘,即撥入租課歷,正初混同計數,分給椿留。"即是把去年剩餘的椿留錢流入今年的發放租課内合併計算,原則上仍是十分之九發放,十分之一椿留,假如發放之數已多,即可增加分給椿留。在年頭發放和椿留,一方面是順應年終算帳的習俗,另方面是族人團年,親自領取所得。椿留錢如何用來增購族産,大抵由領導層決定。

以下分述族産的管理、給付的對象和用途:

(1)族産的管理

龐大的族産,多分散各地,例如三十六娘的粧田就位於紹興府,不在衢州。有些家族如范仲淹和陸九淵等派子弟管理族産,趙鼎則以非族人專門管理。第十五項説:"他日無使臣使唤,即於宣借内擇一二人善幹事能書算者,令主管宅庫、租課等事,稍優其月給,庶或盡心;所給錢米,正初分給時撥出,或季給或月給。"使臣和宣借是高級文武官員按政府規定分配到的侍從,自四至三十五人不等。趙鼎位至特進階的宰相,生前有使臣,死後亦有宣借聽家人使唤。[148] 這些侍從經年隨伴主人,有些已等同心腹,故可託以要事。[149] 無論是主管宅庫的"主管宅庫人"或主管租課的"管田人",都要管帳,這是非常重要的事,故其人必須"善幹事能書算"。帳目最後由主家者與諸房房長一起驗收。

任用外人的一個目的,是建立一個獨立的管理系統,以免族人侵漁,故趙鼎一方面立例保護這些主管人,另方面明訂族産的交收手續,避免族人的干預。第十六項説:"主管宅庫人專管宅庫應干事務,諸位不得私役及非理凌虐。"如此可使他們專任公務,不受族人私下的威迫利誘,亦即公(族)、私(房)分明。

交收手續最重要的原則是不得私相授受;第十八項説:"每歲收索租課,預告報管田人,候見本宅。諸位子孫同簽頭引,及主管宅庫人親身到,彼方得交付。如諸位子弟懷私取索,即不得應副;如輒支借,將來計算,本宅並不認數。"第十九項説:"諸位子弟不得於管田人處私取租課,如敢違者,重行戒約;及時私取錢物,於分給數内剋除外,更令倍

〔148〕 南宋人《慶元條法事類》卷一一《差破宣借》;《宋會要輯稿》卷三九《職官》,頁7b～8a;《繫年録》卷一一四,頁1847。

〔149〕 《繫年録》卷一五三,頁2468～2469;卷一五六,頁2531。

罰:謂如私取十貫,已剋除十貫,更剋除十貫之類。"領取的情況可簡單
圖示如下:

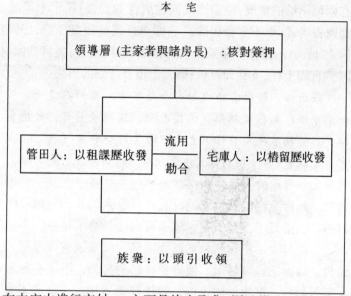

在本宅中進行交付,一方面是族人聚集,同時辦理,另方面表示在
本宅之外進行的交付均不合法。管田人必須等主管宅庫人到達才進
行交付,是因爲租課歷與椿留歷相輔相成,必須勘合才知道某位族人
的全部支付狀況(詳後),同時兩歷流用的項目也可當場交割。族人親
臨簽押,始得分給,既可防止冒領,亦方便事後計算核對。對非時私相
授受的處罰辦法,於借出者的主管人是不承認其先借項目,必須貼賠;
於借入者的族人是加倍剋除。領導層只須核對租課歷和椿留歷的收
支,便可發覺有無先借,只須核對兩歷和收支單據,便可瞭解管田人和
宅庫人有無作弊(第十項)。這一切都在衆目睽睽之下進行,有問題可
當場揭發,其實是四方面互相制約。

(2)給付的對象

族產的收入分給全族的人,第九項説得很清楚:"歲收租課,諸位
計口分給,不論長幼,俱爲一等。五歲以上給三之一,十歲以上給半,
十五歲以上全給,止給骨肉。女雖嫁,未離家,并婿甥並同。其妳婢奴
僕並不理口數,不在分給之限。"由此可知:(1)給付以實際口數爲單
位,非以房爲單位;(2)男女老幼,一律平等;(3)止給骨肉,等於拒絶
螟蛉,既防止外姓亂宗,又防止冒領;(4)比較特別的,是連住在一起的

女婿和外孫也照付,這也許是趙鼎希望族人儘量聚居。總之,給付有兩個先決條件:同處居住和止給骨肉,然後再按年齡分給。

有兩種不給的情況:一是違反同處居住的前提;第十七項説:"罷官於他處寄居者,更不分給租課。"亦即一旦遷徙脱離原籍,即停止給付。[150] 二是出仕;第十一項説:"内有官人到官,支住;罷官到家,仍舊支給。"到官即上任,支住即停付;第二十項有詳細的辦法:

> 每正初,契勘當年内如有合赴官者,據闕期遠近,展一季分給;如代者補填,俟接人到,據所展月日,於椿留貼支。契勘當年内有任滿者,即約度計口存留(原注:在官者先以書報),候到家日依舊分給。所留不足,即於椿留内貼支,有餘撥入椿留歷。

由此可知,族產給付的對象實爲没有仕宦收入的族人。給付的一個主要目的,也是爲了支持舉業,故一旦出仕,有了俸禄,不但等於有了收入,而且表示給付的目的已經達到,故無論官俸厚薄,一律停止給付,以後的宦海浮沉,便應憑自己的努力,不應再靠家族的接濟。不但如此,還應回饋家族,將俸禄購買田產,既贍本家,亦可將應得之族產分給周濟其他各房(見《趙鼎構想中的家族形態》)。既盡了義務,在罷官乏俸時便應再次享有族產收入的權利。

在待闕期間(即受任與上任之間),並無俸禄,故仍得族產的給付,而且多拿一季(三個月),大抵是支付路費雜用等。任滿後須待後任到達移交後始能離開,在此期間亦無正式俸禄,故到家後由族產按口補發。此固然是考慮到官多缺少和賦閑在家的情況,也可見趙鼎希望族人經常留在族中,故到家始得補領。

(3)用途

從租課内支出的,最大宗就是日常生活費用,即第九項所説:"歲收租課,諸位計口分給。"此外,就是聘禮和嫁妝,第二十一項説:"每正初合分給時,即契勘當年内諸位如有婚嫁,每分各給五百貫足,男女同。"再就是主管宅庫和租課者的薪水(第十五項)。至於教育和應舉等費用,大抵包括在日常生活費用内,由各家自行安排。

從椿留内支出的,主要是大大小小的非泛費用。大的如興建房

---

[150] 參見竺沙雅章《宋代官僚の寄居について》,《東洋史研究》第41卷第1號(1982),頁28~57。

屋；第二十二項説：“增添人口、展修房屋等，應有所費，並於椿留內支破，其餘些小修造，諸位自辦。”又如婚宴，族人愈多則花費愈大；第二十三項説：“除資送禮物等已給錢諸位自行措置外，其筵會及應干費用，並於椿留內支破。主家者與本位子孫協力排辦，務要如禮。”同樣，歲享、忌日、旦朔祭等，亦是合族參與，費用頗大而難以預定（第二十四項）。小的開支如上引第二十項所説的臨時補發日常生活費用，由於這是難以預估的事，故本應由租課內支出，今先由椿留流用，至年頭便可勘合。

2. 各房不動産不許分割

張載曾慨歎説：“今驟得富貴者，止能爲三四十年之計，造宅一區，及其所有，既死則衆子分裂，未幾蕩盡，則家遂不存。”[151] 程頤針對此弊説：“且如唐時立廟院，仍不得分割祖業，使一人主之。”[152] 廟院的主持雖不斷更換，但屬於廟的廟産卻不會分裂，關鍵在於化私爲公，這正是趙鼎採取的方法；他不但自己如此處理遺産，也要求子孫遵行不誤。

趙鼎別立族的共産，著眼點在“族”的維持；他對四子各房財産的限制，著眼點在於“各房”的維持，採取的其實是同樣的方法，即規定各房之不動産不得分割，成爲本房（即本家）的共産。爲了樹立這個不動産不得分割的繼承原則，《家訓筆録》一而再地強調。除了第二十六項“他日吾百年之後，除田産房廊不許分割外，吾所有資財，依諸子法分給”，是以身作則外，第八項説：“應本家田産等，子子孫孫不許分割，自有正條可以檢照遵守。”跋語再強調：“應本家所有田産，並不許分割，每歲據所入計口分給，其詳在私門規式册中。”可見在《家訓筆録》之外，還有一些今已失傳的正條規式，説明如何計口分給等。換言之，當趙鼎去世後，四子四房共得二份收入：首先從遺産中變爲族産的不動産部分每年計口領取生活費用和嫁娶津貼等，其次可從遺産的動産部分按一定原則分得成爲各房的私産（第二十六項）。各房的私産相對其他三房來説自然是私産，但對各房的直系親屬來説，仍是同居共財的共産，而這共産中的不動産根據趙鼎的規定，不得分割而繼續成爲本房族人的共産。

---

〔151〕《張載集》卷二五九《經學理窟·宗法》。
〔152〕《二程集》卷一五〇~一五一《河南程氏遺書》，頁15。

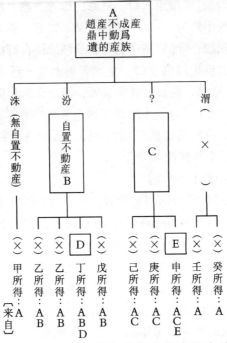

在不動產不許分割的繼承原則下，各房的房地產總收益只會增加而不會減少。各房一方面從共有的族產處分到收益，另方面從自置的房地產得到利益。假如保持興旺，則在房長去世之後，這些自置的本房房地產也變成不可分割的遺產，如此幾代累積下去，總的收益自是愈來愈多。反過來說，假如家運不濟，須要鬻賣家產，也只限於自置的房地產，不能染指那些已變成共產的上代房地產。換言之，一旦成為遺產的不動產就自動變為承受者的共產，只能收取租課的利益而不能瓜分變賣。例如上頁虛構的置產圖中的丁君，既從自置的房地產 D 中得到收入，又可繼續領取前人遺下的 B 和 A 的共產收入，但他只能出售自置的 D，除非乙、丙和戊君同意，才能出售四兄弟共有的 B，除非甲、己、庚、申、壬和癸君都同意，才能出售 A。

根據上述第十四項，趙鼎希望丁君將 B 和 A 的部分所得讓給有需要的族人。假設丁君讓給甲君，而申君讓給壬君和癸君，則出現了四房之間不但利用共有的 A，而且可能利用私有的 B 和 C 去互相周濟的情況，即所謂義風和均愛之心。

總而言之，各房不動產不許分割有穩定以致加強家族經濟基礎的作用，而無論共產的收益是大是小抑 或與人口的比例是多是少，各房均有一定的收入,對未仕的族人不無少補。除非願意放棄這份收入,族人自會繼續留在族中,有助於家族的延續與聚居。

最後,簡單地總結《家訓筆錄》構想中的領導層、族祭和族產對維繫家族的功能:

家　族

離　心　力	向　心　力
各房無參與族務,如領導權爲少數貴盛者所壟斷以營私。 貧富懸殊,貧者甚至淪爲富者的佃户,或索性他徙。	領導層由主家者、次人和各房長組成的衆議所構成,是集體參與而又結合議尊和議貴的原則。 由義莊提供族人的日常生活、妝奩聘禮、祭祀祖先和修繕房屋等費用,解決了重要的支出,又規定必須同處居住才能領取義莊收益。
因財起鬨,導致分家。	規定不動產不許分割。
少數精英難與大多數族衆共財。 血源關係的淡化。	各房得自置產業,是不與衆分的私財。 歲享、朔望祭和遠忌都是合族參與,經常性地增強族人的同宗意識,促進人際關係。

餘　論

趙鼎之死並未使家族脱離險境。紹興二十年（1150）,趙汾護喪返衢,知州章傑乃北宋新黨首領章惇諸孫,因趙鼎曾奉詔追究章惇之罪,平時已懷恨在心,又爲討好秦檜,乃以檢查私酒爲名,命縣尉翁蒙之率兵大搜趙氏居所,旨在得到趙鼎與門人故舊的書信以便構陷罪名,一網打盡。當時章傑"勢烈如火",志在必得,但翁蒙之秘密通知趙汾,事先將所有簡牘、祭文及足以鍛煉成獄的如兵弓器械等物件盡行毀棄。章傑一無所獲,不但怪罪蒙之,而且將趙汾及其聯姻范沖彪收押,等待秦檜發落。秦檜不願章傑借己手以報私仇,最後置而不問。仲彪怕有後患,竟遷居他州。[153] 政治的迫害,足令

---

〔153〕《朱文公文集》卷八三《跋趙忠簡公帖》,頁1509、《再跋趙忠簡公帖》,頁1509～1510,卷九一《司農寺丞翁君墓碣銘》,頁1619～1620;張栻《南軒集》卷四〇《教授魏元履墓表》,頁13b;《周文忠公集》卷一七《跋趙忠簡公答魏侍郎矼手書》,頁17a～18b;《常山縣志》卷六七《藝文·文集》,頁73b～75a;《宋元學案補遺》卷二一《范先生仲彪》,頁19b;《宋史》卷三八七《汪應辰傳》,頁11877,卷四五九《魏掞之傳》,頁13468。此事連孝宗也知曉,見《繫年要錄》卷二〇〇,頁3407。翁蒙之後與趙鼎、范沖及魏矼並祭於常山四賢祠,見《常山縣志》卷一六《建置·祠廟》(頁6a～b)及卷六七《藝文·文集》所收四賢祠記、跋等。

一個名門望族陷於孤立無援。

　　事實上,自紹興十二年(1142)宋廷簽下對金稱臣的和約開始,在高宗的默許下,秦檜爲壓抑反對和議的言論和鞏固自己的勢力,大舉排除異己,而一個最方便的方法便是株連。以趙鼎爲罪魁,他的門生故舊,以至在貶所優遇他的官吏,都大批受到貶謫。例如由高宗賜名的狀元汪應辰(原名汪洋)曾爲趙鼎塾師及幕客,爲文祭鼎,遂被追究"爲阿附,爲死黨",險遭不測。[154] 潮州録事參軍石恮和雷州知州王趯因在貶所禮遇趙鼎,停官放罷。甚至只是與趙鼎的幕客交通,或只是兄長與趙鼎有來往,本人也受牽連。投靠秦檜、攻訐趙鼎的言官蕭振,最後也因早年曾受趙鼎的推薦而放罷。執政段拂爲趙鼎貶死而歎息,最後不免罷政。其他罪名還有陰合、通問、幕客和心友等(詳附表三)。紹興二十一年(1151),高宗更宣稱:"趙鼎所引用,多非其人。"[155] 爲趙鼎賞識的大儒劉勉之,在"秦檜益橫,鼎竄死,諸賢禁錮"的情況下,隱居不敢出。[156] 有謂"自鼎之謫,門人故吏皆被羅織,雖聞其死而歎息者亦加以罪",實非虛語。[157]

　　可以想見,自趙鼎被遠貶開始,不但本人有"平時所薦無一至者"的感歎,[158] 而且在聯姻也要搬家避禍的情況下,家族也相對地陷於孤立無援。這種情況一直到紹興二十五年(1155)秦檜去世前夕仍不能改變。就在此年,反對和議的宗室趙令衿被誣告訕謗朝廷,趙汾因曾受其饋贈,被捕下大理獄,"拷掠無全膚",乃自誣謀反,"凡一時賢士五十三人皆與焉,獄成,而〔秦〕檜病不能書",未幾病死,趙汾乃得從輕發落,以"交通宗室,窺伺機事"的罪名特降兩官,返家後不治而死。[159]

　　秦檜去世後,趙家逐漸得到平反。趙汾被奪的兩官在一月後便得恢復,[160] 趙鼎也在紹興二十六年(1156)正月追復特進和觀文殿

〔154〕　《宋史》卷三八七《汪應辰傳》,頁11877。
〔155〕　《繫年要録》卷一六二,頁2629。
〔156〕　《宋史》卷四五九《劉勉之傳》,頁13463。
〔157〕　《宋史》卷四七三《秦檜傳》,頁13761。
〔158〕　《宋史》卷三八六《王大寶傳》,頁11856。
〔159〕　《繫年要録》卷一六九,頁2760、2768、2769、2775;《宋史》卷二四四《趙令衿傳》,頁8683~8684,卷四七三《秦檜傳》,頁13764;岳珂《桯史》卷一二《秦檜死報》,頁134~135。
〔160〕　《宋史》卷三一《高宗紀》,頁582、583。

大學士，五月給還致仕恩澤四名，在三十年得回授舊恩與嫡孫。紹興三十二年，高宗禪讓，孝宗進一步追復趙鼎官爵恩數和一再錄用其子孫，又在乾道四年（1168）追謚忠簡，淳熙二年（1175）追贈太傅，歸還爵邑，封豐國公，最後在十五年（1188）配饗高宗。[161]

　　由於資料的缺乏，無法知道趙家是如何渡過紹興十二至二十六年這艱苦的十四年。大家長投荒而死，可考的第二代繼承人全部去世，遺下孤兒寡婦，親舊不是也遭貶謫，自身難保，便是在政治壓迫下或隱或避，難望他們的援手，而紹興廿五年的冤獄更不知令趙家付出了多少的代價。

　　在孝宗的眷顧下，趙鼎的第三代逐漸出仕。嘉泰元年（1201）周必大寫《忠正德文集序》中說："朝廷擢用諸孫，惟輼暨謐爲郎爲監爲部刺史二千石，寵靈焜耀，已歷三朝（孝、光、寧）。"[162] 事實上，除了出贅的趙監外，[163] 也只有輼和謐稍有資料留存，但都是毀譽參半的事蹟。

　　趙輼在淳熙八年（1181）已出任浙東提舉，並因修舉荒政有功，特轉一官，於次年内調刑部郎官，卻因"言官論其性資懦弱，非撥煩之材"，旋即外調爲參議官，以後的宦業不詳，似乎終於尚書郎。[164]

　　趙謐的仕途可謂屢起屢伏。紹熙元年（1190），他因成功地推行朝廷蠲減月椿錢的命令，受提舉湖南常平茶鹽陳傅良的舉薦，減二年磨勘，旋即内調爲都官員外郎，不久便除尚書戶部員外郎主管左曹。除命謂趙鼎後人中，"今位於朝，惟爾一人，……恂恂自守，尚

---

[161] 《宋史》卷三一《高宗紀》八，頁584；卷三三《孝宗紀》一，頁619、643；卷三四《孝宗紀》二，頁660；卷三五《孝宗紀》三，頁670、689。《繫年要錄》卷一七一，頁2806；卷一七二，頁2838。

[162] 《周文忠公集》卷五四《忠正德文集序》，頁15b～18a。

[163] 不知何故，趙監贅婚范仲淹五世孫范之柔的姐姐，因此遷居崑山，最後官至知興國軍。宋代士大夫的贅婚似乎相當普遍，與趙監同時出現在《至正崑山郡志》卷四《人物》的便有四至五人。孝宗乾道三年（1167）一條有關召役的詔令說："其召到接腳夫、贅婿，若本身自有田產物力，亦許別項開具，權行併討，選差充役。若接腳夫、贅婿本身有官蔭，合爲官戶之人，即照應限田格法，豁除本身合得頃數，合與妻家物力併計，選差募人充。"（《宋會要輯稿·食貨》卷六五，頁97b）可知不少贅婿來自富室官戶。目前對宋代贅婚的研究並不深入，無法知道法律對贅婚的界定。趙監本人似乎無須改爲妻姓，他的一個兒子趙絑也被《宋元學案補遺》列在趙鼎學案《趙氏續傳》裏（卷四四，頁123b～124a），也許是趙監其他兒子改姓范。

[164] 《宋會要輯稿》卷二《瑞異》，頁25a；卷七二《職官》，頁7a。《衢州府志》卷三八《僑寓》，頁8a。

有家風"。[165] 可見當時趙鼎出仕的子孫只有一位中央官。此後幾年，趙謐由員外郎而郎中而至號稱儲才之地的軍器監長官，可算順遂。[166] 慶元元年（1195）江南提舉任上，卻被批評爲"性識不敏，才具非長，剖決無能，書判多誤"，乃罷官領祠。不知何故，他竟能在祠禄滿秩之前便除湖北提刑，但立刻遭言官彈劾，以爲"謐昨爲提舉，性識不强，祠禄未及一年，攫取提刑差遣"，結果放罷。之後他在嘉泰元年（1201）出任潮守，於開禧元年（1205）任江西提刑，再受批評爲"舊污白簡"，再次領祠，以後的宦蹟不詳。[167]

與趙輥與謐同輩的盩默默無聞，但他的兒子綸（1164～1222）卻文武雙全。據説他五歲誦書，入耳不忘，十九歲成爲朱熹的學生。宰相趙汝愚因敬重趙鼎，特加録用趙綸兄弟，以正九品的登仕郎入仕。趙綸少時從諸父談及趙鼎，以世業自許。嘉定九年（1216）守信陽（河南信陽市），三年間不但屢次擊敗入侵的金兵，而且發兵解鄰州之圍，恢復江、淮的聯繫。朝廷論功行賞，召爲大理寺丞，但他堅辭，仍守信陽，後調知江陵府安撫湖北。《宋元學案》謂"先生本宰相家兒，素心喜應進士舉，而累督軍輒捷如宿將，然嫉妒亦自此起"，曾一度罷官，後知其無罪起復，以直焕章閣充淮西安撫使知廬州，於赴任途中病卒。[168] 對內趙綸也能"事後母孝，撫弟妹有恩"。出仕之後，"嘉賓客，輕貨財，睦族振窮"，頗有趙鼎所冀望的均愛之心。他又不願接受官場習以爲常的饋贈，結果罷官時"無一畝之宅，……爲屋五楹，僅庇風雨"。然而，不知何故，他在罷官時没有回到常山，而是寄居長沙（湖南長沙），再定居於紹興府蕭山縣（浙江蕭山縣西），並葬於此。[169] 紹興府是趙鼎分散投資的一個地方，也許趙綸只是選擇在此發揚祖業，這也是家族繁衍向外設立據點的一種現象。幾代下來，不但家族的結構愈趨複雜，而且政治、

---

[165] 《宋元學案補遺》卷四四《知州趙先生謐》，頁32a～b；樓鑰《攻媿集》卷三五《都官員外郎趙謐尚書户部員外郎主管左曹》，頁323～324。

[166] 《攻媿集》卷三五《户部員外郎趙謐陞郎中》，頁332，卷三八《户部郎中趙謐軍器監》，頁358；陳傅良《止齋文集》卷一三《朝散大夫尚書户部員外郎趙謐除軍器監兼權郎中》，頁79。

[167] 《宋會要輯稿》卷七三《職官》，頁61b、67a～b，卷七四，頁19a。

[168] 《宋元學案》卷六九《安撫趙時齋先生綸》，頁2286～2287。

[169] 魏了翁《鶴山先生大全文集》卷七三《直焕章閣淮西安撫使趙君綸墓誌銘》，頁594～597。

社會和經濟環境的變遷均非趙鼎所能預料。正如《家訓筆錄》是趙氏由同居共財向聚族而居過渡的見證，後代的分支、遷徙也未嘗不可視爲家族再轉型的表現。

　　與趙綸同輩的綝因父親監出贅的關係，成了崑山（江蘇松江縣西北）人，是嘉泰二年（1202）的進士，歷官宗正丞、都官郎官和大理寺丞等。理宗欲用爲諫官，爲人阻撓不成。後調知吉州，不赴，乞祠，六年後索性致仕，終年七十八。史稱其“清修寡欲，室無媵妾，家乏餘財，惟藏書萬卷”。[170] 除都官郎官的制辭説他“毓秀相門”，可見仍然視他爲趙鼎後人；《咸淳玉峰續志》和《宋元學案補遺》等亦以鼎之曾孫視之。[171] 但目前無法知道崑山趙氏與常山趙氏來往的情況。

　　留在常山的族人以元仁宗延祐二年（1315）中舉的趙箕翁較有名，他是趙鼎（1106 中舉）之後的第一位進士，中間已隔了四世凡二百一十年。他頗以發揚趙鼎的名聲爲己任，首先在聞喜爲鼎建祠，出任潮州路推官時，以職俸大修得全書院，遷返聞喜後又建董澤書院，都是爲了紀念趙鼎。[172] 在一次赴任的餞行上，他的同年贈詩謂：“君家自昔傳清節，更要詒謀後視今”，也是以傳家聲勉勵。[173] 元末出任蘄州總管時，他果然“有廉名，去任，民思之”。[174] 他願意捨棄常山的祖墳而寄居泗州（江蘇盱眙縣西北），最後遷返聞喜，相信是基於實際以家族發展爲前提的考慮。他較趙綸成功，聞喜趙氏到民國七年已傳二十六世，仍被視爲望族，在一百六十丁中，有縣學生二十七名，之前又出了三名舉人，一名副貢；[175] 但蕭山趙氏卻默默無聞。[176] 同樣，也許是南北的分隔令聞喜與常山沒有保持聯

〔170〕 楊譓《至正崑山郡志》卷三《進士》，頁 7b，卷四《人物》，頁 12a；邊實《咸淳玉峰續志》頁 15b～16a《名宦》；《宋元學案補遺》卷四四《趙先生琳（綝）》，頁 123b～124a。

〔171〕 《咸淳玉峰續志》頁 15b《名宦》；《宋元學案補遺》卷四四《趙先生琳（綝）》，頁 123b；許應龍《東澗集》卷四《趙綝除都官郎官》，頁 18b。

〔172〕 《宋元學案補遺》卷四四《進士趙先生箕翁》，頁 124a；《永樂大典》卷五三四五《歐陽玄趙忠簡公得全書院記》，頁 21a～22a；《聞喜縣志》卷一〇《民族》，頁 6a，卷一三《學校》，頁 2b，卷二二《營建》，頁 10b～11a。

〔173〕 許有壬《至正集》卷一六《送同年趙繼清》，頁 8a。

〔174〕 徐學謨等《湖廣總志》卷六六《宦績》，頁 41b。

〔175〕 《聞喜縣志》卷一〇《民族》，頁 6a～b。

〔176〕 可查閱彭延慶等《蕭山縣志稿》。

繫和互助，常山趙氏日漸式微，到明代甚至連趙鼎的墳墓也無力維
持，任其隳壞。[177] 《常山縣志·趙鼎傳》説：

> 其在常子孫甚微。正統九年（1444）分巡僉事歐陽哲
> 詢訪，止遺二屏。迨嘉靖八年（1529）知府趙可與求之，
> 則已絶矣。因以同姓，故使（宋宗室）修靖王子孫趙廉守
> 其墓，爲置祀田。今奉祀生趙慎、趙潔，皆修靖裔也。[178]

趙家的崛起，主要是靠趙鼎的宦業。他的恩蔭令子孫不必憑科
舉便可入仕，他的中興大功和悲慘收場得到後人的景仰和哀悼，轉
而優待他的子孫。趙鼎並没有憑權位提拔幾位兒子，這些開始步入
中年的第二代究竟過着怎樣的生活是一個有趣而没有答案的問題。
第三和第四代都有人有不錯的仕宦，尤以趙綸爲傑出，連祖父汾也
因此自正八品的奉議郎累贈至正二品的金紫光禄大夫，獨子璧也因
蔭而至從九品的將仕郎。[179] 趙家就憑恩蔭制度在整個南宋不斷生產
官人，維持着若干官户和特權。趙綸官高而廉勤，平時輕財重義，
撫恤族衆，應是一個理想的領導人，最後葬於蕭山，另起一支。同
樣，以家族的繼承人自期，筫翁以建祠建校的方式表揚趙鼎，最後
回歸聞喜的根，使之重新興旺，並始終保持著士人的身份，直到民
國。趙綸和筫翁都算違反了《家訓筆録》第十三項"世世爲一户，
同處居住，所貴不遠墳壟"的精神，但宋季的戰亂和元朝的統一亦
非趙鼎所能預見，他們的遷徙也許是因爲常山的發展已達飽和，也
許是因爲個人的因素。總之，任何家法家訓都有特定的時代背景，
要行之久遠，就必須乘時而變。

引用書目

（1）于北山《陸游年譜》（上海：上海古籍出版社，1985）。

（2）王栐（？～1227 後）《燕翼詒謀録》（北京：中華書局，1981 年
點校本）。

（3）王梓材（1792～1851）、馮雲濠（1834 舉人～1848 後）《宋元學
案補遺》（臺北：世界書局，1962 年影印四明叢書約園刊本）。

---

[177] 《常山縣志》卷一六《祠廟》，頁8a；卷一九《壠墓》，頁5a～b。
[178] 《常山縣志》卷五九《人物·寓賢》，頁1b。
[179] 《鶴山先生大全文集》卷七三《直焕章閣淮西安撫趙君綸墓誌銘》，頁596。

（4）方建新《宋代婚姻禮俗考述》,《文史》24 期（1985）,頁 157～178。

（5）孔毓璣等修撰《雍正常山縣志》（雍正二年〔1724〕刊本）。

（6）司馬光（1019～1086）《家範》（天啓六年〔1626〕夏縣司馬露刊本）。

（7）司馬光（1019～1086）《書儀》（叢書集成初編）。

（8）左雲鵬《祠堂族長族權的形成及其作用試説》,《歷史研究》1964 年第5、6 期,頁 97～116。

（9）加藤繁《唐宋時代の莊園の組織並に其の聚落としての發達に就きて》,《狩野教授還曆紀念支那學論叢》,鈴木虎雄編,東京：弘文堂書房,1928 年,頁 653～681。

（10）寺地遵《南宋初期政治史研究》（廣島：溪水社,1988）。

（11）全祖望（1705～1755）《鮚埼亭集》（四部叢刊初編）。

（12）朱家源、王曾瑜《宋朝的官户》,《宋史研究論文集》（鄧廣銘、程應鏐編,上海：上海古籍出版社,1982）,頁 1～32。

（13）朱瑞熙《宋代官民的稱謂》,《上海師範大學學報》1990 年第 3 期,頁 103～110。

（14）朱熹（1130～1200）《朱子語類》（黎靖德編,臺北：正中書局,1962 年影印成化九年〔1473〕本）。

（15）朱熹（1130～1200）《朱文公文集》（四部叢刊初編）。

（16）朱熹（1130～1200）、吕祖謙（1137～1181）《近思錄集注》（江永注,上海：上海書店,1987 年據商務印書館 1933 年版複印）。

（17）多賀秋五郎《宗譜の研究·資料篇》（東京：東洋文庫,1960）。

（18）多賀秋五郎《中國宗譜の研究》上、下（東京：日本學術振興會,1981）

（19）宋三平《試論宋代墓祭》,《江西社會科學》1989 年第 6 期,頁 104～107、62。

（20）宋三平《宋代封建家族的物質基礎是墓祭田》,《江西大學學報》1991 年第 1 期,頁 79～83。

（21）李文治《明代宗族制的體現形式及其基層政權作用——論封建所有制是宗法家族制度發展變化的最終根源》,《中國經濟史研究》

1988 年第 1 期,頁 54～72。

(22)李文治《中國封建社會土地關係與宗法宗族制》,《歷史研究》1989 年第 5 期,頁 85～99。

(23)李心傳(1167～1244)《建炎以來朝野雜記》(叢書集成初編)。

(24)李心傳(1167～1244)《建炎以來繫年要錄》(北京:中華書局,1956 年斷句本)。

(25)李幼武(南宋)《宋名臣言行錄別集》(文淵閣四庫全書)。

(26)李光(1077～1155)《莊簡集》(文淵閣四庫全書)。

(27)李瑞鍾等修撰《光緒常山縣志》(光緒十二年〔1886〕重纂刊本)。

(28)李燾(1115～1184)《續資治通鑑長編》(臺北:世界書局,1983〔四版〕)

(29)杜正勝《傳統家族試論》上、下,《大陸雜誌》第 65 卷第 2 號(1982),頁 7～34;第 65 卷第 3 號(1982),頁 25～49。

(30)何忠禮《蘇軾在黃州的日用錢問題及其他》,《杭州大學學報》19 卷 4 期(1989),頁 126～134。

(31)呂祖謙(1137～1181)《東萊別集》(文淵閣四庫全書)。

(32)汪應辰(1118～1176)《文定集》(叢書集成初編)。

(33)余寶滋等修撰《聞喜縣志》(1919 年石印本)。

(34)青山定雄《北宋を中心とする士大夫の起家と生活倫理》,《東洋學報》57(1976),頁 35～63。

(35)周必大(1126～1204)《周文忠公集》(文淵閣四庫全書)。

(36)周藤吉之《中國土地制度史研究》(東京:東京大學出版會,1954)。

(37)竺沙雅章《宋代官僚の寄居について》,《東洋史研究》第 41 卷第 1 號(1982),頁 28～57。

(38)林春梅《宋代家禮、家訓的研究》,輔仁大學中文研究所碩士論文,1990。

(39)牧野巽《司馬氏書儀の大家族主義と文公家禮の宗法主義》,氏著《牧野巽著作集》第三卷《近世中國宗族研究》(東京:御茶の水書房,1980),頁 13～28。

(40)柯昌基《論中國封建社會的一種家族組織形式》,《社會科學研究》1980 年第 6 期,頁 9 ~ 16、19。

（41）柯昌基《宗法公社管探》,《中國社會經濟史研究》1985 年第 2 期,頁 30 ~ 44。

（42）胡寅(1098 ~ 1156)《斐然集》(文淵閣四庫全書)。

（43）倪士毅《浙江古代史》,浙江:浙江人民出版社,1985 年。

（44）徐自明(? ~ 1220 後)《宋宰輔編年錄校補》(王瑞來校補,北京:中華書局,1986 年點校本)。

（45）徐松(1781 ~ 1848) 輯《宋會要輯稿》(臺北:新文豐出版公司,1976 年影印 1936 年北平圖書館影本)。

（46）徐揚杰《宋明以來的封建家族制度述論》,《中國社會科學》1980 年第 4 期,頁 99 ~ 122。

（47）徐揚杰《中國家族史研究的歷史和現狀》,《社會科學動態》1990 年第 7 期,頁 5 ~ 7。

（48）徐象梅(明)《兩浙名賢錄》(光緒二十六年〔1900〕刊本)。

（49）徐夢莘(1126 ~ 1207)《三朝北盟會編》(上海:上海古籍出版社,1987 年影印光緒 34 年〔1908〕刻本)。

（50）徐學謨(1522 ~ 1593) 等修撰《湖廣總志》(萬曆十九年〔1591〕刊本)。

（51）唐圭璋編《全宋詞》(北京:中華書局,1965)。

（52）袁俐《宋代女性財產權述論》,《宋史研究集刊》第二集(杭州大學歷史系宋史研究室編,浙江:浙江省社聯《探索》雜誌增刊,1988),頁 271 ~ 308。

（53）高斯得(南宋)《恥堂存稿》(文淵閣四庫全書)。

（54）真德秀(1178 ~ 1235)《西山先生真文忠公文集》(四部叢刊初編)。

（55）清水盛光《中國族產制度考》(東京:岩波書店,1949)。

（56）梁天錫《宋代祠祿制度考實》(香港:龍門書店,1978)。

（57）梁庚堯《南宋的農村經濟》(臺北:聯經出版事業公司,1985 年修訂本)。

（58）梁庚堯《南宋的貧士與貧宦》,《國立臺灣大學歷史學系學報》16(1991),頁 91 ~ 137。

（59）許有壬(1287 ~ 1364)《至正集》(文淵閣四庫全書)。

(60) 許應龍(1168～1248)《東澗集》(文淵閣四庫全書)。

(61) 許懷林《"江州義門"與陳氏家法》,《宋史研究論文集》(1987年年會編刊,鄧廣銘、漆俠編,石家莊:河北教育出版社,1989),頁387～401。

(62) 許懷林《〈鄭氏規範〉剖析》,《中日宋史研討會中方論文選編》(鄧廣銘、漆俠編,石家莊:河北大學出版社,1991),頁153～165。

(63) 黃宗羲(1610～1695)、全祖望(1705～1755)《宋元學案》(北京:中華書局,1986年點校本)。

(64) 陳甡等修撰《嘉慶常山縣志》(嘉慶18年〔1813〕刊本)。

(65) 陳傅良(1137～1203)《止齋文集》(四部叢刊初編)。

(66) 陳廣勝《宋代生子不育風俗的盛行及其原因》,《中國史研究》1989年第1期,頁138～143。

(67) 陳騤(1128～1203)《南宋館閣錄》(光緒十二年〔1886〕彫本)。

(68) 脫脫(1313～1377)等修撰《宋史》(北京:中華書局,1977年點校本)。

(69) 盛清沂《試論宋元族譜學與新宗法之創立》,《第二屆亞洲族譜學術研討會會議記錄》(聯合報文化基金會國學文獻館編,臺北:聯經出版事業公司,1985),頁97～159。

(70) 張載(1020～1077)《張載集》(北京:中華書局,1978年點校本)。

(71) 黃繁光《趙鼎的相業及其仕宦風格》,《淡江史學》1990年第2期,頁37～59。

(72) 森田憲司《宋元時代における修譜》,《東洋史研究》第37卷第4號(1979),頁27～53。

(73) 彭延慶等修撰《蕭山縣志稿》(1935年鉛印本)。

(74) 馮爾康《清代宗族制的特點》,《社會科學戰線》1990年第3期,頁175～181、189。

(75) 馮爾康、常建華《清人社會生活》(天津:天津人民出版社,1990)。

(76) 程顥(1032～1085)、程頤(1033～1107)《二程集》(北京:中華書局,1981年點校本)。

(77)楊廷望等修撰《衢州府志》(康熙五十年〔1711〕修,道光二年〔1822〕重刊本)。

(78)楊知秋選注《歷代家訓選》(廣西:廣西人民出版社,1988)。

(79)楊譓(元)撰《至正崑山郡志》(宣統元年〔1909〕彙刻太倉舊志五種本)。

(80)詹萊等修撰《萬曆常山縣志》(順治十七年〔1660〕勾曲王明道刊本)。

(81)解縉(1369~1415)等輯《永樂大典》(臺北:世界書局,1962)。

(82)葉顯恩《明清徽州農村社會與佃僕制》(安徽:安徽人民出版社,1983)。

(83)熊克(紹興〔1131~1162〕中進士)《中興小紀》(福州:福建人民出版社,1984年點校本)。

(84)熊伶《評〈溫公家範〉的家庭倫理思想》,《西南師範大學學報》1988年第2期(未閱)。

(85)蔡杭(1229年進士)等《名公書判清明集》(北京:中華書局,1987年點校本)。

(86)趙鼎(1085~1147)《忠正德文集》(道光十一年〔1831〕刊本)。

(87)厲鶚(1692~1752)輯撰《宋詩紀事》(上海:上海古籍出版社,1983年標點本)。

(88)劉清之(1134~1190)輯《戒子通錄》(四庫全書珍本初集)。

(89)潘富恩、徐餘慶《程顥程頤理學思想研究》(上海:復旦大學出版社,1988)。

(90)樓鑰(1137~1213)《攻媿集》(四部叢刊初編)。

(91)錢士升(?~1651)《南宋書》(東京:汲古書院,1973年影印進修館刊本)。

(92)魏了翁(1178~1237)《鶴山先生大全文集》(四部叢刊初編)。

(93)邊實(南宋)撰《咸淳玉峰續志》(宣統元年〔1909〕彙刻太倉舊志五種本)。

(94)欒貴明輯《四庫輯本別集拾遺》(北京:中華書局,1983)。

(95)Dardess, John W. , "The Cheng Communal Family: Social Organization and Neo-Confucianism in Yüan and Early Ming China", *Harvard Journal of Asiatic Studies*, 34(1974): 7 ~ 52.

(96) Ebrey, P. B. , "The Early Stages in the Development of Descent Group Organization", *Kinship Organization in Late Imperial China*, 1000 ~ 1940(P. B. Ebrey & J. L. Watson, eds. , Berkeley: University of California Press, 1986): 16 ~ 61.

(97) Hervouet, Y. ed. , *A Sung Bibliography*, Hong Kong: The Chinese University Press, 1978.

(98) Langlois, John D. Jr. , "Authority in Family Legislation: The Cheng Family Rules", in *State and Law in East Asia: Festschrift Karl Bunger* (Dieter Eikemeier & Herbert Franke, eds. , Weisbaden: Otto Harrassowitz, 1981): 272 ~ 299.

(99) Liu, James T. C. (劉子健), *China Turning Inward: Intellectual-Political Changes in the Early Twelfth Century* (《兩宋之際文化內向》), Cambridge, Mass. : Harvard University Press, 1988.

(100) Liu Wang, Hui-chen (劉王惠箴), *The Traditional Chinese Clan Rules*, Locust Valley, N. Y. : Association for Asian Studies, monograph no. 7, 1959.

(101) Twitchett, D. C. , "The Fan Clan's Charitable Estate, 1050 ~ 1760," in *Confucianism in Action* (D. S. Nivison & A. F. Wright, eds. , Stanford: Stanford University Press, 1959).

(102) 南宋人《慶元條法事類》(臺北:新文豐出版公司,1976)。

附表一:宋代現存家範

北宋(960~1127)

(一)江州陳氏	(唐、宋)	《家法三十三條》
(二)范仲淹	(989~1052)	《義莊規矩》
(三)包 拯	(999~1062)	《家訓》(短篇)
(四)司馬光	(1019~1086)	《家範》、《書儀》
(五)蘇 頌	(1020~1101)	《魏公譚訓》

南宋(1127~1279)

(六)葉夢得	(1077~1148)	《石林家訓》
(七)呂本中	(1084~1145)	《童蒙訓》
(八)趙 鼎	(1085~1147)	《家訓筆錄》
(九)陸 游	(1125~1210)	《放翁家訓》(于北山《陸游年譜》〔1985:141〕以爲是僞作。)
(十)陸九韶	(1132前~?)	《居家正本》、《居家制用》(短篇)
(十一)劉清之(輯)	(1134~1190)	《戒子通錄》
(十二)呂祖謙	(1137~1181)	《家範》
(十三)袁 采	(約1140~1195)	《袁氏世範》
(十四)倪 思	(1174~1220)	《經鉏堂雜誌》
(十五)真德秀	(1178~1235)	《教子齋規》

此外,零散的訓誡可利用《文淵閣四庫全書》子部儒家類的宋代著作,後人輯錄的可見張師載《課子隨筆》、陳宏謨《訓俗遺規》及《古今圖書集成·家範典》等。許懷林(1991,頁154)以爲説郛本的《鄭氏家範》四十八條是南宋前期製訂,爲元明《鄭氏規範》一六八條之前身,恐非一定;J. Dardess(1974)與 J. Langlois Jr. (1981)將《鄭氏規範》放在元、明的背景分析,較爲穩當。族譜中可能保存一些宋代的家範,如盛清沂(1985,頁156)曾利用聯合報國學文獻館所藏紹興漁臨關金氏宗譜中之家規十六章。族譜數量龐大,必須如 H. C. Liu Wang 劉王惠箴(1959)和多賀秋五郎(1960)作有系統的整理才能方便使用。

附表二:與趙鼎友善者

(A)趙鼎之政治集團(據寺地遵《南宋初期政治史研究》,頁121~124):

(一)名門、流寓系:向子諲、晏敦復、呂本中。

(二)流寓、華北系:常同、張戒、王庶、折彥質。

(三)流寓、兩淮系:王居正、劉大中、魏矼。

(四)江南系:吳表臣、林季仲、高閌、張致遠、張九成、潘良貴、李彌遜、胡寅、沈與求。

(五)學者、思想家系:喻樗、范沖(姻家)、朱震、胡安國等(與上述重覆者有高閌、張九成、潘良貴、呂本中、胡寅)。

(B)趙鼎之學友(據《宋元學案》四四及《宋元學案補遺》四四):

(一)門人:王大寶。

(二)學侶:汪應辰、胡襄。

(三)同調:陳良翰、芮燁、陳鵬飛、朱震、范同、呂祉、陳槖、呂本中、林季仲、張九成、胡寅、潘良貴、劉大中、魏矼、晏敦復、張致遠、常同、鄭邦彥、黃公度、李守柔。

(C)與趙鼎有推薦關係者:

(一)曾推薦趙鼎之人:吳敏、黃㮚、張浚等(見《宋史》本傳、趙鼎《建炎筆錄》)。

(二)趙鼎曾薦用之人:

人　物	資料來源:《建炎以來繫年要錄》
①吳表臣	卷三一,頁603。
②林季仲	卷三一,頁603;卷七四,頁1222;卷七七,頁1267。
③湯東野	卷三五,頁682。
④李　迨	卷三五,頁682。
⑤康允之	卷三五,頁682。
⑥王居正	卷七四,頁1222;卷一三八,頁2219(罷)。
⑦呂　祉	卷七四,頁1222。
⑧董　弅	卷七四,頁1222。
⑨陳　槖	卷七四,頁1222。
⑩朱　震	卷七四,頁1222。

續表

人　物	資料來源:《建炎以來繫年要錄》
⑪范　同	卷七四,頁 1222。
⑫吕本中	卷七四,頁 1222;卷一二〇,頁 1947;卷一二二,頁 1977(罷)。
⑬范　沖	卷七六,頁 1248;卷七九,頁 1299;卷八〇,頁 1318;卷八九,頁 1494~1495;卷一三八,頁 2219(罷)。
⑭楊　晨	卷七九,頁 1293~1294。
⑮霍　蠡	卷七九,頁 1293~1294。
⑯王良存	卷七九,頁 1293~1294。
⑰耿自求	卷八〇,頁 1304;卷八六,頁 1422。
⑱折彥質	卷八〇,頁 1314;卷九八,頁 1612;卷一二七,頁 2070(罷)。
⑲熊彥詩	卷八〇,頁 1316。
⑳喻　樗	卷八〇,頁 1316;卷一七五,頁 2881(罷)。
㉑王居修	卷八〇,頁 1316。
㉒錢東之	卷八三,頁 1358。
㉓江　躋	卷八三,頁 1362。
㉔張九成	卷八四,頁 1380;卷一二三,頁 1981(罷);卷一三七,頁 2209;卷一四九,頁 2393~2394。
㉕高　閌	卷八五,頁 1406;卷 124,頁 2014(罷);卷一四七,頁 2372~2373(復用)
㉖張　戒	卷八七,頁 1445;卷一二三,頁 1982~1983(罷);卷一七七,頁 2923(復用)。
㉗解　潛	卷八八,頁 1466;卷一〇八,頁 1758(罷)。
㉘趙繼之	卷九二,頁 1531。
㉙趙不愚	卷九二,頁 1531。
㉚任申先	卷一〇〇,頁 1643~1644。
㉛蕭　振	卷一〇〇,頁 1645;卷一六七,頁 2723~2724(罷)。
㉜方　疇	卷一〇六,頁 1720。
㉝胡　埶	卷一〇六,頁 1724。
㉞趙子淔	卷一〇八,頁 1760。
㉟王　庶	卷一一六,頁 1872~1873;卷一二四,頁 2013~2014(罷)。
㊱吕彌中	卷一一九,頁 1923。
㊲邵　博	卷一二二,頁 1971~1972。

附表三:因趙鼎受株連者

人物	罪名及處分	資料來源
范　沖	緣趙鼎進用;落職(紹興十年)	《會要》卷七〇,頁23a。
王居正	緣趙鼎進用;落職奉祠(紹興十年)	《會要》卷七〇,頁23a;《宋史》卷三八一,頁11736。
趙慶孫	不孝、或爲趙鼎所薦;停官永不得堂除(紹興十一年)	《要録》卷一四〇,頁2556;卷一八〇,頁2982~2983。
朱　翌	由吕大中薦之趙鼎;放罷,韶州居住(紹興十一年)	《會要》卷七〇,頁24b。
何　許	由劉大中薦之趙鼎;放罷(紹興十二年)	《要録》卷一四四,頁2315。
王　庶	趙鼎所薦,欺君罔上;放罷奪職(紹興十二年)	《宋史》卷三七二,頁11548。
張　戒	最爲趙鼎所厚;停官(紹興十二年)	《要録》卷一四七,頁2369;《宋史》卷三〇,頁557。
方　滋	爲趙鼎所用;落職(紹興十二年)	《要録》卷一四七,頁2370。
李彌遜	與趙鼎等同沮和議;落職(紹興十二年)	《宋史》卷三八二,頁11776。
王晞亮	趙鼎朋黨;外放(紹興十三年)	《要録》卷一五〇,頁2411。
張九成	趙鼎朋黨;落職,南安軍居住(紹興十三年)	《宋史》卷三〇,頁558;卷三七四,頁11579。
喻　樗	趙鼎門人;外放(紹興十三年)	《宋史》卷四三三,頁12855;《要録》卷一七五,頁2881。
解　潛	趙鼎朋黨,不從和議;罷祠,南安軍安置(紹興十四年)	《宋史》卷三〇,頁560;《會要》卷七〇,頁28b。
折彦質	趙鼎朋黨;彬州安置(紹興十五年)	《宋史》卷三〇,頁564。
黄公度	欲爲趙鼎游説;放罷(紹興十五年)	《會要》卷七〇,頁30a。
馬　雲	陰合趙鼎;放罷(紹興十五年)	《要録》卷一五四,頁2495~2496。
李穎士	與趙鼎通問;外放(紹興十六年)	《要録》卷一五五,頁2514。
游　操	與趙鼎書問不絶;外放(紹興十六年)	《會要》卷七〇,頁31a。

續表

〔人物〕	〔罪名及處分〕	〔資料來源〕
石 恮	趙鼎謫潮州時加以善待;追毁出身以來文字、除名勒停、送潯州編管(紹興十七年)	《要録》卷一五六,頁2531;《宋史》卷三〇,頁566。
段 拂	聞趙鼎死於海南,爲之歎息,觸怒秦檜,後以他事罷政(紹興十八年)	《要録》卷一五七,頁2549。
晁謙之	輒與趙鼎交通書問;放罷(紹興十八年)	《要録》卷一五七,頁2554~2555;《會要》卷七〇,頁32a。
尹 機	趙鼎客;放罷(紹興十九年)	《要録》卷一五九,頁2588。
胡 寧	其兄阿附趙鼎;放罷(紹興十九年)	《要録》卷一六〇,頁2601。
劉 章	居衢州時與趙鼎賓客交通;放罷(紹興十九年)	《要録》卷一六〇,頁2601。
胡 寅	從趙鼎反對和議;放罷,新州安置(紹興二十年)	《會要》卷七〇,頁35b;《要録》卷一六一,頁2609。
王 趯	趙鼎謫吉陽軍過境時加以善待;降三官勒停(紹興二十年)	《要録》卷一六一,頁2618~2619;卷一六七,頁2737。
葉三省	與趙鼎通書反對和議;落職,筠州居住(紹興廿二年)	《要録》卷一六三,頁2653。
王 遠	與趙鼎通書力詆和議;除名,高州編管(紹興廿二年)	《宋史》卷三〇,頁574。
楊 迥	倡趙鼎之學;放罷(紹興廿三年)	《要録》卷一六五,頁2704。
胡 襄	倡趙鼎之學;放罷(紹興廿三年)	《要録》卷一六五,頁2704。
王 佐	趙鼎餘黨;放罷(紹興廿三年)	《要録》卷一六五,頁2705。
蕭 振	緣趙鼎用事;放罷,池州居住(紹興廿四年)	《會要》卷七〇,頁39a。
陸時雍	趙鼎之客;自今無得堂除(紹興廿五年)	《要録》卷一六八,頁2743。
朱敦儒	趙鼎心友;放罷,日下押出國門(紹興廿五年)	《要録》卷一六九,頁2773。

*資料來源説明:《宋史》——《宋史》

《要録》——《建炎以來繫年要録》

《會要》——《宋會要輯稿·職官》

附圖一：趙鼎世系圖

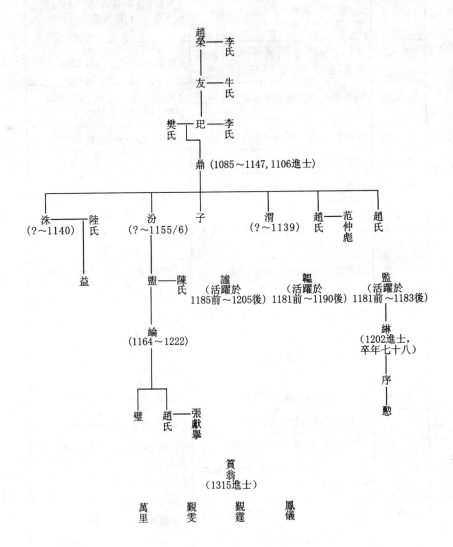

附圖二

※ 本文原載《第二屆國際華學研究會議論文集》，臺北：中國文化大學，1991 年。

※ 柳立言，美國普林斯頓大學博士，中央研究院歷史語言研究所研究員。

家族合作、社會聲望與地方公益：
宋元四明鄉曲義田的源起與演變

梁庚堯

一、前　言

　　四明是宋代明州的別稱，在南宋中期以後又稱慶元府，元代則稱慶元路，郡治在鄞縣，也就是後來的寧波。從北宋中葉以後，這裏的人文逐漸發達，到南宋時期，由於地近行都臨安，更是興盛，出了許多著名的官宦和學者。南宋中晚期，表演雜劇的伶人甚至嘲諷說，"滿朝朱紫貴，盡是四明人"（張端義《貴耳集》）。這些官宦、學者，不少住在明州郡城之中，有些已經居住了好幾個世代，建立起家族的基礎。[1] 由於居處相近，他們來往密切，並且共同從事各種活動，共同關懷當地的社會，鄉曲義田的創設與經營便是這些活動之一。

　　宋代的義田，最出名的自然是范仲淹所創的家族義莊。不過以經濟互助爲目標的義田，當時除了家族義莊外，還有其他類型，其中之一，以鄉里貧士與官宦的貧窮後人爲主要濟助對象，是一種鄉里官宦、士人的組織而非家族組織。這一類型的義田，興起較晚，而以四明鄉曲義田最爲有名，留下的資料也稍多。[2] 明州的鄉曲義田，雖然不是以家族內部的互助爲目的，卻是在當地幾個著名家族合作之下而創立、經營。後來此一義田的管理由民間轉移到學校，延續到元末依舊存在。

　　以義爲名的組織或設施，其出現可以追溯到宋代以前，到宋代以後，陸續增多，如義莊、義學、義役之類。南宋時人解釋這些詞彙中的

---

〔1〕　梁庚堯《南宋官戶與士人的城居》，《新史學》1.2（1990），頁133～188。

〔2〕　四明鄉曲義田所留下的資料雖然稍多，但仍有限，主要見於袁桷《延祐四明志》卷一四《學校考下·本路鄉曲義田莊條》。關於此一問題的研究，已有福澤與九郎《宋代鄉曲（鄉人）義田莊小考》，《史學研究》62（1956），頁41～51，但是可以發揮之處仍多。

"義"字説"與衆共之曰義"(洪邁《容齋隨筆》卷八《人物以義爲名條》),也就是這些活動都牽涉公衆的共同利益。公益施及的範圍自然因組織性質的差異而有所不同,有的可能比較具有普遍性,有的則以特定的人群爲對象。對象雖然有廣狹之異,但是都是"與衆共之",關懷到個人、家庭或團體以外的人群。四明鄉曲義田所協助的,固然只是明州地方上貧士與官宦的貧窮後人,而非當地所有的貧民,但是南宋時期士人階層比起北宋擴大了很多,加以明州文風發達,具有官宦身份的家庭不在少數,受益者當也不少。而推動這一項活動的明州士大夫,所以對義田濟助的對象有所限定,一方面自然是出於對本身所屬社會階層的特殊關心,另一方面恐怕也是受到財力的限制,無法對地方上所有的貧民作經常性的救濟。追溯他們在義田組織成立之前的一些濟貧活動,並没有將一般的貧民排除在外。

探討四明鄉曲義田從士大夫倡設、成立、經營到移轄於學校的整個過程,一方面顯示了官宦、士人對本地公益的關心,另一方面,也可以看出,領導人物在地方上的聲望,有助於這一個組織的順利成立,而參與者關心地方公益的行爲,又提高了他們家族或個人的社會聲望。而社會聲望所發揮的影響力,則應是此一義田在當地幾個名族不再合作經營後,仍能獲得支持,因而延續甚至擴大的重要因素之一。本文的目的,便是就家族合作、社會聲望與地方公益之間的關係,來觀察明州鄉曲義田的源起與演變。

二、緣由與設立

四明鄉曲義田所濟助的對象雖然和范仲淹所創的家族義莊不同,但是在名稱上和觀念上都受其影響。范氏義莊自北宋中葉創立以來,逐漸爲人所倣效,至南宋時期,義莊的設置在社會上已漸普遍,[3]當時明州的士大夫對於此一制度並不陌生。例如曾經參與四明鄉曲義田管理的樓鑰,家族中便設有義莊,爲其伯父樓璹於紹興年間所創,[4]樓鑰的父親樓璩有意增益此一義莊的田産,由於"清貧終

---

〔3〕 見梁庚堯《南宋的農村經濟》第五章第三節 (臺北:聯經出版事業公司,1985 修
訂再版)。

〔4〕 王元恭《至正四明續志》卷八《學校篇·書錦樓氏義莊條》載況逵記:"四明樓氏
在勝國爲衣冠望族,紹興間,知揚州兼淮東安撫朝議大夫璹即鄞縣置腴田五百畝,
立名義莊。"

身"而未果，他曾命樓鑰"書范氏義田記於座右"（《延祐四明志》
卷一四《學校考下·本路鄉曲義田莊條》載樓鑰《義莊記》）。樓鑰
自己並且撰有《范氏復義宅記》，編有《范文正公年譜》，均收在今
本《范文正公集》中。樓家與鄉曲義田創辦人之一的汪大猷家是姻
家，而同樣與汪家是姻家的陳居仁雖然長於明州，卻對原在福建莆
田的宗族頗爲照顧，也曾爲他們設置義莊。[5] 明州的鄉曲義田不過
把濟助的對象從家族轉移到另一類社會群體的身上，這一類社會群
體也就是官宦和士人。樓鑰在他所撰的《義莊記》中比較兩者，説：
"今鄉之此舉，無間親疏，可謂尤美矣。"正意味著兩者之間的關聯。

　　這種經濟互助的觀念，其實不僅存在於范仲淹所創的家族義莊，
在宋代也有其他人用其他方式來表達。所以元朝初年，王應麟在他
爲義田所作的《先賢祠記》中，又將觀念追溯到北宋的呂氏鄉約以
及陳襄的勸諭文。[6] 這兩篇文字，都很受到朱熹的重視，他曾經增
損呂氏鄉約，做地方官時又曾經揭示陳襄的勸諭文。[7] 他重視這兩
篇文字，對當時的理學家應當有所影響。明州鄉曲義田另一位創辦
人沈焕，雖然傳承陸學，但是理學家原有共通的理想，在社會互助
理想的實踐上，並不會因學派之別而分畛域。[8]

　　何以士人與官宦後人需要濟助？也是明州鄉曲義田創辦人之一
的史浩，在他爲義田所作的序文中説得很清楚。《延祐四明志》卷一
四《學校考·本路鄉曲義田莊條》載史浩序：

　　　義田之設，專以勸廉恥。蓋賢大夫從官者，居官之日
　　少，退閒之日多。清節自持，不肯效貪污以取富，沾敗名
　　以自卑；爲士者生事素薄，食指愈衆，專意學業，不善營

---

〔5〕樓鑰《攻媿集》卷八九《華文閣直學士奉政大夫致仕贈金紫光禄大夫陳公行狀》：
　　"莆中宗族，生事死葬，無不被賜。……公又命諸子斥田二頃，略用范文正公義莊
　　規矩，以給宗婣。"

〔6〕《延祐四明志》卷一四《學校考下·本路鄉曲義田莊條》載王應麟《義田莊先賢祠
　　記》："我思古人禮俗相交，患難相恤，藍田呂氏之爲鄉約也；貧窮相救，婚喪相
　　助，古靈陳公之教其民也。"

〔7〕《增損呂氏鄉約》見朱熹《朱文公文集》卷七四，《揭示古靈先生勸諭文》見同書
　　卷一〇〇。此一勸諭文原文載陳襄《古靈集》卷一九，爲其知台州仙居縣所作。
　　"貧窮相救，婚喪相助"兩句原文作"貧窮患難，親戚相救（借貸錢穀）。婚姻死
　　喪，鄰保相助"。

〔8〕例如朱熹所創的社倉，在推廣時便同時得到朱、陸兩派學者以及呂祖謙門人的助
　　力。見梁庚堯《南宋的社倉》，《史學評論》1982年第4期，頁1~33。

生，介潔自持，不肯爲屠沽之計，挈攫之態者，使各知有
義田在身後，不至晚年憂家計之蕭條、男女之失所，遂至
折節，汩喪修潔。故以此爲勸，使其終爲賢者。凡爲士大
夫當知立義田之本意。

所謂"居官之日少，退閒之日多"，指官宦常有守選、待闕、丁憂、
貶逐或辭官的時候，由於這些時候沒有官俸的收入，所以經濟能力
並不是那麼好。至於士人，則因一意向學而無暇兼顧家計，再加上
家累負擔重，經濟情況可能更差。因而他們死後，有家計蕭條、男
女失所的憂慮。設置義田的目的，便在於使貧困的士人與官宦沒有
後顧之憂。除此之外，史浩還強調義田的道德意義，也就是勸廉恥，
讓士大夫能夠廉潔自持，不致於爲了養家而毀損志節。

現實的情況也確如史浩所說，很多官宦、士人的經濟情況並不很
好。這種情形，對於那些創設、管理四明鄉曲義田的士大夫來講，不僅
得之於親眼觀察，也是他們和自己親人所曾有的經歷。首先推動義田
設立的沈焕，是明州一位著名的學者，未仕時"囊空無資，冬或不絮，忍
窮勵志，惟講習爲急"，入仕後仍"資用屢竭，廉約自守"，而能"口不言
貧"（袁燮《絜齋集》卷一四《通判沈公行狀》）。他曾爲一位鄉先生孫
介作行狀，孫介有田四十畝，可是"伏臘不給，常寄食授書助給"，中年
三兒漸長，於是"歸訓家塾"，然而"久之大困，喪其土田"，但仍"不事
請謁，不營錐刀，忍窮如鐵石，非其義餽之不受"（沈焕《定川遺書》卷
一《承奉郎孫君行狀》）。與沈焕同爲甬上四先生之一的袁燮，其弟袁
楒曾參與義田事務，而袁家自他們的父輩起，家境便已不佳。[9] 袁燮
的叔父袁方，早年以教書爲生，"敝廬才蔽風雨，薄田不足於食，婚嫁頻
仍，生理日窄"，晚年以特奏名而補官，因病請祠，"俸入無幾，闔門仰
給，重以醫藥之費，節約自持，取不凍餒而止"（《絜齋集》卷一六《叔父
迪功郎監潭州南嶽廟行狀》）；另一位叔父袁章，曾經仕宦州郡，而以
"仕宦貧，好消息也"自勉，去世時，"室中蕭然，無以棺斂，質貸而後
辦"（同上《叔父承議郎通判常德府行狀》）；他的堂兄袁濤以教讀終
身，"雖清貧至骨，終不肯低首下氣"（同書卷二〇《從兄學錄墓誌

---

〔9〕 關於袁氏家族經濟情況的變化，參見黃寬重《南宋四明袁氏家族研究》，中央研究院歷
史語言研究所編《中國近世社會文化史論文集》，臺北：中央研究院歷史語言研究所，
1992年。

銘》）；而袁燮自己的家境也一直不好，妻子出身於富家，出嫁時父親囑咐："而夫之貧，而父所知也。"來到袁家後，"居其中者二十有九年，安卑陋，忍窮乏"（同書卷二一《夫人邊氏壙誌》）。樓鑰由於父親清貧終身，因而自己早年也經歷過清寒的生活，讀書時"敝衣糲食，僅免饑寒"（同書卷一一《資政殿大學士贈少師樓公行狀》）。和樓家有姻親關係的王正功，做官做到廣西提點刑獄，"清貧自處，質貸以給，奉己至薄，得祿不足以償逋負，如是者三十年"（《攻媿集》卷一〇〇《朝請大夫致仕王君墓誌銘》）。樓鑰熟識的一位明州士人高元之，早年讀書時"飢寒寥落，辛苦萬狀"，後來以教書爲生，死時"家貧，無以葬，門人相與經紀其家"（同書卷一〇三《高端叔墓誌銘》）。汪大猷的家境比起沈、袁、樓幾家來算是好的，南宋初年，樓鑰的父親樓璩且曾寄居於汪大猷父親汪思溫的家中，[10]可是汪大猷的弟弟汪大定儘管曾任知州，卻由於"不事生產"而"了無贏餘"，又因"婚嫁交迫"而"俸入緣手而盡"（《攻媿集》卷一〇三《知江州汪公墓誌銘》）。

　　部分官宦與士人生活的清寒，以及身後的淒涼，並非明州所特有，而是當時各地常見的一種現象。[11] 貧士、貧宦身後子女淪落的慘況，明州人士也曾經耳聞甚至目睹。陳居仁在知建寧府時，便曾獲知當地一位柳姓觀察推官死後，其遺屬淪爲乞丐。[12] 袁韶的父親袁昇曾爲縣小吏，由於夫婦皆年近五十而無子，於是赴臨安買妾，卻從此一女子口中得知其爲趙姓知府的女兒，所以會淪落至此，是因爲父歿家貧，家裏必須籌措歸葬四川的旅費。[13] 貧士、貧宦身後境況如此，身前自然難免如史浩序文所言，"憂家計之蕭條、男女之失所"。一些道德修養

〔10〕《絜齋集》卷一一《資政殿大學士贈少師樓公行狀》："家素清貧，重以建炎之禍，先廬故物，一簪不留。兗公依外舅少師汪公以居，辛苦植立，不墜先緒。"按兗公即樓璩，少師汪公即汪思溫。樓璩之妻爲汪思溫之長女，見《攻媿集》卷八五《亡妣安康郡太夫人行狀》。

〔11〕參見梁庚堯《南宋的貧士與貧宦》，《國立臺灣大學歷史學系學報》1991年第16期，頁91～137。

〔12〕周必大《文忠集》卷六四《文華閣直學士贈金紫光祿大夫陳公居仁神道碑》載陳居仁知建寧府時事蹟："先是，觀察推官柳某死，貧不能歸，乳媪挾二子行丐於市。公聞之，給以粟帛，命士人教養之。"

〔13〕徐時棟《宋元四明六志校勘記》卷二《佚文二》據《甬上先賢傳·特行》引《延祐志》："袁昇，初爲縣小吏。……夫婦年近五十，無子，其妻資遣之臨安買妾。既得妾，察之有憂色，且以麻束髮，外飾彩繒。問之，泣曰妾故趙知府女也，家四川，父没家貧，故鬻妾爲歸葬計耳。昇即時送還。"

較高的官宦、士人，如前述沈煥、袁章等，能够"忍窮勵志"，無求於人。但是這種高尚的節操，並非人人都可以做到。如果沒有經濟能力較好的族人、親戚向那些貧士、貧宦伸出援手，他們便不得不求助於外人。四明鄉曲義田的設立，正是爲貧士、貧宦解決這一個問題，提供他們以及他們的遺孤一個制度性的求助管道。

這一類型義田的設立，最初不在明州，而在紹興府，時間在乾道四年（1168），比明州早了二十幾年，創設人是當時的紹興府知府史浩。他"捐己帑，置良田，歲取其贏，給助鄉里賢士大夫之後貧無以喪葬嫁遣者，附於學，而以義名之"（施宿《嘉泰會稽志》卷一三《義田條》）。明州所以會起而傚效，有地域與人事的因素。一方面紹興府和明州兩郡毗鄰，明州士大夫對這一件事本應頗有所知。另一方面，史浩是明州人，而且是當時十分出名的一位明州人，又肯以他的地位幫助故友、鄉人，在家鄉很有聲望；而首先推動明州義田設立的沈煥，和史浩的關係又非比尋常，沈煥的父親沈銖和史浩是布衣之交，晚年由於史浩向宋孝宗推薦而得改秩；[14] 史浩歸老明州，沈煥與其弟沈炳又並居於鄞縣西湖竹洲上史家之宅舍，[15] 沈煥對紹興府義田的了解，更有可能是直接得之於史浩。不過四明鄉曲義田的設立雖然傚效紹興府，但在設置方式上，兩者又不盡相同。紹興府義田的設置出自地方長官，運用節餘的公帑，錢糧的出納管理由縣主簿負責，學校教授、學職也參與其事，鄉居官宦則只擔任覈實的工作。[16] 也就是說，紹興府義田的性質是官方的，而明州的義田雖然也得到官方的資助，但就早期的性質來講，卻主要是民間的。

四明鄉曲義田傚效紹興府義田而設，而其所以能够成功地設置，和地方元老的支持有關。《絜齋集》卷一四《通判沈公行狀》載沈煥推

〔14〕《攻媿集》卷七七《跋史文惠公帖》："四明沈氏，累世爲儒，鑰幼年猶及識博羅公，是生三子，長子公權，爲鄉人師表，晚始得官，太師史文惠王篤布衣之交，薦之孝宗，上殿，改秩爲紹興簽判。"按公權即沈銖。

〔15〕全祖望《鮚埼亭集》外編卷一六《竹洲三先生書院記》："史忠定王歸老，御賜竹洲一曲，壽皇爲書四明洞天之闕以題之，即所謂真隱觀者也。忠定最與端憲厚，故割宅以居之。而徵君亦授徒於忠定觀中，於是端憲兄弟並居湖上。"按端憲兄弟即沈煥、沈炳。

〔16〕《嘉泰會稽志》卷一三《義田條》："凡有請而應給與給而舉事，多寡遲速皆有程。覈實委之鄉官，錢糧委之縣主簿。米斂散則隨鄉俗，錢出納則均省計，歲稔及給助有餘則就復增置，教授、學職亦與其事，然維養士不許移用。府帥前後繼而成之者蓋非一人，所以久而不廢也。"

動明州鄉曲義田成立的經過：

> 鄉閭有喪不時舉，女孤不嫁者，念無以助，聞會稽有義田，
> 惠浹窮乏，其稱甚美。乃請于鄉老、鄉大夫，爲之表倡。二公欣
> 然意合，果于集事。以公鄉評所推，屬所以諷諭者。君不憚勞
> 苦，告諭諄諄，誠意孚格，樂助者甚衆。未幾，得田數百畝，儲峙
> 有所，職掌有人，出納有給。毋苟求，毋徇私，必核其實，品量多
> 寡，用而不匱，有餘益市膏腴，愈久愈多，其惠愈博。鄉人義之，
> 感曰：此無窮利也。規約甫立，而君則病矣。

文中的鄉老、鄉大夫，據樓鑰《義莊記》所載，應即指史浩、汪大猷。而
沈煥是在得到史浩首肯之後，才與汪大猷共同策劃進行。[17] 汪大猷
和他的父親汪思溫都做過高官，汪思溫這時已經去世多年。[18] 不僅
由於官位，汪家自汪思溫以來已領導地方上的救濟活動，聲望一直很
高。當義田進行設置時，汪大猷"首割二十畝以爲倡"，接着"衆皆競
勸，至三百畝，又得郡中益以絶産二頃"(《攻媿集》卷八八《敷文閣學
士宣奉大夫致仕特進汪公行狀》)，於是就有了五百畝的田地。汪大猷
的帶頭捐獻，顯然發生了很大的作用。對於莊屋的購置，辦法的策劃，
汪大猷也出了很多的力量。以鄉居高官史浩、汪大猷的地位、聲望作
支持，加上因學問、道德而獲得地方人士尊敬的沈煥積極在推動，四明
鄉曲義田於是順利成立。後來義莊中設置先賢祠，供奉史浩、沈煥、汪
大猷三人的圖像，[19] 原因就在於他們三人對義田的創設貢獻最多。
義田設立於紹熙元年(1190)，設立之後的四年內，沈煥與史浩已先後
去世。[20]

〔17〕 《延祐四明志》卷一四《學校考下・本路鄉曲義田莊條》載樓鑰《義莊記》："淳熙中，故
龍舒别乘沈叔晦煥請於文惠王曰，隨時拯卹，其惠有限，吾鄉以清白相屬，其能稱物平
施者，蓋可數矣。盍用會稽近比，爲義田之舉乎？王韙其言，與吾舅謀以倡率諸好義
者。"樓鑰所説的"吾舅"，即爲汪大猷。
〔18〕 汪思溫以左朝議大夫直顯謨閣致仕，卒於紹興二十七年(1157)，見孫覿《鴻慶居士集》
卷三七《宋故左朝議大夫直顯謨閣致仕汪公墓誌銘》。汪大猷此時以龍圖閣待制奉祠
在家，紹熙元年(1190)復敷文閣直學士，見《攻媿集》卷八八《敷文閣直學士宣奉大夫
致仕贈特進汪公行狀》。
〔19〕 《延祐四明志》卷一四《學校考下・本路鄉曲義田莊條》載王應麟《義田莊先賢祠記》：
"三賢者誰？忠定史越王、莊靖汪公、端憲沈公也。"又羅濬《寶慶四明志》卷一一《郡
志・鄉人義田條》："郡人且繪王及少師汪公、端憲沈公之像於莊所祠焉。"
〔20〕 沈煥卒於義田設立的次年，見《延祐四明志》卷一四《學校考下・本路鄉曲義田莊條》
載樓鑰《義莊記》，《絜齋集》卷一四《通判沈公行狀》。史浩卒於紹熙五年(1194)，見
《寶慶四明志》卷九《郡誌・叙人・先賢事蹟下》，原文誤紹熙爲紹興。

三、貧窮救濟與家族合作

沈煥向史浩建議設立義田時，曾經說"吾鄉義風素著，相瞷相恤，不待甚富者能之"(《寶慶四明志》卷一一《鄉人義田條》)。樓鑰也曾稱明州爲"義郡",[21] 並且對明州的義風有所描述，《延祐四明志》卷一四《學校考·本路鄉曲義田莊條》載樓鑰《義莊記》:

> 四明鄉誼最重，薦紳韋布，序必以齒。歲時往來，少長有倫，無洙泗間齗齗之歎。承平時大父齊國公以列卿領晝繡，義襟素高，恤孤濟急，不遺餘力，鄉人猶能道之。厥後外祖少師汪公、太師史文惠王、舅氏尚書暨鄉之先達與我家諸父，相繼主盟，此風不墜。

沈煥和樓鑰的言論，顯示明州一向有好善樂施的風氣，即使不甚富有的人家也能如此。早在北宋末年，樓鑰的祖父樓异返鄉郡任知州時，已熱心於此。其後汪思溫、史浩、汪大猷、其他賢達人士以及樓鑰的伯叔父輩，也曾先後主持過鄉里的救濟工作。可見四明鄉曲義田的設立，不過是承襲了當地原本就有的一個傳統，而更加制度化。

沈煥、樓鑰所講的這種好善樂施的風氣，在明州人物的行誼中可以找到許多例證。南宋初年，汪思溫對於"一時寓公寄客困乏不能自存而死、而無所斂葬者，""爲首倡，士大夫應之翕然"，料理他們的後事，所以"四方游士皆以公爲歸"(《鴻慶居士集》卷三七《宋故左朝議大夫直顯謨閣致仕汪公墓誌銘》)。樓鑰的叔祖母張氏，自奉至薄，可是"瞷人之急，雖多不較，病給以藥、死給以棺者日相踵"(《攻媿集》卷一○○《叔祖居士并張夫人墓誌銘》)。他的哥哥樓錫，"疏財尚義，不問家之所有，貧無告者，時推以濟其須。俸入不足以給用，而食客無虛日"(同書卷八五《先兄嚴州行狀》)。王周伯的祖父，是樓鑰表兄陳居仁的內兄弟，他"高誼樂施"，曾經有士人項伋，至爲貧困，"以場屋之舊，叩門無時"，傳達的僕人深感煩厭，他"一聞項之聲欬，則逕出迎之，袖出所贈，以應其須"(同書卷七四《跋王如晦文卷》)。王正功以清貧自處三十年，"然持損有餘補不足之說，有義事亦勉爲之"，後來稍有寬餘，"親故有求，

[21] 見《攻媿集》卷八八《敷文閣直學士宣奉大夫致仕贈特進汪公行狀》，卷九○《侍御史左朝請大夫直秘閣致仕王公行狀》。

隨力以應，隆冬細民乏食，賑與無倦色"（同書卷一〇〇《朝請大夫
致仕王君墓誌銘》）。袁燮記載了北宋末年明州的一位戶曹林公，"財
雄一州"，而"仁厚善施，義所當與，傾倒不靳"。林戶曹即林暐，
其女婿袁垌，是袁燮的祖父，受岳父薰炙，"亦以好施，著稱鄉里"
（《絜齋集》卷八《跋林戶曹帖》）。袁燮的一位世交顧義先，則"親
故以急難告，必竭力拯救之。其子之師，妻喪未舉，不俟其有請，
捐地葬之。閭巷困窮，施惠不絕"（同書卷一九《訓武郎荊湖北路兵
馬都監顧君義先墓誌銘》）。袁燮岳丈邊友益的幼弟，是一位考場失
意後改而從商的富裕商人，也是"疏財貴義，有前輩風"。[22]

不僅一些從北宋以來世居明州的人士致力於鄉里義事，南宋初
年從北方避難而來的士大夫，也有些很快就投入了當地的救濟活動，
甚至擔負領導人的角色。例如樓鑰的父執李宗質，南宋初年輾轉經
四川、江浙而定居明州，"先世舊物，不遺一簪"，歷經刻苦而後
"生理頗裕"，他"時出其餘以濟人，遇歲寒，散廩以食貧者"（《攻
媿集》卷一〇一《朝請郎李公墓誌銘》）。又如樓鑰尊之爲前輩的王
伯庠，其父王次翁避難南來，於紹興初年曾任執政，致仕後定居明
州，王伯庠"疏財好義，不計家之有無，義所當爲，無所吝惜"，明
州的義事原本由汪思溫主盟，汪思溫去世後，"公實繼之，緩急叩
門，視所請曲爲之經理，故鄉人尤歸心焉"（同書卷九〇《侍御史左
朝請大夫直祕閣致仕王公行狀》）。

從上述事實看，從北宋末年以來，明州的地方人士已經熱心於
貧窮救濟。而他們之中，固然有些財力雄厚，但也有些確如沈煥所
說，並非很富有的家庭。例如樓錫"俸入不足以給用"，王正功只是
稍有寬餘。樓鑰的叔祖母則以儉持家，也不過是"雖不甚富，亦未
嘗困乏"（《攻媿集》卷一〇〇《叔祖居士并張夫人墓誌銘》）。他們
不僅是個別從事，而且已經結合衆人之力，推舉領導人出來主持，
共同進行救濟活動。

明州地方人士所以能夠多年以來合作從事救濟活動，背景在於
當地一些士大夫家族之間，長期以來經由師生、交游、同年、仕宦、
婚姻等途徑，彼此之間建立了密切的關係。史浩與沈銖、沈煥、沈

[22] 事見《絜齋集》卷二〇《邊用和墓誌銘》，據原注，墓誌銘標題有誤，所誌實爲邊
用和之子，邊友益的幼弟。

炳父子兄弟間的關係，已見前述。汪、樓兩家之間，則是好幾代的
姻親。汪大猷的祖母陳氏和樓鑰的曾祖母翁氏兩家原本是姻家，樓
鑰的父親樓璩娶了汪大猷的姊姊，汪大猷的妻子是樓鑰堂伯父的女
兒，弟弟樓鏽又娶了汪大猷的女兒。[23] 繼汪思溫之後主盟明州義事
的王伯庠，則和汪家是姻家，他的次女嫁給了汪大猷的堂兄弟汪大
有。[24] 王正功家與樓鑰家的關係也非比尋常，樓鑰高祖父樓郁和王
正功曾祖父王說，同在北宋慶曆興學以後執教鄉邦，列名四明五先
生之中，兩人以道義定交，而王正功長兄王正己又娶了樓鑰祖父樓
異的幼女，兩家此後且續相婚配。[25] 樓郁先後執教明州縣、州學共
三十餘年，培育出不少人才，[26] 袁燮的高祖袁轂、史浩的祖父史
詔，均曾受過他的教誨。[27] 慶曆四明五先生中另有一位王致，王說
是他的姪子，並且與袁轂、史詔的父親史簡、汪思溫的父親汪洙都
曾於其門下受業。[28] 以上幾個家族之外，高家在明州也是世家。北
宋末年，高閌等五兄弟於太學同時受業於楊時。[29] 高閌在南宋初年
活躍於朝廷，首先建立這個家族的地位。他的岳父薛朋龜和汪思溫
同爲紹興年間明州五老會中人，薛朋龜的孫子薛揚祖又娶了汪大猷

〔23〕 樓家與其他家族的婚姻關係，伊原弘《宋代明州における官户の婚姻關係》，《中央
大學文學院研究年報》1972 年第 1 期，頁 157～168，及 Linda Walton, *Kinship,
Marriage, and Status in Song China: A Study of The Lou Lineage of Ningbo*, c. 1050～
1250, *Journal of Asian History* 18 (1984): 35～77, 兩文均有討論。
〔24〕 事見《攻媿集》卷九〇《侍御史左朝請大夫直秘閣致仕王公行狀》。
〔25〕 《攻媿集》卷一〇〇《朝請大夫致仕王君墓誌銘》: "吾鄉五先生俱以文行師表士
子，惟桃源王先生曁我高祖之後皆大。……惟王氏、樓氏自二先生以道義定交，至
太府婿吾門，姻好稠疊。" 所謂 "太府婿吾門" 即指王正己娶樓異之幼女，事見同
銘。至於 "姻好稠疊" 則指此後兩家仍續相婚配，可參考前引 Linda Walton 文。
〔26〕 《攻媿集》卷八五《高祖先生事略》: "慶曆中，詔州縣立學，掌教縣庠者數年，郡
學尋又延請至十餘年，遂居城中爲郡人。登皇祐五年 (1053) 進士第，調舒州廬江
主簿，祿不及親，不欲出官。……自後又主郡庠十餘年，爲州縣士子師凡三十餘
年，號樓先生，四明五先生某其次也，成就一時人物甚衆。"
〔27〕 《攻媿集》卷八五《高祖先生事略》: "豐尚書稷、舒中丞亶、俞待制充、袁知府轂
等，皆其門人。" 曹秉仁《雍正寧波府志》卷二四《孝義篇》載史詔事蹟: "嘗與
豐清敏、舒中丞受業於鄉先生樓郁。"《宋元四明六志校勘記》卷二《佚文二》據
《甬上先賢傳·隱逸》引《寶慶志》亦載史詔 "嘗與豐清敏俱受業城南樓先生郁"。
〔28〕 見黃宗羲、全祖望《宋元學案》卷六《士劉諸儒學案》前之表。
〔29〕 《鮚埼亭集》外編卷一六《長春書院記》: "楊文靖公之在太學，吾鄉士人從之者
多，而高氏兄弟五人與焉。所造之大，禮部侍郎少師憲敏公，其渠也。" 關於高家
之史事，可參考石田肇《南宋明州の高氏一族について——高閌、高文虎、高似孫
のこと——》，《宋代史研究會研究報告第二集: 宋代の社會と宗教》。

的曾孫女。[30] 袁燮姊夫之兄戴機則曾師事高閌之弟高開，而又得到
高閌賞識。[31] 此外，他們也有科舉同年或仕宦同朝之誼，汪大猷和
史浩"有同年之好"，和王伯庠在朝廷則"前後同時"（《攻媿集》
卷八八《敷文閣直學士宣奉大夫致仕贈特進汪公行狀》）。對於同鄉
的優秀人才，他們也致力提攜，前已述及史浩的推薦沈銖，史浩又
曾推薦袁燮；[32] 汪大猷曾推薦史浩長子史彌大、沈銖，[33] 對樓鑰也
照料有加。[34]

　　這幾個家庭皆世代業儒，而且有人在仕宦或學術上有所表現。
相同的文化背景結合同鄉情誼，使得他們來往密切。史詔之母葉氏
的墓誌銘，爲樓郁之孫樓异歸守鄉郡時所作；[35] 而王正功去世之
後，其諸子也先請袁燮作行狀，再持行狀向樓鑰求撰墓誌銘；[36] 袁
燮應沈煥諸孤之請，爲其作行狀，詳述沈煥美德，自言"要撫實，
非溢美，貴其可信而已"（《絜齋集》卷一二《通判沈公行狀》）；而
袁燮爲樓鑰作行狀，則説明是由於"諸孤以當世知公，莫詳于某"，
所以"屬狀其行"（同書卷一二《資政殿大學士贈少師樓公行狀》）。
他們的撰寫行狀或墓誌銘，應非應酬之作，而是交情深切之表現。
他們的交情，也表現在詩文的撰作上。高閌的次子高得全赴滁州任
通判時，樓鑰便曾賦詩送別，詩中贊美他"昔年奉慈親，定省嚴晨
昏。今日當門户，友愛深弟昆"（《攻媿集》卷三《送高仲遠赴滁
倅》），顯示出樓鑰對高得全生活的了解。後來高得全知黄州，重建
貢院，樓鑰又爲其撰寫記文，文中説到高得全"與余有中外之好，
相與素厚"（同書卷五四《黄州貢院記》），説明兩人不僅是好友，

[30] 見《絜齋集》卷一八《刑部郎中薛公墓誌銘》。五老會事見《攻媿集》卷七五《跋
　　蔣亢宗所藏錢松窗詩帖》。
[31] 《攻媿集》卷一〇六《戴伯度墓誌銘》："初事鄉先生高公開，而深爲先生之兄侍郎
　　公所器重。"
[32] 史浩《鄮峰真隱漫録》卷九《陸辭薦薛叔似等劄子》中提到袁燮："學問醇明，性
　　資端厚，守正而無矯激，久在庠序，士子推服。"
[33] 《攻媿集》卷八八《敷文閣直學士宣奉大夫致仕贈特進汪公行狀》："而薦舉非名士
　　不預。……史公彌大、……簽判沈公銖，皆卓然者。"
[34] 《攻媿集》卷八八《敷文閣直學士宣奉大夫致仕贈特進汪公行狀》："公爲禮部侍監
　　時，鑰留侍側，護客使金，皆許侍行。"
[35] 《攻媿集》卷七四《跋葉夫人墓誌》："而其誌銘，則予之大父少師爲鄉郡時所作
　　也。"
[36] 《攻媿集》卷一〇〇《朝請大夫致仕王君墓誌銘》："既葬矣，君之諸子以國子正袁
　　君燮之狀求銘。"

而且是姻家。高開的曾孫高指，保存了曾祖父親筆書寫的《孝經》，袁燮爲其作跋，並予以嘉許，[37] 也可見兩人有所交往。

　　從上述例子可以看出，他們之間的密切關係，並沒有及身而止，而是延續了好幾代。種種關係，構築起一張綿密的網絡，將明州一些士大夫家族連結在一起，而這張網絡所連結的分子，自然不以上述家族爲限。在這張網絡之內，明州士大夫家族原本已有一些共同的活動。汪、樓兩族由於不同於尋常的姻親關係，常一起舉辦各種聚會。樓鑰述及其兄樓錫，"幹蠱尤篤，樓、汪二族，吉凶會集，人夥事叢，他人智力所不給，兄爲主辦，則應酬中度，談笑自若，遇事有膽略，不怯不躁，委蛇曲盡，無劇易必舉"（《攻媿集》卷八五《先兄嚴州行狀》）。除了家族聚會外，明州士大夫間又有以交游爲宗旨的集會。早在北宋後期，當地的士大夫已結有詩社。[38] 南宋紹興年間則有五老會，預會者有王玠（王正己、王正功的祖父）、蔣璿、顧文、薛朋龜、汪思溫，他們"皆太學舊人，宦游略相上下，歸老于鄉，俱年七十餘"，後來王，薛二人去世，又加入高閌、吳秉信、王次翁、徐彦等官宦及布衣陳先，改稱八老會，但由於年齡有差距，經歷又不同，所以"已不如前日之純全"（《攻媿集》卷七五《跋蔣亢宗所藏錢松窗詩帖》）。晚一輩的士大夫，則有真率之集，"率以月爲期"（《攻媿集》卷六《適齋約同社往來無事形跡次韻》）。預會者至少有史浩、魏杞、汪大猷，趙粹中、樓鑰、周模等人，而由汪大猷主盟。除了周模之外，其他各人皆爲官宦。[39] 而樓鑰與學者楊簡、袁燮、呂祖儉等人，也經常在史家的碧祉館中唱和。[40] 此外，樓鑰和一些朋友又結有棋社，一年之間至少也有幾回聚會。[41] 這些

---

〔37〕　見《絜齋集》卷八《跋高公所書孝經》。

〔38〕　《鮚埼亭集》外編卷二五《句餘土音序》："吾鄉詩社，其可考者，自宋元祐（1086～1093）、紹聖（1094～1097）之間，時則有若豐清敏公、鄞江周公、嬾堂舒氏，而寓公則陳忠肅公、景迂晁公之徒預焉。"

〔39〕　《攻媿集》卷九八《龍圖閣待制趙公神道碑》："居鄞十年，……與太師史公、丞相魏公、尚書汪公爲真率之集。"同書卷一〇九《周伯範墓誌銘》："吾邦舊有真率之集，仲舅尚書汪公主盟斯事，君實預焉。余投閒一紀，從容其間，君少余一歲，棋品又相近，在會中尤爲親密。"

〔40〕　《鮚埼亭集》外編卷二五《句餘土音序》："慶元（1195～1200）、嘉定（1208～1224）而後，楊文元公、袁正獻公、樓宣獻公，寓公則呂忠公，多唱和於史鴻禧碧祉館中。"

〔41〕　《攻媿集》卷一二《蔣德尚棋會展日次適齋韻》："棋社經年能幾回。"

經常性的聚會，或有主盟者，或有主辦人，於是地方上衆所推服的領導人物從其中浮現，而辦事人才也得以爲人所知。由於對地方公益的關心，他們從這些家族事務或同輩交游的共同活動，進一步合作參與地方事務，是一種自然的發展。他們所共同參與的地方事務，不僅是貧窮救濟而已，例如汪大猷也曾爲本地學校的興修而進行勸募，並且主持學校的各種禮儀。[42]

既然明州的士大夫家族久已有合作從事貧窮救濟活動的傳統，何以還要設置義田？沈煥提出了他的理由，那就是"求者日衆，後難繼也"（《寶慶四明志》卷一一《鄉人義田條》），以及"隨時拯恤，其惠有限。吾鄉以清白相屬，其能稱物平施者，蓋可數矣"（《延祐四明志》卷一四《學校考·本路鄉曲義田莊條》引樓鑰《義田記》）。地方上的士大夫家族經濟能力有限，可是求濟助者日益增多，長此以往，難以爲繼，而義田有田産作基礎，可以不斷有田租的收入，專門用來救濟貧窮，這就解決了難以爲繼的問題。前已述及，義田田産大多來自衆人的捐獻，汪大猷帶頭捐出了二十畝。其他捐獻人未必皆是官宦，可能也有一些和官宦家庭關係比較密切的富裕家庭。例如前述袁燮岳丈邊幼益的幼弟，是一位富商，他"修頖宫、建義莊、濟饑民之類，又皆樂助不靳"。[43] 所謂"建義莊"，應該就是指沈煥等人所倡設的義田莊。經由衆人的合力，再加上官府的協助，累積成相當數量的田産，就長期來說，既可以減輕他們在貧窮救濟上的負擔，也可以使這方面的活動持續不斷。

沈煥講到明州當地官宦經濟能力有限，能夠賑施者不多，實際情形也可能是如此。他說當地官宦以清白相屬，應該也是事實。[44]

---

[42] 《攻媿集》卷八八《敷文閣直學士宣奉大夫致仕贈特進汪公行狀》："庠校自兵火草創，歲久浸圮，勸率巨室，且爲之文，謂崇釋老之居以徼福，不如新夫子之宮以助風化。首創儀門，聞者不約而趨。黌宇一新，冠于東南。冬至歲旦，序拜有規，主盟斯事，少長以禮，推年長者爲學賓。遇釋菜則爲祭酒，自編于布韋之間，以爲一鄉矜式。"又《寶慶四明志》卷二《叙郡中·學校條》載淳熙十三年（1186）郡學興修時，"鄉之達尊尚書汪大猷、侍郎史彌大勸激士類，鳩材效功"。

[43] 事見《絜齋集》卷二〇《邊用和墓誌銘》，據原注，墓誌銘標題有誤，所志實爲邊用和之子，邊友益的幼弟。

[44] 《攻媿集》、《絜齋集》兩書中，有不少例子。參見梁庚堯《南宋城居官户與士人的經濟來源》，中央研究院歷史語言研究所編《中國近世社會文化史論文集》（臺北：中央研究院歷史語言研究所，1992），《南宋的貧士與貧宦》兩文，引述了王正功、張祖順、袁燮、袁章、史浚、汪大定、沈煥等事蹟。

但是當地官宦經濟能力所以有限，原因不僅在於他們以清白自屬，也在於他們的收入並非只用來照料一家數口。在他們的背上，背負著整個家族的重擔。以沈煥自己來説，他的家庭"世有禮法，自高、曾以來，未嘗析户，以雍睦聞"。父親去世之後，他們兄弟"奉母夫人甚謹"，已經"生理屢空，若不堪處"，可是"女弟既嫁而寡，且貧病，太夫人念之"，於是"極意撫育，以寬慈抱"。他又"不蓄私財以爲後日計，闔門數百指，厚薄均適無間言"（袁士杰輯《袁正獻公遺文鈔》卷下《沈叔晦言行編》）。汪、樓兩家也是明顯的例子。汪大猷的情形是"聚族浸衆，闔先廬屋宇百餘楹，皆身任之。内外百口，獨當家務，出私財以佐用者二十餘年。凡公所得，盡爲諸院公費，又以及女弟之貧者。二外孫既孤，收養至今。官賦輸送，皆親爲之，不以累兄弟，又得整辦，無一金之負"。負擔既重，所以他儘管仕宦顯達，仍然"産業素薄，僅足自給。納禄之後，用亦浸窘"（《攻媿集》卷八八《敷文閣學士宣奉大夫致仕贈特進汪公行狀》）。樓家的經濟情況自然更不如汪家，樓鑰在《義莊記》中已講到父親樓璩"清貧終身"，而他自己在父兄相繼去世後，"適歲大祲，闔門百口，外而裹奉，内而伏臘，多方經營，僅無闕事"。後來雖然顯達，可是"奉祠家居，日虞不給，夫人撙節用度，纖微必計，始有餘米，罷祠之後，賴以相續，及再得祠，而米適盡矣"（《絜齋集》卷一一《資政殿大學士贈少師樓公行狀》）。他們都有數十口甚至上百口的族人須要照料，即使收入再多，也不能毫無節制地用之於濟貧。這也就難怪汪大猷見鄰人來家中水池汲水，而感歎"安得有財如水以濟人之欲乎"（《攻媿集》卷八八《敷文閣大學士宣奉大夫致仕贈特進汪公行狀》）。當時汪大猷已經致仕多年，經濟來源大不如前，在賙濟活動上已有力不從心之感。[45]

家族的負擔既重，但是他們仍要撥出部分的錢財，用來濟助在經濟上有困難的人。這一方面固然是本於道德責任感的驅使，實踐互助的人生理想；而另一方面，這也可能由於此種行爲可以提高他們在當地社會的聲望，因而爲這些家族所重視。能夠爲他人解決經

[45] 《攻媿集》卷六《適齋示池水大篇效元白體相答》："我舅爲欣然，作詩自言志。平生欲濟人，往往多割己。向來俸可分，卦冠蹁一紀。心勤力不逮，不得盡如意。安得有貲財，如此池中水。來求則應之，我心斯足矣。"

濟上的困難，才會更受到地方人士的尊敬，也能夠有更高的聲望。
這種聲望，具有道德的意義，在性質上和經由財富、官位所贏得的
聲望是大不相同的。前述汪思溫在南宋初年由於熱心照料外地流寓
明州的人士，所以"四方游士皆以公爲歸"；王伯庠繼汪思溫之後主
盟明州義事，"故鄉人尤歸心焉"；而汪大猷也由於"義概同古人"
而"閭里同歸依"（《攻媿集》卷六《適齋約同社往來無事形跡次
韻》），正是因從事公益活動而獲得社會聲望的説明。而這種聲望不
但存在於生前，也存在於死後，將會寫入行狀或墓誌銘中，而流傳
於後世。明州士大夫爲他們的前輩或友人撰寫這類文字，對於死者
生前濟孤助貧的行爲常著墨甚多，特別強調，正顯示出這類行爲在
他們心目中的地位。

　　義田的設置，就長期而言，使得當地士大夫擔負的社會責任重
擔得以減輕，但這並不表示他們對貧士、貧宦的救濟不再提供力量，
他們仍然積極地參與義田事務。《寶慶四明志》卷一一《鄉人義田
條》載義田的賑濟對象及申請方式：

　　　　仕族之親喪不能舉者給三十緡，孤女之不能嫁者給五
　　十緡。其親屬若鄰里以聞於郡，郡覈實，俾主者行之，非
　　二者弗與，先後緩急間從權宜，而郡守與主者皆不得私焉
　　（原注：提刑程覃攝守日，許人徑投狀於主者）。

在賑濟的過程中雖然有地方官府參與，負責接受申請與覈實，但是
主持者仍然是當地的士大夫。而且在嘉定六年（1213）至八年
（1215）程覃擔任郡守的期間，[46] 改爲直接向主持者申請。在義田
原初設計的規程裏，申請與覈實必經由官府，是要表示主持者没有
徇私；而後來官府將這些工作交回給主持者處理，則應是由於參與
義田事務的家族在當地向有聲望，而多年來義田的經營也獲得官府
的信任。義田事務的管理經營，主要是由當地的官宦家族來負責，
"推爵齒之高而有才力者提其綱，又擇仕而家食者一人司其出納及莊
之事"。汪大猷在明州的地方活動一向居於領導地位，所以義田成立
之初，由他來主持。慶元六年（1200），汪大猷去世，據樓鑰自述，
"諸賢以鑰閑居，猥以見命"。可見主持者是由參與此一事務的士大

────────

[46]　程覃任郡守時間見《寶慶四明志》卷一《郡守條》。

夫們所共同推舉。而在樓鑰主持之下，"邵武使君高裕如文善、樂平丞袁木叔實任其事"。他們本身都是官宦，也來自當地的著名家族。高文善是高開之子、高閱之姪，袁木叔即袁橚，是袁燮之弟。他們兩人在地方上"信義素著"，袁橚"尤能周知州里詳悉，檢柅滲漏，明辨真贗，不私市恩"（《延祐四明志》卷一四《學校考下·本路鄉曲義田莊條》）。從這些參與者的身份看，四明鄉曲義田成爲結合當地士大夫家族的一個組織，使他們得以運用自己的身份與能力，貢獻於地方，共同爲陷於不幸的官宦後人來解決經濟上的困難。

四、移轄於學校

樓鑰撰寫《義莊記》是在嘉定五年（1212）中秋，不到一年後便去世。在他主持義田後的十二年間，"所入益多，而被惠者衆"。（《延祐四明志》卷一四《學校考·本路鄉曲義田莊條》載樓鑰《義莊記》），顯然發揮了很好的效果。根據《寶慶四明志》卷一一《鄉人義田條》的記載，"于今四十年，義田之增置未已也"，説明直到寶慶二年（1226）爲止，義田的數量仍在擴充，由當地士大夫家族合作管理的方式也沒有改變的跡象。

但是這樣一種管理的方式，似乎並沒有長期維持下去。王應麟在《義田莊先賢祠記》中説"維之以鄉校，必守舊規；董之以鄉人，必選宿望"（《延祐四明志》卷一四《學校考下·本路鄉曲義田莊條》），可知義田已交由地方學校來管理，而董其事的鄉人也由官府來選擇，和當初由地方上仕宦家族自己推選有所不同。王應麟在文中提到，這篇記文撰於義莊成立之後一〇四年，也就是元朝至元三十一年（1294），這時"維之以鄉校"已是"舊規"。同時由於移轉由學校負責管理，所以在主持、辦事人選和賑給對象方面，都涵蓋了學校人員。《義田莊先賢祠記》載浙東肅政廉訪副使陳祥莅任後對義田所採取的措施：

> 於是屬郡博士蘇焱、前軍器監丞陳定孫總其綱，學錄姜材之、前壽春推官史徽孫主出納。凡故家之裔、名儒之後，暨學校職生有喪，貧不能舉，孤女不能嫁者，采諸旦評，參諸輿論，覈實而助之，因時度宜，視昔爲寬，所與寡而所及者衆。

在主持、辦事者中，陳定孫和史徽孫應是負宿望的鄉人，而蘇焱和
姜材之則是學校人員。而賑給的對象，不僅包括故家之裔、名儒之
後，也包括學校職生。由於放寬濟助的對象，所以每人所獲濟助的
金額也就減少。而同知慶元路總管府事張伯延在延祐四年（1317）
整頓四明義田的過程中，諮詢鄉里老儒們的意見後，任命吳濠孫來
負責管理，由地方官來選擇管理人的情形更加清楚。不僅管理人由
地方官任命，連田租也由官府派人督收。[47]《延祐四明志》與王元
恭《至正四明續志》都將四明鄉曲義田的記載置於有關學校的篇章
內，而延祐三年（1316）慶元路儒學教授薛基到任之後，[48] 也“循
近比，得與聞其事”（《延祐四明志》卷一四《學校考下·本路鄉曲
義田莊條》載薛基《重建義田莊記》）。可見此一義田在元朝一直由
地方學校來管理，賑濟的對象也涵括學校職生。

　　上述是元代的史實，可是四明義田轉移由學校來管理的時間，
應該要更早。南宋淳祐十一年（1251），建康府知府吳淵設立建康府
學義莊，他的動機來自“昨見四明府學有義莊一所，每年收到租課，
凡簪纓之後及見在學行供職事生員，遇有吉凶，於內支給補助，心
甚慕之”（《周應合《景定建康志》卷二八《儒學志·立義莊條》）。
可見在淳祐十一年以前，四明義田便已移轉給府學管轄，補助的對
象也已擴大到在府學任職的生員。至於慶元府學從何時起承擔起這
一項責任，則已無法得知。史浩當初以知府的身份創設紹興府義田，
原本就以其附轄於府學，明州義田則最初出自地方人士的倡設，是
民間組織，與紹興府義田有所不同，如今在管理上也走向了相同的
方向。宋代的地方官學原本就有學廩，資助在學的學生，而學廩的
重要來源之一，是學田的租入。除了學田之外，自南宋中期以來，
地方官府爲補助士人赴考旅費所設的貢士莊，也常隸屬於學校，由
學校來管理田產，發放旅費。[49] 四明鄉曲義田同樣以田產作基礎，

---

〔47〕　《延祐四明志》卷一四《學校考下·本路鄉曲義田莊條》載薛基《重建義田莊記》：
　　　　“一日公悟曰，必自擇人始。又曰，託任貴專，毋分任長貳。則革故刊冗，咨諏老
　　　　儒，咸曰吳濠孫其可。固辭，公固命之，不得已，乃莅事。”又：“雖然，微張公戢
　　　　止偽冒，戒佐史章周介嚴督租人，吳公雖欲爲，顧安得致此。”
〔48〕　薛基出任明州路儒學教授時間見《延祐四明志》卷二《職官考上·元·學官·教授
　　　　條》。
〔49〕　梁庚堯《南宋城居官户與士人的經濟來源》。

發放的對象雖與學廩或貢士補助不盡相同，卻也同屬士人此一群體。地方官學處理類似的事務早有經驗，學校裏也有人力可以運用，因此接手鄉曲義田的管理，不過是原有類似事務的擴充，應該不是一件困難的事情。

這種變化發生的真正原因，從資料中已無法得知。很可能是義田在經營、管理上出了問題，因而導致官府的插手。宋代官府插手民間事務，並不罕見。北宋四川交子原由民間富家共同發行，後來因爲發生弊端，而由官府接手；南宋各地民間設立的社倉，也常因管理、經營出現問題而造成官府的干預。[50] 明州義田發生了什麼問題雖然不得而知，但是可以推想的是，官宦家族中像汪大猷、樓鑰這一類在政治上有地位、在家鄉能服衆而又積極關心地方事務的人未必常有，更重要的是能夠不徇私，後起的人不見得有能力、有德望領導。同時汪、樓、史、袁等幾個家族，到南宋晚年似乎也已逐漸走向下坡。《延祐四明志》卷六《人物考下》載有宋代歷次科舉考試明州人及第的名單，可以看出，這幾個家族從北宋中晚期起開始有人列名，以後上榜人數逐漸增多，到南宋中葉達於極盛，而到了淳祐元年（1241）以後，上榜人數已比從前大爲減少。不僅科舉及第人數大爲減少，汪、樓兩家在南宋晚期已罕見出色的人物，史家雖然權傾一時，史彌遠、史嵩之的作爲卻引起很大的爭議。

除此之外，明州官宦人家之間又因爲政治立場或其他原因而交惡，甚至連家族之內也起了紛爭。陳塤是樓鑰友人陳叔平的孫子，也是史彌遠的外甥，於宋理宗初年任處州教授，“與郡守高似孫不合，去歸奉其母”，而高似孫的祖父即是高開。當李全在楚州有異志時，陳塤又致書史彌遠，要他“痛加警悔，以同群心”，而未遭接受。兩人又爲賈貴妃之事而發生衝突，陳塤因此而“力丐去”（《宋史》卷四二三《陳塤傳》）。袁燮的兒子袁甫是南宋晚期明州一位出色的人物，與史彌遠的堂兄史彌忠是舊識，可是他對史彌忠的兒子史嵩之力主和議頗有意見，曾經三度上疏奏論，指責史嵩之“輕脫難信”（黃震《戊辰修史傳·兵部尚書袁甫傳》）。袁似道與袁甫同

---

[50] 北宋四川交子由民間轉爲官府發行，爲學者所熟知。南宋民間社倉經營出現弊端而遭官府干預，見拙作《南宋的社倉》。

宗而不同支,[51] 與史彌遠之弟史彌堅友好,子女並且結親,淳祐七年(1247)任嘉興府通判兼尚書省提領田事所檢閱時,卻由於不滿史彌遠之子史宅之"盡括諸司田,阿媚奉上"而"乞歸"(《清容居士集》卷三三《西山阡表》)。高文善之子高衡孫對史宅之的這種作法,也不以爲然。[52] 史家族人間的裂痕更是明顯,[53] 史彌忠曾"數勸彌遠歸政",因未獲接受而"乞致仕";其弟史彌應則"最不爲彌遠所喜",進士釋褐後即"罷歸,遂不出";史彌正的長子史守之也"心非其叔彌遠所爲,著《昇聞錄》以寓規諷"(蔣學鏞《鄞誌稿》卷四)。史彌遠的堂弟史彌鞏深得真德秀的讚許,"不登宗兗之門者三十年,未仕則爲其奇理,已仕則爲其排擯",後來姪兒史嵩之入相,他"引嫌丐祠"(《宋史》卷四二三《史彌鞏傳》)。下場最凄慘的是史嵩之的堂姪史璟卿,他致書史嵩之勸諫,指責"徒聞苞苴公行,政出多門,便嬖私昵,狼狽萬狀",沒有多久便"暴卒","相傳史嵩之致毒云"(同書卷四一四《史嵩之傳》)。家族紛争也不盡由於政治因素,高似孫和父親高文虎間就因錢財而失和。[54] 這些政治上與家族內的紛擾,很可能導致明州的官宦人家無法再同心合力。

種種可能的原因,使得四明鄉曲義田的經營管理,在南宋末年必須走往另一個方向,也就是交由府學來負責,而這一個方式在元朝初年延續了下來。經過宋、元之際的政治變動。明州的幾個官宦家族雖然仍是地方上的書香世家,但是處境已和從前大不相同。袁似道的孫子袁桷追憶南宋時"甲族鼎貴,莫盛吾里",可是易代之際,"困辱不自完業,無依歸,貿貿以死者多矣",因而與袁甫的孫子袁裒同感"宦族久當圮"(《清容居士集》卷三〇《海鹽州儒學教授袁府君墓表》)。權傾一時的史家,在南宋末年曾於鄮山之麓建家

---

[51] 袁燮、袁甫一支溯源於北宋袁轂,袁似道爲袁桷之祖父,溯源於北宋袁轂,袁似道之父袁韶,曾受學於袁燮,"於宗譜爲族子"。見袁桷《清容居士集》卷三〇《海鹽州儒學教授袁府君墓表》。

[52] 《延祐四明志》卷四《人物考上·高閌條》:"文善子衡孫爲户部侍郎,尹臨安。爲檢正時,史宅之括浙西公田,官屬皆增秩二等,衡孫知不便,獨辭賞。"

[53] 此一現象,Richard L. Davis 已曾作觀察,見所著 "*Political Success and Growth of Descent Groups: The Shih of Ming-chou during the Sung*", P. B. Ebrey and J. L. Watson ed., *Kinship Organization in Late Imperial China*, 1000 ~ 1940 (Berkeley, University of California Press, 1986).

[54] 高文虎晚年花用受於高似孫,因而抱怨"余亦忝從官,又是知府之父,家計盡是筆耕有之,知府未曾置及此也"。知府即指高似孫。見周密《癸辛雜識》別集下。

祠,可是六十年後,"時異勢殊,頹垣荒址,過者憫焉"(程端學《積齋集》卷四《跋二史公唱和詩》)。樓家的家族義莊在元朝初年曾有族人盜賣田産的糾紛,而導致樓氏晝錦義莊幾乎荒廢,[55] 連本族的義莊都無意維持,豈有可能去關心其他的貧窮士人?在這樣的環境下,元朝初年四明的士大夫社會裏,已没有領導人物出來結合群體的力量,公衆活動於是有賴官府來推動。所以鄉曲義田繼續由學校來負責,不僅是延續宋末的制度而已,也是南宋當地一些官宦家族力量衰退之後,勢所必然的現象。不過在元初由官方選來主持義田事務的前軍器監丞陳定孫和擔任義田出納的前壽春推官史徽孫,仍然是宋代明州官宦名族的後裔。陳定孫是汪大猷外甥陳居仁的曾孫,[56] 史徽孫則是史浩次子史彌正的曾孫,當至元末年時,已是他六十歲左右的晚年。[57] 可見即使義田已移轉由學校管轄,仍有賴於地方上官宦家族的協力,不過這已是這些家族參與鄉曲義田事務的餘音。

不僅缺乏足以結合四明士大夫力量的領導人物,由於外在政治環境的巨大改變,這時士人的心態想來也有了變化。四明鄉曲義田初創設時,目的不僅在於救濟貧窮,在濟貧的行爲背後,還具有一種道德理想。史浩爲義田莊作序,清楚地説:"義田之設,專以勸廉恥。"讓讀書的士人、居官的士大夫能够廉潔自持,不致於爲了養家而毀損志節。這樣的一種理想所以會提出,顯然是由於當時的環境裏,士人能够不斷有機會經由科舉考試而入仕。然而入元以後,科舉考試已經停廢,户籍爲儒户的家庭雖然獲得政府所給予的經濟上特殊待遇,讀書人卻没有了以往入仕的正常管道。即使到後來延祐元年(1314)復行科舉,此一管道比起宋代來也極其狹窄。[58] 黄溍

---

[55] 《至正四明續志》卷八《學校篇·晝錦樓氏義田莊條》載况逵《義莊記》:"予爲四明推官,過晝錦而問焉。故老咸曰,義莊幾荒矣。蓋至正(按:至正爲至元之誤)丁亥(二十四年,1287)白之營田史君而獲執據者,(樓)阡也;大德丙午(十年,1306)倡而瓜分售之章若陳諸庶者,亦阡也。"

[56] 見《延祐四明志》卷五《人物考中·陳卓條》。

[57] 見《清容居士集》卷三〇《史獻父葬記》。史徽孫卒於大德十年,年七十三,上推至元末年,約六十歲左右。

[58] 《至正四明續志》卷二《人物篇·進士條》載延祐五年(1318)、至治元年(1321)、泰定元年(1324)三榜録取慶元路進士,共只五人,其中當地人只有兩人。這與宋代明州科第之興盛,有時一榜可多達數十人録取的情形,實無法相提並論。

認爲當時四民失業"莫士爲甚";也就是因爲"所養有古之所無,而所就無古之所有",而且"昔之生齒衆矣,未有不使以士君子自爲者,今惟以其佔籍爲斷耳"(黄溍《金華黄先生文集》卷三《送葉審言詩後序》)。入仕之途既不通暢,而在外族新政權的統治之下,仕與隱又已成爲士人所必須面對的一大問題,[59] 所以對這時的士人來講,激勵居官廉潔的道德意義,也就不顯得那麼重要。經濟上既因政府的儒户制度而可以獲得優待,政治上則已缺少實踐道德理想的空間,士大夫又何必挺身而出,承擔解決地方上貧士、貧宦家計困難的領導責任?

儘管經營管理的方式有了改變,此一義田的延續性是驚人的。從南宋紹熙元年(1190)開始,到元朝至正二年(1342)仍然存在,當時尚存有本莊本末須知,[60] 前後維持至少有一百五十二年之久。這中間自然出現過弊端,面臨廢壞的邊緣,但是都在經過整頓之後復振。例如元朝初年浙東肅政廉訪副使陳祥整頓之前,"成畫猶存,初意寖失",而"職□之冗員,子孫之繼廩,二弊不可不革"。所謂不可不革的弊端,可能是指對學校職生不加鑑別地給予補助,形成冗濫;而管理人也有徇私的情形,讓關係特殊者的子孫延續享受優惠。陳祥採取措施之後,"諸老之美意,幾廢而復續"(《延祐四明志》卷一四《學校考下·本路鄉曲義田莊條》載王應麟《義田莊先賢祠記》)。而在延祐三年(1316)儒學教授薛基到任時,則是"弊弛非昔,屋亦如之,雖有粟且無所容",經過同知慶元路總管府事張伯延審慎選用吳濠孫負責之後,不僅闢建收儲租米的倉廩,而且"悉更前所爲,收斂必公,賑遺必實"(同上載薛基《重建義田莊記》)。義田的規模,也一直在擴大。初設置時不過有田產五百畝,到延祐四年(1317)之前原已有田一千零五十三畝二十八步半、山地二十四畝二角二十四步二尺,吳濠孫出任提管後,短短幾個月内又買到田九十一畝一十五步。[61] 在延祐七年(1320)、至治元年

---

〔59〕 參考孫克寬《元代的南儒與南道》,收入孫克寬《寒原道論》(臺北:聯經出版事業公司,1977);王明蓀《元代的士人與政治》(臺北:學生書局,1992)第四章第二節。

〔60〕 《至正四明續誌》卷八《學校篇·鄉曲義田莊條》在敘述沿革之後說:"詳見本莊本末須知。"

〔61〕 見《延祐四明志》卷一四《學校考下·本路鄉曲義田莊條》。

（1321）陳紹祖任提管時，又置到田十七畝三角二十步。[62]

所以能够維持如此長久，一方面可能由於即使朝代已經更易，四明鄉曲義田的維持卻能符合元朝的政策。自元世祖的時代以來，"信用儒術"已是基本政策，[63] 地方學校教育是儒學教育重要的一環，在原爲南宋統治之下的南方尤其是如此。當元朝統治南方之初，曾經發生朝廷垂涎學田、貢士莊田的收入，而企圖拘收的情形。經過幾番轉折，最後仍然基於支持地方文教的理由而撥回。[64] 當時學田的收入，除了供給修繕、禮儀、師生開支等經費外，還擴大用來養贍貧無依倚的耆宿名儒。[65] 學田既具備有養贍貧儒的作用，元初四明鄉曲義田在功能上已和學田有相似之處，而且也同樣由學校管轄。至元末年陳祥的重振四明鄉曲義田，其實只是他在當地振興學校工作的一部分，慶元路儒學與鄞縣儒學都在他的手裏重建，[66] 而鄉曲義田是學校轄下的一個部門，具備與學田類似的功能，自然也不能任其衰敝。延祐四年張伯延的整頓鄉曲義田，則正好配合復行科舉，有激勵士人的意義。[67] 而早在元朝建立之前，蒙古已在中原有儒戶的設置，給予部分儒生以免除賦役的特權，令其專心學業。滅南宋之後，此一制度也推行到南方。[68] 置入仕管道已不通暢，義田原有的道德意義無從發揮此點而不論，四明鄉曲義田給予士人特殊濟助，使他們能够專心學業，無後顧之憂，在立意上，和儒戶制

〔62〕 見《至正四明續志》卷八《學校篇‧鄉曲義田莊條》。

〔63〕 參見姚從吾師《元世祖崇行孔學的成功與所遭遇的困難》，收入姚從吾師《姚從吾先生全集》（臺北：正中書局，1982）第六冊。

〔64〕 此事始於至元二十年（1283），到至元二十九年（1292）而確定學田租入依舊歸地方學校掌管。至元三十一年（1294），貢士莊田亦已撥歸學校作養士之用。詳細資料分見不著撰人《大元聖政國朝典章》卷三一《禮部四‧學校一‧儒學》，不著撰人《大元通制條格》卷五《學令》，不著撰人《廟學典禮》各卷所錄有關文件。

〔65〕 《廟學典禮》卷四《廟學田地錢糧分付現與秀才們爲主條》載至元二十九年御史臺議："其各路元屬孔夫子廟贍學田地，每年所産錢糧，擬合聞奏分付廟學依舊爲主，如遇修理廟宇、春秋祭丁、朔望祭祀、學官請俸、住學生徒食供，及有耆宿名儒貧無依倚者，於上項錢內依公養贍。"學田養贍貧儒的作用，在至元二十年以前就已存在，見同書卷一《都省復還石國秀等所獻四道學田條》。

〔66〕 詳見《延祐四明志》卷一三《學校考上‧本路儒學條》載王應麟《重建學記》及《鄞縣儒學條》載王應麟《重修學記》。

〔67〕 《延祐四明志》卷一四《學校考下‧本路鄉曲義田莊條》載薛基《重建義田莊記》："世常病儒者寡於實用，今國家設科取士，將責治道焉。"

〔68〕 參見蕭啓慶師《元代的儒戶——儒士地位演進史上的一章》，收入蕭啓慶師《元代史新探》，臺北：新文豐出版公司，1983 年。

度給予儒生經濟上的優惠待遇是可以相通的。這也就是説，四明鄉
曲義田的延續，剛好配合了元朝的儒户制度。

　　另一方面，四明鄉曲義田得以維持如此長久，對於鄉里先賢的
尊崇可能也發揮了支持的作用。先賢祠祀奉對義田創立貢獻最大的
史浩、汪大猷、沈焕三人，王應麟作《義田莊先賢祠記》時，“三賢
有祠亦七十有七年矣”，亦即初建於嘉定十年（1217），已在樓鑰死
後四年。這所祠堂，在義田改由學校管理後依舊維持，直到至正二
年（1342）應仍存在。[69] 史浩、汪大猷、沈焕三人因創設義田而獲
建祠祀奉，正是他們因致力於地方公益而取得社會聲望的説明，而
此一聲望在他們死後由於鄉人的祀奉才達到頂點。先賢祠的存在具
有教化的意義，[70] 就如在官學釋菜禮裏，祭祀先聖先師用意在使士
子知所嚮往效法，[71] 義田莊先賢祠裏對於創始三賢的祭奉，也可以
使原初義田創設的意義長留在人們的記憶中，進而爲了追念鄉里先
賢而維護他們的成果。當早期參與的一些人物仍然在世時，無需依
賴祠祀以示典範，但是當這些人物也陸續去世，先賢祠的存在便具
有重要的意義。由於典範經由祠祀而留存，此一義田的維繫因而成
爲地方的一個傳統，當民間的力量支撐不下去，或者當學校經營廢
弛時，地方政府在必要時願意伸出援手，使之不致於中絶。所以元
初陳祥重振義田的同時，也由於見“祠堂陋”而“更爲三楹，助田
於斯者列侑於旁，春秋祀焉”（《延祐四明志》卷一四《學校考下·
本路鄉曲義田莊條》載王應麟《義田莊先賢祠記》）；而延祐四年
（1317）張伯延整頓義田的管理後，薛基撰寫《重建義田莊記》，則
首先引述三賢創設義田的緣由。先賢祠的重要性不僅在於尊祀三位
有開創之功的人物，更在於“助田於斯者列侑於旁”，捐助田産者同
樣也經由祀奉而得到社會聲望。追祀的人數愈多，義田在地方上的

〔69〕《至正四明續志》卷八《學校篇·鄉曲義田莊條》載當時義田莊所管屋宇中，有祠
　　堂三間。

〔70〕陳雯怡討論南宋的書院，已經指出祠祀文化在地方教化上的意義，見陳雯怡《從官
　　學到書院——從制度與理念的互動看宋代教育的演變》，臺灣大學歷史研究所碩士
　　論文，第三章第二節（臺北：國立臺灣大學歷史系，1996）。

〔71〕《朱文公文集》卷八〇《信州州學大成殿記》：“熹惟國家命祀，而禮先聖先賢於學
　　官，蓋將以明乎道之有統，使天下之學者皆知有所鄉往而幾及之。非徒脩其墻屋，
　　設其貌像，盛其器服昇降俯仰之容，以爲觀美而已也。”儘管“明乎道之有統”是
　　朱熹個人的意見，但是應確有“使天下之學者皆知有所鄉往而幾及之”的作用。

基礎也就愈寬廣，更能獲得地方人士的支持。換句話説，先賢祠將
地方人士效力於鄉曲義田所獲得的社會聲望，經由圖像供奉與祭祀
儀式具體地表現出來，已成爲當地士人社會的一種精神象徵，以精
神的力量支持著義田的延續。

四明鄉曲義田維持到什麼時候，並不清楚。不過在明代張時徹
修纂的《嘉靖寧波府志》裏，有關的記載已經置於《古蹟》的篇章
中，而且只是抄録了樓鑰的《義莊記》，可能當時此一義田不再存在
已有很久一段時間了。儘管如此，四明鄉曲義田從南宋中葉到元朝
末年，經歷了兩個朝代，前後維持的時間至少有一百五十二年之久，
仍然值得重視。其經營從當地官宦家族的合作開始，後來雖然轉移
給學校管理，這些家族人物的社會聲望仍然未曾泯没，他們受祀奉
在先賢祠裏，共同提供了此一義田維持的精神力量。

五、結　語

四明鄉曲義田由當地的士大夫共同創立於南宋紹熙元年
（1190），在名稱和觀念上，可以溯源於范仲淹倡設的家族義莊；而
在以貧窮士人與官宦後人爲濟助對象的性質上，則直接取法於明州
名宦史浩任紹興府知府時所設的義田。四明鄉曲義田創設之後，早
期是由當地的一些官宦家族合作管理經營，不過最晚在南宋淳祐十
一年（1251）以前，已經轉移由府學管轄，濟助的對象也擴大包括
學校職生。這種情形一直到元代仍没有改變，義田維持到至正二年
（1342）依舊存在，前後延續了至少有一百五十二年之久。

此一義田所以有創設的必要，是由於官宦、士人的經濟狀況並
不很好，身後蕭條的現象並非罕見。這種情形，不僅爲明州士大夫
所曾目睹，也是他們之中一些人的切身經驗。爲了使官宦、士人没
有後顧之憂，能够專心學業、廉潔自持，所以要對他們的後人施以
必要的濟助。其實明州士大夫參與濟貧活動並非從鄉曲義田開始，
他們早從北宋末年以來已有這樣一個傳統，即使不是很富有的人家
也能從事，甚至使明州獲得“義郡”的稱號。而且這種活動並不只
是個別從事，最晚從南宋初年起，他們已經合作進行，並且推人出
來領導。然而由於他們自身原本就有沉重的家族負擔，經濟能力有
限，而求助者日益增加，有難以爲繼的顧慮。義田由大家合力捐獻

田産，又得到官府的幫助，以田租的收入來賑濟，使他們的濟貧負擔大爲減輕。儘管負擔已經減輕，他們並沒有因此而停止對濟貧活動提供力量，仍然積極地共同參與鄉曲義田管理與經營的事務。總之，四明鄉曲義田的創設，不過是繼承了當地原有的一個傳統，而更加制度化。

明州的一些士大夫家族所以能夠合作從事濟貧活動，在於他們長期以來，經由師生、交游、仕宦、同年、婚姻等途徑，彼此之間建立起密切的關係，而且這些關係已前後延續了幾代。種種關係，構成一張綿密的網絡，將汪、樓、史、袁、王、高及其他家族聯結在一起。在這張網絡之內，他們原本已有一些共同的活動，譬如家族的婚喪喜慶，同輩們的團體交游。在這些共同活動裏，領導人物得以浮現，而辦事人才也爲人所知。由於對地方公益的關心，他們的共同活動很自然會往公共事務的方向發展，而濟貧活動並非他們所參與公共事務的全部。明州鄉曲義田所以是由民間創設，而早期也由民間經營管理，便與這個背景有關。而後來所以轉移由學校管理，雖然無法從史料確知其原因，但是從宋、元之際的歷史環境推想，很可能是由於這些家族有些逐漸走向下坡，人才漸少；有的家族雖曾顯赫一時，在作爲上卻又引起很大的爭議；而家族之間或家族之內，也由於各種原因而發生爭執。於是地方上足以服衆而又不徇私的領導人物難以產生，家族合作也就無法進行，公衆活動只有仰賴官府來推動。而改朝換代之後，政治環境有了很大的政變，這些官宦家族的處境更不如前；而科舉考試已經停廢，入仕的管道遠不如以往通暢，義田的勸諭廉潔的道德意義難以發揮，儒士在經濟上又得到官府的優待，士大夫想來已難有意願出來承擔此項責任。

明州士大夫的家族負擔既然頗重，何以他們還要出錢出力，共同從事濟貧活動？這一方面固然是由於道德責任感的驅使，另一方面，這也可能由於此種活動可以使得他們的社會聲望更加提高。爲他人解決經濟困難而取得的社會聲望，具有道德的意義，更能獲得鄉里的尊敬。在鄉曲義田成立之前，這些官宦家族已因爲經常從事各項義行而獲得此種聲望，而義田之所以能夠順利成立，也和領導人物在地方上的聲望有關。這種聲望不僅存在於生前，也延續到死後。嘉定十年（1217）四明鄉曲義田先賢祠建立，祀奉對於義田創設貢獻最多的史浩、汪大猷、沈煥三人，使這種聲望達到頂點。而且除了創始三賢外，其他曾經捐獻田產的地方人士，也在祠中分列三賢圖像之旁，受到祀奉，因而獲得類似的社會聲望。鄉曲義田在當地的士人社會裏，於是有比較寬廣的基礎。四明鄉曲義田所以能延續這樣久，一方面固然是由於儘管改朝換代，此一義田的維持卻能配合元朝的政策。另一方面，也由於先賢祠的存在，使得此一義田的維繫已成當地的一個傳統，地方官府在必要時願意伸出援手。即使當地各個家族彼此之間，因為種種可能的因素不再為地方公益而合作，這些家族人物的社會聲望已化為精神力量，支持鄉曲義田延續到元末。

※ 本文原載《中國近世家族與社會學術研討會論文集》，臺北：中央研究院歷史語言研究所，1998 年。
※ 梁庚堯，臺灣大學歷史研究所博士，臺灣大學歷史系教授。

宋代四明士族人際網絡與社會文化活動

——以樓氏家族爲中心的觀察

黃寬重

一、前　言

四明屬宋代兩浙東路，北宋時期已成爲經濟要區。宋政權南遷以後，四明鄰近首都臨安，成爲宋朝對外的重要貿易港口，地位更爲重要，經濟發展更加蓬勃，加以教育普及、文風甚盛，人才輩出，從宋元地方志所錄兩浙路進士分佈的情況而言，南宋時代明州考上進士的人共計 782 人，佔兩浙路總數 3 379 人的 23.14%。[1] 依戴仁柱（Richard L. Davis）教授的研究，公元 1232 年，四明佔全國總人口的 1.5%，但進士人口卻佔 492 人中的 48 人，近 10%。[2] 此外，學術發達，一度是陸學發展的中心，及朱、陸、呂（祖謙）三派並傳的要地，成爲南宋時代推動道學、宏揚學術的重鎮，更是社會文化高度發展的地區。

促成四明地區社會文化在南宋時代呈現高度發展的原因很多，不過，自北宋崛起的幾個重要家族所開展的教育、婚姻、結社、交游及社會公益等活動，是一個重要的線索。北宋起，四明地區崛起不少新興家族，這些家族到南宋相繼成爲政治、學術上具有影響力的名族，如史家、袁家、樓家、汪家等，都是宋仁宗慶曆興學，各地普創學校之後，經由教育、科舉的途徑，取得功名，晉昇爲地方名族，乃至成爲全國知名的望族。這些家族在發展的過程中，藉教育與婚姻關係，乃至參與地方公共事務，在四明地區建立了緊密的

---

〔1〕　黃寬重《宋史叢論》（臺北：新文豐出版公司，1983 年 10 月初版），頁 85～90。

〔2〕　Richard L. Davis, *Court and Family in Sung China*, 960～1279: *Bureaucratic Success and Kinship Fortunes for the Shih of Ming-Chou*（Durham: Duke University Press, 1986），pp. 28～29, 261.

人際網絡，不僅有助於家族的維繫與發展，其所推動的活動，也形成四明地區社會文化發展的重要因素。因此選擇一個發展歷程明確、文獻豐富的四明著名家族，藉由該家族的教育與婚姻，乃至參與的社會活動，作爲觀察與瞭解四明地區士族的人際網絡及社會文化活動，當具學術意義。

四明樓氏家族從崛起、發展到衰替，前後歷時三百年，它和四明或其他宋代名族的發展一樣，是經由經營産業成爲小康之家，再由教育着手，通過科舉獲取功名，進入仕途，晉昇爲地方的名門望族，此一過程與宋仁宗慶曆興學、普及教育有密切關係，是宋代重文政策下的受惠者，其後家族内部致力教育、傳承儒學或發展學術，並以充裕的産業奠定家族發展的基礎。對外則藉參與地方活動及締結婚姻等方式，擴展人際網絡，建立與其他士族間良好的互動，遂能在北宋末至南宋中期，與史氏、袁氏等四明望族齊名，擁有相等社會地位。

樓氏家族的族人，藉由不同的方式參與四明地區的活動，不僅塑造了個人與家族發展的有利條件，也有利於發展四明地區的社會文化。這一個發展過程，正是觀察與討論宋代四明地區士人家族的人際網絡及社會文化活動的重要方向。從這個角度去觀察，不僅對四明士族的興衰歷程有更深入的了解，也可以對宋代四明地區的政治、社會發展，與學術文化的塑造過程有更清楚的認識。因此本文擬以樓氏家族爲中心，經由家族參與地方活動與擴展人際關係爲例，探討宋代四明士族的人際網絡與社會文化，一方面填補筆者以往只從樓氏家族内部討論其興衰歷程之不足，[3] 一方面也可以進一步瞭解宋代四明地區士人家族人際網絡發展，對地方的學術文化乃至地方意識塑造的影響。

關於四明樓氏發展的討論，除筆者的論述外，尚有不少可觀的成績，如美國學者 Linda Walton 以 *Kinship, Marriage and Status in Song China: A Study of the Lou Lineage of NINGBO* 爲題，分別就樓氏家族的興起、發展、義莊、婚姻及人際網絡等，探討家族如何藉科舉、家族與婚姻等方式的結合，以獲得、維繫乃至鞏固其在地方上

〔3〕 黄寬重《宋代四明樓氏家族的興衰歷程》，《史學：傳承與變遷》，臺北：臺大歷史系主編，1998 年 6 月，頁 237～261。

的名望。[4] 余國隆在《樓鑰年譜及其行誼》論文中，也略述樓氏家族發展歷程。[5] 包偉民則有《宋代明州樓氏家族研究》一文，分三個階段説明樓氏家族發展興衰的現象，並分析其原因。[6] 此外，梁庚堯在《家族合作、社會聲望與地方公益：宋元四明鄉曲義田的源起與演變》一文中，[7] 以整個四明地區幾個重要家族，經由彼此的合作，共同推動的地方公益活動爲主；其中頗有涉及樓氏家族的婚姻與人際網絡，對瞭解樓氏家族的發展與四明地區的社會現象有重要意義。本文在寫作時，參考前述作者的觀點，以四明樓氏家族爲中心，討論的範圍擴及教育、婚姻、交游、學術、社群、公共建設等社會公益活動，其中學術、社群及公益活動涉及範圍較廣，則不以樓氏家族爲限。利用的史料包含樓鑰的《攻媿集》、宋元時代四明地方志、南宋四明地區重要士人的文集及相關典籍，並輔以近人研究成果。由於資料整理費時，撰文倉促，其中必多疏誤、遺漏之處，敬請同道先進不吝指教，以便修訂時改正。

二、樓氏家族的興衰概況

(一) 崛 起

樓氏的先世爲浙東婺州東陽縣人，後來遷婺州,再由婺州遷到明州奉化縣。由於早期資料隱晦，遷徙的時間與世系都不清楚,據包偉民的推斷，樓氏由婺州遷奉化的時間大約在唐末五代。[8] 遷徙的動機大約與家族分產，或是逃避黃巢亂軍攻婺州(880)有關。

經過幾代的艱辛與努力，到樓皓時，樓氏已是四明地區富甲一方的大姓。[9] 樓皓爲人慷慨豪邁，篤信佛教，曾在奉化縣營建告成、明化等寺塔院觀，並且到杭州購買十部新印《華嚴經》及雕印《法華經》木板，印行百部，分送境内佛寺。約在真宗咸平（998 ~

---

[4] Walton, Linda, *"Kinship, Marriage, and Status in Song China: A Study of the Lou Lineage of NINGBO, 1050~1250,"* Journal of Asian History 18. 1 (1984) : 35~77.

[5] 余國隆《樓鑰年譜及其行誼》(清華大學歷史研究所碩士論文，1991年6月)。

[6] 包偉民《宋代明州樓氏家族研究》，《大陸雜誌》94. 5 (1997.5) : 31~39。

[7] 梁庚堯《家族合作、社會聲望與地方公益：宋元四明鄉曲義田的源起與演變》，《中國近世家族與社會學術研討會論文集》 (臺北：中央研究院歷史語言研究所，1998），頁 213~237。

[8] 包偉民，前引文，頁 223。

[9] 樓鑰《攻媿集》(四部叢刊本) 卷八五《高祖先生事略》，頁 780。

1003）以前，因財富捐官被授以"奉化縣錄事"的職位，這是四明樓氏首次由地方豪富之家，轉任具職銜的名位，成爲四明地區的士紳。樓皓生四子，次子樓杲是位篤厚種德之人。

樓郁是四明樓氏家族崛起的關鍵人物。郁字子文，是杲的兒子，皇祐五年（1053）中進士，這是樓氏家族由地方士紳正式成爲官僚的第一人。他曾任舒州廬江主簿，以禄不及親，辭官返鄉，在家鄉的州縣學教書三十多年，是四明地區"慶曆五先生"之一，[10] 對開啓四明學風居功厥偉。他教育鄉里、培養人才之外，對子弟的教育也很重視，確立了樓氏家族讀書應舉、儒學傳家的家風。樓郁的致力教育的做法，很快的奠下發展的基礎，同時也迅速擴展了在四明地區的人際網絡，是樓氏家族崛起的重要關鍵。

（二）轉　折

樓郁有五個兒子，俱傳其業，其中長子樓常和次子樓光先後中進士，幼子樓肖以特奏名補和州助教。

樓常爲治平三年（1066）乙科進士，曾知興化軍，元符三年（1100）七月至崇寧元年（1102）十二月，以朝奉大夫知台州。[11] 樓光才氣俊偉，中熙寧九年（1076），進士，歷任無爲軍判官、知幾縣。樓肖字夢弼，以特奏名補和州助教。樓氏兄弟三人都是在家道興盛之初，由其父辛勤培養、致力教育，及彼此勤勉向學而中舉人仕的，這在文風初開的四明而言，無疑地也是地方上一項難得的盛事。經父子二代的努力經營，樓氏家族已然成爲四明的仕宦階層。

到了樓郁的孫子輩，更是樓氏家族躍昇明州名族的關鍵時期，不過，此時家族内部各房支在仕途上的發展，也呈現了極大的差異。

樓光的子嗣不詳，大約有二個以上的兒子。樓肖有五子二女，次子名弄，字元應，舉進士不第，遂不復爲場屋文，晚年信奉佛教，遍歷名山古刹。

樓常一房，是樓氏家族晉昇四明名族的最大關鍵。他有二子，長子弁中元符三年（1100）進士，曾任宗子博士。[12] 次子异，字試

---

〔10〕　四明慶曆五先生指楊適、杜醇、王致、王說與樓郁，見倪士毅《浙江古代史》（杭州：浙江人民出版社，1987年2月初版），頁154。

〔11〕　黄𪩘《嘉定赤城志》（宋元方志叢刊本）卷九《本朝郡守》。參見包偉民，前引文。

〔12〕　《攻媿集》卷五二《求定齋詩餘序》，頁490。

可，元豐八年（1085）登進士第，歷内外諸官職，曾宰登封、知泗
州、秀州等。政和七年（1117），宋廷命樓异知隨州，他入辭時，向
徽宗提出二個建議，其一是在明州設置高麗司，創造百艘舟船，以
供應來往使臣之所需。其二則是將當地歲久湮塞的廣德湖，闢墾爲
田，以其田租供應高麗司之費用。[13] 徽宗接納他的意見，乃改命他
知明州。樓异上任後，積極任事，組織民役疏鑿溝塘，改進水利，
積極墾湖爲田，以充供億之用，共治湖田七百二十頃，歲得穀三萬
六千石。[14] 這項措施的收入，對加强宋麗關係有積極的貢獻，宋廷
乃以"應奉有勞"、"職事修舉"爲名予以獎勵，進官至徽猷閣待
制。宣和二年（1120），方臘起事，兵鋒直趨四明，异調集豪勇，乘
城捍禦，逼退群盜，一郡獲安。[15] 因守城有功，進封徽猷閣直學
士；[16] 此外，他大力將淤湖變成田，增建水利設施，當地父老爲感
念他的恩德，特立生祠。

樓异在明州的施政中，最引起争議的是將廣德湖墾爲農田，此
一措施，雖然一時造福地方，並增加國庫收入，但隨後卻由於水利
問題，引起極大的争論。

不過，從樓异典鄉邦以後，在明州城南大肆營建"晝錦坊"，及
晝錦橋、錦照橋、錦照堂、繼綉堂等相當大規模的建築，供諸子衆
居，[17] 甚至要仿效范氏義莊的規模設置樓氏義莊。[18] 可見樓异知明
州五年，不但使他個人在家鄉擁有很大的影響力，提高樓氏家族在
四明地區的名望，更爲家族累積了可觀的財富。這是樓氏家族在四
明地區發展上名利雙收的重要階段。

樓异有五個兒子，琛、璹、琚、璩、瑫，都是以蔭入仕。他們
青壯年的時候，正值南北宋政權交替之際。變幻莫測的世局，使得

---

〔13〕《宋史》（北京：中華書局點校本）卷三五四《樓异傳》，頁 11163。又見王元恭
《至正四明續志》（宋元方志叢刊本）卷九《神廟》，頁 7 上。
〔14〕《宋史》卷三五四，頁 11163。唯據《至正四明續志》卷九《祠祀》"豐惠廟"條引
至元三年（1266）況逵所撰記則稱"歲得穀三十餘萬斛"（頁 7 上），從《宋史》
本傳所記。
〔15〕《攻媿集》卷八五《高祖先生事略》，頁 781。
〔16〕《宋史》卷三五四，頁 11164。
〔17〕羅濬《寶慶四明志》（宋元方志叢刊本）卷八《晝錦樓氏義田莊記》及《寶慶四明
志》卷四《橋樑》、卷一〇《叙人下》。
〔18〕《攻媿集》卷六〇《范氏復義宅記》，頁 547~548。

樓氏兄弟，在仕途的發展上呈現很大的區別；樓琛與樓珌事蹟不詳，三子樓琚曾官右朝散郎。[19] 四子樓璩，曾任監進奏院、知處州、[20] 通判明州等官，終朝議大夫。

　　樓异的諸子中以樓璹的政績最卓著。璹字壽玉，一字國器，[21] 紹興三年（1133）任臨安府於潛令時，[22] 留意農事，作《耕織圖》一書，把農桑要務，完全呈現出來，是研究中國農業史、科技史的重要著作。[23] 璹歷任湖北轉運使、湖南轉運使兼知潭州、知揚州[24] 權兼淮南轉運司事等，[25] 所至有聲。璹致仕後，仿范氏義莊的規範，在鄞縣購置良田五百畝，建立義莊來幫助族人。這一義莊，使樓氏宗黨受惠者近六十年，對凝聚族人的向心力有很大的貢獻。[26]

　　從樓常到樓璹的三代，是樓氏在四明發展的重要時期。樓常、樓光及其子异，上接樓郁，在科場上均有所成，奠下了樓氏在四明的聲望，尤其樓异守明州五年，使樓家成爲四明地區的望族。到了樓璹兄弟，都是由蔭補入官，在世局驟變、情勢紛擾的時代裏，兄弟彼此在仕途的發展，有著相當大的差異性。建炎三年（1129）金兵入侵明州，對四明造成巨大的災難，樓家五代辛苦經營的家業付之一炬，以致樓璩必須帶妻小投靠外家汪氏，他的兒子也自小長於外家，這是樓家發展歷程中一項轉折。由於外在環境的巨變及家族成員的不同遭遇，形成族人各自獨立發展以及兄弟貧富有別的現象。樓璹以積極的態度，創置義莊來凝聚族人的向心力。可見樓氏家族的發展，因時局的變動形成不同的趨向，但在努力與凝聚之下，孕育了更爲繁盛的一代。

（三）盛極而衰

第七至九代是四明樓氏家族發展上變化極大的時代，主要是以

---

〔19〕《攻媿集》卷一〇五《從妹樓夫人墓誌銘》，頁1034。

〔20〕《攻媿集》卷七二《書石門披雲集後》，頁662。

〔21〕《攻媿集》卷七六《跋揚州伯父耕織圖》，頁708。

〔22〕《攻媿集》卷七六，頁708；李心傳《建炎以來繫年要錄》（四庫全書本）卷六六，紹興三年六月戊子條，頁3下。

〔23〕《攻媿集》卷七六，頁708。

〔24〕《攻媿集》卷八一《次韻伯父與心聞偈》説："紹興二十四年，伯父帥維揚"，頁749；又見卷七四《又錢希白三經堂歌》，頁677。

〔25〕《建炎以來繫年要錄》卷一七〇，頁7上。

〔26〕《至正四明續志》卷八《畫錦樓氏義田莊》引況逵記文，頁18；又見《攻媿集》卷七六，前引文。

樓异的房支爲主，其中第七代是最繁盛的時期。

樓异有三個事蹟可考的兒子——樓璹、樓琚與樓璩。

樓璹至少有四個兒子。次子名鐣，字仲宏，性資孝，謹事親。樓琚有五男六女。長子樓鈺，事蹟不詳，其餘諸子中，生平事蹟較顯著的有樓鉉、樓巨與樓鎡。

樓鍔與樓鉉是南宋初年最早中進士的樓氏族人，也是興復樓氏家族地位的重要人物。鍔字景山，[27] 自幼有聲場屋，以詞章聞於時。紹興三十年（1160）中進士，歷任宗正寺主簿、玉牒所檢討官、樞密院編修官等。淳熙中，任知江陰軍時，曾修貢院以加惠學者，治績以最聞。後自九江移武昌知鄂州，因病求致仕。

樓璩有九子二女，其中事蹟可考者爲樓錫、樓鍚及樓鑰。樓鑰更是四明樓氏家族中仕歷最高的人。

樓鑰是璩的三子，字大防，紹興七年（1137）生。鑰幼居外家，聰敏過人，師事王默、李鴻漸、鄭鍔等人。隆興元年（1163）中進士。曾隨仲舅汪大猷使金，著有《北行日録》，從陳傅良游，聞八陣圖説於薛季宣。[28] 曾任詳定一司勅令所删定官，通判台州，宗正寺主簿、太常博士、知温州等職。光宗朝，歷任太常少卿、太府少卿、起居郎、權中書舍人等官。上劄子諫光宗過重華宫以盡孝道，調和兩宫，著有勞績。寧宗即位之初，鑰掌内外制，得代言體。遷給事中，仍兼實録院同修撰、直學士院、權吏部尚書兼侍讀。他在政治上附同趙汝愚，論救彭龜年、吕祖儉，抨擊韓侂胄。慶元黨禁興，鑰即丐歸，致仕居家十三年。及韓侂胄被誅，宋廷以翰林學士召鑰，歷任同知樞密院事、參知政事等官。嘉定六年（1213）卒，享年七十七歲。鑰通貫經史，文辭精博，著有《范文正年譜》及《攻媿集》一百二十卷。妻王氏，有子四人、女二人。[29]

樓鑰任官至侍從、居兩府，前後數十年，在他的蔭庇下，三個

---

〔27〕王德毅等《宋人傳記資料索引》（臺北：新文豐出版公司，1982），第五册作“樓鉉自號求定齋”，證之《攻媿集》卷五二，頁 490 及卷七三，頁 672 ~ 674 所述求定齋當爲樓鍔。包偉民殆從索引，亦誤。

〔28〕《樓鑰年譜及其行誼》，頁 49 ~ 52。

〔29〕袁燮《絜齋集》（四庫全書本）卷一一《資政殿大學士贈少師樓公行狀》，頁 1 上 ~ 34 下；袁桷《延祐四明志》（宋元方志叢刊本）卷五，頁 7 上 ~ 8 下；《樓鑰年譜及其行誼》，頁 35 ~ 121。

弟弟與仲兄樓錫的兒子樓澡，都由奏補爲官，[30] 其成績較諸樓异
"諸孫以門蔭入仕者又數十人"[31] 尤有過之，是四明樓氏家族最盛
的時期。

四明樓氏到第八代，其盛況雖難與前代相匹比，但家族整體的
表現仍相當傑出。包偉民教授從現存宋元四明地方志中，錄出樓氏
第八代中進士的名單包括：樓汶（慶元二年〔1196〕鄒應龍榜）、
樓淮（嘉定四年〔1121〕趙建大榜）、樓潋（寶慶二年〔1226〕王
會龍榜）等共十一人。不過，這些人看不出與上述曾任官宦或有仕
宦事蹟者如鎧、鈜、鑰、鐋、錫、鎡、鏞的世系關係，且無重要的
仕宦事蹟可查，他們與明州樓家各房支的關係，尚須釐清。

有事蹟可考的樓氏第八代，則包括樓鑰與樓鎧的兒子。樓鑰四
個兒子的生平分別是：長子樓淳，字質夫，官至屯田郎中。次子樓
濛早逝。三子樓瀟曾通判臨安府。幼子樓治曾權兵部侍郎。[32] 樓鑰
諸子都是以蔭入仕，雖未能繼鑰之後在朝廷擔任要職，但承襲家風，
以德行自勵，在仕途上猶有相當的表現。樓鎧有四子，均由其妻蔣
氏扶養成人。長子樓淵，曾知婺州浦江縣，賜緋魚袋。[33] 次子樓源
早亡。三子樓洪曾刊印樓璹的《耕織圖詩》行於世。幼子樓深，嘉
泰二年（1202）爲國學生，仕履不詳，但收藏書畫甚多，大約樓璹
藏之文物均歸深所藏。[34]

總之，樓氏的第八代在科場和仕途上，尚有足堪告慰的成績，
使上代在四明奠下的望族聲譽，得以維繫及穩定發展。但從現存的
資料看來，這一代在科場得意者，仕履並不突出，反而是由蔭入仕
者，表現比較好。

四明樓氏到了第九代，在科場上的表現仍然相當突出。據包偉
民教授從相關的四明方志所錄資料，中舉者包括樓采等十一人。[35]
人數與上一代相當，可惜由於資料不足，他們的世系與仕履都無法

---

〔30〕《絜齋集》卷一一，頁 31 下。
〔31〕《攻媿集》卷八五《高祖先生事略》，頁 781。
〔32〕《絜齋集》卷一一，頁 27 下，及《延祐四明志》卷五，頁 8 下。吳廷燮《南宋制撫
　　 年表》（北京：中華書局點校本，1984 年 4 月初版）卷上，頁 431。
〔33〕《攻媿集》卷一○五，頁 1033。
〔34〕《攻媿集》卷七二，頁 658～659；卷七四，頁 678～681。
〔35〕包偉民，前引文，頁 226。

確知。其他因蔭入仕者的資料也不全。此時樓家的整體情況很難進
一步掌握。他們所處的理、度兩朝,正是趙宋王朝面對內外衝擊最
大、政局日益衰敗的時期。在這種情形下,樓氏家族的成員,不論
以科舉或以蔭補入仕,可能由於考試成績並不突出,或者承襲儒學
傳統,謹守家規、重視鄉里,並不熱衷於參與爭權奪利的中央朝政,
或在抗禦外侮中領袖群倫。因之,此時樓氏家族殆已由政治之途,
退回鄉里,維持社會名望而已。這些名門之後,相當重視文行操守,
喜歡收藏文物典籍,對經濟條件的追求也可能不太看重,像樓治身
亡時,家無餘金,就是一例。[36] 這些都是樓氏家族由興轉衰的一個
訊息。

宋元之際,是四明樓氏衰替的關鍵時期。樓氏從開慶元年
(1259)起,未見科舉及第的記載。尤其宋元政權交替之際,蒙古軍
隊進犯四明,對當地造成巨大的破壞。家業頗大的四明樓氏,受創
的程度,較之建炎三年(1129)金兵短期入侵所帶來的災禍,尤有
過之。其後元至元二十四年(丁亥,1287)及大德十年(丙午,
1306),樓氏家族的義莊又相繼遭族人盜賣瓜分,乃至爲富民所侵,
導致晝錦義莊幾乎荒廢。[37] 這些不利於樓氏家族發展的種種因素,
接踵而至,遂使已由政壇退回鄉里的樓氏家族,在入元之後"族寖
旦弱"一蹶不振了。

三、教育與學風

第三代的樓郁是樓氏家族中,最早與其他四明士族投入地方教
育,推動教育普及的人。明州當五代干戈相尋之時,賴吳越錢氏之
保完,經濟、文化得以繼續發展。及歸宋,太宗於淳化二年(991)
頒賜國子監本九經,以示崇儒教化之意。時值承平、經濟發展、人
口穩定成長,但學者尚少。經歷任知州的鼓舞,學風日盛,[38] 元代
學者程端學即指出:"宋當明道、景祐間,天下文物大備,郡國學校
獨未建,惟上橋陳家,闢屋儲書卷、擇明師,教其鄉人。"開啓私家

---

[36] 王梓材、馮雲濠《宋元學案補遺》(四明叢書本)卷七九,頁47。
[37] 《至正四明續志》卷八《晝錦樓氏義田莊》,頁20上~20下。
[38] 張津《乾道四明圖經》(宋元方志叢刊本)卷九《修九經堂記》,頁12上~13下。

在地方從事教學的風氣。[39] 及范仲淹推動慶曆興學，明州地區相繼設立學校。此時，宋廷明定不置教授員額的地方，由鄉里推擇教授。[40] 樓郁以古學基礎深厚，爲鄉人所推崇，首被郡選，受邀掌縣學多年，後來轉任明州郡學，舉家遷至明州城內，又掌郡學十餘年。中進士後，僅短暫任舒州廬江主簿，即辭官返鄉，仍以主持州縣學，教育鄉里子弟爲職志。王安石任鄞縣宰時與他定交，稱讚郁"學行篤美，信於士友，窮居海瀕，自樂於屢空之內。"[41]

樓郁篤好學術，學問博洽，又强調"學以窮理爲先"，在四明地區教學凡三十餘年，造就了不少傑出的人才，當地出身的名臣如豐稷、舒亶、袁轂、汪鍔、俞充、羅適等人都是他的弟子，對開啓四明學風，貢獻甚大，四明人尊稱他爲樓先生而不名。與在四明致力教育的楊適、杜醇、王致、王説並稱爲慶曆四明五先生。

樓郁是四明五先生中影響最大的一位。四明地區經五先生的努力經營，風氣爲之丕變，"爲士者日衆，善人以不教子爲愧，後生以無聞爲恥，故負笈而從師友、執經而游學校者踵相接焉，州舉進士，較藝決科者又相繼而輩出"。[42] 王應麟也指出："宋慶曆建學之初，楊、杜、二王、樓公，以道德文行師表後進，或授業鄉校，或講道閭塾，衣冠文獻益盛以大，五先生之功也。"[43] 説明五先生透過州縣學及私塾發揮教育的效果。全祖望對五先生開啓四明學風，尤爲推崇，他説："夷考五先生皆隱約草廬，不求聞達，……年望彌高，陶成倍廣，數十年以後，五鄉遂稱鄒魯。"[44] 説明四明在五先生的啓迪下，不僅文風興盛，也經由教育及士人的交流逐漸激盪成爲一個文風鼎盛的地區，這其中樓郁無疑是最突出的，他是五先生中唯一的進士，任教的地區又是文風繁盛、經濟富庶的明州城及奉化，他的學生舒亶、袁轂、羅適、豐稷等人爲鄉里首選，後來相繼中舉入仕，在朝政與學術上均有表現，成爲四明等地著名家族。

〔39〕 程端學《積齋集》（四明叢書本）卷五，頁 15 上、下。

〔40〕 《寶慶四明志》卷八，頁 9。

〔41〕 王安石《王安石全集》（臺北：河洛圖書出版社，1974 年 10 月影印）卷三四《與樓郁教授書》，頁 61。

〔42〕 《乾道四明圖經》卷九，頁 12 下～13 上。

〔43〕 王應麟《深寧文鈔·摭餘編》（四明叢書本）卷一《九先生祠堂記》，頁 11 下。

〔44〕 全祖望《鮚埼亭集》（臺北：華世出版社影印，1977 年 3 月初版）《外編》卷一六《慶曆五先生書院記》，頁 865～866。

樓郁在教育子弟的同時,也推動鄉里教育,使樓氏的興起與四明新興的科舉社會相結合,有利於鄉里人際網絡的建立。樓皓致富之後,成爲四明鄉紳階層,經過樓郁的努力,更將樓氏轉型爲學術文化性的地方名族。樓郁既重視家族子弟的教育,又在鄉里作育英才,顯示樓氏家族在崛起之後,透過教育,締造儒學傳家的家風,並且藉著教職教育鄉人,提昇四明的文化。而他的後人與其門人"皆執友"。[45] 這種參與地方教育的方式,不僅提高樓氏家族在四明的社會地位,也使樓家可以與四明地區的著名家族,建立了廣泛而長遠的人際網絡。

經過樓郁等人的努力,四明學風昌盛,中舉者日多,各地競相成立學校,除州學外,設於唐代,在慶曆年間已存在的鄞縣縣學,至崇寧、大觀年間移至縣城西南,確立其規模;[46] 奉化縣學先於景祐中初建於石夫人廟,治平三年(1066)遷於縣東,宣和初重建,運作順利;[47] 慈溪縣學於雍熙元年(984)由縣令李昭文建立,慶曆八年(1048)林肇移至縣治東南;[48] 定海縣則於崇寧中增修先聖殿爲學宮;[49] 四明的文風學術日益昌明,這些學校伴隨著社會經濟的發展,都爲四明地區的文化奠下重要基礎。

樓郁遷居鄞縣城南,對家族的教育,學術的發展尤爲關鍵。城南地區是鄞縣教育重地,如姚氏是四明富室,姚皐爲人輕財好施,曾創必慶堂於城南,"延碩師,聚族人,子弟就學",遂致子孫相踵擢第,成爲四明著姓。其孫姚孝全克遵家教,培養益深,繼續以私塾教育子弟。[50] 同鄉的楊氏家族,在南宋高、孝之際由楊萃在城南設家塾,延聘福州名師鄭鍔爲塾師,除了教育楊家子弟外,鄰近的青年鄉人,如樓鑰兄弟、袁燮、袁方、邊汝實、姚穎,也獲邀參加,一齊接受鄭鍔的教誨。[51] 遷居到四明不久的徐立之也曾聘鄭鍔教其子子寅學詩。[52] 鄭鍔字剛中,號三山,是福州人。他"該貫群經,

---

[45] 《攻媿集》卷七四《爲趙晦之書金剛經口訣題其後》,頁 681。

[46] 《寶慶四明志》卷一二,頁 7 下。又見《延祐四明志》卷一三《鄞縣儒學》條,頁 31 下~32 上。

[47] 《寶慶四明志》卷一四,頁 5 下。

[48] 《寶慶四明志》卷一六,頁 9 上。

[49] 《寶慶四明志》卷一八,頁 9 上。

[50] 《絜齋集》卷一五《通判平江麻校書姚君行狀》,頁 1 上。

[51] 《絜齋集》卷一一,頁 2 上;卷一六,頁 1 下、10 下;卷一八,頁 9 上。

[52] 《攻媿集》卷九一,頁 854。

多有講解，旁通子史百家……文備衆體，尤工於賦，立詞用韻，精切平妥"。[53] 他嚴於教學，寓居四明後，受聘於楊氏家塾，開館授徒，教育出許多著名的政治官員與學者，爲四明的重要教育家。鄭鍔於紹興三十年（1160）中進士，曾任屯田員外郎及寧宗爲皇子時之小學教授。此外，樓鑰兄弟也與其他四明士子共同師事鄉先生李若訥。李若訥是四明地方有名的鄉先生，樓鑰幼時和二位兄長樓鍚、樓錫從他學習；奉化人鮑璿也將二個兒子德光與俊德送到州城内，師事李若訥。[54] 另一位奉化人戴光世的妻子劉氏也送獨子日宣到城内，求學於號稱耆儒宿望的李若訥。[55]

這種幼年學習的歷程，除了透過科舉影響個人仕途及家族前途外，從地方的角度，同學情誼則更奠定、鞏固家族間的關係。樓氏家族的成員與同鄉少年共同的學習經驗，成了樓氏與四明其他家族維持情誼的重要基礎；如樓氏因同學的因緣，與另一個四明著名家族袁氏延續了幾代深厚的情誼，就是一個好的例子。樓郁爲袁轂的老師，樓鑰兄弟又與袁方、袁燮一同師事鄭鍔，袁燮未中進士前，也曾在城南樓氏精舍授徒。袁燮在爲樓鑰寫的行狀中説："我高祖父光禄公實師事正議先生，源流相續，以至於今。公又不以衆人遇我，嘉泰、開禧間從公于寂寞之濱，數以安于命義、保全名節之語勉我，斯意厚矣。"[56] 樓鑰則代其舅父汪大猷爲文祭袁章。[57] 可見樓鑰與袁氏第四、五代的袁方、袁燮建立了深厚的關係。樓鑰在《跋袁光禄轂與東坡同官事蹟》一文中，也説："兩家子弟衰門既幸未墜，而公之後，儒風日興，有孫字質甫，好古篤學，教子有聞於時，……其興殆未艾也。"[58] 最能説明兩家的關係。他又爲文輓袁章、[59] 袁文[60]及有詩送袁燮任江陰尉。[61] 兩家經由教育、學習所建立的關係，稱得上源遠流長。

---

〔53〕《攻媿集》卷五三《鄭屯田賦集序》，頁499～500。

〔54〕《攻媿集》卷一○一，頁985。

〔55〕《絜齋集》卷一九，頁4上。

〔56〕《絜齋集》卷一一，頁33下～34上。

〔57〕《攻媿集》卷八四，頁775。

〔58〕《攻媿集》卷七七，頁713～714。

〔59〕《攻媿集》卷一三，頁151。

〔60〕《攻媿集》卷一三，頁149。

〔61〕《攻媿集》卷一，頁10～11。

從樓氏藉著袁氏第五、六代在四明地區的學術網絡,開擴了與當時四明重要學術家族的人際關係,更可看出此種人際網絡層層開展的方式,其意義並不限於直接關聯者。四明是南宋中期重要的學術中心之一,王應麟説:"淳熙之舒、沈、楊、袁諸公,以尊德性、求放心爲根本,闡釋經訓,躬行實踐,學者知操存持養以入聖賢之域,四先生之功也。"[62]這四位先生袁燮與舒璘、沈煥、楊簡正是陸學的傳承與發揚者,誠如全祖望所指"象山之門,必以甬上四先生爲首"[63] 先是,史浩既歸鄉里,築真隱園以遂首丘之情,並致力鄉里教育,乃延致沈煥居於竹溪,楊簡講學於碧沚,袁燮也常自江陰回鄉,與舒璘、呂祖儉等人共同研討學術,致力教學,發皇陸學。[64] 袁燮是陸門弟子中官職最高,學生又多,成爲發揚陸學的重要人物。更重要的是他有位狀元兒子袁甫來繼承衣缽,進而發揚光大。甫幼服父訓,燮死,乞銘於楊簡,簡館之於家塾,反復扣辨,了然於所傳之學,成爲慈湖的大弟子。父子二人不論教授鄉里,或是任職地方學校與中央太學,乃至開設書院,對理學的推展貢獻很大,在四明地區有著豐富的人際網絡。樓鑰經由袁氏父子,遂得與四明最活躍的陸學人士建立密切的關係。《攻媿集》中即有樓鑰舉薦楊簡[65]及與楊簡論詩解的長信,[66]祭舒琬、舒璘兄弟的文等,[67]舒璘也有書信致樓鑰。[68]

除了陸學之外,四明也是朱學、呂學的重地之一,全祖望即説:"宋乾淳以後,學派分而爲三,朱學也,呂學也,陸學也。"又説:"吾鄉前輩於三家之學並有傳者。"[69]樓鑰與朱子、呂祖謙及其傳人,也有密切來往。[70] 樓氏在理學三派中雖親近陸學,仍與其他二派維持關係,成爲

---

[62] 《深寧文鈔·摭餘編》卷一《九先生祠堂記》,頁 11 下。

[63] 黃宗羲《宋元學案》(臺北:華世出版社影印新校本, 1987 年 9 月初版)卷七七,頁 74。

[64] 甬上先生是指象山門人中楊簡、袁燮、沈煥、舒璘四人,見《鮚埼亭集》外編卷一四《四先生祠堂碑陰文》,頁 841。時舒璘出游,代以呂祖儉。又見《外編》卷一六八《碧沚楊文元公書院記》,頁 870。

[65] 《攻媿集》卷三一,頁 284;又見《絜齋集》卷一一,頁 31 下。

[66] 《攻媿集》卷六七,頁 607~614。

[67] 《攻媿集》卷八三,頁 771。

[68] 舒璘《舒文靖公類藁》(四明叢書本)卷一,頁 17 上~19 下。

[69] 《宋元學案》卷七《慈湖學案》、卷七五《絜齋學案》,頁 2459~2540。

[70] 樓鑰有《答朱晦菴書》(《攻媿集》卷六六,頁 602)、《跋朱晦菴書中庸》(卷七六,頁 705)、《論朱熹補外》(卷二六,頁 255)、《繳朱熹除寶文閣待制與州郡差遣》(卷三〇,頁 277)。另有《祭呂太史》(卷八三,頁 766)、《東萊呂太史祠堂記》(卷五五,頁 515)。

推動四明學術與聯結不同學派的重要人物。這顯現樓氏家族在推動四明教育普及、提振學風及塑造學術環境上，均有其貢獻。

從教育對樓氏家族的發展看來，教育除了關係個人仕進、維繫家族地位於不墜之外，更可透過學習的過程，開展個人與家族的關係，形成地區士人間的人際網絡；而學術網絡的建立與開拓，不僅有利於塑造地方的文化特質，對家族而言，更是在仕宦之外，擴展社會勢力的有效方法。

四、婚姻與人際網絡

除了藉由受教育的過程與四明其他士族建立人際網絡外，樓氏家族的成員也因同學、共事等機緣，與當地官僚、士人等相互聯絡、交往，建立密切情誼。不過，這些卻不如經由婚姻所建立的關係，來得更緊密。同時，透過婚姻關係所張開的網絡，使樓家與四明地區的士人家族，建立了既緊密又複雜的人際關係，結成一個盤根錯節的關係網。

樓氏家族在崛起、發展的歷程中，因不同的機緣建立婚姻關係的對象，包括四明地區的汪氏、馮氏、王氏、蔣氏、姜氏等，以及四明以外的陳氏、張氏、周氏、孫氏等，相當廣泛。對樓氏家族在四明地區人際網絡的擴展而言，與當地家族的婚姻關係，顯然較爲重要，因此本節特以樓氏與四明士族間的婚姻關係爲例，說明由此所建立的人際網絡，及其所衍生的學術傳承。

四明王氏與樓氏有著淵遠流長的關係。王氏原爲桐廬人，王仁鎬於吳越時任官明州，舉家遷於鄞縣之桃源。[71] 仁鎬的曾孫王説，字應求，是另一位四明教育家王致的從子，[72] 受業於楊適，教育鄉里三十餘年，[73] 與樓郁同爲慶曆明州五先生之一。因此樓、王二家關係甚深，淵源甚早，樓鑰即説："王氏、樓氏自二先生以道義定交。"[74] 王説的孫子王勳爲政和八年（1118）進士，高宗命爲鄞縣宰，以廉稱。[75] 勳有三子，長子正己，以蔭任官，鄉人史浩薦知泰

〔71〕《攻媿集》卷九九，頁963。
〔72〕《宋元學案》卷六，頁8上。
〔73〕《寶慶四明志》卷八，頁11下。
〔74〕《攻媿集》卷一〇〇，頁967。
〔75〕《寶慶四明志》卷八，頁12上。

州海陵縣，魏杞薦知江陰軍。[76] 紹熙末年，以有清德雅望，見重於趙汝愚。[77] 後任太府卿、秘閣修撰、浙西提刑。他娶樓异的季女爲妻，是樓鑰的姑丈，這是二家締姻之始。王正己的女兒嫁給樓鑰同輩的樓鎀（官將仕郎）爲妻，一個孫女則嫁樓滁（樓鑰的大哥樓鍚的兒子）。[78]

正己次弟正功字承甫，以蔭入仕，曾知蘄州、廣西提刑，死於嘉泰三年（1203），享年七十一歲，幼弟正民曾知安慶府。[79] 王氏三兄弟都是以蔭任官，勇於任事，所至有功，而爲官廉潔，守家法，"俸人非令所載者，謝不受"，所至未嘗飾治器用，不市一物，爲鄉評所歸。[80] 三兄弟宦蹟甚著，樓鑰説"余與侯（王正功）有道義之好，又爲世姻，侯之兄弟皆承清白之傳"，[81] 樓鑰爲正己與正功寫墓誌銘，袁燮爲王正功寫行狀。[82]

王氏家族自王瓘起即喜藏書，以文稱，家族均富著作。王説有《五經發源》五十卷，[83] 他的弟弟王該善詩，有遺稿十卷。説的三子珩有《考經傳異同論》三卷、《臆説》五卷、《時政更張議》四卷、《字學摭要》二卷、《雜言》三卷和杜詩一百七十一篇。[84] 王正己三兄弟則好讀書，"一意于學，忍貧深居，窮經閲史，手自編輯"，[85] 聚書六萬餘卷"多自讎校，爲之且甚詳"，藏書樓曰"酌古堂"。正己有詩文、奏議，名爲《酌古堂集》。[86] 正功"性嗜學，多録未見之書，唐諸帝實録略備。今寫本及版行者各萬餘卷"，善詩，有《荆澧集》行於世。[87]

總之，王氏雖然不像樓氏家族出現不少高官，但在四明卻代表以學術傳承的地方名族，兩家的淵源甚早，關係頗深，當與彼此相

---

〔76〕《攻媿集》卷九九，頁 964。
〔77〕《攻媿集》卷七五，頁 697。
〔78〕《攻媿集》卷九九，頁 965。
〔79〕《攻媿集》卷一〇〇，頁 967～968。
〔80〕《攻媿集》卷一〇〇，頁 969～970。
〔81〕《攻媿集》卷五四，頁 507。
〔82〕《攻媿集》卷九九，頁 963～966；卷一〇〇，頁 967～970。
〔83〕《寶慶四明志》卷八，頁 11。
〔84〕《寶慶四明志》卷八，頁 12 上。
〔85〕《攻媿集》卷五二，頁 485。
〔86〕《攻媿集》卷五二，頁 485。
〔87〕《攻媿集》卷一〇〇，頁 969～970。

近的學術文化水準有關，這樣的關係，到南宋初更因締結婚姻，而更加強固。

　　與樓氏關係密切的另一個四明家族是汪氏。汪氏爲鄞縣人。汪元吉曾任縣從事，以掌法爲范仲淹所知。王安石宰鄞縣，以廉平吏薦於孫沔。[88] 這是汪氏崛起之時。汪元吉與樓郁相交，郁爲他寫墓誌。[89] 元吉生四子，一子洙，號儒先，曾任明州助教，以春秋學聞名於鄉，是汪氏列名四明士族之始。[90] 洙有二子，長子思溫有聲場屋，政和二年（1112）由太學上舍中乙科，改秩，知餘姚縣，高宗時任提舉江西茶鹽，歷兩浙轉運副使、太府少卿，後以不附秦檜罷，紹興二十七年（1157）卒，享年八十歲；[91] 二子思齊爲高宗前藩舊臣，建炎初擢吏部郎，因病死。[92] 無子，思溫以第三子大有過繼爲思齊之子。

　　思溫有七女，女婿包括陳膏、徐子寅、向子遇、洪筊及樓璩，璩即鑰之父，這是汪、樓二家締婚之始。思溫長子是大雅，曾任紹興府諸暨縣丞。[93] 次子大猷，字仲嘉，紹興十五年（1145）中進士，歷官吏部郎，爲莊文太子侍講、權刑部侍郎，曾奉使賀金國正旦、知泉州、知隆興府等，以討茶商賴文政之亂敗事，被罷，後進敷文閣學士，慶元六年（1200）死，年八十一。[94] 大猷娶樓异之女、璩之妹，大猷一女嫁璩子樓鏞（鑰之弟）。[95] 思溫的三子大定，字秀應，以蔭入仕，曾隨大猷使金。寧宗初，知江州事，謹朱墨、節浮費。慶元四年（1198）卒，年六十二。[96]

　　汪氏二代仕宦，與當朝名臣多所來往，又有墳庵、田産，是四明富厚之家、名門望族。[97] 汪思溫勇於爲義，視人急難如己，而且

---

〔88〕《延祐四明志》卷四，頁 34 下。

〔89〕《攻媿集》卷六〇，頁 548。

〔90〕孫覿《鴻慶居士集》（四庫全書本）卷三七，頁 16 下。

〔91〕《鴻慶居士集》卷三七，頁 16 上～25 上；《寶慶四明志》卷八，頁 32 上、下；《延祐四明志》卷四，頁 34 下～35 上。

〔92〕《鴻慶居士集》卷三七，頁 22 上。

〔93〕《鴻慶居士集》卷三七，頁 23 上。

〔94〕《寶慶四明志》卷八，頁 33 上、下；周必大《文忠集》（四庫全書本）卷六七，頁 1 上～10 上。

〔95〕《文忠集》卷六七，頁 8 上。

〔96〕《攻媿集》卷一〇三，頁 1013。

〔97〕《攻媿集》卷六〇，頁 549。

樂善好施，對自外流寓而來的貧乏寄客多施援手，因此四方游士歸
心。[98] 史浩與孫覿曾分別爲汪思溫寫行狀及墓誌銘。汪大猷除樂於
助人外，更喜歡延譽後進，"識葉公蓊於掌故之中，交游如錢尚書象
祖、劉侍郎孝韙，史待制彌大、都司潘疇、屯田鄭鍔、簽州沈銖，
推揚汲引，惟恐不及"，[99] 因此其甥樓鑰爲他寫行實、名臣周必大
寫神道碑。樓、汪二姓的婚姻，對樓氏而言，不僅藉此與當地名門
望族結成綿密的關係，爲樓氏擴展了在四明地區的人際網絡。更重
要的是，樓异所創造的樓氏美好家園，在建炎三年（1129）遭受金
兵侵擾，家園全毁時，璩的薪俸不加，家庭生計日窘，他的妻、子
不得已搬到汪家，受其照顧，[100] 樓鑰兄弟的童年都是在外家渡過
的，他們的教育也由汪家負責，對樓鑰兄弟養育與提攜之功甚大。

　　因著汪家的婚姻關係，也使樓氏與其他旅居四明的名族緊密結
合，陳居仁就是一例。居仁字安行，是陳膏的兒子。膏由興化宦游
至四明，娶思溫之女爲繼室。居仁幼遭母喪，由汪家扶養長大。居
仁歷任要職，受知於魏杞、史浩、汪應辰等人，"歷任四朝，出藩入
從，飾己甚嚴，了無玷缺，天下之言長者莫先焉"，[101] 惜官物如己
物，治公事如私事，喜讀書，尤熟於班左，有奏議制稿二十卷、詩
文雜著十卷，最後以華文閣直學士終，享年六十一。他與樓鑰爲表
兄弟，二人自幼俱生長外家，與汪大猷同任學士，鄉人有"一舅二
甥三學士"之稱。[102]

　　旅居四明與樓氏家族有婚姻關係的著名家族尚有姜氏、徐氏。
樓氏與這兩家的關係也是汪氏所造成的。姜氏原爲開封大姓，富盛
甲京師，婚姻多后妃侯王之家，家世顯赫。姜氏重儒學，藏書豐富，
延請大學名士教育子弟，汪思溫、思齊在開封任鄆王、肅王、景王
府贊讀時，[103] "皆嘗授館，通家如至親"。靖康之難，姜氏因汪思溫
之助寓居四明，遂爲四明人。在思溫兄弟的協助下，姜氏得以重振

---

〔98〕《鴻慶居士集》卷三七，頁34上。
〔99〕《文忠集》卷六七，頁10上。
〔100〕《攻媿集》卷八五，頁782，785。
〔101〕《攻媿集》卷八九，頁832。
〔102〕《攻媿集》卷八九，頁834。
〔103〕《鴻慶居士集》卷三七，頁16下。

儒業家聲，二家並締姻緣，汪大雅娶姜浩之妹爲妻，[104] 姜浩之弟濤
與魏杞及大雅、大猷均在家塾受教，思溫也將孫女嫁給姜浩次子姜
椷爲妻。[105] 姜浩六個女兒，一位嫁給史彌謹，一位嫁樓氏族人樓
溱。[106] 姜浩娶懷仁皇后的姪女，深受魏杞、梁克家、周葵、吳芾等
人的器重，他的幾位兒子中“出仕猶賴前數公提挈之力”，[107] 其麼
子姜柄娶魏栖之女。[108] 樓鑰幼年生長外家，不僅有緣從姜浩游，也
與浩的幾位兒子共學，使二家的關係更爲親密。姜浩的行狀是汪大
猷寫的，樓鑰則寫墓誌銘，姜柄的生平事蹟是袁樞寫的，也由樓鑰
寫墓誌銘。

徐氏原爲登州黃縣人，徐立之在紹聖初中進士，靖康之難南渡
後徙居四明。初到四明時，家貧甚，立之篤意教子，鍾愛子寅，紹
興十年（1140），子寅以蔭補官，十八年（1148）銓選授官，任建
州司法參軍，歷任大理評事、知無爲軍、高郵軍、工部郎中、知揚
州及廣南東路提點刑獄公事等官，慶元元年（1195）死，享年六十
六歲。徐子寅娶思溫之女，是樓鑰的姨丈，有女五人，史浩的孫子
史宣之及汪大猷兒子汪立中，都是他的女婿。樓鑰早年與子寅同舍
讀書，子寅後來變成他的姨丈，二人的關係更親密。[109]

馮氏也是樓氏的重要締姻對象。馮氏爲慈溪富室，雖在仕宦上
無顯赫的成績，但在當地卻有相當的影響力。馮制家有穀數千斛，
康定年間大饑，制以穀貸鄉人，賴以全者百餘家。[110] 他也曾調和王
致、樓郁、袁轂等對水權的爭論。大概是他的孫女嫁給樓异爲妻，
這是二姓建立婚姻之始，其後代又嫁給樓璩的次子樓錫爲妻。[111] 此
外，樓璩的女兒樓靚之（字）嫁給新昌人石文，而石文的母親馮氏
與樓异之妻同宗，[112] 因此樓氏與石、馮二氏是親上加親。馮氏的後
人馮端方、馮仁叟、馮興宗（振甫）、似宗（國壽）等與樓鑰爲表

[104]《攻媿集》卷一〇八，頁1060。
[105]《鴻慶居士集》卷三七，頁23下。
[106]《攻媿集》卷一〇八，頁1058。
[107]《攻媿集》卷一〇八，頁1059。
[108]《攻媿集》卷一〇六，頁1047。
[109]《攻媿集》卷九一，頁858。
[110]《宋元學案補遺》卷六，頁64。
[111]《攻媿集》卷八五，頁785。
[112]《攻媿集》卷一〇五，頁1034。

兄弟。[113] 馮興宗與似宗均師事楊簡。興宗於書無所不讀，袁甫於紹定五年（1232），在貴溪創立象山書院，曾請他擔任山長。[114] 馮興宗的舅舅也是岳父李必達，原爲餘姚人，家富饒，喜救濟，遷至四明，遣其長子師尹，師事沈炳（陸學傳人沈煥之弟），並將長女嫁沈炳之子沈唯曾，而其次子李師説，則娶袁燮弟袁橚之女，袁橚亦聘其女爲庶子之妻。[115]

從樓氏與馮氏的婚姻網絡，可以看到樓氏如何間接與當時四明學術主流——陸學形成千絲萬縷的關係。以下暫將討論重心，轉移至四明陸學的婚姻網絡，藉以與前述樓氏人際網絡的分析相呼應，並可瞭解樓氏在其中的角色。

陸九淵兄弟在四明地區的主要傳人有四：楊簡、袁燮、沈煥、舒璘，這四人都是同學，有著共同信服的師長與信仰的學説。但除了理念外，這些人子弟生徒間錯雜的婚姻關係，更加強了這個群體的凝聚力量，從而顯示學術團體與家族這種社會關係的結合。袁文的女婿之一吳适是沈銖的學生，吳适的父親鑑之則爲沈銖的女婿。[116] 袁文另一位女婿戴樟是其夫人戴氏的姪兒、[117] 高閌的學生，[118] 戴樟的女婿胡華是袁燮、楊簡的學生。[119] 袁燮的女婿舒鐻是舒璘的兒子，[120] 另一位女婿樓槃爲樓氏族人。[121] 楊簡的女婿舒銑，也是舒璘的三子，[122] 沈煥的女婿則有呂祖儉的兒子呂喬年及舒璘的長子舒銞，[123] 呂、舒二人都是沈煥的及門弟子。舒璘的原配童氏是其師童大定的女兒，繼娶同鄉富人汪汝賢之女，汝賢二子汪伋、汪份都是師事沈煥、楊簡等。[124] 樓鐄的孫子樓梲娶同鄉人舒衍（沂）

〔113〕 《攻媿集》卷六八，頁 623，卷八三，頁 772；〔清〕馮可鏞輯《慈湖先生年譜》（四明叢書本）卷一，頁 42 上。
〔114〕 袁甫《蒙齋集》（四庫全書本）卷一八，頁 8 上；卷一三，頁 10 下～14 上，17 上、下。
〔115〕 《絜齋集》卷二〇，頁 4 下～6 下；《蒙齋集》卷一八，頁 9 上。
〔116〕 《絜齋集》卷二〇，頁 14 下～15 下。
〔117〕 《絜齋集》卷二一，頁 12 上。
〔118〕 《攻媿集》一〇六，頁 1038。
〔119〕 《絜齋集》卷一九，頁 18 下。
〔120〕 楊簡《慈湖先生遺書補編》（四明叢書本），頁 5 下～6 上。
〔121〕 《絜齋集》卷一七，頁 7 上。
〔122〕 楊簡《慈湖先生遺書》（四庫全書本）卷一八，頁 24 上。
〔123〕 《絜齋集》卷一四，頁 15 下。
〔124〕 《絜齋集》卷一九，頁 5 下～8 下。

的女兒，衍也是沈煥、楊簡的及門弟子。[125] 舒亶的裔孫舒烈受業於沈銖，[126] 而舒烈爲四明富室邊友誠的女婿。[127] 袁爕則是友誠之兄友益的女婿。[128]

陸氏門人相聚學習的經驗一如真德秀在《袁爕行狀》中所説："乾道初入太學，陸先生九齡爲學録，公望其德容睟盎，肅然起敬，亟親炙之。而同里之賢，如沈公煥、楊公簡、舒公璘，亦皆聚於學，朝夕以道義相切磨，器業日益充大。"[129] 由於陸學的入門路徑與此時理學主流朱熹有所不同，因此門人砥礪之志愈堅，沈煥即説"吾儕生長偏方，聞見狹陋，不得明師畏友切磋以究之，安能自知不足。前無大敵，短兵便爲長技，甚可懼也"，[130] 藉著砥礪學習加深了同門的感情。而婚姻關係的建立，更將血緣繫緊同學的情誼，形成門派師承的巨大凝聚力。此外，經由學派中人與當地著名士族建立的婚姻網絡，可能也使當地人容易認同或接納此一學説，陸學於是逐漸地成爲本地的學術主流，四明遂成爲南宋陸學的重鎮。樓鑰雖非陸學中人，但以其仕歷、學識、聲望及與陸學門人既有交游又有婚姻的關係，當也扮演著陸學在四明傳播、擴散的媒介角色。

五、社群與文化活動

樓氏家族與四明士族一齊推動的活動，除了教育、學術之外，尚有具社會文化意義的事務。從這些活動，可以反映南宋時代四明士族在其交往過程中，形成具有凝聚力的團體意識，進而有共同經營、創造具備典範性社會的企圖。這其中，聚集致仕或卸任鄉居的士大夫及官員組成的詩社或"真率之會"，是一個典型的例子。

唐代已出現詩社之名，白居易所創的洛陽九老會，就是一個有組織、有固定成員和活動地點、定期聚會的團體。[131] 宋代的文人結社的情形更爲活躍，其中以屬於怡老性質的詩社，多冠以耆英會、

---

〔125〕 《攻媿集》卷二〇，頁16上～17上。
〔126〕 沈煥《定川遺書附録》（四明叢書本）卷四，頁3上、下。
〔127〕 《攻媿集》卷二〇，頁20上～22上。
〔128〕 《攻媿集》卷二一，頁16下。
〔129〕 真德秀《真文忠公文集》（四部叢刊本）卷四七，頁723。
〔130〕 沈煥《定川遺書》（四明叢書本）卷二，頁1上。
〔131〕 歐陽光《宋元詩社研究叢稿》（廣州：廣東高等教育出版社，1996年9月初版），頁153。

九老會、真率會一類的名稱，參加者多爲退休官員，年齡在七八十歲以上，主盟者多曾在朝任高官，在社會上有一定的影響力。這些文人在"序齒不序官"的規則下，屏除矯飾、繁文縟節，追求率性樸素的"真率"氣氛，[132] 以組織的形式集結成員定期聚會，逐漸產生集體意識。這類的結社，在宋代可考的即有六七十家。如元豐年間，在北方最著名的，有司馬光、富弼、文彦博等退居西京的元老重臣所組成的洛陽耆英會；在南方的蘇州（吳郡），則有以鄉居官員徐師閔、元絳、程師孟等人發起的九老會。[133]

　　四明地區的士人家族，世代業儒，彼此的關係又延續了好幾代，在同一地區長期的聯繫，形成家族間綿密的人際網絡。他們經由交游聚會，經常舉辦共同關心的活動，達成分享生活經驗、聯絡情誼的目的。南宋時期，四明地區以詩社、交游爲宗旨的集會，就有五老會、八老會及尊老會、真率會等。

　　五老會是在高宗紹興年間組成的，成員都是歸老於鄉，年齡在七十歲以上的太學舊人，參加的人包括宗正少卿王玠、朝議大夫蔣璿、郎中顧文、知衡州薛朋龜及樓鑰的外祖父太府少卿汪思溫。[134] 除汪思溫外，蔣璿爲蔣浚明之子，登紹聖四年（1097）進士，官至中奉大夫，嘗知江陰縣，其弟琉有女嫁樓璹之子樓鎡；[135] 顧文爲崇寧五年（1106）進士，官至郎中；[136] 王玠是四明慶曆四先生之一王說的第三子，大觀三年（1109）進士，任至宗正少卿，[137] 是王正己、王正功兄弟的祖父，正己是樓昇的女婿。薛朋龜字彦益，政和八年（1118）進士，歷官權工部及吏部郎官，知興國軍、衡州，[138] 他是高閌的岳父。這四位耆老在致仕後與汪思溫結社林下，被稱爲四明五老。袁燮就指出："紹興間，吾鄉年高德劭者有五人焉，其學問操履，俱一邦之望，時時合并，有似乎唐之九老、本朝之耆英，故謂之五老。繪而圖之，傳之至今。"[139] 他們都是進士出身，又曾

[132]　歐陽光，前引書，頁 29～42。

[133]　鄧小南《北宋蘇州的士人家族交游圈》，《國學研究》卷三，頁 463～466。

[134]　《攻媿集》卷七五《跋蔣亢宗所藏錢松窗詩帖》，頁 695。

[135]　《攻媿集》卷一○五，頁 1032。

[136]　陸心源《宋詩紀事補遺》（光緒 19 年刊本）卷三三，頁 3 下。

[137]　《寶慶四明志》卷八，頁 12；《宋元學案》卷六，頁 8 上。

[138]　《延祐四明志》卷四，頁 44 下。

[139]　《絜齋集》卷一八，頁 8 上。

任官，在地方上有一定的影響力，致仕之後，在彼此的園林中，賞花賦詩，以詩唱和，成爲他們晚年排遣時間的重要方式。這當是南宋初期四明地區首次出現的老人結社。

　　繼五老會而起的是八老會。五老會組成後，在四明同有聲譽的高閌和吳秉信，因年齡尚輕，無法加入。後來，王珩和薛朋龜相繼辭世，適參知政事王次翁致仕，回鄉寓居，仰慕五老會的義風，倡議改組爲八老會。於是蔣璿、顧文、汪思溫、高閌、吳秉信、王次翁、徐彥老和陳先就成爲這個社群的成員。高閌字抑崇，紹興元年（1131）賜進士出身，授秘書正字，歷任禮部郎國子司業，曾更定三舍法，後以得罪秦檜致仕。[140] 吳秉信，字信叟，曾爲國學官，因奉使察張浚卜宅僭越事，違秦檜意，被黜返鄉。後爲吏部侍郎，曾與凌景夏論内侍，出知常州。[141] 秉信之兄秉彝有後裔吳适爲袁燮之妹婿，從沈銖學。王次翁字慶曾，崇寧進士，通《詩》、《書》、《易》、《春秋》，號兩河先生，紹興初曾任湖南參謀官，未老致仕，居於四明。及秦檜任相，拜御史中丞、參知政事等，贊檜和議。迎韋太后時得罪，致仕，歸居四明。[142] 他的兒子伯庠，登紹興二年（1132）進士，曾任通判平江軍府、鎮江軍府、知興國軍、侍御史、知夔州、溫州等，伯庠與汪氏相契，其女嫁汪大有。[143] 徐彥老爲朝議大夫，只有陳先是布衣。由於八老會的成員功名和仕履的差異性較大，像王次翁才遷四明不久，陳先是平民，不像五老會的成員都是進士，性質上"已不及前日之純全矣"。[144] 不過，這也顯示，這種北宋以來以"衣冠盛事"爲特色的傳統，在明州由於參與成員的資歷不等，逐漸轉而加强"鄉誼"的成分，而成爲更具鄉里交游性質的聚會。

　　繼八老會而成立的是尊老會，大約是孝宗隆興年間史浩罷相家居時所創的。尊老會的成員和活動的情形，文獻不足，無法得其詳，但主盟的史浩所存文集《鄮峰真隱漫錄》卷三八有《四明尊老會致語》（乾道八年，1172）卷三九有《五老會致語》、《六老會致語》卷四七《滿庭芳》詞中有題爲《四明尊老會勸鄉大夫酒》、《勸鄉老

〔140〕《延祐四明志》卷四，頁 43 上、下。
〔141〕《絜齋集》卷二〇，頁 4 下；《延祐四明志》卷四，頁 41 下～42 上。
〔142〕《延祐四明志》卷四，頁 4 上、下。
〔143〕《攻媿集》卷九〇，頁 835～839。
〔144〕《攻媿集》卷七五，頁 695。

衆賓酒》、《代鄉大夫報勸》、《代鄉老衆賓報勸》及《代鄉老衆賓勸鄉大夫》以及同卷《最高樓》詞中小序所稱"鄉老十人皆年八十，淳熙丁酉（1177）三月十九日，作慶勸酒"。[145] 可知尊老會和上述五老會或八老會的性質是一致的，只是參加的成員有所變動而已。

由四明耆老組成的五老會或八老會乃至尊老會，樓氏族人都沒有參加。不過前後都參與並且是主盟之一的汪思温是樓鑰的外祖父，鑰的兄弟幼年住在汪家，耳濡目染，不僅熟悉情形，也與這些耆老或其後人建立了情誼，等到他們有足夠的資歷和條件時，很自然的成爲其中的一個成員。

樓鑰所參與的是由他的舅舅汪大猷領導的真率之集。真率之集的成員，可能與尊老會有所重疊，或是名雖異而實爲一會，參加的人包括史浩、汪大猷、魏杞、趙粹中、樓鑰、周模和袁章。樓鑰曾指趙粹中"遽退，閒居鄞十年，夷然不以得喪芥蒂，與太師史公、丞相魏公、尚書汪公爲真率之集"。[146] 趙粹中，字叔達，爲密州人，其父趙濬因官東南，葬於明州，子孫遂爲鄞人。粹中於紹興二十四年（1154）中進士，曾任太常寺主簿，爲岳飛雪冤，歷任起居郎、吏部侍郎、知池州、湖州等。淳熙六年（1179）罷官後參加真率會。[147] 樓鑰在祭粹中的文中説："四明尚齒，猶存古風，雖有鄉老，亦賴寓公。公居其間，俯首鞠躬，人化其德，事之滋恭。……某等辱居里閈，許入社中，登臨獻歌，樽酒從容。"[148]另一位真率會的成員周模字伯範，是明州的望族，他的曾祖父周師厚是皇祐五年（1053）進士，爲范仲淹的女婿。他的父親周淵爲右儒林郎，死時周模才十七歲。家道中落，促使周模放棄舉業，致力營生，重整建炎時被兵燬的房舍。致富之後，周氏戮力於文化及慈善工作，因此雖是布衣之身，仍被汪大猷邀約加入真率之集。樓鑰罷官返鄉時也加入此一聚會，樓、周二人年齡相近，棋藝相當，關係相當密切。[149] 袁章也是真率之集的成員；章字叔平，是袁轂的後人、袁文的弟弟、袁變的叔父，入太學屢試不中，以教書爲業，乾道五年（1169）章

〔145〕 史浩《鄮峰真隱漫録》（四庫全書本）卷三八，頁2上~3下；卷三九，頁1上~2下；卷四七，頁3上~6上、15下。參見歐陽光，前引書，頁236。
〔146〕 《攻媿集》卷九八《龍圖閣待制趙公神道碑》，頁955。
〔147〕 同上注。
〔148〕 《攻媿集》卷八三，頁763。
〔149〕 《攻媿集》卷一〇九《周伯範墓誌銘》，頁1068~1069。

五十歲才中進士。先後任諸暨縣主簿、泰州、和州州學教授、通判常德府。[150] 樓鑰在代其舅汪大猷所寫的祭文中，指袁章是位耆儒，"少鳴膠序，文高行孤，中年漫仕，日著令譽，晚益倦游，有宅一區，安貧樂道，隨時卷舒。……惟余齊年，往來舒、徐，凡我同社，視公步趨，有几有杖，有琴有壺，載平時問字之酒，奠今日一束之芻"。[151]

真率會的主盟人汪大猷，字仲嘉，號適齋，是汪思溫的次子，紹興十五年（1145）進士，高、孝二朝分別在中央與地方任官，淳熙二年（1175）茶商賴文政之叛時被罷。大猷未六十即退閒，[152] 回到鄉里，參與舊有的詩社等組織，以及推動鄉里建設，樓鑰説"凡里中義事，率自公倡之。賓客造門，必與鈞禮，不問遠近，必親謝其門"，[153] 大猷是繼史浩之後，成爲真率會的主盟者，"真率之約，觴詠琴弈，未嘗以爵齒自居"。[154] 慶元元年（1195）樓鑰因趙汝愚之誣及論救呂祖儉之貶，得罪當道，乞補外，並以"母老易危，暑行致疾，群醫俱試，百口相驚"，爲詞乞祠，[155] 得奉祠返鄉，時年五十九。鑰返鄉後追隨大猷，參與真率會，作詩唱和，舅甥二人渡過極具意義的六年。樓鑰在大猷的《行狀》中説"公既謝事，而鑰得奉祠，六年之間，有行必從，有唱必和，徒步行來，殆無虛時，劇談傾倒，其樂無涯"。[156] 樓鑰的文集中就有多首記述汪大猷參與真率會的詩，如《適齋約同社往來無事形迹次韻》説："舅氏年益高，何止七十稀。神明曾未衰，發黃齒如兒，義概同古人，閭里咸歸依。度量海深闊，仁愛佛慈悲，居然三達尊，後生顧影隨，爲作真率集，率以月爲期……凡我同盟人，共當惜此時。間或造竹所，寧容掩柴扉，耆英古有約，不勸亦不辭，此意豈不美，謹當守良規。"[157] 又有《真率會次適齋韻》、[158]《士穎弟作真率會次適齋韻》[159] 及《次適齋韻十首》中的《某會》也作："歸來鄉曲大家閒，同社仍欣取友端，無事銜杯何不可，有時

---

〔150〕　《絜齋集》卷一六，頁 12 下～18 上。
〔151〕　《攻媿集》卷八四，頁 775。
〔152〕　《文忠集》卷六七，頁 1 上～10 下；《攻媿集》卷八八，頁 810～822。
〔153〕　《攻媿集》卷八八，頁 820。
〔154〕　《攻媿集》卷八八，頁 820～821。
〔155〕　《攻媿集》卷一六《謝提舉江州太平興國宮表》，頁 176。
〔156〕　《攻媿集》卷八八，頁 821。
〔157〕　《攻媿集》卷六，頁 78。
〔158〕　《攻媿集》卷一二，頁 135。
〔159〕　《攻媿集》卷一二，頁 136。

會面亦良難,少曾環坐坐常滿,賴有主盟盟未寒,琴奕相尋詩間作,笑談終日有餘歡。"[160]

由樓鑰的詩句,可以看出經由真率會的活動,大猷舅甥與相同背景、共同關懷的鄉里耆老,藉著詩詞唱和琴奕交流,一齊渡過豐富文化生活的晚年。在交流中,鞏固、增進了彼此的情誼,進而引發共同興趣,凝聚集體的觀念。這種群體觀念,從詩詞唱和中固然可以體會出來,但從進而討論共同關心的鄉里議題,以及以行動推動崇尚禮教的鄉里活動,則更爲具體,也更能顯現具有特色的四明文化。

四明耆老,在推動不序年齒、以詩詞抒懷、聯誼的真率會、詩社之類的集會的同時,也推行一項以尊老、序齒及象徵團結、建立集體意識的"鄉飲酒禮"。

鄉飲酒禮是周代鄉學中舉行酒會的禮節,秦漢以來,曾長期爲士大夫所沿用。根據楊寬對《儀禮·迎酒禮》的研究,這個禮節包括:(一)謀賓、戒賓、速賓、迎賓之禮,(二)獻賓之禮,(三)作樂,(四)旅酬,(五)無算爵、無算樂及(六)送賓及其他。古人在習射前,社祭、臘祭後,乃至在鄉校中都舉行鄉飲酒禮。這個典禮的重點在尚齒,具有辨明尊卑、長幼,以及加強内部團結的作用。[161] 隋唐以來,鄉飲酒禮的儀式反而以行於科舉及學校爲多,具有教化的作用。[162] 裴耀卿於開元十八年(730)奏請配奏樂歌,[163] 其後格而不行。

宋真宗時,孫何獻五議,其中即有請行鄉飲酒禮。[164] 北宋時雖也曾在明州州學行此禮,惟不得其詳,[165] 建炎三年(1129)明州州學被金兵所毀,禮廢不講。一直到紹興七年(1137),仇念守明州,重建州學,再行此禮。仇念可能受到四明名士高閌所撰《鄉飲酒儀》的内容的啓發,又舉行鄉飲酒禮。[166] 其後仇念正式任知明州,更買

---

[160] 《攻媿集》卷一二,頁141。

[161] 楊寬《"鄉飲酒禮"與"饗禮"新探》,《古史新探》(北京:中華書局,1965),頁280~309。

[162] 杜佑《通典》(北京:中華書局點校本,1988)卷一五《選舉》三,頁353;卷五三,頁1483。

[163] 《通典》卷七三,頁2007~2008;《宋史》卷一四二《樂》,頁3340~3341。

[164] 《宋史》卷三○六《孫何傳》,頁10097~10098。

[165] 《乾道四明圖經》卷九《州學序拜田記》,頁9上。

[166] 黎德靖編《朱子語類》(臺北:華世出版社,1987)卷八七《鄉飲酒》,頁2265~2266。

田一百零六畝作爲行鄉飲酒禮的經費，[167] 鄉人王伯庠曾作記說：
"明之學者，自是歲時得舉行盛禮，明長幼、厚人倫、敦庬和輯之
化，由此興起，則受公之賜，豈有窮也。"[168] 這個禮制是南宋建立
後，首次施行。鄉人林保參照明州施行的辦法，制定了《鄉飲酒
儀》，紹興十一年（1141）加以修定損益，定名爲《鄉飲酒矩範儀
制》，禮部奏請遍下郡國施行。明州乃將已行的儀制與林保的規式參
酌改定，於紹興十三年（1143）四月，正式鏤版頒行，並且有九項
約束。[169] 林保曾權吏部侍郎，他的兒子林勉娶袁埴的女兒（即袁燮
的姑姑），[170] 孫女之一嫁樓鑰長子樓淳爲妻。[171]

宋廷頒布的《儀制》，標示尊卑之別，確定鄉里耆老在儀式中的
角色，以及適應各地不同狀況的權宜措施。其後宋廷規定各地在舉
辦科考之年，同時舉行鄉飲酒禮，也就是三年一次，但也允許每年
都舉行。[172] 不過，由於鄉飲酒禮的禮制相當繁雜，許多地方都難以
爲繼，只有明州仍然舉行。只是，仇悆所撥的田被移作養士之用，
經費無著，酒禮中止。

乾道五年（1169）明州再恢復"鄉飲酒禮"。當時知明州張津
撥鄞縣、昌國縣二地沒官田二百六十畝及山地二百四十九畝給州學，
作爲行酒禮的經費，並責由州學教授率當地父老主持。[173] 汪大猷等
耆老就扮演了重要角色；大猷勸當地巨室助修州學後，"冬至歲旦，
序拜有規，主盟斯事，少長以禮，推年長者爲學賓，遇釋菜則爲祭
酒，自編于布韋之間，以爲一鄉矜式"。[174] 此後，鄉飲酒禮成爲明
州地區持續舉行的文化特色之一，在耆老的領導下，當地士人不僅
熱烈參與典禮，甚至出錢出力，如寶慶三年（1227）郡守胡矩議行

〔167〕 《宋史》卷三九九《仇悆傳》，頁12127；《乾道四明圖經》卷一，頁10下；卷九，
頁9上。
〔168〕 《延祐四明志》卷一四，頁39下；又《至正四明續志》卷一一《仇待制鄉飲酒置田
記》，頁14上、下。
〔169〕 徐松《宋會要》（北京：中華書局，1957），《禮》46之1~4《鄉飲酒禮》；參見
《文忠集》卷六八《林保神道碑》，頁11上~15上；《建炎以來繫年要錄》卷一四
八，頁19上。
〔170〕 《絜齋集》卷二一，頁7下~10上。
〔171〕 《文忠集》卷六八，頁14下。
〔172〕 《宋會要》禮46之4。
〔173〕 《乾道四明圖經》卷九，頁9上、下。
〔174〕 《攻媿集》卷八八，頁820。

禮時，郡士出錢百緡資助，鄉人厲氏也助五十緡，而整個典禮是由鄉人戶部尚書何炳董理，"日會耆俊，參訂同異，潤色綿蕝，六邑風動"。何炳爲城南富室楊璘的妻兄。[175] 淳祐六年（1246），明州州學再行飲酒禮，參加者三千人，由樓鑰的外甥、林勉的孫婿、陳居仁的兒子陳卓爲首賓席儀。[176]

在南宋朝廷的推動下，曾有若干地方舉行鄉飲酒禮，如秀州澉浦、嚴州、[177] 古田縣、[178] 金壇縣、[179] 眉州，[180] 明州卻是最早恢復也是舉行最久的地方。明州士人高閌、林保對儀制、儀式的研究與推動，不僅使它成爲全國性的規範，更使鄉飲酒禮之行，凝聚明州士人的向心力，創造出較具特色的文化風氣。元代四明士人程端禮在《慶元鄉飲小録序》中就説："鄉飲酒禮……漢晉唐咸知舉行於郡縣，蓋以道德齊禮，莫重於斯。廢墜之久。在宋淳化間，四明獨能行之，朝廷取布之天下。紹興以後，賢守相濟，繼訂禮益精，且立恒産，以供經費，風俗之美，文獻之盛，遂甲他郡。"[181] 這項典禮能够順利推動，持之長久，歷任郡守的知文守節，固然是重要的因素，但要持續舉行，形成一種文化傳統，則像王伯庠、汪大猷、何炳、陳卓等四明著名望族，率領鄉人積極參與活動，貢獻才力，無疑是更重要的推動力。藉著此一活動的實施，增强了士族及耆老在地方學校、科舉等文化方面的角色，以及明州士人的凝聚力，對建立明州學術文化傳統，貢獻厥偉。

六、社會公益活動

四明士人由交游、共學、結社，乃至建立婚姻關係，均使彼此的關係更爲堅强。在增進關係的同時，彼此互相激盪影響，凝聚濃厚的鄉里意識，激發塑造鄉里文化的胸懷，進而形成共同推動地方公益活動的動力，創造出具有特色的地方文化。

---

〔175〕 《蒙齋集》卷一八，頁9下~10上。
〔176〕 《寶慶四明志》卷二，頁17上、下。
〔177〕 參見伊原弘《宋代の浙西における都市士大夫》，《集刊東洋學》45（1981）：50~68。
〔178〕 《宋史》卷四二四《洪天錫傳》，頁12655。
〔179〕 《宋史》卷四二四《孫子秀傳》，頁12663。
〔180〕 《宋史》卷四三七《魏了翁傳》，頁12966。
〔181〕 程端禮《畏齋集》（四明叢書本）卷三，頁4下~5上。

　　四明士族透過集體的力量共同關心與推動的公益活動,包括義莊、學校及橋樑等公共建設。這些集體活動是從個別家族發展而起的。義莊就是一個明顯的例子。自范仲淹創置家族内部經濟互助的義莊以來,成爲家族穩定發展的一股重要力量,因此南宋以來逐漸風行。四明是宋代經濟較爲發達的地區,當地崛起的士族,瞭解科舉對家族興衰的重要性,爲了增強家族的經濟力量,以創造有利的競爭條件,以及避免家族崛起後各房支的不平等發展,造成家道没落,對這種經濟互動的因素更爲重視。以樓氏家族而言,樓异守明州五年期間,不僅爲個人在家鄉累積了足夠的影響力,更爲家族累積了可觀的財富,以及提昇了家族的社會地位。這時候,他本來有意仿照范氏義莊的規模,設置樓氏義莊,以保障、促進家族的整體發展。[182] 不過,可能因北宋晚年東南的變亂及政局的動盪,未能如願。[183] 到南宋建炎三年(1129),金兵侵擾明州,樓家辛苦累積的產業,遭到巨大的損失,對樓氏家族的發展構成嚴重的考驗。因此樓璹在致仕後,斥俸禄之餘,仿范氏義莊的規範,在鄞縣購買良田五百畝,建立義莊,來幫助貧苦無業的族人,[184] 這是樓氏發展的重要基礎。除樓氏外,樓鑰的表兄陳居仁,爲了照顧在福州莆田的族人,也命他的兒子買田二頃,設置義莊,仿照范氏的辦法,來支援貧困的族人。[185] 這種"家族"義莊的設立,顯示他們超越"家"而重視"族"的意識,就現實層面而言,從第二節所述樓氏家族的興衰即可見到,在綿延十代的過程中,進士往往出自不同的房支,顯然可以看出以族爲單位,遠較個別家庭更能綿延久遠、長保興盛。因此,義莊不僅照顧貧苦族人、有利於維持各房支的發展,同時也是擴大家族整體發展的基礎。

　　四明的士族,除了照顧族人之外,也習於救濟他人,如樓异"以列卿領畫繡,義襟素高,卹孤濟急,不遺餘力,鄉人猶能道之"。[186] 樓鑰的母親汪氏"喜周人之急",[187] 他的哥哥樓錫"人有所求,惟力是

----

〔182〕 《攻媿集》卷六〇《范氏復義宅記》,頁 547~548。
〔183〕 宣和二年(1120)方臘起事曾攻四明,不久政局不穩,宣和六年(1124)异死。
〔184〕 《至正四明續志》卷八,頁 18;《攻媿集》卷七六,頁 708。
〔185〕 《攻媿集》卷八九,頁 833。
〔186〕 《延祐四明志》卷一四,頁 43 上。
〔187〕 《攻媿集》卷八五,頁 783。

視，告以急難，必傾身以應之"，[188] 他的舅舅汪大猷"產業素薄，僅足自給，納祿之後，用亦寖窘，隨力周施，嫁人之孤女，葬貧者之喪，不知其幾"。[189] 此外，像建炎三年（1129），金兵侵擾明州之後，造成大饑荒，米斗千錢，慈溪富室章詔就"傾其積以食餓者，病給之藥，愈然後去。遠不能歸者，託諸其親，不幸死者，葬之"，他的兒子章景及孫子章煥也都"力于爲善"，認爲"救人之饑，自吾家故事，何敢忘之"，因此里中艱食者，多賴章家以濟，躬行善道不爲空言。[190] 這類的例子很多，難怪沈煥要説"吾鄉義風素著，相賙相恤，不待其富者能之"。[191]

除了家族及個人從事慈善救濟工作外，由於四明士族之間密切的交往、同學、共事乃至婚姻關係，使彼此之間，建立了綿密的人際網絡，因此只要有人從中推動，極易由家族與個人間的參與，進而形成集體力量，一齊投入地方公共事務的活動，汪思溫就是其中一個重要的媒介人物。汪家是四明的富室之一，思溫爲人"慷慨特達，勇於爲義，視人急難如己"，當時有不少流寓到四明的人，困乏而死，無法埋葬，思溫"爲首倡，士大夫應之翕然，故四方游士皆以公爲歸"，[192] 思溫儼然成爲四明行善團的領袖。繼汪思溫而主盟者就是王伯庠，鑰在王伯庠的《行狀》中説：伯庠"疎財好義，不計家之有無，義所當爲，無所吝惜。四明舊爲義郡，顯謨汪公思溫爲之主盟，汪公歿，公實繼之，緩急叩門，視所請，曲爲之經理，故鄉人尤歸心焉"。[193] 這種集體行善的工作是世代相續的，誠如樓鑰所説的"外祖少師汪公，太師史文惠王、舅氏尚書，暨鄉之先達與我家諸父，相繼主盟，此風不墜"。[194] 樓鑰又指出："四明鄉誼最重"，[195] 士人、家族間的交誼可能增强了鄉里意識，更重要的是，鄉里意識得以透過士人、家族間的網絡而實踐，換言之，個人間的

---

[188] 《攻媿集》卷八五，頁790。
[189] 《攻媿集》卷八八，頁820。
[190] 《絜齋集》卷二〇《章府君墓誌銘》，頁1上～3上。
[191] 《寶慶四明志》卷一一《鄉人義田》，頁21上。關於四明人救濟的實例，請參見梁庚堯，前引文，頁217～219。
[192] 《鴻慶居士集》卷三七，頁24上。
[193] 《攻媿集》卷九〇，頁838。
[194] 《延祐四明志》卷一四，頁43上。
[195] 《延祐四明志》卷一四，頁43上。

人際網絡成爲一個鄉里"社會"活動的現實基礎。

這種集體行善的行動,在四明主要士族的推動下,於紹熙元年(1190)正式出現了獨樹一格的鄉曲義莊。推動的關鍵人物史浩説明設置的宗旨是"義田之設,專以勸廉恥。蓋賢大夫從官者,居官之日少,退閒之日多,清節自持,不肯效貪污以取富,沾敗名以自卑。爲士者,生事素薄,食指愈衆,專意學業,不善營生,介潔自持,不肯爲屠沽之計、挈攫之態者,使各知有義田在身後,不至晚年憂家計之蕭條、男女之失所,遂至折節,汨喪修潔。故以此爲勸,使其終爲賢者"。[196] 可見四明義田莊的設置,消極方面是在幫助窮困的知識分子及官僚,積極方面則是經由集體的力量,建立經濟互助體系,以達到崇尚廉恥、培養廉能官僚的目的。一方面,從"家族"義莊到"鄉曲"義莊,顯示從個別家族興衰的考量延伸到對鄉里整個士人階層的關懷;另一方面,如沈焕在建立義莊時所説:"隨時拯卹,其惠有限。"[197] 因此必須藉著義莊的成立,來取代臨時性的賑濟,這種發展也是前述地方家族間集體公益活動常態化、制度化的表現。

推動此一善舉的關鍵人物有三人,即史浩、沈焕和汪大猷。史浩字直翁,生於崇寧五年(1106),死於紹熙五年(1194),享年八十九,曾任國子博士、參知政事。他是宋孝宗爲皇子時的老師,在孝宗朝曾二任丞相,是中興名臣,在四明地區有著卓著的聲譽與重要的影響。史浩是第一位將家族義莊推衍成鄉曲義田的人物,乾道四年(1168)他知紹興府時,爲了救助貧困的知識分子,"始捐己帑,置良田,歲取其贏,給助鄉里賢士大夫之後貧無以喪葬嫁遣者,附以學而以義名之",並且草擬了十幾條章程,規定了收存、發放的原則。[198] 此一措施,收到良好的效果。後來,他出任知福州,又設義莊,以給濟貧苦的孕婦。[199]

史浩任官時設置義莊的行動,發揮了救卹孤貧的作用,也是引發四明士人合作的動力。淳熙五年(1178),史浩罷相,回到四明里居。不久,奉命通判舒州,待次里居的沈焕感於"鄉閭有喪,不時

---

[196]　《延祐四明志》卷一四,頁42上、下。

[197]　《延祐四明志》卷一四,頁43上。

[198]　沈作賓《嘉泰會稽志》(宋元方志叢刊本)卷一三,頁18下～19上。

[199]　《鄮峰真隱漫録》卷八《福州乞置官莊瞻養生之家劄子》,頁5下～8上;參見俞信芳《鄮籍中興宰相史浩二、三事》,《寧波師院學報(社會科學版)》13.3(1991.6),頁54～57。

舉，女孤不嫁者，念無以助"，[200] 向史浩及另一位耆老汪大猷，建議設置鄉曲義田，他說："隨時拯卹，其惠有限。吾鄉以清白相屬，其能稱物平施者，蓋可數矣，盍用會稽近比爲義田之舉乎。"[201] 希望由史浩領導鄉里好義者推動這個善舉。史浩與沈煥有二代情誼，關係深厚。[202] 沈煥的意見獲得史、汪二人的贊同，遂由鄉評所推許的沈煥負責實際的勸募工作。煥不辭辛苦，奔走勸募，誠意感人，鄉人"或捐己産，或輸財以買，各書於籍"，[203] 汪大猷"率鄉之人爲義莊，首割二十畝以爲倡，衆皆競勸，至三百畝"，[204] 四明富室邊友誠之弟，也樂於捐助修頖宮、建義莊、濟饑民的費用，[205] 又得到知明州林大中撥郡中絕户的田産二頃，總共得五頃餘。[206] 每年得穀近六百斛，米三之二，乃建屋十五楹於郡城西的望京門，正式稱"義田莊"。汪大猷親自規劃、訂定規章，由地方上年長孚衆望而且能幹的人來主持，敦請居鄉休致的官員，負責財務及義莊事務。[207] 紹熙元年（1190），正式運作。史浩、沈煥及汪大猷三人在創置四明義田莊的貢獻最大。王應麟就指出："始忠定里居，篤於義，仕者勉以勵廉隅，學者勸以修文行，乃爲義田以濟婚葬。而汪、沈二公，比善協心，聞者樂施，其規約密，其給授公，立義以爲的，一鄉莫不知義。"[208] 鄉人爲了感念他們的貢獻，乃繪三人的畫像於莊所。[209]

　　四明義田莊創置不久，沈煥就因病逝世，由汪大猷實際負責事務。其後樓鑰致仕，也加入經營義田莊的工作。及汪大猷死，樓鑰接替其職，轉請同郡高閌的姪兒高開的次子高文善（曾任將作監）[210] 及袁燮的弟弟時任樂平丞的袁橚[211] 負責實際的莊務。樓鑰稱"椒（橚）尤能周知州里，詳悉檢柅滲漏，明辨真贋，不私市恩，

〔200〕《絜齋集》卷一四，頁23下。
〔201〕《延祐四明志》卷一四，頁43上。
〔202〕梁庚堯，前引文，頁4。
〔203〕《延祐四明志》卷一四，頁43上。
〔204〕《攻媿集》卷八八，頁820。
〔205〕《絜齋集》卷二〇，頁25上。
〔206〕《延祐四明志》卷一四，頁43上、下；《攻媿集》卷八八，頁820。
〔207〕《寶慶四明志》卷一一，頁21下；《延祐四明志》卷一四，頁43下。
〔208〕《深寧文鈔·摭餘編》卷一《義田莊先賢祠記》，頁6下。
〔209〕《寶慶四明志》卷一一，頁22上。
〔210〕《延祐四明志》卷四，頁43下。
〔211〕《延祐四明志》卷一四，頁43下。

於是所入加多而被惠者衆"。[212]

　　從四明義田莊的設置過程，到規章的擬定，乃至制度的運作，看到汪大猷、史浩、樓鑰、沈煥、袁樞、高文善等著名士大夫，結合當地富人如邊氏，共同推動地方上的公益活動，建立了以民間爲主、官方爲輔的運作模式，這是士人家族從密切交往中，觸動鄉土關懷，自覺地建構起來的運作規範，正是四明士人展現自信與鄉土意識，所締造出的社會文化特色。

　　除了創置具有代表士大夫對鄉土關懷的義田莊之外，四明士人推動的公共建設尚表現在學校與橋樑的興建方面。教育是宋代士族起家的基礎，除了富有者個別建立私塾或小型書院，來教育子弟及鄉里之人外，州縣學校作爲地方正式"公共"性的教育機構，在文風素盛的四明地區，也一直受到重視。自慶曆興學以來，宋廷努力於地方教育、興修學校，而受惠於學校教育而崛起科場的四明士人家族，遂把興修學校也當作一項回饋社會的建設工程，莫不廣籌經費，協助地方官，興建教室，充分體現了四明士族關懷鄉土、關心教育、提振文化的胸懷。

　　明州早在唐開元二十六年（738）即置州學，宋天禧二年（1018）守臣李夷庚移至子城之東北。[213]　建炎三年（1129）學舍被金兵所燬，當地富人袁轂（袁燮的祖父）的岳父曾任韶州司户曹事的林暐，捐金錢數十萬，重建校舍，並提供半頃田地，作爲養士之用，州學方始恢復舊觀。[214]　不過尚嫌簡陋。紹興七年（1137）仇念守明州，才出公帑百六十萬緡，"又丐於耆舊鄉老，得錢八十萬，始益賦入，助其供給。……初立重門兩序，敞其後以爲講議之堂，蓋其東以爲庖湢之舍，開閣深麗，翼瓦飛甍，神位像設，籩豆俎簋，煥爛一新。於是泮宮之制，具體克備"。[215]　後來，州學屢圮屢修，仍不如人願。淳熙十三年（1186），岳甫任知州，周粹中爲州學教授，二人同謀改建州學，明州捐錢二百萬緡。此時復任龍圖閣待制

[212]《延祐四明志》卷一四，頁43下~44上。
[213]《寶慶四明志》卷二，頁3下~4上。
[214]《寶慶四明志》卷二，頁4上；卷八，頁31上；《絜齋集》卷八《跋林户曹帖》，頁26下。
[215]《寶慶四明志》卷九《重建州學記》，頁5上、下。

的汪大猷與侍郎史彌大，共同出面"勸激士類，鳩材効工"，[216] 樓鑰在大猷的《行狀》中對他在興修州學的角色有詳細的記載説："庠校自兵火草創，歲久寖圮。勸率巨室，且爲之文，謂崇釋老之居以徼福，不如新夫子之宮以助風化。首創儀門，聞者不約而趨，黌宮一新，冠於東南。"[217] 此後，再經後代守臣、教授的擴張、增修，使明州州學"黌宇輪奐，遂甲東諸州郡之上"。[218]

除州學之外，四明士人積極協助興建的縣學，亦所在多有。鄞縣縣學建於唐元和九年（814），建炎三年（1129）燬於兵火，縣學廢。至嘉定十三年（1220），鄞縣主簿呂康年請宰相史彌遠擇地重建。宋廷撥地十五畝餘，由地方官與地方士紳協力興建，當地士人捐助了四千一百緡，由鄉人王機董理，興建夫子殿。寶慶二年（1226），胡矩知明州，又推動建校工程，鄉里士大夫又捐五百緡相助，才告完成。[219] 奉化縣，唐代曾在縣東北建夫子廟，是縣學的前身。景祐中曾增學宮，宣和初改建，不久因三舍法不行，縣學廢圮。建炎三年（1129）燬於兵火，紹興九年（1139）曾重建，又圮廢。慶元二年（1196），永嘉人宋晉之知奉化縣，認爲教化之地壞敗不堪，無法爲民典範，亟謀興建，但連歲大饑，財用空乏，縣府無力施工，幸得當地富室汪氏兄弟之助才能完成。汪伋與其弟份是舒璘的妻弟，又師事沈煥、楊簡，崇信陸學，得知縣學修建困難，認爲是他的職責，"不待勸率，不謀於衆，以身先之，首創大成殿，增廣舊址，不日而成，一木一瓦，皆不苟設"，[220] "爲長遠計，二人更立先聖先師十哲之像，從祀分列兩廡"。[221] 袁燮稱讚汪氏兄弟"更新縣學，材良工堅，有助風教"。[222] 當地好義者相繼效力，"董安嗣、徐如松等三十有二人，爭趨競勸，相與再建駕説之堂，挾以一直廡，傍列諸齋，庖湢會廩，器用畢備，凡爲屋四十楹"，[223] 這是鄉里之人提供經費、出錢出力、興建學校的佳例。嘉定七年（1214）富有

---

[216] 《寶慶四明志》卷二，頁 4 下。
[217] 《攻媿集》卷八八，頁 820。
[218] 《寶慶四明志》卷二，頁 5 上。
[219] 《寶慶四明志》卷一二，頁 8 上。
[220] 《攻媿集》卷五四《奉化縣學記》，頁 509；《絜齋集》卷一九，頁 5 下～8 上。
[221] 《寶慶四明志》卷一四，頁 6 上。
[222] 《絜齋集》卷一九，頁 7 上。
[223] 《攻媿集》卷五四，頁 509。

的鄉人又在縣令馮多福的鼓勵下，"出産爲永業"作爲養士的費用。[224] 慈溪縣學建於雍熙元年（984）。慶曆八年（1048）縣令林肇徙建，由縣宰王安石作記，並請杜醇爲教授。建炎三年（1129）被金兵所燬，紹興十二年（1142）重建。淳熙四年（1177）宋南强代縣令，以修學舍勸里士，於是在鄉人陳公達倡議下，完成大成殿，使之焕然一新，其後齋居、門廡、庖湢次第落成。[225] 定海縣學，建於雍熙二年（985），至道年間增修，崇寧中又增廣爲學宫。建炎三年（1129）燬於兵火，紹興八年（1138）改建，嘉泰四年（1204）縣令商逸卿重修明倫堂，鄉人胡大任、黄君中提供土地以擴增學舍。[226]

　　四明士人除協助興修學校外，也參與地方橋樑、堰堤的修築。如鄞縣的小溪江橋，是紹興十五年（1145）由邑人朱世彌、世則兄弟重建的。仲夏橋是紹興八年（1138），由通判舒國佐率鄉豪重建，未成，鎮官游彦忠繼續督導，由邑人莊漢英、張允明、莊椿輸財鳩工完成的。林村市盤橋是乾道六年（1170），由監務范淮率鄉人易木以石建造的，流花橋也是范淮率鄉人疊石而成的。[227] 奉化縣的廣濟橋俗名南渡橋，建隆二年（961）始建土橋，後來邑士徐覃改建爲木橋。紹熙元年（1190）汪伋捐家財，重新建立，橋岸均立石柱，布板其上，十分堅麗，袁燮説他"建石梁於雙溪，新既壞於南江"。[228] 而在縣北與鄞縣爲界的北渡，是兩縣百姓交易貨物之地，卻困於船師的多取。慶元中，汪伋請以私帑造巨舟；來往的商人每人收三文，士夫僧道免費，這是汪氏便利鄉親之舉。[229] 慈溪縣的彭山閘原是縣西北群山水流入江之處，有閘儲水備水旱，歲久失修，水無法蓄積，潮水涌入，河被淤塞，淳熙十三年（1186）慈溪縣主簿趙汝積認爲修閘門是根本之道，乃告諭當地父老出錢出力，建閘於彭山，築堤以捍江潮，並浚治河水，"二役之興，皆成於同僚協謀，不掣其肘，更選里士之才而公者，以司會計，不使吏預其間，故財不蠹，民不

〔224〕《寶慶四明志》卷一四，頁6上。
〔225〕《寶慶四明志》卷一六，頁9上。
〔226〕《寶慶四明志》卷一八，頁9上、下。
〔227〕《寶慶四明志》卷一二，頁36上、下。
〔228〕《絜齋集》卷一九，頁7上。
〔229〕《寶慶四明志》卷一四，頁21下~22上。

擾，一筆不施，而利興害除，可傳永久"。[230] 慈溪縣的鳴鶴鄉與餘姚的上林鄉以河爲界，上林的水常泛濫入鳴鶴，鄉人深以爲苦。乾道元年（1165），里人曹閎捐錢二千緡，率鄉豪益以二千緡，建雙河界塘凡六百丈，使鳴鶴地區的田地，成爲肥沃之地。[231] 從這些造橋築堰的例子，可以反映出四明地區士族、富室，與官府協心致力鄉土建設的情形。

七、結　論

四明樓氏家族的崛起與發展，是内、外諸多因素交織而成的。以外在關係而言，樓氏族人藉著同學、共事、交游、婚姻等方式與四明地區著名士族，建立了廣泛而深遠的人際網絡。這種家族向外建立與開拓人際網絡的情況，與家族内部教育、經濟條件的改善，族人向心力的增强等因素相結合，對家族成員在學術、舉業、仕途發展，以及家族經營、資源取得、社會政治地位的提昇等方面，構成相輔相成的效果。

從樓氏家族對外發展看來，婚姻關係對其家族的影響最大。誠然，幼年共同學習的經驗，使樓氏家族成員與當地士族，建立了堅實的友誼及學術基礎，在爾後仕途的發展、四明學風的推動、文化特質的塑造等方面，都扮演著重要的角色。但婚姻則是將彼此的關係由友誼提昇到親情，以血緣來凝聚友情與鄉誼，效力顯然更大。以樓鑰爲例，他的成功，固然與個人努力及家族支持有關，但外家的支持，更不可忽視。樓鑰兄弟在成長過程中，受惠於外家汪氏的養育照拂之外，更重要的是藉汪家在四明地區長期經營所奠下的深廣人脈，以及思温、大猷二代的領袖身份，使樓鑰得以自然地擴展其人際網絡，重建樓氏在四明地區的社會地位，進而承繼汪家在四明地區的地位，成爲當地的意見領袖，在地方上扮演聯絡學派及推動文化與社會建設的角色。此外，從上述樓家婚姻關係中，也可以印證，婚姻關係亦是凝聚學術流派的一股重要力量，如陸學諸弟子就由同學締結婚姻，進而建立學派的傳承，使四明成爲發揚陸學的中心。

---

[230] 《攻媿集》卷五九，頁 540~541；《寶慶四明志》卷一六，頁 21 上、下。
[231] 《寶慶四明志》卷一六，頁 23 上。

　　四明士族的交游與聚會，對個人或家族關係網絡的擴展，乃至對四明地區整體文化及公共建設的提昇，都有莫大的助益。透過教育、學習，得以維持四明在科舉上的優勢、提振學風，凝聚學術氣氛，使四明成爲陸學重鎮，乃至溝通朱、陸、呂諸學的媒介地位。詩社、真率會等耆老的社群組織以及鄉飲酒禮的實施，有助於聯絡在鄉的官僚與士大夫的情誼，培養對地方的認同感，除了可以增進鄉里團結外，更有利於塑造地方意識。從推動義田莊、鄉飲酒禮的公益及文化活動的過程，則更能顯示四明士族對本土的關懷，藉由合作的方式，匯集、激發出集體的力量，創造具有文化特色的鄉里意識。

　　從樓鑰及樓氏家族所參與或推動的社會文化活動，可以看出四明地區士人不論是個人或家族，都希望藉著參與活動的機會，拉近彼此距離，維持密切關係，做爲擴展人際網絡的基礎。從科舉成爲宋代政治社會地位的指標以來，家族在社會中地位的昇降，固然與科舉成敗、功名取得與否有相當的關係，但參與地區公共事務，或社群活動，也是擴展人際關係，提高社會聲望的有利條件。況且參與地區活動，並不以進士功名作爲劃分界限的標準，使得各個家族在追逐更高的政治社會地位的同時，也注意參與推動地方公共建設與文化活動，以拉近與其他家族的關係，並維護家族的利益與形象。因此整個四明地區社會文化活動的活躍與蓬勃，顯然仰賴這些爲建立家族聲望而起的家族及個人的參與及推動，有密切關係。彼此的交往，交織成綿密的人際網絡，固然是當時推動各項活動，提昇社會文化的重要途徑。他們共同關懷、推動的議題，久而久之，達成共識，形成凝聚力甚強的鄉土意識，進而使四明地區創造出別具風格的社會文化特色。這種地區性社會文化特色的建立與變化，不僅影響一地的學風，亦影響家族的發展與興替。家族與鄉里社會實有著密不可分的關係。

圖一　四明樓氏家族世系示意圖

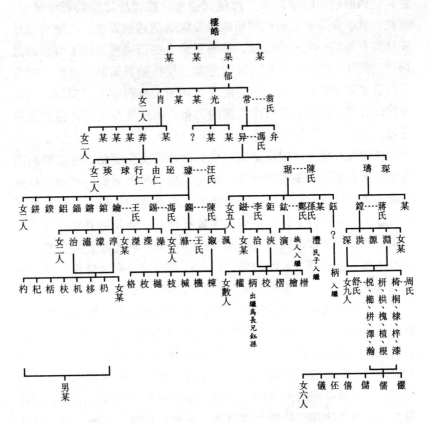

史料來源：樓鑰《攻媿集》

注：第七代另有鏞、鍔、鑅三人，第七代另有溱一人，但其世系不明。

圖二　四明樓氏與外地世族通婚表

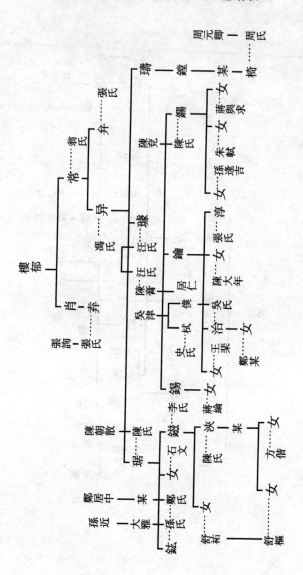

圖三　樓氏與四明地區世族的婚姻關係

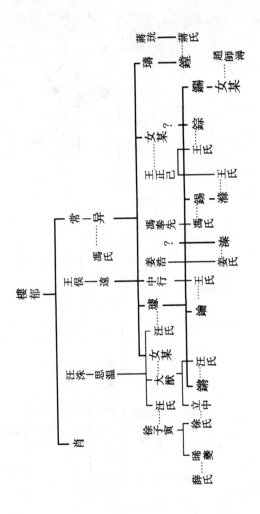

引用書目

一、傳統文獻

王元恭《至正四明續志》，宋元方志叢刊本。

王安石《王安石全集》，臺北：河洛圖書出版社，1974 年 10 月影印本。

王梓材　馮雲濠《宋元學案補遺》，四明叢書本。

王應麟《深寧文鈔·攈餘編》，四明叢書本。

史　浩《鄮峰真隱漫錄》，四庫全書本。

全祖望《鮚埼亭集》，臺北：華世出版社影印，1977 年 3 月初版。

李心傳《建炎以來繫年要錄》，四庫全書本。

杜　佑《通典》，北京：中華書局點校本，1988 年。

沈作賓《嘉泰會稽志》，宋元方志叢刊本。

沈　煥《定川遺書》，四明叢書本。

沈　煥《定川遺書附錄》，四明叢書本。

周必大《文忠集》，四庫全書本。

孫　覿《鴻慶居士集》，四庫全書本。

徐　松《宋會要》，北京：中華書局，1957 年。

真德秀《真文忠公文集》，四部叢刊本。

袁　甫《蒙齋集》，四庫全書本。

袁　桷《延祐四明志》，宋元方志叢刊本。

袁　燮《絜齋集》，四庫全書本。

張　津《乾道四明圖經》，宋元方志叢刊本。

脫　脫《宋史》，中華書局點校本。

陸心源《宋詩紀事補遺》，光緒十九年刊本。

馮可鏞輯《慈湖先生年譜》，四明叢書本。

程端學《積齋集》，四明叢書本。

程端禮《畏齋集》，四明叢書本。

舒　璘《舒文靖公類藁》，四明叢書本。

黃宗羲《宋元學案》，臺北：華世出版社影印新校本，1987 年 9 月初版。

黃　　齡《嘉定赤城志》，宋元方志叢刊本。

楊　　簡《慈湖先生遺書》，四庫全書本。

楊　　簡《慈湖先生遺書補編》，四明叢書本。

樓　　鑰《攻媿集》，四部叢刊本。

黎德靖編《朱子語類》，臺北：華世出版社，1987 年。

羅　　濬《寶慶四明志》，宋元方志叢刊本。

二、近人論著

王德毅等

1982　《宋人傳記資料索引》，臺北：新文豐出版公司。

包偉民

1997　《宋代明州樓氏家族研究》，《大陸雜誌》94. 5: 31～39。

伊原弘

1981　《宋代の浙西における都市士大夫》，《集刊東洋學》45：
50～68。

余國隆

1991　《樓鑰年譜及其行誼》，清華大學歷史研究所碩士論文。

吳廷燮

1984　《南宋制撫年表》，北京：中華書局點校本。

俞信芳

1991　《鄞籍中興宰相史浩二、三事》，《寧波師院學報（社會
科學版）》13. 3: 54～57。

倪士毅

1987　《浙江古代史》，杭州：浙江人民出版社。

梁庚堯

1998　《家族合作、社會聲望與地方公益：宋元四明鄉曲義田
的源起與演變》，《中國近世家族與社會學術研討會論文集》，臺北：
中央研究院歷史語言研究所，頁 213～237。

黃寬重

1983　《宋史叢論》，臺北：新文豐出版社。

1998　《宋代四明樓氏家族的興衰歷程》，《史學：傳承與變
遷》，臺北：臺大歷史系主編，頁 237～261。

楊　　寬

1965 《"鄉飲酒禮"與"饗禮"新探》,《古史新探》,北京:中華書局,頁 280～309。

歐陽光

1996 《宋元詩社研究叢稿》,廣州:廣東高等教育出版社。

鄧小南

1995 《北宋蘇州的士人家族交游圈》,《國學研究》卷三,頁 463～466。

Davis, Richard L.

1986 *Court and Family in Song China*, 960～1279: *Bureaucratic Success and Kinship Fortunes for the Shih of Ming-Chou*, Durham: Duke University Press.

Walton, Linda

1984 *"Kinship, Marriage, and Status in Song China: A Study of the Lou Lineage of NINGBO*, 1050～1250," Journal of Asian History 18. 1: 35～77.

※ 本文原載《中央研究院歷史語言研究所集刊》第 70 本第 3 分,1999 年。
※ 黃寬重,臺灣大學歷史研究所博士,中央研究院歷史語言研究所研究員。

明清時代軍戶的家族關係

——衛所軍戶與原籍軍戶之間

于志嘉

一、前　言

　　明初移民潮中有很大一部分是衛所軍人，[1]他們的移動方向完全由政府一手操控，沒有任何的自由意志參雜其間。[2] 少數人採取逃亡的方式躲避軍役，但在明初嚴格的清勾政策之下，即使逃軍本身僥倖免去軍役之苦，原籍戶丁仍難免被勾補役，必須離鄉背井到衛所服役。明朝政府爲確保軍力，實施世襲軍戶制度，[3]嘉靖以前，軍籍

---

[1] 曹樹基《中國移民史》第五卷《明時期》(福州：福建人民出版社，1997)，書中即有許多篇章討論明代的軍籍移民。曹氏對軍籍移民的數字有詳細的估算，可參考。另外，陳文石《明代衛所的軍》(《中央研究院歷史語言研究所集刊》48.2〔1977〕：177～203。收入氏著《明清政治社會史論》，臺北：臺灣學生書局，1991年。本文所引按《明清政治社會史論》一書頁碼)，頁106，注70、71，亦有關於明代衛軍數字的討論，本文不擬深論。據于志嘉《明代軍戶世襲制度》(臺北：臺灣學生書局，1987)，第一章《明代軍戶的來源》，明代衛軍來源可略分爲從征、歸附、謫充、籍選、收集、收籍諸法，再加上故元軍戶在明初仍收入軍籍，總數相當龐大。《明太宗實錄》(本文所引實錄據黃彰健校勘，臺北：中央研究院歷史語言研究所，據國立北平圖書館紅格鈔本微卷影印，1962) 33：8a，永樂二年八月庚寅條謂："都察院左都御史陳瑛言：(中略)以天下通計，人民不下一千萬戶，軍官不下二百萬家。"也就是說，明代軍戶在永樂二年時已達二百萬家，約佔全國總戶數的五分之一。這兩百萬家軍戶都經歷了距離或長或短的遷徙，是明初移民潮中不容忽視的一群。關於衛軍分配衛所的原則，過去學界多遵循王毓銓先生的說法，以爲：一、不准在原籍附近衛所，二、同縣軍丁不准全在同一衛分或同一地區服役，三、以南人戍北，北人戍南，使遠離鄉土。參見王毓銓《明代的軍屯》(北京：中華書局，1965)，頁236。筆者以爲，除謫充軍確曾適用南北遠調的原則以玆懲罰外，明初政府在分軍赴衛時，常以千人爲單位，將同一來源的軍人集中調配至該軍團原有的統屬體系。後來因爲歷經多次改調，同縣出身者的衛所分佈情形漸趨分散，遂造成軍政清理上的莫大負擔。參見于志嘉《試論明代衛軍原籍與衛所分配的關係》，《中央研究院歷史語言研究所集刊》60.2(1989)：367～450。

[2] 筆者曾在族譜資料中發現因賄而由遠衛改調原籍附近衛所的例子，但畢竟是少數，而且是重賄下的結果，仍不能看作是自由意志。其例見注〔1〕引文，頁406。

[3] 張國雄在《明清時期的兩湖移民》(西安：陝西人民教育出版社，1995)，頁100，討論明清時代的政治移民，謂："隨軍駐防某地，最後退伍就地轉爲民籍，主要發生在明代，其轉爲民籍前屬衛所官兵。"乃是出於對明代軍戶制度與衛所制度的不了解。衛軍退伍並不會轉爲民籍，甚至其他居住在衛所與留在原籍不需服軍役的戶丁也都被列入軍籍管理。

者例不得分户。[4]而明初在原籍主義的指導原則下,移往衛所的常爲單丁或爲以衛軍爲主的核心家庭;衛軍老疾,常歸葬原籍,繼役者也常需由原籍勾補。宣德以後,情況逆轉,留居衛所繁衍子孫者大爲增加,政府也逐漸調整腳步,改行落地生根政策,原籍軍户與衛所軍户間的關係也相應起了變化。[5]

原籍軍户與衛所軍户的差異主要在賦役形態上。衛所軍户承擔軍差,[6]

[4] 見李東陽等奉勅撰,申時行等奉勅重修,萬曆《大明會典·户部·户口·黄册》(臺北:新文豐出版公司,據萬曆十五年刊本影印,1976)20:5a。嘉靖九年,因"軍匠有人及數千丁,地及數千頃",卻以例不分户爲辭,逃避差役者,始定軍民匠竈一體分户之法。參見宋昌斌《中國古代户籍制度史稿》(西安:三秦出版社,1991),頁197。推其目的,當在使丁多地大的軍户可以經由分户承擔較多的賦役,但實際上並無强制分户之效力。相反的,對於族小地少的軍户,毋寧説仍是限制其不得分户的。也因此,族譜中有關軍户分户的例子並不多見,大多數仍維持同户關係到明末,甚至延續到清代。也有不少族譜對分户與否完全没有著墨,後人實難以臆斷。本文討論衛所軍户與原籍軍户間的關係,採取較爲寬鬆的標準,軍户分户與否並不列入考量。

[5] 李龍潛《明代軍户制度淺論》(《北京師範學院學報》1982.1:46~56),將軍户區分爲郡縣軍户(即本文所謂之原籍軍户)與在營軍户(即衛所軍户)。筆者未採用此種稱法,乃是因爲在此之外,尚有所謂的"寄籍軍户",他們居住在衛所附近的郡縣(非關原籍),購置有田産(非關軍屯),平時在寄籍的郡縣納糧當差,對衛所軍役則有"聽繼幫貼"之責。參見譚綸等輯,《軍政條例》(七卷,萬曆二年刊本,日本内閣文庫藏本)2:9b,景泰元年《軍户不許隱蔽人丁》;2:11b~12a,成化十二年《寄籍餘丁聽繼軍伍》;2:16a~b,弘治十六年《舍餘不許寄籍脱伍》。徐仁範《明中期の北邊防衛と軍户——在營の餘丁を中心として——》(《集刊東洋學》78[1997]:81~103),討論軍户寄籍,認爲明朝政府在處理軍户户下人丁歸屬問題時,態度曾三變。第一階段是使軍户丁回歸原籍,俾能提供軍裝、繳納賦税;第二階段則在正統以後,令在營增生餘丁寄籍有司;第三階段是在土木之變以後,廢止寄籍政策。筆者以爲,正統以後使軍户在衛所落地生根的政策,與所謂的寄籍並不能混爲一談。在衛生根,其户口由衛所管理;寄籍者則改歸州縣管理,也因此才會在日後軍役不足時,要求將寄籍者"盡數查出","差人送各衛所造入户口册内,令其常川在營差操"。而對"寄籍年久,該征糧草數多"者,仍許其"量留一二丁在有司辦納"(《軍政條例》2:16a~b,弘治十六年《舍餘不許寄籍脱伍》)。軍户寄籍的問題非常複雜,筆者擬另撰專文檢討,本文第四節所引《福州郭氏支譜》中,入籍西鄉縣的一支應即是寄籍軍户。

[6] 明代衛所軍差内容因地而異,顯示出强烈的區域性特色。萬曆《大明會典·兵部二·銓選二·考選》119:10a,"凡考定官員"項下列有:屯田、領班、操備、巡鹽、捕盜、管局、運糧、備倭、馬政等項,可知明代衛所軍種至少包括屯軍、班軍、操軍、巡捕軍、局匠軍(製造軍器)、運糧軍、備倭軍、馬軍等等。班軍又分京操軍與備邊軍,京操軍主要設於南北直隸、山東、河南、山西、陝西各地衛所,備邊軍則由各邊鎮鄰近的都司衛所調發;運糧軍主要分佈在大運河沿岸各衛;備倭軍則僅見於沿海地區防倭衛所。以江西撫州所爲例,據胡企參等修,黎喆纂,弘治《撫州府志》(上海:上海書店,據明弘治十五年刊本影印,天一閣藏明代方志選刊續編47~48,1990)16:14a,《職制·禄秩》記載當時撫州府軍數爲:見操旗軍253名、巡捕旗軍43名、運糧旗軍605名、守門旗軍48名、局匠旗軍55名、措料軍人4名、養馬軍人20名、解册旗軍2名、紀録旗軍7名、實屯旗軍54名等。參見于志嘉《明代江西衛所軍役的演變》(《中央研究院歷史語言研究所集刊》68.1[1997]:1~53),頁8~9。

繳納屯賦自不待言,[7]原籍戶丁平時則服民役、納民賦,與一般民籍無異,但另外卻又多了對衛所軍戶補役、幫貼的義務,也就是在衛所缺丁時由原籍勾補戶丁繼役,軍丁赴衛時由原籍戶丁供應軍裝、盤纏,平時則對衛軍提供經濟上的支援。[8] 這就使衛所軍戶與原籍軍戶間產生一種不可避免的權利義務關係,其作用有時更超出於血緣關係之上。而此一有法源依據的權利義務關係,更使得衛所軍戶與原籍軍戶間產生了錯綜複雜的恩怨情仇,原鄉對衛所軍戶而言,其意義與一般民戶相較,宜有不同。本文即以族譜資料爲主,[9]試圖以實際案例發掘衛所軍戶與原籍軍戶間可能存在的各種關係,觀察制度與人情對雙方關係帶來的影響。

二、衛所軍戶與原籍軍戶的關係

明初以來衛所軍戶與原籍軍戶間的關係,有其變化的過程。顧誠先生在《談明代的衛籍》中,以萬曆初年工部尚書曾省吾家族爲例,指出省吾原籍江西彭澤,元末有名曾永四者充湖廣安陸衛軍,初時"安陸與彭澤往來相聞無間",嘉靖初,安陸衛曾永四的後代承充軍職者仍按例派人回原籍索取裝備費用,彭澤族人卻不肯再認遠親,甚至將祖宗牌位付之一炬,雙方從此斷絕往來近五十年。直到曾瑶、曾省吾父子先後中了進士,歷任高官,才又回籍祭祖。顧誠先生以爲,彭澤橋亭曾氏自嘉靖以後應是"賴掉了軍戶名色",[10]從嘉靖初這個時間點來看,橋亭曾氏確有可能是援用了分戶法,[11]從此免去了軍籍。

曾省吾家族的事例,固是血緣關係由濃轉淡以後最可能發生的典

---

[7] 當然,繳納屯賦是屯軍獨有的義務,其他軍種是無此義務的。另外,關於軍差,明初原本以一戶一差爲原則(所謂"重役",亦即同族中多人因不同原因分別入籍軍戶者例外),餘丁原本以幫貼衛軍爲務,不預軍差;實際情形則是受到衛軍逃亡、衛所官役佔、軍差內容複雜化等問題影響,餘丁應軍役的問題嚴重。參見于志嘉《明代江西衛所軍役的演變》。

[8] 以上參見于志嘉,《試論族譜中所見的明代軍戶》,《中央研究院歷史語言研究所集刊》57.4(1986):635~667。

[9] 筆者嘗試從族譜中找尋軍戶資料,是受到羅香林先生的啓發,參見羅香林《中國族譜研究》,香港:香港中國學社,1971年,中篇《族譜所見明代衛所與國民遷移之關係》。

[10] 參見顧誠,《談明代的衛籍》(《北京師範大學學報》1989.5:56~65),頁61~62。曾瑶中進士在嘉靖四十一年,曾省吾在其前的嘉靖三十五年,參見朱保炯、謝沛霖編《明清進士題名碑錄索引》(上海:上海古籍出版社,1980),頁2321、2313。

[11] 參見注[4]。

型,但有時也會因爲某一單一個人因素,改寫關係的發展方向。

例如蘇州彭氏,原籍江西臨江府清江縣崇學鄉二十八都。[12] 始祖彭學一,元末練土兵以衛鄉里,明初江西內附,以歸附充軍,遂隸籍蘇州衛。學一身故無嗣,由原籍取姐夫楊海忠、姐彭氏補役,後海忠生子仲英,遂以仲英爲學一嗣,頂軍祖姓爲彭氏。仲英生彬(一作斌),彬三子,浩、漻、滔,浩生曙、旼,漻生暄、曄,滔生時、昉、曤,至弘治間,軍役由彬、浩、曙繼襲不缺。

彭氏至彭滔時因其"善治生,家以貲雄里中"。[13] 弘治十三(1500)年,彭浩年過六旬,軍役已由長子曙繼承;而滔次子昉爲吳縣儒學廩膳生員,先二年雖應舉落第,但彭浩對他滿懷信心,料想不久必當登科,乃於是年致書江西原籍族人。這時距離彭學一初來蘇州衛已過了一百餘年,蘇州彭氏與江西原籍久未聯絡,因此彭浩的家書並無特定的收件人,僅籠統開作"原籍江西臨江府清江縣崇學鄉二十八都先曾祖太舅公彭學一家中尊長伯叔兄洎弟姪孫等位";並且因爲同衛軍人有不少經常往還江西等處原籍,向族人需索津貼盤纏,自己雖動機單純,一心只想回祖家探親,爲恐江西族人疑心自己也爲覬覦津貼纏費,不肯回信,因此在信中對自己的身家背景做了相當詳盡的描述。

彭浩在家書中強調,蘇州彭氏自學一以降,雖隸籍於軍衛,"粗知禮義之方"。祖宗以來,皆能"飽食暖衣,安居樂業"。而最令他覺得驕傲的,是"親戚交游,皆紳士大夫;清白承家,文墨相繼"。爲了證明自己所言不虛,他以姪兒彭昉的前途爲擔保,承諾在彭昉僥倖登科之後,他才會率姪兒回鄉祭祖。又或許是爲了表明自己心如皎月,彭浩的家

---

〔12〕 據鄧廷輯等修,熊爲霖等纂,乾隆《清江縣志》(三十二卷首一卷,臺北:成文出版社,據清乾隆四十五年重修刊本影印,中國方志叢書853,1989)4:10a～b,《坊都》:崇學鄉,"今樟樹鎮","舊領二十一都至二十七都,(中略)康熙二十二年并爲十都之五圖、十一都、十二都、十三都,凡十有六圖。"同書4:21a～b謂:"十四、十五二都,舊志之二十八、九,三十、三十一都也。舊志二十八都、二十九都、三十一都俱隸建安鄉,而三十都隸茂才鄉;今其鄉之人多自以謂俱崇學鄉地,且以舊志分隸建安、茂才二鄉爲誤。詢厥所以,則云故老流傳,而亦未能實有徵據也。"舊志應指崇禎志,查秦鏞纂修,崇禎《清江縣志》(八卷,臺南縣:莊嚴出版社,據臺灣中央圖書館藏明崇禎刻本影印,四庫全書存目叢書·史部·地理類212,1996)1:19b,《輿地·鄉都》"二十八都"謂:"隸建安鄉。"由《彭氏宗譜》的例子看來,二十八都在明初確實屬於崇學鄉,但何時改屬建安鄉已不可考。

〔13〕 《彭氏宗譜》十二卷首一卷,彭慰高等撰,光緒九年續修刊本,衣言莊藏版,東洋文化研究所藏。以上見《彭氏宗譜》3:161a,《彭氏家傳》;4:1a,沈周《彭至朴墓誌銘》;4:3a,吳寬《彭至朴墓表》。

書修了一樣一十三封,除了老家親族外,多餘的十二封分別寄給"十圖十排年里長,軍、黃二册書手",藉以宣示自己對族人別無所求。寄給這些公正第三者的另一個目的,也有可能是想請他們共同協力代爲清查族人下落,萬一江西方面因遷徙或絶户已無故人可尋,也希望這些排年里長或軍、黃册書手能將調查結果送回蘇州。[14]

彭浩原指望彭昉在次年的鄉試就能登科,不想這一等等了十年,正德五(1510)年彭昉中舉,翌年聯捷成進士。[15] 彭浩終究未能達成返鄉尋根的願望。事實上,江西方面對他的家書也未曾作出任何回應,[16]這或許也使他對貿然返鄉尋根之事有些猶豫。江西方面之所以没有回音有幾種可能,其一是信根本不曾傳到收件人手中,自然無從回信;其二是江西族人對蘇州軍族的目的仍心存疑懼,爲免惹禍上身,只好相應不理。因爲按照明代軍政條例的規定,原籍族人對在衛親族確實有津貼乃至繼補軍役的義務(詳第四節);彭浩個人的認知不代表其後代子孫皆能同此一心,一旦攀上親戚,任誰也不能保證日後是否生變。

或許是江西方面的冷漠傷害到蘇州軍族的自尊,此後很長一段時間不見他們再作任何嘗試。蘇州彭氏與江西原籍取得聯繫在嘉慶二十年間,十五世孫彭藴琳奉委署清江縣丞,公餘之暇,訪知崇學鄉已改爲樟樹鎮,原崇學鄉所管二十八都,也因清初清江將原有三十餘都裁併爲十七都,改爲現在的十四、十五都。藴琳並且探訪到彭氏祖祠,查出"上祖源出廬陵,始祖起自唐時,諱構雲公。至南宋,有諱龜年公者,爲遷清江始祖。凡彭氏先世及國朝一菴公、止菴公,俱有神位於

---

[14] 《彭氏宗譜·養素翁寄江西原籍家書》11:1a~2a。排年里長協助修譜的事例參見注101。又,中島樂章《明末徽州の里甲制關係文書》(《東洋學報》80.2〔1998〕:122~145),介紹南京大學歷史系資料室收藏的六件"里排議立合同",係現年里長與各排年里長户共同就里内賦役分擔或其他問題議定的合同文書,每件均作成相同的十份,由十里長户各自收執,顯示明末徽州地區里甲運作的情況。六件合同成立的時間最早的是嘉靖四十一年,彭浩的信則作於弘治十三年,由此或可推知當時人對里長户的職責已十分尊重與認同。

[15] 《彭氏宗譜·世系》1:1b。

[16] 彭浩生卒年歲俱不詳,彭昉中進士時,彭浩若尚未作古,也已是七旬老翁,健康狀態未必容許他遠行。但由其心之堅,其志之誠,若當年寄出家書有任何回應,宜乎載入譜中,爲後人留下些許信息。而譜中全無後續消息,顯示彭浩在碰壁之後未再嘗試作任何接觸。

祠。"[17]一菴及止菴俱出蘇州軍族,一菴公即彭瓏(九世),順治十四年舉順天第二,十六年成進士。[18] 止菴公即彭定求(十世),[19]康熙丙辰年(1676)會試一名,殿試一甲一名進士。江西彭氏與蘇州彭氏明初以來不通往來,清江祖祠中卻有一菴、止菴的神位,可見清江一支不但確知蘇州族人的存在,並且不忘將蘇州族人中聲名顯赫者納入祖祠。儘管如此,清江一支卻也絕不主動與蘇州族人聯繫,兩支之間保持著若有似無的微妙關係。就這點來看,當年江西族人是很有可能收到了彭浩的家書故意不回的。

　　蘇州彭氏在明代中期已充分融入了吳中士族社會。族人文墨相繼,與吳中紳士大夫保持密切的交游聯繫,這可以從彭氏各祖輩墓誌銘或墓表中看出端倪。上文說到彭彬有三子,彭浩、彭灤、彭湑。彭浩一支至七世而絕;彭灤一支至八世而絕;[20]僅彭湑一支至清末子孫繁盛,代有傳人。彭湑有三子,彭時、彭昉、彭曄。湑以家世習武,希望子孫能以文顯。湑年四十七而卒,[21]長子時年二十四,以二弟皆弱,不得不放棄舉業,操持家計。因仲弟昉資質頗高,遣之業儒,昉遂能"負文名,登甲科";季弟曄善於計算,使之理財,終至"殖貨累萬金"。不過,彭氏家道中落也就從這個時候開始。彭時生性淡泊,"聰悟好學","中歲困於長賦,兼罹無妄之訟",爲供縣賦、應訴訟,花費不貲;又遭大盜劫掠,家財爲之一空。晚歲"修隱操不入廛市"三十餘年。[22] 昉以進士出知湖廣公安縣,以不拘文法,爲吏所憎,後因事降廣東德慶州判官,遷知新會,因積忤上官被罷。回鄉後閉門讀書,"不關世務","先世田廬,乃復加損"。[23] 曄在衛領漕艘之役(漕運),又爲内姪所誣,兼任賦長(糧長),"賦長民事也,例不涉軍衛",曄身兼二役,"兩費繁劇";一直到仲兄昉以文學顯,始得優免其糧長賦役。曄亦屢遭盜竊,但與

〔17〕《彭氏宗譜·仲兄恂齋公述》10:4b~5a。
〔18〕《彭氏宗譜·世系》1:7a;同書《彭氏家傳》3:164b。
〔19〕 定求字勤止,號訪濂。參見《彭氏宗譜·翰林院侍講彭先生行狀》6:1a。稱止菴公,見同書11:40a,《惕齋府君書議》。
〔20〕《彭氏宗譜·世系》1:2a~3a。
〔21〕《彭氏宗譜·彭至朴墓表》4:3a。
〔22〕《彭氏宗譜·明故隱士南窗彭公暨繼張碩人合葬墓誌銘》4:5a~7a;同書《明處士南窗彭翁墓表》4:8a~9a。
〔23〕《彭氏宗譜·明新會縣知縣彭寅之墓誌銘》4:11a~12b。

兄俱"畏事自重",不肯認盜贓;任賦長,貪吏多侵漁,暐每以財自
解。[24]

　　蘇州彭氏在彭時這一代家業開始中落,但也在這一代奠定了往後
書香傳家的基礎。彭時著有《聞見錄》及《詩集》,"日惟以延師取友迪
子爲務,由是四子皆以文行稱";暇時則喜與詩僧墨客徜徉山水,窮覽
奇勝。彭昉既通諸經,又貫綜群籍,以古人自期;長子彭年承乃父訓,
不受舉子業,遍讀六經諸子史漢古金石言,文章工詳腆,尤長記傳頌
誄,詩宗盛唐,又精法書,吳中好事家以不得其詩、書、文爲媿,王世貞
稱其爲文徵明後最值得稱道的吳士。[25]　暐亦善教子,長、次二子以郡
學生昇太學生。

　　彭年文名遠播,夏言曾擬聘爲記室(掌章表書記文檄),不就;嚴嵩
以百金爲聘,擬請年於其身後代撰墓誌銘,亦稱謝不就。彭年少與文
徵明游,後以長女適徵明孫文元發,即文震孟之父。[26]　王世貞亦爲吳
人,與彭年友善。

　　彭時第四子天秩與申時行同爲嘉靖辛酉(四十年,1561)貢士,二
人本爲同鄉,時行幼時即聞彭時之名,及長,又與天秩同社,遂爲至交。

[24] 《彭氏宗譜·明處士南窗彭翁墓表》4: 8b;同書《明故處士東樓彭君墓誌銘》4: 13a～
　　14b。4: 13a 有謂:"凡踐更出入之勞,皆君任之無難色。逮仲兄以文學顯名,有司優
　　異,始克脱君於役。"文中並未説明優免者爲何役。按:漕運軍役爲蘇州衛彭氏之户
　　役,除非彭氏免去軍籍,否則是無所謂優免軍役的。而明代免除軍籍需出特恩,據吳
　　晗《明代的軍兵》(《中國社會經濟史集刊》5. 2〔1937〕: 147～200。後收入《讀史劄記》
　　〔北京:生活·讀書·新知三聯書店,1956 年初版,1979 年 4 刷)。本文所引按《讀史
　　劄記》一書頁碼),頁 121～122,明初規定,需作到兵部尚書才能脱籍爲民。後定制生
　　員特許免勾,但要經考試合格;永樂時又定例現任文武官及生員吏典等,"户止三丁者
　　免勾,四丁以上者勾一丁補伍"。不過,免勾並不等同於免去軍役,一旦免勾的條件消
　　失,該户仍要負擔起軍役。彭暐一代丁甚多,所免應爲一般民役。又,彭氏既爲蘇
　　州衛籍,本不應負擔民役,彭氏的民役是内姪邱相與長洲令郭某"怙勢索賕,不滿欲"
　　的結果 (4: 13b)。
[25] 《彭氏宗譜·明徵士彭先生及配朱碩人合葬墓誌銘》4: 15a～17b;同書《隆池彭翁傳》
　　4: 18a～19a。
[26] 《衡山文蓬公派六修族譜》七十八卷,文瀚德總修,民國二十一年六義堂木活字并石印
　　本,上海圖書館藏,參見上海圖書館編,王鶴鳴等主編《上海圖書館館藏家譜提要》(上
　　海:上海古籍出版社,2000,以下簡稱《提要》),頁 72。見是書《源流表二四》2: 39a～
　　b。文璧(徵明)有三子,彭(國子博士)、嘉、臺,彭有二子,元肇、元發(衛輝同知),元
　　發一子,震孟。文震孟,天啓二年狀元,進禮部侍郎,兼東閣大學士。張廷玉等撰《明
　　史》(三百三十二卷,臺北:鼎文書局,新校標點本,1975)卷二五一有傳。又見國立中
　　央圖書館編《明人傳記資料索引》(臺北:國立中央圖書館,1965 年初版,1978 年再
　　版),頁 643,"彭年";同書頁 16,"文元發";頁 18,"文震孟"、"文徵明"。

天秩雖未能進士及第,但"以經術爲四方弟子宗",[27]弟子韓國楨中萬曆二年進士,官至大理少卿。[28] 天秩繼室顧氏出身吳宦族,"其先有三進士皆以辰年第,故吳中以三辰進士稱"。[29] 天秩"生介甚,殁之日,橐垂若洗",僅餘之汙邪地分與二子,"不踰頃"。次子汝諧於天秩卒時方四歲,宗黨屢以繇役恐嚇孤兒寡母;汝諧年十三時,將應都試,蘇州衛武弁突以漕務繫汝諧就旗役,汝諧雖尚未出幼,例不須應役,但困於武弁強力勾攝,盡出金錢始得解,惟仍被派當貼役,須代償甲中之耗蠹。所幸不久即補郡庠生,卒能免禍。[30] 汝諧於萬曆庚子(1600)中舉,甲寅(1614)爲丹徒縣學教諭,丙辰(1616)成進士,不久即病逝京中。

汝諧妻何氏,祖父何子忠,曾爲湯溪縣令,入祀名宦祠。[31] 汝諧生三子,長德先、次孚先、三行先。德先十五歲遭母喪,弱冠補博士弟子,後以五試不售,絕意仕進。乃留心用世之學,講求東南水利及江海防禦賦稅沿革之要。祁彪佳開府吳中咨訪時務,德先爲條陳利弊,洞若指掌,爲祁所賞識。入清以後,圖籍散軼,長洲縣推官沈旭輪請德先考據成書,訂定稅額,順治二年捐恤賦額悉由德先裁定。德先家故貧,

---

[27] 《彭氏宗譜·梧山彭先生墓誌銘》4:20a~22a。

[28] 參見《明人傳記資料索引》,頁896。

[29] 《彭氏宗譜·梧山彭先生墓誌銘》4:21b。顧氏生於嘉靖己丑(1529),此前長洲顧姓於辰年中進士者,據《明清進士題名碑録索引》,頁1073~1086,有永樂二十二年(甲辰)的顧巽、正統元年(丙辰)的顧曈、成化八年(壬辰)的顧餘慶。三辰進士當即爲此三人。

[30] 《彭氏宗譜·先妣朱碩人行述》4:28a~b 述此事,謂:"不肖年十二,粗知文義,明年試府縣見收,方待試督學,忽武弁某者以漕務攝旗役甚急,先妣日夕驚啼,謂不肖曰:例未出幼,不應役此,第谿壑何厭之有? 若不早自剖,未亡人不知死所矣。卒無奈何,傾橐授之乃已。而猶藉口曰:是當貼役。余何爲焉? 蓋陰中以貼役,而耗蠹於甲者將盡責償於不肖,禍且不測。(中略)是年得厠青衿而釋奇禍。"同書《鄉進士梧山彭公繼室朱碩人行狀》4:24a~b,繫此事於汝諧十四歲;《明進士蓼蔚府君暨何孺人行實》4:34b~35a,繫此事於汝諧十三歲。按:明代軍役以十六至六十歲爲服役年齡,滿十五歲以後稱爲出幼,方始有軍役義務。如譚綸等輯《軍政條例》5:15b~16b,弘治十二年《老疾軍匠查勘勾補》即云:"如果六十以上,即將在營户丁省令告部行勘替役。(中略)其有正軍病故,許令隨營子孫補役。若是營丁十五以下未出幼者,准其具告,保勘明白,紀録在官,候出幼之日應役食糧差操。"但據萬曆《大明會典》137:2a,《軍役·收補》:"(洪武二十六年)其幼小,户下無丁者,年十三四以上送衛操練;七八歲以下或發在營,或發原籍依親,行移該衛紀録,候長成勾補。"對於户下僅一丁而年幼者,得提前其服役時間至十三四歲。彭氏一族當時自不止汝諧一丁,被迫應役完全是因爲孤兒寡母的弱勢地位。

[31] 《彭氏宗譜·明進士蓼蔚府君暨何孺人行實》4:38a。

及明末兵革亂離,更是"資産蕩棄"。妻蔡氏出身長洲"富善長者"家,遇喪葬婚嫁,常需"脱簪珥供公費"。[32]

德先次子瓏,讀書郡學時與同學結"慎交會"講道考業,一時四方名彦,聞風響應。數年後,會中諸人"先後登朝,多至顯達"。瓏亦於順治己亥(十六年,1659)成進士,康熙初爲廣東長甯縣知縣,以廉直不容於太守,罷官後集諸生爲會,從游者常三百餘人。瓏一子定求,康熙丙辰(十五年,1676)會試一名,殿試一甲一名進士,官至翰林侍講。致仕後遍讀先儒遺書,取其中尤其重要者集爲《儒門法語》。定求有姊妹十一人,"皆適仕族"。[33]

德先弟行先明季爲諸生,以拔貢授知縣,不就選,教授里中逾四十年。"家業素薄,中年後隱居弗出,惟藉翰墨自娱,不問家人生産,家日益落"。行先孫甯求,康熙二十一年進士及第第三,由編修,歷侍講,補侍讀,直暢春苑。甯求父年僅三十而卒,死時止遺薄田五十畝,"時有户役之累,凡朝夕糊口及延師膏火",全靠母黃氏針黹維生。[34]

定求有五子,次子正乾以醇謹厚德,克延先緒,子孫多置身通顯。正乾長子啓豐,雍正四年舉鄉試,明年會試第一,廷試卷列第三,世宗親擢第一,授翰林院修撰,累遷至兵部尚書。晚年主紫陽書院,所録士登甲乙榜者不勝枚舉。啓豐亦有五子,長子紹謙由舉人歷任山東新城、汶上知縣,曹州、桃源同知,有政聲。次子紹觀由進士爲翰林,在國史館二十餘年。三子紹咸篤於孝友,爲侍奉父母,絶意仕進,以增貢生終。四子紹升,十六爲諸生,十八成進士,以不得當道所用,返鄉家居。平生多善舉,如"舉潤族會以養貧族,舉近取會以周窮乏,舉恤嫠會以濟孀婦,舉放生會以全物命",關心民生休感,對地方大吏多所建言。五子紹濟爲湖北黃梅縣丞,不名一錢,家以官落。

[32]《彭氏宗譜·封文林郎鄉飲大賓敬輿彭公墓誌銘》5:1a~4a;又參見同書3:163a,《彭氏家傳》;5:5a~10a,《贈文林郎敬輿府君暨蔡孺人行實》。
[33]《彭氏宗譜·封國子監司業顯考一庵府君行實》5:17a~21b;同書5:22a~25a,《封國子監司業雲客彭先生墓誌銘》。
[34]《彭氏宗譜·封孺人顯妣黃太君行實》5:35a~38b;同書5:14a~16b,《彭貽令先生墓誌銘》;3:170a~174b,《彭氏後家傳》。

　　紹咸有六子。長子希濂，乾隆甲辰（1784）進士，由刑部司員累遷至刑部右侍郎，坐事謫福建按察使。次子希洛，丁未（1787）進士，爲兵部車駕司，補福建道御史。三子祝華，棄舉業居家奉母，舉孝廉方正。四子希淶，十六補諸生，二十六舉於鄉，著有《二十二史感應錄》。五子希鄭，己酉（1789）進士，官禮部數年遷郎中，後出爲常德府知府。少子希萊，附貢生，性任達，以詩酒自娛。[35]

　　長洲彭氏入清以來，"凡七世皆貴爲一二品"，[36]文章、功名俱盛極一時。嘉慶以後，家族的輝煌記錄仍延續下去，但因爲不是本文的重點，此處從略。可以看出，明代蘇州衛彭氏在承擔漕運軍役之餘，以文學起家，取得功名者人數雖然有限，仕途亦不算順遂，但透過教育事業或組織文會等方式，在地方上享有文名，也因此結交了許多吳中仕宦。萬曆庚子，彭汝諧舉於鄉，同科彭宗孟爲浙江海寧衛人，先世由吉安遷海鹽，二人遂"通譜系，爲兄弟行"。[37]也許是因爲兩家均爲軍籍，卻又分屬不同衛所，比較沒有通譜後受對方軍役牽連的顧慮。順治十六年，宗孟孫彭孫遹與汝諧孫彭瓏又同登進士，同觀政於吏部，"因修世好，序昭穆，懽如同氣"。

　　長洲彭氏與海鹽彭氏的關係自不會親過與清江彭氏的關係，由長洲彭氏與海鹽彭氏的通譜，也可以看出長洲彭氏並不排斥與遠支聯宗的行爲，然而即使在嘉慶間彭蘊琳探訪過清江祖祠後，長洲彭氏對清江祖家也沒有通譜聯宗的打算，不難看出彼此間心結之深。而此間心結的造成，自與彭浩當年想要返鄉探望祖祠的善意得不到回應有關。

---

〔35〕以上見《彭氏宗譜·彭氏後家傳》3:170a～174b。

〔36〕《彭氏宗譜·彭氏後家傳》3:174b。蘇州衛置於蘇州府城内，爲直隸中府之衛。蘇州府與吳縣、長洲縣同治，因此蘇州衛彭氏自稱爲長洲彭氏。參見茅元儀輯《武備志》（二百四十卷，臺北：華世出版社，1984年）190:19a～b，《占度載·方輿三·南直隸》。

〔37〕《彭氏宗譜·封文林郎鄉飲大賓敬輿彭公墓誌銘》爲海鹽彭孫遹所撰，5:1a即謂："彭氏居長洲者由臨江，居海鹽者由吉安，皆自江西來徙。當明萬曆庚子，大父侍御公與族祖蓼蔚公同舉於鄉，始通譜系，爲兄弟行。"據《明史》278:7115，彭期生，海鹽人，御史宗孟子，登萬曆四十四年進士。彭宗孟《明史》無傳，據《明清進士題名碑錄索引》，頁1366，宗孟爲浙江海寧衛人，萬曆二十九年進士。庚子爲萬曆二十八年，宗孟應是於翌年連捷成進士。按：海寧衛在浙江海鹽縣治西，參見《武備志·占度載·方輿三·浙江》191:13a。

再以海寧賈氏爲例，家譜謂其受姓始於周成王封弟唐叔虞之支子食採於賈者，漢代時世居洛陽爲望族，宋建炎間南遷杭之海寧，遂爲海寧人。[38]《賈氏家乘》以漢長沙太傅賈誼爲始祖，但因舊譜毀於元明之際的兵火，目前傳世的家譜初修於洪武十七年，以五十二世的賈溥爲始祖。[39]

賈氏在元末以貲財雄里中。[40] 賈溥有一子名賈銘，銘從兄賈林，字仲立，因早失怙恃，就養於叔父賈溥，至元間被封爲屯田萬户。[41] 林子賈執中，字希賢，至正五年（1345），承父志捐產八百畝設義塾於皇岡書院，聘名師四人，青田劉基亦在其中。當時"四方來學者，飲饌衣服，悉於萬户取給"，而賈銘亦陰以祖產助之。後朱元璋與陳友諒戰於鄱陽湖，因缺餉借糧於賈氏，竟慨借八十餘萬，亦可見其富。[42]

賈銘子哲，字繼賢。至正末，賈哲"出扶元亂，表爲萬户"。及明兵下杭州，率衆來歸，署爲鎮撫。後以功賜誥爲武略將軍海寧衛鎮撫，尋調鳳陽左衛。[43] 哲有三子，長子真，次子祥，三子著。賈哲於洪武十年（1377）以濕疾致仕，長子真襲職，調鳳陽留守中衛。同年十月賈哲卒，賈真原擬扶柩歸海寧，適逢征南之役，乃勉其弟賈著治喪安葬，於洪武十一年正月九日克葬於海寧故里之東，致和嶺北陽山之原。[44] 後賈著留居海寧，爲本支小宗，亦稱南族。賈祥一支則至五世而失傳。[45] 賈哲妻何氏，卒於建文三年（1401），與三子賈著合葬於海寧先塋。

賈真字伯莊，生子五，敏、剔、敞、敗、斌。賈真於洪武二十七年（1394）以風疾致仕，長子敏襲陞歸德衛正千户。是年九月，賈真以舊疾卒於鳳陽，長子敏爲扶柩葬於海寧先塋。賈真妻陸氏，

---

[38] 《賈氏家乘》十卷，賈春泉、賈復庵纂修，道光二十六年忠節堂刻本，上海圖書館藏，存卷一至八、十，參見《提要》，頁898。見是書1:45a，康熙甲子《譜序》。

[39] 《賈氏家乘》1:7b，《書賈氏世譜首簡》；1:15b～17a，《伯莊公自題》。

[40] 《賈氏家乘》4:3a，朱嘉徵，康熙十一年《祠墓·書賈氏皇岡書院記後》。

[41] 《賈氏家乘》1:6b，顧辰，洪武十七年《書賈氏世譜首簡》。

[42] 《賈氏家乘》1:7b，3:16a，康熙八年《雪隱氏自記》；4:又76b～77a，《讀海寧誌記事》。

[43] 《賈氏家乘》1:7a，顧辰，洪武十七年《書賈氏世譜首簡》。

[44] 《賈氏家乘》5:9b，《故武略將軍鳳陽左衛鎮撫賈公墓表》。

[45] 《賈氏家乘》1:60b，《送敬亭玉衡姪姪中州謁族尊修譜記略》；同書1:62a，《五修族譜序》。

晚賈真三十六年而卒，時已宣德四（1429）年，由四子畋、長孫福扶柩還海寧，與真合葬。[46]

賈敏字宗武，建文二年以征朔漠功陞寧山衛指揮僉事，四年卒於任。妻丁氏，先一年卒。敏嗣子福，永樂元年襲正千户職，"幸以差便"，得身扶二柩還葬海寧。[47]

賈福字善之，宣德七年，以風疾致仕，時年四十八歲，子賈忠替職。賈福曾先後扶父母及祖母柩回海寧，但當他以七十三歲高齡卒於景泰六年（1455）時，他的子孫卻未再護柩南返，而是將他與先他半年去世的妻子劉氏合葬在歸德城西，忠信鄉之原。[48] 在歸德的一支是爲賈氏本支大宗，亦稱北族。

《賈氏家乘》自洪武十七年初修後，一直到嘉靖四十五年（1566）才二修。[49] 從賈哲、賈真、賈敏夫婦先後歸葬海寧，可知直到宣德初年爲止，賈氏子孫仍以海寧祖籍爲心之所繫。自賈福葬歸德，歸德已成爲賈氏久居發展之地，與海寧賈氏的聯絡也趨於冷淡，反而是海寧一支偶有北訪歸德大宗者。據北宗賈澐（宗元）撰《別海昌華南孫緒譜南還說》，在萬曆二十六年（1598）賈文炳（華廷）"挈譜適宋（指歸德）"之前，南宗來訪者"正德間（1506～1521）則石山公也，嘉靖間（1522～1566）則仲簡公也，隆慶間（1567～1572）則夢萱姪也"。而文炳之來，距夢萱又已"相去歷三十年"，[50] 可知海寧南宗大約每三十年續一次譜系，而每次續譜都

〔46〕《賈氏家乘》5：10b，《故武略將軍鳳陽左衛鎮撫賈公墓表》；同書5：14b，《武德將軍歸德衛正千户賈公墓表》；5：21b，《明故武德將軍歸德致仕正千户賈公墓表銘》。

〔47〕《賈氏家乘》5：10b～11a，《故武略將軍鳳陽左衛鎮撫賈公墓表》；同書5：17a～19a，《明威將軍寧山衛指揮僉事賈公合葬墓表》。

〔48〕《賈氏家乘》5：22b，《明故武德將軍歸德致仕正千户賈公墓表銘》。

〔49〕據《賈氏家乘·歸德賈氏三修世譜後跋》1：35a。同書1：25a～b，有嘉靖丁酉（1537）許相卿撰《賈氏重修宗譜》，係指賈東隱重修之小宗譜。

〔50〕《賈氏家乘》1：29a～30a，《別海昌華南孫緒譜南還說》。本文中出現的賈氏家族各人之相關資料筆者未能收集齊全（按：上海圖書館藏譜缺卷九），而譜文中出現之人名，有時爲名，有時爲字，有時又爲號，甚爲紛亂。凡確定其名字者，盡量列出人名，而於人名後以（）表示其字或號；未能查出人名者，列其字而於字下畫線表示。譜中資料復慶見2：36a、7：15a，重齡見2：36b、7：25b，爾桓見7：26a，璦見7：50b～51a，璚見2：37a、8：20a，洪菱見7：51a，振基見8：13a～b，成基見8：13b，培基見8：14a，鶴鳴見8：17b，鵬搏見8：18b～19a，師孟見7：50b，鑾見2：37b，曰驥見2：38a、8：17b～18a，曰駟見8：18a，曰籌見2：38b、8：18b，曰壽見2：38b～39a、8：19a～b，曰駢見2：38b、8：20b～21a，曰經見8：21b。

會遣人北往，察訪大宗世系。

　　海寧南宗於嘉靖十六年重修宗譜，主其事者爲賈東隱，修譜範圍似以海寧小宗爲限。[51] 四十五年復又重修，六十二世孫賈一元（子仁）奉父命會集宗黨，“以紀世次，以別宗派”。是譜以賈溥以下世首一人爲大宗，另立本支爲小宗。[52] 而大宗之譜系當因先前仲簡之北訪而得以粗備。萬曆二十六年，賈文炳爲秀才，復挈譜北訪，由北宗六十三世孫賈天相（吉甫）負責接待，帶領文炳“祭家廟，拜先塋，共我祖叔伯兄弟叙天倫之樂事”，並“續其世譜”。[53]

　　賈一元所修之譜，内容涵蓋“全宗”，因此也成爲北宗的二修譜。萬曆四十三年，賈天相有感於重修譜中“一切誥勅圖像及塋祠宗範之法尚未悉備”，且又事隔五六十年，世系多已不備，立志三修，得到南北兩宗熱烈支持。不僅文書校對工作南北兩宗各有海寧縣學生賈文炳及歸德縣學生賈橓（心宜）分頭負責，兩族人尚且“競相捐貲”，使三修譜能刊刻印行。萬曆四十四年譜成，[54] 此後南北兩宗聯宗修譜似乎就形成了共識。

　　崇禎十五年（1642），李自成攻陷歸德，賈氏“三百年來一切祖傳古錦翰墨”，俱化爲灰燼。亂後僅尋得《賈氏譜録》一册尚無恙。康熙二十三年（1684），歸德六十五世孫賈復慶（崇嘏）游京歸來，見宗人多相見而不相識，矢志叙訂。不料展卷伊始，即發現譜中“先人誥勅、名公題詠，與長門、二門之世系，前後共少數葉”，詢之始知在順治時曾有某門與某門構訟，爲亂其宗脈而故意毀壞。復慶於慨歎之餘，細加詳查，重新編訂，但以家貧一時無力刊刻，只能寫成數册，以給族人。[55] 康熙五十年，同爲歸德六十五世孫的賈重齡（又房）與族兄爾桓（長侯）等復遍詢族人，核其門第、世系，作成北宗四修譜。[56]

---

〔51〕《賈氏家乘·賈氏重修宗譜》1:25a～b。其文曰：“賈君東隱，樂宗之多，憫宗之墜，一日以譜之小宗，命予修撿。”

〔52〕《賈氏家乘·賈氏重修宗譜》1:25a～28a。

〔53〕《賈氏家乘·送華廷兄歸海寧序》1:34a～b。

〔54〕《賈氏家乘·歸德賈氏三修世譜後跋》1:35b，以洪武十七年賈著所修譜爲初修譜，其後謂：“迄嘉靖丙寅，吾祖一元又重修焉。（中略）今又越五六十年，無人肯肩續修之役。”可知賈一元所修譜是同時爲南、北宗所承認的。

〔55〕《賈氏家乘·譜序》1:45a～47b。

〔56〕《賈氏家乘·四修族譜序》1:48a～49a。

康熙五十一年,南北宗之間有了入清以來第一次的聯繫。北宗族人河南乙酉科孝廉賈紹孟由京邸寄書至浙,與南宗族人訂下赴杭謁祖之約,後因需赴大比,不果南來。但也因此激起南宗重修宗譜之念。康熙五十三年清明祭祖,南宗推舉海寧庠生六十五世孫賈輪(仕階?)北往通譜。賈輪於三月十一日動身,四月初五抵歸德,初六拜謁宗祠,遂遍謁通族,返鄉後將南北彙集成帙,成功地達成了通譜的任務。[57]

康熙五十五年,歸德六十六世孫賈恭次、賈之謹(慎公)回訪海寧,由賈廷珣(寅皜)率族人奉陪二人拜奠祖塋。二人訪得舊譜源委,北返後彙集鳩工,於翌年告竣。[58] 南北宗遂又同時有了統宗族譜。不過,恭次、之謹此譜,或許是受限於人力不足,族產、墳圖掛一漏百,年月、字號顛倒錯訛,不但"南族、北族雜然並列",並且"大宗、小宗渾於無別",多不可取。[59]

此後五十年,南北兩宗不曾聯繫。[60] 乾隆三十年,賈廷珣見"子姓愈繁,名號幾紊",有心與兄廷策、子鑾(元輅)同去歸德訪譜。是年春季謁祖祠時,適有志琛(敬亭)與志玠(玉衡)兩姪創議持譜重修,眾議乃由二人北行。蓋志玠曾於是年初路過北宗,與族人歡叙過族誼,又長年客游在外,熟於道里。二人行前,循舊例遍詣族中,訪得各人名字生配,彙為一帙,挈之北往。[61]

志琛、志玠此行,帶動了北宗的續譜工作。原恭次、之謹所修之譜既不可取,乃參照舊譜,删偽理亂,補缺存正。翌年春,北宗續譜告竣,歸德族人瑗(山玉)、瑭(采三)欣然來浙,謁祖祠、拜先塋,並與志琛等所編宗支譜系互相印證後刊刻行世,是為五修譜。[62]

五修譜經過南北兩宗的通力合作,堪稱為定本。乾隆三十五年清明,歸德族人振基(巖峙)、照遠、鶴鳴(聞野)、衆瞻、成基(西峙)、培基(德純)、鵬搏(圖南)、洪芰(蒼露)、鴻漸(軼

---

〔57〕 《賈氏家乘·譜序》1:52a～53b。

〔58〕 《賈氏家乘·送敬亭玉衡姪赴中州謁族尊修譜記略》1:60a～61b。

〔59〕 《賈氏家乘·五修族譜記》1:72a～74a。

〔60〕 《賈氏家乘·詩篇》2:67b,賈廷珣《送敬亭玉衡兩姪至商邱修譜》有云:"吾宗敦睦自從前,消息茫然五十年。"

〔61〕 《賈氏家乘·送敬亭玉衡姪赴中州謁族尊修譜記略》1:60a～61b;同書《五修族譜序》1:62a～63a。

〔62〕 《賈氏家乘·五修續譜記》1:64a～65a;同書《五修族譜記》1:72a～74a。

凡）等計九人連袂南來，敬謁尖山祖祠，與海寧族人飲酒聯句，在族譜中留下記錄。[63] 可以説，南北兩支的交流在此時達到了最高峰。

嘉慶十年（1805）春，歸德景原赴海寧訂下南來修譜之約。[64]十一年，師孟（景軻、瑗長孫）、方然、曰驥（秋騰、鶴鳴長孫）、景原、凝修五人同往海寧，一樣受到海寧族人的熱情接待，譜中留下不少互相酬唱的詩句，其中更不乏對三代情誼的描述。[65] 由七十世孫賈曰駢（凌漢、瑭曾孫）《六修族譜序》所言，賈氏修譜較他姓猶難者，一在需“會兩地爲一編”，可知連宗修譜已成爲慣例，六修譜即是“連南族支派共成一帙”的。[66]

兩宗聯親，詩酒文會的盛況，激起子孫續修家譜的雄心壯志。六修之時，歸德賈曰駢年方二十五歲，即曾“託文見志，預肩七修之任”。不想曰駢年未五十而卒，事竟不成。道光十八年，賈曰籌（官名椿齡，字榮庭，號友石）由浙江布政司理問官告養回鄉。當其在浙時，曾與南族約定七修，返鄉後議及修譜，曰駢季弟曰經（彝則）即毅然以繼承兄志爲任，於茲五載，規模粗具，“方將定期赴杭，遙聯南宗”，竟抱病以終。道光二十四年，北族秋分祠祭，由族長會同族衆，將續修之任委諸曰駟（春泉、曰驥弟），曰駟乃束裝南行，二十六年，七修譜成。[67]

海寧、歸德相去幾二千里，有明一代，通音問者不過寥寥數人，其原因在“游宦者少，而好安逸者又不肯遠離鄉井故耳”。[68] 康熙五十年代以降，藉族人赴京趕考或游宦之便，兩宗之間或互通書信，

---

[63] 《賈氏家乘·庚寅續篇》2:79a～b。

[64] 《賈氏家乘·詩篇》2:81a，有賈銓（君衡）作《丙寅（嘉慶十一年）春喜逢景軻姪及方然秋騰景原凝修諸姪南來修譜即于洗塵席上口占一律》，詩中自注：“景原先于去春獨來訂定”。

[65] 如《賈氏家乘·詩篇》2:83a，賈震行（升初），《送景軻姪譜成北還》有云：“爾自孫承祖，我原繼我翁，序倫三世樂，成録一年功”。震行自注云：“前丙戌五修時，先父與姪先大父同事。”“庚寅春，姪尊人南來謁祖，今姪又至，余得三世會面。”同書2:83b，賈言（綸如）《送景軻姪譜成北還》自注：“令祖山玉伯、令尊蒼露兄相繼南來修譜謁祖。”

[66] 《賈氏家乘·譜記》1:91a～b；同書《六修族譜序》1:92a～94a。

[67] 《賈氏家乘·記曰經姪七修譜續稿》1:95a～b；同書《七修族譜序》96a～97a。曰駟爲葺譜往南事見同書2:92a～b，賈曰壽《送從兄春泉葺譜杭州》，及賈曰駟《葺譜起行同闔族告祖口占》）。

[68] 《賈氏家乘·送華廷兄歸海寧序》1:34a。

或來往交游，密度較明代時頻繁許多。嘉慶間，海寧賈言（綸如）
《送景原再姪譜成北還》詩有云：“樓北巢南音信悠，喜從天降得家
郵，兩年往返九千里，百日修明四十秋。”自注曰：“景原於丁丑春
先來訂期。”[69]同樣是海寧族人的賈銓（君衡），在《送景軻姪譜成
北還》一詩中說到：“阿咸攜譜返商邱，敦睦從今願已酬，卻愛耳邊
消息好，一雙青眼爲君留。”自注云：“景軻姪曾訂四五年重晤。”[70]
由之可知，嘉慶間修譜前後，兩宗之間曾有密切的往來，而爲了六
修譜的編輯，北宗曾回祖籍作客將近百日。南宗勢必也需要有足够
的財力，才能因應到訪五人的食宿支費。道光間，歸德賈曰壽作
《餞送從兄春泉席上述懷》詩，云：“薄宦東南悟夙因，七年四往未
嫌頻，吳山的如迎客，越水迢迢解送人。”[71] 可知曰壽在署仁和、
蘭谿、會稽等縣縣丞任上，[72] 七年間曾四度拜訪南宗。而曰壽從兄
曰籌亦曾於道光十八年官浙藩理問時，因母喪奉母靈寢返鄉之際，
過訪南宗。[73] 猜想賈氏一族經濟能力的改善，對兩宗之間關係的發
展應也適度發揮了效用，可惜的是，族譜中缺乏這方面的直接證據。
無論如何，賈氏在衛所與原籍的兩宗，藉由統宗譜的持續修訂，源
遠流長地維繫起彼此間的宗法血緣關係。

三、軍户家族譜系的斷絕

戰爭、貧困、訴訟與災變是造成譜系斷絕的普遍因素,前引《賈氏
家乘》提到崇禎十五年李自成陷歸德,使賈氏三百年來一切祖傳古錦
翰墨俱化爲灰燼。亂平後僅得賈氏譜録一册,又在康熙二十三年賈復
慶擬續修族譜時,被發現其中有數頁已在順治間因族人構訟而毀壞。
期間因族多窮困,無力翻鎸舊譜,竟至群居對面而不相識,即是一個典
型的例子。[74] 不過,這些因素對譜系斷絕所帶來的影響有其普遍性,

---

〔69〕《賈氏家乘·詩篇》2:84a。

〔70〕《賈氏家乘·詩篇》2:84b。

〔71〕《賈氏家乘·詩篇》2:92a～b。又同書2:87b,有賈丙麟《己亥（道光十九年）七
　　　月二日商邱姪小亭貳尹以公委自省至寧因便過訪即席賦贈二律》。

〔72〕曰壽曾於“道光乙未遵籌備例捐縣丞,分發浙江,署仁和、蘭谿等縣縣丞;庚子軍
　　　需總局幫辦,坐補會稽縣縣丞。”參見《賈氏家乘》8:19a～b。

〔73〕《賈氏家乘·詩篇》2:87a,賈丙麟《戊戌歲商邱友石姪由浙藩理問官署奉其母王太
　　　宜人靈輀北旋爰賦二律贈行并訂續修家乘之舉》。

〔74〕《賈氏家乘》1:45a～47b。

並非軍戶獨有的現象,本文特別要討論的,是屬於軍戶的特殊因素。

軍役本身是促使軍戶譜系斷絕的重要因素。《陳氏大族譜》,崇禎壬申陳君儼撰《原序》云:

> 舊譜纂〔纂〕於廷光,考據精詳。而其字行各別者,因當時有抽軍而逃,兄弟恐其相累,故各編字行,各祖其祖也。不然,何以均屬一原,而祖祠各分,字行亦有彼此之不同乎?

清溪感化後溪陳氏軍役起自明初抽軍。元代有名陳承謨者生有三子,次子宜登生子凝,凝生子恪。承謨季子宜升生子凍,凍生三子:愷華、愷立、愷成,其中一子抽軍充邊,未至衛所即逃。恪恐遭其連累,遂與愷華兄弟"各編字行,各祖其祖",各分祖祠。直到崇禎間,陳恪一支始與愷華、愷立二房"得以合祭"。[75]

分祖分祠爲的是與軍支劃清界限。事實上,族譜中的世系表在官府勾取軍戶軍役時常成爲重要的參考依據。《蕭山陳氏宗譜》中《陳氏譜序》有云:

> 蓋姪戶係軍伍,寧一當軍,寧二之子補伍,而寧三、寧四、寧五之後該次矣。公查勾則出此有徵,滔之意幾微已見於斯。然吾爲同宗,不通譜,以先世分析已久,軍民之籍不同,故耳。

此序爲正德十一年陳滔修譜時,委託曾任雲南師宗州知州的同宗叔陳殷所撰。蕭山陳氏四世祖名日昇,生子三:肇科、肇第、肇基。肇科有五子:寧一、寧二、寧三、寧四、寧五。洪武十九年因抽丁調陳寧一發南京水軍左衛充軍,寧一死後,勾取寧二養子陳添保赴衛補當軍伍,直到弘治間南京一支尚子孫榮盛。[76] 陳滔或爲寧二之後,[77] 以當初軍役來自抽丁,寧一五兄弟之後應輪流應補,因此於修譜時預爲之地,俾便將來南京缺軍勾伍時,得依序由寧三、寧四、寧五之後輪當。而陳殷則

---

〔75〕《陳氏大族譜》,陳建章、陳建一、江萬哲主編(臺中:新遠東出版社,1961)。見《清溪感化後溪陳氏族譜序》A106;又,《陳君儼·原序》A96;"今考卿頭之祖愷華公與愷立公長二房得以合祭者"云云,語焉不詳;按:宜升之後分派於卿頭,宜登之後分派於上湯,此序所論既爲二派之分合,則所謂合祭者,當指上湯與卿頭之合。

〔76〕《蕭山陳氏宗譜》八卷,陳宗元等續修,光緒二年敦睦堂刊本。見是書,陳晉,弘治十八年《陳氏族譜序》。本文引用之族譜,凡未注明收藏地或出版地者,其微卷原藏於聯合報國學文獻館,現由臺北故宮博物院收藏。

〔77〕《蕭山陳氏宗譜》雖收有陳殷爲陳滔修譜所寫的序,但該譜實爲肇第後裔(即陳殷一系)之譜,而肇科、肇第與肇基三人,據是譜首:7a《遷徙》及1:1a~b《世系總圖》,在元末明初時已"析居各戶籍",而肇科之後是"另有家譜存焉"。由於光緒譜未收肇科以後各輩,無法確定陳滔的世系,僅能從文意推測。

因祖先在寧一兄弟抽丁充軍前已與陳滔先祖分户,[78]向爲民籍,因此雖爲同宗但不通譜,自然也有避免軍役牽連之顧慮在。

族譜世系既可爲勾軍依據,當軍役負擔沉重造成族人困擾時,就不如無譜。《蕭山任氏家乘》卷一,順治十四年,任雲蛟撰《族譜叙言》即言:

> 予族皆民籍,別有所謂軍籍者,舊譜未詳,畏勾軍也。

即對過去因畏懼勾軍,不敢將軍籍族人載入譜中的顧慮坦承不諱。順治間,十五世孫任雲蛟爲修譜到處輯録相關資料,適巧叔父任介眉從壞壁中尋出一幅譜圖,"其分疏根株,截然可眺",以爲神授。然而,譜圖之既存而隱,卻更能顯示出民籍一支的畏懼心態。任雲蛟對勾軍之禍的看法,雖説是"苟吾族耶,則雖復勾軍,亦何畏焉",[79]但真實的情況不如説在順治年間軍籍所屬的遼海衛早已不存,[80]遼海軍籍對原籍户丁已無威脅所致。

《軍籍李氏宗譜》中也留有一段耐人尋味的記載,見卷首,弘治壬戌(1502)年李郁三口授,其孫李伯鑾所撰的《源流序》:

> 洪武定金陵後,我父(李貴七)招募民夫,開墾屯田,充實行伍,護送糧餉,因攜吾(郁三)立心適梅土。擔老譜渡江,風雨驟至,舟幾乎覆,老譜、行李悉附水濱。噫,先祖有靈,知遷梅土者後軍籍,守瑞祀者仍民籍,朽其譜所以杜將來拔茅之連茹耶?

李氏原籍江西瑞昌縣八都坂,軍祖李貴七洪武間充軍,爲九江衛軍,因屯地在臨省的黄梅縣,攜子郁三遷居黄梅。[81]赴梅之時,攜譜同往,

---

[78] 參見前注。陳殷爲肇第之後,見《蕭山陳氏宗譜·世系總圖》1:5b~6a。

[79] 《蕭山任氏家乘》二十卷,任蘭陔等重修,同治十三年木活字本,哈佛大學哈燕圖書館藏。見是書1:1a~2a,《族譜叙言》。

[80] 據《蕭山任氏家乘·孝子士禛任公傳》15:1a~b,任氏軍役自任廉謫成大甯衛,其後任瑄補役,遷遼海衛。按:《明太祖實録》200:7a,洪武二十三年三月癸巳條:"置遼海衛於三萬衛北城。"顧祖禹撰《讀史方輿紀要》(一百三十卷,圖説四卷,清光緒己卯年敷文閣刊本,中央研究院歷史語言研究所傅斯年圖書館藏線裝書)37:40a,遼海衛"在三萬衛治東北,洪武二十一年置。初治牛家莊,二十六年移治於此。"明代遼東都司屬下共有二十五衛,天啓元年(天命六年,1621)三月,努爾哈赤攻下遼陽,四月,後金遷都遼陽,遼東都司不復存在。參見楊暘《明代遼東都司》,鄭州:中州古籍出版社,1988年,頁242~247;楊暘主編《中國的東北社會(十四~十七世紀)》,瀋陽:遼寧人民出版社,1991年,頁376~379。

[81] 《軍籍李氏宗譜》二十卷首四卷,李紹蓮等纂修,民國二十二年棣華堂木活字本,上海圖書館藏,參見《提要》,頁190。見是書卷首:4a,《光緒甲辰續修宗譜序》;同書卷首:28a~29a,《墓誌·郁三公墓誌》。

不料卻在渡江時遇風雨淹没。弘治間,瑞昌子孫回憶及此,竟以之爲先祖有靈,不願瑞昌子孫受軍籍牽連所致。

這一類的例子不勝枚舉,如《屈氏先德録‧序》有云:

> 吾宗屈氏自来不甚顯著,明清以来,有關中之屈,有粤東之屈,有常熟之屈,有臨海之屈,有兩湖之屈,彼皆有淵源可尋。獨至吾平湖一支,以明代占衛籍,故終其世無譜系。

亦以軍籍爲無譜之原因。同書卷上,始祖略傳後有按語,云:

> 吾家譜牒失修,無從證實,至爲缺憾。故老相傳,當在明時,我家係屬衛籍,自宣德五年後例兼漕運,輾轉千里,備極艱險。爾時人以爲困,逃亡隱匿,在所不免,故子孫遂諱言軍籍。年代愈遠,譜牒浸失。

平湖屈氏原籍江南定遠縣,始祖屈保洪武間以從征有功,封金山衛百户。正統時,三世祖屈震奉調至乍浦,遂自金山衛遷居浙江平湖。[82]屈氏以困於漕運軍役不敢有譜,巧合的是,上舉軍籍李氏在九江衛也是漕運軍役,[83]時人謂江南衛軍困於漕運,[84]果非虛言。

軍籍對有心修譜的後人究竟造成多大的壓力,可以由京江劉氏的例子作進一步的觀察。始祖劉文,元末自江西南昌紫溪徙居揚州府江都縣大儀鄉,以從太祖征有功,誥封昭信校尉,守禦北京,子孫蔭襲。二世祖武征討多勛,三世敏調授鎮江衛前所世襲百户,"因遞年管運赴京",於宣德七年卒於京。敏無子,以堂姪斌襲世職,斌奉調征湖廣、貴州等處苗賊,誥加武德將軍,世襲鎮江衛署正千户副千户職,子孫遂世居鎮江。五世璧生有三子,次子錦無後,長子欽、三子鍾之後裔分爲兩大支。

六世劉欽因大江勦寇,題叙首功,昇正千户。七世希仁(欽獨子)、八世從義(希仁長子)、九世永昌(從義長子)、十世振華(永昌長子)、

---

[82] 《屈氏先德録》二卷,屈承杭輯,屈爔校録,民國九年稿本,上海圖書館藏,參見《提要》,頁385。見是書卷上:1a～2a。

[83] 《軍籍李氏宗譜‧斷案》首:15b,即指出"查(李氏)軍丁散居各處,於不承簽之年,均有例徵軍屯幫費,並報屆幫造之資;糧船遇有風火事故,賠船賠米均屬軍力湊辦。及至十年長運,終歲服役,苦累更不堪言。"

[84] 陳子龍等選輯,《明經世文編》(五百四卷,補遺四卷,北京:中華書局,據明崇禎年間雲間平露堂刊本影印,1962年初版,1987年第2刷)79:13b～14b:劉大夏《劉忠宣集‧乞休疏》謂:"江南軍士多因漕運破家,江北軍士多以京操失業。"參見吳晗《明代的軍兵》,頁125。

十一世之胤(振華長子)先後襲正千户職。大清定鼎,之胤"奉委署千總,防禦賊寇;順治十四年,選前所幫官督運"。至十二世瑛(之胤長子)"汰爲舍人録用",才免去世職。[85]

京江劉氏在明代雖爲官籍,出任鎮江衛正千户,但因漕運所帶來的重役負擔,並不較一般軍籍稍減。九世永昌於萬曆十七年襲職,其弟永貴即"避累遷居丹陽之朱巷",並改姓爲婁。[86] 劉氏一直要到康熙二十年才開始修譜,在此之前,只有八世孫劉從譽曾以一己之力捐貲鳩工修葺祖墓七冢及壙外一墳,又栽樹木百棵,勒石碑,設石桌、石櫈、石柱,祀土祀祖,時在崇禎十六年;不過,對於立祠創譜,從譽則"自揣力微莫舉",未能計及。

從譽爲劉鍾之後,他葺墳祀祖,本"欲取於公,恐弗能舉",故而發憤自給。既成,幸得族人季野、吉南、之胤等各捐囊貲,積金營利,以供年年拜掃,乃得永祀。遂議以所餘歲利,積爲日後建祠造譜之資。[87] 不料舉行未久,"竟以族故中廢"。所謂"族故",譜中語焉不詳,[88] 估計仍是受到軍役牽連的影響。

原來,入清以後劉欽一支雖被免去世職,但因鎮江衛在清代仍屬漕運衛所,仍繼續負擔漕運軍役。順治八年,奉"秦按臺清屯清運,特題以無屯弁舍聽永隸民籍,不得干預屯運衛事",[89] 劉欽與劉鍾之後遂分立爲官分與民分。[90] 官分仍爲軍籍,劉鍾之後永是、永憲、永達、永建、永鼎等則遵旨改入民籍,立籍丹徒縣市西坊,立户上丁,俱當民

〔85〕 《京江劉氏宗譜》四卷,劉秉銓等纂修,光緒九年木活字本,上海圖書館藏,參見《提要》,頁1035。又一種,四卷,劉志奎等撰,光緒九年重修活字印本,東洋文化研究所藏,參見東京大學東洋文化研究所編《東京大學東洋文化研究所漢籍分類目録》,東京:東京大學東洋文化研究所,1973年,頁214上。以上見是書1:1a~8a,《年表》。

〔86〕 《京江劉氏宗譜·年表》1:6a~b。劉永貴避居異地改爲婁姓,揆諸新安蔡氏的例子,或亦可視爲分户之一例。

〔87〕 《京江劉氏宗譜》1:1a~2a,八世裔孫劉從譽等撰,崇禎十六年《重修祖塋永設祭祀序》。

〔88〕 《京江劉氏宗譜·始創宗譜傳族開填實録序》1:2a有云:"詎意舉行未久,竟以族故中廢。其間本族居址又爲圈坊駐兵,族人多遷别郡。"由之可知,清初族人曾因居所遭圈佔被迫遷居,但從上下文脈來看,顯然,被圈佔並非斷絶祭祀的最大因素。

〔89〕 《京江劉氏宗譜·年表》2:1a~b。

〔90〕 據劉振麟康熙二十年修譜時所撰《凡例》1:1a,"緣始祖蒙恩誥授世職,長房承襲,而次房入籍於民,所以不但房有長、次之分,亦籍有官、民之别。"文中對次房入籍於民的時間語焉不詳。由於《始創宗譜傳族開填實録序》中明白記載永是等人於順治八年"遵入民籍"(1:1b),推想劉鍾一支在明代時並未與劉欽一支分户各隸其籍,反而是同屬劉欽之後的永昌、永貴兄弟有可能分過户,參見注〔91〕。

差。順治十八年,奉旨審户均田,永達一户又被撥入同縣黄祐一坊,充當坊長。[91] 永達等既改入民籍當民差,理當與漕運軍役無涉,事實卻非如此。

永達即從譽子。康熙二十年始修譜時做《始創宗譜傳族開填實録序》,由之可知,初修譜的纂修,得力於永達之子振麟不少;而振麟的修譜工作,則是利用"軍工差竣,給假歸省"期間完成的。永達在順治八年已歸入民籍,康熙年間振麟的軍工差究竟是些什麼内容,可以從下引史料看出一些端倪。《京江劉氏宗譜》卷一,光緒五年(1879),十五世孫劉國慶(劉鍾之後)作《重彙草譜並建宗祠序》云:

> 緣吾族世隸鎮江衛籍,凡家道稍裕,有丁年至壯者,即防簽報漕船。一充運丁,則追償墾價,賠造賠運;小康之家,不難立罄,凡家殷丁壯者恒匿焉。是以嘉慶初年,吾祖欲獨力建祠,以阻而止。蓋以建祠則必修譜,修譜則必計丁,丁計則不能匿,不獨同衛可以鉤簽,即族中亦可舉報,藉相魚肉。故族譜雖設,恒樂其廢,而不欲其修,匪竟甘於忘祖也。嗚乎!漕船,差也,亦業也。務其業而勤苦以任之,衣食可得也。即不可得,吾家享本朝承平之福二百餘年,即傾家以報焉,宜也,況乎其不必然也。

京江劉氏在明末清初已分爲江南、江北兩支,留在鎮江的爲江南支,江北一支則遷往揚州府泰州海安。康熙二十年始修譜時,公訂繕譜八本,分別由劉欽及劉鍾留下的老六房子孫各執一本;另作掛譜二軸,與多餘的二本宗譜分存江南、江北。這時六房中屬於軍籍的只有一房,其餘皆於順治初改入民籍,但因漕運軍役負擔沉重,同族之人常被牽連。這種情形直到嘉慶年間仍未見改善,也因此降低了族人修譜聯親的意願。引文中特別值得注意的是"嘉慶初年,吾祖欲獨力建祠,以阻而止"一句,可以發現,從崇禎間劉從譽想修譜立祠卻不敢訴諸公意,康熙間劉永達修譜"矢志不取闔族分文",這種心態的存在其實是有脈絡可循的。有心建祠修譜的人深知軍役牽連之害,在沉重的使命感召

---

[91] 《京江劉氏宗譜·始創宗譜傳族開填實録序》1:1b。明清時代,丹徒縣爲鎮江府附郭,鎮江衛治亦在鎮江府城内。丹徒縣有市西坊、黄祐坊,參見高得貴修、張九徵等纂、朱霖等增纂,乾隆《鎮江府志》(五十五卷首一卷,南京:江蘇古籍出版社,據清乾隆十五年增刻本影印,中國地方志集成·江蘇府縣志輯27~28,1991)1:又11b,《疆域》。

喚下,僅能將之視爲個人之義務,決不敢奢望族人同聲響應。而劉從
譽其後雖有幸籌到一些基金留做修譜祭祀之用,又因"族故"未能持
續;康熙修譜以前一度修整祖墓,"又未久而仍費(廢)去",[92]嘉慶初
劉國慶祖父欲獨力建祠受阻,原因都出在漕運重役是不分軍民户籍,
一律攀牽的。道光以後,江北各支因久不相往來,"譜系就湮",劉國慶
深恐在鎮城的各支亦將錯亂不可考,"立志興修,細心查訪",然以遭粤
氛,舉族播遷而中輟。事平之後,原居址俱已無存,能回籍賃屋糊口者
僅十之二三,其餘皆遷留異地。同治八年,國慶整修祖墳;十年,復就
耳目所及,重彙草譜;光緒三年,更置地創祠,並繼續增補草譜,以期日
後能刊刻付梓。其時,漕糧運輸已改爲招商海運,[93]漕運軍役對軍户
的威脅已不若先前之甚,修墳建祠的工作遂得以順利舉行。[94]

　　另外,由上舉蕭山陳氏之例可知,對抽丁爲軍者而言,由於祖軍兄
弟之後有繼補幫貼軍役之義務,因此族譜的編纂有其特別之任務。而
爲了確保族人遵守義務,常用的手段就是由族人公同作成議約合同。

　　蕭山道源田氏的軍籍最早起於洪武二十年三丁抽一軍,始祖田貴
和因而充台州海門衛桃渚所軍。萬曆二十六年,桃渚所軍人田捨中狀
告蕭山縣,指稱居於原籍蕭山縣昭明鄉二十一都二圖四甲的族人田應
龍,[95]違背祖傳合同,"計佈脱軍抄民",不願繼補軍役。據捨中所言,
他手中持有成化五年的合同,合同中載明:桃渚所的軍役經合族會議
同意,由田貴和子孫輪枝接補,以二十年爲度,輪役者由合族均助銀十
二兩以爲娶妻、路費之用,另外每年各房出銀一錢五分以爲軍裝。田

〔92〕　參見《京江劉氏宗譜》,劉振麟,康熙二十年《彙創宗譜並掛譜序》1:1b。
〔93〕　清代招商海運政策的實施有一個漫長的過程,從道光五年清廷批准江、浙漕糧改行海
　　　運,六年復行河運,二十八年起江蘇一省漕糧實行海運,咸豐三年以後浙江漕糧亦改
　　　海運,同治十二年設立招商局,以官造商辦方式造輪船運漕,詳細過程參見李文治、江
　　　太新《清代漕運》,北京:中華書局,1995年,第十二章《道光後漕運改制政策(下)——
　　　招商海運》。
〔94〕　參見《京江劉氏宗譜》1:1a～2b,劉國慶,光緒五年《重彙草譜並建宗祠序》。劉國慶修
　　　墳,"向族人鳩集微貲,生息"以供日後每年祭掃之用;建祠則"同維均、光焱兩姪"共同
　　　購地,文中未再提及任何阻力。建祠以前,劉氏祭譜掃墓,先在東嶽廟得月樓齊集,同
　　　治八年改在西城外太平庵齊集,光緒三年後改在祠堂。
〔95〕　明代蕭山縣共二十四鄉,嘉靖三十二年縣始有城,城内爲坊,共二都,即崇化二十都、
　　　昭明二十一都,各領十二圖。參見鄒勷、聶世棠等纂修,康熙《蕭山縣志》(二十一卷首
　　　一卷,臺北:成文出版社,據清康熙十一年刊本影印,中國方志叢書597,1983)2:6b～
　　　7a,《疆域志·坊里》。萬曆二十二年到二十七年間的蕭山縣令爲沈鳳翔,參見是書
　　　《職官志》16:4b。

捨中在衛已頂當軍役五十餘年,代役的兒子田伯敬又因病弱不堪差操,因此請將田應龍勾補頂役,不意卻爲應龍所拒。捨中遂以合同爲據,告狀催勾。

本案根據蕭山縣令沈鳳翔調查的結果,釐清了幾項事實。第一:捨中所提合同,雖有契約之形式,但並無印信,亦未經官判,真僞難辨。而自成化以來,該役始終由在衛人丁承繼,蕭山縣方面並無解丁換役之記錄。第二:桃渚所除田伯敬外,另有壯丁數人在營;蕭山縣軍册亦載明該役之繼丁爲田宗憲,可知不論在營、在籍,俱不乏繼役之丁,應龍絕非第一人選。第三:田應龍之祖父田敏在正德三年因事謫充廣西潯州衛爲永遠軍,田敏子孫有承繼該名軍役之責,應龍因此也不需繼補田貴和軍役。[96] 第四:田捨中妄告田應龍,乃是因爲前一年捨中回籍,擬向應龍索取每房一錢五分軍裝費被拒所引起。第五:田貴和户下原有軍產田十二畝、房屋十六間,先後被捨中賣掉,止餘田三畝三分。沈鳳翔因此判定田捨中之役與應龍"毫無干涉",但因田應龍家道富裕,二人又係同宗,姑判應龍每年提供捨中軍裝,數額爲其他户丁之半。僅餘之少量軍產由捨中每年回籍"收花管業"。至於混告勾取的部分,責捨中以杖刑結案。[97]

軍產田十二畝、房屋十六間應是蕭山原籍軍户提供給桃渚所軍,以備其軍裝之需的資產。除了這些固定資產的所得以外,原籍户丁每年每房尚需公出一錢五分供所軍花用。從捨中的行事作風來看,他很可能是年年不放棄回籍收銀的機會,桃渚與蕭山兩地自是維持了極其密切的互動。

桃渚所在浙江台州府,[98] 蕭山縣爲紹興府屬,兩地位置相近。桃渚軍人也爲了自身利益,頻繁地往蕭山原籍收租取銀。《田氏始祖辨》中

---

[96] 《蕭山道源田氏宗譜》六卷,田廷耀等重修,道光十七年紫荆堂刊本。以上據宗譜所收沈鳳翔原審單,詳下注。但據該譜《世系紀》5:1a～4a,田應龍應爲士賢三子田敞之後,田敏則爲士賢四子,無嗣,以元爲繼子。《世系紀·外編序》6:10a,提到居住在五里牌的一支,"余族同宗也,或云文裕公之後,或云敏公繼子之後,因世遠難稽,不敢穿鑿附會,妄自接續,姑缺疑焉"。或許是另一個受軍役牽連困擾,被故意遺忘的例子。

[97] 《蕭山道源田氏宗譜·田氏始祖辨》1:4b～6b。

[98] 海門衛,據《明太祖實錄》180:4b,洪武二十年二月甲辰條,建於洪武二十年。《讀史方輿紀要》92:68b～69a,記其在浙江台州府東九十里,領所四:前所、桃渚、健跳、新河。桃渚所,據《明太祖實錄》185:1b,洪武二十年九月辛巳條,亦建於洪武二十年。《讀史方輿紀要》92:69a,謂其位於海門衛東北五十里。

有康熙十六年二月闔族與桃渚所長官田憲榮共同立訂的"議單合同"，内容仍是有關蕭山原籍對桃渚所軍提供的軍裝幫費，指定由大通橋地字號軍田五畝零每年出租銀一兩四錢,以合同爲憑。如田憲榮本人不能回籍,可託便人執此合同代領,但是"如無合同,雖本身來,租銀不付"。康熙合同應是延續明代以來的慣習,而康熙十六年的合同猜測應是田憲榮在替補軍役時與族人新訂的,也就是在每次更換軍役人選時需重新訂立。不想此合同在康熙二十年田憲榮回籍收花時不慎遺失,並且被原籍族人田舒章拾獲,舒章完全没有歸還的意思,而憲榮既失憑證,此後不再回籍,原有軍田改爲祭田,作爲文遒公祭産。[99] 乾隆五十五年蕭山田氏始修族譜,[100] 譜中所有有關桃渚一支的記載,集中在彼此之間權利義務關係的釐清,對桃渚一支的世系,則完全没有收錄。

四、軍户家族譜系之建立與延續

相對於軍籍者常因畏避軍役不願修譜,事實上,由於明清兩代對軍籍的控制嚴密,各種册籍層層管理,軍籍者若要修譜,較一般民户更容易找到參考的資料。[101] 明代軍户在洪武十四年成立黄册制度時即與其他各種户籍户一體列入黄册的管理系統下,洪武二十一年又詔天下郡縣類造"軍户户口册";衛所則於軍士亡故之際,造"清勾册"送兵部按籍勾補;衛所軍士另領有"勘合户由",其中開寫從軍來歷、調補衛所年月及在營丁口數等項,作爲點閱時查驗之用。宣德以來,政府對衛軍的管理原則逐步由明初的原籍主義轉變成鼓勵衛軍在衛生根,衛所軍户户籍的管理問題遂不容忽視。成化十一年,令衛所造"旗軍文册",詳細記載衛所内原額、現在、逃亡、改調旗軍之"原充軍、改調來歷、年月、貫址、節次補役户丁正、餘姓名";弘治十三年更下令自弘治

---

〔99〕 《蕭山道源田氏宗譜·田氏始祖辨》1:7b;同書《世系紀》7a。

〔100〕 參見《蕭山道源田氏宗譜·重修宗譜序》2b～3a,田廷耀撰,道光十七年。

〔101〕 劉志偉《在國家與社會之間——明清廣東里甲賦役制度研究》 (廣州:中山大學出版社, 1997),頁245～246,以廣東順德《楚旺房陳氏家譜》爲例,指出陳環翠於弘治六年"會同排年三十餘人",經縣同意,至布政司"開庫揭查洪武至正統"間黄册,查出明初以來先祖姓名、年齡及財産狀況,顯示一般民户也可藉助黄册資料以爲修譜之輔證。而軍户則除與民户一體載入黄册之外,更有軍黄册、衛所旗軍文册、兜底、類姓、類衛等册層層管理約束,可參照的資料更多。也正因爲如此,當奸滑軍户意欲脱離軍役束縛時,就必須勾結胥吏,從更改册籍記錄著手。參見于志嘉《明代軍户世襲制度》,頁91～95。

十五年以後,旗軍文册每五年一次造報。[102]

上引《彭氏宗譜》有彭浩於弘治十三年所修家書,書後附上了遷蘇州以後的源流宗枝:"戶頭:彭學一,洪武四年爲歸附事,充直隸蘇州衛左千戶所百戶黃俊、總旗趙留保、小旗劉雷三下軍。故,勾取解至姐夫海忠並妻彭氏補役。生楊仲英,妻陳氏,生彬,因軍頭姓,遂頂姓彭。"[103] 這樣的叙述方式,猜想是抄自勘合戶由的。

軍戶修譜參照衛册,可以從《湘陰軍族陳氏支譜》得到證明。卷首,《續譜凡例》即指出:

> 軍族之根源得之長衛册、府縣免差碑文。同屯各族名
> 目、先人之生殁葬址,得諸老譜殘篇,與夫長沙南門外本
> 邑新橋故老傳流。參觀互證,然後稍有所增。

另一條凡例則指出:"軍家門牌、信牌以及府縣免差碑示,乃本支之憑文也"。[104] 湘陰陳氏原籍揚州府儀徵縣三壩,長沙支祖陳福於洪武初以軍功任長沙衛,因家於南門外碧湘門,號爲軍門。三世陳萬甫於正統間遷湘陰東鄉新橋,隸屯籍。[105] 長沙衛册載有所屬各戶戶丁記錄,亦收錄有各輩承擔軍役者姓名年籍,對後世的修譜者而言,確是不容忽視的大好依據。[106]

---

[102] 相關條例收入譚綸等輯《軍政條例》。詳細討論參見于志嘉《明清時代江西衛所軍戶的管理與軍役糾紛》(《中央研究院歷史語言研究所集刊》72.4〔2001〕:833~887),頁837~840。

[103] 《彭氏宗譜·養素翁寄江西原籍家書》11:1a~2a。

[104] 《湘陰軍族陳氏支譜》七卷首一卷末一卷,陳聖衢等主修,陳紹聞等纂修,民國十九年潁川堂木活字本,上海圖書館藏,參見《提要》,頁602。以上見是書卷首:1a、5b~6b,《續譜凡例》。

[105] 《湘陰軍族陳氏支譜·福公至廷字派五代世系》1:1a~b。

[106] 至於"府縣免差碑文"與"軍家門牌信牌",俱收入卷首,乃是用來豐富族譜內容的家族資料,對世系的釐清並無幫助。前者係湘陰縣軍丁"爲軍不民徭事"上請優免民差一案所得之碑示。原來,明代舊制湖南衛所分水、旱兩項,"水衛共輓漕糧,旱衛專司操防役使";康熙二十七年裁長沙衛,軍丁盡撥院、藩、臬、道四轅執事,充任防守旗甲、軍門閑丁,兼以隨道兑糧,每戶三五石不等。至於修理道路橋樑、塘汛、保甲、煙户、茶引、酒鈔、巡潭、送差、舟楫、更夫、百工匠琢等項差徭,則屬民户民差,與軍户無涉。康熙五十五年,民户突越成規,以軍户供當民差,此後屢禁屢犯,府縣方面也多次勒石立碑嚴禁。碑文易壞,爲免民户冒亂攀牽民差,唯有將碑文收入譜中,永遠流傳。碑後附有同案相關屯軍名目,是利益與共的軍衛夥伴。參見《湘陰軍族陳氏支譜·軍家免差碑示》首:6a~10b;同書《告示》首:1a~3b。"軍家門牌"爲湘陰縣於乾隆二十一年所授,爲保障軍籍不應民役;"軍家信牌"爲康熙十一年長沙衛所授,載明陳家該納餉銀數量。見同書卷首:4a~5b,《軍家門牌》。

入清以後，無屯、無漕衛所先後被廢，衛軍改作屯丁，但在漕運地區衛所仍持續以軍籍管理衛所軍户。即使在乾隆三十七年停止編審一般民户人丁之後，有漕各省軍丁仍維持四年一編審的制度。[107] 前引《軍籍李氏宗譜》卷首，咸豐丁巳《鑾支舊序》即云：

> 第民族之系，或由舊章，或襲沈魏，任意彙輯，易於成就。而軍族之譜，物類紀於編審，名籍齎於部堂，五年一彙，毫難紊亂。但生者妻室未載，殁者壙場未紀，三代雖清，五服莫別，歷年久遠，恐相舛謬，難於符合。

同書卷首，同治甲戌《合修宗譜序》亦云：

> 自我祖貴七公遷梅以來，迄今數百餘年，僅有編審冊籍，未存譜牒實據。

都指出編審册籍是未修譜以前釐清宗人關係的重要依據。

除了官方用來管理軍户、編審户丁而製作的各種册籍爲軍籍家族修譜提供了詳細的材料，世襲軍户制度要求原籍軍户繼補軍役、供應衛軍軍裝幫費的規定，也爲原籍軍户與衛所軍户搭起聯繫的橋樑。[108] 如山陰江頭宋氏，南宋嘉泰末自會稽遷山陰。明初有名琢玉（四世）者任兵部職方司令史，燕兵靖難時，差撥守真定關，爲都司令史。永樂元年，因靖難軍過真定時未開關效順，被發配興州左屯衛，子孫遂世居興州。《山陰江頭宋氏世譜·興州戎籍世系》收錄數次興州族人回籍取討軍裝之記載，分別是：天順二年，八世永安同子英一同回南；成化八年十月，十世玉同母劉氏回南取討軍裝，九年三月回衛；十一年九月，玉與弟讓回南，十二年二月赴衛；十七年四月，玉又同母回南討取軍裝，十九年回營；弘治二年十二月，玉一人獨回，三年八月起送；十二年，十世讓同叔英回家，十三年二月赴衛；正德間，十一世皮溜同軍伴回南，次年正月由三老房湊給盤費一千餘金赴衛。這段期間，由於興州族人多次回南"催討軍

[107] 參見于志嘉《清代江西衛所的沿革與人口分佈》，《鄭欽仁教授榮退紀念論文集》（臺北：稻鄉出版社，1999），頁295～327。乾隆三十七以前軍籍的編審，或四年一編，或五年一編，因地區不同，參見李文治、江太新《清代漕運》，頁218～219。編審制的廢止有其過程，參見何平《清代賦役政策研究：1644～1840年》（北京：中國社會科學出版社，1998），頁268～270。
[108] 于志嘉《試論族譜中所見的明代軍户》，其中第四節《軍裝、軍田》，即是利用族譜資料對相關問題的討論，請參照。

裝，信息常通，故譜内略載世系；此後音問不通，十三世以後無續載入譜者"。[109]

原籍軍戶需供給衛軍軍裝的規定，早在正統元年的"軍政條例"中已經出現（A39、A45）；[110] 衛軍藉口回籍取討衣鞋，遷延不回的事例，在此之前亦屢見不鮮（A42）。不過，有關軍裝供應的具體規定要到弘治十年（1497）才成立，對長期在衛所承擔軍役的軍户，定"以五年爲率，著令（原籍）户下應繼人丁給與供送批文，就於户内量丁追與盤纏，不拘多寡"，管解該衛，當官給與本軍收領。軍中生活富裕不願供送者聽，原籍軍户自願不時供送盤纏者，亦聽從其便（C2~25《軍户五年一送軍裝》）。

值得注意的是，政府雖要求原籍軍户幫貼軍裝，卻無法要求各户提供定額的軍裝。這當然是因爲政府不能無視於各軍户不同的經濟狀況，強作規範。正德六年（1511），一度議准"要將軍户人丁，除一丁當軍外，量免應繼户丁三丁，有田者免三十畝，以備供送軍裝盤費缺乏之資"（C7~28《優免遠軍不許科擾》），但軍户中也不乏無田或田不及三十畝者，這項規定只能視爲理想，實則不可能執行。

經濟因素之外，血緣關係的日趨淡薄也會影響原籍軍户提供軍裝的意願。隆慶六年（1572），兵部議准"今次清解軍人，審定田產，酌爲供幫常數，填入由帖，嚴令户丁以時賫送，或聽本軍回籍，類總收取，不許有缺"（C7~38《審給軍裝嚴令賫送》），相當程度反映了雙方的緊張關係。

相較於軍裝尚可藉闔族分攤減輕個人承分，或置辦軍田專款專用，對長期居住原籍，從未有過軍役負擔的原籍族人而言，遠離家鄉赴衛補役毋寧是莫大的災難。因此在面對軍役與軍裝威脅時，有時不得不做一個取捨。如平江吳氏，元末有名吳文海者充陳友諒下武昌衛軍，永樂間改調河南彰德衛，防秋宣府。正統間，文海子孫戍宣府者因

〔109〕 《山陰江頭宋氏世譜》二十四卷，〔宋〕汝楫纂修，清咸豐十一年木活字本，上海圖書館藏，參見《提要》，頁302。見同書7: 18b~19a，《興州戍籍世系》；24: 25b~27b，《琢玉府君傳》。

〔110〕 "（）"中所引軍政條例的編號，A代表《皇明制書》（二十卷，張鹵輯，山根幸夫解説，東京：古典研究會，據東京東洋文庫、內閣文庫、名古屋蓬左文庫藏萬曆七年刊本等影印，1966）卷一二《軍政條例》；數字代表條數。如A39見是書12: 13b~14a，A45見是書12: 15b~16a。C代表譚編等輯《軍政條例》，2~25指該書卷二第二十五條，以下同。

屢爲北虜所傷,在營只留親丁一人。朝廷勾軍,令由文海弟文忠子孫朋當。嘉靖末年,文忠子孫吳石岩任衛輝府儒學訓道,出貲置買安陽縣西關外三十里地名花園地一頃,給文海子孫以供軍貲之需,條件就是此後軍役"不得干涉文忠子孫"。

文海子孫此後漸次蕃衍,累登仕籍,清初裁彰德衛,屯地改歸安陽縣徵收,文海子孫軍籍廢除。時居住花園支裔戶丁已達一千餘名,地名亦因之改爲吳家洞。順治六年有吳之鎮者登進士,[111]任丹陽縣令。子吳珂,明經貢士;珂子致廣、致大,俱列宮庠。雍正四年十二月,文忠子孫吳開澄赴京途中,寓宿彰德府南關楊瑞真家,楊有鄰居吳瑞章爲府吏,與吳之鎮異宗,開澄遂訪得之鎮族人事,並擬於由京返鄉途中至吳家洞一訪。惜因故不能成行,僅寄一信,託吳瑞章轉付花園支子孫吳筆匠家。[112] 而文海、文忠兩支此後亦無積極之聯繫。

因幫貼軍裝引起的緊張關係,有時不得不藉"議約合同"的形式來化解。前引蕭山道源田氏即爲一例。田捨中提出的成化五年合同因無官判、印信受到質疑,但其中有關軍裝的規定仍受到尊重,之後也確立了在每次更換軍役人選時重新訂定議約的慣例。而私定議約的合法化,則是藉由里長及官府的認證得以實現。

原籍軍戶與衛所軍戶議約的內容,或不限於軍裝、軍役的權利義務關係,也有可能是兩宗藉以相認的憑證。如福州郭氏,以譜中人物分隸閩縣、侯官、福清、羅源四邑故名之。始祖郭嵩,爲唐汾陽忠武王子代國公曜之後,於梁開平四年由固始隨王審知從弟王想避亂入閩。元代以前世系因成化間譜遭回祿而失考,隆慶六年,人房九世孫郭大韶始纂修譜,收入天、地、人三房而不及遠族,故稱爲支譜。[113]

《福州郭氏支譜》以郭顯爲一世,郭顯有三子,長貴卿、次子

〔111〕 《明清進士題名碑錄索引》,頁841。
〔112〕 《吳氏宗譜》不分卷,吳廣泰等修,咸豐十年昭德堂刊本。以上見同書24b~25a,《平江遷通城始祖枝下》。
〔113〕 《福州郭氏支譜》十二卷首一卷,郭柏蒼等撰,光緒中重修刊本,東洋文化研究所藏。以上見該書卷首:1a~4a,《新序·福州郭氏第六次新收支譜序》;同書卷首:12a~13a,《舊序·人房大韶公第一次纂修支譜序》。郭嵩入閩,一說在咸通中,參見同書卷首:1a,《舊序·郭氏支譜舊序·第五次重修》。但據陳支平《福建族譜》(福州:福建人民出版社,1996年)第六章《祖先的尋覓與塑造》及第七章《淵源的追溯與合流》,可知福建家族有不少將入閩始祖依託爲王審知部下的,不可盡信。本文所引族譜有提及明以前先祖源流者,僅供參考。

貴、三建郎，是爲天、地、人三房。洪武二十八年，建郎因事閒充陝西甘州左衛永遠軍，改發西安後衛，永樂三年卒於配所。因營中無丁，發冊原籍行勾。建郎原有子師杰、孫燊留居原籍澤朗，因師杰早卒，燊尚年幼，由子貴令次子郭尾赴陝西西安後衛充役。永樂十四年，郭尾回閩，帶同子貴三子郭貞一同赴陝。宣德五年，郭尾卒於衛所，由弟郭貞頂役。正統十一年郭貞年老乞休，由郭尾子郭忠、忠長子郭昭、四子郭肅先後繼役。天順間，郭貞妻趙氏攜孫郭彪、郭玉、郭英避荒至漢中府西鄉縣。成化、弘治間，郭英在西鄉縣開基創業，令人回陝，搬回郭昭、郭肅家眷，遂一同入籍西鄉縣。

郭肅後因探親卒於途，二子雄、全，雄第三子大賓，大賓子倉，全子僧保俱居西鄉；雄長子大亨、次子大甯、四子大用、五子大朝則於嘉靖初回居西安後衛屯地，繼承了軍役。[114]

郭雄在嘉靖六年（1527）偕同軍伴張鳳岐回閩探親，在此之前，"南北間隔，天各一涯"，百十餘年間不曾聯繫。郭雄既回籍，天房八世孫子昊、子晟及人房八世孫子旦等"請憑里長侯文明、鄉親林宏紀、張孫富、侯建美立約刻號，以爲南北後會張本"。所謂"立約"，當是南北雙方立訂合同議約，"刻號"則是於"批尾雕刻號記"，作爲日後書信往來，"證驗真僞"之用。[115] 這裏也可以看到里長、鄉親的作用。可惜的是，當時所立之約、所刻之號，族譜中都沒有保留下來，徒留後人疑問。

福州郭氏與陝西軍衛之間的關係頗爲特別。《福州郭氏支譜》卷一〇《先芬·明大韶公與陝西巖公書》有云：

> 憶自永樂三年勾補以後，南北參商，音信杳絕，累被里書騙害，無門控訴。迨至嘉靖六年郭雄叔父歇班給引回籍，猶解倒懸，稍得蘇息。以後數年，皆賴伯叔兄弟庇廕，如天之覆，如地之載，頗得安生。里胥人等，深於智者無所用其智，巧於謀者無所用其謀，弟輩寢食不忘，皆思雄叔父之來爲一幸也。

福州郭氏自與陝西消息斷絕之後"累被里書騙害"，自然是被里書以

〔114〕《福州郭氏支譜·代遷》2:3a～15a。又見同書4:7b～14a，《宗傳》。

〔115〕《福州郭氏支譜·先芬》10:2b～6b，《明大韶公與陝西巖公書》、《明巖公回大韶公書》。

勾補軍役爲由，求取賄賂。由於不了解陝西的狀況，對里書的勾擾自然只能予取予求。郭雄回籍能使福州一支如解倒懸，倒也未必是郭雄提供了什麼經濟上的援助，而是以其人之來直接有力的證明了陝西一方並不缺軍，並且在郭雄之外，尚有不少伯叔兄弟可以繼役，使里書不再有勾擾的藉口。當時福州一方"門衰祚薄，窮苦莫當"；陝西軍衛郭雄一支"同心充伍，繁衍盛昔"；西鄉方面"共承戎差幫貼"，"雖不盛大蕃衍，亦可繼統於後"，因此福州一支對郭雄之來，不但不會畏懼增添軍役上的困擾，反而歡迎有加，唯恐其不來。

嘉靖末，隆慶初，子旦長子大韶在京考揀巡書名缺，數年在京期間，"廣詢博訪，凡遇陝西公門諸友，無不詢問郭琦、郭正、郭孔元輩"。[116] 原來，郭雄之來福州，曾帶去陝西、西鄉兩宗支圖，由之可知郭琦爲郭彪次子，郭正爲郭英次子，郭孔元爲郭琦子。郭大韶按圖索驥，逢人就問，終於訪得新選爲四川珙縣大尹的楊丙山是西鄉人，正是郭琦的外甥。由楊丙山處又訪得郭英三子郭泰的長子郭巖，即將"抵京榮選"；而郭大韶也終於選上四川巡按書吏，預計翌年題差往川夏。郭大韶乃趁楊丙山"榮任順歸"之便，託信與郭巖，除一叙祖曲相隔之情，並定相會之約。

郭大韶的信得到郭巖的熱情回報。郭巖在回信中說，他自從於嘉靖二十二年例貢上京入監以來，"凡遇閩人，無不詢問祖居人事"，只歎未能得見。得信"喜不自勝"，對郭大韶之將來，唯與"族之弟姪掃門拱待"而已。因女婿文後泉正要赴京，託其順帶書信，"以代萬里骨肉之情會耳"。

郭大韶最後因丁母憂，又改薦滄州，終未能赴西鄉與族人見面。隆慶四年往滄州莅任之前，再修書致郭巖表達遺憾之意。[117] 不過，經過他與楊丙山及文後泉的兩次接觸，對西鄉族人也更多了一些瞭解，族譜支圖也因此增添了一些內容。

萬曆二十七年，郭雄曾孫郭鴻宇貿易建陽，便道省親。三十一年又來一次，此後遂不復至。地房在陝西的世系，也就記錄到鴻宇之子第十世來僧爲止。這時，陝西軍衛與福州族人間的關係似乎有了戲劇性的轉變，《福州郭氏支譜》卷一〇《先芬》中收有《明志

---

〔116〕 參見《福州郭氏支譜·系圖》3:4a~5a。下文的郭巖見同書3:5b。
〔117〕 《福州郭氏支譜·先芬》10:6b~7b。

科公送鴻宇回陝詩扇》及《又志科公訊西陝諸弟兄詩》，[118] 應是郭
志科於萬曆二十七年所作，詩中尚殷殷詢問西陝宗人近況，對鴻宇
之將返陝西不勝惆悵。然而同書卷首《舊序‧天房志科公第二次重
修支譜序》卻又云：

> 神宗癸卯歲，西陝軍丁齮齕宗人，科搜考軍由，使知
> 所自。軍丁不敢家獵戶漁。

癸卯即萬曆三十一年，鴻宇再來福州，究竟目的何在，譜中雖止此
一言，但也不難想像西陝族人開始想到作爲軍族的應得利益，意欲
回籍收取軍裝盤費。陝西軍衛爲地房子貴公之後，但軍役起自人房
建郎公，人房子孫尚在福州，天房志科公搜考軍由，究竟如何撇清
兩地間的關係，因“志科公歷叙軍由”譜中不存，[119] 後人已不得其
詳。而兩支之間竟然就此恩斷義絕，一直到同治十三年福州六修支
譜，都不曾有過任何聯繫。僅《六修譜》卷二《代遷》中留有以下
數言：

> 想天、人兩房世次，萬曆癸卯以前，亦必經雄公及鴻
> 宇帶陝入譜，子孫有到陝者，須留意焉。

表達了修譜者一點關切之意。

　　本節最後擬對世襲武職家族在修譜時的有利條件做一説明。衆
所周知，誥勒常是構成族譜的重要成分，文官如此，武職亦然。尤
其是武職誥勒記錄的內容常不限領誥勒者一人一世，而累世世襲的
結果，將各輩所領誥勒加以排比，[120] 要復原出先世世系並非難事。
例如，《歙淳方氏柳山真應廟會宗統譜》卷一七《宸綸‧湖廣永定衛
中千户所副千户方憲父母并妻誥命一道》，其內容即包括方奇師、方
齡、方本正、方思敬、方憲五世，兼及方憲母戴氏、妻余氏：

---

〔118〕《福州郭氏支譜‧先芬》10: 2a。

〔119〕《福州郭氏支譜》中屢次提到“志科公歷叙軍由”，見同書 4: 8b、9b，《宗傳》。但
　　　遍查全譜，不見收錄。

〔120〕例如《京口陳氏五修家譜》二卷，陳夢原等序，嘉慶九年刊本。是書 1: 9b～10a，
　　　《恩命錄》所開細目包括：“洪武元年八月初二日欽授昭信校尉誥命一道”、“洪武
　　　四年九月欽授武略將軍誥命一道”、“洪武十一年二月欽授武毅將軍誥命一道”、“洪
　　　武二十五年十一月應字四百九十二號武略將軍世襲誥命一道”、“洪武二十九年二月
　　　初七日續到員字四百九十二號明威將軍指揮僉事世襲誥命一道”、“永樂六年四月二
　　　十日續到鎮字十五號明威將軍指揮僉事世襲誥命一道”、“宏治十年續到□字八百七
　　　十六號誥命一道”、“嘉靖六年十月二十六日勒命一道”。唯存者僅嘉靖間一勒，其
　　　餘“誥文俱失”。

方憲，年三十三歲，原籍直隸徽州府歙縣十九都四圖
人。高祖方奇師，戊戌年於鄧院判下歸附充軍，乙巳年調
襄陽衛，洪武二十三年征散毛洞，調守永定，故。曾祖方
齡補役，年老。祖方本正代役，選征雲南麓川，（中略）病
故。父方思敬，六年四月襲職，八年五月奉勘合，開：祖
方本正征剿東苗有功，陞本所副千戶。彼時父調守道州，
未經改正，成化五年四月將故祖陞授緣由具奏。奉勘合到
衛，准令改正副千戶，遞年輪守廣西，年老。憲係嫡長男，
正德三年十月替職，今授武略將軍。父方思敬，贈武略將
軍管軍副千戶；母戴氏，封太宜人；妻余氏，封宜人。正
德七年閏五月十九日。

如此一來，包括本軍原籍、從軍緣由（歸附充軍）、襲替各輩（姓
名、親屬關係、襲替年月、襲替原因）、各輩調守過程（襄陽衛→永
定衛→道州→永定衛→遞年輪守廣西）、征伐地點（雲南、貴州）、
戰功（當先殺賊有功、斬獲首級報官有功、生擒二名、斬獲首級一
名有功）、昇遷（實授總旗→永定衛中所試百戶→實授試百戶→永定
衛中所副千戶）等項俱皆一覽無遺，爲族譜世系、家傳提供了絕好
的材料。[121]

誥勅資料雖然珍貴，但若不幸遭到兵火之災，原物不存，也莫
可奈何。武職另有世襲供狀一種，備述軍祖以來襲替昇轉記錄，由
於每一輩襲替者在應襲時都須提交兵部作爲身家證明，資料不斷累
積更新的結果，更是不容忽視的家族史資料。前引新安《蔡氏族
譜》，《凡例》有云：

吾族八世而上，未有譜牒。崇禎庚午，考衛中襲替供
狀核實，自錄經笥中。由今觀之，若非前此留心，今日安
從考乎。

同書《補遺》亦謂：

此譜之作，始於烈廟庚午，考核歷世襲職供狀，及祖
父叔輩見聞，筆之成帙，藏於書笥。

另一條《凡例》則提到，洪武以來歷代的誥勅均已毀於萬曆丁巳年

〔121〕《歙淳方氏柳山真應廟會宗統譜》二十卷，方善祖、方大成等修，乾隆十八年木活
字本。見是書，17：16a～b《宸綸》。

的一場大火，更突顯了武官襲職供狀在修譜時的重要性。[122]

《懷寧任氏家譜》在《世系圖》之前提到修譜時的依據，也以任惠襲職供狀爲重要參考資料。是譜乃安慶府懷寧縣淥水鄉一圖任氏的家譜，與興武衛千户任惠分屬不同支派，兩支祖先在元末明初間的關係尚且不是非常清楚，但在懷寧後人修譜時仍發揮了相當的作用。懷寧支一世祖老千户總管公軼其名，僅知遷自廬江，但不知遷於何時。千户總管公有二子，長子秀三有子名壽卿，壽卿生四子，次子思顥後更名爲信，於洪武三十五年補充總旗入伍。據嘉靖三十四年四月"興武衛千户任惠襲職供狀"，任信所補爲任長受、任蠻子之役，而任信爲蠻子親叔；若如此，蠻子之父應爲任信之長兄，亦即壽卿長子思憨，但修譜的後代卻不做是想，原因是沒有其他任何輔證。[123] 任信死後歸葬懷寧，子麟於宣德九年襲授河南都司涿鹿左衛前所世襲副千户，十年歸併南京興武衛右所帶俸，其後遂爲興武衛人。

懷寧一支與興武衛之間平時有些什麼聯繫，家譜中著墨不多，而萬曆十三年任信從元孫任可容出力爲興武衛子孫求襲一事，顯然是值得大書特書的。原來，明代武職例應由嫡長襲替，嫡長有故，始可改爲嫡次或庶男弟姪襲替。任信（第三輩）以後遞襲至第六輩爲任和、第七輩和子輔、第八輩爲輔長子德。嘉靖三十三年，德爲弟恩所殺，德無子，依序應由任和次子鷟之子惠襲職，"而故明中葉，居曹官吏惟賄是求"，任惠以家苦貧，久未允襲。萬曆十三年，懷寧支的任可容爲工部員外郎，與任惠雖在五服之外，但仍爲之陳其事於兵部，使任惠得以順利繼襲，時距任德被殺已三十二年。此後兩家常通往來，任惠子孫尚且將可容繪像懸於中堂，朝夕焚香祝

---

[122] 新安《蔡氏族譜·凡例》2a～3a。族譜中提到襲職供狀的，除本文所引各譜外，還有《畢氏宗譜·畢公裔宗譜》，不分卷，畢恩普編，民國十七年天津開文石印局印本。該譜《譜圖》上段附有説明，指出是譜以百户畢成爲始祖，指揮同知畢文敬爲二世，一直到十世，"蓋據世襲供狀而定之者也"，亦爲一例。

[123] 《懷寧淥水任氏家譜》十三卷，任鶴峰等修，光緒十一年慶源堂刊本。見是書3：24a～27b。該供狀由任惠具名，稱長受爲始伯祖，稱蠻子爲高伯祖，稱任信爲蠻子親叔，但未説明長受與信之關係。思顥既爲蠻子親叔，長受理應爲壽卿長子，但同書《武德將軍信公原傳》2：3a～4b，卻説"今不知長受爲信公何人也"，"亦不知蠻子爲長受何人，並不知蠻子爲何人之子，何以信公之同在軍中也"。任信既卒，歸葬懷寧，大抵任信與壽卿的關係是不會錯的，但任信與前兩輩軍人間的關係究竟爲何？竟不可考了。

拜，"等於祖禰"。[124] 譜中收錄"秀（三）公支下（壽）卿公次房
（思）頣公支下"，自任麟一直到任惠孫久爵而止。[125]

懷寧任氏的例子也顯示了不但是在衛所承襲武職的一支，可以
依據襲職供狀排比出本支世系；襲職供狀中有關原籍的記錄，也提
供了武職家族溯本歸源乃至攀親叙故的線索，這與軍戶勘合戶由或
各類軍冊具有相同的作用。再以滄州季氏爲例，季氏原籍淮安府鹽
城縣長一二都二圖五港口人。始祖季翔，洪武間爲吏役事，隸籍戎
伍。永樂二年從駕北征，留戍天津衛。三年，屯田於滄州運河之西
南五里，遂世爲天津左衛後千戶所人。不過，季氏定居滄州，是四
世祖季榮以後的事；在此之前的二世祖友才與三世祖德林，似仍以
鹽城爲故居，遇軍役出缺才北赴滄州。[126] 德林時屢建軍功，陞授冠
帶總旗，子孫世襲。榮"始刈荊棘，建廬舍"，定居滄州，並於滄州
西南季家屯東北立塋。

季氏自季榮以下，榮長子瑄、瑄長子通、通長孫大田、大田長
子公勳、公勳長孫之楷，皆世襲冠帶總旗。既爲屯軍，起家以農，
至弘治末而"産業充裕"。季氏開始治儒業，始於榮第三子，法名普
曉的僧人，他與衆姪兒以講讀爲事，到正德年間，季氏子孫已陸續
有補入天津儒學爲生員者。嘉靖十一年（1532），季氏自天津左衛後
千戶所調撥滄州守禦所，其後"續遊州衛邑庠者一十七人"，到了嘉
靖三十二年，滄州季氏更出了第一位進士季永康。[127]

也差不多就在這個時候，季氏開始留意譜事。先此，於嘉靖二
十六年，因見"族多則渙"，祭掃祖先時每每各行其事，衆議成立孝
睦會，以朔望爲會期，"每鬮時出銀錢若干，收貯以俟祭用，每歲元
旦、清明、七月望、十月朔，從俗爲四時祭"。四十三年，季永康又

〔124〕《懷寧淥水任氏家譜·家傳·武德將軍信公原傳》2:4a～b。
〔125〕參見《懷寧淥水任氏家譜·前綱》4:3b、20b。
〔126〕原文謂友才與德林"皆戀慕鄉土，更番應役"。參見《季氏家譜》八卷，季同祿纂修，民國十三年開封貳西山房石印本，上海圖書館藏，存卷一、三、五至八，參見《提要》，頁330。見是書，季永康，《孝睦會序》1b。
〔127〕據李周望輯、蔣元益、王際華等續輯《明清歷科進士題名碑錄》（臺北：華文書局，據清康熙五十九年刊本國朝歷科題名碑錄初集、及清乾隆十一年初修嘉慶至光緒各朝遞增續刻進士題名碑錄影印，1969），頁819，季永康爲"直隸滄州守禦千戶所旗籍，天津左衛人"。但黃之雋等撰，乾隆《江南通志》（二百卷，臺北：華文書局，據清乾隆二年重修本影印，中國省志彙編1，1967）122:43a，《選舉志》，卻以季永康爲鹽城人。

"將先世譜系，并載於册，以示後人於不忘"。但他所記載的，僅止
於以季翔爲始祖的滄州一支，並未嘗試與南方族人進行任何形式的
聯繫。[128]

季氏與南方族人通信往來，是清康熙以後的事。十一世雲錫在康
熙壬子(1672)時，藉滄州同鄉陳繼美任鹽城縣知縣之便，託其訪問族
人，因而互通書札。從雲錫三子瀰曾以先世在明朝時的世襲供狀，以
及清初與南方族人往來書札等交付後人，諄諄囑咐後人不忘續譜之事
可以瞭解，[129] 世襲供狀在修譜及認祖歸宗上都扮演了重要的角色。
不過，上海圖書館藏民國十三年石印本中，並無有關江蘇鹽城支的記
載，這與雙方其後缺乏更進一步的積極聯繫，自不無關係。

季氏與原籍恢復聯絡的康熙年間，距季榮定居滄州已兩百餘年，
期間不曾有過任何聯繫，兩百年後驟然得遇，所依靠的無非是襲職供
狀中關於原籍的記録，以及熱心友人代爲察訪。《蛟川樊氏宗譜》收有
《浙江寧波府定海衛世襲指揮同知狀供》，署爲十三世孫汝變初編，記
載了從一世祖樊連起，至八世樊承勳止各輩從軍履歷。從狀供中稱最
後一輩樊承勳爲伯的一點來看，很明顯的是崇禎六年承勳之姪樊維屛
告襲時所提的供狀，但承勳之後繼襲的尚有承勳之叔樊紀、紀子樹勳，
其次才是樹勳之子維屛。[130] 汝變收入的狀供很明顯的已有殘缺，但
狀供中開宗明義於一世祖樊連名下清楚載明樊氏原籍爲"直隸鳳陽府

---

[128] 以上參見《季氏家譜》，《孝睦會序》1a～2b，《譜首世系考》2a、10a、13a。

[129] 參見《季氏家譜》，《二門第五支世系考》3a。陳繼美任鹽城縣知縣在康熙十年到十
八年(1671～1679)間，參見黃垣修、沈儼纂，乾隆《鹽城縣志》(十六卷，清乾隆
十二年序刊本，中央研究院歷史語言研究所傅斯年圖書館藏線裝書) 11：6a～b，
《秩官·文職》。陳繼美曾於康熙十二年續修過鹽城縣志，見乾隆《鹽城縣志·原
序》7a；同書《歷修鹽城縣志姓氏》1b。

[130] 《蛟川樊氏宗譜》四卷，樊君芳等纂修，宣統三年錫麟堂石印本，上海圖書館藏，
參見《提要》，頁989。據該譜3上：1a～14a，《世次録》，樊氏歷代軍職依序爲樊連
(丁酉歸附～洪武二十一年)、樊遠(連嫡長男，洪武二十二年～永樂二十一年)、
樊俊(遠次男，宣德二年～正統四年借襲)、樊琦(遠長男英之嫡長男，正統五
年～天順元年)、樊豫(琦嫡長男，天順二年～弘治八年)、樊志(豫庶長男，弘治
九年～正德元年)、樊經(志嫡長男，正德十年～十五年，無嗣)、樊恩(經堂叔，
英庶長男瑢之嫡長孫，嘉靖二年～十七年，無嗣)、樊懋(恩嫡弟，嘉靖十七年～
三十一年)、樊綱(懋嫡長男，嘉靖三十六年～隆慶元年)、樊承勳(綱嫡長男，隆
慶二年～萬曆十一年，無嗣)、樊紀(綱弟，萬曆十二年～三十五年)、樊樹勳(紀
長男，萬曆三十七年～天啓六年)、樊維屛(樹勳長男，崇禎六年～十五年)。各輩
之關係又參見同譜2：29a～32a，《一世至九世世系總圖》。《狀供》見同譜1上：
46a～52b。

臨淮縣移風鄉第一都",爲樊氏日後尋根提供了明確的線索。不過,樊氏一直到清末都未曾返回原籍,光緒二十六年(1900),十五世孫樊時勳出巨貲,於明代樊氏指揮舊宅(稱爲樊衙)的基礎上擴建房舍,建爲宗祠,仍以舊堂名"錫麟"名之。同時又修譜牒、設學堂、置祭田、隆祭祀,使樊氏在地方上的地位更形鞏固。[131]

誥勅、世襲供狀之外,武職家藏的世系資料還有所謂的 "號紙"。號紙出現於隆慶以後,乃是因爲記錄武選資料的貼黄、選簿數量益趨龐大,武選時常因查對困難導致違誤失時,明朝政府遂針對入選武官每員發給號紙一張,作爲入選的憑證。號紙節錄了貼黄、選簿的緊要内容,由武官收藏,平時作爲領取俸糧的憑證,子孫襲替時持之以預選,入選後依序記入子孫襲替的記錄;若因犯罪去職,需將號紙繳回兵部。[132]《濟寧文氏家譜》[133] 收有隆慶三年五月文棟武選號紙一份,記載隆慶三年至崇禎五年文氏參選各輩之武選資料,並有宗圖、功次二項,記錄祖軍以下各輩姓名、功次,這也是世襲供狀中必然出現的。

五、結 論

明襲元制,爲確保衛軍人數,實施世襲軍戶制度。明初以來,軍戶例不得分戶,嘉靖以後,有條件地開放了軍戶分戶,但因資料有限,目前對軍戶分戶的狀況所知有限。本文討論原籍軍戶與衛所軍戶之關係,即將分戶問題暫置一旁,從明初軍丁赴衛以致分居兩地開始談起。

與一般民籍移民相較,衛軍與原籍軍戶之間因爲受到軍役幫貼、繼承規定的束縛,在基本的血緣關係之外,更多了一層有法源依據的權利義務關係。這使得衛所軍戶與原籍軍戶間的關係,較諸只有單純血緣關係的民籍移民複雜得多。利益關係的牽扯,促使雙方關

---

〔131〕 參見《蛟川樊氏宗譜·錫麟堂記》4 上:15a～16b。

〔132〕 貼黄、選簿俱是武官世襲的記錄,貼黄分正黄、内外黄,正黄藏之内府,内外黄藏之兵部,每三年清理一次,需參照武職親供、歷年征克册、誥勅簿、選簿、陞除册等資料。選簿亦由兵部統一類造,每衛一册,各衛所官按職級高下排列,每官一葉,每行一輩,由祖輩依序排列,收錄相關武選資料。參見于志嘉《從衛選簿看明代武官世襲制度》,《食貨月刊》復刊15.7/8(1986):30～51,有關號紙的討論見頁40。

〔133〕《濟寧文氏家譜》不分卷,文殿楷修,道光二十六年四修本。

係的展開常與彼此的經濟狀況或宗族觀念的强弱相呼應。從族譜中
出現的各種事例不難理解，衛所軍戶在應充軍役之餘，可以藉由經
商、力田致富，而如蘇州衛彭氏經由教育事業與科舉考試充分融入
上層士族社會的例子，也顯現出明代衛所軍戶家族在政治、文化圈
中活躍的一面。相反的，留在原籍的一方，也有可能因爲門衰祚薄，
困於里書需索，而期待衛所一方伸出援手如福州郭氏者。雙方對於
屬於衛軍的應得利益，時而藉"議約合同"的方式來處理；但在面
對來自衛所一方的無盡需索時，原籍一方也常不顧情面，訴諸公堂，
以求法律解決。

　　衛所與原籍雙方的關係還可以從修譜的態度來觀察。不論從原
籍分出去的是大宗或小宗，本諸認祖歸宗的宗族倫理，只要有能力
追溯出共同的祖先，統宗合譜應是最理想的狀況。然而，沉重的軍
役負擔常常成爲譜系斷絕的直接因素，許多軍戶因爲畏懼軍役牽連，
甚至不敢修譜。在有漕運重役的江南地區衛所，這種情況甚至延續
到清代中期。不過，隨著衛所軍役的逐漸廢止，入清以後也出現不
少相隔二三百年又開始尋根的事例。他們利用族人或友人入京考試、
出任地方官的機會，憑藉著明代以來用以管理軍戶、軍官遺留下的
各種文獻資料，尋訪出原籍宗人；原先無譜者也藉用各種官方管理
用的册籍（軍官則利用世襲供狀等），整理出祖輩以來的世系。明初
以來造成修譜障礙的軍役因素一除，官方遺存的各種豐富資料反而
使得軍戶修譜的困難度遠低於民戶，軍戶世襲制度對軍戶家族關係
所造成的影響實不容忽視。

　　本文未及處理的是有關寄籍軍戶的問題。福州郭氏爲我們提供
了一個事例，但畢竟不足以窺出全貌。寄籍軍戶與原籍軍戶間的關
係是筆者下一個要處理的問題，這對軍戶戶役問題的釐清，當有所
助益。

　　※※本文結論中提到兩個未及處理的問題，亦即有關寄籍軍戶
與軍戶分戶的問題，請參見于志嘉《論明代的附籍軍戶與軍戶分
戶》，收入《顧誠先生紀念暨明清史研究文集》，鄭州：中州古籍出
版社，2005 年 1 月，頁 80~104。

引用書目

一、傳統文獻

(一) 族譜

《衡山文蓬公派六修族譜》七十八卷,文瀚德總修,民國二十一年六義堂木活字并石印本,上海圖書館藏。

《濟寧文氏家譜》不分卷,文殿楷修,道光二十六年四修本。

《歙淳方氏柳山真應廟會宗統譜》二十卷,方善祖、方大成等修,乾隆十八年木活字本。

《蕭山道源田氏宗譜》六卷,田廷耀等重修,道光十七年紫荆堂刊本。

《蕭山任氏家乘》二十卷,任蘭陔等重修,同治十三年木活字本,哈佛大學哈燕圖書館藏。

《懷寧潊水任氏家譜》十三卷,任鶴峰等修,光緒十一年慶源堂刊本。

《吳氏宗譜》不分卷,吳賡泰等修,咸豐十年昭德堂刊本。

《山陰江頭宋氏世譜》二十四卷,宋汝楫纂修,清咸豐十一年木活字本,上海圖書館藏。

《軍籍李氏宗譜》二十卷首四卷,李紹蓮等纂修,民國二十二年棣華堂木活字本,上海圖書館藏。

《季氏家譜》八卷,季同祿纂修,民國十三年開封貳酉山房石印本,上海圖書館藏,存卷一、三、五至八。

《屈氏先德録》二卷,屈承栻輯,屈熺校録,民國九年稿本,上海圖書館藏。

《畢氏宗譜·畢公裔宗譜》不分卷,畢恩普編,民國十七年天津開文石印局印本。

《高陽許氏家譜》四卷附二卷,許之璟、許引之等重修,民國十年鉛印本,美國哈佛大學哈燕圖書館藏。

《福州郭氏支譜》十二卷首一卷,郭柏蒼等撰,光緒中重修刊本,日本東京大學,東洋文化研究所藏。

《京口陳氏五修家譜》二卷,陳夢原等序,嘉慶九年刊本。

《陳氏大族譜》,陳建章、陳建一、江萬哲主編,臺中:新遠東出版社,1961年。

《湘陰軍族陳氏支譜》七卷首一卷末一卷,陳聖衢等主修,陳紹聞等纂修,民國十九年潁川堂木活字本,上海圖書館藏。

《蕭山陳氏宗譜》八卷,陳宗元等續修,光緒二年敦睦堂刊本。

《彭氏宗譜》十二卷首一卷,彭慰高等撰,光緒九年續修刊本,衣言莊藏版,日本東京大學,東洋文化研究所藏。

《賈氏家乘》十卷,賈春泉、賈復庵纂修,道光二十六年忠節堂刻本,上海圖書館藏,存卷一至八、十。

《京江劉氏宗譜》四卷,劉志奎等撰,光緒九年重修活字印本,日本東京大學,東洋文化研究所藏。

《京江劉氏宗譜》四卷,劉秉淦等纂修,光緒九年木活字本,上海圖書館藏。

新安《蔡氏族譜》不分卷,蔡日融原輯,蔡佛賜補輯,順治十六年刻,嘉慶二十二年補輯鈔本,上海圖書館藏。

《蛟川樊氏宗譜》四卷,樊君芳等纂修,宣統三年錫麟堂石印本,上海圖書館藏。

※ 本文引用之族譜,凡未注明收藏地或出版地者,其微卷原藏於聯合報國學文獻館,現由臺北故宮博物院收藏。

(二)其他

《明史》三百三十二卷,張廷玉等撰,臺北:鼎文書局,新校標點本,1975 年。

《明清歷科進士題名碑錄》,李周望輯,蔣元益、王際華等續輯,臺北:華文書局,據清康熙五十九年刊本國朝歷科題名碑錄初集及清乾隆十一年初修嘉慶至光緒各朝遞增續刻進士題名碑錄影印,1969 年。

《明經世文編》五百四卷,補遺四卷,陳子龍等選輯,北京:中華書局,據明崇禎年間雲間平露堂刊本影印,1962 年初版,1987 年第 2 刷。

《明實錄》,黃彰健校勘,臺北:中央研究院歷史語言研究所,據國立北平圖書館紅格鈔本微卷影印,1962 年。

《武備志》二百四十卷,茅元儀輯,臺北:華世出版社,1984 年。

《皇明制書》二十卷,張鹵輯,山根幸夫解說,東京:古典研究會,據東京東洋文庫、內閣文庫、名古屋蓬左文庫藏萬曆七年刊本等影印,1966 年。

《軍政條例》七卷,譚綸等輯,萬曆二年刊本,日本內閣文庫藏本。

《讀史方輿紀要》一百三十卷,圖説四卷,顧祖禹撰,清光緒己卯年敷文閣刊本,中央研究院歷史語言研究所傅斯年圖書館藏線裝書,原缺卷一至卷二。

弘治《撫州府志》二十八卷,胡企參等修,黎喆纂,上海:上海書店,據明弘治十五年刊本影印,天一閣藏明代方志選刊續編47~48,1990年。

乾隆《江南通志》二百卷,黃之雋等撰,臺北:華文書局,據清乾隆二年重修本影印,《中國省志彙編》,1967年。

乾隆《清江縣志》三十二卷首一卷,鄧廷輯等修,熊爲霖等纂,臺北:成文出版社,據清乾隆四十五年重修刊本影印,《中國方志叢書》853,1989年。

乾隆《鎮江府志》五十五卷首一卷,高得貴修,張九徵等纂,朱霖等增纂,南京:江蘇古籍出版社,據清乾隆十五年增刻本影印,《中國地方志集成·江蘇府縣志》輯27~28,1991年。

乾隆《鹽城縣志》十六卷,黃垣修,沈儼纂,清乾隆十二年序刊本,中央研究院歷史語言研究所傅斯年圖書館藏線裝書。

崇禎《清江縣志》八卷,臺南縣:莊嚴出版社,據臺灣中央圖書館藏明崇禎刻本影印,四庫全書存目叢書·史部·地理類212,1996年。

康熙《蕭山縣志》二十一卷首一卷,鄒勳、聶世棠等纂修,臺北:成文出版社,據清康熙十一年刊本影印,中國方志叢書597,1983年。

萬曆《大明會典》二百二十八卷,李東陽等奉勅撰,申時行等奉勅重修,臺北:新文豐出版公司,據萬曆十五年刊本影印,1976年。

二、近人論著

上海圖書館編,王鶴鳴等主編

2000 《上海圖書館館藏家譜提要》,上海:上海古籍出版社。

于志嘉

1986 《從衛選簿看明代武官世襲制度》,《食貨月刊》復刊15.7/8:30~51。

1986 《試論族譜中所見的明代軍户》,《中央研究院歷史語言研究所集刊》57.4:635~667。

1987 《明代軍户世襲制度》,臺北:臺灣學生書局。

1989 《試論明代衛軍原籍與衛所分配的關係》,《中央研究院歷史語言研究所集刊》60.2:367~450。

1997 《明代江西衛所軍役的演變》,《中央研究院歷史語言研究所集刊》68. 1:1~53。

1999 《清代江西衛所的沿革與人口分佈》,《鄭欽仁教授榮退紀念論文集》,臺北:稻鄉出版社。

2001 《明清時代江西衛所軍戶的管理與軍役糾紛》,《中央研究院歷史語言研究所集刊》72. 4:833~887。

中島樂章

1998 《明末徽州の里甲制關係文書》,《東洋學報》80. 2:122~145。

王毓銓

1965 《明代的軍屯》,北京:中華書局。

朱保炯、謝沛霖編

1980 《明清進士題名碑錄索引》,上海:上海古籍出版社。

何 平

1998 《清代賦役政策研究:1644~1840 年》,北京:中國社會科學出版社。

吳 晗

1937 《明代的軍兵》,《中國社會經濟史集刊》5. 2:147~200。後收入《讀史劄記》,北京:生活·讀書·新知三聯書店,1956年初版,1979 年 4 刷。

宋昌斌

1991 《中國古代戶籍制度史稿》,西安:三秦出版社。

李文治、江太新

1995 《清代漕運》,北京:中華書局。

李龍潛

1982 《明代軍戶制度淺論》,《北京師範學院學報》1982. 1:46~56。

東京大學東洋文化研究所編

1973 《東京大學東洋文化研究所漢籍分類目錄》,東京:東京大學東洋文化研究所。

徐仁範

1997 《明中期の北邊防衛と軍戶──在營の餘丁を中心として──》,《集刊東洋學》78:81~103。

國立中央圖書館編
　1965　《明人傳記資料索引》，臺北：國立中央圖書館，1978 年再版。

張國雄
　1995　《明清時期的兩湖移民》，西安：陝西人民教育出版社，1995 年。

曹樹基
　1997　《中國移民史》第五卷《明時期》，福州：福建人民出版社。

陳支平
　1996　《福建族譜》，福州：福建人民出版社。

陳文石
　1977　《明代衛所的軍》，《中央研究院歷史語言研究所集刊》48. 2: 177 ~ 203。收入氏著《明清政治社會史論》，臺北：臺灣學生書局，1991。

楊　暘
　1988　《明代遼東都司》，鄭州：中州古籍出版社。

楊暘主編
　1991　《中國的東北社會（十四～十七世紀）》，瀋陽：遼寧人民出版社。

劉志偉
　1997　《在國家與社會之間——明清廣東里甲賦役制度研究》，廣州：中山大學出版社。

羅香林
　1971　《中國族譜研究》，香港：香港中國學社。

顧　誠
　1989　《談明代的衛籍》，《北京師範大學學報》1989. 5: 56 ~ 65。

※ 本文原載《中央研究院歷史語言研究所集刊》第 74 本第 1 分，2003 年。
※ 于志嘉，東京大學博士，中央研究院歷史語言研究所研究員。

社會地位與人口成長的關係

——以清代兩個滿洲家族爲例

賴惠敏

一、前　言

近二十年來，劉翠溶教授、李中清教授、Ted A. Telford 教授等，他們運用新的人口學分析方法，研究明清時期的人口動態。然而，受到族譜資料的限制，研究對象也集中在漢人家族。[1] 對滿洲人口成長的狀況到目前爲止研究成果並不多，[2] 主要是因滿洲族譜較少，且滿人不太記載生卒年代所致。近年來由於中國第一歷史檔案館逐漸開放典藏史料，其中包括滿人家譜和各種戶口冊；另外遼寧大學歷史系也積極搜集滿人族譜，有部分且已出版，提供了滿人人口史研究的重要史料。

在清代設立的八旗制度中，將社會階層劃分得相當清楚，王公

---

〔1〕　劉翠溶《明清時期長江下游若干家族的人口動態》，《中央研究院國際漢學會議論文集》（臺北，1981），頁 817～848。

劉翠溶《明清人口之增殖與遷移——長江中下游地區族譜資料之分析》，收人許倬雲等編《第二屆中國社會經濟史研討會論文集》（臺北：漢學研究中心，1983），頁 283～316。

劉翠溶《河北三家族的人口特徵》，《第四屆亞洲族譜學術研討會會議記錄》（臺北：聯合報文化基金會國學文獻館，1989）頁 61～98。

劉翠溶《生育和死亡的季節性，明清家族的例證》，第六屆亞洲族譜學術研討會宣讀論文。

劉翠溶 "The Demography of Two Chinese Clans in Hsiao-shan, Chekiang, 1650～1850." in Athur P. Wolf and Susan B. Hanley, eds. *Family and Population in East Asian History* (Stanford: Stanford University. Press, 1985) pp. 13～61.

James Lee & Robert Y. Eng. "Population and Family History in Eighteen Century Manchuria: Preliminary Results from Daoyi, 1774～1798." *Ching-shih Wen-ti*, 5. 1, pp. 1～54.

Telford, T. "Patching the Holes in Chinese Genealogies: Mortality in the Lineage Popultion of Tongcheng County, 1300～1880." *Late Imperial China*, 11. 2, pp. 116～136.

〔2〕　參見李中清、劉素芬《清代宗人府玉牒檔案介紹》，第六屆亞洲族譜學術研討會宣讀論文，頁 1～37。

貴族、官員、壯丁、奴僕等身份是世襲的，王公貴族和部分官員有
世爵、世職，甚至耕種莊園的莊頭和户下人也世代相承。爲了方便
社會控制，清政府要求受任用人員提出譜系證明身份，因此滿人修
譜風氣不遜於漢人。最初滿洲人修譜，不免寓有清正家道、顯貴門
第的用意，而今卻成爲吾人探討滿人宗族制度、婚姻制度、人口興
衰、遷徙等問題的極佳史料。本文擬利用哈佛燕京圖書館原藏的鈕
祜禄氏家譜，與新近出版的吉林他塔喇氏家譜爲基本史料，探討滿
洲社會人口問題。

　　鈕祜禄氏原先累世居住長白山，始祖索和濟巴顏以貲雄於鄉，
到第五世阿靈阿巴顏時移居英鄂谷。明萬曆年間鈕祜禄氏的第七代
額亦都投效努爾哈齊麾下，以攻城略地臨戰驍勇獲得世襲公爵。額
亦都諸子助皇太極一統東北，又隨順治帝入關打敗流寇，功績厥偉，
爵賞褒封更爲豐富。鈕祜禄家族在清代有十個世襲佐領和八個世職，
其中包括三個公爵、一個伯爵、一個子爵、兩個輕車都尉、一個騎
都尉，此等殊榮在清代被列爲“八大家”之一。凡尚主選婚，以及
賞賜功臣奴僕，都以八族爲最。[3] 鈕祜禄氏成爲皇室選婚對象，顯
貴的有康熙帝之孝昭仁皇后、雍正帝之孝聖憲皇后、道光帝之孝穆
成皇后，其他嬪妃人數尚不少。鈕祜禄氏的榮華富貴程度，連清代
文學巨著《紅樓夢》所描述的賈府，不論是世襲爵位或選妃都難以
比並。

　　他塔喇氏祖先世居安褚拉庫。努爾哈齊時代，族長羅屯率衆八
百户來歸，被編爲二佐領，居住寧古塔一帶。至康熙十年吉林始設
協領，派遣寧古搭七百名士兵移駐吉林，吉林他塔喇氏始遷祖貝楞
額，隸屬鑲紅旗佈特哈牛录，居住在吉林城北的大唐家屯。[4] 他塔
喇氏在滿洲家族中地位並不顯赫，而且其家譜記載人口資料不多，
然利用有限的資料仍可看出清朝滿洲家族因社會地位差異所呈現人
口發展之區別。

　　本文論述重點，首先探討兩家族發展的歷史背景及其地域分佈，
從城居和鄉居的角度觀察其族群居住的狀況。其次，利用鈕祜禄家
譜的生卒資料，分析其在人口史上所呈現意義。再者，爲比較滿洲

---

〔3〕　昭槤《嘯亭雜録》（臺北：弘文館出版社，1986）卷一〇，頁316。
〔4〕　魁陞《吉林他塔喇氏家譜》（長春：中國社會科學出版社，1989），頁34。

權貴家族與平民身份在婚姻和生育死亡諸現象的差異。又以他塔喇氏家譜的生卒等資料，討論其與鈕祜祿家族在人口動態上的區別。

本文僅爲滿洲家族之一初步研究，所引用資料以鈕祜祿氏、他塔喇氏家譜爲主，再加上第一歷史檔案館出版的内務府檔案和其他官方史料，以及近年來大陸學者的研究論文。

二、兩個滿洲家族形成的歷史背景與地域分佈

(一) 鈕祜祿氏的興起

鈕祜祿氏原是居住長白山的一個部落，貲產頗爲雄厚。[5] 其家譜所記載的第四代薩爾都巴圖魯遷居烏勒山、第五代的阿靈阿巴顏又遷徙到英莪谷。阿靈阿巴顏有兩子，其次子都陵額一家被英莪谷當地部族所殺害，僅遺年少的額亦都倖免於難。[6] 額亦都後來跟隨努爾哈齊統一建州女真，驍勇善戰，屢建奇功，忠心效勞，深受信任，封爲五大臣之一。

額亦都主要戰功在協助努爾哈齊統一女真各部落，首先是參加統一蘇克素滸河部即努爾哈齊家族所在地的戰爭。不久，額亦都又率兵攻色克濟城，乘敵不備取之。隨後又攻舒爾格布占城，額亦都率先登城且拔之，榮獲努爾哈齊賜與城中之物。[7] 兩年後 (1587) 額亦都率兵征哲陳部巴爾達城，額亦都先登城，身被肉創五十餘處，殊死戰不退，卒拔其城而還。[8]

努爾哈齊統一建州女真，引起居住海西江流域的女真人憂慮。海西女真包括扈倫四部、郎葉赫、哈達、輝和、烏拉四部等。1593年，努爾哈齊欲統一海西女真，葉赫等九國合兵三萬，分三路抵擋，努爾哈齊率軍至古勒山，葉赫貝勒布賽金臺石、蒙古科爾沁部落貝勒瓮阿岱、明安貝勒莽古思復併力合攻。努爾哈齊兵力有限，將士面臨敵國大兵皆裹足不前。在這危急時刻，努爾哈齊命額亦都領一百名士兵率先攻敵。結果，葉赫布賽貝勒墜馬，爲額亦都麾下所殺。努爾哈齊乘勢領軍進攻，大敗九國聯軍，明安貝勒兵敗而逃，又生

〔5〕 愛必達《衍慶錄》（臺北：中央研究院傅斯年圖書館藏刊本）卷一〇，頁1。
〔6〕《鈕祜祿氏家譜》（哈佛燕京社原藏，朱綠欄本，嘉慶三年修）《勳績上》，頁14。
〔7〕 中國第一歷史檔案館編《滿文老檔》第一册，北京：中華書局，1990年，頁9～12。
〔8〕《清太祖實錄》（臺北：華文書局，1964），丁亥年，卷二，頁6。

擒烏喇貝勒布占泰。[9]

　　在統一海西女真之後，努爾哈齊亦逐步併吞東海女真，即居住在烏蘇里江以東濱海地區。東海女真有三部，分別是兀集部、瓦爾喀部、庫爾喀部。1610 年，額亦都被派前往征討兀集部，他僅率千人取下那木都魯、綏分、寧古塔、尼馬察四個部落，其首領康果里等九人舉家遷至建州。額亦都回程順路攻取雅攬部，即今海參崴，共俘獲萬人以歸。次年冬，額亦都與達爾漢轄、和何里率兵二千，征伐東海虎爾哈路。但虎爾哈路的軍民不肯投降，額亦都等圍城三日後，攻入城中，斬首千人俘擄兩千。同時，額亦都又招撫附近諸部落，俘五百户以歸。又與順科落巴圖魯率兵攻取馬根單、花豹衝、三岔兒堡，獲勝。[10]

　　繼努爾哈齊之後，皇太極對蒙古、黑龍江、朝鮮和明朝展開戰爭。在這些戰役中都可以看到額亦都諸子效命沙場，且功勞卓著終能保住世襲罔替的殊榮。其中最重要的是參加松錦戰役，額亦都的三個兒子伊爾登、圖爾格、遏必隆奮勇殺敵，獲得皇太極獎賞。崇德六年，伊爾登隨鄭親王濟爾哈朗攻錦州城，明總督洪承疇以兵十三萬來援，滿洲諸將見敵衆我寡相顧愕眙不敢進擊，立營在錦州城南。濟爾哈朗派右翼八旗進攻明軍，結果兩紅旗及鑲藍旗營地爲敵所奪。獨伊爾登率侍衛軍及四旗護軍奮勇前進，深入敵圍中作殊死戰。伊爾登身中創傷三處，戰馬也因死傷之故而四度更換。伊爾登奮不顧身的進攻，皇太極獎賞他白銀四百兩。[11]

　　面對強敵，清軍勢不能當，濟爾哈朗急報請求皇太極派兵支援。皇太極親率大軍到錦州前線，陳兵於松山、杏山之間。而洪承疇軍隊也正由乳峰山移營松山，明總督曹變蛟欲利用夜裏突擊皇太極營，圖爾格、遏必隆與大臣錫翰等監守後營門，戮力戰死十餘人，曹變蛟負傷遁走。[12] 正當明軍要逃亡寧遠之際，皇太極又命山伊爾登等在松山和杏山間的高橋設伏，以待明軍。伊爾登甫出軍營便遇上自

〔9〕《鈕祜祿氏家譜》，頁 16；《太祖實錄》癸巳年，卷二，頁 13～18。

〔10〕《鈕祜祿氏家譜》，頁 19；《太祖實錄》，丁未年，卷三，頁 12～16；《太祖實錄》，辛亥年，卷三，頁 18。

〔11〕《滿洲名臣傳》（臺北：明文書局，1985）卷六，頁 16～17。

〔12〕《滿洲名臣傳》卷二，頁 11～12，卷七，頁 2。

杏山潰遁的士兵千餘人，隨即斬之。至高橋又遇杏山步騎兵六百人，亦盡俘斬之，皇太極復賞銀兩百。[13] 圖爾格又隨豫親王多鐸設伏，敗吳三桂兵於高橋。[14] 經過這次松錦大戰後，明朝在關外領土僅剩寧遠一孤城，一些有名將領如洪承疇、祖大壽等人皆已降清，整個局勢對清人相當有利，因此皇太極特別嘉勉伊爾泰功勞，恩詔議政大臣領侍衛內大臣。遏必隆得優賞。[15]

努爾哈齊統治時，立議政五大臣，即費英東、額亦都、何和理、扈爾漢及費揚古，凡軍國重務皆命贊決。[16] 天命元年（1616）努爾哈齊以皇太極、代善、阿敏、莽古爾泰爲四大貝勒，與五大臣共議國政。[17] 天命七年（1622）努爾哈齊命八位子姪爲和碩貝勒，此八位議政有權廢立國汗，決定治國方針。由議政王與大臣所組成的政治體制是議會政治。由此可見努爾哈齊不但個人地位顯赫，且整個家族形成統治中心，五大臣地位隨而降低。

等到皇太極即位時，對"有人必八家分養之，地土必八家分據之"的政策頗爲不滿，便逐步限制四大貝勒權勢。他任命了八位議政大臣，並給予固山額真職稱，避免八位和碩貝勒壟斷軍政、司法大權。其中，鑲白旗固山額真爲額亦都三子車格爾。又設十六大臣出兵駐防，以時調遣，及審理詞訟。額亦都的兩個兒子圖爾格、伊爾登任鑲白旗大臣。[18] 八大臣與八位和碩貝勒組成議政王大臣，他們在會議中討論政權建置、出師征伐、重大禮儀、親王婚事，及復審法司所議罪。[19] 皇太極集衆宗藩商議，而量加采擇。崇德二年（1637），命固山貝子尼堪、羅托等，參與議國政事。每旗各設議政大臣三員，以超哈爾等二十餘人任之。[20] 超爾哈爲額亦都十三子。皇帝認爲向來議政大臣，或出兵，或在家，有事咨商，人員甚少。

〔13〕《滿洲名臣傳》卷六，頁 15～18；《鈕祜禄氏家譜》，頁 7。
〔14〕《滿洲名臣傳》卷二，頁 12。
〔15〕《滿洲名臣傳》卷一五，頁 9～10。
〔16〕昭槤《嘯亭雜錄》卷二，頁 43。
〔17〕《清太祖實錄》卷五，頁 1～2。
〔18〕《清太宗實錄》卷一，頁 11～12。
〔19〕孫琰《清初議政大臣會議的形成及其作用》，《社會科學輯刊》1986 年第 4 期，頁 60～66。
〔20〕《清太宗實錄》卷三四，頁 23～27。

故增設議政大臣，其職務爲諍諫皇帝，育養八旗人口，及撫恤順新之民。

當皇太極去世時，諸王間互相争奪王位，其中以皇太極長子豪格和努爾哈齊十四子多爾袞勢力最大，兩黄旗大臣欲擁立豪格爲君，而多爾袞與阿濟格、多鐸擁有兩白旗，成爲争皇位有力者。圖爾格、索尼、圖賴、錫翰、鞏阿岱、鰲拜、譚泰、塔瞻等八人，前往肅王豪格家中，私相計議，言欲立肅王爲君，以今上爲太子。所謂今上是指福臨。而且，圖爾格與白旗諸王素有釁隙，傳三牛录下護軍，備甲冑弓矢護其門。[21] 在這劍拔弩張的局面下，産生折衷辦法是擁立皇太極九子福臨爲帝。多爾袞雖没當上皇帝，卻擁有攝政職權。順治五年（1648）多爾袞以微罪爲口實，將豪格監禁致死。[22] 當初支持豪格的大臣便分兩派，一派爲多爾袞所拉攏，如鞏阿岱、錫翰、譚泰等。另一派則與多爾袞針鋒相對，如圖爾格、鰲拜、圖賴等。圖爾格於順治二年被譚泰所殺，死後譚泰復將其墓盡行折毁。[23] 鈕祜禄氏特別支持皇太極諸子繼承王位，可能是額亦都之女嫁給皇太極緣故。[24]

正是由於索尼、鰲拜、圖爾格、圖賴、遏必陸等兩黄旗大臣的果斷行動，才使得擁立睿親王多爾袞的計劃徹底破壞，年方六歲的幼童福臨順利登基，讓皇太極的子孫得以繼承皇位，索尼、鰲拜和遏必隆等人是順治帝忠心耿耿的大功臣。[25] 多爾袞執政期間，索尼、鰲拜、遏必隆三人並不依附他，繼續效忠福臨。多爾袞大發雷霆，將索尼革去官職，鰲拜降罪，遏必隆被藉没家産之半，革其二等輕車都尉世職。[26] 遏必隆獲罪是因圖爾格子科布梭訐其與白旗諸王有隙，設兵護門事。科布梭自己乃獲得多爾袞提拔，承襲圖爾格的三等子爵。等到順治親政後，皇帝感於三位大臣忠貞，一一將他

---

〔21〕《清世祖實録》卷三八，頁 3。

〔22〕 參見王思治《多爾袞攝政後滿洲貴族之間的矛盾與衝突》，《中國史研究》1985 年第 4 期，頁 117～126。

〔23〕《清世祖實録》卷五九，頁 16。

〔24〕 額亦都之女被封元妃，見《清列朝后妃傳稿》（臺北：明文書局，1985）傳上，頁 49。

〔25〕 周遠廉《清代八旗王公貴族興衰史》（遼寧人民出版社，1986），頁 202。

〔26〕《滿洲名臣傳》卷七，頁 3。

們復職。反之將多爾袞的黨羽治罪，科布梭亦獲罪，所襲爵位令遏
必隆併襲，[27] 晉一等公，任議政大臣、領侍衛內大臣，加少傅兼太
子太傅。

由於順治帝飽受親王攝政之苦，遂於親政後創輔政大臣制。[28]
於是過去宗室王公貴族輔治國政的地位因而動搖，異姓勛舊大臣執
掌軍國大權。至順治十八年，皇帝臨終前指定玄燁爲帝位繼承人，
並命四位內大臣索尼、蘇克薩哈、遏必隆、鰲拜爲輔臣。遺詔上説：
伊等皆勛舊重臣，朕以腹心寄託，其勉矢忠蓋，保翊幼主，佐理政
務，布告中外，咸使聞之。[29] 由此可見順治改變過去王公貴族商議
皇位繼承的方式，直接由皇帝指定繼承人，顯示其皇權提高。而設
立輔政大臣的制度，避免軍國大臣淪落諸王手中，此即表示宗室諸
王權勢逐漸下降，異姓大臣職權上昇。

康熙六年（1667），晉昇輔政大臣爵職，遏必隆被加封一等公
爵，並以其長子法喀襲原授的一等公爵。但在這同時，康熙帝年紀
已稍長，有感於諸輔政大臣擅權，尤其鰲拜專橫跋扈，威脅皇帝權
威，便在兩年後捉拿鰲拜，革職削爵，籍没家產。遏必隆也被列爲
黨羽之一，其罪名爲"明知鰲拜之惡而緘口不語"。[30] 意爲遏必隆
因循瞻顧，故坐罪論死，後來皇帝下諭旨寬宥之。

不過，鈕祜禄氏並不因遏必隆結黨一事而衰微，主要是康熙册
立孝昭仁皇后，遏必隆正是皇后的父親。遏必隆諸子如法喀、殷德、
阿靈阿皆爲康熙朝大臣。自此後，鈕祜禄氏受恩於外戚之故。如雍
正十二年，皇帝因推孝昭仁皇后恩，進訥親爲一等公，訥親是殷德
次子。[31] 又如雍正帝之孝聖憲皇后是乾隆生母，在乾隆帝即位後，
追封其外祖父凌柱爲一等承恩公，凌柱原本僅四品典儀官而已。[32]

---

〔27〕《滿洲名臣傳》卷七，頁3。
〔28〕參見王思治《康熙帝繼位與四大臣輔政的由來》，《史學月刊》1986年第6期，頁
　　 35～42。
〔29〕《清世宗實録》卷一四四，頁5。
〔30〕《滿洲名臣傳》卷七，頁4。
〔31〕趙爾巽《清史稿》（臺北：鼎文書局，1981）卷三〇一，頁10441。
〔32〕孝聖憲皇后，爲四品典儀凌柱之女，在母家居承德城中，家貧無奴婢，十三歲時入
　　 京，選入皇子允禛雍邸。最初她只是侍女身份，有一年夏天雍親王被時疾，御旨者
　　 多不樂往，孝聖奉王妃命旦夕服事維謹，連五六旬，雍親王疾大癒，遂得留侍，生
　　 高宗於雍和宮。見《清列朝后妃傳稿・傳上》頁108。

鈕祜祿氏與皇室結親的次數見表一。

表一　鈕祜祿氏與清皇室姻親關係表

第七世	額亦都	娶努爾哈齊四女和碩公主
第八世	額亦都之女	適皇太極封元妃
	圖爾格	娶努爾哈齊四女和碩公主
	遏必隆	娶英郡王阿濟格之女郡主
第九世	圖爾格之女	適固山貝子尼堪
	遏必隆之女	適康熙皇帝封孝昭仁皇后
	遏必隆之女	適康熙皇帝封溫僖貴妃
第十世	凌柱之女	適雍正皇帝封孝聖憲皇后
	阿靈阿之女	適果親王允禮封福晉
第十一世	愛必達之女	適乾隆皇帝封順妃
第十二世	布彥達賚之女	適道光皇帝封孝穆成皇后
第十三世	恭阿拉之女	適嘉慶皇帝封貴妃

資料來源：《愛新覺羅家譜》、《鈕祜祿氏家譜》

　　皇后的兄弟姪子，為國戚之故，受皇帝信賴委以要任，封授爵職，變成新貴。皇帝任用國戚的兩種途徑，第一是委之地方之總督、巡撫之大員；第二是參與軍政要務，或統兵出征，然後按軍功賜爵。殷德長子策楞就是一例，他在乾隆初年當過兩廣總督、川陝總督等職，十九年授定邊左副將軍，討伐準噶爾。[33] 訥親也因貴戚勛舊之故，被任命為鑲白旗滿洲都統、領侍衛內大臣、協辦總理事務等職。乾隆十三年，大金川土司莎羅奔叛變，授訥親為經略大使，率禁旅出視師。[34] 殷德四子愛必達襲勛舊佐領，於乾隆九年署江蘇布政使，兼管織造及滸墅關事務。不久擢昇江西巡撫、浙江巡撫、貴州巡撫等職，到乾隆二十年擢為雲貴總督。[35] 殷德五子阿里袞由二等侍衛授總管內務府大臣，乾隆二十一年佐助定西將軍達爾黨阿，平準噶爾阿睦爾撒納之亂。達爾黨阿為阿靈阿之子，與阿里袞是從兄弟關係。[36]

　　這些出身於貴族世家子弟，極受皇帝的寵信和栽培，佐理國政猶可勝任，但率軍出征往往臨陣退縮，貽誤軍機，萬萬不及其祖先

---

[33]　趙爾巽《清史稿》卷三一四，頁 10690。
[34]　趙爾巽《清史稿》卷三〇一，頁 10441~10443。
[35]　《清代河臣傳》（臺北：明文書局，1985）卷之二，頁 103~106。
[36]　《滿洲名臣傳》卷三八，頁 57。

額亦都負傷血戰的精神。訥親被派征剿大金川時，下令將士三日攻取莎羅莽的住寨，結果進攻失敗，官兵嚴重傷亡。訥親自此膽怯畏戰，每臨戰時避於帳房中，人皆笑之。乾隆帝責怪訥親未恪遵祖志，苦練騎射，一遇敵我廝殺時，往往蒼惶失措，束手無策。便於十四年下旨誅殺訥親，削其爵位。[37] 另外，達爾黨阿在追剿阿睦爾撒納時，因循觀望坐失事機，其追阿睦爾撒納相距近一二里，敵軍不及馱載，故遣人假託説等待其汗阿布賚至，即便送阿睦爾撒納來。達爾黨阿信以爲真，按兵等待，卻讓阿陸爾撒納脱逃。[38] 達爾黨阿遭革公爵處分，由阿里袞襲爵位。[39]

　　鈕祜禄氏爲清皇室的佐命功臣兼姻親，所以早在順治入關時，獲賜宅第定居北京城内的寬街，位在皇墻東北角，北安門之東。[40] 只有少數族人住在承德和盛京。[41] 然而住在北京城的族人，像其他八旗家族一樣，經歷康雍乾三朝盛世，人口急劇增加。乾隆朝大臣赫泰云：“試取各家譜牒徵之，當順治初年到京之一人，此時幾成一族，則生齒之繁衍可知。當日所給之房地是量彼時人數而賞者，以彼時所給之房地養現今之人口，是一分之産而養數倍之人矣。”[42] 清政府爲解決八旗的房地和糧餉問題，便派京旗前往東北拉林等地移墾；[43] 另方面，清朝爲了防止俄國勢力入侵，加强駐防吉林和黑龍江的駐防。[44] 在清朝遷徙政策之下，鈕祜禄氏部分族人被選爲八旗兵丁，派往軍事重地駐防。同時，清廷規定兵丁移駐時可以攜家帶眷，所以士兵往往數代居住邊地未返。鈕祜禄氏族人被派往的駐防地點有開原、綏遠、黑龍江、拉林、密雲、涼州、寧古塔、伊犁、西安等地。其中以駐防開原的人數最多，有四十八人，其次是西安和拉林各十二人。對鈕祜禄氏而言，族人被派往外地駐防，可舒緩

---

〔37〕《滿洲名臣傳》卷四一，頁 58~63。
〔38〕《滿洲名臣傳》卷三八，頁 59。
〔39〕 李桓編《國朝耆獻類徵初編》（臺北：明文書局，1985）卷二七，頁 17。
〔40〕 見朱一新《京城坊巷志稿》卷上，北京：古籍出版社，1982 年，頁 80。
〔41〕《鈕祜禄家譜》册 4，頁 3；《清列朝后妃傳稿·傳上》，頁 108。
〔42〕 清國史館編《皇清名臣奏議》（嘉慶年間刊本，中央研究院傅斯年圖書館藏線裝書）卷四五，頁 12~13。
〔43〕 李喬《八旗生計問題述略》，《歷史檔案》1985 年第 1 期，頁 92~93。
〔44〕 孔經緯《清初至甲午戰前東北官田旗地的經營和民佃以及民地的發展》，《歷史研究》1963 年第 4 期，頁 80。

族內人口膨漲所引發的經濟問題。然而，族人分佈的地域廣泛，可能數代之後逐漸失去聯繫，影響人口成長。

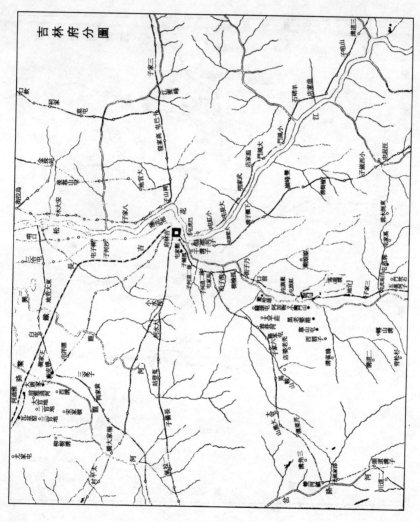

他塔喇氏之地域分佈圖

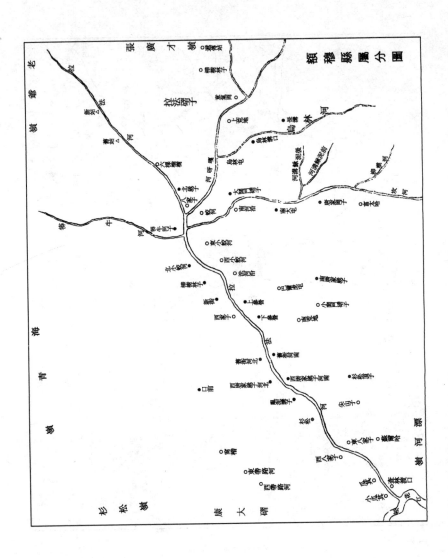

（二）他塔喇氏分佈的地區

吉林他塔喇氏家譜大約修於光緒三十三年，共有十五代。他塔喇氏祖先世居安褚拉庫，即鄰近朝鮮之瓦喇喀部所屬，在努爾哈齊時，族長羅屯率眾八百戶來歸，被編為二佐領，居住寧古塔一帶。在努爾哈齊與皇太極對明朝戰爭中，他塔喇氏族人並無立下輝煌戰功，未能從龍入關。至康熙十年吉林始設協領，派遣寧古塔七百名士兵移駐吉林，吉林他塔喇氏始遷祖貝楞額，隸屬鑲紅旗佈特哈牛录，居住離吉林城七十五里的大唐家屯，[45] 位於吉林省城西北，舊稱吉林爲船廠，故他塔喇氏族人稱居住大唐家屯爲廠北。

清朝移駐八旗兵丁在所駐之處給與地畝耕種，以便開墾荒地。每壯丁獲地十二晌（72 畝），交倉石糧三十石。然而吉林地處邊陲，異常瘠苦，上等地畝可收糧一石，次地不過三斗，因此交糧大約佔收成的一半。[46] 在這情況下貝楞額的子孫必須往他處發展，其長子倭尼堪一支遷往吉林城以東額穆縣屬的上江拉法溝，分居拉法河沿岸。次子額勒穆仍居住大唐家屯，不過額勒穆的曾孫第五代的烏西哩和札爾胡兩人亦分別遷到上江烏林屯、下參營。其他次支的族人也在第六、八、九、十二代陸續遷到上江。

他塔喇氏遷至額穆縣的有拉法河沿岸，分別居住在西唐威子、舊街、下參營；蛟河沿岸的南大屯；蟒牛河口的蟒牛河子屯；烏林河口的烏林屯。另外，次支的第七、九、十、十一代往南遷徙，有遷吉林城中及城南的郭瑶屯、官地、馬鹿溝、鄭家屯、大關門山、小關門山。從他塔喇氏所葬地點可以看出族人分佈各地人數，葬在廠北一帶男子人數有 87 人，城南的人數 59 人，上江拉法溝有 283 人。

此外，他塔喇氏亦有移駐黑龍江等地。移駐起因是在康熙二十八年中俄簽訂尼布楚條約後，清廷爲鞏固邊防，遷徙寧古塔和吉林八旗軍至黑龍江省齊齊哈爾城。康熙二十九年（1691）他塔喇氏有 22 人被派移駐齊齊哈爾，後來各世代逐漸分居城外的屯地，如大梅勒屯、昂昂氣屯、周家屯、珠爾金屯等十一個屯地。至二十世紀初，葬在齊齊哈爾的他塔喇氏男子共有 152 位。除此之外，他塔喇氏在

---

〔45〕 《他塔喇氏家譜》，頁 138。
〔46〕 長順修《吉林通誌》卷三〇，長春：吉林文史出版社，1986 年，頁 1、5、8。

康熙五十四年（1715），有兩人被撥往吉林三姓城駐防。雍正三年（1725），亦有兩人被派往阿勒楚喀駐防。嘉慶二十年（1815）吉林將軍富俊查勘雙城堡一帶土地肥沃，便挑選奉天、吉林閑散餘丁開墾荒地，給予牛具籽種試令承種，[47] 二十五年（1820），他塔喇氏有四人前往雙城堡開墾荒地。這些移駐阿勒楚喀和三姓的八旗士兵，與族人失去聯繫，修家譜時便未編入譜中。[48]

從他塔喇氏所居處地點來看，族人分佈地域相當廣，自康熙十年到清末大約兩百四十年間，居處地由大唐家屯一地增加爲三十餘屯。造成他塔喇氏族人散居各地原因，一方面是清朝爲加強邊地駐防，實行移旗就墾政策，令八旗人丁攜帶家口前往黑龍江開墾；另方面是他塔喇氏族人自行開墾荒地，逐步擴大其土地範圍。不論是官方調遣或族人自動遷徙，都使他塔喇氏無法像南方家族般聚族而居，這造成家譜無法準確登記族人生卒年月的重要因素。

從鈕祜禄和他塔喇氏兩家族發展的歷史背景，瞭解清初政府遷徙旗人的標準。第一，社會地位高的鈕祜禄氏"從龍入關"後，定居北京城內；社會地位低的他塔喇氏，仍留居關外，隨著朝廷的邊防政策而移駐。此外，清朝對旗人的行動限制非常嚴格，規定："東北地區百里爲逃，京旗旗人不准擅自離城四十里，各省駐防八旗不准離城二十里。"[49] 因此鈕祜禄氏入關後，定居北京城內，不得隨意遷徙。他塔喇氏移駐吉林後，猶可在吉林省的百里範圍內移徙和開墾。由於城居和屯居的活動範圍不同，所以鈕祜禄氏在北京城內聚族而居，他塔喇氏則無法聚族而居。

第二，清朝在軍事重地派八旗兵駐防，鈕祜禄氏被派駐防地點有開原、綏遠、黑龍江、拉林、密雲、涼州、寧古塔、伊犁、西安等地。他塔喇氏移駐地點大致在黑龍江和吉林兩省。雖然兩家族都有移駐人員，但朝廷撥調士兵並不及鈕祜禄氏地位顯赫的房支，如封公爵的遏必隆和凌柱之子孫皆無外調，而他塔喇氏則調撥紛紜，幾遍吉江兩省，[50] 可見社會地位影響到滿洲家族成員的聚散。

---

[47]《吉林通誌》卷二，頁16。
[48]《他塔喇氏家譜》，頁138。
[49] 李喬《八旗生計問題述略》，頁96。
[50]《他塔喇氏家譜·序例》，頁130。

三、兩個滿洲家族的人口研究

（一）鈕祜祿氏和他塔喇氏兩家譜中的人口資料

滿洲族譜對於個人生卒年月的記載相當少，鈕祜祿氏家譜也不例外。但它仍是臺灣目前所能找到的滿洲族譜中，記載生卒年數較多的，而且關於族人的功名情況記載頗詳，男子的婚姻對象也有所述及，族人的傳記資料尤其詳盡，因此以鈕祜祿氏家譜爲資料，猶可粗略觀察其婚姻、生育及人口成長情況。

鈕祜祿氏家譜修於 1799 年，記載的世代自第一世至十七世，不過在第七代以前的資料不够清楚，原因可能是鈕祜祿氏在第七代以前少無滿洲文字，祖先姓名僅由口述。另外，鈕祜祿氏自第四代的薩爾都巴圖魯、第五代的阿靈阿巴顏陸續遷徙，最後定居英蕚谷，與原先居住長白山的族人失去聯繫。最後修鈕祜祿家譜者僅記述額亦都近支族人。今就家譜上所記載的第一代開始迄十七代止，統計該族男子人數，列於表二。

表二　鈕祜祿氏家譜記載之男子人數表

世代	男子人數	卒年五十以上	卒年五十以下	生卒年不詳	夭折
1	1			1	
2	1			1	
3	5			5	
4	2			2	
5	4			4	
6	2			2	
7	3	1		2	
8	21	4	4	7	6
9	41	11	16	13	1
10	89	41	29	19	
11	194	67	69	55	3
12	294	60	91	138	5
13	291	21	83	182	5
14	217	6	30	174	7
15	48		1	44	3
16	8			8	
17	1			1	
總計	1222	211	323	658	30
（%）	（100.0）	（17.3）	（26.4）	（53.8）	（2.5）

資料來源:《鈕祜祿氏家譜》

說　明:夭折指十歲以下即死亡者

　　鈕祜禄氏家譜記載第一代祖先的年代大約始於明初，到十八世紀末爲止，人口總共 1 222 位。有卒年資料的 564 人當中，卒於五十歲以上的有 211 人，卒年在五十歲以下有 323 人，夭折人數 30 位，其餘的 658 人大都是卒年不詳。族譜自十三代以後卒年資料不够詳細，一方面是因修譜時，族人尚存活；另一方面則是因清朝八旗駐防政策，使鈕祜禄氏族人分散東北和西北各主要城鎮，久而久之失去聯繫。

　　其次，討論鈕祜禄氏家族獲得世職、任官和當兵人數，列於表三。

表三　鈕祜禄氏第七代以後的人數及世襲、任官機會表

世　代	總　人　數	世　職	任　官	士　兵	其　他*
第 七 代	3	1	1		
第 八 代	21	6	10		
第 九 代	41	13	31		
第 十 代	89	24	51	8	13
第十一代	194	23	64	39	37
第十二代	294	19	53	85	48
第十三代	291	17	35	92	41
第十四代	217	8	10	58	16
第十五代	48	3	2	12	1
總　　計	1198	114	257	294	156

　　資料來源：《鈕祜禄氏家譜》、《清代傳記資料叢刊》

　　*包括獲得筆帖式、生員、監生等功名者

　　從表三可見鈕祜禄氏興盛時期大約在第十代至十三代，世職人數在第十代最多，任官人數以第十一代最多，筆帖式和生監人數以第十二代較多，至第十三代是當兵人數最多。這代表鈕祜禄氏家族勢力逐漸衰退過程，因世職地位最高，任官其次，生監層士紳再次，士兵地位最低。其主要原因是清盛世年間八旗人口劇增，但世襲和任官機會卻無相對的提高，鈕祜禄氏亦難免日趨衰退。

　　世職是透過軍功獲得，依照皇太極所定的《親定功臣襲職例》，將士臨陣率先攻克城池功大者，世襲罔替。[51] 鈕祜禄氏由於額亦都

---

[51] 《太宗實錄》卷九，頁 9～10。

及其子孫勇武作戰，獲得七個世職機會。第九世的凌柱被封一等公，准襲兩次。另外，額亦都軍功所得屬人甚衆，編爲九佐領，加上凌柱共成十佐領，其子孫世相承襲。[52] 世職享有經濟上的特權，在清入關前並無俸給制度，而是按世職高低分配戰爭擄獲和土地。入關後則按世職品級支給俸銀、俸米。其次，世職者享有優免壯丁的官糧和差役。[53] 另外，世職者的政治特權可由鈕祜祿氏獲得官位比例看出來，從努爾哈齊時代到嘉慶三年，鈕祜祿氏承襲世職人數共114位，其中104位襲職者皆兼有官職，只有十位勛舊佐領不兼官職。

鈕祜祿氏任官九品以上的人數共257位，其獲得官位的三種途徑，第一是由前述世職享有政治特權而來；第二由兵丁在戰場立功昇爲武官；第三是由科舉考試。據《八旗通志》記載："國制滿洲授官，由科目，由官蔭，由貢監生員，由官學生俊秀。"[54] 鈕祜祿氏考取各衙門中的筆帖式、蔭生、生監的人數共156位，約佔總人數的12.77%。

鈕祜祿氏當士兵人數共294人，佔總人口的24.06%。通常男子在十六歲成丁時，即要入伍從軍。清朝發給兵丁的糧餉，依康熙初年的規定是前鋒、護軍、領催給銀四兩、甲兵月給餉銀二兩。餉米自每年四十六斛，至二十二斛不等。另外，出征時還可領到一份行糧，大約爲餉銀之半，每二名月支米一斛。除此之外，兵丁每年還有五晌地（一晌爲六畝）的地租收入。八旗兵丁的收入大約等於七、八品官的俸祿，生活寬裕。[55] 鈕祜祿家族當兵和武官的人數，超過家族總數的三分之一，此八旗制度"三丁抽一"制更多。[56] 可見鈕祜祿家族際遇較其他家族優厚。

總之，鈕祜祿家族獲得世職、任官、科舉和從軍人數佔總人口的百分之六十以上，堪稱爲權貴家族。

吉林他塔喇氏家譜大約修於光緒三十三年，共有十五代。他塔喇氏自始遷祖貝楞額，居住在吉林城北的大唐家屯。自康熙初迄清

〔52〕 鄂爾泰等《八旗通志初集》卷三，長春：東北師範大學出版社，1985年，頁25～28。
〔53〕 張晉藩、郭成康《清入關前國家法律制度史》，瀋陽：遼寧人民出版社，1988年，頁455。
〔54〕 《八旗通志初集》卷四三，頁809。
〔55〕 鄭川水《論清朝的旗餉政策及其影響》，《遼寧大學學報》1985年第2期，頁77～78；陳佳華《八旗兵餉試析》，《民族研究》1985年第2期，頁63～71。
〔56〕 《八旗通志初集》卷二六，頁490。

末從事開墾生理，人口繁衍達上千人。不過，他塔喇氏家譜對族人
的生卒年記載並不齊全，男性中有生年資料的共 523 人，佔總人數
的 47.28%；有卒年記錄的僅 171 位，佔 15.46%。婚入女子人數
829 人，佔 40.05%；有卒年記載的人數是 142 人，佔 17.13%。這
些生卒資料不齊全對人口統計相當不利，但在目前未發現更理想的
族譜之前，勉強拿來和鈕祜祿家族做比較，原因是他塔喇氏在清代
的社會地位始終不高，在兩百多年歷史中當官人數僅 31 人，大都是
品級較低的武官、佐領等。當兵人數有 128 位，比八旗制度規定
"三丁抽一"的比例更少。筆帖式及雜佐等職共 17 人。這些領取朝
廷俸餉的人數佔全部人口的 16% 左右，比起鈕祜祿氏少很多。他塔
喇氏之歷代人數及任官、當兵人數列於表四。

表四　他塔喇氏各代的人數及任官機會

世　代	1. 人　數	2. 任　官	3. 士　兵	4. 其　他*	2+3+4 項	%
第 一 代	1					
第 二 代	2					
第 三 代	3					
第 四 代	4			1	1	25.0
第 五 代	12	1	2	1	4	33.3
第 六 代	35	4	5	1	10	28.6
第 七 代	66	2	2	3	7	10.6
第 八 代	98	3	6	1	10	10.2
第 九 代	155	2	5	1	8	5.2
第 十 代	164	4	8		12	7.3
第十一代	198	7	34	3	44	22.2
第十二代	201	3	45	4	52	25.9
第十三代	135	4	17		21	15.6
第十四代	32	1	4	2	7	21.9
總　計 （％）	1106 (100.0)	31 (2.8)	128 (11.6)	17 (1.5)	176 (15.9)	15.9

資料來源：《他塔喇氏家譜》

* 包括獲得誥贈、筆帖式、生員、監生等功名者

　　由兩個社會背景不同的家族可以看出其任官機會的差異。從當
兵人數來看，鈕祜祿氏當兵人數比他塔喇氏多兩倍以上，選任武官的
機會自然提高。至於滿洲人進身之階的筆帖式，鈕祜祿氏的人數也比

他塔喇氏多九倍。可見滿洲社會階層之明顯。《吉林通志·上》也說：
"東三省兵丁分城居、屯居，城居多係世族，屯居半屬寒微。"[57]

（二）婚姻現象與生育率

從學者對中國家族婚姻的研究中可知，仕宦之家男子婚姻次數
較平民高。鈕祜祿家族亦不例外，從表五可看出，男子再婚率為
19.92％，三次結婚率為 18.87％。其中以第十代到十三代續弦人數
最多，這也是鈕祜祿氏的興盛時期。至於納妾率則因族譜記載不齊，
只有兩位，故本文討論再婚率問題並不包括納妾。

表五 鈕祜祿氏婚入女子人數表

世 代	男子人數	元配	繼室	二繼	三繼	四繼	未婚	婚姻不詳
1	1	1						
2	1	1						
3	5	1						4
4	2	1						1
5	4	2						2
6	2	2						
7	3	3	1		1	1		
8	21	15	1	1				6
9	41	37	3				4	
10	89	85	23	4			4	
11	194	173	39	6	4		7	14
12	294	209	47	11	2		28	57
13	291	178	35	7			25	88
14	217	74	9				5	138
15	48	8					1	39
16	8	8	1					
17	1							1
總 計	1222	798	159	30	7	1	74	350

鈕祜祿氏婚姻情況，在 1222 人中，娶妻人數有 798 人，佔
65.3％，未婚有 74 人，佔 6％。然未婚人數中只有 6 人年齡超過五
十歲，其餘大多在適婚年齡過世，因此可見鈕祜祿氏和漢人家族一
樣，結婚的比例很高。在未婚男子中，士兵身份者居多數，他們大
多在十五至三十歲中去世，顯示戰爭對生命的威脅。

他塔喇氏的婚姻狀況是：未婚者有 327 人，佔 29.51％；已婚

---

[57] 《吉林通志》卷四，頁 5。

738 人，佔 70.49%。其中未婚者大多卒年不詳，很難瞭解他們未婚的理由。而在已婚者中，繼娶的人數有 38 人，佔 5%。由此可見平民家庭再婚的比例並不高。雖然他塔喇氏家譜中記載："一無後爲大不孝，如嫡室艱於生育，不妨選置側室以冀嗣音。"[58] 族規上明定族人無嗣可以娶妾，但或許是經濟上的問題，使得該家族中納妾或繼娶人數不多。

其次，討論兩家族的生育率。鈕祜禄氏族譜和大多數族譜一樣，只記載生子人數，至於女子方面除非是選入宮廷爲后妃，否則不予登記，故計算生育率並不包括生女人數。表六是鈕祜禄男性總生子率，按年輪組區分，男子年齡別生男率分三個年輪組：1650~1699年、1700~1749 年、1750~1799 年，總生子率分別是 3.98、2.86、2.78。第一個年輪組總生男數最高，是與父親獲得世襲和官位機會成正比，其後兩個年輪組的生男數則逐漸下降，見表六。妻室的年齡別生育率列於表七，分兩個年輪組：1650~1699 年、1700~1749 的總生子率分別爲 2.59、2.55。由於鈕祜禄氏男子再婚的比例較高，所以造成夫妻間總生子率的差異。

表六　鈕祜禄氏男性之年齡生子率及總生子率（1600~1749）

年齡別	母親人數	存留人年數	生子數	年齡別生子率
15~20	319	1 595	61	0.0382
20~24	317	1 585	127	0.0801
25~29	299	1 495	145	0.097
30~34	279	1 395	153	0.1097
35~39	249	1 245	97	0.0779
40~44	221	1 105	66	0.0597
45~49	171	855	39	0.0456
50~54	129	645	22	0.0341
55~59	83	415	12	0.0289
60 +	83	415	8	0.0192
總生子率				2.953

説明：年齡別生子率 = 年齡別內所生子數 ÷ 年齡別內存留人數
　　　總生子率 = 年齡別生子率 × 5

[58] 《他塔喇氏家譜・家訓篇》，頁 130。

表七　鈕祜祿氏婦女之年齡生子率及總生子率表（1650~1749）

年齡別	父親人數	存留人年數	生子數	年齡別生子率
15~20	411	2 055	87	0.0423
20~24	401	2 005	192	0.0958
25~29	381	1 905	219	0.1150
30~34	346	1 730	189	0.1092
35~39	296	1 480	121	0.0818
40~44	250	1 250	59	0.0472
45~49	218	1 090	23	0.0211
總生子率				2.562

至於生子率的年齡形態上，鈕祜祿氏男子的生男率的高峰是在30~34歲的年齡級，其妻室的生男率高峰在25~29歲的年齡級。在高峰前後的年齡別生子率也多接近峰值，形成寬廣的峰勢，此與劉翠溶教授所研究的各家族生育形態相似。[59]

為了探討無生卒記載者的生育率，遂依照世代來區分，所得結果列於表九。

表八　鈕祜祿氏男子生子人數表

世代	N=0	N=1	N=2	N=3	N=4	N=5	N=6	N=7	N=8	N=10	N=14	N=17	不詳
1		1											
2				1									
3			1										4
4				1									
5			1										
6			1										
7			1	1									1
8	2	2	7		2	1		2					
9	9	9	5	6	6	1	2			1			
10	18	15	16	9	11	8	2		1				
11	20	54	46	17	11	2	1	1	1	1			9
12	38	84	29	22	6	7	3	1					16
13	43	73	30	11	7	2							32
14	23	28	5	2									18
15	2	2	1										1
16		1											
總人數	155	270	143	69	44	22	10	6	2	1	1	1	80
總子數		270	286	207	176	110	60	42	16	10	14	17	

---

〔59〕 劉翠溶教授認為：這種寬廣的生育曲線的形態，反映的是沒有實行生育控制的自然生育率。見《明清家族的婚姻形態與生育率》，中國近世社會文化史國際研討會宣讀論文（1990），頁6。

　　表八中 N 代表結婚男子的人數，等於家庭數共 798 位，其中結婚無子的人數共 155 人，佔 19.42％，大約五個人中有一人無子。若按照漢人習俗，無子嗣或由族人中過繼子嗣；或找外姓子嗣過繼，或將女子招贅。然鈕祜禄氏除兄弟間過繼子嗣外，未有外姓養子和招贅婚。清朝爲防範漢人冒旗籍領取兵餉，嚴格執行官兵報户口的措施，所以外姓的漢人不易混入滿洲家族中，這可能間接影響滿洲人口的成長。[60] 在這些家庭中仍以生子一人居多，大約佔三分之一，尤其是以士兵家庭最多。可能是一方面士兵經常出征或調外地駐防，影響生育率；另方面士兵收入較有限，然他們是否有節育或溺嬰的行爲，目前尚無史料佐證。

　　他塔喇氏在生育人數方面，僅利用 1800 至 1899 年間的資料來觀察，因爲這段期間的生卒記録較詳細，在這期間有生卒記録的男子有 149 人，其中結婚無子人數有 50 位，佔 33.56％，無子比例算很高。另外 99 位有生子，其年齡別生育率列於表九，總生子率爲 2.373。婦女人數共 124 位，其中 40 人没生小孩，平均每人總生子率爲 2.065。由他塔喇氏男性與婦女的生育情形和鈕祜禄氏做比較，發現他塔喇氏總生子數比鈕祜禄氏低，可見社會地位和經濟條件對生育率的影響。

表九　他塔喇氏之年齡別生子率表（1800～1899）

年齡別	父親人數	存留人年數	生子數	年齡別生男率	母親人數	存留人年數	生子數	年齡別生男率
15～20	99	495	13	0.02626	83	415	20	0.0482
20～24	96	480	30	0.0625	79	395	46	0.1165
25～29	92	460	39	0.0848	73	365	31	0.08493
30～34	89	445	34	0.0764	69	345	31	0.08986
35～39	81	405	29	0.08395	59	295	16	0.05424
40～44	71	355	17	0.04789	52	260	5	0.01923
45～49	60	300	11	0.03667				
50～54	48	240	5	0.02083				
55～59	34	170	4	0.02353				
60＋	34	170	2	0.01176				
總生子率				2.373				2.0645

[60]　李喬《八旗生計問題述略》，頁 94。

他塔喇氏男子的生育高峰是在 25~29 歲的年齡級，其妻室的在 20~24 歲的年齡級，依照表九數據可發現他塔喇的婦女在 35~39 年齡別的生育率下降，最後一胎的生育是在四十五歲以前。這結果與李中清教授等研究遼寧漢軍旗的婦女生育相比較，他指出遼寧漢軍期已婚婦女最後一胎的生育平均年齡只有三十五歲，李教授認為這可能是漢軍旗人實行生育控制。[61] 而本文所列舉的兩個滿洲家族則趨向自然生育的形態。

由於鈕祜禄氏與他塔喇氏兩家族所居住的環境有明顯的不同，前者是居住北京城中；後者住吉林城外的屯莊，以務農維生，所以兩家族的生育有的季節性會產生差異。表十中所列鈕祜禄氏男子及其妻室共一千七百餘位，將每月出生人數化為百分比，按月加以平均百分比皆為 8.33，再以每月平均除 8.33 乘 100，得到季節指數。[62] 鈕祜禄家族男子出生的季節高峰在八、九、十、十一月，其妻室的出生的季節性亦大致相符合。至於出生指數最低的月份是十二月，同時他塔喇氏在這月份出生的人數也不高，可能是受到氣候的影響。

表十 鈕祜禄氏的生育季節表

月 份	鈕祜禄氏男子			鈕祜禄氏妻室			受胎月
	人 數	%	指 數	人 數	%	指 數	
1	93	9.1	109.24	59	7.95	95.44	4
2	76	7.44	98.32	50	6.74	80.91	5
3	85	8.32	99.88	55	7.41	88.96	6
4	70	6.85	82.23	67	9.03	108.40	7
5	75	7.34	88.12	51	6.87	82.47	8
6	88	8.61	103.36	57	7.68	92.20	9
7	78	7.63	91.60	57	7.68	92.20	10
8	96	9.39	112.73	67	9.03	108.40	11
9	95	9.3	111.65	76	10.24	122.93	12
10	97	9.49	113.93	61	8.22	98.68	1
11	101	9.88	118.61	80	10.78	129.41	2
12	68	6.65	79.83	62	8.36	100.36	3
總計	1022			742			

---

[61] 李中清《一七七二至一八七三年間奉天地區糧價與人口變化》，收入第二次中國近代經濟史會議（臺北：中央研究院經濟史研究所，1989），頁 513~514。

[62] 劉翠溶《生育和死亡的季節性：明清家族的例證》，第六屆亞洲族譜學術研討會宣讀論文，頁 5。

　　不過他塔喇氏出生指數最低的季節在五、六、七、八月，這正是東北地區農忙季節，見表十一。吉林通志記載："三月播種，八月穫刈。三月之前，地凍未開，八月以後隕霜殺草于耡與滌場時，不過四月有餘。"[63] 關於傳統農業社會生育受到農耕季節的影響，在李中清教授的遼寧道義漢軍旗人的研究一文亦指出：出生指數高峰在二、三月，避開農忙季節。基於耕作的因素，導致他塔喇氏與道義地區的出生季節形態有相似之處。[64] 然而對於城居為主的鈕祜祿氏，生育季節則比較看不出明顯變化，由此看出滿洲家族城居和鄉居的生育季節差異。

表十一　他塔喇氏的生育季節

月　份	他塔喇氏男子			他塔喇氏妻室			受胎月
	人　數	%	指　數	人　數	%	指　數	
1	41	10.25	123.05	17	8.29	99.52	4
2	33	8.25	99.04	18	8.78	105.40	5
3	52	13.00	156.06	33	16.10	193.27	6
4	31	7.75	93.04	23	11.21	134.57	7
5	23	5.75	69.03	11	5.37	64.47	8
6	16	4.00	48.02	10	4.88	58.58	9
7	31	7.75	93.04	4	1.95	23.09	10
8	29	7.25	87.03	20	9.76	117.17	11
9	32	8.00	96.04	20	9.76	117.17	12
10	33	8.25	99.04	18	8.78	105.40	1
11	46	11.50	138.06	21	10.24	122.93	2
12	33	8.25	99.04	10	4.88	58.58	3
總計	400			205			

（三）死亡率

　　鈕祜祿家族在死亡率的估計，是將所觀察 1600 至 1749 年間出生的男子，分成三個年輪組，編列生命表（LIFE TABLE）。但由於編算生命表必須用到生卒年的記載，而鈕祜祿氏男子中生卒年記載

---

〔63〕《吉林通志》卷二七，頁16。

〔64〕 James Lee & Robert Y. Eng. "Population and Family History in Eighteen Century Manchuria: Preliminary Results from Daoyi", 1774～1798, p. 14.

完整的只有339人，佔總人數27.74%。故只就這些人的資料進行死亡率的估計。表十二爲鈕祜禄男子生命表之觀察人數（N），及十二歲以上之壽命預期（e_x^o）兩項。在前兩個年輪組的壽命預期大概與中國北方一些家族的相近，第三個年輪組則降低五、六歲之多，可能是受到經濟環境改變影響。

進一步探討這些生卒年齊全者的身份地位時，可發現他們大都是擁文、武職銜，然爲何鈕祜禄氏有功名者的壽命預期不比平常人高？由前節所述之武職官員征戰傷亡可能是部分原因。另外，該族譜中記載四十餘位"因疾告退"、"因疾未仕"、"因殘疾告休"等。這似乎反映出他們身體狀況不佳，對壽命多少有影響。

表十二　鈕祜禄氏男子之壽命預期表（1600～1749）

年齡別 \ 年輪組	1600～1649		1650～1699		1700～1749		1600～1749	
	N	e_x^o	N	e_x^o	N	e_x^o	N	e_x^o
20～24	1	32.65	2	34.59	7	27.99	9	30.66
25～29	6	29.80	7	30.45	16	24.32	29	26.88
30～34	1	26.94	9	26.56	19	20.97	29	23.37
35～39	1	24.10	11	22.93	16	17.94	28	20.15
40～44	3	21.31	7	19.60	21	15.24	31	17.23
45～49	2	18.59	15	16.59	25	12.88	42	14.61
50～54	1	15.96	13	13.90	22	10.83	36	12.29
55～59		13.46	17	11.53	27	9.09	46	10.27
60～64	3	11.11	16	9.48	11	7.62	30	8.53
65～69	3	8.92	11	7.71	10	6.40	24	7.03
70～74	1	6.94	9	6.21	7	5.39	17	5.76
75～79	1	5.18	7	4.92	2	4.53	10	4.67
80+	1	3.76	5	3.74	2	3.73	10	3.73

鈕祜禄氏族譜中記載將近一千名妻室資料，可惜大都缺生卒年，今僅就生卒年齊全的281位編算生命表，列於表十三。從表十三可看出兩個年輪組之壽命預期差距甚大，而且第二個年輪組比同期男子之壽命預期低，説明鈕祜禄氏繼娶比例高是與妻室死亡率有關。過去，劉翠溶教授曾研究河北三個家族，發現宛平王氏婚入女子死亡率高於其他兩家，"就年滿二十之平均餘命來看，王氏爲27.76。"

就社會背景而言，王氏之元配與繼室亦多來自父祖有官銜或功名的家庭。[65] 鈕祜祿氏之妻室之社會背景與王氏相仿，而兩家族婚入女子死亡率都偏高，是否導因於傳統禮教家庭對女子管制嚴格，此一問題尚待研究。

表十三　鈕祜祿氏婦女之壽命預期表（1650～1749）

年齡組別	1650～1699		1700～1749		1650～1749	
	N	e_x^o	N	e_x^o	N	e_x^o
20～24	7	36.63	13	26.46	20	29.59
25～29	5	34.37	23	24.40	28	27.82
30～34	5	31.74	31	22.25	36	25.74
35～39	7	28.87	24	20.06	31	23.45
40～44	9	25.84	18	17.86	27	21.01
45～49	4	22.74	6	15.68	10	18.50
50～54	5	19.62	14	13.54	19	15.98
55～59	6	16.54	13	11.48	19	13.49
60～64	6	13.55	18	9.52	24	11.08
65～69	8	11.72	9	7.70	17	8.81
70～74	15	8.09	11	6.04	26	6.73
75～79	8	5.75	5	4.62	13	4.94
80＋	9	3.80	2	3.74	11	3.75

　　由於他塔喇氏家譜所記錄的卒年資料相當有限，在此僅就十九世紀出生的人數做壽命預期之統計，所得結果列於表十四。從表上約略可看出他塔喇氏婦女的壽命預期較男子高，這也說明他塔喇氏繼娶人數不多的原因。

　　鈕祜祿氏和他塔喇氏兩家族都居住在天氣較寒冷的北方，所以利用其卒年的月份，可以估計兩家族的死亡的季節性。但他塔喇氏有卒月記載的人數只有 238 人，人數太少所得結果可能意義不大，故就鈕祜祿氏一家做統計，其家譜中有卒年記載的男子及配偶人數共 929 人，其各個月份死亡的人數和百分比列於表十五。據表中數

[65]　劉翠溶《河北三家族的人口特徵》，頁 96－97。

值顯示鈕祜禄氏家族中的男性，死亡率最高的季節在春天三月，此與近世英國的情形相類似。[66] 其次是八九月天氣轉凉之際。至於婦女的死亡季節也有相似之處，只不過是在九月的死亡人數比例最高。從整個家族看起來，鈕祜禄氏在天氣温暖或炎熱死亡率較嚴冬高，可能温暖氣候細菌易於滋生，傳染病較多。同時，在鈕祜禄家譜中記載一些到雲南和四川征戰的士兵"病故於營"，或許也表示對南方氣候適應不良之故。

表十四　他塔喇氏之壽命預期表（1800～1899）

年齡別＼年輪組	男子 1800～1899		婦女 1800～1899	
	N	e_x^o	N	e_x^o
20～24	11	31.22	12	32.70
25～29	12	28.34	11	30.37
30～34	6	25.49	7	27.80
35～39	11	22.69	18	25.07
40～44	21	19.95	8	22.25
45～49	11	17.31	9	19.39
50～54	13	14.79	15	16.56
55～59	20	12.40	11	13.81
60～64	8	10.17	9	11.18
65～69	12	8.13	12	8.72
70～74	13	6.30	26	6.52
75～79	5	4.75	4	4.67
80＋	5	3.74	4	3.75

資料來源：《吉林他塔喇氏家譜》

（五）人口成長

由於鈕祜禄家譜中死亡日期的記載不齊全，因此要估計某年的人口數是以生命表中各年齡别存活率（survival rate）乘每五年出生的男子人數。由估計人數可計算每年成長率，見圖一。又以鈕祜禄氏男子年齡别生育率和死亡率計算真實成長率，所得結果真實成長率爲0.69%，比一般南方漢人家族的人口成長率略低。據劉翠溶教

---

[66] Wrigley, E. A., and R. S. Schofield. *The Population History of England*, 1541～1871 (Cambridge, MA: Harvard University. Press, 1981), pp. 295～298.

授研究指出：明清時期長江下游地區的人口成長率大致是維持在每年百分之一的程度。[67] 其原因可能是以軍職爲業影響生育。若從鈕祜祿氏男性人口來看，自十六世紀到十九世紀末，有一段由低而高的斜坡，表示家族人口從少到多的變化。其變化的速度可由每年成長率曲線印證，前段的變化較後段大。

表十五　鈕祜祿氏各月份死亡的人數和百分比

	鈕祜祿氏男性		鈕祜祿氏婦女	
月　份	人　　數	%	人　　數	%
1	37	7. 54	30	6. 85
2	26	5. 30	32	7. 31
3	56	11. 41	42	9. 59
4	45	9. 16	37	8. 45
5	49	9. 98	47	10. 73
6	49	9. 98	39	8. 90
7	41	8. 35	45	10. 27
8	53	10. 79	32	7. 31
9	45	9. 17	49	11. 12
10	42	8. 55	28	6. 39
11	24	4. 89	26	5. 94
12	24	4. 89	31	7. 08
總數	491		438	

在男性人口曲線上昇的斜坡這段“興盛期間”，[68] 與羅吉斯曲線相吻合，可見鈕祜祿氏和其他家族一樣，家族人口成長過程循著由快而慢的法則進行，至於“興盛期間”的高峰落在1760年，趨近羅吉斯曲線的上漸近線值（k = 278）。此亦表示該家族在十八世紀中葉已逐漸接近一個成長周期的高峰。

他塔喇氏主要是該氏家譜生卒年記載不詳，所以只能就十九世紀的資料，計算每年成長率，見圖二。由圖二也可看出他塔喇家族人口成長的形態是由快而慢。至於其他男性人口曲線、羅吉斯曲線、

〔67〕　劉翠溶《明清時期長江下游若干家族的例人口動態》，頁826～827。
〔68〕　同上，頁825。

真實成長率等數值，皆因資料不齊全而無法計算。

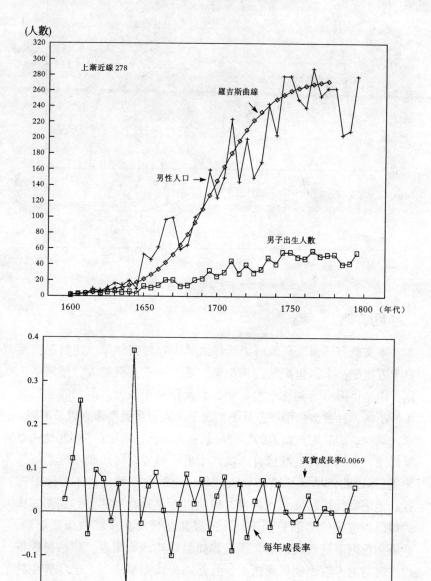

圖一　鈕祐祿氏男子人口成長率

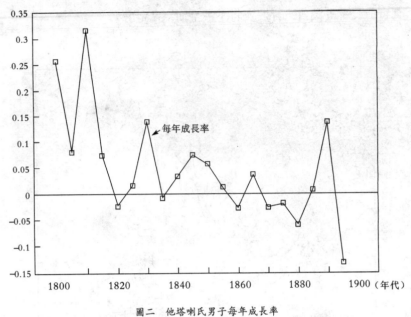

圖二　他塔喇氏男子每年成長率

四、結　論

本文就鈕祜祿氏和他塔喇氏探討其人口增殖結果，鈕祜祿家族自十五世紀迄十八世紀末的人口數，總共一千二百餘人。他塔喇氏則從十七世紀中葉到二十世紀初，共繁衍一千餘人。兩家族在居住處所不同、社會地位明顯差異的情況下，人口發展形態有以下不同：

第一，清政府對旗人的行動限制非常嚴格，規定："東北地區百里爲逃，京旗旗人不准擅自離城四十里，各省駐防八旗不准離城二十里。"因此鈕祜祿氏隨清朝入關後，定居北京城內，不得隨意遷徙。他塔喇氏移駐東北吉林後，猶能以百里爲範圍移徙和開墾。由於城居和屯居的活動範圍不同，所以鈕祜祿氏在京城內聚族而居，他塔喇氏則不是聚族而居。從八旗旗兵駐防政策來看，鈕祜祿氏被派往駐防的人數比他塔喇氏少，且鈕祜祿氏顯赫房支之子孫皆免於外調，可見社會地位影響到家族成員聚散。

第二，兩個家族在清代的社會地位始終懸殊，是清朝政府對權貴和寒素家族的等差待遇造成的。八旗的兵制規定每牛录滿洲，三人中許一人披甲。對鈕祜祿家族來説，族人被徵調的比例高於三分之一；而他塔喇氏則遠少於三分之一的比例。另外，滿洲人被選任文官的進身之階是筆帖式，鈕祜祿氏獲選的機會亦大於他塔喇氏。又鈕祜祿氏擁有八個世職和十個世襲佐領的職位，更是他塔喇氏無可比擬。由此可知，清代滿洲人的階級相當分明。

第三，就兩家族的人口現象，鈕祜祿家族繼娶的比例將近百分之二十，他塔喇氏只有百分之五，此顯示滿洲貴族家庭與平民家庭在結婚次數上的差異。在生育方面，按滿洲人盛行早婚及娶長婦的習俗，一般在十三四歲左右結婚，必娶十七八歲的女子。早婚的理由是男子十六歲成丁，即要入伍從征。[69] 從兩家族生育情況看來，早婚並不見得"早生貴子"，因爲他們在第一個年齡別 15～19 歲的生育率都偏低。鈕祜祿氏男子的生男率的高峰是在 30～34 歲的年齡級，其妻室的生男率高峰在 25～29 歲的年齡級。他塔喇氏男子的則是在 25～29 歲的年齡級，其妻室的在 20～24 歲的年齡級。至於生育的季節性方面，鈕祜祿擁有萬畝以上的莊園，土地交由奴僕耕種，收取實物租等，屬於城居地主，生育不受農忙季節影響。他塔喇氏出生指數最低的季節在五、六、七、八月，這正是東北地區農忙季節，其生育受到農耕季節的影響。

第四，兩家族的總生子率，鈕祜祿氏高於他塔喇氏，前者平均總生子率爲 2.95，後者爲 2.37。造成生育率的差異是因鈕祜祿氏擁有世職和官位的男性續弦機會大，故生子比率跟著提高。不過鈕祜祿氏的族人地位等差明顯，生育率高的人數只佔三分之一，另外三分之一只生一男，還有五分之一的人未生育。這些生育率低或不生育的家庭大多數是當兵和閑散人口，士兵經常出征或調外地駐防，影響生育率，閑散人口不事生產，要養家餬口並非易事。他塔喇氏以耕農維生的人口居多，家族成員生育情形並無顯著差異。

第五，兩家族的死亡率方面，鈕祜祿氏家族中的男性，死亡率最高的季節在春天三月，其次是八九月天氣轉涼之際。至於婦女的死亡季節也有相似之處。整個家族看起來，鈕祜祿氏在天氣溫暖或炎熱季節較嚴冬死亡率高，可能溫暖時節傳染病較多。他塔喇氏因家譜上記載卒年人數過少而未加以統計，不過其家譜中提到宣統元年的六月東北發生水災，淹死族人十二人。此外，鈕祜祿氏的成員

---

〔69〕 楊英杰《滿族婚姻習俗源流述略》，《民族研究》1987 年第 5 期，頁 51。

以士兵居多，佔全族人口的四分之一，他們往往在年輕力壯時被派至戰場，死傷人數多達三四十人，影響其結婚和生子機率。且有近七十位士兵在適婚年齡過世，約在十五至三十歲間，顯示戰爭對生命的威脅。他塔喇氏在戰爭所損傷人數較少，在咸豐到同治年間，參加太平天國等戰役，死亡人數有十一人。

第六，鈕祜祿氏男子每年成長率爲 0.69%，比長江下游地區的人口成長率約每年百之一的低，其原因是男子十六歲成丁，即入伍從征，按照"三丁抽一"的制度，家族中有三分之一人口長期在外征戰，或有死傷，影響人口的繁殖。

總之，清朝政府刻意製造滿洲社會的貴賤等差，卻又因內部統治與周邊民族的征服，戰爭持續多年，徵調大批滿洲人丁，特別是權貴家族死傷人數居多，影響其人口的繁衍。

※ 本文原載《中央研究院近代史研究所集刊》第 21 期，1992 年。
※ 賴惠敏，臺灣大學歷史研究所博士，中央研究院近代史研究所研究員。